Kompendium til studiet af kulter og ofringer i det antikke Rom
Tekster, oversættelser, kommentarer

JENS PETER JENSEN

Kompendium til studiet af kulter og ofringer i det antikke Rom

Tekster, oversættelser, kommentarer

Anden udgave, 2024

© 2023 – Jens Peter Jensen

Forlag: BoD – Books on Demand, Hellerup, Danmark

Tryk: BoD – Books on Demand, Norderstedt, Tyskland

ISBN 978-87-4303-991-4

Indholdsfortegnelse

1. Titus Livius: Ab urbe condita, II, 2, 1 om 'rex sacrificulus, kongeofferpræsten'

2. Aulus Gellius: Noctes Atticae, X, 15, 21 om 'rex sacrificulus, kongeofferpræsten'

3. Maurus Servius Honoratus: Commentarius in Vergili Aeneida II, 2 om 'rex sacrificulus, kongeofferpræsten'

4. Sextus Pompeius Festus: De verborum significatu [198,29-200,4] - F. 318, P. 319, p. 413 (420-422) om 'rex sacrificulus, kongeofferpræsten'

5. Gaius: Institutiones I, 112 om 'rex sacrificulus, kongeofferpræsten, flamines maiores og confarreatio-ægteskabet'

6. Aulus Gellius: Noctes Atticae, X, 15 om 'flamen Dialis, Jupiters præst'

Fetiales

7. Titus Livius: Ab Urbe Condita I, 24, 3-9

8. Titus Livius: Ab Urbe Condita I, 32, 5-14

Præsteskabernes navne

9. Marcus Terentius Varro: De lingua Latina V, 15, 83-86

Haruspices

10. Cicero: De divinatione I 72

11. Titus Livius: Ab Urbe Condita XXXXI, 14, 7

12. Cicero: De divinatione II 32

13. Titus Livius: Ab Urbe Condita XXVII, 26, 14

14. Cicero: De divinatione II 28-29

15. Titus Livius: Ab Urbe Condita XXX, 2, 13

16. Titus Livius: Ab Urbe Condita XXXI, 5, 7

17. Isidorus Hispaniensis: Origenes 11.125-126

Leveren fra Piacenza, 2. eller 1. årh. f.Kr.

Præsteskaber og kultfællesskaber

6. Kalenderen og dens højtider

Feralia og festernes oprindelse

1a. Marcus Terentius Varro: De lingua Latina VI, 3, 12

1b. Marcus Terentius Varro: De lingua Latina VI, 3, 13

1c. Marcus Terentius Varro: De lingua Latina VI, 3, 14

1d. Marcus Terentius Varro: De lingua Latina VI, 3, 15-16

1e. Marcus Terentius Varro: De lingua Latina VI, 3, 17

iagttagelsesfelt'
Varselterminologi i republikkens tid

5. Tolv Tavlers Love
6. Gaius: Institutiones I, 155
7. Tolv Tavlers Love
8. Gaius: Institutiones I, 111
9. Gaius: Institutiones I, 144: Om formynderskab
10. Gaius: Institutiones I, 145: Om formynderskab
Vestalindernes stilling i Rom
11. Aulus Gellius: Noctes Atticae I, 12 om 'valget til vestalinde'
12. Cicero: De legibus 2, 20
13. Cicero: De legibus 2, 29
14. Festus p. 454 L. s.v. senis crinibus
15. Festus p. 468 L. s. v. sex Vestae sacerdotes
16. Varro: De lingua Latina 6, 21
17. Festus p. 474 L. s. v. suffibulum
18. Aulus Gellius: Noctes Atticae 10, 15, 31
19. Servius in Aeneida 7, 150
20. Suetonius: Augustus 44, 3
21. Suetonius: Nero 12, 4
22. Tacitus: Annales 1, 8
Kollegiets almene bestemmelser
23. Plinius: Naturalis Historia 18, 2 §7
24. Festus p. 57 L. s. v. casta
25. Festus p. 152 L. s.v. muries
26. Servius in Vergili Eclogas 8, 82
27. Servius in Vergili Aeneida 4, 57
28. Festus p. 14 L. s. v. Argeos
29. Festus p. 190 L. s. v. Octuber equus
30. Macrobius: Saturnalia I 12, 6
31. Plinius: Naturalis Historia 16, 85 §235
32. Plinius: Naturalis Historia 28, 7 § 39
33. Servius in Aeneida 11, 339
34. Servius in Aeneida 10, 228
35. Festus p. 94 L. s. v. ignis
36. Festus p. 277 L. s. v. probrum virginis

Kulter i den romerske hær

Forord

Det foreliggende kompendium i romersk religion er et forsøg på at vise de studerende og andre interesserede, hvordan man kan tilgå et kulturhistorisk område, der både kræver sproglige forudsætninger, i dette tilfælde latin, og fortolkninger af tekstuddrag fra vidt forskellige genrer, som dækker et tidsrum fra ca. 200 f.Kr. til ca. 500 e.Kr. Læseren skal altså være yderst fleksibel og samtidig tekstkritisk, fordi disse uddrag ud over at være skrevet inden for så stort et tidsrum også er forfattet mange hundrede år efter de begivenheder, de beretter om. Studiet af romersk religion er altså en kompliceret affære med mange tråde, der viser tilbage til begivenhederne, og som er spundet af forfattere med vidt forskellige holdninger til det fænomen, jeg her kalder romersk religion. Det er et væsentligt spørgsmål, om fænomenet skal stå i ental eller snarere skulle hedde religion i Rom, som jeg har kaldt min kildesamling af de tekster, der også ligger til grund for denne udgivelse. Den originalsproglige tilgang til teksterne er nødvendig for at kunne forstå teksterne og fortolke dem, og først ud fra en tekstmæssig behandling kan man nå frem til en forståelse af, hvad religion i Rom var for en social, kulturel og religiøs størrelse og hvilken rolle den spillede i republikkens periode og kejsertiden. Selve forståelsen og fortolkningen af de relevante begreber har væsentlig indflydelse på selve oversættelsen af kildeteksterne. Derfor præsenteres i hvert kapitel de af mig udvalgte tekster på latin og i min danske oversættelse, hvorefter det sproglige, kildekritiske og fortolkningsmæssige arbejde går i gang og fremlægges skridt for skridt. På den måde er det min hensigt at vise læserne, hvordan det sproglige arbejde er den nødvendige basis for forståelsen af antikke tekster.

Maj 2023

Jens Peter Jensen

Kort forskningshistorie

Op til slutningen af det 19. årh. interesserede man sig mest for myter, dvs. fortællingerne om guderne. Sådan har interessen været siden antikken. Det er fortællingen, der er i fokus.

Efter år 1900 begyndte interessen så at vende sig mod ritualerne, idet man opfattede myter som resultatet af ritualer. Hermed startede ritualforskningen med Martin P. Nilsson: Geschichte der griechischen Religion, opr. udgivet 1925.

Frugtbarhedsritualer fik en særlig plads her med J. Frazer: The Golden Bough, fra 1890. Der var også en anden tendens, hvor man betragtede stat og religion som to sider af samfundet; det skete med Fustel de Coulanges: La Cité Antique, Paris 1864, og med Émile Durkheim i 1890'erne.

I det 20. årh. vandt det historiske aspekt frem, hvordan kult og ritualer havde udviklet sig i løbet af tiderne; her var Theodor Mommsen foregangsmand, og nu skrev man religionshistorie. Men Mommsen betragtede oldtidens religioner fra et kristent synspunkt, altså fra et monoteistisk standpunkt, der slet ikke kan forliges med en oldtidspolyteisme. Han så også græsk og romersk religion som én religion, men der er stor forskel i gudernes funktioner og karakter, så den antagelse holdt ikke. Derudover skelnede han mellem originale kulter, indigetes, altså græske og romerske, og fremmede, dvs. orientalske kulter, novensides, men nogle orientalske kulter kom i gammel tid til Grækenland og Rom og fik stor udbredelse og værdige pladser i Athen eller Rom, så det aspekt skulle også revurderes.

Vi skal huske på, at indsamlingen af materialet skete i positivismens tidsalder, altså det 19. årh., hvor de foreliggende tekster blev bearbejdet i form af leksika og ordbøger, som vi bruger den dag i dag. Uden dem havde vi ingen videnskab.

Så op til 1960 har vi en myteforskning, en ritualforskning, et arbejde med at lave en historisk tidslinje for kulterne samt opbygningen af et begrebsmæssigt betydningsapparat til semantiske analyser af de termer, vi finder i teksterne.

Så starter strukturalismen, der sætter struktur, tankestruktur, sprogstruktur, fortællestruktur i højsædet, og med Jean-Pierre Vernant vinder den indpas på religionsforskningen og med Georges Dumézil kommer antropologien ind som ekstrastuderet område. Fransk humanistisk forskning har domineret videnskaben i 40 år før 2000, og undertiden er strukturen sat højere end empirien, hvad der presser analyserne; fordelen ved strukturalisme er, at den forsøger at finde en tværvidenskabelig metode og få ordnet fakta i et system; mennesket kan jo godt huske et system, mens der er tusindvis af fakta.

Rent konkret foretager Walter Burkert i sidste halvdel af det 20. århundrede sine analyser af offerritualer på baggrund af de retninger, der har været før ham, og som nu integreres i et samlet metodekompleks inden for religionsforskningen.

Omkring år 2000 opstod synspunktet om civitas-religion eller polis-religion, dvs. man begyndte at betragte de enkelte bysamfund med hver deres særtræk, fx inden for gudepantheon, hvor Dumézil endnu havde forsøgt at lægge én struktur over indoeuropæisk religion. Han så på det indoeuropæiske gudesystem som en tidløs, ahistorisk, trefunktionel ideologi med herskere, soldater og producenter, men det svarer ikke til de græske og romerske guders funktioner. Dumézil søgte efter én ren oprindelse til græsk og romersk religion på indoeuropæisk eller etruskisk basis. Derfor er det godt, at nuancerne i de enkelte bysamfund træder frem, og empirien får sin fortjente plads igen. Det har John Scheid og Mary Beard bidraget til. Sigtet er, at myterne skal analyseres i deres historiske kontekst, dér, hvor de er skabt, på det tidspunkt, hvornår de er skabt.

Så må vi heller ikke glemme, at studiet af indskrifter og artefakter, altså arkæologien, vinder frem siden 1960'erne, og det er jo her, at de egentlige fremskridt kan ses, fordi de kommer fra dagligdagen. Teksterne fortæller jo kun om ekstraordinære ting, der er værd at skrive om, ikke om hverdagens detaljer. Derfor mangler vi i virkeligheden yderst mange ting af ritualerne i teksterne, og her hjælper indskrifter og arkæologiske fund meget, og de diskuteres meget i disse år, bl.a. af Gunnel Ekroth og Eva Johanne Haalund, hvor den første studerer knoglefund ved altrene for at finde ud af, hvordan offeret egentligt er foregået, mens den anden studerer kvindernes rolle på det religiøse domæne.

Det sidste skud på den religionsforskningsmæssige front er studiet af kultiske tekster som kommunikationstekster, hvor den ene part er menneskene og den anden part guderne, hvis svar skal aflæses på uvante måder, set med menneskenes øjne.

Kildetilstanden

Vi skal også huske på, at afstanden mellem den religiøse begivenhed, orakel, varsel, naturfænomen og deres skriftlige optegnelse kan være hundredvis af år, så der er jo ingen øjenvidner. De skriftlige kilder er svage; derfor hjælper indskrifter og arkæologien meget. Og hvad det angår, så ved vi mest om Athen og Rom, fordi de var centre i oldtidens politiske og religiøse liv. Alle andre steder har vi brug for arkæologien og indskrifter for at få noget at vide.

Polyteistisk religion

Religion er et komplekst kulturelt fænomen, der omfatter en fortolkning af verden på basis af kollektive verdensopfattelser, omfatter kommunikationsformer med sakrale magter og søgen efter individuelle meningsfulde verdener.

1800-tallets fortolkning skelnede mellem primitiv religion, som man kaldte hedenske, pagani, gentes, over for bogbaserede religioner, jødedom, islam og kristendom.

Da europæisk kulturtradition opfattede sig selv som arvtager af antikkens intellektualisme, ville man tage afstand fra de primitive strukturer i oldtidens samfund. Man henviste til de intellektuelle tanker i oldtiden og distancerede sig fra de såkaldte primitive verdensopfattelser.

Siden 1980'erne er dette billede blevet vendt. Kulten har været et væsentligt element i grækerens og romerens liv, har hjulpet med at overvinde kollektive krise- og angstsituationer. De religiøse fester strukturerede året og kalenderen. I byrummet var der processioner til de hellige steder, hvor borgerne følte et fællesskab som grækere og romere. Deltagelse i offerritualerne viste et tilhørsforhold til et politisk fællesskab og bekræftede den sociale identitet. Udelukkelse fra kulten var udelukkelse fra samfundet. Kultudøvelse og strukturering af det menneskelige samfund var en enhed.

Mennesker står over for et stort antal guddommelige magter, idet deres magt viser sig som realiseringskompetence, – de kan gøre, hvad de vil, – de har viden, fordi de kan se ting, mennesker ikke kan se, og dermed har de en omfattende planlægningsevne, (hvis de kan planlægge, Zeus har et problem dermed), og de har vilje, en mægtig intentionalitet.

Men mennesker og guder lever ikke i to verdener, en jordisk og en transcendent, begge parter er tæt forbundet til hinanden og verden i modsætning til en monoteistisk religion. Problemet for en polyteistisk religion er, at guderne skal afklare deres indbyrdes forhold (det er jo mennesker, der taler og fortolker). Menneskene har også en antropomorf forestilling om guderne. Gudernes væsen reflekteres ikke, men deres handlinger er vigtige for menneskene. Guder kendes individuelt, dvs. de har mange forskellige funktioner, hvilket viser sig i epiteterne, tilnavnene; godt nok har Grækenland sit officielle pantheon, men der er mange variationer, Zeus har 450 tilnavne, Dionysos 120, og i Rom er det ligesådan, så bare fordi man hedder Jupiter eller Zeus, udfylder man ikke den samme funktion.

De dyrkes på bestemte tidspunkter, reguleret af kalenderen, der omfatter religiøse ritualer, strukturerer årets gang og indbyder borgerne til deltagelse på faste tidspunkter.

På disse tidspunkter afholdes der ritualer, som er standardiserede gentagelser af handlingsforløb i fastlagte kontekster; det skal skabe en kollektiv identitet og dermed en stabilisering af sociale sammenhænge. Ritualer foretages af mænd eller kvinder. Der ofres blodigt og ublodigt, med og uden offerdyr. Disse selekteres efter alder, køn, hudfarve, seksuel formåen (ukastreret/kastreret), diende, drægtig eller voksen (= havende født), toårig. Indvoldene bliver undersøgt for fejl og mangler, især leveren; hvis præsten accepterer indvoldene, er der håb om, at ofret accepteres af guddommen; den sakrale kommunikation oprettes. Kontrollen af indvoldene bruges altså ikke til forudsigelse af fremtiden. Ved ofringen skal der bruges grene af et lykkebringende træ, som har vokset over jorden; der var forskellige sorter til det; andre var ulykkesbringende og kunne bruges til de chthoniske, underjordiske, guder.

Guder var altså sakrale medborgere; sakral betyder her tabupræget, dvs. man skulle opføre sig korrekt i samvær med dem. Dette indebærer ortopraksi, korrekt udførelse af ritualerne.

Metoder – Et kort overblik

Det er jo ikke nemt, videnskabsteoretisk, at remse alle metoder op, som man kunne bruge til et projekt, som fortolkningen af latinske religiøse tekster er, men et kort overblik skal skitseres her.

Da vi har at gøre med græske og latinske tekster, skal vi bruge ordbog og grammatik for overhovedet at forstå, hvad der står. Dem har vi heldigvis mange af, takket være 1800-tallets positivisme, indsamlingstrang, og dette kalder vi så **filologisk metode**. Vi lærer og arbejder med sproget.

Hvis vi skal arbejde med enkelte begreber, fx religio eller ἱερός, ὕβρις, skal vi ned i hvert tekststed for at se nuancerne i begreberne, og det kræver en analyse af hvert tekststed; det kalder vi **semantisk analyse**.

Så skal vi finde ud af, hvad det er for en tekst, vi arbejder med og fra hvilken periode den stammer, dvs. hvad opfattelsen af religion var på det tidspunkt og hvad forfatteren mener om det emne; det er **tekstfortolkning** og i vores sag **historisk-kritisk metode**, fordi vi jo skal tage hensyn til det sproglige. Hvis man skal oversætte teksterne, skal man gøre sig overvejelser over, hvilken **oversættelsesstrategi** eller hvilken **oversættelsesteori** man vælger.

Så nærmer vi os en religionsfaglig diskurs, nemlig **ritualteori og offerteori**. Her kan man prøve på at vise, hvilke trin der indgår i et græsk eller romersk ritual, samt hvilke trin et blodigt eller ublodigt offer udføres efter. Derefter kan man prøve på at finde ud af, hvad disse trin betyder i en teoretisk ramme.

Til sidst kan man se på bøn og hymner ud fra en **kommunikationsteori**, fordi bøn og ofring jo er en kommunikationsakt med en partner, der svarer igen på ret usædvanlige måder. Og fortolkningen af de måder er jo også et menneskeligt anliggende.

Litteratur
Primærkilder:

https://www.perseus.tufts.edu/hopper

https://thelatinlibrary.com

https://penelope.uchicago.edu/Thayer/e/roman/texts_

Sextus Pompeius Festus: De verborum significatu quae supersunt cum Pauli epitome. The wrewkianis copiis usus Wallace M. Lindsay (ed.) (Biblioteca scriptorium Graecorum et Romanorum Teubneriana), Stuttgart-Leipzig 1997, repr. af 1913 udgaven (K. G. Saur Verlag)

Sekundærlitteratur:

Adkins, L./Adkins, Roy A.: *Dictionary of Roman Religion*, Oxford (OUP) 2000 (paperb.), orig. 1996

Beard, Mary/J. North: *Pagan Priests – Religion and Power in the Ancient World*, London (Duckworth) 1990

Beard, Mary: *SPQR: A History of Ancient Rome*, London (Profile Books Ltd.) 2015, dansk overs. ved A. Nygaard: *SPQR. Det antikke Roms historie*, København (Gads Forlag) 2018

Beard, M./North, J./Price, S.: *Religions of Rome, vol. 1 – A History*, Cambridge (CUP) 1998

Beard, M./North, J./Price, S.: *Religions of Rome, vol. 2 – A Sourcebook*, Cambridge (CUP) 1998

Engler, Steven/Michael Stausberg (eds.): *The Routledge Handbook of Research Methods on the Study of Religion*, 2nd ed., London and New York (Routledge) 2021

Jensen, Povl Johs.: *'Romersk religion'*, in: Asmussen, J. P./Læssøe, J. (eds.): *Illustreret religionshistorie*, Bind 3, København (G.E.C. Gads Forlag) 1968, 193-222

Liebeschuetz, J.H.W.G.: *Continuity and Change in Roman Religion*, Oxford (OUP) 1976

North, J.A.: *Roman Religion, Greece and Rome, New Surveys in the Classics No. 30*, Oxford (OUP) 2000

North, J.A.: *'Religions in the Roman Empire'*, in: Hinnells, John R. (ed.*): A Handbook of Ancient Religion*, Cambridge (CUP) 2007, ss. 318-363

Orlin, E.: *'Urban Religion in the Middle and Late Republic'*, in: Rüpke, J. (ed.): A Companion to Roman Religion, Oxford (Wiley-Blackwell) 2011 (paperback), s. 58-70

Rasmussen, Susanne W.: *'Romersk religion'*, in: Jensen T./Rothstein, M./Sørensen, J. Podemann (red.): *Gyldendals religionshistorie*, København 2011, ss. 130-145

Rasmussen, Susanne W.: *Politikens bog om romerne*, København 2006, 2. opl. 2008, ss.140-177

Rosenløv, J.: *'Guder, varsler og ritualer i den romerske verden'*, in: Fonnesbech-Wulff, B./Roslyng- Jensen, P. (redd.): *Historiens lange linjer*, København (Gyldendal) 2006, kap. 4, ss. 59-74

Rüpke, J. (ed.): *A Companion to Roman Religion*, Oxford (Wiley-Blackwell) 2011 (paperback), 2007 (hardback)

Rüpke, J.: *'Roman Religion – Religions of Rome'*, in: Rüpke, J. (ed.): *A Companion to Roman Religion, Oxford* (Wiley-Blackwell) 2011, s. 1-9

Rüpke, J.: *Religion of the Romans*, Cambridge and Malden, MA, (Polity Press) 2007 (overs. fra tysk: Rüpke, J.: *Die Religion der Römer. Eine Einführung*, München (C.H. Beck) 2006, 2. überarb. Aufl., orig. Ausg. 2001)

Scheid, J.: *An Introduction to Roman Religion*, Indiana Univ. Press 2003 [232 s.]

Smith, Christopher: *'The Religion of Archaic Rome'*, in: Rüpke, J. (ed.): *A Companion to Roman Religion*, Oxford (Wiley-Blackwell) 2011, s. 31-42

Smith, Jonathan Z.: *'Religion, Religions, religious'*, in: Taylor, Mark C. (ed.): *Critical Terms for Religious Studies*, Chicago 1998, ss. 269-284

Turcan, Roman: *Rome et ses dieux*, Paris (Hachette) 1998, engl. overs. ved A. Nevill: *The Gods of Ancient Rome. Religion in Everyday Life from Archaic to Imperial Times*, Edinburgh 2000

Wissowa, G.: *Religion und Kultus der Römer*, München (C.H. Beck) 1971, Nachdruck der 2. Aufl. 1912

1   Tror romerne på deres guder?

Dokumenter

1.   C. Plinius Secundus Maior: Naturalis historia, XXVIII, 3-5, 10-13 + 17-21

III. 10. Ex homine remediorum primum maximae quaestionis et semper incertae est, polleantne aliquid verba et incantamenta carminum. quod si verum est, homini acceptum fieri oportere conveniat; sed viritim sapientissimi cuiusque respuit fides, in universum vero omnibus horis credit vita nec sentit. quippe victimas caedi sine precatione non videtur referre aut deos rite consuli.

11. Praeterea alia sunt verba inpetritis, alia depulsoriis, alia commendationis, videmusque certis precationibus obsecrasse summos magistratus et, ne quod verborum praetereatur aut praeposterum dicatur, de scripto praeire aliquem rursusque alium custodem dari qui adtendat, alium vero praeponi qui favere linguis iubeat, tibicinem canere, ne quid aliud exaudiatur, utraque memoria insigni, quotiens ipsae dirae obstrepentes nocuerint quotiensve precatio erraverit; sic repente extis adimi capita vel corda aut geminari victima stante.

12. Durat inmenso exemplo Deciorum patris filiique, quo se devovere, carmen; ... cuius sacri precationem, qua solet praeire xv virum collegii magister, si quis legat, profecto vim carminum fateatur, omnia ea adprobantibus DCCCXXX annorum eventibus.

13. Vestales nostras hodie credimus nondum egressa urbe mancipia fugitiva retinere in loco precatione, cum, si semel recipiatur ea ratio, et deos preces aliquas exaudire aut ullis moveri verbis, confitendum sit de tota coniectatione.

Prisci quidem nostri perpetuo talia credidere, difficillimumque ex his, etiam fulmina elici, ut suo loco docuimus.

V. 17. ... non et legum ipsarum in duodecim tabulis verba sunt:

18. Qui fruges excantassit, et alibi: qui malum carmen incantassit? ...

19. Defigi quidem diris precationibus nemo non metuit.

20. Etiam parietes incendiorum deprecationibus conscribuntur. ...

21. ... Cato prodidit luxatis membris carmen auxiliare, M. Varro podagris. Caesarem dictatorem post unum ancipitem vehiculi casum ferunt semper, ut primum consedisset,

id quod plerosque nunc facere scimus, carmine ter repetito securitatem itinerum aucupari solitum.

Plinius den Ældre, Naturhistorien, XXVIII, kap. 3-5, paragraf 10-13 + 17-21

III. 10. Med hensyn til de lægemidler, der er frembragt af mennesket, rejser der sig først og fremmest det meget vigtige og stadig uafgjorte spørgsmål, om ord og trylleformularer har nogen effekt eller ej. For hvis de har, så må det være logisk at ‹ethvert› menneske accepterer det forhold; men netop de klogeste ‹af vore samtidige› individuelt betragtet accepterer det ikke; men generelt tror man hver time i livet på det, men mærker dog ikke noget til det. Således ser det jo ud til at være formålsløst at slagte offerdyr eller rådspørge guderne efter rituelle procedurer uden et bønneritual.

11. Desuden er der forskellige formularer for opnåelsen af ‹gunstige› varsler, for at afværge onder og atter andre for at opnå en anbefaling, og vi ser, at de højeste embedsmænd med bestemte bønneformularer plejer at bønfalde guderne indtrængende, og at en af dem, for at ikke et af ordene skulle glemmes eller fremsiges i forkert rækkefølge, læste højt af en skriftrulle, mens en anden skulle holde øje med hvert enkelt ord, og en tredje havde til opgave at kræve absolut ro, at en fløjtespiller spillede musik, for at der ikke skulle kunne høres nogen anden lyd; begge tilfælde er af bemærkelsesværdig betydning, nemlig hvergang modsatrettede forbandelser har skadet og hvergang der skete en fejl under bønnefremsigelsen; således forsvandt pludselig de vigtigste dele af indvoldene eller hjertet, eller man fandt to af dem, mens offerdyret endnu stod op ‹foran altret›.

12. Som ekstraordinært eksempel fremstår Deciernes, faderens og sønnens, bønneformular, hvormed de viede sig til døden; … Når man læser den bønneformular, som lederen af 15-mandskollegiet plejer at sige højt under offerritualet, må man i sandhed tillægge trylleformularerne en virkning, fordi hændelserne i løbet af 830 år bekræfter alle disse ting.

13. Endnu i dag tror vi, at vores vestalinder kunne standse de bortløbne slaver, som endnu ikke havde forladt byens område, med deres bøn, og vi må acceptere hele hypotesen, hvis vi først godtager den opfattelse, at guderne lytter til visse bønner eller lader sig påvirke af visse formularer. Vore forfædre har bestandigt troet på noget sådant, også hvad der forekommer vanskeligst ved de ting, nemlig at lyn kan trylles ned ‹fra himlen›, således som vi har påvist på det relevante sted.

17. … Finder vi ikke i De 12 Tavlers Love ordene:

18. "Den, der tryller frugter bort ‹fra en fremmed mark›", og andetsteds, "Den som fortryller med et trolddomskvad?" …

19. Der findes virkelig ikke nogen, som ikke frygter at blive tryllebundet gennem frygtelige forbandelser. …

20. Endog væggene bemaler man med besværgelsesformler mod ildebrande. …

21. … Cato overleverede en trylleformular, der skulle kunne hjælpe ved forvridninger af lemmer (M. P. Cato: De agri cultura, CLX), M. Varro en mod podagra. Diktator Caesar, fortæller man, skal efter en farlig ulykke med sin vogn altid have haft som sædvane, så snart han havde sat sig ned, at tilstræbe sikkerhed på rejsen med en tre gange gentaget trylleformular, hvad, som vi ved, de fleste stadigvæk gør i dag.

Kommentar

En af de mest oplysende tekster om romernes holdning til det religiøse domæne er Plinius den Ældre (23-79 e.Kr.), der i sit encyklopædiske hovedværk "Naturhistorien" bearbejder et væld af områder, herunder det religiøse; det viser så også, hvad vi også ser hos Cato, landbrugsforfatteren, at religiøse emner er en ganske naturlig del af en romers dagligdag både i byen og på landet og derfor også optræder blandt verdslige emner om kultur, medicin, mineralogi, litteratur og agerbrug; det religiøse får ingen særstilling som sådan, men bliver beskrevet som et led i romerens dagligliv. Plinius den Ældre døde interesseret som han var i naturfænomener, da Vesuv slyngede sine gasser og lavaaske ud over Pompeji i 79 e.Kr., fordi han sejlede for tæt på katastrofeområdet og derfor omkom. I tekst nr. 1 drejer det sig om religiøse formularer: 'polleantne aliquid verba et incantamenta carminorum polleant', 'om bønner og trylleformularer virker', som han betegner som remedia, læge- eller hjælpemidler i psykologisk betydning. Det er en naturvidenskabsmands nøgterne blik på verden, der får ham til at stille spørgsmålet, om de virker. For der er jo nogle mennesker, 'sapientissimi', 'de lærdeste', der benægter betydningen af bønner: 'cuiusque respuit fides', 'deres tro accepterer ikke trylleformularer og bønner'. Spørgsmålet er altså relevant, men de lærdes holdning modbevises af fænomenologisk iagttagelse: der skal et bønneritual, 'precatione', til for at slagte offerdyr, 'victimas caedi', eller for at rådspørge guderne rituelt korrekt, 'deos rite consuli', og generelt, konkluderer Plinius, så tror man på virkningen af bønner og trylleformularer hele livet, selv om man ikke mærker noget til denne virkning: 'in universum vero omnibus horis credit vita nec sentit'.

At bønneformularer er væsentlige, ses i afsn. 11: 'Praeterea alia sunt verba inpetritis, alia depulsoriis, alia commendationis': 'Desuden er der forskellige formularer for opnåelsen af ‹gunstige varsler›, for at afværge onder og atter andre for at opnå en anbefaling'. Selv de højeste embedsmænd bønfalder guderne med bønneformularer: 'certis precationibus obsecrasse summos magistratus', og sørger for, at ethvert ritual udføres korrekt, så ingen ord glemmes eller siges i forkert rækkefølge: 'quod verborum praetereatur aut praeposterum dicatur; derfor læste en højt af en skriftrulle: 'de scripto praeire aliquem', mens en anden holdt øje med hvert enkelt ord: 'rursusque alium custodem dari, qui adtendat', og en tredje havde til opgave at kræve absolut ro: ' alium vero praeponi qui favere linguis iubeat', og en fløjtespiller var i aktion, for at man ikke kunne høre uvedkommende lyde og støj under ceremonien: 'tibicinem canere, ne quid aliud exaudiatur'. Dette er en tydelig beskrivelse af romersk ortopraksi, forpligtelsen til at overholde ritualets form korrekt, både i handling og i ord.

I de følgende afsnit viser Plinius brugen af forskellige ritualer med bønneformularer, fx hos vestalinderne og i Decius-familien, og i afsn. 13 konkluderer han igen, at troen på ordets magt har været gældende i århundreder hos forfædrene: 'Prisci quidem nostri perpetuo talia credidere'.

Selv i de Tolv Tavlers Love (afsn. 18) er der tale om magiske formler, der kan trylle afgrøder væk eller forhekse nogen med en formular: 'Qui fruges excantassit, et alibi: qui malum carmen incantassit?', og enhver romer, nævner Plinius i afsn. 19, er bange for at blive ramt af forbandelser, som jo også består af verbale formularer, meget ofte overleveret skriftligt. Der findes formularer mod alt uheldssvangert, fx ildebrande (afsn. 20), og selv Caesar gentog en trylleformular tre gange efter et uheld med sin hestevogn (afsn. 21), og Plinius bekræfter, at skikken med det hellige tretal stadigvæk består på hans tid.

Alt i alt viser Plinius' tekst den pertentlighed i udførelsen af rituelle handlinger både i det hjemlige og det offentlige domæne, og teksten viser også, at alle havde en aktiv holdning til udførelsen af denne slags handlinger.

2. Marcus Tullius Cicero: De divinatione I, 3

[3] Nec unum genus est divinationis publice privatimque celebratum. ... Deinde auguribus et reliqui reges usi, et exactis regibus nihil publice sine auspiciis nec domi nec militiae gerebatur. Cumque magna vis videretur esse et impetriendis consulendisque

rebus et monstris interpretandis ac procurandis in haruspicum disciplina, omnem hanc ex Etruria scientiam adhibebant, ne genus esset ullum divinationis quod neglectum ab iis videretur.

Marcus Tullius Cicero: Om spådomskunsten I, 3
3. Og ikke kun en slags spådomme brugte man hyppigt både offentligt og privat. … Og så brugte de øvrige konger også augurer, og selv efter at kongerne var fordrevet, blev ingen offentlig handling udført hverken hjemme eller i krig uden fuglevarsler. Og da der syntes at ligge en stor betydning i indvoldstydernes videnskab både for opnåelsen af positive varsler og for rådgivningen om religiøse forhold samt for fortolkningen og udsoningen af varsler, så integrerede de denne videnskab i fuldt omfang fra Etrurien, så der ikke var nogen slags spådom, som man kunne synes var forsømt af dem.

Kommentar
Hvis vi går 130 år tilbage, møder vi Romerrigets store taler, forfatter og politiker Marcus Tullius Cicero (106-43 f.Kr.), som har præget og været retningsgivende for det klassiske latins stilistik. Han reflekterer over divination, varselstagning, i sit skrift af samme navn. Selv om emnet er et andet end bønneformularer, handler det også om forholdet mellem mennesker og guder og om aflæsningen af tegn fra de højere magter. Hvor bønneformularer er et forsøg på at komme i kontakt med guderne fra menneskenes side, er divination tosidet, idet det dels drejer sig om aktiv kontaktsøgning fra menneskenes side gennem fuglevarsler, auspicia, fodring af de hellige kyllinger, pulli sancti, og indvoldstydning, haruspicium, dels gennem tolkning af naturfænomener, der betragtedes som ildevarslende for samfundet, prodigia, og derfor skulle meldes til magistraten, embedsmændene. Således skriver han (afsn. 3) at det foregår både officielt og i private hjem, 'publice privatimque celebratum', at der tages fuglevarsler i freds- og i krigstid, 'nihil publice sine auspiciis nec domi nec militiae gerebatur'. Desuden blev indvoldstydernes lære indført fra Etrurien, for at romerne kunne lære at forstå og fortolke varsler og rådgive om religiøse forhold, 'impetriendis consulendisque rebus et monstris interpretandis ac procurandis in haruspicum disciplina'.

3. Marcus Tullius Cicero: De divinatione I, 11-12

[11] ... Duo sunt enim divinandi genera, quorum alterum artis est, alterum naturae.
12 Quae est autem gens aut quae civitas, quae non aut extispicum aut monstra aut fulgora interpretantium aut augurum aut astrologorum aut sortium (ea enim fere artis sunt) aut somniorum aut vaticinationum (haec enim duo naturale putantur) praedictione moveatur?

Marcus Tullius Cicero: Om spådomskunsten I, 11-12
11. ... Der findes to arter af varselstagning, en kunstig og en naturlig.
12. Og hvilket folk eller hvilken by findes der, som ikke lader sig påvirke af indvoldsskue eller varsler eller lyn, når de forudsiges af fortolkere, augurer, magikere eller orakelsvar (det er nemlig omtrent disse ting, der hører til spådomskunsten) eller sker gennem drømme eller spådomme (disse to regnes nemlig for naturlige)?

Kommentar
Som nævnt inddeles divination i to slags, en kunstig, dvs. aktivt iværksat af mennesker, fx indvoldsskue, extispicium, og en naturlig, dvs. baseret på fortolkning, 'interpretantium', af naturfænomener, monstra aut fulgora, gennem specialister som 'augurum aut astrologorum aut sortium' eller gennemdrømme og spådomme, 'somniorum aut vaticinationum' (afsn. 12).

4. Marcus Tullius Cicero: De divinatione I, 24-25

[24] ... Similis est haruspicum responsio omnisque opinabilis divinatio; coniectura enim nititur, ultra quam progredi non potest.
25 Ea fallit fortasse non numquam, sed tamen ad veritatem saepissime dirigit; est enim ab omni aeternitate repetita, in qua, cum paene innumerabiliter res eodem modo evenirent isdem signis antegressis, ars est effecta eadem saepe animadvertendo ac notando.

Marcus Tullius Cicero: Om spådomskunsten I, 24-25
24. ... På lignende måde forholder det sig med indvoldsskuernes udlægning og al slags

hypotetisk spådomskunst; den støtter sig nemlig på formodning, som den ikke kan gå ud over.

25. Denne narrer os måske undertiden, men fører dog meget ofte til sandheden; den er nemlig blevet rådspurgt fra evigheden af, og da tingene næsten utallige gange skete på samme måde, mens identiske tegn varslede det i forvejen, er der blevet skabt en spådomskunst ved at iagttage og nedfælde de samme ting mange gange.

Kommentar

På spørgsmålet om romerne tror på disse praksisser, indrømmer Cicero, at indvoldsskue er en hypotetisk videnskab (afsn. 24). Men fordi man har set de samme tegn og derudfra draget de samme konklusioner, som så har vist sig at være rigtige, er spådomskunsten blevet etableret ud fra gentagelsernes rigtighed (afsn. 25).

5. Marcus Tullius Cicero: De natura deorum II, 11, 3-5

[11] 3. post autem e provincia litteras ad collegium misit, se cum legeret libros recordatum esse vitio sibi tabernaculum captum fuisse hortos Scipionis, quod, cum pomerium postea intrasset habendi senatus causa, in redeundo cum idem pomerium transiret auspicari esset oblitus; itaque vitio creatos consules esse.
4. augures rem ad senatum; senatus ut abdicarent consules; abdicaverunt.
5. quae quaerimus exempla maiora: vir sapientissimus atque haud sciam an omnium praestantissimus peccatum suum, quod celari posset, confiteri maluit quam haerere in re publica religionem, consules summum imperium statim deponere quam id tenere punctum temporis contra religionem.

Marcus Tullius Cicero: Om gudernes væsen II, 11, 3-5

11. 3. Senere derimod skrev han i et brev fra sin provins til augurkollegiet, at han ved læsning af de hellige bøger var kommet i tanke om, at han ved en fejl mod auspicierne havde valgt Scipios parkanlæg som lokalitet for augurteltet; for da han senere var trådt ind på bygrænseområdet for at afholde senatsmøde, havde han glemt at tage auspicier, da han på tilbagevejen atter forlod bygrænseområdet. Derfor var konsulerne altså valgt ved en formel fejl.

4. Augurerne aflagde rapport til senatet, som forlangte, at konsulerne skulle nedlægge deres embede, og det gjorde de.

5. Hvorfor skulle vi søge efter mere overbevisende eksempler? Den mest forstandige og formentlig mest fremragende mand blandt alle romere ville hellere indrømme sin fejl, om end den kunne skjules, frem for at staten skulle hæfte for en religiøs forseelse; og han lod straks konsulerne nedlægge det højeste embede frem for at beholde det blot et øjeblik mod den religiøse orden.

Kommentar

I eksemplet med Gracchus og valget af det kommende års nye konsuler viser Cicero et konkret eksempel på den enkelte romers mentale forpligtigelse til at overholde ritualet med varselstagningen; Gracchus glemmer at tage varsler, da han forlader et bestemt område inden for bygrænsen, og han annullerer valget af de nye konsuler; man er nødt til at foranstalte en ny valghandling med korrekt udført ritual (kap. 11, afsn. 1-5).

6. Marcus Minucius Felix: Octavius 6

[6] "Cum igitur aut fortuna certa aut incerta natura sit, quanto venerabilius ac melius antistitem veritatis maiorum excipere disciplinam, religiones traditas colere, deos, quos a parentibus ante inbutus es timere quam nosse familiarius, adorare, nec de numinibus ferre sententiam, sed prioribus credere, qui adhuc rudi saeculo in ipsius mundi natalibus meruerunt deos vel faciles habere vel reges! ... telis inermes, sed cultu religionis armati, dum captis in hostilibus moenibus adhuc ferociente victoria numina victa venerantur, dum undique hospites deos quaerunt et suos faciunt, dum aras extruunt etiam ignotis numinibus et Manibus. Sic, dum universarum gentium sacra suscipiunt, etiam regna meruerunt. Hinc perpetuus venerationis tenor mansit, qui longa aetate non infringitur, sed augetur: quippe antiquitas caerimoniis atque fanis tantum sanctitatis tribuere consuevit quantum adstruxerit vetustatis.

Marcus Minucius Felix: Octavius 6

6. Da altså enten tilfældet er sikkert eller naturlovene er usikre, er det langt mere ærbart og bedre at følge forfædrenes lære som sandhedens tjener, at dyrke de overleverede ritualer, at ære de guder, som man er blevet oplært til at frygte snarere end at kende

som venner, og ikke fælde dom om gudernes væsen, men snarere at tro på forfædrene, som gjorde sig fortjent til at have guderne som venner eller som konger i den rå fortid ved selve verdens skabelse! ... uden at være bevæbnede med spyd, men bevæbnede med ærefrygten for deres kult, og mens de er i sejrsrusen på de for lidt siden erobrede fjendtlige volde ærer de allerede de besejredes guddomme, og fra alle sider indbyder de fremmede guder og gør dem til deres egne, og bygger altre til endog ukendte guddomme og for de Dødes Ånder. Således, mens de påtager sig alle folkeslags ritualer, har de også vundet rigerne for sig. Fra da af har denne ærefrygtens tenor holdt sig uafbrudt, som ikke er blevet svækket af det lange tidsrum, men er blevet forøget; gamle skikke og hellige ting vinder i løbet af tiden lige så meget i religiøs status, som den har eksisteret i år.

Kommentar

Hvis vi springer 250 år frem i tid, møder vi en af de første apologeter for kristendommen, Marcus Minucius Felix (ca. 170-ca.250 e.Kr.), der i sin dialog 'Octavius' fremhæver romernes traditioner og overleverede ritualer fra deres forfædre, fordi de skaber stabilitet i staten og i samfundet (kap. 6, init.). Og i slutningen af kapitlet fremhæver han romernes tolerance over for de besejrede folkeslags guddomme og ritualer, hvorved romerne vinder en diplomatisk sejr ud over den krigsmæssige, hvad der netop åbner for alliancer med de besejrede stater (kap. 6, fin.).

Litteratur

Veyne, Paul: *Culte, piété et morale dans le paganisme gréco-romain*, in: P. Veyne: *L'Empire gréco-romain*, Paris (Éditions du Seuil) 2005, p. 419-543

2 Gravindskrifter, votiv- og forbandelsestavler

Indledning

Gravindskrifter viser den del af det virkelige liv, der er forbundet med døden, og især, hvad der var vigtigt at bevare for eftertiden af informationer om den afdøde. Ved siden af navnet på den afdøde indeholder gravindskrifter ofte en påkaldelse af dødsånderne, Di Manes, derudover den afdødes alder, ved soldater også antal år i tjeneste. Dernæst følger ofte navnet på den, der har rejst monumentet til minde om den døde, samt slægtskabsforholdet til den afdøde. Den normale opbygning og de karakteristiske formler for gravindskrifter er følgende:

Opbygning af en gravindskrift:

- *den afdødes navn, mest i nominativ eller dativ*
- *ophavsmand til monumentet, oftest i nominativ, med slægtskabsforhold til den afdøde, fx* frater
- *filiation:* fx M F – søn af Marcus
- *social status, fx* M. Terenti L – libertus af Marcus Terentus
- *oprindelse, oftest i abl., fx* Ara (fra Köln), Bononia (fra Bonn)
- *erhverv/militærrang, fx* miles, centurio, praefectus
- *tjenestetid* - stipendiorum (XV)
- *alder* – annorum (XXX)
- *indvielse til en guddom,* i dativ, fx Dis Manibus, IOM, Deae Fortunae, Deo Mithrae
- *votivformel, fx* V S L L M/faciendum curavit/fecit – *har sørget for at udføre/har udført*
- *gravformel, fx* Hic situs est, Hic iacet – *her ligger begravet*
- *de suo/de suis – af egen lomme/formue*

Sædvanlige forkortelser:
A (Aulus), AEL (Aelius), AVR (Aurelius), C (Gaius), CL (Claudius), D (Decimus), FL (Flavius), IVL (Iulius), L (Lucius), M (Marcus eller Manius), N (Numerius), P (Publius), Q (Quintus), SEX (Sextus), SP (Spurius), T (Titus) TI(B) (Tiberius), VLP (Ulpius)

A, AN, ANN = annorum (gen. qual.)

A = asses - as

AN/ANN [XXXII semissis]= annorum [triginta duorum semissis] I en alder af 32,5 år

AVG = Augustus/-a (som epitet), augur

B M = bene merenti, bonae memoriae – til den, der fortjener det, til det gode minde om

B R P N = bono rei publicae natus - født til statens vel

B T O Q = bene tua ossa quiescant - gid dine knogler må hvile i fred

B VIX = bene vixit – har levet godt

C V = clarissimus vir – højtanset mand = patricier i republikkens tid, senator i senkejsertid

CAES = Caesar

COS(S)= consule (consulibus) I konsul … år

D D Q = dis deabusque – til guder og gudinder

D I M = Deo Invicto Mithrae – til den ubesejrede Mithras

D M = Di(i)s Manibus – viet til dødsånderne

D M P S = Dis Manibus (et) perpetua securitate – viet til dødsånderne og i evig sikkerhed

D M S = dis Manibus sacrum – indviet til dødsånderne

D S I M = Deo Soli Invicto Mithrae – til den ubesejrede Sol, Mithras

EX T = ex testamento – ifølge testamentet

EX T F C = ex testamento faciendum curavit – han har sørget for at rejse monumentet ifølge testamentet

F = filius – søn

F = fecit, fecerunt – han/de har rejst, lavet

F F = filius fecit, filii fecerunt – sønnen/sønnerne har rejst/lavet

F F C = filius faciendum curavit, filii faciendum curaverunt – sønnen/sønnerne har sørget for at rejse/lave

H F C = heres faciendum curavit – arvingen har sørget for at rejse/lave

H M H N S = hoc monumentum heredem non sequitur – dette gravmæle overdrages ikke til nogen arving

H S E = Hic situs est – han/hun ligger (begravet) her

H S S = hic siti/ sitae sunt – de ligger begravet her

HH = heredes

ID = Idibus - den 13. eller 15. i måneden

I O M = Iovi Optimo Maximo til den Bedste og Største Jupiter

I S = infra scriptus – nedenfor stående

I D F. = iussu dii/ deorum fecit (fecerunt) – han har gjort det efter gudens/gudernes befaling

KAL [IVL] = Kalendis [Iuliis] den 1. juli

L = libertus, liberta, frigiven slave, slavinde

LEG [X] = Legionis [Decimae] af den tiende legion

MIL = miles – soldat

NON = Nonis den 5. eller 7. i måneden

O/OB = obitus annorum – død ... år gammel

P = posuit/ posuerunt, positum – anbragt, lagt

P P = parentes posuerunt, patronus posuit, pro pietate, parentibus pientissimis – forældrene har lagt, patronen har lagt, af respekt, med yderst omsorgsfulde forældre

PRO SAL = pro salute – til frelse for

PRO(COS) = proconsul/ pro consule – i stedet for konsulen

Q = quaestor

SC = senatus consultum – senatsbeslutning

SER = servus, serva – slave, slavinde

S P = sua pecunia = 'for egen regning'

STIP [XXV] = stipendiorum [viginta quinque] – efter 25 tjenesteår

S T T L = sit tibi terra levis – lad jorden være let for dig

T F I = testamento fieri iussit – ifølge testamentet lod han gøre

V A = vixit annos – han levede i ... år

V AN/V ANN = vixit annis – han levede i ... år

V IL = vir illustris - fremragende mand – højeste rang ved senkejserhoffet, givet til senatorer; mellemste rang er vir spectabilis, laveste rang er vir clarissimus

V S L L M = votum solvit/ solverunt libens/ libentes laetus/ laeti merito/ meritis

V S [L] L M = Votum solvit [laetus] libens merito – han/hun indfriede løftet glad og gerne efter fortjeneste/tilbørligt/som det sig hør og bør

V F = vivus/ viva/ vivi fecit/ fecerunt – han/hun/de gjorde det i levende live

VET = veteranus - veteran (pensioneret soldat)

Dokumenter

1. Indskrift for senator Caius Cestius Epulo – CIL VI 1374

A. *På Cestius-pyramidens østlige og vestlige side:*
C(aius) Cestius L(uci) f(ilius) Pob(lilia tribu) Epulo pr(aetor) tr(ibunus) pl(ebis) VIIvir epulonum
B. *På den østlige side:*
Opus apsolutum ex testamento diebus CCCXXX arbitratu [L[uci]] Ponti P[ubli) f[ilii) Cla(udia tribu) Melae heredis et Pothi l(iberti)

Indskrift for senator Caius Cestius Epulo – CIL VI 1374
A. Caius Cestius Epulo, søn af Lucius fra bydistriktet Poblilia, prætor, folketribun, medlem af syvmands-kommissionen til forberedelse af festmåltider for guder og mennesker (hviler her).

B. Dette værk blev fuldført ifølge testamentet i løbet af 330 dage efter beslutning af arvingen Lucius Pontius Mela, søn af Publius fra bydistriktet Claudia, og af den frigivne slave Pothus.

Cestius-pyramiden, Rom
(Origo: Pyramid of Cestius in Rome (romesightseeing.net))

Kommentar

Cestius-pyramiden i det sydlige Rom er bygget af senator C. Cestius Epulo med interssse for ægyptisk arkitektur. Gravindskriften giver de forbipasserende den afdødes 'praenomen', fornavn, 'gens', slægtsnavnet, samt 'cognomen', tilnavnet; dertil kommer faderens navn, fødselsdistrikt, 'tribus', samt diverse titler (A.). 'praetor' er den myndighedsperson, der har retsplejen under sig; det svarer nogenlunde til en justitsminister i dag; dem var der otte af i republikken; 'tribunus plebis', folketribun, er arbejder- og underklassens repræsentanter i det romerske senat; dem var der ti af i republikkens tid, og det er en meget magtfuld titel, da disse ti kunne nedfælde veto mod senatets beslutninger; 'VIIvir epulonum' , 'septemvir epulonum' betegner et medlem, 'epulo', af et kollegium på syv mand, der højtideligholdt bestemte guder med et festmåltid, 'epulum', hvor der blev dækket op til guder og mennesker, ved hvert sit bord, idet de mandlige guders gudebilleder blev lagt til bords på sofaer, 'lecti', mens de kvindelige gudebilleder blev sat til bords på lænestole, 'sellae'.

Derudover får vi at vide, hvem der har finansieret monumentet (B.). På denne måde bliver den afdødes status bevaret for eftertiden, men også den, der har bekostet opførelsen af monumentet. 'libertus' betegner en frigiven slave, der har optjent løn nok til at kunne købe sig fri fra sin herre og ejer.

2. Indskrift for senator Vettius Agorius Praetextatus – CIL VI 1779, 384-7 e.Kr.

D[is] M[anibus]
Vettius Agorius Praetextatus augur p[o]ntifex Vestae pontifex Sol[is] Quindecemvir curialis Herc[u]lis sacratus Libero et Eleusi[ni]is hierophanta neocorus tauroboliatus pater patrum in [r]e publica vero quaestor candidatus pr⟨a⟩etor urbanus corrector Tusciae et Umbriae consularis Lusitaniae proconsul[e] Achaiae praefectus urbi legatus a senatu missus V⟨II⟩ praefectus praetorio {II} Italiae et Illyrici consul ordinarius designatus et Aconia Fabia Paulina c(larissima) f(emina) sacrata Cereri et Eleusiniis sacrata apud Eginam hecatae tauroboliata hierophantria hi coniuncti simul vixerunt ann(os) XL.

Indskrift for senator Vettius Agorius Praetextatus – CIL VI 1779, 384-7 e.Kr.

Til dødsånderne.

(Her hviler) Vettius Agorius Praetextatus, augur, pontifex for Vesta, pontifex for Solguden, medlem af 15mands-kommissionen, Herkules' præst, indviet til Liber og de Eleusinske mysterier, hierofant, neocorus, døbt i tyreblod, fædrenes fader, men i staten kvæstorkandidat, politidirektør, regionsformand for Tuscia og Umbria, statholder i Lusitania, prokonsul i Achaia, bypræfekt, syv gange sendt ud som gesandt af senatet, præfekt for prætorianergarden i Italia og Illyricum, udpeget til ordinær konsul og Aconia Fabia Paulina (med ærestitlen) 'meget anset kvinde', indviet til Ceres og de Eleusinske mysterier, indviet til Hekate på Ægina, døbt i tyreblod, hierofantinde, – de levede forenet sammen i 40 år.

Kommentar

Her tiltales de dødes ånder, Di Manes, som den døde tilhører sammen med gravstedet. Jorden er altså 'sacer', tabu og hører ikke mere til den profane sfære. Der følger et hav af titler: 'augur', fuglevarselspræst, som havde rådgivende myndighed over for senatet, når der skulle fortolkes fuglevarsler; 'pontifex', medlem af pontifikalkollegiet, det højest ansete præstekollegium i Rom, der styrede og havde opsyn med hele statens religiøse liv og dermed også var chef for vestalinderne, det eneste kvindelige præstindekollegium med særprægede privilegier; 'pontifex Solis' er medlem af præstekollegiet for Solguden, der blev dyrket i Rom fra tidlige tider; 'quindecemvir sacris faciundis', 'medlem af femtenmandskollegiet til at forrette ofre'; det var et kollegium, der på senatets bud havde adgang til de Sibyllinske orakelbøger, skrevet på græsk, som kun blev bevilliget i krisetider; 'curialis Herculis' betegner her en almindelig præst i Herkules-kulten, som pontifikalkollegiet havde ansvaret for; Liber var gud for vindyrkningen, mandlig seksualitet og frihed og blev ofte identificeret med den græske gud Dionysos, på latin Bacchus; han blev fejret på Liberalia-festen; de Eleusinske mysterier kaldes sådan i Grækenland, fordi man skulle igennem en indvielsesproces, før man måtte se Demeters hemmelige objekter i Eleusis nordvest for Athen; den, der viste disse objekter frem for ham eller hende, der skulle indvies, kaldet mysten, var 'hierofanten', hvilket ord betyder 'den, der viser de hellige objekter frem'; 'neokorus' er også en græsk titel for opsynsmand for et tempel med ansvar for vedligeholdelse og opsyn med ofringerne; 'tauroboliatus' betyder her 'indviet med et tyreoffer' og er bl.a. typisk for indvielsen til den lilleasiatiske gud Mithras; en anden mulighed er indvielsen til den lilleasiatiske gudinde Magna Mater eller Kybele, der også foregik gennem et taurobolium, jf. hans kones indvielse; indvielsen til Mithras skete gennem syv grader, hvoraf den sidste og fornemste var titlen 'pater patrum', 'fædrenes fader'. Men ikke nok med hans religiøse liv; han har også fyldt en del i det politiske liv, idet han var kandidat til kvæstor-embedet, som der var otte af; de fungerede som finansministre for staten; han var 'praetor urbanus', justitsminister for byen Rom, regionsformand for regionerne Etrurien og Umbrien, statholder i Lusitanien, det senere Portugal, og prokonsul, dvs. embedsmand med militære beføjelser, = guvernør, i Grækenland, 'Achaia', 'praefectus urbi', politidirektør for byen Rom, 'legatus', ambassadør for senatet, 'praefectus praetorio', leder af den kejserlige livvagt i hele Italien og Illyrien, området omkring Trieste i dag; 'consul ordinarius designatus' betyder, at han er valgt til konsul i juli måned med tiltrædelse 1. januar det følgende år.

Hans kone er en 'clarissima femina', dvs. en patricierkvinde, tilhørende den gamle adel og øverste klasse (modsat 'egregia femina', tilhørende ridderstanden, den næsthøjeste klasse under patricierne) er indviet til Ceres, den romerske pendant til den græske Demeter og hendes Eleusinske mysterier; derudover er hun indviet til Hekate, en af den græske underverdens gudinder med speciale i trolddom og hekseri, som også dyrkedes på altre ved trekorsveje i Italien, hvorfor hun også kaldes Trivia; men her er hun indviet til Hekate på den græske ø Ægina ud for Athen; også hun er en 'tauroboliata', indviet i tyreblod, og det må være til Magna Mater eller Kybele, da Mithras er forbeholdt mænd; og også hun er blevet præstinde med ret til at vise de hellige objekter frem, 'hierophantria'.

3. Indskrift for bagermester og fabrikant Marcus Vergil(e)ius Eurysaces – CIL I² 1203-1206, 2. halvdel af 1. årh. f.Kr.

A. *Reliefpladen har muligvis siddet på den østlige side, som ikke er bevaret:*
Fuit Atistia uxor mihei femina op{i}tuma veixsit quoius corporis reliquiae quod superant sunt in hoc panario
B. *På den sydlige side i retning af Via Casilina:*
Est hoc monimentum Marci Vergili Eurysac[is]
C. *På den vestlige side vendt mod Porta Maggiore:*
Est hoc monimentum Margei Vergilei Eurysacis pistoris redemptoris apparet

D. *På den nordlige side i retning af Via Prenestina:*

Est hoc monimentu]m Marcei Vergilei Eurysacis pistoris redemptoris apparet

Indskrift for bagermester og fabrikant Marcus Vergil(e)ius Eurysaces – CIL I^2 1203-1206, 2. halvdel af 1. årh. f.Kr.

A. Atistia har været min hustru. Hun har levet som en fortræffelig kvinde. Hendes jordiske levninger befinder sig i denne brødkurv.

B. Dette er Marcus Vergil(e)ius Eurysaces' gravsted.

C. Dette er Marcus Vergil(e)ius Eurysaces', bagerens og fabrikantens, gravsted. Det er åbenlyst.

D. Dette er Marcus Vergil(e)ius Eurysaces', bagerens og fabrikantens, gravsted. Det er åbenlyst.

Sydvæggen af Eurysaces' grav uden for Porta Maggiore med Aqua Claudia bagved; de ni cylindre kan være kornbeholdere eller blandingskar.

(Origo: Tomb of Eurysaces the Baker – Wikipedia)

Kommentar

Dette specielle monument er rejst af bagermesteren for sin hustru, som han priser højt og hvis aske er placeret i et æltetrug på monumentet. Han er sandsynligvis frigiven slave, selv om L = libertus mangler på indskriften. Navnet viser et romersk praenomen og nomen gentile og et græsk cognomen, hvad der er typisk for en frigiven, der bærer ejerens navn, Marcus Vergilius, sammen med sit individuelle navn, Eurysaces. Desuden mangler indskriften faderens navn, som angiver nedstamningen, hvad der er typisk for frie borgere. En frigiven slave havde ikke romersk borgerret, men kunne arbejde som selvstændig bager. Man kunne opnå romersk borgerret, hvis man var registreret på skattelisten, solgte brødet til en fast pris, selv arbejdede i virksomheden og dagligt brugte 100 skæpper korn i sin virksomhed. Hvis man gjorde det 3 år i træk, kunne man opnå fuld romersk borgerret.

4.   Indskrift fra en bagers grav tæt på Eurysaces' gravsted, CIL I 1017; 2. halvdel af 1. årh. f.Kr.

Ogulnius Pistor simi(laginarius)
Amicus (Eurysacis?)

Indskrift fra en bagers grav tæt på Eurysaces' gravsted, CIL I 1017
Ogulnius, bager, som bruger det fineste mel
Ven (af Eurysaces)

5.   Indskrift for en skomager ved Porta Fontinalis – CIL VI 33914

D(is) M(anibus)
C(aius) Iulius Helius sutor a Porta Fontinale fecit sibi et Iuliae Flaccillae fil(iae) et C(aio) Iulio Onesimo liberto libertabusque posterisque eorum v(ivus) f(ecit)

Indskrift for en skomager ved Porta Fontinalis – CIL VI 33914
Til dødsånderne

Caius Julius Helius, skomager ved Porta Fontinale, har rejst (dette monument) for sig selv og sin datter Julia Flaccilla, for den frigivne slave Caius Julius Onesimus og de frigivne kvindelige slaver og deres efterkommere. Han har rejst det, mens han levede.

Kommentar

Ud over den traditionelle tiltale til dødsånderne nævner skomageren de personer, han har rejst gravmonumentet for, først familien, nemlig ham selv og datteren, dernæst den mandlige libertus, Caius Iulius Onesimus, med navns nævnelse og derefter de kvindelige frigivne samt deres børn. Vi bemærker navneskikken: den frigivne tager ejerens praenomen og nomen gentile til sig og har sit individuelle cognomen. Hvad indskriften i særdeleshed viser, er, at familia, husholdet, er præget af et sammenhold, som udgår fra pater familias, her skomageren, som nævner sine tidligere slaver på det sidste minde for livet.

6. Indskrift for en kommunal landmåler – CIL VI 1975

Innocuus Aper ecce iaces non virginis ira; nec Meleager atrox perfodit viscera ferro; mors tacita obrepsit subito fecitq(ue) ruinam, quae tibi crescenti rapuit iuvenile‹m› figuram.
T(ito) Statilio Vol(tinia tribu) Apro mensori aedificior(um) vixit ann(is) XXII m(ensibus) VIII d(iebus) XV T(itus) Statilius Vol(tinia tribu) Proculus accensus velatus et Argentaria Eutychia parentes filio optumo et Orciviae Anthidi uxori eius sibiq(ue) et suis libertis libertabus posterisque eorum.

Indskrift for en kommunal landmåler – CIL VI 1975

Uden skyld, Aper, ligger du her, ikke pga. jomfruens vrede; for Meleager, den grusomme, har ikke gennemboret dine indvolde med sit jern; tavs har døden sneget sig ind på dig og beredt enden for dig, som har berøvet dig, endnu i voksealderen, din ungdommelige skikkelse.
For Titus Statilius Aper fra bydistriktet Voltinia, kommunal opmåler af bygninger: Han levede 22 år, 8 måneder og 15 dage. Titus Statilius Proculus fra bydistriktet Voltinia, embedstjener, og Argentaria Eutychia, forældrene, (har rejst dette monument) for den

bedste søn og for Orcivia Anthis, hans hustru, og for sig selv og for deres mandlige og kvindelige frigivne slaver samt deres efterkommere.

Kommentar

Indskriften for den unge Aper bruger myten om jægeren Meleager, der dræber det kalydoniske vildsvin, 'aper', og den vrede Artemis og jomfruen Atalante, som forelskede sig i Meleager, til at benægte, at der var hævn eller jalousi på spil i denne historie om en alt for tidlig død. Døden har nok været en sygdom, der langsom tog livet af den unge landmåler, hvis forældre med angivelse af stilling og bydistrikt har rejst monumentet for hele familia, søn, svigerdatter, dem selv samt de frigivne slaver af begge køn med deres børn. Igen viser sammenholdet i familia sig og respekten for de nærmeste slægtninge og de tidligere slaver. De græske navne på svigerdatter, Anthis, og moderen, Eutychia, tyder måske på en ufri herkomst, mens faderens tribus-angivelse, Voltinia, viser, at han var romersk borger. Han var medlem af 'accensi velati', statsansatte forvaltningsembeds-mænd, der var organiseret i deres eget gilde; de var tilknyttet pontifices og skulle holde opsyn med udførelsen af de ritualer, som konsulerne foretog.

7.   Indskrift for en privatsekretær af Gens Statilia – CIL 6314

Nothi librari(i) a manu
Non optata tibi coniunx monimenta locavit ultima, in aeternis sedibus ut maneant, spe frustra gavisa Nothi quem prima ferentem aetatis Pluton invidus eripuit. Hunc etiam flevit quaequalis turba et honorem supremum digne funeris inposuit.

Indskrift for en privatsekretær af Gens Statilia – CIL 6314

(De jordiske levninger) af Nothus, privatsekretær
Dette uønskede sidste hvilested har hustruen erhvervet for dig, for at det kan forblive evigt på sin plads; forgæves glædede hun sig til Nothus, som den misundelige Pluto har revet bort i hans alders vår. Ham har også en hvilken som helst flok begrædt og vist ham på værdig vis den sidste ære.

Kommentar

Her er det hustruen, der har rejst gravmindesmærket for sin kære Nothus, hvis stilling var 'librarius a manu', privatsekretær, som døde alt for tidligt og som var en venlig mand ifølge de mennesker, der kom og tog afsked med ham på dødslejet. Der mangler hans fulde navn og filiationen, faderens navn; han har altså været slave.

8. Indskrift for en retorlærer – CIL VI 33904

D(is) M(anibus)
M(arci) Romani Iovini rhetoris eloquii Latini
Conditus hac Romanius est tellure Iovinus docta loqui doctus quique loqui docuit.
Manibus infernis si vita est Gloria vitae, vivit et hic nobis ut Cato vel Cicero.
M(arcus) Iunius Severus et Romania Marcia heredes bene merenti fecerunt.

Indskrift for en retorlærer – CIL VI 33904
Til dødsånderne
(og til de jordiske levninger) af Marcus Romanus Iovinus, retorlærer i latinsk veltalenhed. Begravet i denne jord er Romanius Iovinus, øvet i at sige lærde ting og som har lært andre at tale. Hvis det for dødsånderne er liv at få ære, mens man lever, så vil også denne (mand) leve for os som Cato eller Cicero.
Marcus Iunius Severus og Romania Marcia, arvingerne, har rejst (dette monument) for ham, der i høj grad fortjener det.

Kommentar
Efter den traditionelle påkaldelse af dødsånderne og navn og stilling af den afdøde beskrives lærerens positive egenskaber og lærdom samt hans formidlingsevne af stoffet over for eleverne, mundende ud i en sammenligning med Cato og Cicero, en stor ros til M. Romanus Iovinus. Arvingerne skjuler heller ikke deres bidrag til deres afdøde slægtning. På denne måde huskes alle parter.

9. Indskrift for en vognstyrer i den blå Circus-væddeløbsklub – CIL VI 10050

Crescens agit(ator) factionis ven(etae) natione Maurus annorum XXII quadriga primum vicit L(ucio) Vipstanio Messalla co(n)s(ule) natale divi Nervae miss(u) XXIIII equis his Circio Acceptore Delicato Cotyno ex Messalla in Glabrionem co(n)s(ulem) in natale divi Claudi miss(us) ost(io) DCLXXXVI vicit XXXXVII inter (certamina) sing(ularum quadrigarum) vic(it) XIX binar(um) XXIII tern(arum) V praemis{s}(it) I occup(avit) VIII eripuit XXXVIII secund(as) tulit CXXX tert(ias) CXI quaest(um) ret(ulit) HS XV (centena milia) LVIII (milia) CCCXXXXVI

Indskrift for en vognstyrer i den blå Circus-væddeløbsklub – CIL VI 10050

Crescens, vognstyrer for den blå væddeløbsklub, af maurisk stamme, (er død) 22 år gammel. Med et firspand har han sejret for første gang i Lucius Vipstanius Messallas konsulat på fødselsdagen for den Guddommeliggjorte Nerva (8. nov. 115 e.Kr.) i det 24. løb (på denne dag) med hestene Circius, Acceptor, Delicatus og Cotynus. Fra Messallas konsulat til (Manius Acilius) Glabrios konsulat på fødselsdagen for den Guddommeliggjorte Claudius (1. aug. 124 e.Kr.) er han gået til start 686 gange og har sejret 47 gange: 19 gange i løb for enkeltfirspand (1 firspand pr. klub), 23 gange i løb for dobbeltfirspand (2 firspand pr. klub), og 5 gange i løb for tredobbelt firspand (3 firspand pr. klub). (Af disse sejre) vandt han 1 i kategorien 'praemisit', 8 i kategorien 'occupavit', og 38 i kategorien 'eripuit'. Han har vundet andenpladsen 130 gange og tredjepladsen 111 gange. Som præmie har han hjembragt 1 558 346 sesterts.

Kommentar

Noget specielt er dødsannoncer og indskrifter for de forskellige klubber i Rom, og her gælder det hestevæddeløb; de forskellige klubber i denne branche havde forskellige farver, og her drejer det sig om den blå klub, 'veneta factio', med en vognstyrer, 'agitator', der er død efter 686 løb og i alt 47 sejre i enkelt- (singulae quadrigae), dobbelt- (binae) og tredobbelt (ternae) firspand. Teknisk udmærkede han sig ved tre former for strategi under løbet, 'praemisit', 'occupavit' og 'eripuit': 'praemisit' betyder, at jockeyen overlod føringen til sine modstandere i starten af løbet, men så indhentede dem og sejrede til sidst; 'occupavit' betyder det specielle, at jockeyen havde forspringet fra start til mål og altså indtog føringen i hele løbet; 'eripuit' betyder, at jockeyen vristede sejren ud af tøjlerne på sine modstandere inden for de sidste meter af løbet. Alt i alt tjente han over 1,5 mill. sesterts til sin klub, en betragtelig sum, når man tænker på, at 4 sesterts = 1 denar udgjorde en soldats dagløn i kejsertiden.

10. CIL I² 6.7 – L. Cornelius Scipio Barbatus, ædil 301 f.Kr., konsul 298 f.Kr., censor 280 f.Kr., 2 gange pontifex maximus, død ca. 280 f.Kr. Indskrift i saturniniske vers.

[L.Corneli]o(s) Cn.f. Scipio.
Cornelius Lucius Scipio Barbatus • Gnaivod patre / prognatus fortis vir sapiensque • quoius forma virtutei parisuma / fuit • consol censor aidilis quei fuit apud vos • Taurasia(m), Cisauna(m) Samnio cepit • / subigit omne(m) Loucanam opsidesque abdoucit.

Klassisk latin
Cornelius Lucius Scipio Barbatus • Gnaeo patre / prognatus fortis vir sapiensque • cuius forma virtuti parissima / fuit • consul censor aedilis qui fuit apud vos • Taurasiam, Cisaunam (in) Samnio cepit • / subigit omnem Lucaniam obsidesque abducit.

CIL I² 6.7 – L. Cornelius Scipio Barbatus

Lucius Cornelius Scipio Barbatus, søn af Gnaeus, en tapper og vis mand, hvis skikkelse passede perfekt til hans tapperhed, og som hos jer har været konsul, censor og ædil, indtog Taurasia og Cisauna i Samnium, underkastede sig hele Lukanien og førte gidsler bort.

Kommentar

Den romerske politiker Appius Claudius Caecus, censor 312 f.Kr., byggede Via Appia. Hurtigt blev der anlagt gravkamre ved siden af vejen uden for Roms bymur, og det ældste er Scipionernes gravkammer: Den største sarkofag indeholder L. Cornelius Scipio Barbatus, oldefar til Scipio Africanus Maior. Den har en æresindskrift, et 'elogium', jf. den ovenstående tekst. Karrieren fremgår af overskriften, idet han fulgte cursus honorum: quaestor – ansvarlig for statskassen, tiltrædelse tidligst som 31-årig, aedilis – ansvarlig for de offentlige bygninger, lege, forsyninger af korn – tiltrædelse som 37-årig, praetor – justitsminister og stedfortræder for konsulerne, tiltrædelse som 40-årig, consul – statens leder, tiltrædelse som 43-årig. Taurasia, Hirpinernes by, blev ødelagt 298 f.Kr. af romerne, Cisauna nævnes kun her, Samnium, region øst for Neapel, som talte oskisk; regionen blev besejret af romerne i 296 f.Kr.; Lucana ‹terra›, Lukanien ligger øst for Paestum og blev nedkæmpet 298 f.Kr. af Scipio Barbatus.

11. CIL I² 8.9 – L. Cornelius L. f. Scipio, søn af Barbatus, konsul 259 f.Kr., censor 258 f.Kr., død ca. 230 f.Kr.

L. Cornelio(s) L. f. Scipio / aidiles cosol cesor.
Lucius Cornelius Scipio, søn af Lucius, ædil, konsul og censor
Elogium, lovprisningen (tilføjet senere):
Honc oino(m) ploirume cosentiont R[omane] / duonoro(m) optumo(m) fuise viro
(m), / Luciom Scipione(m), filius Barbati. / Consol censor aidilis hic fuet a[pud
vos]. / Hec cepit Corsica(m) Aleria(m)que urbe(m), / dedet Tempestatebus aide(m)
mereto[d].
Klassisk latin
Hunc unum plurimi consentiunt Romani / bonorum optimum fuisse virum,/ Lucium
Scipionem, filius Barbati / Consul, censor, aedilis hic fuit apud vos. / Hic cepit Corsicam
Aleriamque urbem, / dedit Tempestatibus aedem merito.
CIL I² 8.9 – L. Cornelius L. f. Scipio
De fleste romere er enige om, at denne ene, Lucius Scipio, har været den bedste af de
gode mænd, søn af Barbatus, han var hos jer konsul, censor og ædil. Han indtog Korsika
og byen Alesia og skænkede Tempestates et tempel for deres fortjeneste.

Kommentar
Han fulgte ligesom faderen cursus honorum og vandt fællesskabets anerkendelse
('plurimi consentiunt') og indviede desuden et tempel, hvad der var et privilegium for
patricierne.

12. CIL I² 9.10 – Søn af Publius Cornelius Scipio Africanus Maior – ca. 200 f.Kr. – flamen Dialis

Quei (*qui*) apice insigne Dia[lis fl]aminis gesistei (*gesisti*).
Du, som har båret som udmærkelse flamen Dialis' apex
Mors perfec[it], tua ut essent omnia / brevia, honos fama virtusque / gloria atque
ingenium. Quibus sei (*klass. si*) in longa licuiset (*licuisset*) utier (*uti*) vita, / facile facteis
(*factis*) superases (*superasses*) gloriam / maiorum. Qua re lubens te in gremiu(m), /
Scipio, recipit terra, Publi, / prognatum Publio, Corneli.

CIL I² 9.10 – Søn af Publius Cornelius Scipio Africanus Maior

Døden bevirkede, at alt dit var kort, æren, ryet og tapperheden, berømmelsen og talentet. Hvis det havde været tilladt for dig at udnytte dem i et langt liv, så havde du nemt overgået forfædrene i dine gerninger. Derfor modtager jorden dig gerne i sit skød, Publius Cornelius, søn af Publius.

Kommentar

Dette er en indskrift med apologetisk tendens, idet den tidlige død forhindrede den fornemme unge mand i nobiliteten i at gennemløbe cursus honorum. Der nævnes de positive ting, som han kunne have opnået.

13. CIL I² 11 – L. Cornelius Cn.f(ilius) Cn(aei) n(epos) Scipio (ca. 200 f.Kr.)

Magna(m) sapientia(m) / multasque virtutes aetate quom (*cum*) parva / posidet hoc saxsum. Quoei (*cui*) vita defecit, non / honos honore(m), is hic situs. Quei (*qui*) nunquam / victus est virtutei (*virtute*), annos gnatus XX is / l[oc]eis mandatus. Ne quairatis (*quaeratis*) honore(m), / quei (*qui*) minus sit mandatus.

CIL I² 11 – L. Cornelius Cn.f(ilius) Cn(aei) n(epos) Scipio (ca. 200 f.Kr.)

Stor visdom og mange gode egenskaber ejer denne gravsten i sin unge alder. Han, som kom til kort for liv, men ikke for æren af en ærespost, ligger her. Han, som aldrig blev besejret i talent, er overgivet til dette sted i en alder af 20 år. Spørg ikke efter den ærespost, som ikke er blevet overdraget ham.

Kommentar

Ligeledes en indskrift med apologetisk tendens, idet denne unge romer af patriciernes klasse, nobiliteten, heller ikke opnåede nogen æresembeder pga. sin alt for tidlige død.

14. CIL I² 1603 – En mor sørger over sin unge søn (1. årh. f.Kr.)

Cn. Taracius Cn.f. / vixit a(nnos) XX, ossa eius hic sita sunt. / Eheu, heu, Taracei, ut acerbo es deditus fato: non aevo / exsacto vitai es traditus morti. / Sed cum te decuit florere aetate / iu(v)enta, interieisti et liquisti in maeroribus matrem.

CIL I² 1603 – En mor sørger over sin unge søn (1. årh. f.Kr.)

Gnaeus Taracius, søn af Gnaeus, levede i 20 år, hans ben ligger her. Ak og ve, Taracius, hvor bitter en skæbne er du blevet overladt til: selv om du ikke har fuldført din livsbane, er du blevet overgivet til døden. Men da det sømmede sig for dig at blomstre med ungdommen, er du død og har overladt din mor til sorg.

Kommentar

Her viser sig ganske andre normer og værdier end i patriciernes gravindskrifterne, idet det her drejer sig om en ung mand fra en lavere klasse end patricierne. Her kommer moderens følelser frem, og hendes sorg er i centrum. Her er det privatsfæren, der toner frem, og ikke offentlighedssfæren.

15. CIL I² 1924 – Venner og forældre sørger over Turpidius (1. årh. f.Kr.)

C. Turpidi(us) P.f. Hor(atia tribu)
[C. Tu]rpidius C.f. Severus f. v(ixit) a(nnos) XVI, / [par]entibus praesidium, amiceis gaudium. / [Po]llicita pueri virtus indigne occidit, / quoius (cuius) fatum acerbum populus indigne tulit / magnoque fletu funus prosecutus est.

CIL I² 1924 – Venner og forældre sørger over Turpidius (1. årh. f.Kr.)

Gaius Turpidius, søn af Publius, fra tribus Horatia

Gaius Turpidius Severus, søn af Gaius, levede ca. 16 år, som værn for forældrene, til glæde for vennerne. Drengens lovede talent døde på uværdig vis, hvis bitre lod folket opfattede som uværdigt og hvis ligtog det fulgte under stor gråd.

Kommentar

Her møder vi ligeledes en ung mand af lavere klasse end nobiliteten, hvis 'virtus' ikke bestod i offentlige poster, men i at være en god søn over for forældrene og en god kammerat over for vennerne. 'virtus' defineres her helt anderledes end i Scipionernes gravindskrifter, nemlig som beskyttelse af de ældre og bærer af sociale kompetencer over for omverdenen.

16. CIL I² 2274 – Et tab for slægtningene

L. Sulpicius Q.f. Q.n. / Col(lina tribu) hic situs est / ille probatus iudicieis / multeis cognatis atque / propinquis.

CIL I² 2274 – Et tab for slægtningene

Lucius Sulpicius, søn af Quintus, barnebarn af Quintus, fra tribus Collina, ligger her. Han var efter mange slægtninges og nærtstående familiemedlemmers mening retskaffen.

Kommentar

Også her gælder det de sociale kompetencer, som den unge Lucius Sulpicius viste over for sine medmennesker. 'virtus' defineres ganske anderledes, afhængig hvilken stand man blev født ind i.

17. CIL I² 1702 – Livsnydelse i rette tid (tidl. 1. årh. f.Kr.)

[Hoc nomen, ho]spe[s], sei legis, ne vituperes. / ....us L.f. praeco / [domicilium fecit viv]ŏs aeternum hoc sibei / [ratus hospitiu]m esse, quod natura tra[dat]. / [Fructusque recte es]t rebus cu(m) ameiceis sueis. / [Sic tu tueis fac] vivŏs utarus. Vale.

CIL I² 1702 – Livsnydelse i rette tid (tidl. 1. årh. f.Kr.)

Når du læser dette navn, fremmede, kritisér det ikke. ... søn af Lucius, herold, byggede sig i sin livstid dette evige hjem, fordi han troede, at det var hans hjem, som naturen skænker. På rette vis har han nydt forholdene sammen med sine venner. Sørg for, at du kan nyde dine i levende live. Farvel!

Kommentar

Her kommer der en slags epikureisme til udtryk: at man skal nyde livet, mens man har det; man skal fokusere på de goder, man kan nyde i sit liv.

18. CIL I² 1259 – En kvæghandler efterlader sin livspartner

Q. Brutius / P.f. Quir(ina tribu) v(ivus), / mercator bova(rius) / de campo, heic /
cubat frugi castu(s) amabili(s) / om[[i]]nibus. / Brutia Q.l. Rufa / pia patrono, / dum
vixsit, placuit.

CIL I² 1259 – En kvæghandler efterlader sin livspartner
Quintus Brutius, søn af Publius, fra tribus Quirina, i sit liv kvæghandler på Marsmarken,
ligger her, retskaffen, integer, elskværdig over for alle. Brutia Rufa, Quintus' frigivne,
behagede som respektfuld kvinde patronen, mens han levede.

Kommentar
Her finder vi en kvæghandler, der omtales positivt af sine omgivelser, 'frugi', 'castus',
'amabilis'. Hans 'virtus' består også i gode sociale kompetencer, dvs. hans menneskelige
egenskaber vægter mest, ikke hans sociale. Interessant er hans samliv med en frigiven
slavinde, som sandsynligvis har finansieret gravmonumentet og derfor nævnes.
Indskriften kan bruges som et modbevis for de begrænsninger, kvinder måtte leve
under i datidens retssystem.

19. CIL I² 16 – Fra Scipionernes gravsted

[P]aulla Cornelia Cn.f. Hispalli.
Paula Cornelia, datter af Gnaeus, Hispallus' kone.

20. CIL VI 1274 – Gravmonument for Caecilia Metella på Via Appia (1. årh. f.Kr.)

Caeciliae / Q.Cretici f. / Metellae Crassi.
For Caecilia Metella, datter af Quintus Creticus, Crassus' kone.

21. CIL I² p. 201 – På en statues basis

Cornelia Africani f. / Gracchorum.
Cornelia, datter af Africanus, Gracchernes moder.

22. CIL I² 1211 (= ILS 8403) – Den ideelle matrone, der spinder uld (2. årh. f.Kr.)

Hospes, quod deico (*dico*), paullum est, asta ac pellege./ Heic (*hic*) est sepulcrum haud pulcrum pulcrai feminae. / Nomen parentes nominarunt Claudiam. / Suom mareitum corde deilexit souo. / Gnatos duos creavit, horunc (*horum*) alterum / in terra linquit, alium sub terra locat. / Sermone lepido, tum autem incessu commodo. / Domum servavit, lanam fecit. Dixi. Abei.

CIL I² 1211 (= ILS 8403) – Den ideelle matrone, der spinder uld (2. årh. f.Kr.)
Fremmede, hvad jeg siger, er kun lidt, bliv stående og læs det. Her er den uskønne grav af en smuk kvinde. Forældrene kaldte hende Claudia. Hun elskede sin mand af hele sit hjerte. Hun fødte to sønner, af hvilke hun efterlader den ene på jorden, men anbringer den anden under jorden. Hun var humoristisk i sin tale og bevægede sig i en behagelig gangart. Hun passede på huset, spandt ulden. Jeg har talt. Gå videre.

Kommentar
Disse fire indskrifter for nobilitetens matroner viser næsten ingen individuelle, personlige eller emotionelle træk. Deres status fremgår af den slægt, 'gens', de tilhører; de er først og fremmest hustruer, mødre og døtre af berømte mænd. Deres opgaver bestod i at have respekt for deres mænd, føde dem børn, opføre sig socialt passende og udføre opgaverne i hjemmet, fx at spinde uld. Augustus bar fx kun klæder, der var spundet af kvinderne i hans familie.

23. CIL I² 1570 – En frigiven slaves gode liv

P. Larcius P.l. / Neicia, Saufeia A.l. / Thalea, L. Larcius P.f. / Rufus, P. Larcius P.f.
/ Brocchus, Larcia P. (Gaiae) l. / Heraea.
Boneis probata inveisa sum a nulla proba. / Fui parens domineis senibus, huic
autem opsequens. / Ita leibertate illei me, hic me decoraat stola. / A pupula annos
veiginti optinui domum / omnen. Supremus fecit iudicium dies: / Mors animam
eripuit, non veitae ornatum apstulit.
[Anm.: aa = ā]

CIL I² 1570 – En frigiven slaves gode liv
Publius Larcius Neicia, Publius' frigivne, Saufeia Thalea, Aulus' frigivne, Lucius
Larcius Rufus, søn af Publius, Publius Larcius Brocchus, søn af Publius, Larcia Heraea,
Publius' og hans kones frigivne.
Værdsat af de gode mennesker blev jeg ikke misundt af en misundelig pige. Jeg adlød
de ældre herrer, lydig over for denne. Således dekorerede hine mig med friheden, men
denne med stolaen. Fra teenagealderen har jeg i tyve år stået for hele husholdningen.
Den sidste dag har afsagt dommen: døden rev sjælen bort, men bar ikke mit livs
smykke bort.

Kommentar
Den afdøde Larcia var åbenbart Publius' slavinde, har passet huset og hjemmet og
blev til sidst belønnet med sin frigivelse, hvis symbol er 'stola'en som den frie kvindes
klædningsstykke. Indskriften vidner om et tæt emotionelt forhold mellem patron og
Larcia, som jo har fulgt datidens kvindenormer: lydighed, venlighed og husarbejdets
udførelse. Teksten viser, at forholdet mellem herre, ejer og slaver, slavinder kunne
være præget af respekt og omsorg fra herrens side; til gengæld viste de frigivne en
livslang loyalitet over for deres tidligere ejere og stod til tjeneste for ham, når han
bad om det.

Bemærkninger til romerske begravelsesritualer
Selve begravelsesforløbet – den rituelle sekvens
Servius skriver i sin kommentar til Vergils Aeneide: 2, 539: funus enim est iam ardens
cadaver; quod dum portatur exsequias dicimus; crematum iam reliquias; conditum iam

sepulchrum: 'funus er liget, når det allerede brænder; når det bliver båret ud, kalder vi det exsequiae; når det er brændt, reliquiae; når dct cr begravet, sepulchrum.'

Samfundets vigtigste opgave er at bortskaffe liget på en anstændig måde og lade de efterladte få mulighed for at vise deres sorg. Det står allerede i de 12 Tavlers Love med forbud imod overdreven klagesang og luksus under begravelsesritualet, Cicero: De legibus 2, 9, 22 og 2, 22, 55-27, 68.

Det anstændige består i, at den døde opløftes til Di Manes, de 'Gode Guder', dødsånderne. Graven, urnen, sarkofagen bliver til altre. For de levende sker kommunikationen med de døde ved graven.

Obligatoriske handlinger

Man lukker øjnene på den døde;

man kalder den døde ved navn – conclamatio;

man begynder klagesangen – lamentatio, ululatio;

liget blev vasket i varmt vand, olieret, og klædt på;

liget blev anbragt på en båre med fødderne vendt mod døren;

en mønt blev lagt i munden som billetpris til Charon;

en krans blev lagt på hovedet;

dødsfaldet skulle offentliggøres og registreres i Libitinas tempel;

familia er nu blevet uren, familia funesta, indtil der ved slutningen af begravelsen blev foretaget en renselsesceremoni, lustratio, purgatio;

rige familier overlod forberedelsen til bedemænd, locator funeris, libitinarius, der engagerede fagfolk til de forskellige opgaver: curatores, pollinctores, ustores, fossores; de arrangerede begravelsesprocessionen, pompa funebris, og sørgede for grædekoner, praeficae, sangere og musikere;

liget på sin båre blev båret ud af byen til sin gravplads eller sit krematorium, bustum, ustrina, Paulus ex Festo p. 29 (Lindsay). Romerne praktiserede både kremering og jordfæstelse; det sidste var nok ældst, men kremering er fremherskende i republikkens tid til 2. årh. e.Kr. Selv ved kremering blev noget jord lagt på den døde og en lille del blev skåret af for at blive brændt: os resectum, Cicero: De legibus 2, 22, 55 og Paulus ex Festo p. 135 (Lindsay);

til sidst blev liget lagt på brændestablen, rogus, pyra;

slægtningene åbnede den dødes øjne igen, nævnte hans/hendes navn, og bålet antændtes;

folk stod rundt om bålet og deltog i klagesangen, Servius ad Vergili Aeneida 6, 216;

efter nedbrændingen hældte slægtningene vand og vin over asken og knoglerne, Servius ad Vergili Aeneida 6, 226, man samlede dem sammen, ossilegium, Servius ad Vergili Aeneida 2, 228, og lagde dem i en urne og satte den i graven, på gravaltre, i columbarie-nicher (= katakomber) eller direkte i jorden.

En gris blev slagtet på graven, så at stedet blev tabu, helligt og indviet til dødsånderne. Folk spiste et måltid ved graven, silicernium, Servius ad Vergili Aeneida 5, 92 og vendt hjem derfra foretoges en renselse af hjemmet: suffitio, Festus p. 3, 3ff. (Lindsay) Sørgeperioden på ni dage, feriae denicales, startede med begravelsesdagen og slutter på den niende dag med et måltid ved graven, cena novemdialis.

Til sidst får husguden, Lar, som er centrum og beskytteren af hjemmet, en vædder som offer, Cicero: De Legibus 2, 22, 55.

De døde blev mindet på specielle dage i løbet af året, nemlig på den dødes fødselsdag, under Parentalia (13.-21. februar) som fest for familiens døde, di parentes, under Rosalia, rosenfesten, og på violdagen, dies violaris, de sidste i maj måned, hvor graven pyntes med blomster. Lemuria, festen for udsoning af lemures, de hævnende dødsånder, blev fejret den 9., 11. og 13. maj. Disse opgaver blev varetaget af bedemænd, libitinarii. Det ovennævnte var forbeholdt de rige romere; hos den jævne befolkning klarede familien de fleste ting selv.

Af ritualerne kan man se, at inhumatio, bisættelse, var af større betydning og ældst i forhold til ligbrænding, crematio, jf. Plinius: Naturalis Historia 7, 187: ipsum cremare apud Romanos non fuit veteris institui; terra condebantur; (ligbrænding var hos romerne ikke en gammel skik; man begravede ligene i jorden). I De Tolv Tavlers Love fra 450 f.Kr. er både inhumatio og crematio dokumenteret. Senere blev crematio den almindelige form, fordi den var billigere, og Tacitus ann. 16, 6 skriver ca. 100 e.Kr., at crematio ligefrem er mos maiorum hos romerne. Kun de rige bibeholdt inhumatio. Men i det 2. årh. e.Kr. blev urnebegravelsen igen fortrængt af sarkofager og bisættelse, og de kristne foretrak den økonomisk billigere begravelse i jord uden sarkofag.

Transformationen

Den døde hører nu til Di Manes, dødsånderne. Det er begravelsen, sepultura af verbet sepelire, der forandrer stedets beskaffenhed, hvor den finder sted. I Romerretten er der tre slags steder, der ikke falder under offentlig eller privat brug: in nullis bonis, og disse kaldes loca sacra, loca sancta og loca religiosa, Digesta 1, 8, 6,2 f. Templer er loca sacra, grave og kirkegårde er loca religiosa, Digesta 1, 8, 6,4 (Marcianus), fordi deres indvielse er privat, mens templer skal indvies officielt. Selve begravelsen gør et sted til locus religiosus, Digesta 11, 7, 2 (Ulpianus) og 11, 4. Offeret af en gris er nødvendig for at udføre et korrekt sepulcrum. Alle arrangementer og udgifter betragtes som værende beordret af den døde, selv om det ikke står i testamentet (funeris sumptus, impensa). Udgifter til graven som et monument hører til en anden kategori, selv om den døde har skrevet det i sit testamente (Digesta 11, 7, 37 (Macer)). Arvingerne i den afdødes testamente accepteres ikke automatisk som arvinger, Digesta 11, 7, 4 (Ulpianus), da det er den afdøde, der opfattes som ansvarlig for, hvad der sker med hans eller hendes krop, indtil den er begravet. Hvad der sker med graven bagefter, er op til arvingerne.

Hvilken status har et lig?
Det ser ikke ud til at høre til 'personer, ting, handlinger' (vel personae, vel res, vel actiones) Digesta 1, 5, 1 (Gaius, Institutiones 1, 8), ejheller hører det til 'mennesker, frie eller slaver', Digesta 1, 5, 3 (Gaius, Inst. 1, 9). Den afdøde er hverken en person eller en ting; det peger på en liminal status.
Der er altså både retlige og religiøse forskrifter for den døde; det synlige tegn er gravstenene langs med hovedvejene, både store monumenter og navne, skrevet på en urne eller en stenskærv. Ofte taler den døde selv (ego) til den forbipasserende: 'Non fui, fui, non sum, non curo'. – Jeg eksisterede ikke, jeg levede, jeg lever ikke (mere), jeg er ligeglad. – Ofte forkortet til: N F F N S N C, CIL V 1813. 2893, jf. CLE nr. 420 og nr. 1495.

Ny status for de levende
Der er arvingerne, der overtager den dødes ejendom, Digesta 50, 16, 24. De kan acceptere eller afvise arven. Indtil de har truffet beslutningen, er arven uafhængig ejendom, hereditas iacens. Digesta 46, 1, 22; 30, 116, 3; 41, 1, 34; 41, 1, 33, 2, jf. Inst. 2, 14, 2; 3, 17: hereditas er en juridisk person (hereditas personae defuncti, qui eam reliquit, vice fungitur). Romerretten skelner skarpt mellem den afdøde som individ og de privilegier, der hørte til den afdøde, og de privilegier, der går over til den legale arving, Digesta 7, 4, 3, 3. Når arvingen har accepteret arven, er arvingen ansvarlig for testators gravsted; han skal anmelde gravskænderi, actio sepulcri violati, eller føre en retssag om bagtalelse og injurier, actio iniuriarum, Digesta 47, 12, 3,8 ff. Om adskillelsen mellem udgifter for begravelsen og for gravstedet, se Digesta 11, 7, 37.

Den døde har bevæget sig fra et liv i det menneskelige samfund, societas generis humani, til en plads i Di Manes' fællesskab, og har som sådan overskredet en grænse og befinder sig derfor i en liminal tilstand; denne skal afsluttes med de relevante ritualer og ofringer fra de pårørendes side, for at den afdøde kan få ro i sin nye status.

Tolkningen understøttes af, at det at forhindre et lig i at blive begravet, straffes hårdt, dog ikke så hårdt som mord; den ubegravede afdøde befinder sig i en liminal fase, der ikke finder hvile og truer det samfund, som de ikke kan forlade og som ikke udfører sine forpligtigelser, jf. Lemuria-festen i Rom og de græske Anthesteria: de døde er uden status. Familien er jo også funesta i det øjeblik, personen dør, og befinder sig i en liminal fase, indtil alle ritualer er gennemført og familien har gennemført et renselsesoffer.

Litteratur

J. Y. Pentikäinen: *'Transition Rites. Comic, Social, and Individual Order'*, in: Proceedings if the Finnish-Swedisch-Italian Seminar held at the University of Rome "La Sapienza" 24th-28th March 1984, ed. By Ugo Bianchi, Roma 1986, 1-12

NB: Om kvindens stilling og rettigheder se Yan Thomas: "Die Teilung der Geschlechter im römischen Recht", in: Schmitt Pantel, P. (ed.): *Geschichte der Frauen*, Bd. I Antike, Frankfurt am Main (Campus) 1993, 105-171.

Død og begravelse i Rom

Hos romerne herskede den tro, at de døde boede i deres grave. Derfor fik de mad og drikke leveret, og man kunne endda bo imellem gravene. Først senere i republikkens tid dannede de sig så et billede af et dødsrige efter græsk og etruskisk forbillede.

Epikur, der jo var materialist, lod livet ophøre med døden, atomerne spredes, og intet bliver tilbage. Da sjælen selv er meget fine, glasklare atomer, bliver de spredt, indgår i kredsløbet igen og danner et nyt menneske. Plinius, Naturalis Historia, 7, 187-190, tilslutter sig denne holdning.

Dødsklagen Dis Manibus, "Til Dødsånderne", må betragtes som en påkaldelse af de guder, der råder i dødsriget, ubestemmelige i antal og i væsen og tjener til at ære de dødes minde, memoria. Epitafer og gravindskrifter tjener til at lade de døde være en del af de levendes liv og til at repræsentere slægten.

Vi må gå ud fra, at de fleste romere troede på et liv efter døden, jf. Cicero Tusculanae disputationes 1, 26ff, De re publica 6, 9ff. og CIL III, 3247: Terra tenet corpus, nomen lapis atque animum aër: 'Jorden bevarer kroppen, stenen navnet og luften sjælen'.

Pomerium

Cicero skriver som citat efter De Tolv Tavlers Love i De Legibus 2, 58: Hominem mortuum … in urbe ne sepelito neve urito; 'en død må man inden for byen hverken begrave eller brænde'. Det betyder altså, at man har overtrådt forbuddet gang på gang, når denne bestemmelse gentages jævnligt i århundredernes forløb.

Gellius, Noctes Atticae 13, 14, skriver, at pomerium svarede til kong Servius Tullius' mur fra 6. årh. f.Kr. Først kejser Claudius og kejser Vespasian udvidede pomerium, se CIL VI, 930.

Gravformer

De fattigste har ikke efterladt sig spor, for de blev enten begravet i puticuli, forrådnelsespladser, eller fra tidlig kejsertid brændt i massekremeringer. De er forblevet anonyme, ligesom de døde, der bare blev begravet med et lag lertegl over sig.

De vigtigste begravelsespladser lå ved Roms udfaldsveje, fx Via Appia, og fyldte ca. 2 hektar hver for sig, jf. CIL VI, 30076. Der udviklede sig deciderede nekropoler, dødebyer, hvor levende og døde lå side ved side. Håndværkerne slog sig ofte ned her.

Senatorer og riddere angiver i deres tituli, gravindskrifterne, deres cursus honorum, deres curriculum vitae, mens håndværkere, købmænd, virksomhedsejere lod sig afbilde med den officielle borgerdragt, togaen, ofte med hustruen også.

Familiegrave indeholder familien, børn, slægtninge, af personalet de frigivne, liberti libertaeque, og deres efterkommere, posteri; se sepulchra familiaria hos Gaius: Digesta 11, 7, 5. Slaver nævnes ikke, men der er ofte tilknyttet en gravplads med anonyme grave i forbindelse med husherrens gravmæle. I 1. årh. e.Kr. byggede man overjordiske eller underjordiske columbaria, dueslag, der indeholdt hundredevis af urner i mange etager, og den individuelle gravplads, loculus, indeholdt en eller to olla, urner. Byggestilen svarer til de levendes højhuse, insulae. Afgiften var overkommelig, om ikke billig, nogle hundrede sesterts (En dagsløn var 3-5 sesterts). De døde blev forsynet med tabellae, små tavler med navn, graffiti eller malede billeder på.

Da man atter foretrak bisættelser fra ca. 150 e.Kr., opfandt man en ny gravtype, katakomberne, som var lange, underjordiske tunnelsystemer. Det første lå ved San Sebastiano-kirken langs med Via Appia og fik sit navn derfra, coemeterium ad catacumbas. Det er ikke en kristen opfindelse, for Flavia Domitilla, medlem af flavierne, byggede Domitilla-katakomberne i slutningen af 1. årh. e.Kr. Alt efter formue kunne man købe et cubiculum til en sarkofag eller et arcosolium, en (billigere) buegrav, eller bare en niche, hvor den dødes knogler blev lagt.

Gravpladen

Gravindskriften, titulus, indeholdt i sin minimalform navnet i nominativ, dativ eller genitiv. I 1. årh. e.Kr. kom formlen D(is) M(anibus) S(acrum), indviet til dødsånderne, til, eller bare Dis Manibus. Navnet i genitiv dækker måske over 'til (den afdødes) sjæl'. Dativ er den yngste kasus. Adjektiver kunne hæftes på den afdøde, carissimus, 'den allerkæreste', piissima, 'den mest respektfulde'. Dertil kunne man tilføje alderen i form af livslængden i akkusativ eller ablativ, for soldater antal år i krigstjeneste, samt detaljer fra afdødes liv. For de højere lag angives ofte cursus honorum, cv, deres statslige og religiøse embeder. Også håndværkere og virksomhedsejere angav deres erhverv, kunstnere og sportsfolk angav deres triumfer og sejre, ligeledes militærpersonel. Ofte bliver stifteren af gravmonumentet nævnt med den relevante slægtskabs- eller ægteskabs-forbindelse. Der kan også være tiltaler til de forbipasserende om enten at nyde gravstedet eller ikke at svine det til ved at tisse eller bruge det som lokum, se CIL IV, 8899.

Litteratur

Kolb, Anne/Joachim Fugmann: *Tod in Rom. Grabinschriften als Spiegel römischen Lebens*, Mainz a. R. (Verlag Philipp von Zabern) 2008

Votivtavler

Indledning

Votivtavler er tavler, der indeholder en bøn om hjælp eller en tak for hjælp, rettet til en gud. De nævner først gudens navn, dernæst navnet på den, der beder om eller takker for hjælpen, som undertiden også beskrives, desuden hvem den begunstigede er ('pro se et suis', 'pro salute imperatoris'), og hvad gaven består i (fx 'aram'). Hyppige forkortelser er:
IN H D D = 'in honorem domus divinae' – til ære for den guddommelige kejserfamilie
D = 'dedit' – han gav
D D = 'dono dedit' – han skænkede som gave

P = 'posuit' eller 'posuerunt' – han har rejst eller de har rejst (dette monument, dette alter)

V S = 'votum solvit' – han har indfriet sit løfte

V S L M = 'votum solvit libens merito' – han har gerne og efter fortjeneste indfriet sit løfte

V S L L M = 'votum solvit libens laetus merito' – han har gerne og glad og efter fortjeneste/tilbørligt/som det sig hør og bør indfriet sit løfte

Votivgaver er altså objekter, der pga. et løfte skænkes til en guddom som symbolsk gave for en opnået redning eller som bøn om hjælp i en nødsituation. Løftet kaldes votum og den, der aflægger løftet, kaldes votant. Votivgaver blev ofte ødelagt, før de blev lagt ned på et helligt sted, for at de ikke skulle kunne bruges igen i den profane sfære.

24. CIL VI 68

Tabula marmorea. Repertam esse una cum inscriptione D. Octavi D. l. Modiaci in fundo Framia via Ostiensi ad III lap. A. 1794, videtur colligi posse ex Viscontio. – Apud Caietanum Marinium MAR. Nunc in museo Vaticano (Gall. Lap. Dii II).

"Felix publicus Asinianus pontificum Bonae deae agresti felic … v .., votum solvit iunicem albam libens animo ob luminibus restitutis, derelictus a medicis, post menses decem bineficio dominaes medicinis sanatus; per eam restituta omnia, ministerio Canniae Fortunatae."

CIL VI 68

Felix Asinianus, pontifexernes offentlige slave, indløser sit løfte til den landlige Bona Dea (den Gode Gudinde) med tilnavnet Den Lykkelige, med en hvid ung ko, glad i sindet, fordi synet er blevet restitueret, selvom han var blevet opgivet af lægerne, men han blev helbredt efter 10 måneders velgørende behandling med gudindens medicin; *(senere tilføjelse til indskriften:)* gennem hende er det hele blevet genoprettet med hjælp fra Cannia Fortunata.

Cannia Fortunata er måske et arbejdende medlem i Bona-Dea-kulten, for hvem det var vigtigt at dokumentere denne guddommelige helbredelse.

Kommentar

Den offentligt statsansatte slave Felix Asinianus har på et tidspunkt lovet Bona Dea, gudinde for frugtbarhed og sundhed med et tempel på Aventinerhøjen i Rom, et offer, en hvid ung kvie, fordi han med hendes naturmedicin, men mod lægernes dom, har fået synet tilbage; han har altså indfriet sit løfte, som han har forpligtet sig til, mens han endnu var syg, med den lovede votivgave. Teksten viser, hvem votivgaven er henvendt til; og den senere tilføjelse om Cannia Fortunata, der har restitueret og bevaret indskriften, kunne være en slags reklamefremstød for Bona Dea-kulten, hvis Cannia var et arbejdende medlem i kulten.

Kommunikationsteoretisk analyse

For at se en forklaring på de tekniske termer, se kap. 11 om hymners og bønner struktur.

Felix Asinianus = afsender = ekspressiv funktion

Bona Dea = modtager = direktiv funktion

Den informative funktion dækker både Felix' stilling som offentlig slave, og hans offer til gudinden, en hvid ung kvie, iunicem albam, og hans medicinske protokol, som samtidig er en kritik af datidens lægevidenskab.

Den kommissive funktion dækker votum solvit, forpligtelsen er indløst med offeret og votivtavlen.

Den æstetiske funktion udgøres af formlerne igen, Felix, Bonae Deae, votum solvit, libens animo, jf. formlerne ovenfor.

Den fatiske funktion mangler i ord, men ikke i gerning, for votivtavlen hænger jo i helligdommen, er altså en del af gudens ejendom.

Koden: her kan vi kun gisne om, at Bona Dea forstår latin, men det går afsender ud fra.

25. CIL V 6881

Tabula aerea omnium quae ibi repertae sunt et maxima et optime scripta, reperta in summo monte sancti Bernhardi, extat ibi in museo.

"Iovi Poenino L. Paccius, Lucii filius, Palatina ‹tribu›, Nonianus, Fundis, legionis sextae, Victricis piae fidelis, ex voto."

CIL V 6881

Til Jupiter Poeninus, Lucius Paccius, søn af Lucius, som er indskrevet i den palatinske tribus, med tilnavnet Nonianus, fra Fundae, centurion i 6. legion, Vixtrix pia fidelis, ud fra et løfte.

Kommentar

Teksten viser, hvem votivgaven er henvendt til, Jupiter Poeninus, af hvem løftet er givet med praenomen, nomen gentile, cognomen, filiation samt distrikt og militær rang, altså en fuldgyldig romersk borger. Han har nu opstillet sin offergave og dermed indfriet sit løfte, 'ex voto', fordi han er kommet godt over Skt. Bernhard-passet i de svejtsiske Alper.

Kommunikationsteoretisk analyse

Hvis vi skal anvende Jakobsons funktioner, kunne vi ganske enkelt sige, at Lucius Paccius er afsender, = ekspressiv funktion, der skriver til Jupiter Poeninus, som er modtager, = direktiv funktion. Med informationen, at Lucius er søn af Lucius, med tilnavnet Nonianus, centurion i 6. legion, får man altså hans CPR-nr., = informativ funktion. Den kommissive funktion udgøres af ex voto, som lovet. Lucius har jo forpligtet sig til at give en votivgave, når han har afgivet sit løfte, votum.

Den æstetiske funktion, altså sproget, er de formler, man benytter, altså Iovi Poenino, Lucius Paccius, ex voto, som lovet.

Den fatiske funktion mangler ligesom i ovenstående indskrift i ord, men ikke i gerning, for votivtavlen hænger jo i helligdommen, er altså en del af gudens ejendom.

Koden: her kan vi kun gisne om, at Jupiter Poninus forstår latin, men det går afsender ud fra.

26. CIL XIII 6722 – Votivindskrift for Iuppiter og Iuno Regina i Mogontiacum/ Mainz – ca. 100 e.Kr.

I(ovi) O(ptimo) M(aximo)
Et Iunoni
Reginae
vicani Mo-
gontiacen-
[s]es vici no-
vi de s(uo) p(osuerunt)

CIL XIII 6722 – Votivindskrift for Iuppiter og Iuno Regina i Mogontiacum/Mainz – ca. 100 e.Kr.

For Jupiter, den Bedste og Største, og for Juno Regina har borgerne i Mainz i Nystaden rejst (dette monument).

Kommentar

Denne indskrift står på en basis af en søjle, som viser Jupiter, Juno, Sol, Luna og Fortuna. Det er indbyggerne i Mainz' (vicani Mogontiacenses) nye bydel (vicus novus), 'Nystaden', der har rejst dette monument som led i byens Jupiterkult. Mogontiacum blev anlagt som lejr for to romerske legioner op til 13 f.Kr., der sammen med lejren i Vetera, Xanten, skulle forestå offensiverne mod Germanien. I Mainz opstod der så en civil by i nærheden af lejren, hvoraf 'Nystaden' altså er det sidste nye kvarter.

Forbandelsestavler – defixionum tabellae

Indledning

En forbandelse kaldes defixio, substantiv af defigo, 'hæfter fast', 'gennemborer', på græsk katádesmos eller katádesis, og bruges til hekseri, fortryllelser og forbandelser til skade for et offer. Der skrives normalt på blytavler, fordi det materiale holder længst og er koldt, tungt, gråt, giftigt og nytteløst, hvad der svarer til den skadevirkning, som defigens, den, der forbander, ønsker at opnå. Bly anvendtes også i medicinsk-magisk brug til at dæmpe den seksuelle lyst, og derfor er det endnu en grund til, at det er bly, der anvendes til forbandelsestavler (jf. Plinius: Naturalis historia 34, 166).

Offeret, defixus, den, der er forbandet, skal skades, hindres i at bevæge sig, altså bindes, eller hindres i at tænke og ønskes ofte død. Defigens beder underverdenens guder, di inferi, deres hersker Dis pater eller Pluto (= Hades) og hans kone Proserpina (Persephone) (= Heracura) eller Mercurius (= Hermes) og Di Manes om hjælp. Enten udtrykker defigens et ønske om, at defixus skal skades og beder guddommene om hjælp, eller også regnes forbandelsen for aktiv i og med at defigens har skrevet blytavlen. Denne bliver ofte rullet sammen, foldet og gennemhullet med søm, og denne ødelæggelse af mediet, blytavlen, skal gennem analogi-fortryllelse ramme offeret på samme måde. Tavlerne bliver lagt ned i grave, søer og endda, men sjældent, templer, fordi det er der, man ønsker den forbandede hen. Personerne forbandes ad Hades eller Pluto til eller til at dø en for tidlig og unaturlig død. Sømmene symboliserer permanent uskadeliggørelse, og personen nagles fast og lammes på den måde.

Det er endvidere vigtigt, at offeret, defixus, ikke kender fortryllelsen eller finder blytavlen, for så kan han sætte en modaktion i gang. Den, der forbander, defigens, skaber kun kontakten til guddommen, som skal overtage aktionen.

Ofrene falder i bestemte kategorier:
1. modstandere i retssager
2. rivaler i erhvervslivet
3. konkurrenter i hestevæddeløb
4. rivaler i kærlighedsaffærer
5. undertiden søger defigens at fortrylle en person til at vedkommende bliver erotisk tiltrukket af defigens
6. et særtilfælde er at holde ukorrekt begravede i graven og
7. fordi man ønsker at binde for tidligt afdøde, fx gennem selvmord, mord, sygdom omkomne mennesker, til graven.

Der optræder en del formler på tavlerne med et fast udvalg af verber, som man kalder bindeformler og som kan være følgende:
defigere, fastnagler, fæstner, lammer, stikker ned i, stikker ind i, fæster til jorden, gennemborer

ligare	
alligare	
	binder, fastbinder
obligare	
perligare	

Vigtig er præfikset 'de-', som ophæver verbets positive betydning og samtidig angiver retningen nedad, her altså mod underverdenen og døden:

dedicare,	
demandare	
	indvier til, forbander, overgiver, forhekser, fortryller
devovere	
consacrare	

Derudover findes der en standardstruktur, som kaldes similia similibus, 'to forhold, der er lig hinanden', idet der skildres en reel situation fra dagligdagen, fx en død kat, og i analogi til dens tilstand skal offeret, defixus, også gå ind i den tilstand, altså dø. Formlen på latin er 'quomodo ..., sic ...', 'således som ..., sådan ...'; det er altså en sammenligning.

Et tredje element er bønnen om hjælp til underverdensguden, som påkaldes i en fatisk funktion og derefter bliver bedt om hjælp til at skade offeret i en direktiv funktion. Dette kaldes i bønner for invocatio-delen. Defigens tiltaler guderne med et 'maiestas', 'højhed', 'numen', 'guddom', 'dominus', 'herre' eller 'domina', 'frue', endda 'tyrannus', 'enehersker' eller 'genius', 'skytsgud'. Den, der forbander, sætter sig altså under guddommen for at vinde dens kooperation. Ofte bliver offeret også bagtalt og omtalt som bedrager og forbryder over for guddommen for at tvinge guddommen til at handle. Forskellen til en normal bøn er, at den, der beder om hjælp, ikke ønsker en handling fra gudens side over for fællesskabet, bønnen er ikke en konstituerende dimension, hvor den enkelte indgår i et kollektiv, men her er bønnen, altså forbandelsen, en anonym, hemmelig kontaktskabelse ved hjælp af blytavlen. Det specielle ved denne situation er, at den, det drejer sig om, defixus, den forbandede, ikke er modtager af budskabet; det skal ramme ham som uvidende. I en bøn taler man direkte til en gud og beder om hjælp for sig selv eller sin familie.

Der findes til dato ca. 1600 tavler, heraf 1000 på græsk og 600 på latin, heraf 250 fra Britannia. Den første græske tavle stammer fra Selinunt på Sicilien fra ca. 500 f.Kr., derefter finder man en del i Attika og i Olbia ved Sortehavskysten; den ældste latinske tavle stammer fra Pompeji fra det 2. årh.f.Kr., mens de fleste er skrevet efter det 2. årh. e.Kr.

Skadevoldende magi er strafbar, og allerede i de Tolv Tavlers Love lovgav man mod 'mala carmina', så derfor er afsenderen ofte anonym. De store lovkomplekser, Codex Theodosianus fra 438 e.Kr. og Codex Justinianus fra 529-534 indeholder mange bestemmelser mod magi. I Athen var magi ikke strafbar. Sømmene går igen i voodoo-dukkerne, defixionsfiguriner, som ligeledes skal lamme den person, dukken skal symbolisere.

27. CIl VI 33899 – En forbandelse rettet til Typhon Seth fra Rom 2.–3. årh. e.Kr.

Tabella plumbea reperta in vinea Marini via Appia extra portam Sancti Sebastiani a sinistra. Nunc in museo Kircheriano.

1.   "Filius …
2.   Qui … ab hac ora, ab hoc die, ab hac nocte … t … mti … te …
3.   Tere, contere, confringe et … trade
4.   morti filium Atelles Praeseticium p‹r›istinarium,
5.   qui manet in regione nona ubi videtur arte‹m› sua‹m›
6.   facere et trade Plutoni praeposito mortuorum.
7.   Et si forte te contempserit, patiatur febris
8.   Frigus tortiones pallores sudores obbripi
9.   lationes meridianas interdianas seru-
10. tinas nocturnas ab hac ora, ab hoc die, ab hac nocte.
11. Et perturba eum ne repraehensionem habeat,
12. Et si forte occansionem inveneris, praefocato eum
13. Praestetium filium Aselles in termas in ualneas in quocumque loco.
14. Cupede frange Praesetio Aselles et si forte te seducat per aliqua
15. artificia et rideat de te et exsultetur tibi,
16. vince peroccide filium mares Praesete-

17.   cium p‹r›istinarium filium Aselles
18.   qui manet in regione nona ... cede
19.   tachy tachy."

CIl VI 33899 – En forbandelse rettet til Typhon Seth fra Rom 2.–3. årh. e.Kr.

1.   Søn ...
2.   som ... fra denne time, fra denne dag, fra denne nat ...
3.   Slid op, udslet, knus og ... udlevér
4.   Atelles søn Praesetius, ejeren af stampemøllen, til døden,
5.   som bor i 9. distrikt, hvor han ses udføre sit erhverv
6.   og udlevér ham til Pluto, de dødes herre.
7.   Og hvis han foragter dig, skal han lide feber,
8.   kulde, kolik, dødsbleghed, svedeture,
9.   feberanfald morgen, middag, aften og nat
10. fra denne time, fra denne dag, fra denne nat.
11. Og forvir ham, så at han ikke opnår helbredelse,
12. og hvis du finder en lejlighed til det, kvæl ham,
13. Aselles søn Praestetius, i det varme bassin, i det kolde bassin, ja hvor som helst.
14. Knus Praesetius, Aselles begærlige søn, og hvis han skulle narre dig med visse
15. tricks og le ad dig og triumfere over dig,
16. besejr ham, udryd sønnen Praesetius,
17. stampemølleren, Aselles søn,
18. som lever i det 9. distrikt ... kom nu,
19. hurtigt, hurtigt.

Kommentar

Her beder den, der forbander, defigens, i en direktiv funktion Typhon Seth, den ægyptiske ulykkesgud, om, at Atelles' søn, Praesetius, ejeren af stampemøllen i det 9. distrikt, må blive udslettet og dræbt og ført til underverdensgudens Plutos rige. Hermed er den, der skal forbandes, defixus, identificeret med de relevante informationer; vi får altså at vide, hvem der gør hvad mod hvem og hvem af de højere magter der skal hjælpe til med ugerningen (l. 1-6). Den direktive funktion udvides med informationer om de pinsler, der skal ramme Praesetius før dennes død (l. 7-13). Ønsket gentages (l. 14-19) med en opfordring om at lade det ske hurtigt, idet defigens ovenikøbet har svaertet Praesetius til som et ondt menneske, der vil narre og drive gæk med en guddom. Årsagen til denne forbandelse kan være en konkurrents ønske om død over en forretningsrival eller et ønske om at blive fri for et begærligt (l. 14) menneske i ens bekendtskabskreds.

Seth var bror til Osiris og myrdede ham for at få hans rige; søsteren Isis samlede Osiris' knogler og begravede ham, så han kunne blive gud over dødsriget. Grækerne identificerede Seth med Typhon, et billede på den dræbende naturkraft, der kæmpede mod de himmelske guder. Både Seth og Typhon betragtedes som børn af khthoniske guddomme, underverdens guddomme, hvorfor sammensmeltningen af de to figurer passer fint til et forbandelsesritual, med hvilket man ønsker døden over ens rival.

28. CIL XI, 1823 = Audollent nr. 129

En forsmået elskerindes fromme ønske
Q(uintum) Letinium Lupum, qui et vocatur Caucadio, qui est filius Sallusti[es Vener] ies sive Ven[e]rioses, hunc ego aput vostrum numen demando, devoveo, desacrifico, uti vos Aquae ferventes, siv[e v]os Nimfas (= Nymphae) [si]ve quo alio nomine voltis adpe[l]lari, uti vos eum interematis, interficiates intra annum itusm (= idus Martias vel Maias)/(i(ta) v(otum?) s(olvam? m(eritis?)).

CIL XI, 1823 = Audollent nr. 129
Quintus Letinius Lupus, som også kaldes Caucadio, som er søn af Sallustia, Veneria eller Veneriosa, ham overgiver, indvier og forbander jeg til jeres guddom, så at I, varme kilder, hvad enten I vil kaldes nymfer eller tiltales med et andet navn, myrder og dræber ham inden for et år (fra den 15. marts eller maj/så vil jeg indfri mit løfte til gengæld for tjenesten).

Kommentar
Dette fromme ønske fra den forsmåede elskerinde indledes med en præcis identifikation, det fulde treleddede navn, samt et alias og med en mor, der enten reelt eller sarkastisk ikke kan identificeres nøjagtigt, hvorefter der følger den normale formel for en forbandelse med en triade af verber, 'demando', 'devoveo' og 'desacrifico', hvor præfikset 'de-'

antyder en negation af verbets normale semantik samt en retningsangivelse nedad, altså mod dødsriget, og da en forbandelse er en overdragelse af en person til en guddom, følger navnet på guddommen nu, de varme kilder eller nymfer eller et andet navn, idet elskerinden, som her er defigens, den, der forbander, vil være helt sikker, og så kommer det fromme ønske, at den forbandede, defixus, skal være død inden for et år. Her har vi så den direktive bøn til guddommen, der skal hjælpe til med udførelsen, og elskerinden forpligter sig til at indfri sit løfte; her har vi så den kommissive funktion, forpligtigelsen.

29. CIL VIII, 12505 = Audollent nr. 228a

En forsmået elskers fromme ønske
Te rogo qui infernales partes tenes, commendo tibi Iulia(m) Faustilla(m), Marii filia(m), ut eam celerius (= celerrime) abducas et ibi in numerum (= defunctorum in Orco versantium) tu a[b]ias (= (h)a[be]as).

CIL VIII, 12505 = Audollent 228a
Dig beder jeg, du, som hersker over dødsriget, til dig overgiver jeg Julia Faustilla, Marius' datter, at du bortfører hende så hurtigt som muligt og optager hende der i din skare.

CIL VIII, 12505 = Audollent nr. 228b
Te rogo qui infernales partes tenes, commendo tibi Iulia(m) Faustilla(m), ut eam celerius abducas infernales (vel infernalis, pro inferis) partibus in numeru(m) (= defunctorum in Orco versantium) tu abias (= (h)a[be]as).

CIL VIII, 12505 = Audollent nr. 228b
Dig beder jeg, du, som hersker over dødsriget, til dig overgiver jeg Julia Faustilla, at du bortfører hende så hurtigt som muligt til dødsriget og optager hende i din skare.

Kommentar
Her har vi to indskrifter med næsten samme tekst, idet en forsmået elsker denne gang påkalder underverdenens gud med en fatisk funktion: 'Te' …, og en ekspressiv funktion: 'rogo' – 'jeg beder dig', samlet i en påkaldelse og bøn: 'te rogo'… – 'jeg beder dig

om'…, efterfulgt af selve overdragelsen af personen til guddommen, den egentlige forbandelse, med en tydelig identifikation, den informative funktion: 'commendo Iulia(m) Faustilla(m), Marii filia(m)', hvorefter selve ønsket til guddommen fremføres i en direktiv funktion: 'ut … abias'. Her følger så ikke en forpligtigelse fra elskerens side, at han vil give en gave, når tjenesten er udført.

30. Audollent nr. 270

En forsmået elskerindes fromme ønske

Ad[iur]o … per magnum deum et per Anterotas et per eum, qui habet accipitrem supra caput, et per septem stellas, ut, ex qua hora hoc composuero, non dormiat Sextilius, Dionysiae filius, uratur furens, non dormiat neuqe sedeat neque loquatur, sed in mentem habeat me Septimam, Amoenae filiam; uratur furens amore et desiderio meo Septimes, Amoenae filiae. Tu autem Abar Barbarie Eloe Sabaoth Pachnouphy Pythipemi, fac Sextilium, Dionysiae filium, ne somnum contingat, sed amore et desiderio meo uratur, huius spiritus et cor comburatur, omnia membra totius corporis Sextili, Dionysiae filius. Si minus, descendo in adytus Osyris et dissolvam τὴν ταφήν et mittam ut a flumine feratur; ego enim sum magnus decanus dei magni, dei Achrammachalala.

Audollent nr. 270

Jeg besværger dig ved den store gud og ved Anteroterne og ved ham, der bærer høgen på hovedet, og ved de syv planeter, at fra den time, hvor jeg har udtalt dette, skal Sextilius, Dionysias søn, ikke sove mere, men brænde indvendigt og rase afsindigt, han skal ikke sove, ikke sidde ned, ikke tale, men skal have mig, Septima, Amoenas datter, i tankerne; han skal brænde indvendigt og rase afsindigt af kærlighed og længsel efter mig, Septima, Amoenas datter. Men du (her følger en masse trylleord) sørg for, at Sextilius, Dionysias søn, ikke falder i søvn, men at han brænder af kærlighed og længsel efter mig, at hans ånde og hjerte brænder op, at alle lemmer i hele Sextilius' krop brændes, søn af Dionysia. Hvis du ikke gør det, stiger jeg ned i Osiris' gravkammer og åbner hans grav og kaster ham ud, så at han føres bort af floden; jeg er nemlig den store guds, Achrammalalas, store dekan.

Kommentar

Her har vi et eksempel på en forbandelse, der skal udløse en tvang hos den forbandede, defixus, Sextilius, nemlig at han kun tænker på den, der forbander, defigens, nemlig Septima, med en klar erotisk intention. Den hjælpende guddom kunne være Seth, den onde underverdens gud, der har dræbt Osiris, samt Anteroterne, som nu er negativt ladede Eroter, fordi den påtvungne kærlighedstrang skal føre til Sextilius' død. Han har åbenbart afvist Septima, og nu hævner hun sig, endda med en trussel om at efterligne Seth, der spredte Osiris' knogler ud over hele Ægypten, og med en ophøjelse til den ægyptiske kults dekan, lederen. Kombinationen af ægyptisk mytologi, græske ord og romersk miljø viser, hvilke kilder magien har ført sammen i oldtiden på tværs af sprog- og geografiske grænser.

31. Audollent nr. 286

Adiuro te demon, quicunque es, et demando tibi ex anc (hac) ora (hora) ex anc (hac) die ex oc (hoc) momento ut equos prasini et albi crucies ocidas, et agitatore[s] Clarum et Felice[m] et Primulum et Romanum occidas collida[s] neque spiritum illis lerinquas (= relinquas); adiuro te per eum, qui te resolvit temporibus, deum pelagicum aerium Ιαω Ιασδαω ο. οριω αηια.

Audollent nr. 286

Jeg besværger dig, dæmon, hvem du end er, og overdrager dig det hverv fra denne time og denne dag og fra dette sekund, at du piner og dræber det grønne og det hvide partis heste, dræber og smadrer kuskene Clarus, Felix, Primulus og Romanus, og ikke lader nogen luft tilbage i dem; jeg besværger dig gennem ham, som i sin tid løste dig ‹fra dette liv›, havets og luftens gud, Jao Jasdao o. orio aeia.

Kommentar

Hvor de førnævnte forbandelser drejede sig om forsmået kærlighed, drejer denne tekst sig om professionel rivalitet inden for hestesporten. Kusken, der må høre til det røde eller blå hold, henvender sig til en dæmon fra underverdenen, 'adiuro te, daemon, quicumque es', altså dels en personlig henvendelse i ekspressiv funktion og en påkaldelse af en dæmon, uanset hvem, altså en fatisk funktion, for derefter at udtrykke den egentlige forbandelse: 'demando tibi' med en præcis tidsangivelse og ønsket om, at det grønne og det hvide holds heste og kuske skal dræbes af dæmonen, altså den direktive funktion: 'ut equos … (relinquas)'. Besværgelsen af dæmonen forstærkes gennem henvendelse til dæmonens støttegud, havets og luftens gud: 'adiuro orio aeia'.

32. Audollent Nr. 111 – Santonernes region i Gallien – ca. 170 e.Kr.

Denuntio personis infra
Scribtis Lentino et Tasgillo,
Uti adsin ad Plutonem
[et] at Proserpinam hinc a[beant].
Quomodo hic catellus nemin[i]
Nocuit, sic ………… nec
Illi hanc litem vincere possint;
Quomodi nec mater huius catelli
Defendere potuit, sic nec advo-
Cati eorum e[os d)efendere ‹non›
Possint, sic il[o]s [in]imicos
Aversos ab hac l[i]te esse; quo-
Modi hic catellus aversus
Est nec surgere possit,
Sic nec illi; ….
Atracatetracati gallara
Precata egdarata he-
Hescelatamentis ablata.

32. Santonernes region i Gallien – ca. 170 e.Kr.

Jeg forkynder for de nedennævnte personer, Lentinus og Trasgillus, at de skal fremtræde for Pluto og gå herfra til Proserpina. Ligesom denne hankat ikke har skadet nogen, således … skal de heller ikke kunne vinde denne retssag. Således som heller ikke moderen til denne hankat ikke har kunnet forsvare ham, således skal deres advokater ikke kunne forsvare dem, ligesom modstanderne er fjernet fra denne retssag; ligesom denne hankat er fjernet og ikke kan rejse sig mere, således skal de heller ikke … trylleformular.

Kommentar
Denne forbandelse, defixio, er et eksempel på en defixio judiciaria, idet modstanderne i en retssag skal hindres i at udtale sig. Sådanne angreb retter sig imod taleevnen og intellektet, symboliseret ved sjæl, tunge og ord. Men også den fysiske tilstedeværelse skal forhindres, så hænder, fødder og øjne kan også rammes. Det specielle er derudover, at der sker en parallelisering af to handlinger, den aktuelle rituelle situation (katten er blevet dræbt) og den ønskede effekt på offeret = modstanderne, som skal være lige så hjælpeløse som katten. Frazer kaldte dette sympatetisk magi, Audollent kalder denne formel for similia similibus. Og de navngivne personer skal gå ad Pluto, Hades, til, altså dø.

33. Audollent Nr. 93 A – fra Brigantium, i dag Bregenz

Domitius Niger et
[L]ollius iet Iulius Sever[u]s
[e]t S[e]verus Nig[ri] serv[u]s adve[rs-]
[a]r[ii] Bruttae et quisquis adve-
rsus il[l]am loqut(us est); omnes
per[d]es.

Audollent Nr. 93 A
Domitius Niger, Lollius, Iulius Severus og Severus, Nigers slave, Bruttas modstandere og hvem der ellers har talt mod hende; du skal ødelægge dem alle.

Kommentar
Da der er tale om 'adversarii' her, er der nok tale om en retssag, altså en defixio judiciaria, mens 'quisquis adversus illam locutus est' kunne tyde på, at nogen har sværtet hendes rygte til. Guddommen, som skal hjælpe med at udrydde modstanderne, nævnes ikke,

men må have kendt til sagen. Og 'perdere' kan kun betyde, at modstanderne skal dø og gå til Hades.

34. Audollent Nr. 139

Quomodo mortuos qui istic
Sepultus est nec loqui
Nec sermonare potest, seic
Rhodine apud M. Licinium
Faustum mortua sit nec
Loqui nec sermonare possit.
Ita ut mortuos nec ad deos
Nec ad homines acceptus est,
Seic Rhodine aput M. Licinium
Accepta sit et tantum valeat
Quantum ille mortuos quei
Istic sepultus est. Dite pater, Rhodine
Tibei commendo, uti semper
Odio sit M. Licinio Fausto.
Item M. Hedium Amphionem,
Item C. Popillium Apollonium,
Item Vennonia Hermiona,
Item Sergia Glycinna.

Audollent Nr. 139
Ligesom den døde, som er begravet her, hverken kan tale eller sige et ord, således skal Rhodine ligge død ved siden af M. Licinius Faustus og ikke kunne hverken tale eller sige et ord. Således som den døde hverken er blevet modtaget hos guder eller mennesker, således skal Rhodine være modtaget hos M. Licinius og have så meget betydning, som den døde, der ligger begravet her. Dis pater, underverdenens hersker, jeg overgiver dig Rhodine, for at hun altid skal være hadet af M. Licinius Faustus. Ligeledes M. Hedius Amphion, ligeledes C. Popillus Apollonius, ligeledes Vennonia Hermiona, ligeledes Sergia Glycinna.

Kommentar

Denne forbandelse viser, at den, der forbander, defigens, ikke bare skriver teksten på en blyplade, en papyrus eller en vokstavle, men at man skal recitere den, læse den højt, når man skriver den ned. Skriften gør virkningen vedvarende, så længe den kan læses og så længe pladen, papyrussen eller tavlen overlever. Når man lægger den i en grav eller en brønd, sjældent i et tempel, men det findes, lægger man den i den retning, som man ønsker, at defixus, den forbandede, skal ende, nemlig i det underjordiske. Nedskrivning og recitation er en redundans, der skal sikre virkningen. Den døde i graven skal tage meddelelsen med ned til dødsriget som postbud. Det er ikke i forbryderes eller tidligt afdødes grave, at de bliver lagt ned, men i ganske almindelige menneskers grave. Og her drejer det sig om en erotisk defixio, hvor Rhodine ikke skal opnå eller ikke har opnået den ønskede erotik med M. Licinius Faustus. Modsætningen består ikke mellem liv og død, men mellem intensivt liv, erotik og død.

35. Audollent nr. 233

Excito [t]e,
Demon, qui (h)ic convers-
ans:
trado tibi (h)os
equos ut detineas
illos et implice[ntur]
[n]ec se movere posse[nt].

Audollent nr. 233

Jeg kalder dig frem, Dæmon, du, som bor her (*i den grav, hvorfra teksten stammer*); jeg overgiver dig disse heste, for at du holder dem fast og de vikler sig ind (i deres seletøj), så at de ikke kan bevæge sig.

Kommentar

Også i sporten, agonistikken, bliver defixiones sat ind for at holde rivalerne i skak. Det sker især i kejsertiden og gælder hestevæddeløb i Rom, Karthago og andre byer. Ofrene er kuskene, agitatores, og hestene, hvis navne remses op, (hvad der i sig selv er en god kilde til antikke hestenavne) og man påkalder gerne en dæmon for at udføre ugerningen.

Betegnelser for magikere

Maleficus: en, der begår onde gerninger

Nekromantikere: de forsøger at vække de døde til live igen for at få dem til at sige noget om fremtiden. De døde lokkes frem med frisk blod, blandet med vand.

Nekros = en død, manteia = spådomskunst

Hydromantikere kigger i vand for at se dæmonernes skygger og hvad de ligner. De bruger også vand og blod for at udspørge de døde.

Geomantik: her bruger man jord

Aeromantik: her bruger man luft

Pyromantik: her bruger man ild

Så vi har alle de fire elementer i brug, og denne form for spådomskunst siges at komme fra Persien.

Divini: sandsigere er fulde af gud (= Deo pleni); de påstår at være fyldt med divinitas, guddommelighed, som gør dem i stand til at fortælle om fremtiden.

Incantatores: de arbejder med besværgende ord og trylleformularer, jf. carmen, cantare.

Arioli: = harioli = haruspices; det ser ud til, at har- og haru- og ar- er samme ord = måske 'indvolde'. Ordets etruskiske betydning er dog usikker.

Haruspices: indvoldstydere; ordet kommer af 'haru' = 'indvolde'?. Spicio = specio, beskuer.

Augures: fuglevarseltydere; avis = fugl, men i dag mener man, at ordet kommer af augere = forøge, nemlig at forøge husherrens eller statens velfærd. De udfører auguria = avigerium = det, som fugle gør.

Auspices: fuglevarseltydere; her har vi avis = fugl, og spicio: beskuer. De udfører auspicia.

Pythonisser er opkaldt efter den pythiske Apollon, = Apollon i Delphi, fordi han menes at have opfundet spådomskunsten.

Astrologi: de tyder fremtiden ud fra stjernerne = astra

Genethliaci: astrologer, der tolker den nyfødtes skæbne ud fra stjernernes stilling på fødselsdatoen; de svarer altså til vores horoskoptydere. Folket kaldte horoskoptydere mathematici, fordi de ser på stjernernes stilling i fødselsøjeblikket. Oprindeligt blev de kaldt magi, fordi kunsten kom fra Persien.

Horoscopi er et andet ord for samme slags tydere.

Sortilegi: skæbnelæsere; de spår om fremtiden ved at læse i alle slags skrifter.

Salisatores: = springerne? De forudsiger ud fra et knoglebrud på dem selv, hvordan deres liv vil forme sig.

Chaldaei: spåmænd, der oprindeligt kom fra Chaldaea i Mesopotamien.

Litteratur

Audollent, Auguste: *Defixionum tabellae*, Paris (Fontemoing) 1904; diverse genoptryk

Collins, Derek: *Magic in the ancient Greek world*, Oxford e.a. (John Wiley & Sons) 2008

Cuzzolin, Pierluigi & Daniela Urbanová: *"Some linguistic and pragmatic remarks on the tabellae defixionum"*, in: Journal of Latin Linguistics, Berlin, Vol. 15, Iss. 2 (2016)

Graf, Fritz: *Gottesnähe und Schadenzauber. Die Magie in der griechisch-römischen Antike*, München (C. H. Beck) 1996

Kings, Charles W: *The Ancient Roman Afterlife – Di Manes, Belief, and the Cult of the Dead*, Univ. of Texas Press 2020

Kolb, Anne/Joachim Fugmann: *Tod in Rom. Grabinschriften als Spiegel des römischen Lebens*, Mainz a.R. (Philipp von Zabern) 2008

Lamont, Jessica: *"Cold and Worthless: The Role of the Lead in curse tablets"*, in: Tapa, Vol.151, no. 1, (2021)

Linderski, J.: *"Agnes Kirsopp Michels and the Religio"*, in: The Classical Journal, (Apr. – May, 1997) Vol. 92, No. 4

Lund, Allan. A.: *Magi og hekseri*, København (Gyldendal) 2010.

Ogden, Daniel: *Magic, Witchcraft, and Ghosts in the Greek and Roman Worlds – A Sourcebook*, Oxford Univ. Press 2002

Preisendanz, K.: *"Fluchtafel"*, in: Reallexikon für Antike und Christentum VIII (1972), p. 1-29

3.　Larkulten i Rom: Lares, Penates og Genius

Dokumenter

Larer – Familiens guder

1.　Plautus: Aulularia, 1-8 (Prologus)

PROLOGVS – LAR FAMILIARIS
Ne quis miretur qui sim, paucis eloquar.
ego Lar sum familiaris ex hac familia
unde exeuntem me aspexistis. hanc domum
iam multos annos est cum possideo et colo
patri avoque iam huius qui nunc hic habet. 5
sed mi avos huius obsecrans concredidit
thensaurum auri clam omnis: in medio foco
defodit, venerans me ut id servarem sibi.
(Origo: http://thelatinlibrary.com/plautus/aulularia.shtml)

Plautus: Guldkrukken, v. 1-8 (Fortale)

For at ikke nogen skal undre sig over, hvem jeg er, vil jeg kort forklare:
Jeg er husets lar hos den familie,
Fra hvis hus du har set mig træde ud. Dette hjem
har jeg været i besiddelse af i mange år, og den nuværende
ejers far og bedstefar har dyrket mig.
Bedstefaderen betroede mig bønfaldende en skat af guld i al hemmelighed: midt i
ildstedet begravede han den og bønfaldt mig om at bevare den for sig. …

Kommentar

Den romerske komediedigter, Titus Maccius Plautus (ca. 254 – ca. 184 f.Kr.) lader i sin komedie 'Guldkrukken' husguden, lar familiaris, åbne spillet og tale til publikum. Da en prolog har en særlig betydning som åbningstekst, får den person, der fremsiger den, også en særlig stilling, og når det er laren, der taler, viser det også gudens stilling i forhold til husets familia, husholdet. Han var en fast del af beboerne i hjemmet, som alle ærede lares, husguderne. Ved siden af ejeren og hans familie var det især slaverne, der dyrkede larerne som deres guder, så larerne fremstår som det religiøse samlingspunkt for alle i huset. I teksten præsenterer laren sig selv og fremhæver den lange tid, han har boet i hjemmet. Traditionen tæller og slægten ligeså og det i en sådan grad, – hvad der også er emnet for komedien, – at bedstefaren har betroet husguden en guldskat i en guldkrukke. Desuden lægger man mærke til, at der kun er én lar i huset.

2. Plautus: Trinummus 39 ff. = 1. akt, sc. 2, vers 1 ff.

Callicles
Larem corona nostrum decorari volo.
Uxor, venerare ut nobis haec habitatio
Bona fausta felix fortunataque evenat –
Teque ut quam primum possim videam emortuam.
(Origo: Plautus: Trinummus (thelatinlibrary.com)

Plautus: Trinummus 39 ff. = 1. akt, sc. 2, vers 1 ff.
(*C. træder ind*) Jeg ønsker, at vores husgud smykkes med en krans.
(tiltaler husets frue) Hustru, vis ham tilbørlig respekt, at hans tilstedeværelse her må falde godt, lykkeligt, helsebringende og heldigt ud for os, –
(*med lavere stemme*) og at jeg må se dig, så hurtigt som muligt, ligge død.

Kommentar
Her er vi i en komedie af Plautus 'De tre mønter', hvor pater familias træder ind og vil højtideligholde husguden med en krans og opfordrer sin kone, som han åbenbart har et noget blakket forhold til, til at ære husguden på behørig vis, fordi husguden har en vigtig beskyttende funktion for hele familia, udtrykt gennem en i bønner hyppig brugt formel: 'Bona fausta felix fortunataque'. De to komedier (se også nr. 1) viser tydeligt, hvilken stilling husguden havde i privathjemmet. Og også her er der kun én lar i huset.

3. Marcus Tullius Cicero: De legibus II, 19

[19] Marcus: … ‹in urbibus› delubra habento. Lucos in agris habento et Larum sedes.’ ‘Ritus familiae patrumque servanto.

(Origo: http://thelatinlibrary.com/cicero/leg2.shtml#19)

Marcus Tullius Cicero: *Om lovene* II, 19

19. Markus: … ’I byerne skal man bygge helligdomme. På landet skal man have hellige lunde og boliger for larerne. Man skal bevare husholdets og forfædrenes ritualer’

Kommentar

Cicero følger her det traditionelle syn, at guderne skal æres ifølge de traditionelle ritualer, og hvad der svarer til helligdomme i byerne, ’delubra’, er hellige lunde, ’lucos’, og boliger for Larerne, ’larum sedes’ på landet. Han tænker altså på larerne som landbrugssamfundets oprindelige guder, der først senere er kommet til byerne som distriktsguder.

4. Caius Plinius Secundus Maior = Plinius den Ældre: Naturalis historia, 28, kap. 6

Cibus etiam e manu prolapsus reddebatur utique per mensas, vetabantque munditiarum causa deflare, et sunt condita auguria, quid loquenti cogitantive id acciderit, inter execratissima, si pontifici accidat dicis = Ditis (*af Dis, underverdens Jupiter Pluto*) causa epulanti. in mensa utique id reponi adolerique ad larem piatio est.

(Origo: Pliny the Elder, Naturalis Historia, liber xxviii, chapter 6 (tufts.edu))

Plinius den Ældre: Naturalis historia, 28, kap. 6

Tidligere, når mad faldt ud af hånden på nogen, plejede man at lægge den tilbage op på bordet, og det var forbudt at puste på den for at rense den; og der er blevet taget varsler om, hvad der mon ville ske for den, der sagde (ord) eller tænkte (tanker), (mens det skete); og det hører til de frygteligste varsler, hvis det skulle ske for en pontifex, der holdt festmåltid for Dis (*under Feralia, højtid for de døde i februar*). Den korrekte udsoning er, at maden lægges på bordet og så brændes til ære for laren, husguden.

Kommentar

Stedet viser, at laren har en forbindelse til jordguderne, idet den mad, der falder på jorden, tilhører ham; den har overskredet grænsen mellem profan og indviet så at sige og må ikke røres mere af mennesker; og ligesom andre objekter, der indvies til guderne, ødelægges eller brændes, således sker det også med maden på jorden. At lar og jordguder hænger sammen, ses også af bemærkningen om pontifexen, der ofrer til dødsrigets gud Dis; han befinder sig midt i ritualets liminale fase og må derfor heller ikke tabe maden på gulvet; i så tilfælde skal ritualet gå om med en udsoning, 'piatio'.

5. Cicero: De legibus II 55

[55] Iam tanta religio est sepulcrorum, ut extra sacra et gentem inferri fas negent esse, idque apud maiores nostros A. Torquatus in gente Popillia iudicauit. Nec uero tam denicales (quae a nece appellatae sunt, quia residentur mortuis) quam ceterorum caelestium quieti dies feriae nominarentur, nisi maiores eos qui ex hac uita migrassent in deorum numero esse uoluissent, *sed* eas in eos dies conferre ius*serunt*, ut nec ipsius neque publicae feriae sint. Totaque huius iuris compositio pontificalis magnam religionem caerimoniamque declarat. Neque necesse est edisseri a nobis, quae finis funestae familiae, quod genus sacrificii Lari ueruecibus fiat, quem ad modum os re*s*ectum terra obtegatur, quaeque in porca contracta iura sint, quo tempore incipiat sepulcrum esse et religione teneatur.
(Origo: M. Tullius Cicero, De Legibus, Liber Secundus, section 55 (tufts.edu))

Cicero: De legibus II 55

Grave er genstand for en så stor religiøs ærbødighed, at det hævdes, at der ikke i dem må nedlægges nogen, som ikke hører til slægten og således falder uden for dens religiøse riter. Dette er en bestemmelse, der i vores forfædres tid er truffet af Aulus Torquatus (*A. Manlius T. cos. 244 og 241 f.Kr. eller Titus Manlius T. cos. 165 f.Kr.*) med henblik på den popiliske slægt.

Hvad angår dødefesterne (denicales), der har deres navn efter døden (nex), fordi de holdes for de afdøde, ville de ikke blive kaldt fester, i lighed med de helligdage, der fejres for de himmelske guder, hvis det ikke havde været vore forfædres ønske, at man skulle regne dem, der forlod dette liv, for guder. Loven kræver, at disse fester henlægges til de dage, hvor de hverken falder sammen med andre private eller med offentlige fester.

Hele denne formulering af pontifexernes ret viser dyb religiøs forståelse og respekt for ceremoniernes samvittighedsfulde overholdelse. Vi behøver ikke her at forklare i detaljer, hvornår familiens sørgeperiode holder op, hvilken slags vædderoffer der skal bringes Laren, hvordan man tildækker en afskåret knogle med jord, hvilke regler man skal iagttage ved ofringen af en so, og hvornår graven antager karakter af grav og kommer under gudernes beskyttelse.

Kommentar
Cicero slår fast, at graven er forbeholdt slægtens medlemmer, hvad der viser, at man lagde de døde ned i allerede forberedte gravsteder af fremmede familier, enten pga. pladsmangel eller økonomisk nød. Endvidere hæfter han sig ved, at forfædrene har institueret dødefesterne for at fejre de afdøde slægtsmedlemmer og vise deres status som medlemmer af de dødes ånder; af den grund skal de fejres med denicales, der snarere betyder fester tiendedagen efter dødsfaldet (deni = ti) end Ciceros etymologi, afledt af nex, døden. Og det er en højtid med sin helt egen karakter, slår han fast. Han undlader de for en romer selvfølgelige oplysninger om sørgetid, vædderoffer til Laren, hvilket er et fint offer til en jord- og husgud, 'os resectum', som betyder, at man efter gammel begravelsesskik ved ligbrænding skulle skære en finger af liget og begrave den, hvilket er en rest af den oprindelige bisættelsespraksis, der kræver, at liget eller en del af det skal jordfæstes, for at den døde ikke går igen. Ofringen af en so finder sted som afslutning på begravelseshøjtiden, og graven kommer under gudernes beskyttelse, 'religione teneatur', når den er indviet til Di Manes, som nu ejer jorden og den døde; grav og lig er tabu, sakrosankt.

6. Festus epitome p. 121, 17

Laneae effigies Compitalibus noctu dabantur in compita.
Dukker af uld blev lagt i kapellerne om natten ved korsvejene under Compitalia-højtiden..

7. Festus epitome p, 289, 1

Pilae et effigies viriles et muliebres ex lana Compitalibus suspendebatur in compitis, quod hunc diem festum esse deorum inferorum, quos vocant Lares, putarent, quibus tot pilae, quot capita servorum, tot effigies, quot essent liberi, ponebantur, ut vivis parcerent et essent his piliis et simulacris contenti.

Festus epitome p, 289, 1
Bolde/kugler og mande- og kvindedukker af uld blev hængt op i kapellerne ved korsvejene under Compitalia-højtiden, fordi man troede, at der på denne dag var højtid for de underjordiske guder, som man kalder Larer, for hvilke der blev lagt så mange bolde/kugler, som der var slaver, så mange dukker, som der var børn, for at de ville skåne de levende og være tilfredse med bolde/kugler og billedtavler/dukker.

Kommentar
Festus taler i de to tekstuddrag om erstatningsofre i form af uldbolde og ulddukker, hvad der passer fint til romernes modvilje mod at ofre mennesker; det samme analogiritual ses hos Macrobius i tekst 8, hvor det drejer sig om hvidløgs- og valmuehoveder. Et samfund, der satser så meget på gode fødsler og på ofre til gudinder med den funktion, har ikke råd eller vilje til at dræbe børn.

8. Macrobius Saturnalia I, 7, 34-35

34. … cum ludi per urbem in compitis agitabantur, restituti scilicet a Tarquinio Superbo Laribus ac Maniae ex responso Apollinis, quo praeceptum est, ut pro capitibus capitibus supplicaretur. 35. Idque aliquamdiu observatum, ut pro familiarum sospitate pueri mactarentur Maniae deae, matri Larum, quod sacrificii genus Iunius Brutus consul pulso Tarquinio aliter constituit celebrandum, nam capitibus alii et papaveris supplicari iussit, ut responso Apollinis satis fieret de nomine capitum, remoto scilicet scelere infaustae sacrificationis: factum est, ut effigies Maniae suspensae pro singulorum foribus periculum, si quod immineret familiis, expiarent. ludosque ipsos ex viis compitorum in quibus agitabantur Compitalia appellitaverunt.

Macrobius Saturnalia I, 7, 34

Der blev afholdt festlege overalt i Rom ved korsvejene; disse blev nemlig genoptaget på grund af et orakelsvar fra Apollon til ære for larerne og Mania (larernes moder), og i dette orakel blev det krævet, at der skulle ofres hoveder for hoveder.

35. Denne skik blev overholdt et stykke tid, og man ofrede drenge til gudinden Mania, larernes moder, for slægtningenes helbred. Men da Tarquinius var fordrevet, besluttede konsul Iunius Brutus, at denne slags offer skulle fejres på en anden måde, for han befalede, at der skulle ofres med hoveder af hvidløg og valmue, så at Apollons orakelsvar med hensyn til ordet 'hoveder' kunne tilfredsstilles og en forbrydelse pga. et uheldssvangert offer blev undgået. Således skete det, at billeder af Mania, hængt op foran de enkelte indbyggeres døre, skulle afvende en fare, hvis den truede familierne. Og man kaldte legene efter de korsveje, hvor de blev afholdt, for Compitalia.

Kommentar

Ifølge legenden fra de romerske kongers tid blev en gudinde Mania anset for at være larernes moder, og der må være en sammenhæng mellem Mania og Di Manes, dødsånderne, rent navnemæssigt, idet begge er jordguder, og jorden skal beskyttes for at kunne give afgrøder til fyldte forrådskamre, som jo var larens opgave. At Compitalia-højtiden blev genindført under Tarquinius Superbus, Roms sidste konge, tyder på en meget gammel tradition. Om der blev ofret drenge, ville jeg betragte som usandsynligt, fordi børnedødeligheden var høj og der var brug for nye medlemmer i slægterne; desuden har romerne aldrig været glade for at ofre mennesker, og tekststederne om noget sådant er meget få. Analogiritualet med hvidløg og valmuehoveder i stedet for rigtige hoveder er en naturlig erstatning i et bondesamfund og kan fx også ses i vestalindernes strådukker, der kastes ud fra pons Sulpicius, og i tekst 6+7 om uldbolde og ulddukker.

9. Cato: De agri cultura CXXXXIII om 'husholderskens religiøse pligter'

[143] … rem divinam ni faciat neve mandet qui pro ea faciat iniussu domini aut dominae: scito dominum pro tota familia rem divinam facere. … Kal., Idibus, Nonis, festus dies cum erit, coronam in focum indat, per eosdemque dies lari familiari pro copia supplicet. …

(Origo: http://thelatinlibrary.com/cato/cato.agri.html)

63. Cato: Om landbruget, kap. 143 (uddrag)

... hun må ikke udføre kulthandlinger eller overgive dem til en, som skal udføre dem for hende, uden herrens eller fruens anvisning. Lad hende vide, at husherren udfører kulthandlingen for hele husstanden. ... På Kalendae, Nonae eller Idus og når der er helligdag, skal hun hænge en krans over ildstedet og på de samme dage bede til husstandslaren om ‹tilstrækkeligt› forråd ‹af mad›.

Kommentar

Ud over at vise kvindens afhængige stilling af pater familias, som styrer hele husholdets religiøse aktiviteter, så er den også et godt bevis på larens status i det private hjem, hvor den fungerer som beskytter af det og dets forråd.

Lares og penates og Genius

Familia betegner hushold i et hjem, domus. Til familia hører ejeren, pater familias, hans familie, dvs. kone og børn, samt slaver og husdyr. Det er den første fortolkning af ordet 'familia'. Slaverne, servi, er in loco filiorum, i sønners sted, fordi pater familias skulle sørge for dem.

Den anden opfattelse: familia er en udvidet klan, baseret på familiebånd, også kaldet gens, pl. gentes. Det er klaner eller store familier, der ikke har noget med hushold-religionen at gøre, men snarere med statens officielle gudsdyrkelse.

Den tredje opfattelse er den mest indsnævrede, idet begrebet kun rummer slaverne i et domus.

I domus og familia udføres den private gudsdyrkelse.

Vi finder altså den officielle kultdyrkelse, byens religion, officielt ledet af pontifikalkollegiet, samt den private, ledet af pater familias.

Lares dyrkes af alle i husholdet med specielt fokus på slaverne, et kollektivt, slægtsbetonet aspekt. De danner en gruppe og udtrykker husholdets fællesskab.

Penates er husguder for pater familias' ejendom, penus betyder forrådskammer; her er det altså ejendomsaspektet, der er i fokus. De var mere individualistiske, heterogene, en slags halvguder eller heroer.

Genius: pater familias' beskyttelsesånd, der skal fremme hans seksuelle avlskraft (af gigno: avler). Her er det så mandens seksuelle formåen, der er i fokus, så han kan føre slægten videre.

Publica sacra: offentlige eller officielle kulter administreres af staten, respublica, eller af gentes, slægter, der fra gammel tid har taget sig af visse kulter. (Festus p. 284 L, s.v.) Cicero, politiker og republikkens største taler og stilist, skelner i De Legibus (Om lovene) 2.19 mellem kulter, der er separatim, og dem, der er privatim. Separatim dækker nye og fremmede kulter, fx Ceres, Magna Mater, Isis og Serapis, mens privatim er de kulter, man dyrker siden forfædrene, se fx Cicero: De natura deorum (Om gudernes væsen), 3, 47

Lararia

De hellige skrin, som indeholder lares-figurerne, stod i køkkener, atria, alae, peristyler og haver, sjældnere i vestibuler, soveværelser, korridorer, repræsentationsrum = kontor = tablinum, når det gælder Campanien. Men i Ostia, Roms havneby, 30 km mod vest, stod de i gårdhaver, peristyler, modtagelsesrum og repræsentationsrum.

Der er altså forskel, afhængig af området, hvor larerne opstilles eller males på væggen. Der er ofte flere lararia i et domus, et til ejeren og flere til slaverne, og der er ingen penater i nærheden. Så der er en forskel mellem disse to husgudetyper.

Hvis ejeren har flere ejendomme, så er hans officielle hjem der, hvor han har anbragt larerne. (Ulpian: Digesta (Indføring i retsvidenskab) 25.3.1.2

Penater

De var jo guder for proviantrummet, penus i domus; de repræsenterer 'huset' som sådan og som pater familias' ejendom og står derfor kun et sted i huset, i ejerens arbejdsværelse tablinum, tavleværelset. Tavle betyder her maleri på træ af slægtens forfædre, som hang i ejerens kontor.

Man kunne måske opstille et modsætningsskema mellem disse grupper (efter Varro: De lingua latina, 6, 24); se også Columella, De re rustica (Om landbruget), 11. 1. 19

Slave	Fri mand
Hushold Flere hold slaver (i huset og i marken) kollektiv	Pater familias og gens, slægten De fribårne familiemedlemmer Individuelle, biologisk i slægt individualistisk
Kollektiv kultdyrkelse	Individuel kultdyrkelse

Forskel i de frie borgeres gudsdyrkelse og i slavernes gudsdyrkelse

Frie borgere	Slaver
De kan være magistri, formænd, og dispensatores, kasserer i præste-collegia	De varetager ingen officielle stillinger i præstekollegier
De ofrer til Lares familiares, til penater og Genius	De ofrer til Lares familares, men ikke til penater eller Genius; disse to er forbeholdt de frie mænd

Festus skriver, at statuetter eller ulddukker i lares-kulten symboliserede de frie borgere i familien, mens uldkugler symboliserede slaver i husholdet.

Fester, hvor larer indgik og blev fejret, var Compitalia, korsvejsfesten, Larentalia, lar-festen den 23. december = sidste dag i Saturnalia, Parentalia, fest for forfædre og forældre.

Erich Samter om larerne

(Origo: Erich Samter: Familienfeste der Griechen und Römer, Verlag Georg Reimer, Berlin 1901)

Der har oprindeligt kun været én lar, som senere er blevet til flere. Laren følger familien, jf. Aeneas, der flygter fra Troja med en lar; laren hører til familien og vandrer med den til det nye hjem, se Plaut. Trin. 89 ff., Ovid Fasti IV 802, Tibull II 5,42. Taber man mad på gulvet, må man ikke samle det op, for det tilhører de døde sjæle, der befinder sig i huset, se Plin. N.H. 28, 5. Huslaren regnes for symbolet på familiens forfader. Ved dødsfald i familien ofres der til lar familiaris, jf. Macrobius: Saturnalia I 7, 34, Festus: Epitome p. 121,17, Festus Epitome p. 239, 1. Her hængte man ulddukker op ved nattetide, og det viser, at det er et offer til underverdenens guder, jordguder, khthoniske guder, for det sker om natten; dødeofret under Lemuria-festivalen sker om natten; man ofrer til himmelguderne om dagen. Dukkerne kunne være en erstatning for tidligere tiders menneskeofre ligesom til Argeerfesten. Ofret til huslaren efter begravelsen viser også larernes khthoniske karakter. Compitalia-festen ligner dermed Lemuria-festen. Slaverne er med til begge fester, jf. Varro, L. L. VI, 24. Larerne har måske sammenhæng med gudinden Larenta, hvis fest, Larentalia, var en dødefest. Arvalbrødrene påkalder Lases før Mars i deres hymne for, at det skal gå markerne godt. Sjælene, de dødes ånder, sørger for, at kornet gror op af jorden i rigt mål. Larerne har også forbindelse til høstguden Consus, en jordgud, og dermed også en jordforbindelse, jf. Tertullian: De spectaculis

5. I devotionsformlen (Livius: A.U.C. VIII, 9, 6) påkaldes Janus, Jupiter, Mars pater, Quirinus, Bellona, Lares og Di Manes, og det er ikke mærkeligt, når forfædrenes sjæle påkaldes i form af larerne sammen med Di Manes, symbolet på alle romerske familiers afdøde sjæle. At slaverne også har adgang til Compitalia-festen, viser en udviklingslinje i larkulten. Den har udviklet sig fra én huslar til flere huslarer til korsvejenes larer, hvor korsvejene er skellet mellem naboernes jorder.

Compitalia kaldes også Laralia (Fest. p. 253); det var en folkelig fest, 3. – 5. januar, blandt naboerne med familia, altså pater familias' slægtninge, slaver, den ufri forstander, 'vilicus' og hans kone, 'vilica', og de to sidstnævnte må ofre på husherrens befaling, hvad de ellers aldrig måtte.

Det er heller ikke mærkeligt, da slaverne var en del af husholdet og en betingelse for, at hjemmet fungerede. Det samme gælder for Larentalia, den anden dødefest. Forbindelsen mellem ildsted, 'focus', hvor huslarerne holdt til, og vejkryds eller korsveje, 'compita', ser vi også i græsk religion, hvor Hekate bor ved vejkryds og i ildstedet, jf. Euripides: Medea 395 ff., Etymologicum Magnum 626, 44 s. v. ὀξυθύμια, Harpokrates s. v. ὀξυθύμια. Man ofrede til Hekate og de døde sjæle ved vejkrydset, fordi de døde samles der, ud over ved graven og i hjemmet. 'vilica', forstanderinden i et hushold, skulle ære laren med en krans og en bøn. Kranse, vin, myrrha var de normale ofre til laren på Kalendae, Nonae og Idus samt på festdage. Ved familiefester, fødsel, bryllup, afrejse, hjemkomst af et familiemedlem, og ved dødsfald blev der ofret en vædder til laren/larerne.

Ritualet for lares compitales på landet vandrede hurtigt ind til byens gadekryds, hvor der blev sat 'sacella', små kapeller, op, hvor bydelsbeboerne fejrede dem i form af bydelsforeninger, 'collegia compitalicia' (CIL XI 1550). Formændene for disse foreninger var 'magistri vicorum' (Livius: A.U.C. XXXIV 7,2, CIL VI 1324 + 2221 = 32452, i Pompeji CIL IV 60). Medlemmerne var især slaver og frigivne, formændene var ligeledes slaver eller frigivne og private embedsmænd, ikke statslige. På grund af valgfusk og tumulter blev disse foreninger forbudt i år 64 f.Kr. af senatet, men genindført i år 58 f.Kr. Augustus genetablerede strukturen, da han nyinddelte Rom i 14 regioner og 'vici'; han gav hvert distrikt, 'vicus', et compitum Larum, det sakrale centrum for distriktet med fire magistri vici, der skulle opretholde og udsmykke compita og afholde ludi compitalicii (Sueton: Augusti vita 30, 31). Men Augustus tilføjede sin Genius til larerne, som nu blev til en statskult: Laribus Augustis et Genio Caesaris (CIL VI 445-454 + 30957 – 30962) og blev afviklet med Genius i midten, togaklædt, omgivet af to larer som unge mænd med opkiltet toga, der hælder vin i et drikkehorn.

(Origo: larer – Store norske leksikon (snl.no))

The Genius with two Lares. The "Genius", generally covered – even the head – by a "toga praetexta", a white toga with a broad purple stripe on the border, is a tutelary deity linked to a person. The Lares had the task of protecting it from dangers coming from outside.

(Origo: Genius, Lares, Penates and Mani in Pompeii (dariodavide.com))

Beboerne i et distrikt, en bydel, ofrer til bydelslarerne ved deres compitum, vejkryds-kapel. Alle larer i en by fejres i deres eget kapel, 'aedes'. De kaldes de hjælpsomme 'praestites'. Og der har altid været flere compita-larer; derfor er de de sidste i udviklingen af larkulten. Når der kun afbildes to på billeder eller tavler, er det, fordi det er svært at afbilde alle larer. Efterhånden som dødekulten træder tilbage, bliver larerne skytsguder, og så bliver deres områder specificeret: lares viales, militares, permarini, etc., se listen.

Di penates

Vesta og penates hører sammen både i privatkulten og i den offentlige kult, fordi 'penus' = forråd af madvarer kun kan forberedes med ild på ildstedet. Oprindeligt var ildstedet i atrium, og spisebordet stod foran, og en skål med retterne, 'patella', blev stillet på ildstedet eller kastet i ilden. Senere blev de adskilt, og ildstedet rykkede ud i køkkenet, og penates fik et lille skrin, et kapel, i atrium. 'Di penates' = guder i penus, forrådskammerets guder optræder altid i flertal ligesom di indigetes, di consentes, di agrestes, dvs. guder under et bestemt synspunkt. De er vogtere over et bestemt hus' velstand. Senere udvides begrebet til at dække alle af huset ærede guder og gudinder, jf. Servius in Aeneida II 514: 'penates sunt omnes dei, qui domi coluntur', CIL VI 30991: 'diis deabus penatibus'; Vesta hører så med til di penates nu.

Di penates publici populi Romani Quiritium og Vesta publica p. R. Q. blev tilbedt i rundtemplet ved Forum, delubrum Vestae, hvor penus var ved siden af. Penaterne havde en lille bygning, som Augustus restaurerede (Tac. Ann 15, 41). Han restaurerede også aedes larum, som ligger på højde med Sacra Via ved Palatinerhøjen (Ovid: Fasti V 129 – 1. maj; Ovid: Fasti VI 791f. – 27. juni). Vesta udviklede sig fra en privat huskult til en statskult til en gudekult: 'Vesta deorum dearumque'.

Husalter for penater i Herculaneum
(Origo: Penater – Wikiwand)

Statuette af en lar
(Origo:Lar – Wikiwand)

(Origo: Genius – Wikiwand)

Genius

Genius kommer af roden 'gen-' af 'gignere', 'avle, 'føde', kun manden har en Genius, kvinden har Juno (Sen. Epist. 110,1: 'singulis enim et Genium et Iunonem dederunt.'). Genius står for mandens avlingskraft og seksuel potens; 'genialis' betyder 'avlingsdygtig'. Begrebet udvides til at betegne mandens energi, kraft, nydelse og hans indre og ydre væsen. Privat er det husherrens genius, der tilbedes, og funktionsområdet er lectus genialis, ægtesengen, og slangen er symbol på den. Slangen er også symbol for Juno, altså for kvinden i huset. Så begge har brug for frugtbarhedssymboler. Genius fejres på husherrens fødselsdag med vin, røgelse, ublodige gaver, også kager. Slaverne fejrer herren med offergaver.

Fra at være husherrens skytsånd udvides begrebet i senrepublikken fra 218 f.Kr. til at gælde hele det romerske folk og alle Roms indbyggere: 'Genius populi Romani' og 'Genius urbis Romae' › 'Genius publicus'.

I kejsertiden blev kejserens Genius fejret, og hans Genius var del af embedsmændenes troskabsed til kejseren (Ulp. Dig. XII 2, 13,6).

Husets genius, 'Genius domus' eller 'Genius familiae' (CIL X 6302 + CIL VIII 2597) udvides nu til at blive foreningers, kooperationers og troppers genius, 'Genius collegii', 'Genius legionis', 'Genius coloniae'; derfra bliver Genius en skytsgud for lokaliteten, 'Genius loci': 'deus in cuius tutela hic locus est' = 'deus tutelae' (CIL II 3021 + 3377 + 4052). Man får endda en selvstændig gudinde for lokaliteten: 'Tutela huius loci'.

Kejser Theodosius forbød år 392 e.Kr. alle slags gammelromerske ritualer med ordene: 'nullus omnino … secretiore piaculo Larem igne, mero Genium, Penates odore veneratus accendet lumina, imponat tura, serta suspendat.'

'Ingen, der har fejret Laren med ild, Genius med vin og Penater med røgelse … i et temmelig hemmeligt sonoffer må tænde ild, lægge røgelse eller hænge kranse op.'

Det viser, at alle tre husgudetyper er forskellige: Larerne er bundet til familia, Genius til pater familias og Penates til forrådskammeret.

Typer af larer

Ud over Lares compitales var der følgende kategorier af larer:

Lares Viales var skytsguder for de store og lange veje og beskyttede den rejsende.

Lares Permarini var skytsguder på sørejser. I Area Sacra di Largo Argentina i Rom ses rester af et Tempel, som var viet til disse beskyttere.

Lares Agrestis beskyttede oprindeligt marker, køkkenhaver og vingårde og senere prydhaveanlæggene sammen med gudinden Venus og satyrerne, der skulle afværge onde øjne. Efterhånden overtog guden Priapus dog Larernes rolle.

Lares Familiares («husguderne») dyrkedes derimod i hjemmene, de var beskyttere af huset, arnen og familien. Deres billeder var opstillet i et «Lararium», et lille husalter, hvor familiefaderen «pater familias» foretog ofringer til dem.

På samme måde skelnede man også mellem de private og de offentlige skytsguder, **Lares Privati** og **Lares Publici eller Urbani**. Til denne sidste kategori hørte Romulus og Remus og Acca Larentia, der var hustru til hyrden Faustulus og opdrog Romulus og Remus.

Den store **Larentalia-fest** for Larerne og her især for Acca Larentia fejredes den 23. december.

Lares Compitales fejredes hvert år i februar måned med mad og drikke og dans og i **Compitalia-festen** deltog alle de familier, der havde jord op til vejene, både de frie borgere og slaverne. Små udskårne figurer, der symboliserede larerne, blev hængt op i træerne for at skræmme det onde bort og beskytte området.

Litteratur

Hjortsø, Leo: *Romerske guder og helte*, Kbh. (Politikens Forlag) 1988, 154 ff

Nielsen, H. S./Mathiesen, H. E.: *Rom – en antik storby*. Kbh. (Forlaget Sfinx) 1991, 181

Roms 14 regioner under Kejser Augustus

Servius Tullius' opdeling af Rom i 4 regioner holdt sig uændret indtil Republikkens slutning. Sandsynligvis har den ikke fungeret så tilfredsstillende til sidst, efterhånden som byen voksede sig større og større, hvilket startede allerede i slutningen af det 3. og begyndelsen af det 2.århundrede før Kristus. Men først i slutningen af det 1.århundrede før Kristus i begyndelsen af kejsertiden tog kejser Augustus skridt til en helt ny organisering af det store byområde og en opdeling af Rom i 14 nye regioner. Disse fik i starten blot et nummer hver fra I til XIV, men senere – måske under kejser Domitian i slutningen af det 1.århundrede efter Kristus – fik de også et navn, måske et som de allerede havde fået i folkemunde, da det er tilfældigt om de er blevet opkaldt efter en gade eller et monument i området eller noget helt andet. Efterhånden som den antikke verden gik i forfald, tog den nye kristne administration over og ændrede i det 5.-6.århundrede de 14 regioner til 7 kristne regioner.

Regionens navn:	Regionens område
Regio I Porta Capena	Området til venstre for Via Appia fra Porta Capena i Servius-Muren til den lille flod Almone.
Regio II Caelimontium	Celiohøjen (Caelius mons)
Regio III Isis et Serapis	Dalen ved Colosseum og Colle Oppio (Oppius mons)
Regio IV Templum Pacis	Området fra Via Sacra og Templum Pacis op til Subura og Cispius-højtoppen.
Regio V Esquiliae	Den del af Esquilin, der lå udenfor Servius-Muren.

Regio VI Alta Semita	Quirinal- og Viminal-højene
Regio VII Via Lata	Dalen vest for Via Flaminia/Via Lata (nutidens Via del Corso) og Pincio.
Regio VIII Forum Romanum	Forum Romanum, Kejserfora'ene og Capitol (og nutidens Via dei Fori Imperiali)
Regio IX Circus Flaminius	Marsmarken (Campus Martius/Campo Marzio) mellem Via Flaminia/Via Lata (nutidens Via del Corso) og Tiberen.
Regio X Palatium	Palatin-højen.
Regio XI Circus Maximus	Forum Boarium, Velabrum og Circus Maximus (nutidens Piazza della Bocca della Verità, Velabro og Circo Massimo).
Regio XII Piscina Publica	"Lille Aventin" og området hvor Caracalla's Termer ligger idag.
Regio XIII Aventinus	Selve Aventin-højen og det lave område ved Testaccio.
Regio XIV Transtiberim	Trastevere og de andre områder på den side af floden.

Litteratur om Rione-systemet:
Staccioli, Romolo A.: *Guida di Roma Antica,* 8. ed., Roma (Biblioteca Universale Rizzoli (BUR)) 2000, side 13ff.

(Origo: Annas Rom guide)

Litteratur
Flower, H. I.: *The dancing lares and the serpent in the garden: religion at the Roman street,* Princeton University Press 2017

Kaufmann-Heinimann, A.: *"Religion in the house",* in Rüpke J.: A *Companion to Roman Religion,* London (Blackwell Publishing) 2007

Orr, D.: *The domestic religion. A study of the Roman lararia,* University of Maryland, Maryland 1969

Orr, D.: *"Roman domestic religion: The evidence of the household shrines, Philadelphia",* in: W. Haase (ed.): *Aufstieg und Niedergang der römischen Welt (ANRW) / Rise and Decline of the Roman World › Principat,* Band 16/2, de Gruyter, Berlin-New York (de Gruyter) 1978, S. 1563-1569

Radke, Gerhard: *'Die dei penates und Vesta in Rom'*, in: W. Haase (ed.): *Aufstieg und Niedergang der römischen Welt (ANRW) / Rise and Decline of the Roman World › Principat 17.1, Religion*, Berlin–New York (de Gruyter) 1981, 343-373

Scheid, J.: *An Introduction to Roman Religion,* Indiana University Press, Bloomington 2003

Smith, M. E.: *To Seek the Boundaries of the Roman Lares. Interaction and Evolution,* University of *Kansas* Masters Thesis, Kansas 2009

4. Romulus og etruskerne, Numa Pompilius og Libri Sibyllini

Romersk og græsk historie smelter sammen hos Livius og Vergil

Da romerne, især under Augustus, gerne ville integrere græsk kultur i deres egen ideologi og historietradition, måtte historikeren Livius (59 f.Kr. – 17 e.Kr.) og digteren Vergil (70 f.Kr. – 19 f.Kr.) i deres værker forsøge at forene de mytologiske beretninger fra de to riger. Her kommer Æneas ind i billedet. Han er barn af trojaneren Anchises og gudinden Afrodite og har dermed guddommelige rødder. Af den grund redder Poseidon ham ud af kampene om Troja, fordi havguden ved, at Æneas skal herske over et folk, når Troja er faldet. Dette skete ifølge de gamle historikere år 1184 f.Kr. Æneas er gift med Kreusa, der dør samme år som Troja falder, og har en søn Askanius, der også kaldes Julus. Æneas flygter med sin søn, sin gamle far og husguden mod vest over Middelhavet og lander i Karthago, hvor dronning Dido hersker og forelsker sig i ham. Men guderne lader ham vide, at hans mission ikke er bragt til ende og at han må forlade Dido, der begår selvmord, og tage mod nord til Italien. Her lander han på Latiums kyst, hvor han bliver modtaget af kong Latinus og aborigines, de oprindelige beboere; han går ind i kampen mod kong Latinus' rival, Turnus, og dræber ham og får som tak både Latinus' datter, Lavinia, til kone samt kongeriget. 30 år senere grundlægger Ascanius efter faderens og bedstefaderens død Alba Longa, som fire hundrede år senere bliver Romulus' og Remus' fødeby.

Hermed kan vi forene den græske tradition med den romerske, idet der nu i Alba Longa herskede en kong Numitor, der var søn af Procas, en efterkommer af Æneas; han havde en datter, Rhea Silvia. Men han havde også en bror, Amulius, der støder Numitor fra tronen og myrder hans søn Lausus. For at standse Numitors arvefølge gør han Rhea Silvia til vestalinde, der pga. kyskhedsbestemmelsen for dette præstekollegium ikke måtte få børn. Men guder lader sig ikke styre af menneskelige regler, så Mars besvangrer Rhea, der føder tvillinger, nemlig Romulus og Remus. Amulius bliver rasende og befaler sine tjenestefolk at lægge dem i en kurv og sætte den ud i Tiberen. Heldigvis var der lavvande, og kurven strander i en bugt ud for den senere Palatinhøj, hvor der i en grotte bor en hunulv. Hun dier de to spædbørn, hvilket redder deres liv, indtil de bliver fundet af kong Numitors hyrde, Faustulus, der bringer dem hjem til sin kone, Larentia, der opfostrer dem. Da de bliver voksne, hjælper de Numitor med at genvinde tronen og dræbe Amulius.

Efter nogle år vil de flytte og grundlægge en by, og det sker i vores mytologiske kalender i år 753 f.Kr., men der er nu et problem: en by kan ikke have to konger, så der berettes om stridigheder mellem brødrene, der en dag går over gevind, hvor Remus springer over den bymur, som Romulus er ved at anlægge og som er det religiøse pomerium mellem vild natur og civiliseret område; det bliver for meget for Romulus, og han dræber Remus. Så nu er der kun én konge, og historien kan gå sin gang. Men nu er græsk og romersk mytetradition smeltet sammen, og romerne kan spore deres forfædre i Grækenland. Derfor bliver Julus stamfader til den juliske slægt, som Caesar (100 f.Kr. – 44 f.Kr.) og hans adoptivsøn Octavian (63 f.Kr. – 14 e.Kr.), den senere Augustus (27 f.Kr. – 14 e.Kr.), er oprunden af.

(Origo: J.N. Bremmer/N.M. Horsfall: Roman Myth and Mythography, Bull. Suppl. 52, Univ. of London, Institute of Classical Studies 1987, heri: N.M. Horsfall: "The Aeneas-Legend from Homer to Virgil", 12-24, og J.N. Bremmer: "Romulus, Remus and the Foundation of Rome", 25-48)

Forsøg på sammenfatning af den græske og den romerske forhistorie

Roms genealogi

Anchises ~ Aphrodite (= Venus)

Aeneas ~ Creusa (dør i Troja) ca. 1184 f.Kr.

Ascanius (= Julus)
Aeneas kommer til Latium via Karthago
Aeneas ~ Lavinia, kong Latinus' datter, + kongeriget Latium
Ascanius grundlægger Alba Longa
[Numitor] - Amulius -/-
Amulius dræber Numitors søn

Rhea Silvia ~ Mars
Amulius gør Rhea Silvia til vestalinde, jf. kyskhed, 'virginitas'

Romulus + Remus [hunulv som amme, overgives til Faustulus og Larentia]
Remus bliver dræbt af Romulus, da han overskrider bygrænsen, pomerium
Numitor genindsættes som konge og Amulius dræbes med hjælp fra Romulus.
Romulus grundlægger Roma urbs 753 f.Kr.

Caius Julius Caesar, 100 - 44 f.Kr.

Octavianus, Caesars adoptivsøn, 63 f.Kr.– 14 e.Kr.,
enehersker fra 31 f.Kr., fra 27 f.Kr. Augustus

Roms forhistorie – Etruskerne

Det antikke landskab Etruria omfattede provinserne Etruria, Umbria og Latium; herfra stammede etruskerne. Etruskernes blomstringstid faldt mellem det 9. og 1. årh. f.Kr. og nåede sit højdepunkt i det 6. og 5. årh. f.Kr. Det etruskiske rige udgjorde et forbund af 12 bystater, nemlig Aretium, Caere, Clusium, Cortona, Volsinii, Perusia, Populonia, Tarquinia, Veji, Vetulonia, Volterra og Vulci.

De tolv bystater kunne agere som forbund ved vigtige politiske afgørelser, fx bebyggelsen af Po-deltaet, krige og søslag. Kilderne til etruskisk kultur stammer fra nekropolerne og græske og latinske litterære kilder. Der findes ingen større tekster på etruskisk, kun indskrifter; derfor er det svært at formidle et indblik i sproget og dets system.

De etruskiske konger herskede over Rom i næsten 250 år, ca. 753 f.Kr. til 510 f.Kr. i den mytologiske kalender, idet Rom blev integreret i det etruskiske område mellem det 7. og 6. årh. f.Kr., hvor etruskerne samlede de små landsbyer på Tiberens høje til en forenet bygd. Etruskerne byggede kanalsystemer til drænage af dalen mellem Palatin og Kapitol, det senere Forum Romanum; dette anlæg hedder 'cloaca maxima', og etruskerne kaldte byen Roma efter den etruskiske adelsslægt Ruma, og byens grundlægger, Romulus, er altså en etruskisk adelig fra Ruma-slægten.

Etruskerne kaldte sig Rasenna, grækerne kaldte dem Thyrsener, romerne Tusci eller Etrusci. Hvor de stammede fra, er uklart; antikke kilder siger, at de kom fra Lilleasien, fra Lydien og egnen omkring Smyrna pga. af hungersnød. Dette skulle være sket efter den trojanske krig i det 13. eller 12. årh. f.Kr. Der er fundet en stele med indskrift på den græske ø Lemnos i øens dialekt, lemnisk; og denne dialekt er tæt beslægtet med etruskisk. Også dna-analyser viser, at der er sket en indvandring fra Anatolien, og også okser fra Etrurien har dna, som kunne tyde på, at de er bragt til Etrurien fra Lilleasien.

Etruskerne var øvede søfarere, håndværkere, agerdyrkere og handelsmænd. De delte handel og kultur med andre lande omkring Middelhavet. I Mellemitalien dyrkede de oliven, vin og korn, opdrættede heste, kvæg, får og geder. De kendte til kunstvanding af markerne og fik derved et stort udbytte af afgrøder. Etruskiske byer havde store jagtområder og søer, velbyggede veje, vandledninger og kanalisation. Desuden indeholdt regionen store mængder af metaller: jern, kobber og bly. Populonia var centrum for den jernforarbejdende industri. Metallerne blev eksporteret til Grækenland og bragte velstand til mange etruskiske adelsfamilier. Beviser herpå er nekropolerne, hvor der findes mange græske lerkar, som var produceret i Grækenland til det etruskiske marked. Byerne ligger på høje plateauer tæt ved floder eller søer, så man ikke behøvede fæstningsmure. Husene bestod af ler eller tufsten med to-tre rum.

Den etruskiske skrift er udviklet fra et tidligt græsk alfabet, skrives fra højre mod venstre, og der er kun få tekster, mest korte, bevaret, ca. 7500 eksempler. 200 ords betydning er kendt i dag. Slægtskabet med dialekten på øen Lemnos er kendt; slægtskab med en bestemt sprogfamilie er uklart.

Deres religion afspejles i de hellige bøger, 'Disciplina Etrusca', hvis vigtige element var haruspicium, leverskuet, auspicia, fuglevarsler, og lyn, fulguraldisciplinen. Gravene var smukt udsmykkede med malerier fra et festligt liv; meningen med dette var at få de døde til at føle sig veltilpasse i graven, så de blev der og ikke forsøgte at komme op til de levende og forstyrre dem. Alle ting fra dagliglivet og det tidligere hjem var at finde i gravene; de døde boede der som i deres tidligere liv. De tidligste gravfund stammer fra det 7. årh. f.Kr., og dødsceremonierne blev ledsaget af teaterforestillinger og tvekampe. Kunstværkerne stammer hovedsageligt fra nekropolerne, der indeholdt keramik-, smykke- og bronzeobjekter ved siden af gravmalerierne, skulpturer og templer. Indflydelsen fra orienten og Grækenland kan spores tilbage til det 8. årh. f.Kr. Etruskerne lærte romerne byggeteknik og vandføringsteknik.

Etruskernes langsomme undergang

I et søslag ved Cumae mod grækerne i 474 f.Kr. blev den etruskiske flåde besejret, hvad der svækkede deres herredømme over havet meget. I Campania brød etruskernes styre sammen pga. lokalbefolkningens opstande. Romerne udnyttede deres tiltagende svækkelse og styrtede den sidste etruskiske konge, Tarquinius Superbus, år 509 f.Kr. ifølge legenden. Derefter etableredes den romerske republik. Veji blev erobret af romerne i 396 f.Kr. og totalt ødelagt. Kort tid senere erobrede Gallerne etruskernes byer på Po-sletten. Indtil 265 f.Kr. blev de sydlige egne af Etrurien efterhånden erobret af romerne. Arretium, Volterra, Perusia og Cortona sluttede forbundskontrakter med romerne og undgik derfor ødelæggelse. Volterra var den sidste by, der blev erobret af romerne, i 79 f.Kr. Kort tid efter var hele Etrurien romaniseret. Dermed forsvandt deres sprog og skrift også.

Den etruskiske arv

Romerne overtog vigtige færdigheder fra etruskerne: byggeteknik i sten, bygning af buer og hvælvinger, idet de lærte at forme kileformede teglsten; desuden lærte de planlægning af byer og militærlejre af dem, og kuppelgravteknikken gik fra etruskerne over til romerne.

Pontifex maximus var en etruskisk embedstitel, som romerne overtog; fasces cum securibus, vidjebundter med økse, var symbol på den højeste magt for konsulerne og blev båret af lictorerne, embedstjenerne; augurernes krumstav, lituus, var oprindeligt embedsinsigniet for de etruskiske konger; sidst, men ikke mindst skal nævnes de etruskiske indvoldsskuere, haruspices, der varetog officielle religiøse funktioner for det romerske senat.

Dokumenter

A. Romulus

1. Livius A.U.C. I 1, 6, 3-4 – 7, 1-3

6. [3] ita Numitori Albana re permissa Romulum Remumque cupido cepit in iis locis, ubi expositi ubique educati erant, urbis condendae. et supererat multitudo Albanorum Latinorumque; ad id pastores quoque accesserant, qui omnes facile spem facerent parvam Albam, parvum Lavinium prae ea urbe, quae conderetur, fore.

[4] intervenit deinde his cogitationibus avitum malum, regni cupido, atque inde foedum certamen, coortum a satis miti principio. quoniam gemini essent nec aetatis verecundia discrimen facere posset, ut dii, quorum tutelae ea loca essent, auguriis legerent, qui nomen novae urbi daret, qui conditam imperio regeret, Palatium Romulus, Remus Aventinum ad inaugurandum templa capiunt.

7. [1] priori Remo augurium venisse fertur, sex vultures, iamque nuntiato augurio cum duplex numerus Romulo se ostendisset, utrumque regem sua multitudo consalutaverat: tempore illi praecepto, at hi numero avium regnum trahebant.

[2] inde cum altercatione congressi certamine irarum ad caedem vertuntur; ibi in turba ictus Remus cecidit. vulgatior fama est ludibrio fratris Remum novos transiluisse muros; inde ab irato Romulo, cum verbis quoque increpitans adiecisset ‹sic deinde, quicumque alius transiliet moenia mea', interfectum [3] ita solus potitus imperio Romulus; condita urbs conditoris nomine appellata.

Palatium primum, in quo ipse erat educatus, muniit. sacra diis aliis Albano ritu, Graeco Herculi, ut ab Euandro instituta erant, facit.

Livius A.U.C. I 1, 6, 3-4 – 7, 1-3

6. 3. Mens staten Alba således blev overladt til Numitor, fik Romulus og Remus lyst til at grundlægge en by på det sted, hvor de var blevet udsat og opfostret. Der var en overskudsbefolkning for hånden af albanere og latinere, og dertil kom også hyrderne, så alle fattede let det håb, at Alba ville blive en lille by i sammenligning med den nye by. 4. Men bedstefædrenes forbandelse, begæret efter kongemagten, greb også ind i disse overvejelser, og af en ubetydelig årsag opstod en skændig strid. Eftersom brødrene var tvillinger, og respekt for alderen ikke kunne afgøre sagen, afgrænsede Romulus en indviet plads på Palatin og Remus på Aventin for at tage fuglevarsler, så at de guder, under hvis værn de pågældende stod, ved deres tegn kunne vælge, hvem der ville give den nye by et navn og blive dens konge.

7. 1. Det berettes, at Remus fik det første varsel: seks gribbe, og varslet var allerede meddelt, da det dobbelte antal viste sig for Romulus, og begge blev derfor hilst som konger af deres tilhængere, idet den ene part påberåbte sig det første varsels prioritet, den anden antallet af fugle.

2. Det gav anledning til ordstrid, og fra ordstrid gik ophidselsen videre til myrderi; ramt i kamptummelen fandt Remus døden: Et mere folkeligt rygte hævder, at Remus til spot sprang over broderens påbegyndte mure; han blev så dræbt af den vrede Romulus, der truende råbte: "Således gå det enhver, der vil springe over mine mure."

3. Således bemægtigede Romulus sig eneregeringen; den grundlagte by fik navn efter sin grundlægger.

Han befæstede først Palatin, hvor han selv var vokset op. Han foretog ofringer til de andre guder efter albansk ritual, men til Herkules efter græsk, således som de var indstiftet af Euander.

(Origo: Titus Livius: Roms ældste historie I – I. – III. Bog (- 446 f.Kr.), oversat af Adam Afzelius, SHKO XIII 3, Munksgaard, København 1954)

2. Livius A.U.C. I 8

[1] rebus divinis rite perpetratis vocataque ad concilium multitudine, quae coalescere in populi unius corpus nulla re praeterquam legibus poterat, iura dedit.
[2] quae ita sancta generi hominum agresti fore ratus, si se ipse venerabilem insignibus imperii fecisset, cum cetero habitu se augustiorem, tum maxime lictoribus duodecim

sumptis fecit, [3] alii ab numero avium, quae augurio regnum portenderant, eum secutum numerum putant; me haud paenitet eorum sententiae esse, quibus et apparitores et hoc genus ab Etruscis finitimis, unde sella curulis, unde toga praetexta sumpta est, et numerum quoque ipsum ductum placet et ita habuisse Etruscos, quod ex duodecim populis communiter creato rege singulos singuli populi lictores dederint.

[4] crescebat interim urbs munitionibus alia atque alia adpetendo loca, cum in spem magis futurae multitudinis quam ad id, quod tum hominum erat, munirent.

[5] deinde, ne vana urbis magnitudo esset, adiciendae multitudinis causa vetere consilio condentium urbes, qui obscuram atque humilem conciendo ad se multitudinem natam e terra sibi prolem ementiebantur, locum, qui nunc saeptus descendentibus inter duos lucos est, asylum aperit.

[6] eo ex finitimis populis turba omnis sine discrimine, liber an servus esset, avida novarum rerum perfugit, idque primum ad coeptam magnitudinem roboris fuit.
cum iam virium haud paeniteret, consilium deinde viribus parat.

[7] centum creat senatores, sive quia is numerus satis erat, sive quia soli centum erant, qui creari patres possent. patres certe ab honore, patriciique progenies eorum appellati.

Livius A.U.C. I 8

1.Efter at han havde sørget for de religiøse forhold, spurgte han mængden til råds, og da intet kunne forene den til at blive et folk som at følge fælles love, gav han dem sådanne.
2. Men de ville efter hans mening kun være ukrænkelige for disse uciviliserede mænd, hvis han selv havde tillagt sig agtelse ved at tiltage sig symboler på regeringsmagt. Han gjorde sig mere ophøjet ved sin fremtræden og især ved, at han tog 12 liktorer i sin tjeneste.
3. Andre mener, at han efterlignede antallet af de fugle, der havde varslet hans kongeværdighed. For mig er det nok at følge de forfattere, som mener, at både den slags betjente og også selve antallet kom fra de nærboende etruskere, hvorfra også den curuliske stol og den purpurbræmmede toga er kommet, og at etruskerne havde dette antal, fordi hvert af deres tolv folk stillede en liktor, når de i fællesskab valgte en konge.
4. Imidlertid voksede byen ved, at den ene lokalitet efter den anden lagdes ind bag dens volde, idet man byggede forsvarsværkerne i forventning om et langt større indbyggerantal, end der dengang var for hånden.
5. Men for at den store by ikke skulle stå tom og for at forøge indbyggertallet, åbnede

Romulus ved at bruge et gammelt kneb hos bygrundlæggere, som samlede sig en skare af dubiøs og lav herkomst og foregav, at det var en på selve stedet født befolkning, et asyl på den plads, man nu ser ligge indhegnet mellem to lunde, når man går ned mod Kapitol. 6. Fra nabofolkene tog store mængder deres tilflugt til asylet, frie og slaver uden forskel, ivrige efter nye vilkår, og det blev det første skridt til den planlagte store magtudfoldelse. Da han allerede havde opnået tilstrækkelig magt, føjede han klogskab til den fysiske magt.

7. Han valgte 100 senatorer, hvad enten han fandt det antal passende, eller der kun var 100, som kunne vælges som fædre. Fædre blev de i hvert fald kaldt efter deres æreshverv, og patriciere blev navnet på deres efterkommere.

(Origo: Titus Livius: Roms ældste historie I – I. – III. Bog (- 446 f.Kr.), oversat af Adam Afzelius, SHKO XIII 3, Munksgaard, København 1954 med små justeringer fra forf.)

Kommentar
Romulus etablerer et samfund ved at udstede love, overtage liktorerne, politibetjente og beskyttelsesvagter, sella curulis, embedsstolen for embedsmænd med militær myndighed, dvs. konsuler og prætorer, toga praetexta, den purpurbræmmede toga som statussymbol for senatorer, fra etruskerne, samt indretter et tilflugtssted, et asylum, mellem Kapitols to høje, Arx, den nordlige høj, og selve Kapitol, den sydlige høj. Han udnævner de første 100 senatorer, som kaldes patres, fædre, og hvis efterkommere kaldes patriciere, som udgør den gamle adel, de fornemste familier i Rom.

3.   Livius A.U.C. I 15, 6-8

[6] haec ferme Romulo regnante domi militiaeque gesta, quorum nihil absonum fidei divinae originis divinitatisque post mortem creditae fuit, non animus in regno avito recuperando, non condendae urbis consilium, non bello ac pace firmandae.
[7] ab illo enim profecto viribus datis tantum valuit, ut in quadraginta deinde annos tutam pacem haberet.
[8] multitudini tamen gratior fuit quam patribus, longe ante alios acceptissimus militum animis; trecentosque armatos ad custodiam corporis, quos Celeres appellavit, non in bello solum sed etiam in pace habuit.

Livius A.U.C. I 15, 6-8

6. Det var de vigtigste begivenheder hjemme og i felten under Romulus' regering, og hver af dem er i samklang med hans guddommelige oprindelse og med hans formodede guddommelighed efter døden: hans mod til at genvinde bedstefarens kongemagt, hans plan for byens grundlæggelse og for at befæste den i krig og fred.

7. Det var ved ham, at byen fik en sådan styrke, at den var i stand til at nyde sikker fred i 40 år derefter.

8. Han var dog mere afholdt af mængden end af senatorerne, og fremfor alt var han elsket af soldaterne; han havde ikke blot i krig, men også i fred en livgarde på 300 mand, som han kaldte celeres.

(Origo: Titus Livius: Roms ældste historie I – I. – III. Bog (- 446 f.Kr.), oversat af Adam Afzelius, SHKO XIII 3, Munksgaard, København 1954)

Guddommeliggørelse af Romulus

4. Titus Livius: Ab Urbe Condita I, 16, 1+3

[16] 1. His immortalibus editis operibus cum ad exercitum recensendum contionem in campo ad Caprae paludem haberet, subito coorta tempestas cum magno fragore tonitribusque tam denso regem operuit nimbo ut conspectum eius contioni abstulerit; nec deinde in terris Romulus fuit. ...

3. Deinde a paucis initio facto, deum deo natum, regem parentemque urbis Romanae salvere universi Romulum iubent; pacem precibus exposcunt, uti volens propitius suam semper sospitet progeniem. ...

(Origo: http://thelatinlibrary.com/livy/liv.1.shtml)

Titus Livius: Fra Roms grundlæggelse I, 16

16. 1. Da han efter at have fuldført disse udødelige gerninger og afholdt mønstring over hæren på Marsmarken ved Gede-sumpen, opstod der pludselig et uvejr med lyn og torden og hyllede kongen i en så tæt regnsky, at forsamlingen ikke kunne se ham; og fra det øjeblik var Romulus ikke mere på jorden. ...

3. Dernæst da begyndelsen var gjort af nogle få borgere, opfordrede alle til, at man

hilste alle på Romulus som gud, født af en gud, som konge over og fader til byen Rom. De bad om fred med bønner, at han altid velvillig og gunstig stemt ville beskytte sit afkom. …

(Origo: Titus Livius: Roms ældste historie I – I. – III. Bog (- 446 f.Kr.), oversat af Adam Afzelius, SHKO XIII 3, Munksgaard, København 1954)

Kommentar
Guddommeliggørelsen af Romulus er den første beretning om en sådan i Roms historie og bliver symbolskabende for Caesar og Augustus 7-800 år senere, der instituerer dette ritual i kejserkulten.

B. Kong Numa Pompilius (716-673 f.Kr.)

5. Titus Livius: Ab Urbe Condita I, 18, 6-10

[18] 6. … Accitus, sicut Romulus augurato urbe condenda regnum adeptus est, de se quoque deos consuli iussit. Inde ab augure, cui deinde honoris ergo publicum id perpetuumque sacerdotium fuit, deductus in arcem, in lapide ad meridiem versus consedit. 7. Augur ad laevam eius capite velato sedem cepit, dextra manu baculum sine nodo aduncum tenens quem lituum appellarunt. Inde ubi prospectu in urbem agrumque capto deos precatus regiones ab oriente ad occasum determinavit, dextras ad meridiem partes, laevas ad septentrionem esse dixit; 8. signum contra quo longissime conspectum oculi ferebant animo finivit; tum lituo in laevam manum translato, dextra in caput Numae imposita, ita precatus est: 9. "Iuppiter pater, si est fas hunc Numam Pompilium cuius ego caput teneo regem Romae esse, uti tu signa nobis certa adclarassis inter eos fines quod feci." 10. Tum peregit verbis auspicia quae mitti vellet. Quibus missis declaratus rex Numa de templo descendit.
(Origo: http://thelatinlibrary.com/livy/liv.1.shtml#18)

Titus Livius: Fra Roms grundlæggelse I, 18, 6-10
18. 6. … Da han var blevet hentet til byen, befalede han, at guderne også skulle rådspørges om ham selv, således som Romulus da han havde opnået kongeværdigheden,

tog fuglevarsler, da Rom skulle grundlægges. Dernæst blev han af auguren, som dernæst for ærespostens skyld havde fået denne opgave som et offentligt og religiøst hverv på livstid, ført op til borgen, og der satte han sig på en sten med ansigtet vendt mod syd. 7. Auguren satte sig ved hans venstre side med tilhyllet hoved, i højre hånd holdt han sin krumme stav uden knaster, som man har kaldt lituus. Derefter, da han havde taget byen og landet i øjesyn og bedt til guderne, afmærkede han varselsfelterne på himlen fra øst mod vest og sagde, at feltet mod syd var til højre, feltet mod nord var til venstre; 8. så rettede han sin opmærksomhed mod et punkt over for ham, langt ude i horisonten; så tog han med krumstaven i venstre hånd, og med højre hånd lagt på Numas hoved bad han følgende bøn: 9. "Fader Jupiter, hvis det er ret, at denne Numa Pompilius, hvis hoved jeg har lagt hånden på, skal være Roms konge, ‹så beder jeg om›, at du giver os sikre tegn mellem de grænsepunkter, som jeg har afsat." 10. Så fremførte han i ord de fuglevarsler, han ønskede blev sendt. Da varslerne var blevet sendt, blev Numa erklæret for konge og steg ned fra iagttagelsesstedet.

Kommentar

Numa Pompilius, ca. 750 f.Kr. – ca. 671 f.Kr., var Roms anden konge. Da der ikke findes samtidige kilder og den senere overlevering er stærkt idealiseret, kan man ikke vide, om han har eksisteret. Fremstillingen af ham, som beror på Titus Livius' og Plutarchs skildringer, er ahistoriske og er fokuserede på aitiologiske forklaringer, dvs. de er skrevet således, at de forklarer senere forhold, begivenheder og ritualer inden for det religiøse domæne. Ifølge beretningerne levede Numa med sin kone isoleret i Cures i sabinernes land. Efter kong Romulus' død overtalte hans svigerfar, Titus Tatius, og hans venner ham til at overtage tronen. Teksten viser, hvordan Numa var pertentlig i sin afgørelse, om han ville være den rette til at efterfølge Romulus. Derfor engagerede han en augur, så at den religiøse side af udnævnelsen var i orden. Her forberedes billedet af ham som vigtig religiøs lovgiver. I sin regeringstid fremmede han erhverv, landbrug og lovgivningen.

6. Titus Livius: Ab Urbe Condita I, 19, 1-7

[19] 1. Qui regno ita potitus urbem novam conditam vi et armis, iure eam legibusque ac moribus de integro condere parat. 2. Quibus cum inter bella adsuescere videret non posse—quippe efferari militia animos—, mitigandum ferocem populum armorum

desuetudine ratus, Ianum ad infimum Argiletum indicem pacis bellique fecit, apertus ut in armis esse civitatem, clausus pacatos circa omnes populos significaret. 3. Bis deinde post Numae regnum clausus fuit, semel T. Manlio consule post Punicum primum perfectum bellum, iterum, quod nostrae aetati di dederunt ut videremus, post bellum Actiacum ab imperatore Caesare Augusto pace terra marique parta.— 4. Clauso eo cum omnium circa finitimorum societate ac foederibus iunxisset animos, positis externorum periculorum curis, ne luxuriarent otio animi quos metus hostium disciplinaque militaris continverat, omnium primum, rem ad multitudinem imperitam et illis saeculis rudem efficacissimam, deorum metum iniciendum ratus est. 5. Qui cum descendere ad animos sine aliquo commento miraculi non posset, simulat sibi cum dea Egeria congressus nocturnos esse; eius se monitu quae acceptissima dis essent sacra instituere, sacerdotes suos cuique deorum praeficere. 6. Atque omnium primum ad cursus lunae in duodecim menses discribit annum; quem quia tricenos dies singulis mensibus luna non explet desuntque ‹undecim› dies solido anno qui solstitiali circumagitur orbe, intercalariis mensibus interponendis ita dispensavit, ut vicesimo anno ad metam eandem solis unde orsi essent, plenis omnium annorum spatiis dies congruerent. 7. Idem nefastos dies fastosque fecit quia aliquando nihil cum populo agi utile futurum erat.

(Origo: http://thelatinlibrary.com/livy/liv.1.shtml#19)

Titus Livius: Ab Urbe Condita I, 19, 1-7

19. 1. Da han således havde overtaget kongeværdigheden, gjorde han sig klar til på ny at grundlægge den by, der var blevet grundlagt med vold og våben, med et retsvæsen, med love og skikke. 2. Da han indså, at man ikke kunne vænne sig til disse ting i krigstider, – da krigstjenesten gør sindene brutale, – tænkte han på at mildne det krigeriske folk ved at vænne det af med at stå under våben, og derfor lod han for enden af Argiletum bygge et Janus-tempel som et tegn, der skulle varsle fred og krig; porten skulle være åben for at vise, at befolkningen var under våben, og lukket for at vise, at der herskede fred med de omkringboende folkeslag. 3. Kun to gange har den været lukket efter Numas regeringsperiode, den ene gang under konsul Titus Manlius, efter afslutningen af den første puniske krig, og anden gang, da guderne gav vores generation mulighed for at se ‹den lukket›, da Caesar Augustus efter slaget ved Actium havde opnået fred til lands og til vands. – 4. Den blev lukket, da han (Numa) havde sluttet forbundskontrakter med naboerne rundt om; og for at sindene, da bekymringerne om ydre farer var lagt til side, ikke under freden skulle hengive sig til luksus, som frygten for fjenderne og

den militære disciplin hidtil havde holdt dem fra, mente han, at de først af alt skulle indgydes en frygt for guderne, et meget effektivt middel over for et ganske uerfarent og i århundreder udannet folk. 5. Og da han ikke kunne få den gudsfrygt til at lejre sig i sindene uden en fortælling om et under, foregav han, at han havde haft natlige møder med gudinden Egeria, at han efter hendes råd ville indstifte de ritualer, som skulle være meget accepterede af guderne, og at han ville indsætte præster for hver af guderne (= flamines). 6. Og først af alt inddelte han året i 12 måneder efter månens løb; og fordi månen ikke udfylder året med 30 dage for hver måned og der således mangler 11 dage i det fulde år, som bestemmes af solens kredsløb, korrigerede han det ved at indskyde skudmåneder, så at dagenes ‹antal› hvert tyvende år ville passe med solens stilling, hvorfra den havde påbegyndt sit løb. 7. Ligeledes skabte han helligdage og arbejdsdage, fordi det i fremtiden kunne være nyttigt, at der ikke kunne forhandles med folket.

Kommentar
Livius fremhæver, at Numa vil gengrundlægge Rom med et retsvæsen, love og institutioner, og i modsætning til Romulus ønsker han en fremtid med en fredelig udvikling, fordi Romulus var en militært orienteret hersker. Som symbol på fred lader han bygge et Janus-tempel i bunden af Argiletum-gaden, hvor den åbne dør viser, at der hersker krig, og den lukkede dør viser, at der hersker fred. To gange har den været lukket efter Numa, fortæller Livius, nemlig under Titus Manlius efter 1. puniske krig (264-241 f.Kr.), og dengang da Caesar Augustus havde sejret i slaget ved Actium over Marcus Antonius (02.09.31 f.Kr.). I virkeligheden lukkede Octavian, som først fik titlen 'Augustus', 'Den ophøjede', i 27 f.Kr., døren både i 29 f.Kr. og i 27. f.Kr. Muligvis har Livius (59 f.Kr. – 17 e.Kr.) skrevet 1. bog mellem disse to begivenheder, altså før år 27 f.Kr.
Men tilbage til Numa. Han ville indgyde romerne en frygt for guderne, så det udannede folk kunne blive fredeligt, når nu Numa havde indgået samarbejdskontrakter med de omkringliggende regioner, som nu var forbundsfæller med romerne. Som fiktiv fortælling, som også kaldes 'pia fraus', 'et fromt bedrag', nævner han møderne med vandnymfen Egeria, der rådede ham til at indstifte religiøse ritualer og indsætte specialpræster, 'flamines', for bestemte guder. Derudover indfører han som næste tiltag kalendersystemet, baseret på månens faser, med 11 skuddage pr. år for at få månearet til at gå op med soláret, som var essentielt for bøndernes dyrkningsrytme. Romulus' år var et måneår med 304 dage, fordelt på 10 måneder. Til sidst inddelte han årets dage i

helligdage, 'dies nefasti', og arbejdsdage, 'dies fasti', fordi man på helligdage ikke måtte forhandle med folket om politiske emner, ikke afholde valg og folkeforsamlinger og ikke foretage juridiske retshandlinger.

Numa (716-673 f.Kr.) om vestalinder og flamines

7.   Titus Livius: Ab Urbe Condita I, 20, 1-7

[20] 1. Tum sacerdotibus creandis animum adiecit, quamquam ipse plurima sacra obibat, ea maxime quae nunc ad Dialem flaminem pertinent. 2. Sed quia in civitate bellicosa plures Romuli quam Numae similes reges putabat fore iturosque ipsos ad bella, ne sacra regiae vicis desererentur flaminem Iovi adsiduum sacerdotem creavit insignique eum veste et curuli regia sella adornavit. Huic duos flamines adiecit, Marti unum, alterum Quirino; 3. virginesque Vestae legit, Alba oriundum sacerdotium et genti conditoris haud alienum. His ut adsiduae templi antistites essent stipendium de publico statuit; virginitate aliisque caerimoniis venerabiles ac sanctas fecit. 4. Salios item duodecim Marti Gradivo legit, tunicaeque pictae insigne dedit et super tunicam aeneum pectori tegumen; caelestiaque arma, quae ancilia appellantur, ferre ac per urbem ire canentes carmina cum tripudiis sollemnique saltatu iussit. 5. Pontificem deinde Numam Marcium Marci filium ex patribus legit eique sacra omnia exscripta exsignataque attribuit, quibus hostiis, quibus diebus, ad quae templa sacra fierent, atque unde in eos sumptus pecunia erogaretur. 6. Cetera quoque omnia publica privataque sacra pontificis scitis subiecit, ut esset quo consultum plebes veniret, ne quid divini iuris neglegendo patrios ritus peregrinosque adsciscendo turbaretur; 7. nec caelestes modo caerimonias, sed iusta quoque funebria placandosque manes ut idem pontifex edoceret, quaeque prodigia fulminibus a Iove quo visu missa susciperentur atque curarentur. Ad ea elicienda ex mentibus divinis Iovi Elicio aram in Aventino dicavit deumque consuluit auguriis, quae suscipienda essent.

(Origo: http://thelatinlibrary.com/livy/liv.1.shtml#20)

Titus Livius: Fra byens grundlæggelse I, 20, 1-7

20. 1. Så rettede han sin koncentration mod at oprette præsteskaber, selv om han selv foretog særdeles mange religiøse opgaver, og især dem, som nu hører ind under Jupiters præst. 2. Men da han mente, at der ville komme flere konger af Romulus' slags i det krigeriske samfund end af Numas støbning, og at de ville gå i krig, skabte han en særlig

præst for Jupiter som et fast præsteembede, for at kongemagtens ritualer ikke skulle forsømmes, og udstyrede ham med en dragt, der fremhævede ham, og den kongelige elfenbensstol. Dertil udpegede han to præster til, en for Mars, en anden for Quirinus, de romerske borgere, 3. han udvalgte vestalinder, jomfruer til tjeneste for Vesta, et præsteskab, der kom fra Alba og var velkendt for grundlæggerens slægt. For at vestalinderne kunne være fuldtidspræstinder i templet, fastsatte han for dem en løn fra det offentlige; han gav dem en aura af religiøs respekt og gjorde dem ukrænkelige (sanctae) til gengæld for seksuel afholdenhed og afholdelsen af visse ritualer. 4. Han udvalgte ligeledes 12 saliere for Mars Gradivus og gav dem som symboler den kulørt broderede tunika og oven på tunikaen et brystpanser af bronze; han bød dem at bære de skjolde, der var faldet ned fra himlen og som kaldes ancilia, og at gå gennem Rom, mens de sang rituelle sange og dansede deres rituelle vals. 5. Som pontifex valgte han dernæst Numa Marcius, Marcus' søn, blandt senatorerne og overgav ham en skriftlig beskrivelse af alle de ritualer, med hvilke offerdyr, på hvilke dage, ved hvilke templer der skulle afholdes ofre, og hvorfra pengene skulle tages for at betale disse udgiftsposter. 6. Også alle de øvrige offentlige og private ritualer føjede han til yppersptepræstens embedsførelse, for at der kunne være en autoritet, som folket kunne komme til for at spørge om råd, så at der ikke kom forvirring i forfædrenes ritualer ved at forsømme de traditionelle og optage de fremmede ritualer; 7. og ikke blot ritualerne til ære for guderne, men også de korrekte begravelsesritualer og forsoningsritualer for de dødes ånder skulle den samme ypperstepræst belære om, samt om hvilke varsler, sendt af Jupiter, i form af lyn eller andre fænomener der skulle tages alvorligt, fortolkes og sones. For at udforske de ting i gudernes sind indviede han et alter for Jupiter Elicius på Aventiner-højen og rådspurgte guden gennem fuglevarsler, hvilke varsler der skulle tages alvorligt.

Kommentar

Livius fortsætter beretningen om Numas institutioner og nævner oprettelsen af præsteskaber, mens han selv varetager de opgaver, som i kongetiden blev varetaget af kongen, men senere varetages af Jupiters specialpræst, 'flamen Dialis', som en kontrast til Romulus' krigeriske samfund. Denne præst får en tronstol og en kongedragt som insignier.

Derudover opretter han et embede som specialpræst for Mars, 'flamen Martialis', og et for det romerske folk, 'flamen Quirinalis', opkaldt efter Quirinus, som blev Romulus' navn efter sin guddommeliggørelse.

Som det næste kollegium indstiftede han kollegiet af vestalinder, 'Virgines Vestae', med et tempel og en embedsbolig, statslig løn og faste ritualer og opgaver til gengæld for seksuel afholdenhed i 30 år. Alt dette gjorde dem ukrænkelige, 'sanctae', og skaffede dem en betydelig status i det romerske samfund.

Det næste initiativ drejer sig om salierne, 'spring- eller dansepræsterne', som var præster for Mars Gradivus og som iført rustning til hest udførte et ritual med et skjold, 'ancile', der ifølge savnet var faldet ned fra himlen under Numas kongedømme; det blev så imiteret 11 gange som et symbol på Roms militære overmagt. Mars Gradivus var den gud, som soldaterne bad til, før de gik i kamp, og derfor var salierne også hans loge eller hans religiøse kollegium.

Dernæst oprettede han pontifikalkollegiet, 'pontifices', der havde hele Roms religiøse domæne som ansvarsområde og dermed var det mest magtfulde kollegium i Rom. Det blev i starten længe udvalgt blandt patricierne, overklassen eller adelen, indtil år 367 f.Kr., hvor underklasserne, de lavt stillede, også fik adgang til embedet. Pontifikalkollegiet havde opsyn med kulternes ritualer, offerdyr, datoer, kalenderen, templer og budgettet for Roms højtider og gudsdyrkelse. Ud over de offentlige ritualer havde det også opsyn med de private, altså husherrens ritualer for husguderne, de private ejendomme og jorder, så fortidens traditioner ikke blev glemt. Dertil kom tilsynet med fremmede kulter, som hyppigt kom til Rom, fordi Rom i sin stadige ekspansionstrang mødte flere og flere fremmede folkeslag med deres specielle kulter. Hertil kommer opsynet med begravelsesritualer og ritualer for de afdøde og dødsånderne, 'Di Manes'.

Til sidst skulle de sammen med andre kollegier tage sig af uheldssvangre varsler, 'prodigier', som blev meddelt senatet, for at give et responsum til det, om og hvordan man skulle forsone guderne, når de nu sendte tegn på, at 'pax deorum', det gode forhold til guderne, var forstyrret.

C. De Sibyllinske bøger

8.   Aulus Gellius: Noctes Atticae I, 19

Historia super libris Sibyllinis ac de Tarquinio Superbo rege.

1. In antiquis annalibus memoria super libris Sibyllinis haec prodita est: 2. Anus hospita

atque incognita ad Tarquinium Superbum regem adiit novem libros ferens, quos esse dicebat divina oracula; eos velle venundare. 3. Tarquinius pretium percontatus est. Mulier nimium atque inmensum poposcit; 4. rex, quasi anus aetate desiperet, derisit. 5. Tum illa foculum coram cum igni apponit, tris libros ex novem deurit et, ecquid reliquos sex eodem pretio emere vellet, regem interrogavit. 6. Sed enim Tarquinius id multo risit magis dixitque anum iam procul dubio delirare. 7. Mulier ibidem statim tris alios libros exussit atque id ipsum denuo placide rogat, ut tris reliquos eodem illo pretio emat. 8. Tarquinius ore iam serio atque attentiore animo fit, eam constantiam confidentiamque non insuper habendam intellegit, libros tris reliquos mercatur nihilo minore pretio, quam quod erat petitum pro omnibus. 9. Sed eam mulierem tunc a Tarquinio digressam postea nusquam loci visam constitit. 10. Libri tres in sacrarium conditi "Sibyllini" appellati; 11. ad eos quasi ad oraculum quindecimviri adeunt, cum di immortales publice consulendi sunt.

(Origo: Aulus Gellius: *The Attic Nights*, Loeb Clas. Libr. no. 195, London e.a. 1996, rev. 1946)

Aulus Gellius: Attiske nætter I, 19

Historien om de sibyllinske bøger og om kong Tarquinius Superbus

1. I ældgamle årbøger er der overleveret en beretning om de sibyllinske bøger.
2. En gammel kone, der var ukendt, henvendte sig til kong Tarquinius Superbus med ni bøger, der, som hun sagde, indeholdt guddommelige spådomme. Dem ville hun gerne sælge.
3. Tarquinius forhørte sig om prisen. Konen forlangte en urimelig høj pris.
4. Kongen grinede ad kællingen, som om hun var senil.
5. Så anbragte hun et ildbækken foran ham, afbrændte tre af de ni bøger og spurgte så kongen, om han ville købe de seks bøger, der var tilbage, for det samme beløb.
6. Tarquinius grinede endnu mere og sagde, at den gamle kone utvivlsomt var forrykt.
7. Kvinden brændte så straks tre bøger til og spurgte igen roligt, om han ville købe de resterende tre eksemplarer for den samme pris.
8. Tarquinius blev nu alvorlig og mere opmærksom, og han forstod, atman ikke skulle gøre nar af hendes vedholdenhed og selvsikkerhed og købte de resterende tre bøger for et beløb, der var lige så stort som det, han kunne have købt dem alle for.
9. Det er et faktum, at efter at kvinden havde forladt Tarquinius, har ingen siden mere set hende.
10. De tre bøger blev deponeret i en helligdom og blev kaldt de sibyllinske.

11. Til dem henvender sig femtenmandskollegiet ligesom til et orakel, når de skal rådspørge de udødelige guder på statens vegne.

Kommentar

De sibyllinske bøger, som er det tredje element i romersk religion ved siden af offerritualer og fuglevarsler ifølge Cicero (106 f.Kr. – 44 f.Kr.), synes at stamme fra Ida-bjerget på Kreta, Zeus' fødselssted, i Gergis omkring år 600 f.Kr. og blev opbevaret i Apollon-templet i Gergis. Derfra kom samlingen af orakelsvar, som er skrevet i heksametre på græsk, til Erythrai i Attika og derefter til Cumae syd for Neapel i Italien; sibyllen i Cumae er nok den mest kendte i oldtiden. Den ovennævnte mytologiske fortælling handler om den sidste af de syv romerske konger, der i sin nærighed ikke ville tage imod tilbuddet fra den gamle kvinde, der ville sælge de ni bøger, men pga. hendes stålsathed og beslutsomhed, da hun brændte 6 af bøgerne, alligevel ikke turde andet end at købe de sidste tre til fuld pris. Han anbragte dem så i Jupiter-templet på Kapitol, og dermed er traditionen vedr. disse orakelbøger skabt i romersk mytologisk tradition. Overtagelsen af disse skrifter er måske en reaktion mod etruskernes kulturelle indflydelse på Rom og en start på en selvstændig religionspolitik fra romernes side. Bøgerne, som der var mange af i forskellige templer i Romerriget, havde en særlig status og var hemmelige, idet kun 15-mands-kollegiet/ kommissionen, 'quindecemviri sacris faciundis', måtte læse dem. Oprindeligt bestod denne kommission af to mand, 'duumviri s. f.', derefter, efter 376 f.Kr., blev de udvidet til 10 mand, 'decemviri s. f.', og endte som 'quindecemviri s. f.' under Sulla i 1. årh, f.Kr. Disse embedsmænd er tidligere konsuler eller prætorer, der på livstid skulle holde disse bøger hemmelige og i sikkerhed. Senatet i Rom bestemte, hvornår de måtte læse bøgerne med hjælp fra to græske oversættere for at finde ud af, hvilke religiøse tiltag der skulle iværksættes for at afværge store ulykker mod staten og hvilke forsoningsritualer der skulle sættes i gang ved uheldsvarslende tegn, fx kometer, jordskælv, epidemier o.lign. Denne kommission havde også opsyn med Apollonkulten, Magna Mater = Kybele-kulten og Ceres, hvis kulter var blevet indført til Rom pga. bøgerne. På denne måde havde disse skrifter og kommissionen afgørende indflydelse på optagelsen af græske kulter og ritualer i romersk religiøs praksis. Da Jupitertemplet brændte i år 83 f.Kr., brændte bøgerne også, og i år 76 f.Kr. blev de erstattet gennem en senatsbeslutning af samlinger fra Troja, Erythrae, Samos, Sicilien og Africa sammen med orakelsvar fra sibyllen i Tibur. Augustus overførte dem så i år 12 f.Kr. i sin egenskab af pontifex maximus, efter at have censureret dem og fået lavet en kopi, til Apollon Patrous-templet på Palatin, hvor Augustus havde direkte adgang til dem igennem sin kælderdør, da templet lå ved siden af hans palads. Skrifterne lå gemt i Apollonstatuens basis. Ifølge historikeren Ammianus Marcellinus brændte de i år 363 e.Kr. Dette er usikkert, for Flavius Stilicho, militær embedsmand, død 408 e.Kr., beretter, at han i 405 e.Kr. brændte en udgave af de sibyllinske bøger. Men det viser igen usikkerheden i fortolkningen af vores kilder.

9. Plinius: Naturalis Historia 13, 27, 88

… inter omnes vero convenit sibyllam ad tarquinium superbum tres libros adtulisse, ex quibus sint duo cremati ab ipsa, tertius cum capitolio sullanis temporibus. …
(Naturalis Historia. Pliny the Elder. Karl Friedrich Theodor Mayhoff. Lipsiae. Teubner. 1906, heri bog 13, kap. 24, l. 15)

Plin. N. H. 13, 27, 88
Men heri er alle enige, at en vis sibylle havde bragt tre bøger til Tarquinius Superbus, hvoraf de to blev brændt af hende selv, den tredje sammen med Kapitol i Sullas tid (juli 83 f.Kr.).

Kommentar
Modsætningen mellem Gellius' og Plinius' oplysninger viser tydeligt, hvor svært det er at nå til en information om, hvad der er den oprindelige sandhed; kilderne er tidsmæssigt så fjerne fra nedskrivningen og vores bevarede tekster, at man aldrig kan nå til en endegyldig afgørelse. Og det gælder ganske naturligt alt, hvad der vedrører kongedømmet og starten af republikken i Rom.

10. Lactantius (= Lucius Caecilius Firmianus): Epitome divinarum institutionum V (Div. Inst. Lib. I, cap. 6)

Quod unum Deum vates, id est Sibyllae praedicant.

1. Superest de vatibus dicere. Varro decem Sibyllas fuisse tradit; primam de Persis, secundam Libyssam, tertiam Delphida, quartam Cimmeriam, quintam Erythraeam, sextam Samiam, septimam Cumanam, octavam Hellespontiam, nonam Phrygiam, decimam Tiburtem, cui sit nomen Albunea.

2. Ex his omnibus Cumaeae solius tres esse libros, qui Romanorum fata contineant et habeantur arcani, ceterarum autem fere omnium singulos extare haberique vulgo, sed eos Sibyllinos velut uno nomine inscribi; nisi quod Erythraea, quae Troici belli temporibus fuisse perhibetur, nomen suum verum posuit in libro, aliarum confusi sunt.

3. Hae omnes, de quibus dixi, Sibyllae praeter Cumaeam, quam legi nisi a Quindecimviris non licet, unum Deum esse testantur, principem, conditorem, parentem, non ab ullo generatum, sed a se ipso satum, qui et fuerit a saeculis, et sit futurus in saecula, et idcirco solus coli debeat, solus timeri, solus a cunctis viventibus honorari.

4. Quarum testimonia, quia breviare non poteram, praetermisi: quae si desideras, ad ipsos tibi libros revertendum est. Nunc reliqua persequamur.

(Origo: http://www.hs-augsburg.de/~harsch/Chronologia/Lspost04/Lactantius/lac_epit.html#05)

Lactantius: Kompendium til Lærebog i religion, kap. 5

Hvad sandsigerskerne, dvs. Sibyllerne, forudsiger om én gud.

1. Tilbage er at sige noget om sandsigerskerne. Varro fortæller, at der har været 10 Sibyller; den første er persisk, den anden er libysk, den tredje er fra Delphi, den fjerde er kimmerisk, den femte er fra Erythrea, den sjette er fra Samos, den syvende er fra Cumae, den ottende er fra Hellespont, den niende er frygisk, den tiende er fra Tibur, som kaldes Albunea.

2. Af alle disse tilhører kun Sibyllen fra Cumae de tre bøger, som indeholder romernes skæbne og holdes hemmelige; af alle de øvrige er der for hver af dem kun bevaret en bog og offentlig tilgængelig, og de bærer kun en titel: De Sibyllinske bøger; med undtagelse af den erythræiske Sibylle, som fortælles at have levet på den trojanske krigs tid, og har lagt navn til én bog, mens bøgerne af de øvrige ‹otte› er blandet sammen.

3. Alle de omtalte Sibyller med undtagelse af Sibyllen fra Cumae, som kun må læses af

15-mands-kommissionen, bevidner, at der er én gud, herskeren, skaberen, faderen, ikke avlet af nogen, men sået af sig selv, som har været til fra evighed og vil være til i evighed, og derfor bør han dyrkes alene, frygtes alene, æres af alle levende væsener alene.

4. Deres vidnesbyrd har jeg sprunget over, fordi jeg ikke kunne forkorte dem; hvis du ønsker at ‹læse› dem, kan du finde dem i selve bøgerne (= Divinae Institutiones, Lærebog i religion). Nu går vi over til de øvrige ting.

Kommentar

Lactantius eller Lactants, kirkefader fra det 3. årh. e.Kr., konverteret til kristendommen, skriver om de gammelromerske guder ud fra sit nye tros-standpunkt, hvad man som læser skal have i mente. Han kalder sibyllerne 'deum vates' = 'deorum vates', gudernes forkyndere, og vi husker Ciceros bemærkning i Marcus Tullius Cicero: De natura deorum III, 5, at romersk religion består af tre dele, offerritualer, fuglevarsler, samt Sibyllens fortolkere, 'Sibyllae interpretes', som det tredje element ved siden af indvoldstydere, 'haruspices', og alle tre dele har hver sin funktion. Lactants følger Varro, leksikografen og etymologen, i sin opremsning af de ti mytologiske sibyller: deres internationalitet viser, at de har været en fast tradition af orakelgivere i oldtidens Grækenland, Lilleasien og Italien. I det næste afsnit nævnes de tre bøger af den Cumæiske sibylle, som vi har hørt om hos Aulus Gellius: Noctes Atticae I 19, hvor han reducerer antallet af de 9 bøger til 3 pga. kong Tarquinius Superbus' arrogance; til sidst giver han op og køber de sidste 3 bøger til fuld pris; den ukendte gamle kvinde har sejret. Dette står i kontrast til Varros beretning, som Plinius den Ældre i sin Naturalis Historia, 13, 27, 88 følger, hvor der kun er tale om 3 bøger, hvoraf sibyllen, ikke en gammel kvinde, brænder de to, mens den sidste brænder sammen med Kapitol i år 83 f.Kr. Det viser, at kilderne til vores beretninger og mytologiske udsagn ligger så langt tilbage, at vi ikke engang kan finde de originale tekster eller kilder. Alt beror på gisninger. Men uanset hvad der er sandt, arbejdes der med det hellige tretal.

Man bør lægge mærke til det gudebillede, der tegnes af Lactants i afsn. 3, nemlig én gud, fader, autochthon, hvis vi tolker 'a se ipso satum' korrekt, som lever i evighed og skal æres alene. Dette gudebillede, som er meget markant fokuseret på én gud, den evige hersker over alt, som bør tilbedes af alle, er modelleret over den kristne gud i Lactants' beskrivelse, idet den gammelromerske polyteisme trækkes over i en monoteistisk tendens.

11. Caius Suetonius Tranquillus: De vitis Caesarum: Divus Augustus 31

[31] Postquam vero pontificatum maximum, quem numquam vivo Lepido auferre sustinuerat, mortuo demum suscepit, quidquid fatidicorum librorum Graeci Latinique generis nullis vel parum idoneis auctoribus vulgo ferebatur, supra duo milia contracta undique cremavit ac solos retinuit Sibyllinos, hos quoque dilectu habito; conditque duobus forulis auratis sub Palatini Apollinis basi. Annum a Divo Iulio ordinatum, sed postea neglegentia conturbatum atque confusum, rursus ad pristinam rationem redegit; in cuius ordinatione Sextilem mensem e suo cognomine nuncupavit magis quam Septembrem quo erat natus, quod hoc sibi et primus consulatus et insignes victoriae optigissent. Sacerdotum et numerum et dignitatem sed et commoda auxit, praecipue Vestalium virginum. Cumque in demortuae locum aliam capi oporteret ambirentque multi ne filias in sortem darent, adiuravit, si cuiusquam neptium suarum competeret aetas, oblaturum se fuisse eam. Nonnulla etiam ex antiquis caerimoniis paulatim abolita restituit, ut Salutis augurium, Diale flamonium, sacrum Lupercale, ludos Saeculares et Compitalicios. Lupercalibus vetuit currere inberbes, item Saecularibus ludis iuvenes utriusque sexus prohibuit ullum nocturnum spectaculum frequentare nisi cum aliquo maiore natu propinquorum. Compitales Lares ornari bis anno instituit vernis floribus et aestivis. ...

(Origo: http://www.thelatinlibrary.com/suetonius/suet.aug.html#31)

Suetonius: Kejserbiografier: Augustus 31

31. Men så snart han havde overtaget embedet som ypperstepræst efter Lepidus' død, som han ikke havde villet fratage ham i levende live, lod han alt, hvad der end fandtes af orakelbøger på græsk og latin af enten ganske ukendte eller blot lidt kendte forfattere i omløb, samle sammen overalt fra, over 2.000 bøger, og brændte dem, men kun de Sibyllinske bøger beholdt han, og også disse kun i udvalg; han opbevarede dem i to små forgyldte skabe under den palatinske Apollons fodstykke. Kalenderåret, som var ordnet af den Guddommelige Julius, men senere gerådet i uorden og forvirring pga. forsømmelighed, førte han tilbage til den gamle orden; under denne genoprettelse gav han måneden Sextilis sit eget navn i stedet for september, som han var født i, fordi han i denne havde opnået sit første konsulat og sine betydningsfulde sejre. Præsternes antal og værdighed forøgede han, men også deres lønninger, især vestalindernes. Og da man

skulle vælge en ny i stedet for en afdød og mange fædre var utrygge ved at overlade deres døtre til en lodtrækning, bekræftede han med en ed, at han, hvis nogen af hans egne børnebørn havde haft den passende alder, ville have foreslået hende frivilligt. Også adskillige af de gamle ritualer, som var blevet glemt, indførte han igen, fx auguriet for statens Frelse, flamen Dialis-embedet, Lupercaliefesten, århundredefesterne og Compitalia-festerne (korsvejsfesterne). Til Lupercaliefesten forbød han teenagere uden skæg at deltage i løbet, ligeledes forbød han under århundredefesterne unge mennesker af begge køn at besøge nogen af de natlige skuespil, hvis ikke de var ledsaget af en ældre slægtning. Han indførte, at korsvejslarerne to gange om året skulle pyntes med forårs- og sommerblomster. ...

Kommentar
Sueton, Cajus Suetonius Tranquillus, ca. 70-130 e.Kr., forfatter til adskillige kejserbiografier, fortæller her, hvordan Augustus i sin politik også ville styre det religiøse domæne og samlede alle eksisterende eksemplarer af sibyllinske orakelbøger, brændte de fleste, men bevarede de tre bøger fra Sibyllen i Cumae. Dem gemte han så i Apollonstatuens fod i Apollontemplet ved siden af sit palads på Palatin, og han havde adgang til templet fra sit palads gennem en dør i kælderen. Augustus ville altså styre adgangen til de sibyllinske orakelsvar, mens det på overfladen stadigvæk var 15-mands-kommissionen, 'quindecemviri', der havde adgang til dem.
Resten af teksten omhandler Augustus' øvrige tiltag inden for det religiøse domæne.

Myte-begrebet

Definition
1. Mundtligt overleveret fortælling, der har betydning for et samfunds eller en kulturs kollektive selvforståelse; sekundært en litterær genre; den fortæller om begivenheder, handlinger i billeder, metaforisk, ikke konkret.
2. Deltager er numinøse væsener, guddomme, helte eller også mennesker; guddommen tænker, handler og taler som et menneske.
3. Handlingsforløbet forløber fra forandringsmulighed, labilitet til en positiv eller negativ tilstand af stabilitet.
4. Begivenhederne fortælles som enestående begivenheder, selv om de henviser til tilbagevendende forløb i naturen og menneskeverden.

5. Handlingstiden i en myte ligger uden for eller hinsides den historiske eller aktuelle menneskesketid, i en urtid eller fortid eller en prototypisk tid, hvor den nuværende menneskesketilstand grundlægges. Fortælle- og traditionsfællesskabet, som fortæller myten, forbinder urtid med den nuværende, aktuelle samfundstid. Myten begrunder nutiden, og derfor indeholder myten den stadige genkomst af urtiden i nutiden.

6. Handlingsrummet er ikke begrænset af den menneskelige forestilling, har numinøs kvalitet, gudebjerg, gudehave, tempel, og ligger uden for menneskelig erfaring, himmel, underverden, og kan indvirke på det menneskelige livsområde.

7. Funktionelt drejer myten sig om at gøre menneskelige grunderfaringer i en hemmelighedsfuld og truende omverden åbenlyse og forståelige; myten beskriver en konstituerende orden i verden og i samfundet; den er tale, der konstituerer, grundlægger, begrunder, legitimerer og tyder den aktuelle virkelighed. Den søger ikke en årsagsforklaring, causa, aitía, som sådan, men søger en urbegivenhed, urgrund, en uroprindelse, arché, principium. De prototypisk fortalte begivenheder tjener som eksemplariske modeller for den menneskelige eksistens og aktiviteter.

Litteratur

Alföldi, Andreas: *Early Rome and the Latins,* (Jerome Lectures 7) Ann Arbor, Mich. (The University of Michigan Press) 1963

Fowler, W. Warde: *The Roman Festivals of the Period of the Republic. An Introduction to the Study of the Religion of the Romans,* London (Macmillan) 1899

Harmon, Daniel P.: *"The Public Festivals of Rome"*, in: W. Haase (Ed.): *Aufstieg und Niedergang der römischen Welt (ANRW) / Rise and Decline of the Roman World › Principat,* Band 16/2, Berlin-New York (de Gruyter) 1978, p. 1440-1459

Rüpke, J.: *A Companion to Roman Religion,* Oxford (Blackwell Publishing) 2007

Wiseman, T. P.: (1995) *Remus: A Roman Myth,* Cambridge and New York (CUP) 1995

5 Roms officielle religiøse instanser – Præsteskaber

Romersk religion – koncepter og definitioner

1. Romersk religion var en religion uden åbenbaringer, uden åbenbarede bøger og uden dogmer, dvs. uden læresætninger og uden ortodoksi.
2. Det var en ritualistisk religion, der byggede på traditioner, men åben for nye borgere og nye guder i takt med, at Roms indflydelse bredte sig over hele Italien og rigerne omkring Middelhavet.
3. Eneste dogme var forpligtigelsen til at overholde ritualerne og traditionerne.
4. Udtryk for tro, 'credo', holdes adskilt fra religiøs praksis og kommer først ind i den religiøse sfære med kristendommens voksende indflydelse.
5. Der var ingen indvielse, ingen undervisning eller katekismus; forpligtigelserne fulgte med fødslen, slægten og den sociale status, og med tildelingen af romersk borgerret.
6. I 1990'erne blev begrebet 'civitas-religion' lanceret, dvs. en samfundsmæssig religion, der baserede på samfundet, ikke på individet; individer fungerede som medlemmer af et bestemt fællesskab.
7. Der var altså ingen etisk kodeks for religionsudøvelse, kun en social kodeks.
8. Det var ikke nogen frelserreligion, der sigtede mod en liv-efter-døden-frelse. Den sigtede mod held og lykke i livet for samfundet som sådan.
9. Enhver samfundsmæssig handling var dækket af et religiøst aspekt, og omvendt. Offentlige kulter implicerede politiske aspekter, og derfor var romersk religion en by-religion, en civitas-religion.
10. Der var ingen speciel leder eller dogmatisk autoritet. Der var ingen grundlægger af religionen, hverken guddommelig eller menneskelig, sendt af gud. Grundlæggeren af Rom, af byer, af familier grundlagde de religiøse ritualer.
11. Det var desuden en polyteistisk religion: guderne varierede alt efter by og sted.
12. By-religion er den kulturelle model for en religion i Grækenland, Rom og Italia. Religionsudøvelsen er knyttet til byen, den praktiseres i. Med udvidelsen af riget voksede antallet af guder, kulter og udøvelses-praksisser, og borgerne havde frihed til at vælge.
13. Man ser efter Kristi fødsel, dvs. i 1. og især 2. årh. e.Kr., en ændring af mentaliteten i forholdet mellem guder og mennesker; man taler om, at en bymentalitet ændredes til

ren rigsmentalitet, og ikke mere frihed gjaldt som princip, men total underkastelse under en autoritet eller en herre i stil med kejserkulten. Gud blev opfattet som bestemmende fyrste.

Roms økonomi og BNP

1 sesterts = 1 HS er en bonzemønt = 4 as = ¼ denar, som er en sølvmønt med 4 gram sølv, efter 50 f.Kr.; sammensat af 'semis' = ½ og 'tertius = tredje = 2½; opr. var den 2½ as værd. H = II + S = semis.

Mad for 1 sesterts er livsnødvendig for 1 person i 1 dag, og 4 sesterts, altså 1 denar, var dagslønnen for en romersk soldat i kejsertiden.

55 millioner indbyggere beregnes til et samlet BNP på 20 milliarder HS.

Statens udgifter per år anslås til 1 milliard HS.

Militæret koster ½ milliard per år.

Ludi og templer koster 10-50 millioner HS per år.

Store lege, der varer 1-3 dage, koster 1-3 millioner HS per dag.

Et nyt stort tempel koster 1 – 3 millioner HS.

Vedligeholdelse af offentlige bygninger, herunder templer koster 11 millioner HS per år. Staten betalte for sacra publica, aedes publicae og sacerdotes publici.

Hvad koster et offer?

Et lille offer koster 60-100 HS.

Et offer med måltid for alle deltagere koster 250 HS.

Ludi scaenici (teaterfestspil) koster 2.000 HS per dag i kommunen.

Sakralret

Sakralret bygges op af sædvaneret, der fulgte mos maiorum, der hvilede på longa et inveterata consuetudo (langvarig sædvane) og consensus omnium (almen konsensus). Den etablerede relationerne i slægten, gens, og i kommunen. Hvis en retsparagraf ikke anvendes regelmæssigt (desuetudo), blev paragraffen sat ud af kraft. Mos maiorum blev udviklet gennem interpretatio.

Paterfamilias var leder af husets domstol takket være patria potestas. Uberettiget drab eller udstødelse var et sakrileg (nefas) og husherren blev sacer = fredløs.

Ved siden af gæsteretten (hospitium) var reglerne for offer- og begravelsesriter sakrale. Efter kongernes fordrivelse gik retsplejen over til pontifex maximus og hans kollegium.

De understøttede prætorerne og ædilerne i domsafgørelsen. Og præsteskabet udviklede for anklage- og forsvarsproceduren forskellige formularer (legis actiones), som skulle overholdes præcist. En samling af sakral- og civilretlige principper tilskrives Sextus Papirius, pontifex maximus, som omkring 510 f.Kr. skal have forfattet ius papirianum og ius civile papirianum.

Anklager mod tredjemand, altså folk uden for gens, blev ført af skadelidte som privatperson. For at undgå selvjustits bliver den anklagede stævnet, in ius vocatio, og sagen føres foran en domstol, indkaldt specielt til denne sag.

Domme i enkeltsager dannede grundlag for inddeling af sagerne i juridiske områder og for retsplejeloven med legis actiones, retlige formularer som defineres af det skolede præsteskab. Gammelromersk ret udviklede sig pga. mange ens afgjorte domme i enkeltsager fra en sædvaneret til en enkeltsagsret for til sidst at gå over i enkeltsags praeiudicium. Således bliver de Tolv Tavlers Love i 450 f.Kr. til, og kodifikationen af lovene var ikke bare en nedskrivning af sædvaneret, men skabte nye love uden at afløse sædvaneretten. Og dette princip holder hele romerrigets tid igennem.

Allerede i starten af republikken bevægede jurisdiktionen sig fra en religiøst bestemt til en saglig-juridisk og på sagkyndiges responsa hvilende retspleje. Den sækulære retsudøvelse og –tolkning gik over til en sagkyndig kurulisk retspleje, som var videnskabeligt udrettet.

Den arkaiske sakralret, fx crimen incesti, forblev i pontifikalkollegiets jurisdiktion under ledelse af pontifex maximus.

Præsteskabets status i Rom

Der findes ingen lukket præstekaste. Da sakrale handlinger er vigtige for romersk selvforståelse, rådførte magistrater og senat sig med præster.

Statslig præst: sacerdos publicus populi Romani Quiritium = offentlig præst for Quiriternes romerske folk

En præst er en offentlig embedsmand, der forretter religiøse handlinger og er en officiel person, når han gør det, ellers en homo privatus, modsat magistratus. Sacerdos publicus er pontifex maximus og flamen Dialis, der er medlem af senatet ex officio.

Sodalitas, pl. sodalitates, er kultfællesskaber, loger, religiøse foreninger, organiseret som medlemsfællesskaber. De tager sig af de kulter og ritualer, som de statslige præsteskaber ikke tog sig af. Augustales er nye kultfællesskaber i kejsertiden, som dyrkede kejserkulten.

I princippet findes der altså ingen præster i Rom i vores betydning af ordet, da vi betragter sådan en person som uddannet i teologi og den kristne tro med en kristen dogmatik, altså en ortodoks institution.

I Rom var der ingen uddannelse, ingen teologi i vores forstand, ingen dogmatik, men kun en ortopraksi, en praksis i at forrette ritualerne korrekt. En præst er altså en, der udfører ritualerne efter forfædrenes skik, og skal forstås som en religiøs embedsmand. Det er i princippet senatet i Rom eller kommunens duumviri, de to borgmestre, der styrer det religiøse liv, som er præget af mange forskrifter, hvad man kan se af Aulus Gellius-teksten om rex sacrorum, der skal overholde flest regler af alle religiøse embeder, men man kan også se det hos Cato og hans mange forskrifter, som alle vidner om en formalisme inden for det religiøse domæne og en fejlfrihed i udførelsen af ritualet.

Derudover drejer det sig om en fysisk fejlfrihed, en intakt krop, og det gælder både den religiøse embedsmand som offerdyret, hostia eller victima.

Kvindens rolle i det religiøse domæne er neddæmpet. Kvinderne må deltage i ritualet som tilskuere og også som hjælpere, medmindre traditionen siger nej, jf. Catos tekst om et offer, hvor kvinder ikke måtte være i nærheden og se det.

Romersk religion er en blandingsreligion med et latinsk – græsk – etruskisk og nationalt = romersk særpræg og dyrker guddomme med mange specialiseringer i landbruget, for ægteskab og børneavl og frugtbarhed i naturen og blandt menneskene. Abstrakte begreber dyrkes som guddomme, fx concordia, pietas, virtus, salus, etc.

Oprindeligt var der ingen antropomorfe forestillinger om guder og guddomme = numina: intet ansigt, ingen familieforhold, ingen gudebilleder, ingen mytologi, ingen teogoni, ægteskab blandt guder med børneavl, og ingen kosmogoni, guder skaber ikke verden; alt dette ændrer sig med tiden under græsk indflydelse.

Forholdet til guderne var juridisk og formalistisk og præget af et omstændeligt og strengt ritual.

Sammenfatning af præstens stilling i romersk religion

1. formalisme
2. nøjagtighed
3. fejlfrihed
4. intakthed/funktionsdygtighed
5. ortopraksi – regelorienterethed

6. præst = en, der udfører ritualer i praksis: ingen uddannelse, intet dogma

Dokumenter

Rex sacrificulus – rex sacrorum

1. Titus Livius: Ab urbe condita, II, 2, 1 om 'rex sacrificulus, kongeofferpræsten'

[2] Rerum deinde divinarum habita cura; et quia quaedam publica sacra per ipsos reges factitata erant, necubi regum desiderium esset, regem sacrificolum creant. Id sacerdotium pontifici subiecere, ne additus nomini honos aliquid libertati, cuius tunc prima erat cura, officeret. Ac nescio an nimium undique eam minimisque rebus muniendo modum excesserint. ...

(Origo: http://www.thelatinlibrary.com/livy/liv.2.shtml)

Titus Livius: Fra Roms grundlæggelse, II, 2, 1
Dernæst drog man omsorg for gudstjenesterne; og fordi visse offerhandlinger altid var blevet udført af kongen personligt, skabte man en kongeofferpræst (rex sacrificulus), for at man ikke skulle savne kongerne nogetsteds. Dette præsteembede var underlagt ypperstepræsten (pontifex maximus), for at embedet i forbindelse med titlen ikke skulle nyde større anseelse og skade friheden, som var af størst betydning. Og jeg tror næsten, at man overskred enhver grænse for at beskytte den fra alle sider selv i de mindste detaljer. ...

Kommentar
Livius skitserer kort kongeofferpræstens funktion, nemlig overtagelsen af kongens religiøse opgaver efter kongedømmets afskaffelse; dernæst beskriver han kongeofferpræstens status som underlagt pontifex maximus, lederen af pontifikalkollegiet. Trods hans titel var der kun én ledende instans i Rom, nemlig pontifikalkollegiets leder, og der måtte ikke være nogen som helst mulighed for rivalitet mellem dem.

2. Aulus Gellius: Noctes Atticae, X, 15, 21 om 'rex sacrificulus, kongeofferpræsten'

XXI. Super flaminem Dialem in convivio, nisi rex sacrificulus, haut quisquam alius accumbit.
(Origo: http://www.thelatinlibrary.com/gellius/gellius10.shtml#15)

Ved et festmåltid må ingen anden end kongeofferpræsten (rex sacrificulus) lægge sig højere op end Jupiters specialpræst (flamen Dialis).

3. Maurus Servius Honoratus: Commentarius in Vergili Aeneida II, 2 om 'rex sacrificulus, kongeofferpræsten'

toro ab alto: summus enim semper est pontificalis locus; non enim licebat supra regem sacrificulum quemquam accumbere.
(Origo: http://www.perseus.tufts.edu/hopper/
text?doc=Perseus%3Atext%3A1999.02.0053%3Abook%3D2%3Acard%3D1)

Servius: Kommentar til Vergils Æneide 2,2:
'Fra den høje sofa': det højeste leje er nemlig ypperstepræstens plads; det er nemlig ikke tilladt for nogen at lægge sig tilbords på en plads højere oppe end kongeofferpræsten.

Kommentar
Der herskede en bestemt rangorden mellem pontifex maximus, rex sacrificulus og flamen Dialis, og den viser sig så også ved etiketten under et måltid.

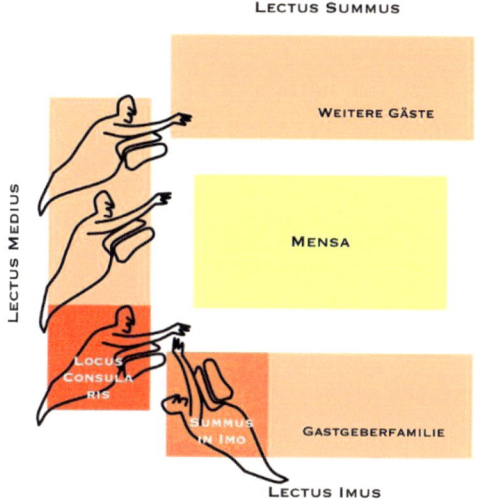

Triclinium skematisk. De tre bænke med bordet i midten.
(Origo: Triclinium – Wikipedia, den frie encyklopædi)

Som det ses af skemaet ligger værtens mandlige familie ved det nederste bord, 'lectus imus', mens de fineste gæster delte 'lectus medius', det midterste bord, hvor locus consularis var den fineste æresplads ved siden af værten; det var altså her, at pontifex, rex sacrificulus og flamen skulle finde deres plads efter de gældende regler. På det øverste bord, 'lectus summus' kunne de øvrige gæster så tage plads. Slaverne serverede så maden fra højre side på bordet, 'mensa'.

4.   Sextus Pompeius Festus: De verborum significatu [198,29-200,4] – F. 318, P. 319, p. 413 (420-422) om 'rex sacrificulus, kongeofferpræsten'

"*Sacrificulus* ‹rex appellatur› qui ea sacra quae ‹reges facere a›ssueverant facit. ‹Quem creasse dicit›ur post reges ex‹pulsos Iunius Br›utus.
(Paul.) Sacrificulus rex appellatus est qui ea sacra quae reges facere adsueverant fecisset.
(Origo: Glossaria Latina, vol IV, Festus: De verborum significatu ed., adnot. W.-M. Lindsay, Paris 1930
(Nachdruck Georg Olms, Hildesheim 1965)

Sextus Pomponius Festus: Om ordenes betydning, F. 318, P. 319, p. 413 om 'rex sacrificulus, kongeofferpræsten'

Kongeofferpræst kaldes han, som udfører de kulthandlinger, som kongerne plejede at udføre. Det siges, at Junius Brutus har skabt denne stilling efter kongernes fordrivelse. (**Paul.**) Kongeofferpræst er han blevet kaldt, som forrettede de kulthandlinger, som kongerne plejede at udføre.

Kommentar

Sextus Pompeius Festus er en leksikograf fra slutningen af det 2. årh. e.Kr. og udgav en forkortet version af en etymologisk ordbog, forfattet af Marcus Verrius Flaccus omkring Kristi Fødsel. Bogstav M – ud er bevaret af hans værk. Han forklarer de gamle ord, der er blevet uforståelige for romerne, hvad der er en stor hjælp for den moderne filolog, også på det religiøse område. Og i dette afsnit gentager Festus, og Paulus Diaconus efter ham, – han var fra det 8. årh. e.Kr. og skrev et resumé af Festus, – hvad Livius allerede har sagt i det foregående afsnit.

5. Gaius: Institutiones I, 112 om 'rex sacrificulus, kongeofferpræsten, flamines maiores og confarreatio-ægteskabet'

112. Farreo in manum conveniunt per quoddam genus sacrificii, quod Iovi Farreo fit; in quo farreus panis adhibetur, unde etiam confarreatio dicitur; complura praeterea huius iuris ordinandi gratia cum certis et sollemnibus verbis praesentibus decem testibus aguntur et fiunt. Quod ius etiam nostris temporibus in usu est: Nam flamines maiores, id est Diales, Martiales, Quirinales, item reges sacrorum, nisi ex farreatis nati non leguntur: Ac ne ipsi quidem sine confarreatione sacerdotium habere possunt.

(Origo: http://www.thelatinlibrary.com/gaius1.html#112)

Gaius: Institutioner og love I, 112 om 'rex sacrificulus, kongeofferpræsten, flamines maiores og confarreatio-ægteskabet'

Med en speltkage bliver mænd og kvinder gift gennem en bestemt offerhandling til ære for Jupiter Farreus (Speltjupiter); her bruges en speltkage, som har lagt navn til ceremonien 'confarreatio-giftermålet'; derudover udføres og sker der adskillige andre ting for at gennemføre denne ceremoni med bestemte bønneformularer og under tilstedeværelse af ti vidner. Denne lov er stadig i brug i vor tid, for de vigtigste specialpræster, flamines maiores, dvs. flamen Dialis (Jupiters præst), flamen Martialis (Mars' præst) og flamen Quirinalis (Quirinus', dvs. den romerske borgers, præst) samt kongeofferpræsterne vælges ikke til embedet, medmindre de er født i et confarreatio-giftermål. Og de selv kan heller ikke have embedet uden at være confarreatio-gift.

Kommentar

Spelt (*Triticum spelta*) er en af de ældgamle sorter af hvede og hedder 'far' på latin. Man anser den i dag for at være en hybrid mellem urhvedesorterne emmer og enkorn. Den kendes fra mellemøstlige landbrugskulturer i det 2. årtusinde f.Kr., og den har været dyrket lige siden.

Gaius er jurist i det 2. årh. e.Kr., og hans optegnelser viser meget om de traditioner og regler, der gælder for embedsmænd inden for det religiøse domæne. Her drejer det sig så om betingelserne for overhovedet at kunne ansøge om posten som kongeofferpræst, specialpræst for Jupiter, for Mars og for Romulus; disse topposter kan kun søges af mænd, hvis forældre har indgået et speltkage-ægteskab og som selv er blevet gift i et speltkage-ægteskab.Her gælder det så en bryllupskage, lavet af denne hvedesort, som skulle spises under bryllups-ceremonien. Da denne form for hvede er meget gammel, er bryllupsskikken også meget gammel, og derfor kan det ikke undre, at kongeofferpræsten og hans hustru samt de vigtigste flamines, flamines maiores, skal være gift med dette bryllupsritual og deres forældre ligeså. Traditionerne er meget gamle, går tilbage til kongetiden og er et typisk træk ved de gamle adelsfamiliers, patriciernes, ceremonier.

Flamen Dialis

6. Aulus Gellius: Noctes Atticae, X, 15 om 'flamen Dialis, Jupiters præst'
XV. *De flaminis Dialis deque flaminicae caerimoniis; verbaque ex edicto praetoris apposita, quibus dicit non coacturum se ad iurandum neque virgines Vestae neque Dialem.*
I. Caerimoniae impositae flamini Diali multae, item castus multiplices, quos in libris, qui da sacerdotibus publicis compositi sunt, item in Fabii Pictoris librorum primo scriptos legimus. II. Vnde haec ferme sunt, quae commeminimus: III. Equo Dialem flaminem vehi religio est; IV. item religio est classem procinctam extra pomerium, id est exercitum

armatum, videre; idcirco rarenter flamen Dialis creatus consul est, cum bella consulibus mandabantur; V. item iurare Dialem fas numquam est; VI. item anulo uti nisi pervio cassoque fas non est. VII. Ignem e "flaminia", id est flaminis Dialis domo, nisi sacrum efferri ius non est. VIII. Victum, si aedes eius introierit, solvi necessum est et vincula per impluvium in tegulas subduci atque inde foras in viam demitti. IX. Nodum in apice neque in cinctu neque alia in parte ullum habet. X. Si quis ad verberandum ducatur, si ad pedes eius supplex procubuerit, eo die verberari piaculum est. XI. Capillum Dialis, nisi qui liber homo est, non detondet. XII. Capram et carnem incoctam et hederam et fabam neque tangere Diali mos est neque nominare. XIII. Propagines e vitibus altius praetentas non succedit. XIV. Pedes lecti, in quo cubat, luto tenui circumlitos esse oportet et de eo lecto trinoctium continuum non decubat neque in eo lecto cubare alium fas est neque ... Apud eius lecti fulcrum capsulam esse cum strue atque ferto oportet. XV. Vnguium Dialis et capilli segmina subter arborem felicem terra operiuntur. XVI. Dialis cotidie feriatus est. XVII. Sine apice sub divo esse licitum non est; sub tecto uti liceret, non pridem a pontificibus constitutum Masurius Sabinus scripsit et alia quaedam remissa, XVIII. gratiaque aliquot caerimoniarum facta dicitur. XIX. Farinam fermento inbutam adtingere ei fas non est. XX. Tunica intima nisi in locis tectis non exuit se, ne sub caelo tamquam sub oculis Iovis nudus sit. XXI. Super flaminem Dialem in convivio, nisi rex sacrificulus, haut quisquam alius accumbit. XXII. Vxorem si amisit, flaminio decedit. XXIII. Matrimonium flaminis nisi morte dirimi ius non est. XXIV. Locum, in quo bustum est, numquam ingreditur, mortuum numquam attingit; XXV. funus tamen exsequi non est religio. XXVI. Eaedem ferme caerimoniae sunt flaminicae Dialis; XXVII. alias seorsum aiunt observitare, veluti est, quod venenato operitur, XXVIII. et quod in rica surculum de arbore felici habet, XXIX. et quod scalas, nisi quae Graecae appellantur, escendere ei plus tribus gradibus religiosum est atque etiam, XXX. cum it ad Argeos, quod neque comit caput neque capillum depectit. XXXI. Verba praetoris ex edicto perpetuo de flamine Diali et de sacerdote Vestae adscripsi: "Sacerdotem Vestalem et flaminem Dialem in omni mea iurisdictione iurare non cogam." XXXII. Verba M. Varronis ex secundo rerum divinarum super flamine Diali haec sunt: "Is solum album habet galerum, vel quod maximus, vel quod Iovi immolata hostia alba id fieri oporteat."

(Origo: http://thelatinlibrary.com/gellius/gellius10.shtml#15)

Aulus Gellius: Attiske nætter, 10. bog, kap. 15 om 'flamen Dialis, Jupiters præst'

Om ceremonierne for Iuppiters præst (flamen Dialis) og præstinde; med tilføjelse af de ord fra prætorens edikt, hvormed han siger, at han hverken vil tvinge vestalinderne eller Iuppiters præst til at aflægge ed.

1 Iuppiters præst er blevet pålagt mange ceremonier, og der er også mange ting, han skal afholde sig fra, og om dem kan vi læse i de bøger, der er skrevet med titlen Om offentlige præster, og ligeledes i Fabius Pictors første bog.[35]

2 Hvad jeg husker heraf, er omtrent følgende:

3 Der eksisterer et forbud mod, at Iuppiterpræsten rider på en hest;

4 det er ligeledes forbudt for ham at se den kampklare hær uden for bygrænsen (pomerium); af den grund blev kun sjældent Iuppiterpræsten valgt til konsul, dengang da krigsførelsen blev overdraget konsulerne;

5 ligeledes har præsten ingen ret til at aflægge ed;

6 han har heller ikke lov til at bære en ring, medmindre den er glat og uden ædelsten.

7 Det er ikke tilladt, at der bæres ild ud af flaminia, det vil sige Iuppiterpræstens bolig, undtagen til hellig brug.

8 Hvis en person, der er lænket, betræder hans hus, skal han løses, og lænkerne skal trækkes gennem impluviet op på taget og derfra sænkes ned på gaden udenfor.

9 Han må ikke have en knude på sin præstehat,[36] i sit bælte eller noget andet sted.

10 Hvis nogen føres væk for at blive pisket, og denne kaster sig bønfaldende ned for hans fødder, er det en forseelse at piske manden dén dag.

11 Kun en fri mand må klippe håret på en Iuppiterpræst.

12 Det er sædvane, at Iuppiterpræsten ikke rører ved en ged, råt kød, vedbend og bønner, og heller ikke, at han blot nævner disse ting.

13 Han går ikke ind under stiklinger af vinranker, der skyder ud højt oppe.

14 Fødderne på den seng, han sover i, skal være smurt rundtom med et tyndt lag mudder, og han må ikke sove tre nætter væk fra denne seng, og det er hverken tilladt, at nogen anden sover i den seng eller . . .[37] Ved sengens fod skal der være en lille kasse med offerbagværk og offerkage.

15 Når Iuppiterpræsten får klippet negle og hår, bliver det afklippede dækket af jord under et lykkebringende træ.[38]

16 Iuppiterpræsten har helligdag hver dag.

17 Det er ham ikke tilladt at opholde sig i det fri uden sin præstehat; indendørs er det tilladt, men det er først for nyligt, det er blevet bestemt af pontifexerne,

18 skriver Masurius Sabinus,[39] og også andre forhold er blevet lempet, og der siges også at være sket en fritagelse for nogle ceremonier.

19 Han har ikke tilladelse til at røre gærbrød.

20 Sin inderste tunika afører han sig kun under tag, for at han ikke skal være nøgen under åben himmel, som om Iuppiter kunne se ham.

21 Ved selskaber er det kun kongeofferpræsten, der må ligge over for Iuppiterpræsten.

22 Hvis han mister sin kone, nedlægger han sit embede.

23 Iuppiterpræstens ægteskab kan kun opløses ved døden.

24 Et sted, hvor der er en grav, betræder han aldrig, og han rører aldrig ved en død person;

25 dog er der ikke noget forbud mod at følge en afdød til graven.

26 Omtrent de samme ceremonier gælder for Iuppiterpræstens kone;

27 man siger, at hun desuden iagttager andre, som f.eks. at hun bærer en farvet klædning, at hun i sit hovedklæde har en kvist af et lykkebringende træ,

29 og hun må ikke stige op ad en trappe med mere end tre trin undtagen de såkaldte græske trapper,

30 og ligeledes, når hun går til argei ('offerkapellerne'), må hun hverken rede sit hoved eller kæmme sit hår.

31 Jeg har tilføjet prætorens ord fra det stående edikt om Iuppiterpræsten og om Vestas præstinde: "I hele min jurisdiktion vil jeg ikke tvinge Vestas præstinde eller Iuppiterpræsten til at sværge."[40]

32 Følgende citat om Iuppiterpræsten kommer fra Marcus Varros anden bog af Guddommelige forhold: "Han alene har en hvid skindhue, enten fordi han er den mest betydningsfulde, eller fordi man skal ofre hvide dyr til Iuppiter."[41]

---

35. Fabius Pictor fr. 3 Huschke = fr. 2 Peter.

36. En hætte (galerus) m. bånd til at binde under hagen og med en høj spids (apex) oven på hovedet; apex bruges ofte (sål. her) om hele hovedtøjet (LA note).

37. Lakune.

38. En lang række, især frugtbærende, træer regnedes for lykkebringende (LA note).

39. Sabinus Masurius fr. 28 Huschke.

40. Edictum perpetuum praetoris de flamine Diali et sacerdote Vestae, Fontes Iuris Romani p.220.

41. Varro, Antiquitates rerum divinarum fr. 4 Merkel.

(Origo: *AIGIS* 9,2 – november 2009 – overs. af Carsten Weber Nielsen

http://www.igl.ku.dk/aigis/2009,2/Gelle/Gelle10.mellel.pdf)

Kommentar

I denne tekst tager Aulus Gellius, ca. 125 – ca. 180 e.Kr., et andet vigtigt embede op, nemlig Jupiters specialpræst, 'flamen Dialis', og som vi allerede kender det fra et meget gammelt traditionelt embede, er der adskillige betingelser forbundet med udøvelsen af det: han må ikke ride på en hest, han må ikke være involveret i militære operationer og har forbud mod at se den kampklare hær uden for bymuren; der er et forbud mod at aflægge ed, og det kan bunde i, at flamen Dialis skal stå uden for det retslige system ligesom han står uden for det militære system. Han må kun bære en åben ring uden ædelsten, og den må ikke være præget af luksus og rigdom. Han må ikke bære ilden ud af et hus, da det er et dårligt varsel om fremtiden, da ilden er det livgivende princip for et hjem. Han må ikke møde straffefanger, fordi han jo skal stå uden for det retslige system; derfor må han heller ikke se lænker; og når disse skal løftes over taget og ned på gaden, er det, fordi dørtærsklen som indviet indgang til huset ikke må besmittes med forbryderemner. Det næste afsnit handler om præstens hovedbeklædning, 'galerus', kappe, og 'apex', spids, der ikke må indeholde knuder, ejheller bæltet. Knuder er tegn på forhindringer i et livsforløb, og præstens liv skal om noget være gnidningsfrit. Afsn. 10 svarer til afsn. 5 og 8, at han ikke må være vidne til retssystemets metoder og skal holdes fri af det; at håret kun må klippes af en fri mand, svarer til, at man befinder sig på toppen af patricierhierarkiet og derfor holder slaver og ufrie på afstand.

De næste afsnit handler om præstens tilgang til naturen og dens dyr og planter, hvoraf han ikke må røre eller nævne bestemte af dem, her en ged, råt kød, vedbend og bønne, og han må ikke gå under vinranker. Til gengæld skal sengen være jordfæstet, og han må ikke være væk fra den tre nætter i træk, for tre nætter er et bevis på, at kontrakten er brudt, hvad enten det drejer sig om ægteskaber eller specialpræster. I hjemmet må han ikke berøres af blodige ofre, så det er 'strues', offerbagværk, og 'fertum', offerkage, der skal stå ved sengen. Præstens negle og hår skal graves ned under lykkebringende buske og træer. Ifølge romersk opfattelse findes der lykkebringende og uheldssvangre buske og træer. Afsn. 16 viser, at præsten er i tjeneste dag og nat og derfor skal følge alle regler hele tiden; derfor skal han altid bære sin hovedbeklædning, 'galerus' og 'apex'. Han må ikke røre gærbrød. Han må ikke vise sig nøgen offentligt, da det er en ydmygelse, især over for guderne at blive set uden sine insignier. Etiketten ved bordet kræver, at kongeofferpræsten ligger på hæderspladsen, hvis han er til stede, Jupiters specialpræst må ligge på andenpladsen. Han mister sin stilling, hvis konen dør, og det svarer til betingelsen om confarreatio-ægteskabet. Posten som flamen Dialis kan kun bestrides inden for et gyldigt og fungerende ægteskab, som ophører ved den enes død. Da præsten skal være ren og ubesmittet hele tiden, må han ikke betræde en grav eller røre en død. Han må dog godt deltage i en begravelse, hvilket han jo heller ikke kan undgå i sin stilling.

For flaminica Dialis, flamen Dialis' hustru, gælder lige så mange regler plus nogle om hendes klædedragt, adfærd, at gå på trapper samt påklædning ved forskellige ritualer i Rom.

Gaius' bemærkning om ikke at aflægge ed passer til afsn. 5, at præsten skal holde sig fra retssystemet. Den sidste bemærkning om den hvide farve på huen, 'galerus', eller om ofringen af hvide dyr til Jupiter viser tydeligt, at flamen Dialis var en meget betydningsfuld præst, fordi hvide tyre var de mest kostbare offerdyr overhovedet.

Fetiales

Tullus Hostilius (673-641 f.Kr.) og Fetiales

7. Titus Livius: Ab Urbe Condita I, 24, 3-9

[24] 3. ... Foedera alia aliis legibus, ceterum eodem modo omnia fiunt. 4. Tum ita factum accepimus, nec ullius vetustior foederis memoria est. Fetialis regem Tullum ita rogavit: "Iubesne me, rex, cum patre patrato populi Albani foedus ferire?" Iubente rege, "Sagmina" inquit "te, rex, posco." 5. Rex ait: "Pura tollito." Fetialis ex arce graminis herbam puram attulit. Postea regem ita rogavit: "Rex, facisne me tu regium nuntium populi Romani Quiritium, vasa comitesque meos?" Rex respondit: "Quod sine fraude mea populique Romani Quiritium fiat, facio." 6. Fetialis erat M. Valerius; is patrem patratum Sp. Fusium fecit, verbena caput capillosque tangens. Pater patratus ad ius iurandum patrandum, id est, sanciendum fit foedus; multisque id verbis, quae longo effata carmine non operae est referre, peragit. 7. Legibus deinde, recitatis, "Audi" inquit, "Iuppiter; audi, pater patrate populi Albani; audi tu, populus Albanus. Ut illa palam prima postrema ex illis tabulis cerave recitata sunt sine dolo malo, utique ea hic hodie rectissime intellecta sunt, illis legibus populus Romanus prior non deficiet. 8. Si prior defexit publico consilio dolo malo, tum ille Diespiter populum Romanum sic ferito ut ego hunc porcum hic hodie feriam; tantoque magis ferito quanto magis potes pollesque."

9. Id ubi dixit porcum saxo silice percussit. Sua item carmina Albani suumque ius iurandum per suum dictatorem suosque sacerdotes peregerunt.

(Origo: http://thelatinlibrary.com/livy/liv.1.shtml#24)

Titus Livius: Fra Roms grundlæggelse I, 24, 3-9

24. 3. … Traktater indgås ud fra forskellige principper, men alle indgås på samme måde. 4. Vi hører, at det er sket således, og der er ikke noget spor af en ældre traktat (dvs. det er det ældste eksempel). Fetialpræsten spurgte kong Tullus således: "Befaler du mig, konge, at afslutte en traktat med Albanerfolkets fetialpræst?" og idet kongen befalede det, sagde han: "Det hellige græs, konge, kræver jeg." 5. Og kongen svarede: "Pluk det fejlfrie græs." Fetialpræsten bragte da strå fra det fejlfrie græs fra borgen. Senere spurgte han kongen således: "Konge, gør du mig, mine redskaber og ledsagere til borgernes, det romerske folks, kongelige sendebud?" Kongen svarede: "Det gør jeg, for så vidt det kan ske uden skade for mig selv og for borgerne, det romerske folk." 6. Fetialpræsten var Markus Valerius; han gjorde Spurius Fusius til traktatpræst, idet han rørte hans hoved og hår med græsset. Traktatpræsten er til for at aflægge eden, dvs. for at bekræfte traktaten religiøst; det udfører han med mange ord, som er udtrykt i en lang formular, som det ikke er nødvendigt at gengive. 7. Da betingelserne dernæst var læst op, sagde han: "Hør, Jupiter, hør, du det albanske folks traktatpræst; hør også I, albanske borgere. Ligesom disse betingelser er læst op offentligt fra først til sidst af disse lertavler i god tro, og ligesom de i dag her er forstået korrekt, så vil det romerske folk ikke som det første folk svigte disse betingelser. 8. Men hvis det som det første folk efter offentlig beslutning svigter dem i ond tro, så må Jupiter ramme det romerske folk således, som jeg dræber denne hangris i dag og her; og du skal ramme det desto hårdere jo mægtigere og stærkere du er." 9. Da han havde sagt det, slog han grisen med flintøksen. På samme måde fremførte albanerne deres formular og ed gennem deres diktator og deres præster.

Ancus Marcius (641-617 f.Kr.) Krigserklæringer

8.   Titus Livius: Ab Urbe Condita I, 32, 5-14

5. Ut tamen, quoniam Numa in pace religiones instituisset, a se bellicae caerimoniae proderentur, nec gererentur solum sed etiam indicerentur bella aliquo ritu, ius ab antiqua gente Aequiculis quod nunc fetiales habent descripsit, quo res repetuntur.

6. Legatus ubi ad fines eorum venit unde res repetuntur, capite velato filo—lanae velamen est—"Audi, Iuppiter" inquit; "audite, fines"—cuiuscumque gentis sunt, nominat—; "audiat fas. Ego sum publicus nuntius populi Romani; iuste pieque legatus venio, verbisque meis fides sit." 7. Peragit deinde postulata. Inde Iovem testem facit: "Si ego iniuste impieque illos homines illasque res dedier mihi exposco, tum patriae compotem me nunquam siris esse." 8. Haec, cum fines suprascandit, haec, quicumque ei primus vir obvius fuerit, haec portam ingrediens, haec forum ingressus, paucis verbis carminis concipiendique iuris iurandi mutatis, peragit. 9. Si non deduntur quos exposcit diebus tribus et triginta—tot enim sollemnes sunt—peractis bellum ita indicit: "Audi, Iuppiter, et tu, Iane Quirine, dique omnes caelestes, vosque terrestres vosque inferni, audite; 10. ego vos testor populum illum"—quicumque est, nominat—"iniustum esse neque ius persolvere; sed de istis rebus in patria maiores natu consulemus, quo pacto ius nostrum adipiscamur." Tum nuntius Romam ad consulendum redit.

11. Confestim rex his ferme verbis patres consulebat: "Quarum rerum litium causarum condixit pater patratus populi Romani Quiritium patri patrato Priscorum Latinorum hominibusque Priscis Latinis, quas res nec dederunt nec solverunt nec fecerunt, quas res dari fieri solvi oportuit, dic" inquit ei quem primum sententiam rogabat, "quid censes?" 12. Tum ille: "Puro pioque duello quaerendas censeo, itaque consentio consciscoque." Inde ordine alii rogabantur; quandoque pars maior eorum qui aderant in eandem sententiam ibat, bellum erat consensum.

Fieri solitum ut fetialis hastam ferratam aut praeustam sanguineam ad fines eorum ferret et non minus tribus puberibus praesentibus diceret: 13. "Quod populi Priscorum Latinorum hominesque Prisci Latini adversus populum Romanum Quiritium fecerunt deliquerunt, quod populus Romanus Quiritium bellum cum Priscis Latinis iussit esse senatusque populi Romani Quiritium censuit consensit conscivit ut bellum cum Priscis Latinis fieret, ob eam rem ego populusque Romanus populis Priscorum Latinorum hominibusque Priscis Latinis bellum indico facioque." 14. Id ubi dixisset, hastam in fines eorum emittebat. Hoc tum modo ab Latinis repetitae res ac bellum indictum, moremque eum posteri acceperunt.

(Origo: http://thelatinlibrary.com/livy/liv.1.shtml#32)

18. Titus Livius: Fra Roms grundlæggelse I, 32, 5-14

5. For at nu ritualerne i krigstid kunne gives videre af ham selv, da Numa havde fastsat de religiøse ritualer i fredstid, og der ikke blot skulle føres krige, men også erklæres krige efter et bestemt ritual, overtog han retsformularen fra det gamle folk Ækvikolerne, som fetialpræsterne nu bruger, når der rejses erstatningskrav. 6. Når gesandten kommer til grænsen af det land, som man rejser erstatningskrav imod, siger han, når han har indhyllet sit hoved med et tørklæde, – dets stof er af uld, – : "Hør , Jupiter, hør, I grænser", – han nævner så det pågældende land: "Lad den hellige lov høre det. Jeg er det romerske folks officielle sendebud; jeg kommer retmæssigt og respektfuldt som gesandt, og I skal have tillid til mine ord." 7. Dernæst fremfører han sine krav og tager Jupiter til vidne: "Hvis mit krav, at de mennesker og de ting udleveres til mig, er illegitimt og mod religiøs ret, skal du aldrig tillade, at jeg vender tilbage til mit fædreland." 8. Disse ord siger han, når han overskrider grænsen, når han møder den første mand på vejen, når han går ind ad byporten, når han går ind på torvet, idet kun få ord i formularen og edsaflæggelsen ændres. 9. Hvis erstatningskravet ikke imødekommes i løbet af 33 dage, – så mange dage er standard, – erklærer han krig med følgende ord: "Hør, Jupiter, og du, Janus Quirinus, hør, alle I himmelske guder, I jordiske guder og I underjordiske guder; 10. jeg tager jer til vidne på, at det folk" – han nævner det pågældende folk, – "handler uretmæssigt og ikke opfylder loven; men vi vil rådspørge de ældre i vores fædreland om disse ting, på hvilken måde vi kan opnå vores ret." Så vender sendebudet tilbage til Rom for at rådspørge de ældre. 11. Straks rådspurgte kongen senatorerne med omtrent disse ord: "Med hensyn til de forhold, stridigheder og sager, som Quiriternes, det romerske folks traktatpræst har rejst over for de gamle latineres traktatpræst, som de hverken har udleveret eller udført eller betalt, men som de burde have udleveret, udført eller betalt, sig, hvad du mener," sagde han og spurgte den, hvis mening han bad om som den første. 12. Derpå svarede denne: "Jeg mener, at disse spørgsmål skal afgøres gennem en lovlig og religiøst retmæssig krig, derfor samtykker jeg og beslutter mig for det." Derefter blev de andre spurgt en efter en; og så snart flertallet af de tilstedeværende stemte for det synspunkt, var krigserklæringen vedtaget.

Så plejede det at ske, at fetialpræsten bar en jernbeslået eller ildhærdet blodrød lanse til grænsen og sagde under tilstedeværelse af mindst tre voksne mænd: 13. "Fordi de gamle latineres folk og de gamle latinere selv har handlet og forbrudt sig mod Quiriternes romerske folk, og fordi Quiriternes romerske folk har befalet at føre krig mod de gamle latinere og Quiriternes romerske folks senat har stemt for, er enig i og har besluttet sig for at erklære krig mod de gamle latinere, erklærer jeg og det romerske folk derfor krig mod de gamle latineres folk og de gamle latinere selv og påbegynder den hermed." 14. Da han havde sagt dette, kastede han lansen ind på deres område. På denne måde blev erstatningskravene rejst over for latinerne og krigen erklæret, og efterkommerne har overtaget den fremgangsmåde.

Kommentar

Fetialpræsterne, 'fetiales', var et præstekollegium, der i den tidlige og mellemste republik havde ansvaret for Roms folkeretlige udenrigs- = udenbysrelationer og deres ceremonier ud fra 'ius fetiale'. I tidligere tid udøvede de også juridisk myndighed som dommere, 'iudices' i folkeret, men denne funktion overgik hurtigt til senatet. Det var et kollegium på 20 præster, som var selvsupplerende gennem kooptatio og stod nok også åbent for plebejere. Dets etablering falder under kong Numa, Tullus Hostilius og Ancus Marcius og holdt sammen med deres insignier, 'sagmina' = hellige og rituelt rene planter, der plukkedes på Kapitol og sammen med rodnettet blev transporteret i krukker, 'vasa', går det nok tilbage til det 6. årh. f.Kr. Hele præsteskabets funktion ser ud til at bestå i at forkynde kontrakter eller erklæringer over for Roms kontraktpartnere og sanktionere kontrakterne over for guderne; sanktionerne kunne bestå i at oprette eller at løse kontrakterne. Fetialerne skulle forhindre uretmæssige krige mod forbundsfællerne, lede forsoningsgesandtskaberne over for partnerne og udstede krigs- og fredserklæringer. De afgjorde klager fra forbundsfællerne over for Rom og havde opsyn med Roms kontraktlige forpligtelser over for forbundsfællerne og med ius legationum, gesandtskabsloven. Hvis romerske feltherrer forbrød sig mod denne ius, afgjorde fetiales straffen og forsoningsydelsen, fx 'deditio noxae'.

De sluttede fred med modparten og oprettede specielle 'foedera', kontrakter, ved at udtale en speciel formel, mens lederen af fetiales, pater patratus, ofrede en gris med en 'silex', en flintesten. Derudover overholdt de 'bellicae ceremoniae', krigsritualer, som blev iværksat over for fjenden og var den officielle krigserklæring, (Livius A.U.C. I 32, Dionysios Halikarn. 2, 72). Efter 'rerum repetitio', krav om erstatning fra Roms side over for den fjendtlige part, erklæres krigen af fetiales med en bestemt formel. Senat og folkeforsamling har inden da udstedt en beslutning om krig, 'lex de bello indicendo', og på grænsen til fjendens land kaster fetialis under tilstedeværelse af tre voksne vidner en lanse af kirsebærtræ, 'hasta fetialis', over grænsen ind i fjendens land, ledsaget af en speciel formel. Senere, da der ikke mere var en tydelige grænse mellem Roms jord og fjendens jord, blev ceremonien flyttet til 'bellica columna', krigssøjlen, foran Bellona-templet inden for Circus Flaminius, væddeløbsbanen i den sydlige del af Marsmarken i Rom.

I løbet af det 3. til 1. årh. f.Kr. mister fetialerne deres politiske funktion og deres opgaver overgår til de sekulære 'legati', gesandter, men konceptet 'bellum iustum' lever videre i Ciceros, Livius' og Dionysios' skrifter. Octavian, den senere Augustus, genopliver den gamle skik, idet han selv optræder som fetialis, da han åbnede krig mod Kleopatra i år 32 f.Kr. (Cassius Dio 50, 4, 4f.). Og Marcus Aurelius indledte sit andet felttog mod germanerne, 'expeditio Germanica secunda', mod Jazygerne, Quaderne og Roxolanerne i år 178 e.Kr. som fetialpræst (Cassius Dio 72, 33,3). Og Ammianus Marcellinus nævner dem en sidste gang i det sene 4. årh. e.Kr. (Ammianus Marc. 19, 2, 6).

Litteratur

Zack, Andreas: *Studien zum „Römischen Völkerrecht". Kriegserklärung, Kriegsbeschluß, Beeidung und Ratifikation zwischenstaatlicher Verträge, internationale Freundschaft und Feindschaft während der römischen Republik bis zum Beginn des Prinzipats,* 2. Auflage, Göttingen (Edition Ruprecht) 2007.

Rich, John: *"The fetiales and Roman International Relations",* in: James H. Richardson, Federico Santangelo (Eds.): *Priests and State in the Roman World* (= *Potsdamer altertumswissenschaftliche Beiträge.* Band 33). Stuttgart (Steiner) 2011, S. 187–242.

Turelli, Giovanni: *„Audi Iuppiter": il collegio dei feziali nell'esperienza giuridica romana,* Mailand (Giuffré) 2011.

Santangelo, Frederico: *I feziali fra rituale, diplomazia e tradizioni inventate,* in: Gianpaolo Urso (Hrsg.): *Sacerdos. Figure del sacro nella società romana* (= *I convegni della Fondazione Niccolò Canussio)* Band 12, Pisa (Edizioni ETS) 2014, S. 83–103.

Tekststeder:

Titus Livius, *Ab urbe condita* 1,24 und 1,32; Dionysios fra Halikarnassos, *Antiquitates Romanae* 2,72; Marcus Terentius Varro, *De lingua Latina* 5,86. Marcus Tullius Cicero, *De legibus* 2,9,21.

Sagmina

'Sagmina', singular 'sagmen', er planter, der blev anset for at være rituelt rene og til guderne indviede (= hellige) planter, der blev plukket på Kapitol, 'herba pura', 'verbena', og med rodknold sat i krukker, 'vasa', til videre brug. En af fetiales blev på kongens og senere på praetor maximus' befaling valgt til formand for kollegiet, 'pater patratus', ved at blive berørt med sagmina. Derved kan p. p. overtage de formelle funktioner, som kollegiet har ansvar for. Silex, flintestenen, var viet til Iuppiter Feretrius. Den, der bar planterne, blev kaldt 'verbenarius'.

Tekststeder: Plinius *Naturalis historia* 22,4f.; Livius *Ab urbe condita* 1,24; 30,43,9; Livius 1,32; Festus 424. 426 ed. Lindsay; Livius 30,43,9; Gnaeus Naevius *Bellum Punicum* frg. 1 Strzlecki; Corpus iuris civilis, Dig. 1.8.8. Plinius *Naturalis historia* 22,4 f.

Præsteskabernes navne

9. Marcus Terentius Varro: De lingua Latina V, 15, 83-86

[15] 83. Sacerdotes universi a sacris dicti. Pontufices, ut Scaevola Quintus pontufex maximus dicebat, a posse et facere, ut potentifices. Ego a ponte arbitror: nam ab his Sublicius est factus primum ut restitutus saepe, cum ideo sacra et uls et cis Tiberim non mediocri ritu fiant. Curiones dicti a curiis, qui fiunt ut in his sacra faciant.

[84] Flamines, quod in Latio capite velato erant semper ac caput cinctum habebant filo, filamines dicti. Horum singuli cognomina habent ab eo deo cui sacra faciunt; sed partim sunt aperta, partim obscura: aperta ut Martialis, Volcanalis; obscura Dialis et Furinalis, cum Dialis ab Iove sit (Diovis enim), Furinalis a Furrina, cuius etiam in fastis feriae Furinales sunt. Sic flamen Falacer a divo patre Falacre.

[85] Salii ab salitando, quod facere in comitiis in sacris quotannis et solent et debent. Luperci, quod Lupercalibus in Lupercali sacra faciunt. Fratres Arvales dicti qui sacra publica faciunt propterea ut fruges ferant arva: a ferendo et arvis Fratres Arvales dicti. Sunt qui a fratria dixerunt: fratria est Graecum vocabulum partis hominum, ut Neapoli etiam nunc. Sodales Titii ab avibus titiantibus dicti, quas in auguriis certis observare solent.

[86] Fetiales, quod fidei publicae inter populos praeerant: nam per hos fiebat ut iustum conciperetur bellum, et inde desitum, ut foedere fides pacis constitueretur. Ex his mittebantur, ante quam conciperetur, qui res repeterent, et per hos etiam nunc fit foedus, quod fidus Ennius scribit dictum.

(Origo: http://thelatinlibrary.com/varro.ll5.html)

Marcus Terentius Varro: Om det latinske sprog V, 15, 83-86

83. Kollektivt er ordet for præster 'sacerdotes' afledt af 'sacra', religiøse riter. Ordet 'pontifices', ypperstepræster, sagde Scaevola Quintus, pontifikalkollegiets formand, kom af ordet 'posse', at kunne, og 'facere', at gøre, som fx 'potentifices'. Jeg mener dog, at det kommer af ordet 'pons', en bro, for Sublicius-broen blev bygget af dem første gang og ofte genopbygget, da der i den forbindelse bliver afholdt ritualer på begge sider af Tiberen med prægtige ceremonier. Ordet 'curiones', religiøse forstandere for et rådhus, kommer af 'curia', rådhus, fordi de foretager ritualer i kurierne.

84. Ordet 'flamines', specialpræster, er opkaldt efter 'filamines', uldbåndsbærere, fordi de i Latium holdt hovedet tildækket og håret bundet op med et uldent bånd, 'filum'. Enkelte af dem har tilnavne efter den gud, for hvem de afholder ceremonier; men nogle tilnavne er åbenlyse, andre er uigennemskuelige; åbenlyse som fx Martialis og Vulcanalis; uigennemskuelige som fx Dialis og Furinalis, da 'Dialis' kommer fra 'Iove', Jupiter, (han kaldes jo Diovis), Furinalis fra Furrina, hvis højtid 'Furinales' også findes i kalenderen. Således også specialpræsten Falacer efter den guddommelige fader Falacer.

85. 'Salierne' har fået navn efter 'salitare', at danse, hvad de plejer og bør gøre hvert år på folkeforsamlingspladserne med deres ritualer. 'Luperci', ulvevogterne, hedder sådan, fordi de under Lupercalia-højtiden udfører deres ritualer i 'Lupercal', ulvegrotten. Arvalbrødrene hedder sådan, fordi de udfører offentlige ritualer, for at engene kan frembringe afgrøder: 'Fratres Arvales' er opkaldt efter 'ferre', at frembringe, og 'arva', enge. Nogen har hævdet, at de er opkaldt efter 'fratria', broderskab: 'fratria' er et græsk ord for en gruppe af mennesker, som i Neapel lige nu. 'Sodales Titii', Titius-kammeraterne, er opkaldt efter de kvidrende, 'titiantes', fugle, 'aves', som de plejer at observere ved bestemte fuglevarsler.

86. 'Fetiales', herold-præsterne, hedder sådan, fordi de varetager statens æreskodeks blandt folkeslag: for gennem dem skete det, at den krig, der blev erklæret, var retfærdig og dernæst afsluttet, så at fredens æreskodeks blev etableret gennem en fredsslutning. Nogen af dem blev sendt i forvejen, før krigen blev erklæret, for at kræve erstatning, og gennem dem indgås fredsslutningen, 'foedus', endnu på denne tid, som Ennius har sagt blev udtalt 'fidus'.

Kommentar

Etymologen Marcus Terentius Varro, 116-27 f.Kr., måske Roms største videnskabsmand, forklarer, hvad præsteskabernes navne betyder rent sproghistorisk. Han starter med det mest almindelige begreb for en præst eller religiøs embedsmand, 'sacerdos'; første del af ordet, 'sacer-', er kendt fra adjektivet og betyder 'indviet til guderne', 'religiøs'; her har Varro ret; anden del af ordet '-dos' siger han ikke noget om; det kommer fra *dhe- og er i slægt med 'facio', jeg gør, og græsk 'τίθημι', jeg sætter.

'Pontifices' afleder han af 'pons', bro, og 'facio', jeg gør, fordi de var de første til at bygge den første bro over Tiberen, pons Sulpicius, og reparere den gennem århundrederne. Dette laug af brobyggere får en særstilling i samfundet i det religiøse domæne, idet de bliver ledere af Roms religiøse liv. I en kristen kontekst kan vi sammenligne med frimurerne, der byggede de gotiske katedraler i Frankrig og til gengæld blev fritaget for skat; de dannede så også et kultfællesskab, en loge. 'curiones' er religiøse forstandere af 'curiae', rådhuse, som var administrative og religiøse centre for bydistrikterne, hvis beboere dannede et religiøst fællesskab; derfor taler Varro også om 'sacra', ritualer, der foregår der. Ordet 'curia' kommer af *co-viria, 'mandeklub', efter 'cum', sammen, og 'vir', mand.

'flamines', specialpræster, er ifølge Varro afledt af 'filamen', uldbånd, en afledning af 'filum', uldtråd, fordi deres hætte, 'galerus', blev bundet med et hvidt uldbånd, og 'apex', den høje top, skulle jo også holdes på plads. Den moderne etymologi kæder ordet 'flamen' sammen med *bhlad-smen, offerhandling, jf. got. blotan, tilbede, ofre.

'Salii', dansere, kommer af verbet 'salio', jeg hopper, og deres ritual foregik til hest gennem dele af Rom med de hellige skjolde, 'ancilia', som en våbendans, før hæren skulle på slagmarken igen.

'Luperci', ulvefordrivere/-vogtere, er afledt af 'lupus', ulv, men suffikset '-ercus' er man mere i tvivl om; nogle etymologer tænker på 'arceo', 'holder borte fra', andre, at det skulle betyde '-lignende'. De afholdt deres ritual ved Lupercal, ulvegrotten, hvor ulvinden ifølge myten skulle have diet Romulus og Remus, da de blev sat ud i floden. De unge mænd iførte sig et lændeklæde af gedeskind, og resten af gedeskindet blev skåret til bånd, hvormed de piskede de kvinder, de mødte under deres løb rundt om Palatin og senere op ad Via Sacra. Hvis de var iført gedeskind, lignede de jo ikke ulve, så det passer ikke sammen med etymologien. Mere sandsynlig er, at de er vogtere af geder og fordriver de ulve, der fandt vej ind i byen i tidligere tider. Så ordet betyder nok snarere 'ulvefordrivere', hvad der passer godt med gedeofferet og løbet gennem gaderne.

'Fratres Arvales' er et broderskab, der skal tage sig af engene, 'arva', og 'fratres', brødre, hænger ganske rigtigt sammen med det græske φρατρία, broderskab, og det har ikke noget med 'ferre', at bære, at føre, at gøre, som Varro hævder.

'Sodales Titii', Titus-kammeraterne, forklarer Varro ud fra et broderskab, der tog fuglevarsler ud fra de lyde, fuglene udstødte, 'titiantes', kvidrende.

'Fetiales' er det kollegium, der varetog de internationale relationer som krigserklæringer og fredsslutninger med religiøse ritualer; Varro ser ud til at aflede ordet af 'foedus', kontrakt, aftale, og Walde-Hofmann følger Varro i deres etymologi, hvor 'foedus' afledes af *bhoidhos og hænger dermed sammen med ord som 'fides', loyalitet, og 'fido', jeg stoler på.

Haruspices

10. Cicero: De divinatione I 72

Quae vero aut coniectura explicantur aut eventis animadversa ac notata sunt, ea genera divinandi, ut supra dixi, non naturalia, sed artificiosa dicuntur; **33**
[72] in quo haruspices, augures coniectoresque numerantur. Haec inprobantur a Peripateticis, a Stoicis defenduntur. Quorum alia sunt posita in monumentis et disciplina, quod Etruscorum declarant et haruspicini et fulgurales et rituales libri, vestri etiam augurales, alia autem subito ex tempore coniectura explicantur, …

Cicero: De divinatione I 72
Men de former for forudsigelse, der bygger på et skøn eller på iagttagelse og nedskrivning af, hvad der sker, kalder man, som førsagt, ikke naturlige, men videnskabelige. Herhen hører haruspekser, augurer og varseltydere. Disse spådomsformer forkastes af peripatetikerne, medens stoikerne fastholder dem. Nogle af dem bygger på skriftlig overlevering og ligefrem på en lære, således som det fremgår af etruskernes bøger, både dem om offerbeskuelse og om lynvarsler og de rituelle, og ligeledes af jeres augurbøger. I andre tilfælde sker tydningen uden forberedelse ved udlægning på stedet, …

(Origo: Blatt/Hastrup/Krarup (eds.): Ciceros filosofiske værker, bd. II, Kbh. 1970, heri De divinatione, oversat af Karl Nielsen)

11. Titus Livius: Ab Urbe Condita XXXXI, 14, 7

[7] Cn. Cornelio et Q. Petilio consulibus, quo die magistratum inierunt, immolantibus Iovi singulis bubus, uti solet, in ea hostia, qua Q. Petilius sacrificavit, in iocinere caput non inventum. id cum ad senatum rettulisset, bove perlitare iussus.

Titus Livius: Ab Urbe Condita XXXXI, 14, 7
7. Da konsulerne Cn. Cornelius og Q. Petilius på dagen for deres indsættelse (176 f.Kr.) havde ofret en okse hver til Jupiter, som det er skik og brug, blev der i det offerdyr, som Q. Petilius havde ofret, ikke fundet nogen top på leveren. Da han havde meddelt senatet det, bestemte det, at han skulle ofre en okse, indtil han opnåede et godt varsel.

12. Cicero: De divinatione II 32

… fissum familiare et vitale tractant; caput iecoris ex omni parte diligentissime considerant; si vero id non est inventum, nihil putant accidere potuisse tristius. …

Cicero: De divinatione II 32
… de (haruspekserne) manipulerer med de forskellige leverspalter, de studerer leverhovedet på alle leder og kanter, og hvis det mangler, anser de det for et højst uhyggeligt varsel. …

(Origo: Blatt/Hastrup/Krarup (eds.): Ciceros filosofiske værker, bd. II, Kbh. 1970, heri De divinatione, oversat af Karl Nielsen)

13. Titus Livius: Ab Urbe Condita XXVII, 26, 14

[14] immolasse eo die quidam prodidere memoriae consulem Marcellum, et prima hostia caesa iocur sine capite inventum, in secunda omnia conparuisse, quae adsolent, auctum etiam visum in capite; nec id sane haruspici placuisse, quod secundum trunca et turpia exta nimis laeta apparuissent.

Titus Livius: Ab Urbe Condita XXVII, 26, 14

14. Nogle har fortalt, at konsul Marcellus havde ofret på den dag, og at der blev fundet en lever uden top i det første slagtede offerdyr, mens der i det andet var alt, hvad der plejede at være, og at der så ud til at være en forstørrelse af toppen; og også at det slet ikke havde behaget indvoldstyderen, at der nu efter (fundet af) defekte og deforme indvolde havde vist sig alt for lovende indvolde.

14. Cicero: De divinatione II 28-29

[28] Ut ordiar ab haruspicina, quam ego rei publicae causa communisque religionis colendam censeo. Sed soli sumus; licet verum exquirere sine invidia, mihi praesertim de plerisque dubitanti. Inspiciamus, si placet, exta primum.

Persuaderi igitur cuiquam potest ea, quae significari dicuntur extis, cognita esse ab haruspicibus observatione diuturna? Quam diuturna ista fuit? aut quam longinquo tempore observari potuit? aut quo modo est conlatum inter ipsos, quae pars inimica, quae pars familiaris esset, quod fissum periculum, quod commodum aliquod ostenderet? An haec inter se haruspices Etrusci, Elii, Aegyptii, Poeni contulerunt? At id, praeterquam quod fieri non potuit, ne fingi quidem potest;

alios enim alio more videmus exta interpretari, nec esse unam omnium disciplinam.

[29] Et certe, si est in extis aliqua vis, quae declaret futura, necesse est eam aut cum rerum natura esse coniunctam aut conformari quodam modo numine deorum vique divina. Cum rerum natura tanta tamque praeclara in omnes partes motusque diffusa quid habere potest commune non dicam gallinaceum fel (sunt enim, qui vel argutissima haec exta esse dicant), sed tauri opimi iecur aut cor aut pulmo quid habet naturale, quod declarare possit, quid futurum sit?

Cicero: De divinatione II 28-29

28. For nu at begynde med haruspeks-læren, som jeg mener bør holdes i hævd af hensyn til staten og statsreligionen – vi er jo os selv i øjeblikket og kan søge sandheden uden at forarge nogen, navnlig jeg, der på de fleste punkter stiller mig tvivlende, – lad os se først på indvoldene. Kan man få nogen til at tro, at det, som man påstår at kunne læse ud af indvoldene, er noget, der beror på iagttagelser, haruspekserne har gjort gennem lange tidsrum? Hvor længe har det stået på? I hvor lang tid har man anstillet

sådanne observationer? Hvordan har haruspekserne udvekslet erfaringer om, hvilke dele der er gunstige og hvilke der er ugunstige, hvilken form for leverspalte, der bebuder fare, og hvilken der varsler held? Er det noget, de etruskiske, eliske, ægyptiske og puniske haruspekser har konfereret om med hinanden? Nej, det har ikke blot været faktisk umuligt for dem, det er simpelthen utænkeligt, alene af den grund, at de jo tyder indvoldene på forskellige måder og ikke har en fælles lære.

29. Og hvis der i indvoldene er en eller anden kraft, som kan vise det tilkommende, må den nødvendigvis stå i nøje samklang med naturens orden, eller den må på en eller anden måde dirigeres efter gudernes vilje og under deres indflydelse. Men, ærlig talt, kan du forestille dig noget fællesskab imellem på den ene side den store, ophøjede naturens orden, der gennemtrænger alt og styrer al bevægelse, og på den anden side, jeg vil ikke sige en hønsegaldeblære – det skal jo efter sigende være det allermest 'talende' stykke indvold, man har! – men med en fedetyrs lever, hjerte eller lunge! Hvad er det for naturlige egenskaber ved dem, der kan vise, hvad fremtiden gemmer i sit skød?

(Origo: Blatt/Hastrup/Krarup (eds.): Ciceros filosofiske værker, bd. II, Kbh. 1970, heri De divinatione, oversat af Karl Nielsen)

15. Titus Livius: Ab Urbe Condita XXX, 2, 13

[2] 13. consulum alteri primam hostiam immolanti caput iocineris defuit. ea prodigia maioribus hostiis procurata; editi a collegio pontificum dei quibus sacrificaretur.

(Origo: http://thelatinlibrary.com/livy/liv.30.shtml#2)

Titus Livius: Fra Roms grundlæggelse XXX, 2, 13
13. Den ene af konsulerne manglede toppen af leveren, da han ofrede det første offerdyr. Disse varsler blev sonet med fuldt udvoksne offerdyr; pontifikalkollegiet udpegede de guder, som der skulle ofres til.

16. Titus Livius: Ab Urbe Condita XXXI, 5, 7

[5] 7. cum renuntiassent consules rem diuinam rite peractam esse et precationi adnuisse deos haruspices respondere laetaque exta fuisse et prolationem finium uictoriamque et triumphum portendi, tum litterae Valeri Aurelique lectae et legati Atheniensium auditi. senatus inde consultum factum est ut sociis gratiae agerentur quod diu sollicitati ne obsidionis quidem metu fide decessissent: de auxilio mittendo tum responderi placere cum consules prouincias sortiti essent atque is consul cui Macedonia prouincia euenisset ad populum tulisset ut Philippo regi Macedonum indiceretur bellum.

(Origo: http://thelatinlibrary.com/livy/liv.31.shtml#5)

Titus Livius: Fra Roms grundlæggelse XXXI, 5, 7

7. Da konsulerne havde meddelt, at offeret var blevet gennemført korrekt og at indvoldstyderne havde svaret, at guderne havde taget imod offeret, og at indvoldene havde været lykkebringende og en udvidelse af grænserne og en sejr og en triumf var stillet i udsigt, blev Valerius' og Aurelius' brev læst op og Athens gesandter blev hørt. Så blev der vedtaget en senatsbeslutning, at man skulle takke forbundsfællerne, fordi de trods en langvarende bekymring ikke engang af frygt for en belejring havde opgivet loyaliteten: med hensyn til at sende hjælp skulle der først gives et svar, når konsulerne havde kastet lod om deres provinser og når den konsul, som havde fået provinsen Makedonien tildelt, havde spurgt folket om man skulle erklære Philip, konge af Makedonien, krig.

Leveren som indvoldstydernes objekt

Isidor af Sevilla, Isidorus Hispaniensis (ca. 560-636) fungerede som biskop i Sevilla i 30 år og en af den tidlige middelalders mest lærde forfattere. Hans sidste (ufuldførte) arbejde var *Etymologiae (Origines)*, en encyklopædi over datidens verdslige og kristne viden med vægt på ordenes etymologi.

17. Isidorus Hispaniensis: Origenes 11.125-126

[125] Est enim organus corporis. Iecur nomen habet eo quod ignis ibi habeat sedem, qui in cerebro subvolat. Inde ad oculos ceterosque sensus et membra diffunditur, et calore suo ad se sucum ex cibo tractum vertit in sanguinem, quem ad usum pascendi nutriendique singulis membris praebet. In iecore autem consistit voluptas et concupiscentia iuxta eos qui de physicis disputant.

[126] Fibrae iecoris sunt extremitates, sicut [et] extremae partes foliorum in intibis, sive quasi linguae eminentes. Dictas autem fibras quod apud gentiles in sacris ad Phoebi aras ferebantur ab ariolis, quibus oblatis atque subcensis responsa acciperent.

(Origo: http://thelatinlibrary.com/isidore/11.shtml)

17. Isidorus Hispaniensis: *Etymologier* 11.125-126

11.125. Den er nemlig et kropsorgan. Leveren har navn efter det faktum, at den ild har sæde der, som strømmer op til hjernen. Derfra spredes den til øjnene og de øvrige sanseorganer og lemmer, og den forvandler den saft, som den har trukket ud af maden med sin varme, til blod, som den giver videre til styrkelse og ernæring af de enkelte lemmer. I leveren sidder fremdeles lysten og begæret ifølge dem, som arbejder med naturvidenskabelige emner.

11.126. Leverens fibre er de yderste dele af leveren, ligesom de yderste dele af bladene på julesalaten, endivien, eller ligesom tungens fremstående fibre. De kaldes fibre, fordi de blev båret frem under offerritualerne til Phoebus' altre hos hedningene af sandsigerskene, på grund af hvis gaver og ofringer man modtog orakelsvar.

(Origo: Bronzeleber von Piacenza - Wikipedia)

Leveren fra Piacenza, 2. eller 1. årh. f.Kr.

Læren om indvoldsskuet, haruspicium, og læren om lyn, fulgur, blev overleveret i bøgerne om Etrusca disciplina. Hertil hørte libri haruspicini, libri fulgurales og libri rituales (Cicero: De divinatione 1, 72). Bøgerne er ikke overleverede, men romerske forfattere overtog noget af indholdet af de latinske oversættelser. De få oplysninger om leverskuet relaterer sig til leverets top, halestykket, som på bronzeleveren er afbildet som pyramide og af Livius betegnes som caput iocineris (Livius: A.U.C. 41,14). De andre to dele er dels galdeblæren, dels et stykke af den store vene, der fører til hjertet.

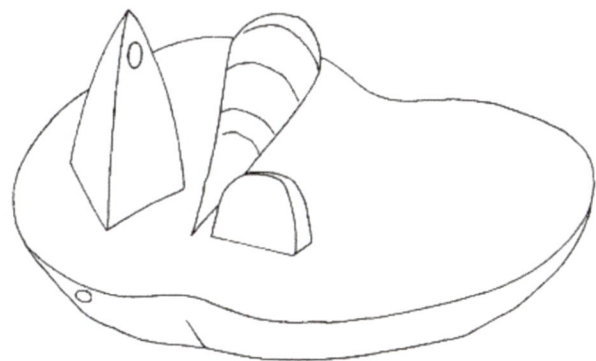

(Origo: Bronzeleber von Piacenza - Wikipedia)

En manglende eller deformeret top blev anset for uheldssvanger (Cic. De div. 2, 32), mens en forstørret lever og en dobbelt top blev anset for et godt tegn (Liv.: A.U.C. 27, 26). Cicero skriver, at leveren deles i en fjendtlig, uheldssvanger del (pars hostilis) og en lykkebringende del (pars familiaris) (Cic. De Div. 2, 28).

Efter Plinius den Ældre (23/24 – 79 e.Kr.) boede etruskernes lynguder i 16 himmelsregioner, og lyn fra øst regnedes for gunstige, lyn fra vest for uheldssvangre. Tinia er etruskernes hovedgud, som romernes Jupiter, og kunne sende lyn fra tre forskellige regioner.

Martianus Capella, romersk leksikograf fra det 5. eller 6. årh. e.Kr. har i sit værk De nuptiis Philologiae et Mercurii (Brylluppet mellem Filologia og Merkur) tilordnet de 16 regioner romerske gudenavne.

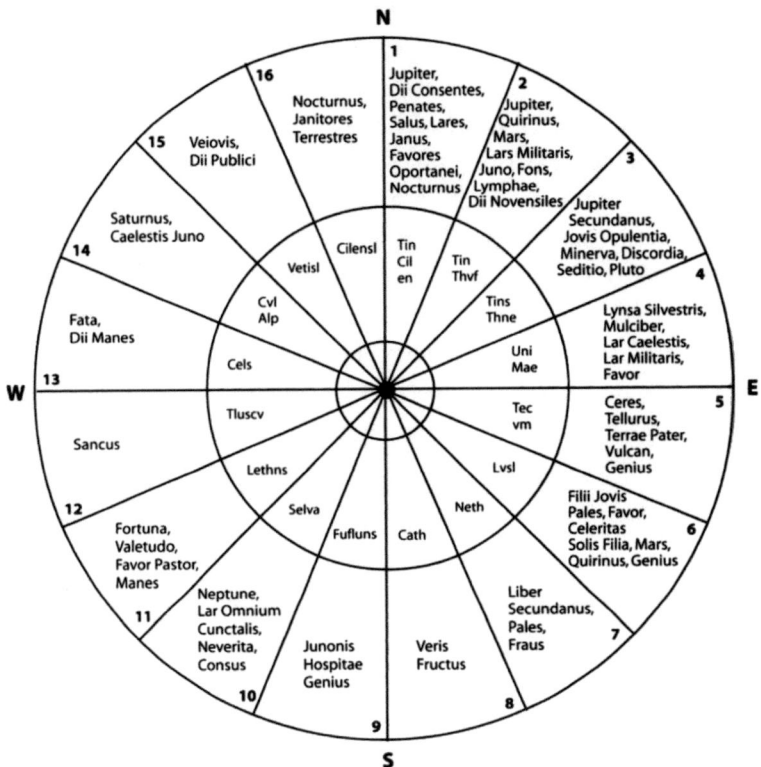

(Origo: Bronzeleber von Piacenza - Wikipedia)

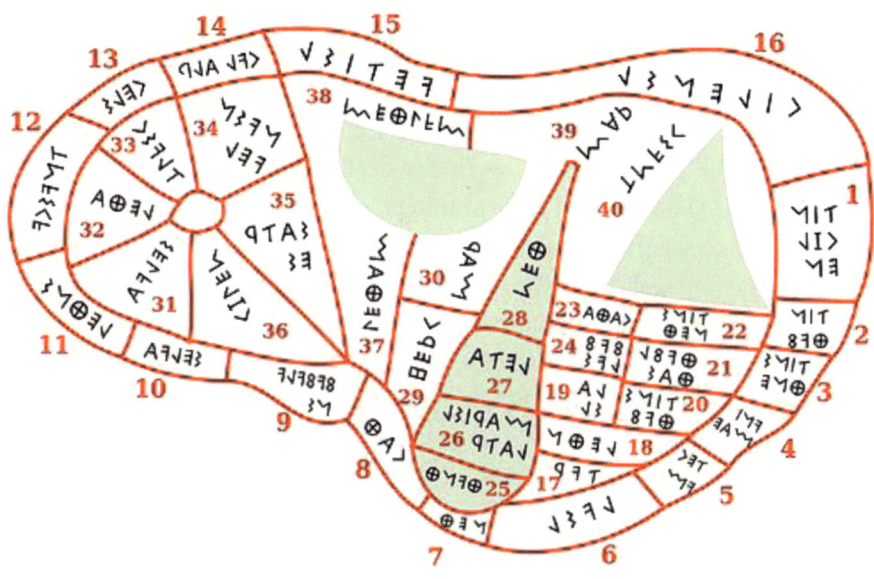

(Origo: Bronzeleber von Piacenza - Wikipedia)

Præsteskaber og kultfællesskaber

Præster eller religiøse embedsmænd

Sacerdotes publici populi romani Quiritium er ikke repræsentanter for guderne og ikke formidlere mellem guder og mennesker, men medlemmer af statsforvaltningen og ansvarlige for de praktiske foreteelser over for guderne og for overholdelse af traditioner og love. Præsteskab og magistrat var adskilte organer, fordi embedsmændene ofte var ude i ærinder og derfor ikke kunne varetage de religiøse forpligtelser. Men den samme person kunne sagtens både have en religiøs og samtidig en politisk funktion, så derfor spillede disse personer en stor rolle i senatet. Men præsteskaber indgår ikke i cursus honorum. Oprindeligt var det en slægt, der varetog gudstjenesten for en gud. Senere blev det enkeltpersoner fra slægten, der var bærere af de religiøse funktioner, og de dannede så et præsteskab, fx fratres Arvales, pater patratus. Dernæst opstod logerne og broderskaberne, sodalitates, sodales Titii, uden for slægterne, ofte pga. lokale sammenhænge, fx Salii på Palatin og Quirinal og Luperci på Palatin. De yngre præsteskaber er grundlagt af kongerne, fx flamines, vestalinder, pontifices, augurer. Først sidst i kongetiden bliver det til selvstændige collegia sacerdotum, og to medlemmer af samme slægt må ikke være medlem samtidigt. 'collegium' er en term, der står i modsætning til magistratus og sodalitates, fordi alle har forskellig status. 'flamen' betyder egentlig offerudfører og er ikke navn for et præsteskab og findes derfor hos arvalbrødrene og i curiae, distriktsrådhusene (Paul. p. 64) og i municipale og provinsielle gudstjenester, her betyder flamen altså sacerdos, præst, eller religiøs ritualudfører.

Cooptatio betegner optagelse af nye medlemmer gennem selvsupplering, hvad der gælder for pontifices, augurer, Xviri, epulones, arvalbrødre og sodalitates, mens rex sacrorum, flamines og vestalinder ikke har cooptatio, men inauguratio, indvielse til embedet gennem guddommens accept. Den består i en nominatio, idet hvert medlem nævner en kandidat, når der skal afholdes afstemning blandt medlemmerne. For arvalbrødrene har vi nogle indskrifter desangående: CIL VI 2104 b 21 ff.: *magister cooptavit* eller *fratres Arvales per magistrum cooptaverunt* og *cooptavit et ad sacra vocavit*.

Betingelserne for at beklæde et religiøst embede er, at man er romersk borger, ikke har været straffet og har en fejlfri krop; man skal være en fri borger, og ikke slave eller frigiven; alder er kun en betingelse for vestalinder, 6-10 år, ellers ikke. Fra republikkens start var det kun patriciere, der kunne indtage disse poster, men fra 300 f.Kr. med lex Ogulnia kunne plebejerne også vælges til embederne. Kun for rex sacrorum, flamines maiores og Salii blev kravet om patricierfødsel opretholdt. At være medlem af et kollegium var et livstidsembede med undtagelse af Salii og vestalinderne; kollegiernes formænd, magistri, blev valgt hvert år.

Til privilegier, 'sacerdotum commoda', hører ius contionandi et edicendi, retten til at meddele folket noget mundtligt eller skriftligt og retten til at holde tale i senatet; kun flamen Dialis har sæde og stemmeret i senatet og har derfor sella curulis og toga praetexta, purpurbræmmet toga, som insignier ligesom embedsmændene, når de optræder officielt som præster og ved legene: Livius: A.U.C. XXXIV 7, 2: purpura viri utemur, praetextati in magistratibus, in sacerdotiis. Ifølge Lex col. Genet. C. 66 bærer augurer og salierne purpur-trabea, en toga med trabes = stofstriber i forskellig farve. Flamen Dialis og flaminica Dialis bærer toga lanea, en uldtoga (Serv. Aen. IV 262 f.) og hustruen en rica eller et ricinium, kvindelig hovedbeklædning, præsterne bærer hovedet tildækket modsat magistraterne, og mændene bærer en uldhue, 'galerus' (Gellius, Noctes Atticae X 15, 32), flamen Dialis desuden en top, 'apex', (Paul. p. 10; Serv. Aen. II 683; Gell. N.A. X 15, 17); alle andre præster trak togaen over hovedet, more

Romano eller cinctus Gabinus. De har en æresplads ved offentlige lege ifølge lex col. Genet. C. 66 og har ius publice epulandi, ret til at deltage ved festmåltider for guderne efter det egentlige offer; desuden er de fritaget for militærtjeneste og offentlige opgaver, 'vacatio militiae munerisque publici' (lex col. Genet. C. 66). Augurens værdighedstegn var en krumstav, 'lituus', Salii havde de hellige skjolde, 'ancilia', arvalbrødrene bar en kornkrans, holdt sammen med hvide bånd, og XVviri besad en trefod, som var symbol på sibyllen i Cumae.

Religiøse specialister i Rom

Paterfamilias ledede den private kult, mens magistraten ledede den offentlige kult. Servi publici (offentligt ansatte slaver), magistrater, børn som røgelsesbærere, musikanter er ledsagere. Ved ofring af dyr er victimarius, offerslagteren og hjælperne, ministri, til stede. Sacerdos, pl. sacerdotes, af *sakro-dho-ts, den, der gør den hellige handling, (sacrum + (tysk) tun= at gøre). Sacerdotes publici er offentlige, ikke aflønnede præster, der gør det for ærens, honos, skyld. Præsteskaber i Rom har et svagt hierarki, idet ny formand vælges hvert år; undtagelsen er pontifex maximus; han er valgt på livstid.

Præstekollegierne tager medlemmer ind ved selvsupplering, cooptatio; 17 udvalgte af Roms 35 bydistrikter, tribus, reducerer kandidaterne på den kandidatliste, som præstekollegiet har nomineret, til 1 person, som så optages som nyt medlem. Kun 1 familiemedlem af samme slægt må være i et præstekollegium.

Det var magistrater af forskellig slags og på forskelligt niveau, der udførte handlingerne i det religiøse domæne; det var ikke præster i vores forstand. En præst var en borger, der udførte handlinger i det religiøse domæne; ingen ortodoksi eller lærebog, kanon i religiøs lære, vi har kun libri sacerdotum og protokollerne fra præsteskaberne.

En slave kunne udføre ceremonien på sin herres befaling. Kvinder var ikke udelukket, men kunne ikke være celebranter, officials, ved en religiøs ceremoni. De måtte godt være mandens assistent. De deltog i legene, der afsluttede de officielle ceremonier, ludi, og ledede matronae-kulterne: Bona Dea, Pudicitia, Fortuna Muliebris og Juno Caprotina. Lex Domitia fra år 103 f.Kr. regulerede valgprocedure for pontifices, augurer, decemviri sacris faciundis, epuloner.

Ethvert præstekollegium havde et officielt hovedkvarter, egne finanser og offentlige slaver til administration og rituelle opgaver. Hver præst havde en kalator, en assistent, der udførte de daglige opgaver og udsoninger.

Børn med begge forældre i live kunne assistere ved offerhandlingerne: 'pueri et puellae ingeni patrimi matrimique = camilli et camillae', men efterhånden overtages deres tjenester af offentligt ansatte slaver, publici. Slaverne hjalp til ved ofre, 'a sacris', ved optegnelser og protokoller, 'a commentariis', ved regnskab, 'arcarius', der er desuden pedeller, 'viatores' for de store kollegier, lictores for flamen Dialis og vestalinder, offerslagtere, 'popae' og 'cultrarii' = collegium victimariorum, så er der et collegium tibicinum et fidicinum for musikerne; pullarii, som fodrer de hellige kyllinger, når der skal tages varsler, hører ikke til de religiøse embedsmænd, men til magistraterne.

Pontifikalkollegiet

Pontifex, pl. Pontifices, 'brobygger', 'stifinder', jf. sanskrit 'pânthah' = pons = vej, sti. Collegium pontificum var ansvarligt for alle ceremonier og ofre efter ritus patrius, forfædrenes ritual, og for alle officielle gudstjenester. Formanden var pontifex maximus. Numa Pompilius oprettede kollegiet, da man skulle oprette en tjeneste efter kongetiden til varetagelse af de tidligere kongers religiøse funktioner; på denne måde blev præsteskab og kongeværdighed adskilt. Oprindeligt var der tre, så 6 (lex Ogulnia år 300 f.Kr.), så 9, så 15 mand under Sulla og 16 under Caesar. 29. f.Kr. fik Augustus lov til at udnævne medlemmer til dette kollegium, derfor har vi intet fast medlemstal efter dette år; han indførte også en næstformand, promagister.

De var selvsupplerende, altså cooptatio. Ved loven lex Domitia fra år 103 f.Kr. blev der ved lod udpeget 17 tribus, distrikter i Rom, som repræsentativt for hele folket valgte pontifex maximus ud fra listen af nominerede kandidater. Fra 14 e.Kr. udpeger senatet pontifex maximus.

Til pontifikalkollegiet var knyttet rex sacrorum, kongeofferpræsten, også kaldet rex sacrificulus, der overtog den tidligere konges offerfunktion, flamines og vestalinderne; alle de tre sidstnævnte blev udnævnt af pontifikalkollegiet.

Kollegiets opgaver bestod i overvågning af alle religiøse forskrifter mht. kontakt til flodguden Tiber, jf. brobyggerne, – den første bro over Tiberen var pons Sublicius, – rådgivning i religiøse forhold, herunder jura, ius sacrum, forholdet til guderne, ius, forholdet mellem mennesker, fastlæggelse af retsdagene, = dies fasti, helligdagene, = dies nefasti, formularer i retshandler. Fasti var oprindeligt hemmelige, pontifexerne havde en monopolstilling, men da Fasti blev offentliggjort 300 f.Kr. gennem sekretæren Gnaeus Flavius i ius Flavianum mistede pontifexerne deres monopol, og retsvidenskaben og retsplejen blev sækulariseret.

I pontifex maximus' arkiv befinder sig alle regler og dokumenter, som regulerer den juridiske korrespondance med guddommen, hvorudfra han regulerer det offentlige og private religiøse liv i staten, han har den sakrale centralmagt. Især bønneformularer for alle guder og gudinder, de såkaldte indigitamenta, har han i arkivet, så at man ikke glemmer formuleringerne, derudover leges templorum, regler for gudstjeneste i alle templer, udvikling af ius sacrorum gennem decreta og responsa: De fik hjælp af calatores pontificum et flaminum med kontor ved Regia, den gamle kongebolig.

Rex sacrorum eller rex sacrificulus, kongeofferpræsten

Rex s. overtog ved republikkens start kongens religiøse pligter, deraf titlen rex. Han hørte til pontifikalkollegiet under pontifex maximus. Han måtte ikke beklæde politiske embeder, skulle være patricier, leve i confarreatio-ægteskab og være barn af et confarreatio-ægteskab. Konen hedder regina sacrorum.

Rex s. delte sammen med flamen Dialis februa (= renselsesmidler) ud, en kultisk kost, hvormed marker, enge og huse blev renset før udsåningen. Han ofrede den 1. januar i Regia Junonis 1 svin og 1 får. Den 9. januar ved Argonalia-festen ofrede han en vædder til Janus i Regia. Regia var tidligere bolig for de fordrevne romerske konger og derfor embedssæde for pontifex maximus. Han selv havde kontor på Via Sacra, Domus regis sacrificuli. 24. marts og 24. maj ofrede han på comitia-pladsen, folkeforsamlingspladsen, og hver den første i måneden, Kalendae, gav han et månedsoffer, fordi han forkyndte, – kalare = forkynde, kalatio = forkyndelse, – månedens helligdage og de rullende festdage.

Flamines

Flamines, sg. flamen, er præster for en enkelt bestemt guddom, og de deles i flamines maiores, nemlig flamen Dialis (Jupiters præst), flamen Martialis (Mars' præst) og flamen Quirinalis (Quirinus' præst, og Quirinus er den officielle betegnelse for den frie romerske borger). Augustus skabte også en flamen divi Iulii for Caesar = Divus Iulius (Den guddommeliggjorte Julius)

Flamen Dialis var underlagt mange bestemmelser i sit dagligliv, (se Gellius: Noctes Atticae X, 15) hvilket er meget specielt for en romersk præst, og det skyldes, at alle hans dage er festdage, helligdage, 'cotidie feriatus': Han måtte højst være tre nætter væk fra Rom, hans seng skulle stå i jord eller mudder, offerkager og –brød, strues og fertum, skal stå ved sengen, som ingen anden må sove i, ilden fra hans ildsted må kun bruges til religiøse formål, kun en fri mand må klippe hans hår, og hår og negle skal begraves under et lykkebringende træ, 'arbor felix'; intet i hans klædning må ligne en knude, han må ikke aflægge ed, han må ikke tale om en ged, en bønne, en efeu (Tacitus: Annales I 62), og en dødsdømt, som han møder på sin vej, må ikke henrettes samme dag; han skulle bære en tophue, apex med uldbånd + galerus hele tiden under åben himmel og bære toga praetexta, den purpurbræmmede toga. Han skal være gift med Flaminica i et confarreatio-ægteskab, dvs. et ægteskab indgået med en speltkage under tilstedeværelse af en magistrat og pontifex maximus. Han kan ikke blive skilt, og hvis flaminica dør, ophører hans hverv som flamen Dialis. Flaminica må bl.a. ikke bære sko af læderet fra et selvdødt dyr. Tydelig særstilling for en præst for Jupiter, romernes øverste gud. Han udtræder af faderens myndighed, så snart han er valgt til embedet, og har som tidligere nævnt sella curulis, toga praetxta, lictor og en plads i senatet som privilegier; han må køre i vogn på forum ligesom de andre flamines maiores, vestalinderne og rex sacrorum. Derudover er der 12 flamines minores.

Alle præsteskaber førte protokoller, der indeholdt mødereferater fra hvert møde, libri sacerdotum.

Flamines hørte til pontifikalkollegiet, som førte opsyn med dem og udnævnte flamines. Her var der altså ingen cooptatio. De dannede ikke et præsteskab, fordi de var enkeltpræster for specielle guder.

Quindecimviri sacris faciundis

15-mands-kommission til gennemførelse af ofre, et af de fire højeststående præsteskaber. Tarquinius Superbus, den sidste konge, indsatte duumviri s. f. til tydning af de Sibyllinske bøger, orakelsamlinger både i Grækenland og Italien og Rom; derefter udvidedes kollegiet til 10 mand, decemviri s. f., og under Sulla i 80'erne f.Kr. blev de til 15-mands-kommissionen. Caesar lagde endnu en til, og siden Augustus ved vi ikke, hvor mange der er, fordi han kunne udnævne, hvem han ville. Medlemmerne før ham var oprindeligt patriciere, efter lex Ogulnia i 300 f.Kr. var halvdelen patriciere og den anden halvdel plebejere, og de var medlemmer på livstid.

Opgaverne bestod i at tolke de Sibyllinske bøger og foretage de nødvendige kulthandlinger, ofringer, samt opsyn med ikke-romerske guddomme, og siden 1. årh. f.Kr. gennemførelse af ludi Apollinares. De havde intet kontor, men mødtes i privaten hos en kollega.

Septemviri epulonum

7-mands-kommission for offentlige festmåltider for guderne, der som gudebilleder var til stede ved festmåltidet. Højeste anseelse af de fire øverste præsteskaber. Præsteskabet blev oprettet i 196 f.Kr. som aflastning af et andet præsteskab (pontifikalkollegiet) med tre mand, tresviri epulonum, senere udvidet til 7 mand gennem lex Domitia 103. f.Kr., og af Augustus udvidet til 10 mand.

Opgaven bestod i at gennemføre et kultmåltid for Jupiter, Iovis epulum under ludi Romani og ludi Plebei; under Augustus fik de også som opgave at forrette offerhandlinger ved Ara Pacis, Augustus' fredsalter, og Ara numinis Augusti, alter for guddommen Augustus, jf. kejserkultens udvikling.

Haruspices

Professionen bestod af 60 medlemmer, især etruskere og havde rådgiverfunktion. Institutionen varede til 408 e.Kr. Himlen var delt i 21 sektorer efter 21 guder, hvilken inddeling blev overført til leveren (se bronzeleveren fra Piacenza). Lyn blev delt ind efter 16 sektorer på himlen, og stedet for et lynnedslag var et locus sacer og blev markeret med en brøndagtig indfatning, et puteal. Det krævede en udsoning.

Fetiales

Fetiales er sakrale personer til udførelse af udenrigspolitiske handlinger; fællesskabet består af 20 medlemmer, der vælges ved cooptatio, og er rådgivere for kongen og senere konsulerne i international ret og i krigsret. Den valgte leder, pater patratus, gav fjenden 33 dage til at rette op på det af Rom indklagede udenrigspolitiske forhold.

Fratres Arvales

Frater (= bror) dækker oprindeligt over det forhold, at det var en slægts medlemmer, der udførte ceremonien, altså brødrene. Senere bliver det en betegnelse for logemedlem, kultfællesskabsmedlem.

De bestod af 12 medlemmer, valgt ved cooptatio, og blev ledet af en magister, valgt for et år, og bistået af en flamen. De ofrede til Dea Dia, en frugtbarhedsgudinde, ved Roms hellige bygrænse, pomerium i slutningen af maj.

Kultfællesskabet ofrede til engene, arva, for at fremme frugtbarheden på marken (se Carmen Arvale, CIL VI, 2041). I kejsertiden ofrede de for kejseren, og siden Augustus var de ansvarlige for kejserkulten. Derfor er de blevet det bedst dokumenterede præsteskab eller den bedste kendte loge i oldtiden. Vi har deres protokoller fra kejsertiden.

Salier

Våbendans-præster: 'ab salitando' = salitare = at danse.

Påklædning: farvet tunika, overfrakke, brystpanser, sværd, lanse, hjelm.

Kontor i Curien på Palatiner-højen; Romulus' lituus opbevaredes her.

2 sodalitates, kultfællesskaber med 12 mand hver, ledet af en magister, formand, med protokoller; optagelse gennem cooptatio, kun patriciere, hvis far og mor levede, medlemskab på livstid.

Salii Palatini, grundlagt af kong Numa Pompilius til tjeneste for Mars som krigsgud.

Salii Collini, grundlagt af Tullus Hostilius til tjeneste for Quirinus, den legitime romerske borger, med kontor på Quirinal-højen.

Opgaven bestod i at foretage en procession gennem Rom ved en krigssæsons start og slut, dvs. marts og oktober, hvor Mars' hellige skjolde, ancilia, blev båret rundt og renset (lustratio) på udvalgte steder, nemlig Comitium (folkeforsamlingspladsen), Kapitol og Aventiner-højen; og der udførte de en stampedans med en fordanser (praesul), en forsanger (vates), slog med lanserne (hastae) på skjoldene, sang Carmen Saliare, mens de påkaldte guderne, i kejsertiden også kejserne og tronfølgerne. Det hele blev afsluttet med et festmåltid, cena saliaris, et meget storslået måltid.

Luperci

Luperci bestod af to grupper, Luperci Quinctiales og Luperci Fabiani, der ofrede geder til Faunus, hvilket måske er et tegn på den græske oprindelse med offer til Pan, til Lupercalia-festen den 15. februar ved Lupercal, hulen ved Tiberfloden, hvor Romulus og Remus efter traditionen var blevet diet af ulvinden. Unge mænd klædte sig i offerdyrenes skind og løb rundt om Palatin, mens de piskede de kvinder, de mødte (se Ovid: Fasti II, 31 ff. og 427).

Præsteskabernes personale

(Origo: Marietta Horster: Horster, M.: *'Living on Religion: Professionels and Personal'*, in: Rüpke, J. (ed.): *A Companion to Roman Religion*, Oxford (Wiley-Blackwell) 2011 (paperback), s. 331-341

De kultansatte

Medlemmerne af præsteskaber og kultfællesskaber var holdne mænd, senatorer, riddere, godsejere, fabrikanter eller handelsfolk. De levede ikke af at have en stilling som 'præst'. Votivgaver, tiende, bøder gik til templet, ikke til præsterne. Det var anderledes hos jøderne og de kristne, hvor menigheden betalte løn til dem. Hjælpepersonalet i statens religiøse tjeneste, kaldet servi publici eller publici, var slaver eller frigivne. Undertiden blev de betalt af magistraten eller af paterfamilias. De kunne også kaldes hjælpere, ministri, tjenere for præsten.

Ostiarius er den, der har nøglen til helligdommen.

Aeditumus er den, der forbereder gudstjenesten.

Fictor er bageren af speltkager til ofringen.

Pullarius er den, der passer kyllingerne, som bliver iagttaget af augurerne.

Victimarius er den, der assisterer ved slagtningen af offerdyret med sin kniv, culter, og skærer exta, indvoldene ud.

Popa er den, der fører øksen ved halalslagtningen, hvor halspulsåren skæres over.

Tibicen er fløjtespiller til ceremonien.

Fidicen er lyrespilleren.

Liticen spiller på en lituus, en trompet.

Cornicen spiller på et cornu, et horn.

Vicominister er assistenter for vicomagister, borgmester for en vicus, et kvarter i Rom (postnummerdistrikt), som der var 35 af, og disse afholdt compitalia hvert år, festen for korsvejslarerne, lares compitales.

Camillus/camilla var børneassistenter for flamen Dialis.

Puer/puella patrimus matrimusque var børneassistenter for de andre flamines; tilnavnet skyldes, at deres far og mor skal være levende, når de er i tjeneste for præsten. De holdt offerskålen, patera, drikkevasen, guttus, eller røgelsesæsken, acerra, speltkagekurven, canistra, eller serveringsbakken, fercula, under ceremonien.

Kalator, forkynder, er en personlig hjælper for en præst og en fri mand, for Arvalbrødrene, flamines, augurerne, epulones, pontifexerne, rex sacrorum og visse sodales.

De statsansatte

Apparitores var ansat af og fik løn af staten.

Lictor var embedsbetjenten, der fulgte magistraten med statens myndighedstegn, pileknippe og økse; i starten af republikken var det et straffeinstrument, pileknippet til pisk, øksen til halshugning; senere blev det et symbol på magistratens magt. 12 lictores fulgte konsulen i byen, 1 lictor fulgte vestalinderne eller pontifexerne.

Scriba er magistratens sekretær.

Accensus er magistratens tjener.

Viator er kommunikationsbetjent, agent og meddeler på rejse.

Praeco er forkynder, magistratens 'mikrofon' og skulle styre 'menigheden' under ceremonien, bl. a. ved at bede den holde mund; derudover læste de bønnen for magistraten som en sufflør, inden magistraten selv udtalte bønneformularen, carmen.

Lønnen var ringe og deres tjenestetid begrænset til et år, jf. lex Irnitana, kap. 73 og lex Ursonensis, kap.62;

Duncan-Jones 1982, 52 sætter dagslønnen for en arbejder til 3-5 sesterts, dvs. 700-1500 sesterts for et år, mens apparitores tjente 1200 sesterts for en sekretær ned til 300 sesterts for en praeco.

Haruspices

Deres opgave var at foretage divination, dvs. udforske og tyde gudernes hensigt og holdning til det menneskelige samfund og dets individer ud fra omina (omen) og prodigia (prodigium). Traditionen henlagde oprindelsen til Etrurien, hvis haruspices blev integreret i Roms offentlige og private kulter. Deres hellige bøger tolkede prodigia, monstra (tegn) og ostenta (undere) i tre sektorer: libri haruspicini om tolkning af indvolde, libri fulgurales om tolkning af lynnedslag og libri rituales om skabelse af ritualer ved bygrundlæggelse og lign. Disse bøger blev oversat til latin i 1. årh. f.Kr. De første haruspices stod i tjeneste hos senatet og magistraterne. I den sene republik og tidlig kejsertid var der en ordo på 60 haruspices, ikke alle etruskere, men også romere og andre italikere. Ifølge lex Ursonensis var haruspices en del af de statsansatte med en løn på 500 sesterts. Der var også haruspices i privat tjeneste, betalt af privatmanden. De blev ofte sat i bås med hariolus (profet, seer) eller chaldaeus (magiker) eller mathematicus (astrolog), og staten fulgte dem kritisk siden lex Cornelia i 81 f.Kr., men forbød dem ikke. Man ville forhindre dårlige horoskoper og snyd og holde statens religiøse system værdsat.

Litteratur

Diluzio, Meghan J.: *A Place at the Altar. Priestesses in Republican Rome*, Princeton & Oxford (Princeton Univ. Press) 2016

Duncan-Jones, R.: *The Economy of the Roman Empire*, 2. ed., Cambridge UP 1982

Gordon, R.: *'From Republic to Principate: Priesthood, Religion and Ideology'*, in: Ando, Cl.: *Roman Religion*, Edinburgh (EUP) 2003, ss. 62-83

Horster, M.: *'Living on Religion: Professionels and Personal'*, in: Rüpke, J. (ed.): *A Companion to Roman Religion*, Oxford (Wiley-Blackwell) 2011 (paperback), s. 331-341

Linderski, J.: *'The Augural Law'*, in: W. Haase (ed*.): Aufstieg und Niedergang der römischen Welt (ANRW) / Rise and Decline of the Roman World › Principat*, Band 16/3, Berlin-New York (de Gruyter) 1986, 2146-2312

North, J.: *"Diviners and Divination at Rome"*, in: Beard, Mary/J. North: *Pagan Priests – Religion and Power in the Ancient World*, London (Duckworth) 1990, s. 51-71

Rosenberger, V.: *'Republican Nobiles: Controlling the Res Publica'*, in: Rüpke, J. (ed.): *A Companion to Roman Religion*, Oxford (Wiley-Blackwell) 2011 (paperback), kap. 21, ss. 292-303

Rüpke, J.: *'Religion in the lex Ursonensis'*, in: Ando, Cl./Rüpke, J. (eds.): *Religion and Law in Classical and Christian Rome*, (Potsdamer altertumswissenschaftliche Beiträge, 15) Stuttgart (Fr. Steiner) 2006, ss. 34-46

Scheid, J.: *'Sacrifices for Gods and Ancestors'*, in: Rüpke, J. (ed.): *A Companion to Roman Religion*, Oxford (Wiley-Blackwell) 2011 (paperback), s. 263-271

Szemler, G.J.: *'Priesthoods and Priestly Careers in Ancient Rome'*, in: W. Haase (ed*.): Aufstieg und Niedergang der römischen Welt (ANRW) / Rise and Decline of the Roman World › Principat*, Band 16/3, Berlin-New York (de Gruyter) 1986, 2314-2331

Vanggaard, Jens H.: *The Flamen. A Study in the History and Sociology of Roman Religion*, Copenhagen (Museum Tusculanum Press) 1988, heri: kap. 3: *'The fifteen flamines'* (s. 24-29), kap. 4: *'Flaminicae'* (s. 30-31), kap. 7: *'Flamines maiores and minors: Patrician and plebeian extraction'* (s.46-55), kap. 8: *'The relationship of flamines to pontifex maximus'* (s.56-58), kap. 9: *'Flamines and political office'* (s.59-69), kap. 12: *'Caerimoniae, Ritual rules and taboos'* (s.88-104), kap. 13: *'Flamen: The specific priest of a single god?'* (s.105-115), *'Danish summary'* (s.171-172)

6 Kalenderen og højtider

Dokumenter

Varro er samtidens mest lærde fagbogsforfatter (116-27 f.Kr.), der skrev en oldtidens kulturhistorie 'Antiquitates' og en genreanalyse af kunstarterne 'Disciplinae'. Værkerne er ikke bevarede, men kirkefaderen Augustinus har diskuteret dem i sine værker, så derfor ved vi, hvad de handler om. Derudover har han skrevet 'Om landbruget', 'De re rustica', som er helt bevaret, samt et etymologisk værk om det latinske sprog 'De lingua Latina' fra 45/44 f.Kr. I dette værk, som beskriver et utal af specielle ord og idiomer, omtaler han også de romerske højtider i løbet af året, og ud fra dem kan vi erfare noget om festernes natur og om betegnelser inden for det religiøse domæne, jf. afs. 12 'civilia vocabula dierum'.

Feralia og festernes oprindelse

1a. Marcus Terentius Varro: De lingua Latina VI, 3, 12-27

12. Ad naturale discrimen civilia vocabula dierum accesserunt. Dicam prius qui deorum causa, tum qui hominum sunt instituti. Dies Agonales per quos rex in Regia arietem immolat, dicti ab "agon," eo quod interrogat minister sacrificii "agone?": nisi si a Graeca lingua, ubi agon princeps, ab eo quod immolatur a principe civitatis et princeps gregis immolatur. Carmentalia nominantur quod sacra tum et feriae Carmentis.

Marcus Terentius Varro: Om det latinske sprog VI, 3, 12-27

12. Til den naturlige inddeling af året har man tilføjet de almindelige betegnelser på dagene. Og jeg skal først nævne dem, som er blevet etableret for gudernes skyld og så dem, som blev oprettet for menneskenes skyld. 'Agonia-dagene', i løbet af hvilke kongeofferpræsten ofrer en vædder i Kongeborgen, Ypperstepræstens kontor, fik sit navn fra 'agon', fordi præstens tjener spørger 'agone?' (skal jeg handle?): medmindre det kommer fra græsk, hvor 'agon' betyder 'leder', fordi det er kommunens leder, der ofrer, og fordi lederen af flokken ofres. Carmentalia-dagene kaldes sådan, fordi der er offerritualer og højtid for Carmentis.

Kommentar

Vi starter med januar med Agonalia, hvor rex sacrorum, der har overtaget de tidligere kongers ritualpraksis, men står under pontifex maximus og skal adlyde denne, ofrer en vædder i Regia, tidligere kongens audienslokale, nu pontifex maximus' kontor. Offertjenerne spørger 'Agone?' – 'Skal jeg handle?' dvs. slagte offerdyret, og svaret, hvis ja, er: 'Hoc age!' – 'Gør det!' Agonalia er afledt af 'ago' – 'jeg driver', 'udfører', og måske et substantiv 'ago': 'en, der handler, ofrer!'. Højtiden blev oprindeligt kaldt Agonia, men er senere blevet til Agonalia i forlængelse af de andre højtidsnavne. 'immolat' af 'immolo' betyder egentligt at bestrø med mola salsa, en blanding af speltmel og salt, som vestalinderne forberedte til offentlig brug, dvs. til sacra publica. Da offerdyret slagtes umiddelbart efter, betyder verbet også 'at ofre'. Agonalia fejredes fire gange om året, den 9. januar for Janus, 17. marts for Mars, 21. maj for Vediovis, 11. december for en ukendt gud.

Carmentalia er en højtid for Carmentis eller Carmenta, en gammel italisk fødselsgudinde med profetiske evner; en anden version lader hende være mor til Euander, som hun ledsagede fra Arkadien; højtiden fejredes den 11. og den 15. januar.

1b.

13. Lupercalia dicta, quod in Lupercali Luperci sacra faciunt. Rex cum ferias menstruas Nonis Februariis edicit, hunc diem februatum appellat; februm Sabini purgamentum, et id in sacris nostris verbum non ignotum: nam pellem capri, cuius de loro caeduntur puellae Lupercalibus, veteres februm vocabant, et Lupercalia Februatio, ut in Antiquitatum libris demonstravi. Quirinalia a Quirino, quod ei deo feriae et eorum hominum, qui Furnacalibus suis non fuerunt feriati. Feralia ab inferis et ferendo, quod ferunt tum epulas ad sepulcrum quibus ius ibi parentare. Terminalia, quod is dies anni extremus constitutus: duodecimus enim mensis fuit Februarius et cum intercalatur inferiores quinque dies duodecimo demuntur mense. Ecurria ab equorum cursu: eo die enim ludis currunt in Martio Campo.

13. Lupercalia-dage bliver de kaldt, fordi Luperci-præsterne foretager ofringer i Lupercal-hulen. Når kongeofferpræsten forkynder de månedlige højtider den 5. februar, kalder han denne dag 'februatum'; sabinerne kaldte renselse for 'februm', og dette ord er ikke ukendt i vores offerritualer; for det gedeskind, med hvis strimler pigerne blev slået under

Lupercalie-dagene, kaldte forfædrene 'februm', og Lupercalia-dagene blev også kaldt Februatio, 'renselsesfestival', som jeg har vist i mine bøger "Romerske Antikviteter". Quirinalia-dagene (17. februar) er opkaldt efter Quirinus fordi det er højtid for den gud og for de mennesker, som ikke blev højtideligholdt på deres egne Furnicalia-dage. Ferialia-dage, de Dødes højtid' (21. februar) kaldtes de efter de døde 'inferi' og 'fero', bærer, fordi man dengang bar offermåltider til de slægtninges grave, som det er en pligt at bringe dødeofre til. Terminalia-dage, 'højtid for Terminus', fordi denne dag er fastsat som årets sidste dag (23. februar): for den 12. måned var februar, og når ‹en ekstra måned› sættes ind (interkaleres), tages de sidste fem dage fra den 12. måned. Ecurria (= Equirria)-dage, 'Hestevæddeløb', (27. februar og 14. marts) er opkaldt efter hestenes væddeløb; for på den dag løber de væddeløb under sportslegene på Marsmarken.

Kommentar

Lupercalia fejredes den 15. februar af Mars-præsterne, kaldet Luperci, med ofringen af en gedebuk i Lupercal, den hule på sydsiden af Palatinerhøjen, hvor ulvinden ifølge traditionen diede Romulus og Remus. Derefter løb præsterne, som var unge mænd, kun iført gedeskindstanga, lavet af offerdyrets skind, rundt om Palatin og piskede kvinderne med gedeskindsstrimler for at fremme deres frugtbarhed. Nonae (5. eller 7. dag) er den midterste mærkedag i måneden og kaldes den niende, fordi den falder ni dage før idus (13. eller 15. dag), den sidste mærkedag i måneden, når man tæller start- og slutdag med (inklusivtælling). Februar kommer af 'februatum', måske efter et sabinsk ord 'februm', der betyder renselse. Lupercalia er også en renselsesfest, februatio; det har Varro skrevet i sine 'Antiquitates', 'Romerske Antikviteter'. Quirinalia fejres den 17. februar til ære for Quirinus, navnet på den guddommeliggjorte Romulus, der symboliserer alle romere, Quirites eller populus Romanus Quiritium. Furnicalia eller Fornacalia, Bagerfestival, er en højtid for gudinden Fornax, bageovnens gudinde, i første halvdel af februar. Feralia den 21. februar er sidste dag i Parentalia, der varer fra den 18. – 21. februar, der er officiel sørgefest for de afdøde familiemedlemmer, og etymologien er usikker, men det er fast skik, at man bragte, 'fero', mad, 'epulae', til de dødes grav, 'sepulcrum', og selv indtog et måltid sammen med slægtningene på afdødes dødsdag. 'parentare' er, som ordet siger, afledt af 'parens', forælder, dvs. man bringer ofre til de afdøde slægtninge. Terminalia er højtiden for Terminus, guden for afslutningen, selvfølgelig på årets sidste dag, den 23. februar. Alle dage efter den 23. februar er skuddage, og i det gamle romerske år indskydes der 22-23 dage, hvorefter februars sidste fem dage sættes ind, 'intercalatur'. Ecurria-højtiden eller Equirria, den 27. februar og den 14. marts, har fået navn efter hestevæddeløbene til ære for Mars, som selvfølgelig finder sted på Marsmarken, 'Campus Martius'.

1c.

14. Liberalia dicta, quod per totum oppidum eo die sedent ut sacerdotes Liberi anus hedera coronatae cum libis et foculo pro emptore sacrificantes. In libris Saliorum quorum cognomen Agonensium, forsitan hic dies ideo appelletur potius Agonia. Quinquatrus: hic dies unus ab nominis errore observatur proinde ut sint quinque; dictus, ut ab Tusculanis post diem sextum Idus similiter vocatur Sexatrus et post diem septimum Septimatrus, sic hic, quod erat post diem quintum Idus, Quinquatrus. Dies Tubulustrium appellatur, quod eo die in Atrio Sutorio sacrorum tubae lustrantur.

14. Liberalia-dage, højtid for 'Liber' (17. marts), fordi der den dag over hele byen sidder gamle koner som præstinder for Liber med efeukranse om hovedet med kager og et fyrfad, på hvilket de ofrer kagerne på vegne af kunderne. I Saliernes bøger, hvis tilnavn er Agonenses, kaldtes denne dag måske af denne grund snarere Agonia. Quinquatrus-dage: denne dag, skønt kun en, stammer fra en fejlagtig fortolkning af navnet, som om det drejede sig om fem dage; ligesom den sjette dag efter Idus af tusculanerne kaldes Sexatrus og den syvende dag Septimatrus, således blev også denne dag, fordi det var den femte dag efte Idus, kaldt Quinquatrus. Tubulustrium-dagen (23. marts og 23. maj) kaldtes sådan, fordi offerritualernes trompeter renses religiøst den dag i Skomagernes Hal.

Kommentar

Liberalia-højtiden finder sted den 17. marts, hvor mandlige teenagere fik overrakt voksentogaen på festdagen for Liber, guden for seksuel frihed, hvad der stemmer overens med overgangen fra barndom til voksen og dermed den indirekte opfordring til at stifte familie og få børn. Agonium Martialis kaldes festen den 17. marts, hvor salierne holder deres optog gennem byen med opvisning i spring fra hestene og med våbendanse. Quinquatrus fandt sted fra den 19. til den 23. marts, altså fem dage, 'quinque', og betegner ikke bare den 5. dag efter Idus, som Varro skriver. Etymologien går ud fra 'quinque' + 'ater', uheldssvanger, › quinquatrus eller quintatrus, idet 'ater' betegner en dag, hvor man ikkemåtte forberede en fest eller højtid. Normalt drejer det sig kun om én dag efter en højtid. På Tubulustrum-dagen den 23. marts, og også den 23. maj, afholdes renselsesdag for militærets trompeter, 'tubae lustrantur', i Atrium sutorium, Skomagernes center.

1d.

15. Megalesia dicta a Graecis, quod ex Libris Sibyllinis arcessita ab Attalo rege Pergama; ibi prope murum Megalesion, id est templum eius deae, unde advecta Romam. Fordicidia a fordis bubus; bos forda quae fert in ventre; quod eo die publice immolantur boves praegnantes in curiis complures, a fordis caedendis Fordicidia dicta. Palilia dicta a Pale, quod ei feriae, ut Cerialia a Cerere.

15. Megalesia-dagene, 'højtid for den Store Moder', bliver kaldt sådan af grækerne, fordi hun på grundlag af de Sibyllinske Bøger blev hentet fra kong Attalus fra Pergamon; dér, nær bymuren, var Megalesion, dvs. denne gudindes tempel, hvorfra hun blev sejlet til Rom. Fordicidia-dage (15. april) er opkaldt efter fordae-køer; en forda-ko er en drægtig ko med en ufødt kalv; fordi adskillige drægtige køer på denne dag blev slagtet offentligt i rådhusene, blev højtiden kaldt Fordicidia efter 'fordae caedendae', 'drægtige køer, der skal slagtes'. Palilia-dage, 'højtid for Pales' (= Parilia, 21. april) fik navn efter Pales, fordi det er en højtid for hende, ligesom Cerialia kommer af Ceres.

16. Vinalia a vino; hic dies Iovis, non Veneris. Huius rei cura non levis in Latio: nam aliquot locis vindemiae primum ab sacerdotibus publice fiebant, ut Romae etiam nunc: nam flamen Dialis auspicatur vindemiam et ut iussit vinum legere, agna Iovi facit, inter cuius exta caesa et porrecta flamen primus vinum legit. In Tusculanis portis est scriptum: Vinum novum ne vehatur in urbem ante quam Vinalia kalentur.
Robigalia dicta ab Robigo; secundum segetes huic deo sacrificatur, ne robigo occupet segetes.

16. Vinalia-dage, 'højtid for vinen', (23. april og 19. august) er opkaldt efter 'vinum', vin; det er Jupiters dag, ikke Venus'. Festligholdelsen af denne er ikke ubetydelig i Latium; for på visse steder startede vinhøsten først offentligt med præsterne, således som det er i Rom nu; for Jupiters præst tager varsler af høsten, og så snart han beordrer vinen høstet, ofrer han et lam til Jupiter, og præsten plukker som den første en drueklase

imellem udskæringen og præsentationen af lammets indvolde. På portene i Tusculum står skrevet: 'Den nye vin må ikke køres ind til byen, førend Vinalia-dagene er forkyndt.' Robigalia-dage, 'Meldug-højtiden' (25. april) har fået navn efter Robigo, meldug-guden; der ofres til denne gud langs med afgrøderne, for at melduggen ikke skal angribe kornet.

Kommentar

Megalesia, højtid for den Store Moder, Magna Mater eller Kybele (stor = 'megale' på græsk, 'μεγάλη'), faldt på den 4. april; romerne hentede gennem en evocatio i 205/4 f.Kr., da Hannibal truede Rom i den anden puniske krig, gudinden Magna Mater til Rom fra kong Attalos i Pergamon efter decemvirernes tolkning af de sibyllinske bøger. Magna Mater fik et stort tempel på Palatinerhøjen, Roms ældste og næstfineste høj, så symbolværdien er stærk i betragtning af, at det er en orientalsk, lilleasiatisk, gudinde, man henter til Rom. På Fordicidia-dagen den 15. april blev drægtige køer slagtet i adskillige distriktsrådhuse, curiae, efter bydelens religiøse traditioner. De ufødte kalve blev brændt og deres aske blandet i mola salsa, som vestalinderne forberedte til de offentlige ritualer, publica sacra. Palilia eller Parilia fandt sted den 21. april for Pales, som er gudinde for hyrder og kvægavlere. Vinalia-festivalen er festdag for vinen den 23. april og igen den 19. august og for Jupiter, da vin er en vigtig afgrøde for Latium. Enhver høst er en hellig handling, fordi man griber ind i naturens gang og tager dens frugter. Det kræver et offer og dermed en højtid. Præsten eller den religiøse embedsmand skal selvfølgelig deltage ved her at tage varsler, om arbejdet med vinen kan gå i gang, og hvis varslerne er gunstige, beordrer han vinen høstet og plukker en drueklase, efter at have ofret et lam. Udtrykket 'inter caesa et porrecta', 'mellem udskæring og præsentation af (lammets) indvolde', er et idiom på latin, som betegner, at dagen er en delehelligdag, nemlig hellig om morgenen, hvor udskæringen finder sted og hellig om aftenen, hvor præsentationen af indvoldene finder sted, mens det midterste af dagen er arbejdsdag. Alt arbejde er forbudt, nefas, på helligdage eller de hellige timer af delehelligdagen. 'Kalentur' er afledt af 'kalo', forkynder, og hænger sammen med ordet 'kalender', da de flydende højtider skal forkyndes af rex sacrorum på Nonae-mærkedagen. Robigalia-dagen afholdes for Robigo, meldug-guden, den 25. april, og der ofres en hund med rødbrun pels, for at guden ikke skal angribe kornet med meldug. Offerdyrene skal have samme farve som sygdommen for at virke.

(Teksten om højtiderne i maj er gået tabt.)

1e.

17. Dies Vestalia ut virgines Vestales a Vesta. Quinquatrus minusculae dictae Iuniae Idus ab similitudine maiorum, quod tibicines tum feriati vagantur per urbem et conveniunt ad Aedem Minervae. Dies Fortis Fortunae appellatus ab Servio Tullio rege, quod is fanum Fortis Fortunae secundum Tiberim extra urbem Romam dedicavit Iunio mense.

17. Vestalia-dagene, 'højtid for Vesta' (9. juni) er ligesom vestalinderne opkaldt efter Vesta. Idus i juni (13. juni) bliver kaldt de Mindre Quinquatrus ud fra ligheden med de Større Quinquatrus, fordi fløjtespillerne holder fri og vandrer igennem byen og mødes ved Minervas tempel. Dagen for Fors Fortuna, 'Held og Lykke-dagen' (24. juni) har fået sit navn af kong Servius Tullius, fordi han indviede et tempel til Fors Fortuna ved Tiberens bred uden for byen Rom i juni måned.

Kommentar

Vestalia, højtid for gudinden Vesta, blev fejret den 9. juni. De seks vestalinder udgør et præstindekollegium med særstatus iblandt de mange mandekollegier og bliver behandlet i et senere kapitel. Som nævnt er Vesta arnens gudinde, og præstinderne har ansvaret for at holde Roms ild vedlige, symbolsk og konkret, fordi samfundet ikke kan fungere uden ild. Den holdes i live i Vestatemplet ved siden af vestalindernes bolig, aedes Vestae. Quinquatrus minusculae, de mindre quinquatrus, falder på Idus den 13. juni, og det særlige er, at fløjtespillerne holder fri og mødes ved Minervas tempel. 'Held og lykke-dagen', dies Fortis Fortuna, fejres den 24. juni, officielt fordi kong Servius Tullius, Roms sjette konge, indviede templet uden for det gamle Roms bymur, som netop var blevet færdiggjort af ham.

1f.

18. Dies Poplifugia videtur nominatus, quod eo die tumultu repente fugerit populus: non multo enim post hic dies quam decessus Gallorum ex Urbe, et qui tum sub Urbe populi, ut Ficuleates ac Fidenates et finitimi alii, contra nos coniurarunt. Aliquot huius diei vestigia fugae in sacris apparent, de quibus rebus Antiquitatum Libri plura referunt. Nonae Caprotinae, quod eo die in Latio Iunoni Caprotinae mulieres sacrificant

et sub caprifico faciunt; e caprifico adhibent virgam. Cur hoc, toga praetexta data eis Apollinaribus Ludis docuit populum.

18. Poplifugia-dagen, 'Folkets Flugt-dag' (5. juli) synes at være navngivet efter den begivenhed, at folket pludselig flygtede i vild forvirring; for denne dag ligger ikke meget senere end gallernes udtog fra byen, og de folk, som dengang var nær byen, som Ficuleanerne og Fidenerne og de andre naboer, svor sig sammen mod os. Adskillige spor efter flugten den dag kan ses i ritualerne, som bøgerne om Antikviteterne fortæller flere ting om. Nonae i juli (7. juli) kaldes Caprotinae, fordi kvinderne på denne dag i Latium ofrer til Juno Caprotina og gør det under et vildt figentræ; de bruger en kvist fra figentræet. Hvorfor dette skete, oplyste den purpurbræmmede toga, præsenteret for dem på Apollon-legenes højtid (12. juli), folket om.

19. Neptunalia a Neptuno: eius enim dei feriae. Furrinalia a Furrina, quod ei deae feriae publicae, dies is; cuius deae honos apud antiquos: nam ei sacra instituta annua et flamen attributus; nunc vix nomen notum paucis. Portunalia dicta a Portuno, cui eo die aedes in portu Tiberino facta et feriae institutae.

19. Neptunalia-dage (23. juli) er opkaldt efter Neptun; det er nemlig hans højtid. Furrinalia-dage (25. juli) er opkaldt efter Furrina, fordi denne dag er en offentlig højtid for denne gudinde; de gamle borgere ærede hende: de etablerede årlige ritualer for hende og tildelte hende en specialpræst; men nu er hendes navn knap nok kendt af de få.

Portunalia-dage (17. august) er opkaldt efter Portunus, for hvem der på den dag blev bygget et tempel på havnen ved Tiber, og højtiden blev etableret.

Kommentar

Poplifugia-dagenfalder på den 5. juli og kaldes Folkets flugt-dag, fordi indbyggerne i Ficulea nær ved Fidenae, ca. 5 mil nord for Rom, flygtede i vild flugt for romerne, som var deres modstandere. Nonae Caprotinae, et andet navn for Nonae Iuliae, fejredes den 7. juli og kaldes sådan, fordi kvinderne i Latium ofrede til Juno Caprotina under et vildt figentræ, en caprificus, mens de knækker en gren af træet og ofrer, jf Macrobius: Saturnalia I 11, 36-40 og III 2, 14.

Toga praetexta, den purpurbræmmede toga, er et symbol på de fine klæder, som slavinderne bar i forklædning for at se ud som patriciernes kvinder og døtre, hvorved de reddede Rom. Senatet forærede slavinderne de klæder, som de brugte til forklædningen, samt friheden og flere gaver. Højtiden for dette faldt på Apollon-legenes fest den 12. juli. Neptunalia er festen for Neptun den 23. juli, og da ethvert antikt folk var afhængig af transporten på havet, skulle havets gud selvfølgelig fejres. Furrina er en gammel gudinde, hvis kendskab allerede på Varros tid var ved at gå i glemmebogen. Hun blev hyldet den 25. juli, og hun havde en specialpræst, en flamen, knyttet til sig.

1g.

20. Vinalia rustica dicuntur ante diem XIIII Kalendas Septembres, quod tum Veneri dedicata aedes et horti ei deae dicantur ac tum sunt feriati holitores. Consualia dicta a Conso, quod tum feriae publicae ei deo et in Circo ad aram eius ab sacerdotibus ludi illi, quibus virgines Sabinae raptae. Volcanalia a Volcano, quod ei tum feriae et quod eo die populus pro se in ignem animalia mittit.

20. Den 19. august kaldes de Landlige Vin-dage, fordi der dengang blev indviet et tempel til Venus og haver, og så holdt køkkenhavegartnerne fri. Consualia-dage (21. august) er opkaldt efter Consus, fordi der dengang blev holdt offentlige festdage for guddommen og der på Circus ‹Maximus› ved hans alter blev afholdt de lege af præsterne, under hvilke de sabinske jomfruer blev røvet. Vulcanalia-dage (23. august) er opkaldt efter Vulkan, fordi der dengang blev afholdt en højtid for ham og fordi folket for eget velfærds skyld på den dag driver kvæget gennem ild.

21. Opeconsiva dies ab dea Ope Consiva, cuius in Regia sacrarium quod adeo artum, eo praeter virgines Vestales et sacerdotem publicum introeat nemo. "Is cum eat, suffibulum ut habeat," scriptum: id dicitur ab suffigendo subfigabulum. Volturnalia a deo Volturno, cuius feriae tum.

21. Opeconsiva-dagen (25. august) er opkaldt efter Ops Consiva, hvis helligdom er i Regia, som er så begrænset i størrelse, at ingen må betræde det ud over vestalinderne og den offentlige præst. "Når han betræder det, skal han bære et hvidt hovedklæde, står der skrevet; det kaldes sådan fordi 'sub-figabulum' kommer fra 'suffigere', 'at sætte fast på noget'. Volturnalia-dage (27. august) er opkaldt efter guden Volturnus, hvis højtid falder på den dag.

Kommentar

Den 17. august fejres guden for havnen, 'portus', nemlig Portunus, som pga. transporten på vandet, havet eller floden, er en vigtig bestanddel i den officielle kult. Den 19. august holdes den anden årlige vinfest, vinalia rustica, de Landlige Vindage, med en tempelindvielse til Venus og med en højtid for haverne, altså en tribut til naturen og dens frugter. Den 21. august følger så Consualia, højtiden for Consus, guden for proviant og lager, og legene for ham afholdes på Circus Maximus, hvor hans alter står, og det sker her, fordi sabinerindernes rov i Romulus' kongetid fandt sted under festlighederne for Consus. Vulcan-højtiden, Volcanalia, følger den 23. august for Vulcanus, smedeguden, der arbejder med ild, og netop ilden skal gøre kvæget modstandsdygtigt, når bønderne sender dyrene igennem ilden. Den 25. august finder højtiden for Ops Consiva sted, gudinde for overflod og forråd, i Regia, pontifex maximus' kontor, udelukkende under deltagelse af den statsansatte præst, sacerdos publicus, med et hvidt hovedklæde, suffibulum, samt vestalinderne, der også bar et suffibulum, når de forrettede ofre; der var ikke plads til andre og slet ikke publikum i pontifikalkontoret. Ops Consiva er Saturnus' kone, altså fra generationen før Jupiter, og hun repræsenterer plantningens og såningens kræfter, som jo er livsvigtige i et agrarsamfund. Den næste højtid falder på den 27. august for Volturnus, som vi ikke kender, medmindre det er Vortummus = Vertumnus, opr. bygud i Volsinii, som romerne erobrede i 264 f.Kr. og hvis bygud de optog blandt de romerske guder.

Varro nævner ingen fester i september.

1h.

Octobri mense Meditrinalia dies dictus a medendo, quod Flaccus flamen Martialis dicebat hoc die solitum vinum novum et vetus libari et degustari medicamenti causa; quod facere solent etiam nunc multi cum dicunt:

Novum vetus vinum bibo: novo veteri morbo medeor.

I oktober måned falder Meditrinalia-dagen (3. oktober), opkaldt efter Meditrina, helbredelsens gudinde, efter 'mederi', 'at blive helbredt', fordi Flaccus, specialpræst for Mars, plejede at sige, at man på denne dag plejede at ofre ny og gammel vin og smage på den med henblik på at blive helbredt; hvad også i dag mange plejer at gøre, mens de siger:

'Jeg drikker ny og gammel vin: jeg helbredes for ny og gammel sygdom.'

22. Fontanalia a Fonte, quod is dies feriae eius; ab eo tum et in fontes coronas iaciunt et puteos coronant. Armilustrium ab eo quod in Armilustrio armati sacra faciunt, nisi

locus potius dictus ab his; sed quod de his prius, id ab ludendo aut lustro, id est quod circumibant ludentes ancilibus armati.

22. Fontanalia-dage er opkaldt efter Fons, Kildegud, (13. oktober), fordi den dag er hans festdag; efter hans ønske kaster man guirlander ned i kilderne og bekranser brøndene med dem. Armilustrium-dagen, 'Våbenrenselsesdag', (13. oktober), fordi bevæbnede mænd udfører ritualet på Armilustrium, hvis ikke pladsen snarere er opkaldt efter selve mændene. Men hvad jeg tidligere har sagt om dem, så kommer navnet af 'ludere', 'at lege', eller fra 'lustrum', 'renselse', dvs. fordi de gik rundt, bevæbnet med de hellige skjolde, og udførte sportskonkurrencer.

Kommentar

Oktober starter med højtiden for Meditrina, gudinde for helbredelse, kaldet Meditrinalia, den 3. oktober under deltagelse af flamen Martialis, og her skal vi huske, at Mars ofte tilbedes af bønderne, fordi han også er skovgud, Mars Silvanus. Det lærer vi af Cato. Så det er ikke unaturligt, at specialpræsten for Mars medvirker, og vinen skal symbolsk opfattes som et lægemiddel. Den første drik af den nye vin er jo ceremoniel. Fontanalia-højtiden for guden Fons, kildeguden, afholdes den 13. oktober, for kildevand er også nødvendig for at overleve i et bondesamfund. Samme dag, den 13. oktober, eller den 19. oktober, se Varro L. L. V, 153, afholdes Armilustrium, Våbenrenselsesdag, fordi perioden med militære operationer er slut, og våbnene skal renses for de drab, de har været brugt til, så at de ikke sættes på lageret i besmittet tilstand. Ordet 'armilustrium' kan være lokaliteten, hvor ceremonien fandt sted, eller være navnet på ceremonien. Stedet har enten at gøre med 'arma', våben, eller 'ambitus', rundgang (se Varro L.L. V, 153), idet våbnene blev båret rundt på pladsen, som oprindeligt var på Aventinerhøjen, men senere blev flyttet til lavningen mellem Palatin og Aventin, det senere Circus Maximus, pladsen, som generalerne bl.a. passerede under deres triumftog. Servius, kommentator af Vergils værker, skriver til Verg. Aen. I 283, at ordet kommer fra 'ambo', begge, fordi begge censorer, der havde statens skattelovgivning og statens moralske status som opgaveområde, skulle være til stede under rundgangen. De våben, der symboliserede hele romerstatens våben, var ancilia, de hellige skjolde, som der er 12 af, hvoraf de elleve er kopier af det første ancile, der faldt ned fra himlen under kong Numas regeringstid for at varsle om Romerrigets overlegenhed. Numa lod efterfølgende lave 11 kopier, så mindet om varslet aldrig gik tabt. Sportskonkurrencer, som der er ved mange ludi, lege, giver

Varro som en anden mulighed for ordets oprindelse, men vi foretrækker den mere specifikke betydning 'våbenrenselse'.
Varro nævner ingen fester i november.

1i.

Saturnalia dicta ab Saturno, quod eo die feriae eius, ut post diem tertium Opalia Opis. Saturnalia-dagene (17. december og frem) er opkaldt efter Saturn, fordi hans højtid falder på den dag ligesom tredjedagen efter Opalia-dagen (19. december), højtid for Ops. 23. Angeronalia ab Angerona, cui sacrificium fit in Curia Acculeia et cuius feriae publicae is dies. Larentinae, quem diem quidam in scribendo Larentalia appellant, ab Acca Larentia nominatus, cui sacerdotes nostri publice parentant e sexto die, qui ab ea dicitur dies Parentalium Accas Larentinas.
23. Angeronalia-dagen (21. december) er opkaldt efter Angerona, for hvem der foretages et offer i Curia Acculeia og hvis offentlige højtid falder på denne dag. Larentina-højtiden (23. december), som nogle forfattere kalder Larentalia-dagen, er opkaldt efter Acca Larentina, til hvem vores præster offentligt bringer ofre på sjettedagen efter ‹Saturnalia›, som efter hende kaldes Acca Larentina Parentalia-dagen.
24. Hoc sacrificium fit in Velabro, qua in Novam Viam exitur, ut aiunt quidam ad sepulcrum Accae, ut quod ibi prope faciunt diis Manibus servilibus sacerdotes; qui uterque locus extra urbem antiquam fuit non longe a Porta Romanula, de qua in priore libro dixi. Dies Septimontium nominatus ab his septem montibus, in quis sita Urbs est; feriae non populi, sed montanorum modo, ut Paganalibus, qui sunt alicuius pagi.
24. Dette offerritual sker i Velabrum, hvor den løber ud i Nygade, som nogle siger ved Accas grav, fordi præsterne ofrede til slavernes Dødsånder der i nærheden; begge steder lå uden for den gamle by ikke langt fra den Lille romerske Port, som jeg har talt om i den foregående bog (V.164). Septimontium-dagen (11. december) er opkaldt efter de syv høje, på hvilke Rom er bygget; det er ikke en offentlig højtid, men kun for beboerne på højene, ligesom Paganalia-dagene, 'højtid for landkommunerne' (tidligt i januar), som fejres af dem, der tilhører en eller anden landkommune.

Kommentar

Saturnalia betegner årets afslutning og falder fra den 17. december til den 23. december, dvs. man afslutter året med renselsesfester for at gøre klar til det nye år med nyindviede bygninger og områder. Det gamle år skal vaskes rent, så det er klart til en ny start. Saturnus står som symbol på verdens skabelse, og derfor fejres han nu. Heri indgår flere højtidsdage, fx Opalia-dagen den 19. december, højtid for Ops, overflodens og velfærdens gudinde. Angeronalia er en højtid for Angerona på den 21. december i curia Acculeia, distriktsrådhuset/bydelsrådhuset for Acculeia-bydelen, og hun er gudinde for lidelse og stilhed, og det er en offentlig, altså af senatet forkyndt festival. Man skal huske på, at rådhusene også er religiøse centre, hvor der ofres til forskellige lokale guder og gudinder. Larentinae ‹feriae›, larentina-højtiden, som også kaldes Larentalia, falder på den 23. december og har sit navn efter Acca Larentia, hustru til Faustulus, som tog sig af Romulus og Remus som spædbørn og opfostrede dem. Her rører vi ved kernen og oprindelsen til romersk tradition og historieforståelse, som præger den romerske kultur, litteratur og sammenhængsforståelse, og derfor er det om nogen en statslig religiøs begivenhed, der ledes af de offentlige præster med en parentatio, dvs. en offerhøjtid til ære for bestemte forfædre, her Romulus' og Remus' fostermor; da det er en højtid for en berømt afdød kvinde, kaldes den også Parentalia Accas Larentinas med en arkaisk genitivform, der viser tilbage til tiden før Roms grundlæggelse. Udtrykket 'e sexto die', fra den sjette dag, passer måske ikke til den traditionelle start på Saturnalia den 17. december, som tidligere kan have fundet sted én dag senere, altså den 18. december. Højtiden finder sted, hvor Velabrum møder Nova Via, Nygade, i nærheden af Acca Larentinas grav, hvor man ofrede til slavernes dødsånder, Manes serviles. Graven og offerstedet befandt sig uden for Servius Tullius' bymur i nærheden af Porta Romanula, den Lille Romerske Port (Varro: L.L. V, 164) ved foden af Nygade ved templet for Vellystens gudinde. Septimontium-dagen den 11. december er opkaldt efter de oprindelige syv høje, som Rom er bygget på, og afholdes af beboerne på højene, der er tilknyttet et landdistrikt, en pagus, fordi det er en speciel helligdag for dem. De oprindelige syv høje er ifølge Festus p. 358 L.: Palatin, Velia, Cermalus, Caelius, Oppius, Fagutal, Cispius og Subura, lavningen imellem dem.

25. De statutis diebus dixi; de annalibus nec die statutis dicam. Compitalia dies attributus Laribus vialibus: ideo ubi viae competunt tum in competis sacrificatur. Quotannis is dies concipitur. Similiter Latinae Feriae dies conceptivus dictus a Latinis populis, quibus ex Albano Monte ex sacris carnem petere fuit ius cum Romanis, a quibus Latinis Latinae dictae.

25. Jeg har nu talt om de fastsatte dage; nu vil jeg tale om de årlige højtider, der ikke er fastsatte. Compitalia-dagen (kort efter 1. januar) er dediceret til Vejguderne: der hvor vejene mødes, ofres der derfor i vejkrydsene. Hvert år fastsættes denne dag. På lignende vis fastsættes Højtiden for det latinske forbund, opkaldt efter Latiums folkeslag, som havde ret til sammen med romerne at få en del af kødet fra ofringerne på Albanerbjerget, og efter disse latinere er højtiden kaldt den latinske.

Kommentar
Paganalia er en anden fest for landdistrikterne tidligt i januar, men ikke på fastlagte dage, men på dage, der skal forkyndes af magistraten, prætoren. Sådanne højtider med flydende datoer går Varro nu over til, og her kommer Compitalia-dagen først i starten af januar til ære for vejguderne lares compitales, der beskyttede vejkrydsene og de jorder, der grænsede op til krydsene, compita. Ofringerne skete, hvor vejene mødtes, competunt. Og vejkrydsene skal genindvies hvert år. Latinae Feriae, de Latinske Helligdage, er ligeledes en flydende helligdag i starten af januar, som proklameres af konsulerne. Navnet stammer fra Latiums folkeslag, latinerne, som indgik forbund med Rom som de første nabokommuner og derfor bl.a. fik det privilegie at modtage en del af det kød fra offerdyrene, som blev ofret på Albanerbjerget, Albanus mons, tæt på Rom i Latium til ære for Jupiter.

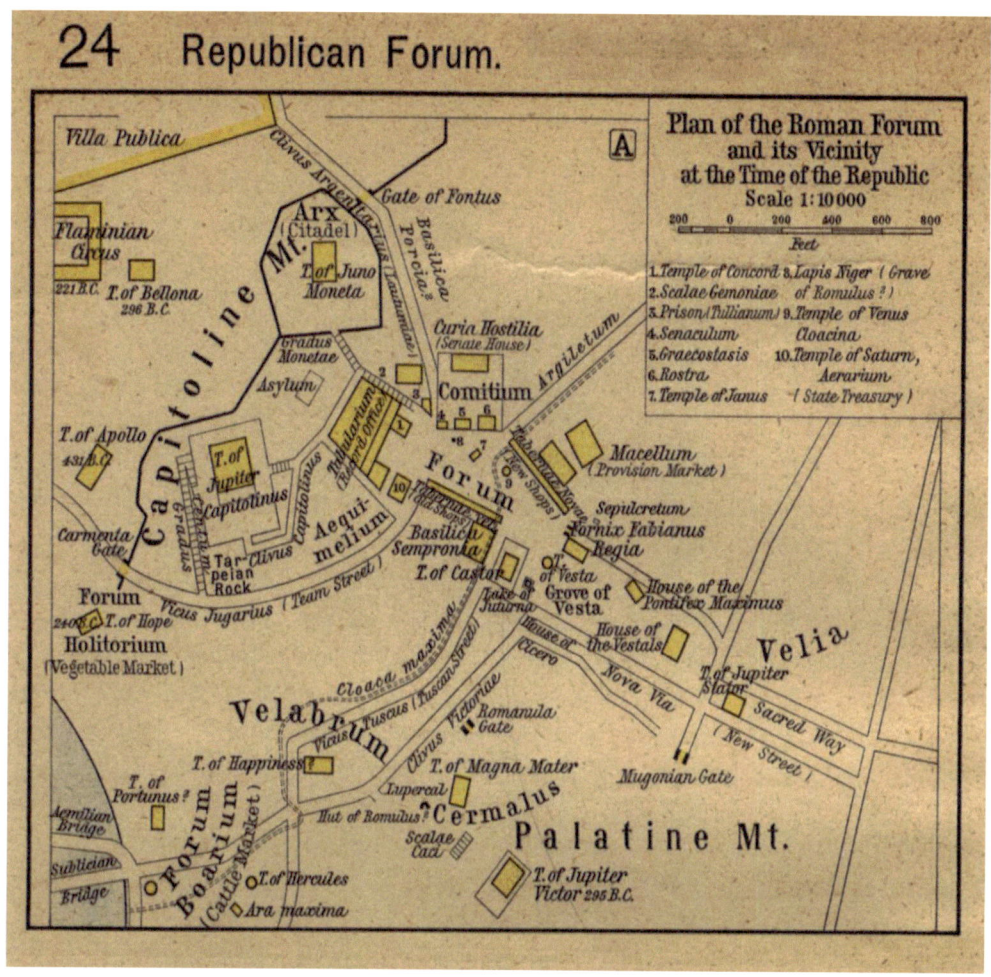

(Origo: Map of the Forum Romanum (emersonkent.com))

1j.

26. Sementivae Feriae dies is, qui a pontificibus dictus, appellatus a semente, quod sationis causa susceptae. Paganicae eiusdem agriculturae causa susceptae, ut haberent in agris omnis pagus, unde Paganicae dictae. Sunt praeterea feriae conceptivae quae

non sunt annales, ut hae quae dicuntur sine proprio vocabulo aut cum perspicuo, ut Novendiales sunt.

26. Sementivae-dagene, 'Såtids-højtid' er en dag, fastsat af pontifikalpræsterne og har fået sit navn efter 'sementis', 'såning', fordi den er etableret for såningens skyld. Paganicae-dagene, 'landkommune-højtiden' blev etableret for agerbrugets skyld, så at hele landkommunen kunne holde den på markerne, deraf navnet Paganicae-dage. Der er desuden mobile højtider, som ikke falder årligt, fx sådanne som kaldes uden et specielt navn eller med et gennemskueligt navn, som fx Novendiales-dagen, 'Niende dags-ceremonien'.

Kommentar

Sementivae-højtiden bliver fastsat af pontifikalpræsterne på to dage i januar med syv dages mellemrum; da det er optakten til såningen, afhænger datoen af dagen for såningens begyndelse. Paganicae-dagene er ligeledes en højtid for landdistrikterne, pagi, så at alle beboerne kunne festligholde den på marken.

Derudover er der mobile festdage, der ikke falder årligt, men efter behov, fordi de er meget specielle og situationsorienterede eller familieorienterede, fx Novendiales, Niendedags-ceremonien, som kunne være dødemåltid og offer for det afdøde familiemedlem den niende dag efter begravelsen, eller et sonoffer, bestemt af senatet efter et varsel om uheld og forstyrrelse af pax deorum, et prodigium.

Kalenderen og dens højtider

2. Ambrosius Theodosius Macrobius: Saturnaliorum libri septem I, 16, 1-10 + 13–15 + 21 + 24 + 34-37

[16] 1. Sed quia nos ad commemorationem dierum ordo deduxit, de hoc quoque quod Hori nostri consultatio continet pauca dicenda sunt.

2. Numa ut in menses annum, ita in dies mensem quemque distribuit, diesque omnes aut festos aut profestos aut intercisos vocavit. Festi dis dicati sunt: profesti hominibus ob administrandam rem privatam publicamque concessi: intercisi deorum hominumque communes sunt.

3. Festis insunt sacrificia epulae ludi feriae: profestis fasti comitiales conperendini stati praeliares: intercisi in se non in alia dividuntur: illorum enim dierum quibusdam horis fas est, quibusdam fas non est ius dicere. Nam, cum hostia caeditur, fari nefas est: inter caesa et porrecta fari licet: rursus, cum adoletur, non licet. Ergo de divisione festorum et profestorum dierum latius disserendum est.

4. Sacra celebritas est vel cum sacrificia dis offeruntur vel cum dies divinis epulationibus celebratur vel cum ludi in honorem aguntur deorum vel cum feriae observantur.

5. Feriarum autem publicarum genera sunt quattuor. Aut enim stativae sunt aut conceptivae aut imperativae aut nundinae.

6. Et sunt stativae universi populi communes certis et constitutis diebus ac mensibus et in fastis statis observationibus annotatae, in quibus praecipue servantur Agonalia Carmentalia Lupercalia: conceptivae sunt quae quotannis a magistratibus vel sacerdotibus concipiuntur in dies vel certos vel etiam incertos, ut sunt Latinae Sementivae Paganalia Compitalia: imperativae sunt quas consules vel praetores pro arbitrio potestatis indicunt: nundinae sunt paganorum itemque rusticorum, quibus conveniunt negotiis propriis vel mercibus provisuri.

7. Sunt praeterea feriae propriae familiarum, ut familiae Claudiae vel Aemiliae seu Iuliae sive Corneliae, et si quas ferias proprias quaeque familia ex usu domesticae celebritatis observat.

8. Sunt singulorum, uti natalium fulgurumque susceptiones, item funerum atque expiationum: apud veteres quoque qui nominasset Salutem Semoniam Seiam Segetiam Tutilinam ferias observabat: item flaminica quotiens tonitrua audisset feriata erat, donec placasset deos.

9. Adfirmabant autem sacerdotes pollui ferias, si indictis conceptisque opus aliquod fieret. Praeterea regem sacrorum flaminesque non licebat videre feriis opus fieri: et ideo per praeconem denuntiabant, ne quid tale ageretur, et praecepti neglegens multabatur.

10. Praeter multam vero adfirmabatur eum qui talibus diebus inprudens aliquid egisset porco piaculum dare debere: prudentem expiare non posse Scaevola pontifex adseverabat: …

13. Haec de festis et qui inde nascuntur, qui etiam nefasti vocantur. Nunc de profestis et qui ex his procedunt loquamur, id est fastis comitialibus conperendinis statis praeliaribus.

14. Fasti sunt quibus licet fari praetori tria verba sollemnia, do dico addico; his contrarii sunt nefasti: comitiales sunt quibus cum populo agi licet; et fastis quidem lege agi potest, cum populo non potest, comitialibus utrumque potest: conperendini quibus

vadimonium licet dicere: stati qui iudicii causa cum peregrino instituuntur, ut Plautus in Gurgulione: "Status condictus cum hoste intercessit dies." Hostem nunc more vetere significat peregrinum.

15. Praeliares ab iustis non segregaverim, siquidem iusti sunt continui triginta dies quibus exercitui imperato vexillum russi coloris in arce positum est, praeliares autem omnes quibus fas est res repetere vel hostem lacessere.

21. Dies autem postriduanos ad omnia maiores nostri cavendos putarunt, quos etiam atros velut infausta appellatione damnarunt: eosdem tamen nonnulli communes velut ad emendationem nominis vocitaverunt. Horum causam Gellius Annalium libro quinto decimo et Cassius Hemina Historiarum libro secundo referunt.

24. Tunc Patres iussisse ut ad collegium pontificum de his religionibus referretur, pontificesque statuisse postridie omnes Kalendas Nonas Idus atros dies habendos, ut hi dies neque praeliares neque puri neque comitiales essent.

34. Rutilius scribit Romanos instituisse nundinas, ut octo quidem diebus in agris rustici opus facerent, nono autem die intermisso rure ad mercatum legesque accipiendas Romam venirent, et ut scita atque consulta frequentiore populo referrentur, quae trinundino die proposita a singulis atque universis facile noscebantur. Unde etiam mos tractus ut leges trinundino die promulgarentur.

35. Ea re etiam candidatis usus fuit in comitium nundinis venire et in colle consistere unde coram possent ab universis videri: sed haec omnia neglegentius haberi coepta et post abolita, postquam internundino etiam ob multitudinem plebis frequentes adesse coeperunt.

36. Est etiam Nundina Romanorum dea a nono die nascentium nuncupata, qui lustricus dicitur. Est autem dies lustricus quo infantes lustrantur et nomen accipiunt: sed is maribus nonus, octavus est feminis.

37. Plene, ut arbitror, anni ac mensium constitutione digesta habet Horus quoque noster quod de dierum vocabulis et observatione consuluit. …

(Origo: http://penelope.uchicago.edu/Thayer/L/Roman/Texts/Macrobius/Saturnalia/1*.html)

13. Ambrosius Theodosius Macrobius: 7 bøger Samtaler under Saturnaliefesten I, 16, 1-10 + 13–15 + 21 + 24 + 34-37

16.1. Men fordi sammenhængen har ført os til en kommentering af dagene, bør der siges nogle få ting om det, som spørgsmålet fra vores ven Horus implicerer.

2. Således som Numa har inddelt året i måneder, således har han også inddelt måneden

i dage og har kaldt alle dage enten helligdage, arbejdsdage eller delte helligdage. Helligdagene er viet til guderne, arbejdsdagene er overladt til menneskene til udførelse af private eller offentlige anliggender, og de delte helligdage er fælles for guder og mennesker.

3. Til helligdagene passer ofringer, rituelle måltider, lege, ferier; til arbejdsdagene hører retssager, folkeforsamlinger, udsættelse af retsmøder, politiske forhandlinger, kampe; delhelligdagene inddeles kun tidsmæssigt, ikke i forhold til andre aktiviteter; på disse dage er det nemlig tilladt inden for et bestemt tidsrum, men ikke uden for dette tidsrum at fælde domme. For når et offerdyr slagtes, er det forbudt at tale; men det er tilladt at tale mellem slagtningen og præsentationen af indvoldene; på den anden side må man ikke tale, når offerkødet brændes. Altså skal der forklares lidt mere dybtgående om inddelingen i helligdage og arbejdsdage.

4. Et religiøst ritual finder sted, når man enten bringer guderne ofre eller når en dag fejres med kultmåltider eller når lege afholdes til ære for guderne eller når helligdage respekteres med arbejdsro.

5. Der er fire slags officielle helligdage: Enten er det regelmæssigt tilbagevendende festdage, eller bevægelige eller af magistraten beordrede eller markedsdage.

6. De regelmæssigt tilbagevendende festdage er alle folkets fælles højtider, som finder sted på bestemte og fastsatte dage og måneder og er noteret i kalenderen med en bestemt dato, blandt hvilke man især regner Agonalia, Carmentalia og Lupercalia; bevægelige festdage er sådanne dage, som årligt forkyndes af magistrater eller præster, og de falder på fastsatte eller ikke-fastsatte dage, som fx Feriae Latinae, Sementivae, Paganalia og Compitalia; de af magistraten beordrede festdage er de dage, som konsulerne eller prætorerne beordrer afholdt i kraft af deres embedsstilling; markedsdagene hører til landbefolkningen og landsbyboerne, som på disse dage indfinder sig for at varetage deres private forretninger eller indkøb.

7. Derudover findes der specielle helligdage for familier, fx Claudia-, Aemilia-, Iulia- og Cornelia-slægten, eller hvis en familie afholder sine specielle festdage efter dens traditioner.

8. Desuden kender man festdage for enkelte anledninger, fx fødselsdage, lynnedslag, begravelser og udsoninger. Hos forfædrene holdt man også helligdag, når en havde udtalt navnene Salus, Semonia, Seia, Segetia, Tutilina. Ligeledes skulle hustruen til en præst, flamen, når hun havde hørt et tordenskrald, afholde sig så lang tid fra arbejde, indtil hun havde forsonet guderne.

9. Men præsterne hævdede, at helligdagene blev vanhelliget, når der blev arbejdet på erklærede og forkyndte helligdage. Og kongeofferpræsten og præsterne måtte ikke se på, at der blev udført arbejde på helligdage; og derfor lod de forkynde gennem en herold, at noget sådant ikke måtte ske og at den, der overtrådte forbuddet, ville blive straffet.

10. Ud over bøden, sådan blev det bestemt, skulle den, der på sådanne dage uforsætligt havde udført et arbejde, ofre en gris som forsoningsoffer. Og ypperstepræsten Scaevola havde slået fast, at den, der gjorde det med forsæt, ikke kunne sone det. ...

13. Så meget om helligdagene og de dage, som afledes af dem og som kaldes uheldsdage. Nu skal vi tale om arbejdsdagene og om dem, som bliver afledt af dem, retsdage, folkeforsamlingsdage, udsættelser, politiske forhandlingsdage og kampdage.

14. Retsdage er de dage, hvor det er tilladt prætor at udtale de tre rituelt fastlagte ord: 'jeg giver, jeg forkynder, jeg tilkender'. Modsat dem er der helligdagene; forsamlingsdage er de dage, hvor man må forhandle med folket, og på retsdage må man ganske vist føre proces, men ikke forhandle med folket, mens man på forsamlingsdage må begge dele. Udsættelser er dage, hvor man må indkalde folk, der har givet mødetilsagn. Politiske forhandlingsdage er dage, som er bestemt til, at man kan forhandle med fremmede i retten. Således lyder det hos Plautus i Curculio [5]: " Når den fastsatte dag, aftalt med den fremmede, er kommet." 'Hostis' betyder her efter gammel sprogbrug en 'fremmed'.

15. Kampdagene vil jeg ikke adskille fra de retmæssige dage; de retmæssige dage er nemlig 30 sammenhængende dage, hvor der er sat en rød fane på borgen, når hæren er blevet indkaldt, mens kampdage er dage, hvor man gennem fetialpræsterne må kræve erstatning eller angribe fjenden.

21. Dagene efter helligdage anså vores forfædre ved hver aktivitet for farlige og fordømte dem endda med betegnelsen 'sorte dage' som ulykkesbringende. Mange kaldte dem dog 'de kendte' for at undgå at bruge ulykkesordet. Grunden til dette omtaler Gellius i 15. bog af 'Årbøgerne' og Cassius Hemina i 2. bog af 'Roms historie'.

24. Derpå havde senatorerne besluttet at henvende sig til præstekollegiet på grund af disse religiøse spørgsmål, og præsterne havde bestemt, at alle dage efter Kalendae, Nonae og Idus skulle gælde som uheldssvangre dage og at man hverken måtte kæmpe eller ofre eller afholde folkeforsamlinger.

34. Rutilius skriver [Frg. 1 P], at romerne havde indført markedsdagene af følgende grund: landbefolkningen skulle arbejde på marken i otte dage, på den niende skulle de lade arbejdet hvile og gå på markedet og komme til Rom for at høre lovene blive læst op. På denne måde skulle afgørelser og beslutninger blive kendt for en større mængde;

sådanne beslutninger slog man nemlig op på de tre markedsdage i hver måned, så at de let kunne gøres bekendt for den enkelte borger og for fællesskabet. Derved opstod den sædvane, at lovene blev slået op offentligt på tre på hinanden følgende markedsdage.

35. Af denne grund var det også sædvane for byrådskandidater at komme til folkeforsamlingspladsen og stille sig på en højere liggende plads, hvor enhver kunne se dem. Dog blev alt dette senerehen forsømt og faldt væk, fordi der på grund af befolkningstilvæksten også mellem markedsdagene var relativt mange mennesker til stede i byen.

36. Der eksisterer også en romersk gudinde Nundina, som er opkaldt efter den niende dag efter den nyfødtes fødselsdag; denne dag hedder også renselsesdag. Men det er den dag, hvor børnene bliver renset rituelt og får deres navn; men det er kun den niende dag for drengebørn, for piger er det den ottende dag.

37. Da jeg nu efter min mening udførligt har talt om inddelingen af år og måneder, har jeg vel samtidig svaret på spørgsmålene fra vor ven Horus om navnene på og betydningen af dagene. …

Kommentar

Ambrosius Theodosius Macrobius er en forfatter fra det 4. – 5. årh. e.Kr., der i sine jule eller nytårssamtaler, Saturnalia, lader sine gæster diskutere alskens forskellige emner, bl.a. oprindelsen til den romerske kalender, som han skriver i afsn. 16, 1. Derefter kommer vi til den første, der oprettede kalenderen, nemlig Numa, der delte dagene i arbejdsdage, dies fasti, helligdage, dies nefasti, og delte helligdage, dies intercisi, se afsn. 16, 2. Opgaverne, der skal gøres, og forbuddene mod at afholde visse aktiviteter gennemgås mht. de tre kategorier af dage, og især delhelligdagenes muligheder fremlægges i afsn. 3; en helligdag defineres i afsn. 4, og der er fire kategorier af helligdage i afsn. 5, som så forklares i afsn. 6. Afsn. 7 + 8 behandler helligdage for familien eller enkelte anledninger til at holde en højtid. Derefter går Macrobius over til at tale om arbejdsdage, dies fasti, i afsn. 13, som deles op i fem kategorier, hvoraf de fire behandles i afsn. 14, mens den femte behandles i afsn. 15. Det er specielle dage, hvor hæren mobiliseres eller hvor fetialerne, militærpræsterne, af senatet beordres til at erklære en fjendtlig kommune eller provins eller stat krig med et særligt ritual. Afsn. 21 og 24 handler om dagene efter helligdage, som kaldes dies atri, fordi man ikke skal forberede en ny fest på dagen efter en helligdag og efter en mærkedag. I afsn. 34 kommer handelsdagene, nundinae, som regnes for helligdage, men er en markedsdag, dvs. en fridag for alle, især for landbefolkningen, til at handle i og for at alle kunne orientere sig om de nyeste love, der blev slået op på markedspladsen 3 uger i træk. At politikerne udnytter markedsdagen til at proklamere for sig selv er en forståelig praksis (afsn. 35.). Nundina, niendedags-gudinden, får et renselsesoffer sammen med navngivningen af den nyfødte dreng på niendedagen efter fødslen. For nyfødte piger skete det dagen før, på ottendedagen efter fødslen.

Til sammenligning med Macrobius' Kommentar bringes her den romerske fest- og højtidskalender med de måneder, som Macrobius har udeladt.

Den romerske kalender

Der findes en objektiv kosmisk tid, fx et måneår eller et solår, og så findes der en subjektiv, individuel tid, sat af det enkelte menneske. Men for at et samfund kan fungere, skal individerne agere i overensstemmelse med andre individer; derfor er der brug for et ordenssystem i tid og rum, en kalender og et verdenskort. Sådanne ordensmønstre fastlægges af traditioner, myter og religion, dvs. religiøse embedsmænd eller præster, i Rom fx Romulus og Numa eller pontifices og augures.

Augustus opstillede Agrippas verdenskort og kalenderen på stentavler på byernes fora, fx på forum i Praeneste, og Augustus bliver symbolsk herre over tid og rum.

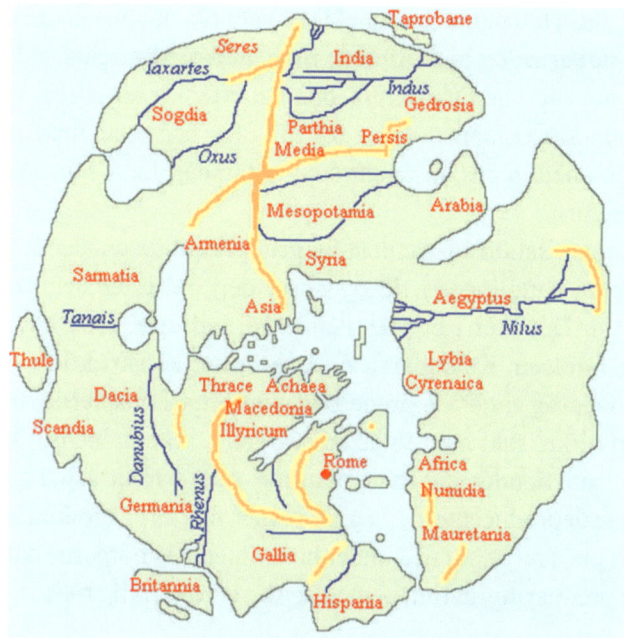

Reconstruction of Agrippa's map of the Roman Empire, which was carved onto marble and posted along the Via Flaminia.

(Origo: (pinterest.dk))

Romulus opfandt efter traditionen den første kalender, der inddelte året i 10 måneder og 304 dage:

Martius, opkaldt efter krigsguden Mars, årets første måned.

Aprilis, hvor markerne skulle tilsås.

Maius, opkaldt efter frugtbarhedsgudinden Maja

Junius, opkaldt efter gudinden Juno eller den gamle romerske slægt Junius.

Quintilis, årets femte ("quintus") måned.

Sextilis, årets sjette ("sextus") måned.

September, året syvende ("septem") måned.

October, årets ottende ("octo") måned.

November, årets niende ("novem") måned.

December, årets tiende ("decem") måned.

(Mht. ti-måneders-året se Ovid: Fasti I 27-30 + III 99-126)

Numa Pompilius indså hurtigt, at det antal ikke var nok, når man skulle følge årets gang i naturen og på markerne, og han tilføjede to måneder: Ianuarius, opkaldt efter guden Ianus med de to hoveder, og Februarius, opkaldt efter en renselses- og forsoningsfest i slutningen af årets sidste måned. Først fra 153 f.Kr. begyndte man at betragte januar som årets første måned, mens 1. januar som nytårsdag først startede i 46 f.Kr. efter Cæsars kalenderreform.

Kalenderen er et organisationsinstrument for gruppeaktiviteter, idet de enkelte individer synkroniserer deres handlinger i tid og retter den ind efter den kosmiske tid, den objektivt givne tid. Det sker i bondekalenderen, indrettet efter naturens gang, og i søfarten og krigsførelsen. Kalenderen er en kulturel konstruktion, – inddelingen af året i måneder, dage og timer og årene benævnt efter konsulerne, men for at denne konstruktion kan virke, skal man følge solens gang, ikke månens. Og selv om man i byerne ikke lever som bønder, der følger naturen, så er byerne afhængige af bøndernes produktion, og klædeproducenterne lægger planer for deres produktion af klæder den 11. november, når plejaderne går ned under horisonten. Og borgerne har indbyrdes en så kompleks tidsdifferentiering, at timeplanen spiller en væsentlig rolle i synkroniseringen af samhandelen.

Cæsars og pave Gregors kalenderreform sigtede mod en endnu bedre overensstemmelse med den kosmiske tid, og i slutningen af republikken dominerede solåret. Og viden om året og kalenderen skaber magt, og det kunne sagtens være Cæsars og Augustus' intention. Og da tiden er forankret i kosmos, den guddommelige verden, bliver de religiøse embedsmænd tidens herrer, og i Rom var det så pontifices, og Cæsar kunne kun reformere kalenderen, fordi han var pontifex maximus. Kun eliten kunne læse og skrive, de fleste kunne ikke. Den skriftlige kalender fandtes som nævnt i slutningen af republikken, og pontifices styrede den.

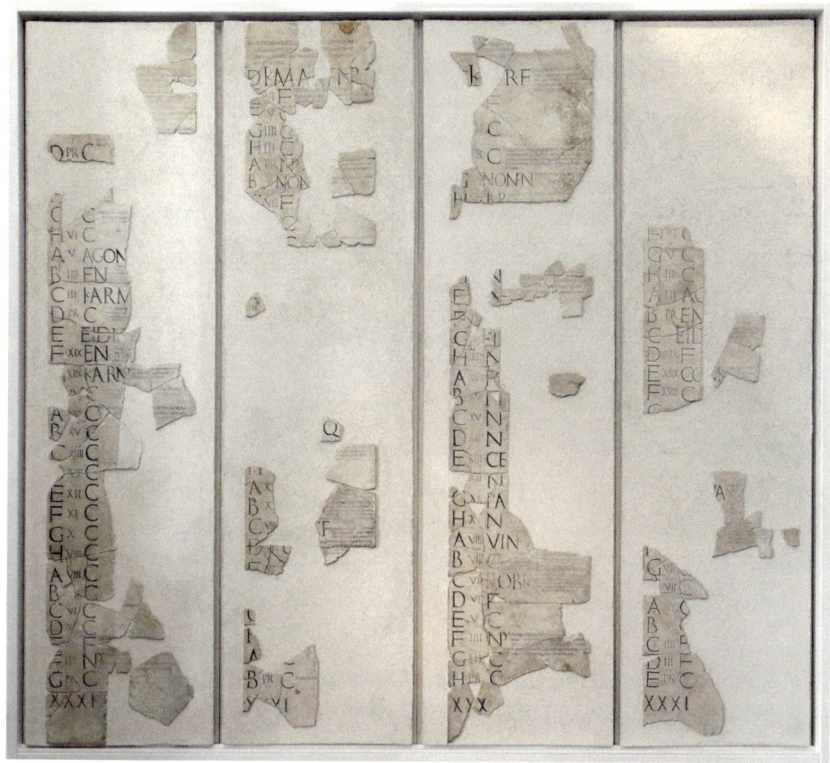

Fasti Praenestini

(Origo: Den romerske kalender – Wikipedia)

Men det ene er indretningen af kalenderen i forhold til den kosmiske tid. Det andet er det samfund, som skal bruge den og har behov for specielle informationer.

a) Det romerske samfund havde brug for en markedskalender, der fastsatte markedsdagen for hele samfundet, og det blev hver 9. dag, nundinae, pga. inklusivtælling i vores system hver ottende dag.

b) Der var desuden en kalender over politiske aktiviteter;

c) Hertil kom en kalender over de religiøse fester: feriae publicae, tempelindvielsesdage og lege, ludi, samt feriae conceptivae, fester med mobil dato.

d) Og til sidst, men ikke mindst særkalendere, fx for bønder, der følger den astronomiske kalender uafhængig af månederne, se Plinius den Ældre, Naturalis historia XVIII 230-320.

Hvis man vil inddele de højtider, vi finder i den romerske festkalender, kunne man inddele den i forskellige kategorier ud fra de nævnte i a) til d):

1. Der er en bonde- og en militærkalender,
2. der er kalender for Roms historiske begivenheder, som skal holdes i hævd;
3. der er en kalender for højtider for de døde og vigtige personers fødselsdage,
4. og til sidst en kalender for fremmede religioners indtog i Rom.

Hver måned har tre mærkedage, i forhold til hvilke man sætter datoen, når den skal fastsættes:

a)   Kalendae, den første dag i måneden, total nymåne;
b)   Nonae, den 5. eller 7. dag i måneden, niendedagen før Idus, tiltagende halvmåne;
c)   Idus, den 13. eller 15. dag i måneden, fuldmåne

I forhold til de religiøse traditioner:

a)   Kalendae: regina sacrorum ofrer en pattegris eller et lam til Juno i Regia, pontifex maximus' kontor i den sydlige ende af Forum, uden publikum; Juno er herskerinde over månedens start, derfor er det en kvinde, der ofrer;
b)   Nonae: rex sacrorum forkynder på Palatin ved Romulus' hytte de kommende faste og mobile festdage;
c)   Idus: flamen Dialis ofrer et får, ovis Idulis, til Jupiter på Kapitol med publikum, altså offentligt; se Macrobius: Saturnalia I 15, 16; Jupiter er herre over månedens midte, derfor er det en mand, der ofrer; Idus er en fast dag for højtider, og der må ikke ske politiske, økonomiske eller juridiske handler;
d)   På hver markedsdag, nundinae, ofrede regina sacrorum en vædder i Regia, uden publikum.

I det offentlige rum dominerede markedsdagene og de 45 feriae publicae med hver sin fest, statsligt anordnede højtider, hvor der ikke måtte være nogen statslig aktivitet = NP-dage. Domus privata havde et fastere tidsskema end res publica, og pater familias ofrede på alle tre kalenderdage til larerne, og undertiden så luksuriøst, at man vedtog en lov om graden af luksus.

Den romerske festkalender

(Dato *Navn* Formål)

Januar
3. til 5. januar: *Compitalia* Fest for korsvejslarerne i kommunerne uden for Rom
9. januar: *Agonalia* Rex sacrificulus ofrer en vædder til Ianus som festlig start på det nye år
11. januar: *Carmentalia* Fest for Carmenta, gudinde for profetier, med bøn om heldige børnefødsler, afholdt af kvinder
11. januar: *Iuturnalia* Fest for Iuturna, en kildenymfe
15. januar: *Carmentalia* Carmenta påkaldes som Antevorta og Postvorta
24.. januar: *Sementivae* Fest for Tellus, jordens gudinde, med bøn om en god høst

Februar
1. februar: *Amburbium* højtidelig vandring langs Roms bymur, som genindvies hvert år
2. februar: *Cerealia* Fest for Ceres med bøn om en god høst
13. til 21. februar: *Parentalia* Fest for Dii Manes, Dødsguderne, til ære for de afdøde familiemedlememr
15. februar: *Lupercalia* For Lupercal; hyrdefest til beskyttelse mod ulve og mindefest om ulvinden, der ammede Romulus og Remus
17. februar: *Quirinalia* Fest for Mars Quirinus, gud for de romerske statsborgere
17. februar: *Fornacalia* Fest for Fornax, ovnenes gud
21. februar: *Feralia* Fest for de afdøde, afslutning på Parentalia
22. februar: *Caristia* Fest for familiemedlemmer, de kære, Cari
23. februar: *Terminalia* Fest for Terminus, guden for markernes grænsesten, termini
24. februar: *Regifugium* Sonoffer, hvor rex sacrifuculus symbolsk flygter fra offerdyret som indviet kreatur; QRCF (Quando Rex Comitavit, Fas) fest for grundlæggelsen af republikken og fordrivelsen af kongerne
27. februar: *Equirria* Fest for Mars med væddeløb af krigsvogne

Marts
Starten på militæråret; felttogene begynder
1. marts: *Matronalia* Fest for Iuno og Mars, afholdt af kvinder, der fejrer deres fødsler og moderskab

1. marts: *Mars'* fødselsdag

7. marts: *Vediovae* Fest for Veiovis, underverdenens Jupiter

14. marts: *Equirria* Fest for Mars med væddeløb af krigsvogne

16. og 17. marts: *Bacchanalia* Fest for Bacchus

17. marts: *Liberalia* For Liber = Bacchus og Libera, frugtbarhedsguder; udsåningen starter, de unge mænd indvies til voksne og får lov til at bære toga virilis

19. marts: *Quinquatrus* Renselsesceremoni for hæren

19. til 23. marts :*Quinquatrus maiora* Fest for Minerva, gudinde for håndværk, læger og lærere

23. marts: *Tubilustrium* Udsoningsfest for Mars; klargøring af krigstrompeterne; Salii deltager

24. marts: *Q.R.C.F.* Quando rex comitiavit fas: hærforsamlingsdag; når rex sacrificulus har hævet mødet, er dagen fastus

April

1. april: *Veneralia* Fest for Venus Verticordia og Fortuna Virilis

4. til 10. april: *Megalesia* Fest for Magna Mater

15. april: *Fordicidia* Frugtbarhedsritual med ofring af 30 drægtige køer (fordae) til Tellus på Kapitol og i Roms 30 bydistrikter

19. april: *Cerealia* For Ceres, kornets gudinde, beskyttelse mod ildebrand på marken

21. april: *Parilia* Hyrdefest for Pales, gudinde for de frugtbare arealer, og renselse, lustratio, af hyrderne, og dagen for Roms grundlæggelse

23. april: *Vinalia priora* Fest for Jupiter og Venus med ofring af den nye vin, som må drikkes nu

25. april: *Robigalia* Fest for Robigus til beskyttelse mod meldug (robigo) og rust

Maj

Dea Dia Fest for Ceres, afholdt af arvalbrødrene

1. maj: Fest for *Bona Dea*, kun fejret af kvinder

3. maj: *Florealia* Fest for Flora, blomstergudinde, med bøn om en rig blomstring

9. maj: *Lemuria* Fest for de afdøde (lemures) som forsoning med onde ånder

11. maj: *Lemuria* Fest for de afdøde (lemures) som forsoning med onde ånder

13. maj: *Lemuria* Fest for de afdøde (lemures) som forsoning med onde ånder

15. maj: *Mercuralia* Fest for Mercur og hans mor Maia, afholdt af købmænd og handlende

21. maj: *Agonalia* Fest for Veiovis Rex sacrificulus ofrer en vædder som forsonings-offer

23. maj: *Tubilustrium* Udsoningsfest; klargøring af krigstrompeterne; Salii deltager

24. maj: *Q.R.C.F.* Quando rex comitavit, fas; hærforsamlingsdag

Juni

1. juni: *Carnaria* Fest for Carna, gudinde for sundhed, hjertet, lever og lunge

1. juni: *Tempestates* Fest for vejrguderne

2. juni: *Iuno Moneta* Fest for Iuno som skytsgudinde for møntprægningen i Rom og som advarselsgudinde; hendes dyr var gåsen, idet det var en gås, der reddede Rom fra gallerne

3. juni: Fest for *Bellona/Duellona*, krigsgudinden

9. juni: *Vestalia* Fest for Vesta med start 7. juni, hvor templet åbnes for de romerske matroner, også festdag for bagerne og møllerne (pistores)

11. juni: *Matralia* Fest for Mater Matuta, den gode moder, for matroner og held ved fødsler

13. til 15. juni: *Quinquatrus minusculae* fest for fløjtespillerne (tibicines)

15. juni: *Q.S.D.F.* Quando stercus deletum, fas: Vestatemplet lukkes igen, efter at være blevet rituelt renset med vand fra nymfen Egerias kilde; dagen er fastus, når rex sacrificulus har erklæret rensningen for afsluttet

Juli

5. juli: *Poplifugia* Måske renselsesfest efter ofring af en ged, som folket flygter fra symbolsk

6. til 13. juli: *Ludi Apollinares* Fest for Apollon

7. juli: *Nonae Caprotinae* Fest for slavinder

19. juli + 21. juli: *Lucaria* Måske en fest for hellige lunde, idet romerne havde skjult sig i lunden mellem Via Salaria og Tiber, da gallerne angreb

23. juli: *Neptunalia* Fest for Neptun; bøn om vand i bække og kilder og om regn

25. juli: *Furrinalia* Betydningen er ganske ukendt, måskefest for Furrina, en gammel jord- eller dødsgudinde

August

13. august: *Vertumnalia* Fest for Vertumnus, gud for årstiderne, handel og købmænd

17. august: *Portunalia* Fest for Portunus, som måske er guddom for porte, nøgler og magasiner

19. august: *Vinalia rustica* Bøn om regn til druerne

21. august: *Consualia* Fest for Consus, gud for det opmagasinerede korn

23. august: *Volcanalia* Fest for Volcan for at afværge ildebrand på marken

25. august: *Opiconsiva* Høstfest for Ops Consiva, gudinde for velstand

27. august: *Volturnalia* Ceremoni for hvirvelvindens/vandets gud/gudinde Volturnus/Volturna eller for Tiberfloden

September

5. til 19. september: *Ludi Romani* for Iuppiter Optimus Maximus

21. September: *Consualia* Fest for Consus, høstguden

Oktober

Slutningen på militæråret; felttogene slutter

11. oktober: *Meditrinalia* Fest til ære for Meditrina, helbredelsens gudinde, med smagsprøver på den nye vin

12. oktober: *Augustalia* Lege til ære for kejser Augustus

13. oktober: *Fontinalia* Fest for Fons, Fontus, Fontanus Blomsterkranse sættes på brønde og kilder (fontes) for at sikre vandforsyningen

15. oktober: *Equus October* Fest for Mars med hestevæddeløb; Salii deltager ikke

19. oktober: *Armilustrium* Udsoningsfest; hæren fratræder, våbnene renses; Salii deltager

28. oktober til 3. november: *Isiaca* Fest for Isis

November

4. til 17. november: *Ludi Plebeii*, arrangeret af de plebejiske ædiler

15. november: *Feronia*, gudinde for skove, helbredende urter og kilder, afholdt af slaver og frigivne

24. november: *Brumalia*, 30-dages fest for Bacchus

December

3. december: Fest for *Bona Dea*, afholdt af kvinder

5. til 7. december: *Faunalia* Fest for Faunus, dansefest på landet

11. december: *Septimontium* Fest for Roms syv høje i gamle dage

11. december: *Agonalia* Rex sacrificulus ofrer en vædder som tak for det forgangne år

15. december: *Consualia* Fest for Consus, gud for det opmagasinerede korn, udså-ningen er afsluttet

17. december til 23. december: *Saturnalia* Fest for Saturn, gud for landbrug og civilisation, som afslutning på markarbejdet og glæde over det forgangne års held; festen varer tre til syv dage

19. december: *Opalia* Ceremoni til ære for Ops Consiva, Saturns kone og Iuppiters mor, gudinde for velstand

21. december: *Divalia* Fest for Dia, skytsgudinde for høsten

23. december: *Larentalia* Offer ved graven for Larentia, Romulus' og Remus' amme

30. december til 1. januar: *Compitalia* Fest for larerne

Folkelige fester

Ud over bonde- og militærkalenderen indeholder Fasti (= kalenderen) også de store almene folkelige fester:

Januar

1. januar: Nytårsdag – konsulerne tiltræder, og der gives gaver til hinanden

3. januar: tropperne aflægger ed til konsulerne

21.-23. januar/senere 17.-22. januar – mindedag for Augustus

Februar

15. februar: *Lupercalia* – fest for Romulus og Remus, den romerske traditions grundlæggere

13.-21. februar: *Parentalia* – fester for de døde

Marts

1. marts: gammel nytårsdag

April

4.-10. april: *Megalesia* – fest for Den Store Moder = Kybele fra Lilleasien

12.-19. april: *Cerealia* – fest for Ceres, kornets gudinde

21. april: Roms fødselsdag – fejring af grundlæggelsen 753 f. Kr. iflg. traditionen

29. april – 1. maj: *Floralia* – blomsterfest

Maj
1. maj: *Floralia* – blomsterfest
31. maj: *Rosalia* – rosenfest for de døde

Juni
11. juni: *Matralia* – fest for Mater Matuta, der beskytter matronerne og børnefødsler
13. juni: *Quinquatrus* – fest for håndværkere og kunsthåndværkere

Juli
5.-13. juli: *Ludi Apollinares* – fest for Apollon
23. juli: *Neptunalia* – fest for Neptun = Poseidon

August
23. august: *Volcanalia* – fest for smedeguden Vulcan = Hephaistos

September
4.-18. september: *Ludi Romani* – fest for Jupiter som skytspatron for hele det romerske folk

Oktober
15. oktober: *Ludi Capitolini* – fest for Capitol, den mest traditionsrige af de romerske høje
28. oktober – 3. november: *Isiaca* – fest for isis, der kommer fra Ægypten

November
28. oktober – 3. november: *Isiaca* – fest for isis
4.-17. november: *Ludi Plebeii* – fest for det almene romerske folk

December
11. december: *Septimontium* – fest for de oprindelige syv høje i Rom
17. –25. december: *Saturnalia* – fest for Saturn (= Kronos) og for det gamle års afslutning; saturnalius rex = karnevalskonge

Kalenderen i Rom

Kalenderen er et religiøst dokument, der skelnede mellem heldige og uheldige dage i forhold til guderne, og derfor var den afgørende for statens politiske og juridiske forretninger. Et fuldstændigt eksemplar af den romerske kalender finder man på en hvid marmortavle, ejet af biskop Girolamo Maffei, og fundet i år 1547; dette eksemplar kaldes derfor Fasti Maffeiani.

Den romerske uges dage kaldes nundinae og markeres med majusklerne: A, B, C, D, E, F, G, H, hvor A er markedsdag, idet hver niende dag er markedsdag. Starter året på fx dag D, hedder nundinae D, E, F, G, H, A, B, C, hvor D så er markedsdag. På den måde skifter markedsdagen år for år.

Dagens karakter

Som sagt angiver kalenderen dagens karakter i forhold til guderne, og denne karakter har ligeledes en speciel majuskel eller bogstavkombination:

C = dies comitialis: der må afholdes comitia, folkeforsamling, indkaldt af en magistrat. Retshandler må ske, og retssager må føres. Indkalder magistraten på ikke-C dage, skal der udføres sonoffer over for guderne.

Dies postridiani = dagene efter mærkedagene, og de er **dies atri**: 'sorte' dage: der gjaldt forbud mod store privatfester, der jo skulle forberedes dagen før, netop på mærkedagen.

EN = dies Endoitio Exitio Nefas eller **dies endotercisus** (**= intercisus**: delt) en halvhelligdag; sådan en dag er nefastus om morgenen og om aftenen, altså helligdag med religiøse handlinger, men om dagen var den fastus, altså åben for juridiske handlinger. Offerdyret slagtes om morgenen, og dets indvolde inspiceres om aftenen.

F = dies fastus: på F-dage kunne prætor, politidirektøren, afholde retsmøder og behandle nye sager. Han skulle afslutte sagen inden solnedgang. Der er 42 dage af denne slags i den gamle kalender.

FP = fastus principio? Man tolker dagen sådan, at den om morgenen 'in principio' er fastus, men ikke om eftermiddagen. Men det er en usikker fortolkning. En anden fortolkning er **fastus purus**, en ren arbejdsdag.

Feriae: dage, der tilhører guderne, folkeforsamlinger må ikke afholdes.

Feriae stativae: officielt fastsatte helligdage

Feriae indictivae: spontant fastsatte helligdage

K = Kalendae: 1. dag i måneden. Normal rentetermin, kreditter udbetales; husleje betales Kal. Jan. og Kal. Jul.

EID = Idus: 13. dag i måneden, 15. dag i månederne marts, maj, juli og oktober. Tilbagebetaling af kreditter

N = dies nefastus: på N-dage kunne der ikke påbegyndes nye retssager; allerede løbende sager kunne behandles.

NF = dies nefastus: Ingen handler, transaktioner eller juridiske sager må gennem-føres.

NON = Nonae: **5**. dag i måneden, 7. dag i månederne marts, maj, juli og oktober.

NP = dies nefas piaculum eller **dies nefastus purus** (ren helligdag): NP-dag: ingen nye retssager påbegyndes, og der afholdes officielle religiøse handlinger.

QRCF = Quando Rex Comitiavit Fas (Når rex sacrorum har betrådt folkeforsamlingspladsen (comitium), er dagen fastus, tilladt for retshandler).

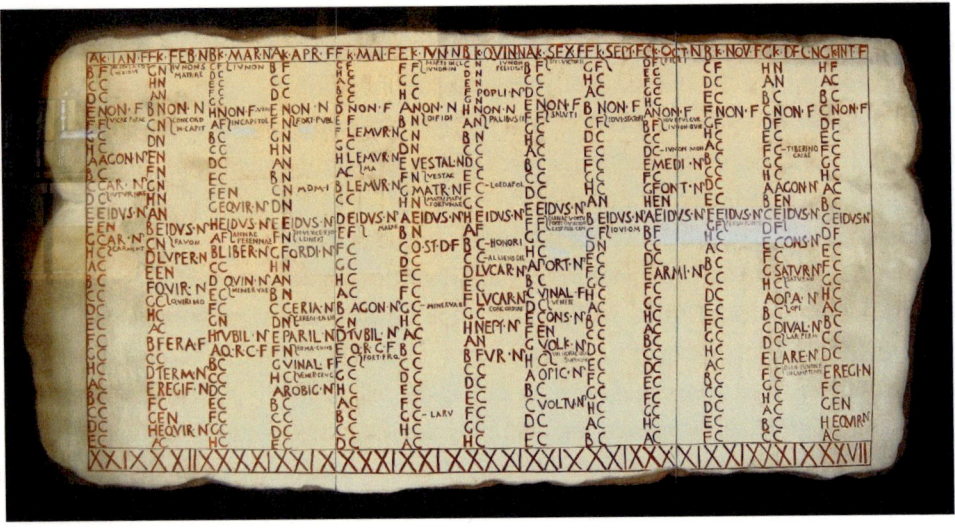

Reproduktion af Fasti Antiates Maiores, kalenderen fra Antium, 84-55 f.Kr., den ældste bevarede kalender før Cæsars kalenderreform

(Origo: Roman calendar – Wikipedia)

Litteratur

Graf, Fritz: *Der Lauf des rollenden Jahres. Zeit und Kalender in Rom*, Stuttgart-Leipzig (B. G. Teubner) 1997

König, Angelika/Ingomar König: *Der römische Festkalender der Republik*, Stuttgart (Reclam) 1991

Pharr, Clyde (gen. ed.), Allan Chester Johnson/Paul Robinson Coleman-Norton/Frank Card Bourne: *Ancient Roman Statutes*, Austin (Univ. of Texas Press) 1961, repr. 2003, 2012, p. 122-123

Scullard, H. H.: *Festivals and Ceremonies of the Roman Republic*, London (Thames and Hudson) 1981

7   Lupercalia-festen

Dokumenter

1.   M. Terentius Varro: De lingua Latina VI 3, 13

13. Lupercalia dicta, quod in Lupercali Luperci sacra faciunt. Rex cum ferias menstruas Nonis Februariis edicit, hunc diem februatum appellat; februm Sabini purgamentum, et id in sacris nostris verbum non ignotum: nam pellem capri, cuius de loro caeduntur puellae Lupercalibus, veteres februm vocabant, et Lupercalia Februatio, ut in Antiquitatum libris demonstravi. …

M. Terentius Varro: De lingua Latina VI 3, 13
13. Lupercalia-dage bliver de kaldt, fordi Luperci-præsterne foretager ofringer i Lupercal-hulen. Når kongeofferpræsten forkynder de månedlige højtider den 5. februar, kalder han denne dag 'februatum'; sabinerne kaldte renselse for 'februm', og dette ord er ikke ukendt i vores offerritualer; for det gedeskind, med hvis strimler pigerne blev slået under Lupercalie-dagene, kaldte forfædrene 'februm', og Lupercalia-dagene blev også kaldt Februatio, 'renselsesfestival', som jeg har vist i mine bøger "Romerske Antikviteter". …

2.   Varro: De lingua Latina VI 34

Lupercis nudis lustratur antiquum oppidum Palatinum gregibus humanis cinctum

Varro: De lingua Latina VI 34
Den gamle bydel Palatin, omgivet af husdyrflokke, renses af nøgne ulvevogtere. Smlgn. Varro L.L. VI 13

3. Varro apud Censorinum XXII 15:

Lupercalibus, cum Roma lustratur, salem calidum ferunt, quod februum appellant

Varro apud Censorinum XXII 15
Til Lupercalia, når Rom renses, bærer man varmt salt, hvad de kalder 'februum', renselsesmiddel.
Smlgn. Ovid: Fasti 5, 101 – lustrare, at rense; Cato, de agricultura 141: circumagi ....
Lustrandi lustrique faciendi ... det (kvæget) drives omkring ... for renselsens og for sonofferets skyld.

4. Cicero: Pro Caelio 11, 26

neque vero illud me commovet quod sibi in Lupercis sodalem esse Caelium dixit. fera quaedam sodalitas et plane pastoricia atque agrestis germanorum Lupercorum, quorum coitio illa silvestris ante est instituta quam humanitas atque leges.

Cicero: Pro Caelio 11, 26
Ejheller rører det mig, at han (*modparten i retssagen mod Caelius*) har fortalt, at Caelius var medlem sammen med ham i Ulvevogterbroderskabet. Ganske vidst er det et primitivt, bondsk og uciviliseret kammeratskab af Lupercibrødrene, hvis landlige forening blev etableret tidligere end civilisation og love.

5. Gellius: Noctes Atticae X 151

Capram et carnem incoctam et hederam et fabam neque tangere Diali mos est neque nominare.
Det er forbudt for Jupiters specialpræst både at røre og nævne en hunged, råt kød, vedbend og en bønne.

6. Servius in Vergili Aeneida VIII 343

Spelunca, in qua de capro tuebatur, id est sacrificatur; ... alii Liberum patrem, eo quod capro ei fit divina res, qui est hostia Liberi propria; ... ideoque et puellae de loro capri ...; ... nam pellem ipsam capri veteres februm vocabant.

Servius in Vergili Aeneida VIII 343
Den hule, hvor man tog vare om gedebukken, dvs. ofrede den; ... nogle (kaldte ham) fader Liber, fordi offeret til ham var en gedebuk, som er det særlige offerdyr for Liber; ... derfor (piskes) de unge piger med strimler af gedeskind ...; ... for forfædrene kaldte selve gedebukkens skind for 'februs'.

7. Servius in Vergili Aeneida VIII 343

... dictus Lycaeus, quod lupus non sinat in oves saepire ...
.... Et nominavit Lupercal, quod praesidio ipsius nominis lupi a pecudibus arcerentur.

Servius in Vergili Aeneida VIII 343:
... (han bliver) kaldt Lycaeus, fordi ulven ikke tillader, at fårene hegnes ind. ...
... og man kaldte det Lupercal, fordi ulvene skulle holdes borte fra kvæget gennem beskyttelse ved brug af selve ordet.

8. Quintilian: Institutio oratoria 1, 5, 66

Et inveniantur, qui 'Lupercalia' aeque tris partes orationis esse contendant quasi 'luere per caprum'.

Quintilian: Institutio oratoria 1, 5, 66
Og de kan findes, som hævder, at 'Lupercalia' består ligeligt af tre dele, som fx 'at sone med en gedebuk'.

9. Livius: A.U.C. I 5, I-2

Iam tum in Palatio monte Lupercal hoc fuisse ludicrum ferunt, et a Pallanteo, urbe Arcadica, Pallantium, dein Palatium montem appellatum;

2. ibi Euandrum, qui ex eo genere Arcadum multis ante tempestatibus tenuerit loca, sollemne allatum ex Arcadia instituisse ut nudi iuvenes Lycaeum Pana venerantes per lusum atque lasciviam currerent, quem Romani deinde vocarunt Inuum.

Livius: A.U.C. I 5, I-2
Man fortæller, at der allerede dengang på Palatiner-højen havde været afholdt Lupercalia-festen, og at højen var blevet kaldt den pallantiske efter Pallanteum, en by i Arkadien, og dernæst Palatiner-højen;

2. her havde Euander fra netop samme arkadiske stamme, som styrede disse egne for mange år siden, etableret denne højtid, bragt med fra Arkadien, at unge mænd til ære for den lykæiske Pan, som romerne dernæst kaldte Inuus, gennem leg og overmodig udfoldelse løb nøgne rundt.

10. Servius in Vergili Aeneida VI 775

Una est in Italia civitas quae castrum novum dicitur; de hac autem ait 'castrum Inui', id est Panos, qui illic colitur. Inuus autem Latine appellatur, Graece Πάν. Item Ἐφιάλτης Graece, Latine Incubo; idem Faunus, idem Fatuus, Fatucius. Dicitur autem Inuus ab ineundo passim cum omnibus animalibus, unde et Incubo dicitur.

Servius in Vergili Aeneida VI 775
Der findes en kommune i Italien, som kaldes Nyborg; den kalder man også 'Inuus' borg', dvs. Pans borg, som dyrkes der. Inuus på latin kaldes Pan på græsk. På samme måde med Efialtes på græsk, som på latin heder Incubo; han er den samme som Faunus, Fatuus og Fatucius. Inuus kaldes også mange steder sådan ud fra 'at trænge ind' som hos dyrene, hvorfor han også kaldes Incubo.

11. Probus in Georgica I I0

Eundem Pana, eundem Inuum, eundem Faunum quidam interpretantur, quod ei in Italia quidam annuum sacrum celebrant, quidam menstruum.

Visse forfattere fortolker den samme (gud, sc. Lupercus) som Pan, Inuus og Faunus, fordi nogle i Italien fejrer ham med et offer om året, andre med et om måneden.

12. Origo gentis Romanae 4, 6

Hunc Faunum plerique eundem Silvanum a silvis, Inuum deum, quidam etiam Pana esse dixerunt.

Denne Faunus har de fleste sagt er den samme som Silvanus, skovgud, afledt af 'skov', at guden hedder Inuus, nogle har også sagt, at han er Pan.

13. Isidor: Origines VIII. XI I03-4

103. Pilosi, qui Graece Panitae, Latine Incubi appellantur, sive Inui ab ineundo passim cum animalibus. unde et Incubi dicuntur ab incumbendo, hoc est stuprando. saepe enim improbi existunt etiam mulieribus, et earum peragunt concubitum. quos daemones Galli Dusios vocant, quia adsidue hanc peragunt immunditiam.

104. quem autem vulgo Incubonem vocant, hunc Romani Faunum ficarium dicunt.

Isidor: Origines VIII. XI I03-4.

103. De behårede, pilosi, som hedder Panitae på græsk, kaldes på latin Incubi, de, der ligger ovenpå, eller Inui, de, der er gået ind, af 'inire', at gå ind i, oftest hos dyrene. Derfor kaldes de også Incubi af 'incumbo', at ligge ovenpå, dvs. have sex, stuprare. Ofte viser de umoralske mænd sig også for kvinderne og gennemfører samleje med dem. Gallerne kalder disse dæmoner Dusii, fordi de begår denne skændsel hele tiden.

104. Ham, som man almindeligvis kalder Incubo, kalder romerne nu Faunus ficarius, Figenfaun.

14. Valerius Maximus II 2, 9

Equestris uero ordinis iuuentus omnibus annis bis urbem spectaculo sui sub magnis auctoribus celebrabat: Lupercalium enim mos a Romulo et Remo inchoatus est tunc, cum laetitia exultantes, quod his auus Numitor rex Albanorum eo loco, ubi educati erant, urbem condere permiserat sub monte Palatino, hortatu Faustuli educatoris sui, quem Euander Arcas consecrauerat, facto sacrificio caesisque capris epularum hilaritate ac uino largiore prouecti, diuisa pastorali turba, cincti obuios pellibus immolatarum hostiarum iocantes petiuerunt. cuius hilaritatis memoria annuo circuitu feriarum repetitur. trabeatos uero equites Idibus Q. Fabius transuehi instituit.

Valerius Maximus II 2. 9
Unge mænd af ridderstanden fejrede to gange hvert år deres show under stor bevågenhed. Lupercalia-traditionen blev påbegyndt af Romulus og Remus dengang, da de jublede af glæde over, at deres bedstefar Numitor, konge over Albanerne, havde tilladt dem at bygge en by på det sted, hvor de var blevet opfostret, under Palatiner-højen, som Euander fra Arkadien havde indviet, efter opfordring af Faustulus, deres fosterfar, og efter at have forrettet et offer og slagtet adskillige geder og efter at have forsynet sig med måltidernes overflod og drikke i mere end rigeligt mål, delte de deres hyrdeflok og beklædt med offerdyrenes skind gik de efter de omkringstående i højt humør. Til minde om dette muntre show gentages showet i den årlige rækkefølge af højtider. Q. Fabius bestemte, at ridderne skulle ride forbi iklædt ridderkåbe, (*trabea*), den 15. juli.

15. Livius: A.U.C. V 46, 2-3

[2] sacrificium erat statum in Quirinali colle genti Fabiae. ad id faciendum
C. Fabius Dorsuo Gabino cinctu, sacra manibus gerens, cum de Capitolio descendisset, per medias hostium stationes egressus, nihil ad vocem cuiusquam terroremve motus
[3] in Quirinalem collem pervenit ibique omnibus sollemniter peractis …

Livius: A.U.C. V 46, 2-3
2. Der blev foretaget et offer på Quirinal-højen af Fabii-slægten. Til det formål gik C.

Fabius Dorsuo i Gabinsk ceremonidragt (= romersk skik) med de hellige kar i hænderne ned fra Kapitol-højen, skred midt gennem fjendernes stillinger uden at være påvirket af nogens ord eller trusler og

3. nåede frem til Quirinal og der fuldførte alle ritualer pligtopfyldende.

Sammenfattende Kommentar

(Origo: G. Wissowa: Religion und Kulturs der Römer, München 1971, C.H. Beck, Nachdruck der 2. Aufl. 1912, p. 209 f.)

Den fejredes den 15. februar med et gedeoffer og måske et hundeoffer i Lupercal, en grotte på sydvest-hjørnet af palatinerhøjen. Blodet fra offerdyrene blev smurt på panden af to unge mænd og straks tørret af med et i mælk dyppet uldklæde. Så skulle de unge mænd brøle af latter. De øvrige Luperci, unge mænd, var nøgne, men tog gedeskindene fra ofrede geder på og løb så i to fællesskaber, Quinctiales og Fabiani, gennem Rom, mens de piskede alle, især kvinder, med gedeskindsstrimler på deres vej.

Religiøst sodalitas for guden Faunus, dobbeltpræsteskab fra to fællesskaber, den palatinske og den quirinalske, bundet til to slægter, Luperci Quinctiales fra slægten Quinctii, og Luperci Fabiani fra slægten Fabii, se Ovid: Fasti II, 377 ff. 12 medlemmer regner man med i analogi til Salii og Fratres Arvales, og der var en formand: magister lupercorum CIL X 6488 + Magister collegii lupercorum CIL XIV 2105; Luperci Quirinales er gået op i eller smeltet sammen med luperci Palatini, og kun sjældent optræder særbetegnelsen lupercus Quinctialis, se CIL VI 1933, og lupercus Fabianus, se CIL XI 3205. Broderskabet har kun 1 opgave, nemlig at arrangere Lupercalia-festen på Palatin.

Alle statslige præsteskaber deltog, men ofring af buk og hund blev foretaget af luperci. At flamen Dialis skulle have foretaget ofret, Ovid Fasti II 282, er en fejltagelse, fordi flamen ikke måtte røre hverken hund eller ged, jf. Gellius: Noctes Atticae X 15,12: [12] Capram et carnem incoctam et hederam et fabam neque tangere Diali mos est neque nominare. – 'en hunged, råt kød, vedbend og en bønne er det forbudt for flamen Dialis at røre og at nævne', og Plutarch: Quaestiones Romanae 111; Plutarch nævner et hundeoffer: Plutarch. Romulus 21 + Quaestiones Romanae 68.

Løbet
Traditionen for løbet kunne være startet med et løb op og ned ad Roms ældste beboede

høj, Palatin, hvor løbet symboliserede et afskrækningsritual for at holde ulvene væk fra bebyggelsen; senere da byen var vokset, kan løbet som symbol på den gamle tradition være lagt om til at foregå på Via Sacra. Løbet bibeholdes selvfølgelig pga. traditionen, men kan sagtens have fulgt en anden rute.

De unge mænd var salvede og nøgne, kun beklædt med et lændeklæde af gedeskind, – derfor kaldes de unge mænd også creppi (= bukke), – og piskede kvinderne med strimler af gedebukkens skind (februa), idet kvinderne holdt deres hule hænder frem; det skulle give dem frugtbarhed og en lettere fødsel, se Plutarch: Romulus 21; Quaestiones Romanae 68; Paulus p. 57; Justinianus XLIII 1,7; Ovid Fasti II 267 ff., hvor nøgenheden og slagene tolkes aitiologisk, se også Valerius Maximus II 2,9, Servius in Vergili Aeneida VIII 343 + 663.

Det var et komisk optog, derfor latteren, og ritualet forsvandt ikke, men gik over til folk af lavere stand og liberti, frigivne slaver. Augustus gjorde præsteskabet ikke til senatorstand, men overdrog det til ridderstanden, hvor det blev en særlig ære at blive optaget som æresmedlem og løbe med rundt, se CIL VI 2160: eques Romanus qui et lupercus cucurrit. – 'en romersk ridder, som er løbet med som ulvevogter'. Ritualet blev til en specialfest for ridderstanden, se Valerius Maximus II 2,9; transvectio equitum faldt på den 15. juli, som også er en specialfest for ridderne.

Festivalen blev fejret for Faunus, og Lupercalia-Festivalen blev holdt ved Lupercal igennem hele kejsertiden, men vi har ingen private fester for ham. Her blev Silvanus fejret i stedet for Faunus, og han er oprindelig silvicola Faunus, se Aurelius Victor: Origo 4,6: hunc Faunum plerique eundem Silvanum a silvis, Inuum deum, quidam etiam Pana vel Pan esse dixerunt. – 'de fleste har sagt, at denne Faunus er den samme som Silvanus, afledt af 'skov', at guden hedder Inuus, andre har sagt, at det var Pan.'

Lupercalia er en årsfest, en af de ældste, fordi den er bundet til den ældste bygrænse 'antiquum oppidum Palatium, sydvestskråningen af Palatin med den hellige grotte Lupercal, se Monumentum Ancyranum 4, 2 + Dionysios Halicarnessensis I 32, 3. Den ældste slægt på Palatin er Quinctii, derfor hedder det ene broderskab Luperci Quinctiales, Luperci Fabiani kommer senere til pga. synoikismen med de andre højes beboere. De kalder sig creppi = bukke, med gedeskind om hofterne, så det er også en hyrdefest. Luperci er ulvefordrivere og løbet om højen skulle sikre kvæget mod ulvene, se Servius in Vergili Aeneida VIII 343. Med remme af den dræbte buk, februa, pisker de dem, de møder, for at fremme frugtbarhed og en let fødsel, se Ovid: Fasti II 425 ff., Plutarch: Romulus 21; flamines og rex fordelte februa før selve højtiden og løbet.

Det er altså et frugtbarhedsritual ved siden af en hyrdefestival, som kobles sammen med Romulus- og Remus-legenden. Samtidig er det en renselsesfest i årets sidste måned, en lustratio, hvor der ofres en hund; offerkniven skal røre to unge mænd i panden og renses med uld, der er dyppet i mælk, hvorpå de skulle grine højt, se Plutarch: Romulus 21, Varro: De lingua Latina VI 13 + 34, Plutarch: Numa 19, Ovid: Fasti II 31.

Faunus fremstår som gud for frugtbart kvæg og beskytter af det sammen med ulveafværgelse. De antikke pagi, landdistrikter, fejrede fester for ham, og Faunus bliver deus agrestis for landlivet, kvægflokke, agerbrug og jagt, se Servius in Georgica I 10: Faunus quod frugibus faveat. – 'Faunus, fordi han begunstiger afgrøderne.' Navnet 'Faunus' kan måske komme af 'favere', at begunstige', altså den gud, der er gunstig stemt over for dem, der ofrer til ham. Og han blev pga. bukkeskindet identificeret med Pan Lykaios fra Grækenland.

Septimontium har intet med Roms senere såkaldte syv høje at gøre. 11. december blev festen fejret af 8 grupper, der beboede Palatinerhøjren, Velia, Germalus, Cispianus, Oppianus, Fagutalis og en del af Caelianus samt Subura, lavningen imellem dem. Navnet stammer måske fra saepti montes 'indhegnede høje', hvis grænser blev genindviet hvert år og som var de ældste bebyggelser i Rom.

Broderskabet eksisterer endnu i Polemius Silvius' kalender år 449 e.Kr. (CIL I² p. 257 ff.), og pave Gelasius hidser sig op over, at kulten eksisterer endnu (år 494 e.Kr.).

Ovid, Fasti, II 363-382, fortæller, at Romulus og Remus nøgne dyrkede idræt med hyrderne, mens præsterne ristede exta af en hunged til guden Faunus, da en flok røvere stjal deres tyrekalve. Remulus med Fabii løb i en retning, Romulus i en anden; Remus' gruppe fandt tyrekalvene, vendte tilbage og spiste de ristede exta. Romulus kom tilbage, så hvad brormand havde udrettet, grinte højt, men følte samtidig en smerte over, at det ikke var ham, der havde fundet tyvene. Lidt senere, v. 396, fortæller Ovid, at Romulus havde mere energi og 'mere gud' i sig. Myrevarianten skulle vise overdragelsen af guddommelig kraft til Romulus.

Romulus-myten og ulvindemyten er tidligt koblet sammen. Tidligt betragtede man det også som en renselsesfest. Navnet lupercus kunne være dannet af lupus ligesom noverca, ung kvie, af novus, men hvorfor bærer de gedeskind, hvis det drejer sig om ulve? Ernout og Latte foreslår, at ordet lupercus kommer fra 'lupos arcere' › 'luparcus' › 'lupercus' ligesom exarceo, coarceo › exerceo (udøve) coerceo (tvinge), dvs. luperci er de hyrder, der forsvarer gedeflokken og forsøger at holde ulvene væk fra dem.

Det at tage gedeskind på og blive smurt ind i blod er en symbolsk form for overførsel af gedens kræfter til mennesket, mens latterbrølet skulle indgyde kampgejst, og hundeofferet skulle på samme måde indgyde celebranterne hundens angrebslystenhed mod ulvene. Man er i tvivl om, hvilken gud der skulle fejres, Ovid siger Faunus, Livius siger Inuus, og Frazer skriver, at det måske snarere var et magisk ritual end et religiøst og derfor ikke behøvede at være rettet mod en bestemt guddom. Det var altså onde kræfter, man festede imod, ikke en guddom, man festede for.

Desuden var Februar tiden, hvor de onde ånder var løs, og gravide skulle tage sig i agt. De onde ånder skabte ufrugtbarhed. Derfor ender Lupercalia med at være et symbolsk frugtbarhedsritual, når der ikke længere er ulve og hyrder på Palatinerhøjen.

Konklusion om Luperci

Hvis vi forsøger at sammenfatte oplysningerne om Luperci og Lupercalia, kunne man pege på følgende elementer med kathartisk, fertiliserende og apotropæisk virkning:

1. de implicerede er næsten nøgne, hvad der viser vitalitet,
2. de er unge, ungdom er udtryk for vitalitet,
3. de fører rensende salt med sig, den kathartiske virkning,
4. flamen Dialis deltager i ritualet, der placerer ritualet i den vigtige religiøse tradition for Rom, men han ofrer ikke,
5. to af de unge mænd gnider gedebukkens blod på deres pander med en uldklud, hvorved de fører gedebukkens kraft over på sig selv,
6. uldkluden er symbol på dyret, da hår har dyrets eller personens kraft i sig;
7. desuden er uldkluden dyppet i mælk, der symboliserer nyt liv, ungt liv og frugtbarhed, og blodet bliver straks tørret af; offerblodet erstattes hurtigt af den livgivende mælk;
8. de unge griner højt, hvad der viser overskud og livsglæde;
9. de løber omkring Palatiner-højen og bringer kraft til lokaliteten,
10. de bærer en tanga af gedeskind, hvad der viser dyrets vitalitet, som overføres til mennesket;

11. de pisker dem, de møder, med remme af gedeskind og overfører vitaliteten og frugtbarheden til især kvinderne;
12. offermåltidet centrerer højtiden i den religiøse tradition, og
13. drabet af en hund kan betragtes som et erstatningsoffer af en ulv, altså som et analogiritual; ulven står som symbol på det farlige i forhold til husdyrene og bliver symbolsk dræbt.

Litteratur

Alföldi, Andreas: *Early Rome and the Latins*. (Jerome Lectures. 7). Ann Arbor, Mich. (The University of Michigan Press) 1963

Brown, Norman O.: *"XV. Kal. Mart. Lupercalia"*, in: New Literary History bd. 4.3 (1973), s. 541-556

Burriss, E.E.: *"Some Survivals of Magic in Roman Religion: Lupercalia"*, in: The Classical Journal, 24.2 (1928), s. 119-120.

Fernández, Z. Alonso: *"Choreography of Lupercalia"*, in: Greek and Roman musical studies, vol. 4, nr. 2 (2016), s. 311-332

Fowler, W. Warde: *The Roman Festivals of the Period of the Republic. An Introduction to the Study of the Religion of the Romans*, London (Macmillan) 1899, s. 298-332

Franklin, A.M.: *The Lupercalia,* New York (Columbia University) 1921, s. 3-95.

Green, W.M.: *"The Lupercalia in the Fifth Century"*, in: Classical Philology bd. 26.1 (1931), s. 60-69.

Hackworth Petersen, Lauren: *"Introduction: People, places, and rituals in the religions of Rome"*, in: Memoirs of the American Academy in Rome bd. 56/57 (2011/2012), s. 3-14.

Harmon, Daniel: *"The public festivals of Rome"*, in: W. Haase (ed.): *Aufstieg und Niedergang der römischen Welt, Bd. 16.2, Principat,* Berlin-New York (de Gruyter) 1978, 1441-1446

Holleman, A. W. J.: *"Ovid and the Lupercalia"*, in: Historia: Zeitschrift Für Alte Geschichte 22, nr. 2 (1973), s. 260–68.

Holleman, A. W. J.: *"Cicero on the Luperci (Cael. 26)"*, in: L'Antiquité Classique bd. 44.1 (1975), s. 198-203.

Holleman, A.W.J.:*"Lupus, Lupercalia, lupa"*, in: Latomus bd. 44.3, (1985), s. 609-614.

Holleman, A.W.J.:*"Ovid and the Lupercalia"*, in: Historia bd. 22.2, (1973), s. 260-268.

Lipka, Michael: *Roman Gods: A Conceptual Approach,* Leiden (Brill) 2009

Littlewood, R.J.:*"Ovid's Lupercalia: a Study in the Artistry of the "Fasti""*, in: Latomus bd. 34.4 (1975), s. 1060-1072.

McLynn, N.: *"Crying Wolf: The Pope and the Lupercalia"*, in: The Journal of Roman studies, vol. 98 (2008), s. 161-175

Michels, Agnes K.: *"The Topography and Interpretation of the Lupercalia"*, in: Transactions and Proceedings of the American Philological Association bd. 84, (1953), s. 35-59.

North, J. A.: *"Caesar at the Lupercalia"*, The Journal of Roman Studies vol. 98 (2008), s. 144-160.

Paiva Bondioli, Nelson de: *"Roman Religion in the Time of Augustus"*, in: Numen bd. 64.1 (2017), s. 49-63.

Rose, H.J.: *"Two Notes on Roman Religion"*, in: Latomus bd. 8.1 (1949), s. 9-14.

Sachs, E.: *"Some Notes on the Lupercalia"*, in: The American Journal of Philology bd. 84.3(1963), s. 266-279.

Schultz, Celia E. 2016. *"Roman Sacrifice, Inside and Out"*, in: The Journal of Roman Studies bd. 106 (2016), s. 58-76.

Tennant, P. M. W.: *"The Lupercalia and the Romulus and Remus Legend"*, in: Acta Classica, vol. 31 (1998), s. 81-93.

Vukovic, Krešimir: *"The Topography of the Lupercalia"*, in: Papers of the British School at Rome bd. 86 (2018), s. 37-60.

Wiseman, T.P.: *"The She-Wolf Mirror: An Interpretation"*, in: Papers of the British School at Rome bd. 61, (1993), s. 1-6.

Wiseman, T. P.: *Remus: A Roman Myth,* Cambridge-New York, (Cambridge University Press) 1995

Wiseman, T. P.: *"The God of the Lupercal"*, in: Journal of Roman Studies 85 (1995), s. 1-26

8. Augures

Dokumenter

1. Varro: De lingua Latina, VII, 6-9 om "templum', augurernes iagttagelsesfelt'

Varro levede fra 116 – 27 f.Kr. og var en lærd fagvidenskabelig forfatter med en stor produktion bag sig. I sit værk 'De lingua Latina' fra 45/44 f.Kr. skriver han om ordenes etymologi i bøgerne 2 til 7.

6. ... Templum tribus modis dicitur: ab natura, ab auspicando, a similitudine: ab natura in caelo, ab auspiciis in terra, a similitudine sub terra. ...

7. Quaqua intuiti erant oculi, a tuendo primo templum dictum: quocirca caelum qua attuimur dictum templum. ...

Eius templi partes quattuor dicuntur, sinistra ab oriente, dextra ab occasu, antica ad meridiem, postica ad septentrionem.

8. In terris dictum templum locus augurii aut auspicii causa quibusdam conceptis verbis finitus. Concipitur verbis non isdem usque quaque; in Arce sic:

> Original tekst:
> "Templa tescaque me ita sunto, quoad ego ea rite lingua nuncupavero.
> Olla vera arbos quirquir est, quam me sentio dixisse, templum tescumque me esto in sinistrum.
> Olla vera arbos quirquir est, quam me sentio dixisse, templum tescumque me esto in dextrum.
> Inter ea conregione conspicione cortumione, utique ea rite dixisse me sensi."

Rekonstrueret tekst:
"Templa tescaque mihi ita sunto, quoad ego ea rite lingua nuncupavero.
Illa vera arbos quisquis est, quam me sentio dixisse, templum tescumque me esto in sinistrum.
Illa vera arbos quisquis est, quam me sentio dixisse, templum tescumque me esto in dextrum.

Inter ea conregioni conspicioni cortumioni [templa tescaque mihi sunto], utique ea rite dixisse me sensi."

9. In hoc templo faciundo arbores constitui fines apparet et intra eas regiones qua oculi conspiciant, idest tueamur, a quo templum dictum, et contemplare, ...

'Contempla' et 'conspicare' idem esse apparet, ideo dicere tum, cum templum facit, augurem conspicione, qua oculorum conspectum finiat. Quod cum dicunt conspicionem, addunt cortumionem, dicitur a cordis visu: cor enim cortumionis Origo.

(Origo: Varro: *De lingua Latina*, vol. 1, Loeb Clas. Libr., no. 333, London e.a., 1967)

Etymologisk ordbog om ordet 'templum'

Rum for varsling; rum; helligt område; *temp-, udvide, strække, *ten- fra tendo, gr. teíno: udstrække, se litauisk tempiu: strække, temptyva: buestreng, timpa: snor, oldnord. þamb: stor og med barn. Ikke i slægt med témenos: helligt område

(T.G. Tucker: *A Concise Etymological Dictionary of Latin*, Hildesheim 1973 (Halle/ Saale 1931) s.v. 'templum')

Varro: Om det latinske sprog VII, 6-9 om 'templum'

6. ... 'Templum' kan bruges på tre måder: om naturen, om varseltagning og metaforisk: om naturen på himlen, om varseltagningen på jorden og tilsvarende metaforisk under jorden. ...

7. Hvorhen end øjnene først har skuet, er 'templum' blevet forstået ud fra synet: derfor bliver den himmel, som vi betragter, kaldt 'tempel'. ...

Dette tempels dele siges at være fire: i venstre side imod øst, i højre side imod vest, forsiden mod syd, bagsiden mod nord.

8. På jorden er templet blevet kaldt spåpræstens sted eller for varseltagningens skyld, defineret ved bestemte formler. Det bruges med forskellige ord på forskellige steder og til forskellige tider; fx på borgen (mons Capitolinus):

"Templer og vilde landskaber skal for mig være således, forsåvidt jeg har betegnet dem korrekt sprogligt:

Det der er det sande træ, hvad det end er for et, som jeg mener at jeg har nævnt, og tempel og udyrket område skal være til venstre for mig.

Det der er det sande træ, hvad det end er for et, som jeg mener at jeg har nævnt, og tempel og udyrket område skal være til højre for mig.

Mellem disse ting skal der for mig være templer og udyrkede områder med henblik på retning, iagttagelse og fortolkning, forsåvidt som jeg har ment, at jeg har sagt disse ting korrekt."

9. Ved at afsætte dette 'tempel' viser det sig, at træerne er definerede som grænsepæle og ligger inden for de områder, som øjnene betragter, dvs. som vi beskuer, hvorfra 'templum' og 'contemplare' har fået deres betydninger.

'contempla' og 'conspicare' viser sig at være synonyme udtryk, og derfor siger auguren dem, når han afsætter et tempel(område) med henblik på varselsiagttagelsen, hvormed han definerer øjnenes synsfelt. Hvad angår, at han tilføjer fortolkningen, når han siger varselsiagttagelse, så forstås det ud fra hjertets syn; hjertet er nemlig fortolkningens oprindelsessted.

Kommentar

Auguren var en vigtig præst eller religiøs embedsmand i Rom, der tog fuglevarsler i et bestemt defineret ritual. Dette ritual beskriver Varro (115 f.Kr. – 27 f.Kr.), en lærd leksikograf i senrepublikken, i sin tekst om 'templum'. 'templum' kan ifølge Varro bruges om varsler på himlen, på jorden og metaforisk, se afsn. 6., hvad teksten vil vise for os.

I afsn. 7 defineres templum i forhold til verdenshjørnerne, når vi ser op mod himlen; synet er vigtigt for en romersk augur.

Templets sider viser augurens position: han ser mod syd, som er forsiden, antica, han har venstre side mod øst, oriens, højre side mod vest, occasus, bagsiden, postica, mod nord, septentrio. Vi husker fra tidligere afsnit, at øst er solopgangens side, dagens positive start, mens vest er solnedgangens side, dagens negative slutning, hvor mørket kommer. Nu har vi fået defineret templum kosmologisk med naturens faste verdenshjørner. Derefter skal vi se på templum på jorden, augurernes arbejdsplads, med de samme kosmologiske rammer, og med en åbenbart fra sted til sted varierende ritualtekst. Således som Varro definerer templum på himlen, skal den defineres af augurerne på jorden med en formel som: 'templa tescaque …' Udtrykket 'templa tescaque' betegner forskellen mellem det af auguren indviede rum, 'templa', og det uindviede rum, 'tesca'. Den næste linje i formularen definerer grænsen mod øst, 'illa vera … sinistrum', hvorpå grænsen defineres mod vest, 'illa vera … dextrum'. Den sidste linje i formularen definerer opgaverne for en augur, retninger, 'conregioni', altså verdenshjørnerne, iagttagelse, 'conspicioni', samt fortolkning, 'contumioni'. Så er området for augurens varselsopgave defineret, og dette sammenfattes i afsn. 9. Til udtrykket 'contumioni' giver Varro en forklaring, fordi ordet er mærkeligt, men forklaringen går ud på, at fortolkning kommer fra hjertet, altså indefra, mentalt, og det er det, han kaldte metaforisk før, 'a similitudine sub terra'; 'sub terra', under jorden, må her betyde, at man ikke kan se fremgangsmåden; det foregår i menneskets indre.

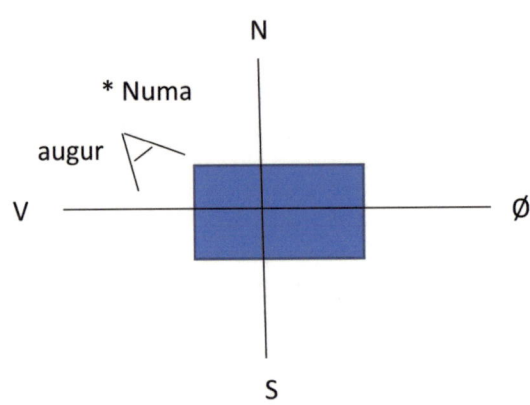

Augurer

En augur er ingen præst, men en embedsmand, der havde til opgave at foretage offerceremonier efter at have afgjort, om et tiltag fra paterfamilias eller senatet var godkendt af guderne. Hans officielle tegn var en krumstav, lituus. Hans afgørelse beror på et augurium, en bøn om frugtbarhed, succes og held, vernisera og messalia auguria (se Festus 379 M. 467 L.) (messa = høst, vernisera af vernus = forårs-). Han iværksætter et auspicium, et fugleskue, dvs. en observation af bestemte fugles flugt og deres skrig (avem spectare = auspicium). Denne form for igangsatte varsler kaldes auspicia impetrativa, opr. kaldt signa ex avibus. Wissowa tolker augur som afledt af verbet augere (= forøge), dvs. et frugtbarhedsritual. Oprindeligt var der tre mand, grundlagt af Romulus eller Numa Pompilius, så 4, så 6, så 9 ved lex Ogulnia (300 f.Kr.), så 15 under Sulla, 16 under Caesar, og kejseren kunne udnævne så mange han ville.

Oprindeligt var der 9 medlemmer i kultfællesskabet, Caesar forhøjede antallet til 16, og Augustus reducerede til 15. Først og fremmest gjaldt det en god udsåning på engene, arva, og derefter en bøn om statens vel, salus publica. De havde lituus, krumstav som symbol, oprettede et templum, iagttagelsesfelt, og tog augurium ex caelo, himlen, ex avibus, fugle, ex tripudiis, høns, ex quadripedibus, firhovede dyr samt ex diris, underverdenens dæmoner. De bar purpurtoga (trabea) og var fritaget for militærtjeneste. De måtte ikke foretage ofringer, kun fortolkende responsa.

Med lituus betegnede man et templum (se Varro), et iagttagelsesfelt/observationsrum med en contemplatio (= iagttagelse, observation) som formål. I dette felt iagttager man fuglene og søger efter tegn, signa, især auspicia impetrativa: ønskede tegn og auspicia oblativa: ugunstige tegn. Auspicia privata hører vi ikke mere om i 1. årh. f.Kr.; udbredt efter 300 f.Kr. er auspicia pullaria, observation af kyllingers adfærd ved fodertruget, under opsyn af en pullarius, kyllingevogter. De tog sig af signa ex tripudiis før militære operationer, da man ikke havde tid til fugleiagttagelser; det bedste tegn var, hvis maden faldt ud af munden på kyllingerne; derfor gav man dem grød, og sådan fik man pullaria auguria.

Henvisninger: Lex col. Iul. Genet. Cc. 66-67; Varro L.L. VI 42; Paul. p. 18; Livius: A.U.C. I 4, 9; Varro: L.L. VII, 7; Livius: A.U.C. I 18, 7; Varro: L.L. V 33; Varro: L.L. V 143

Litteratur

Linderski, J.: *'The Augural Law'*, in: *Aufstieg und Niedergang der römischen Welt II, Principat*, Bd. 16.3, hrsg. v. H. Temporini und W. Haase, Berlin–New York (de Gruyter) 1986, 2146-2312

North, J.: *"Diviners and Divination at Rome"*, in: Beard, Mary/J. North: *Pagan Priests – Religion and Power in the Ancient World*, London (Duckworth) 1990, s. 51-71

Szemler, G.J.: *'Priesthoods and Priestly Careers in Ancient Rome'*, in: *Aufstieg und Niedergang der römischen Welt II, Principat,* Bd. 16.3, hrsg. von H. Temporini und W. Haase, Berlin–New York (de Gruyter) 1986, 2314-2331

9.   Tabulae Iguvinae

Dokumenter

(Origo: Bronze tables of Iguvium (archive.org) https://en.wikipedia.org/wiki/Iguvine_Tablets)
Med denne tekst bevæger vi os væk fra Rom mod nordøst til Umbrien til byen Iguvium,
i dag Gubbio, hvor man i 1444 fandt syv tavler med ritualindskrifter i en nærliggende
landsby; de er skrevet i den umbriske dialekt, men heldigvis oversat til latin. Teksten
viser den formalisme, som præger italiske ritualer og formler, og derfor skal den vises
her.

G. Tabulae Iguvinae

VI a + b + VII a + b

(J = H. H. Janssen: Oscan and Umbrian Inscriptions with a latin translation, E.J. Brill
1949, Leiden (= Textus Minores, vol. XI))

1. Tabula Iguvina VI a

1. Istud sacrificium (istam caerimoniam: J) avibus observatis inito, parra cornice
dextera, pico pica iusto.
2. Qui oscines observatum ibit, sic in (e: J) tabernaculo sedens flaminem iubeto
(interrogato: J):"Stipulare (stipulor: J) ut observem (observes: J) parram dexteram
(prosperam: J), cornicem dexterum (prosperum: J), picum iustum, picam iustam, iustos
aves, iustas oscines divinas." Flamen sic instipulator (respondeto: J): "Ibi observa (ego
observe: J) parram dexteram (prosperam: J), cornicem dexteram (prosperam: J), picum
iustum, picam iustam, iustas aves, iustas oscines divinas mihi, civitati (urbi: J) Iguvinae,
huic statui statuto (in hoc spatio definite: J)." In (-: J) sede cum sederit qui oscines
observatum ibit, tum nec muttito nec alius intercedito (se dedicationibus interponito: J),
donec revorterit qui oscines observatum ierit. Si muttitum erit (fuerit: J) aut quis alius
intercesserit (dedicationibus se interposuerit: J), inritum fecerit.
8. Templum ubi flamen versatur arcis piandae, id statutum (ibi extensum: J) sic finitum
est: ab angulo imo qui proxime ab ara divina (ad aram divinam: J) est, usque (-: J) ad
angulum summum qui proxime a lapidibus auguralibus (ad lapides augurales: J) est,
deinde ab angulo summo iuxta (ad: J) lapides augurales usque (et: J) ad urbicum finem,

ab angulo imo iuxta (ad: J) aram divinam usque (-: J) ad urbicum finem. Tum in urbicis finibus seorsum utroque servato (observato: J).

12. Fines urbici: a lapidibus auguralibus ad exitus, (ad amniculum: J), ad observaculum, fundos (J+P) Nurpii, (ad valleculam: J), ad Morciam (J+P), ad tectum (domum: J) Miletinae, (ad tertiam) ad tertium ex aggeribus exstructis (J): a lapidibus auguralibus ad (porcum) vicum (J) Vesticii, ad (pistrinum) hortum (J) Rubri, ad tectum (domum: J) Noniae, ad tectum (domum: J) Salii, ad (porticum) vicum (J) Hoii, ad transtrum (aream: J) Patellae. Infra istos fines qui supra scripti sunt, parram dexteram (posteram: J), cornicem dexteram (prosperam: J) servato (observato: J). Supra istos fines picum iustum, picam iustam servato (observato: J).

16. Si oscines cecinerint, sic in (e: J) tabernaculo sedens nuntiato, flaminem nomine appellato: "Parram dexteram (prosperam: J), cornicem dexteram, picum ustum, picam iustam, iustas aves, iustas oscines sacras tibi, civitati (urbi: J) Iguvinae, huic statui statuto (in hoc spatio definite: J)." Ad haec sacra omnia populi lustrandi (circumferendi: J) et arcis piandae virgam ritualem (togam sacerdotalem: J) habeto. Vasa ad portam Trebulanam quae arcis piandae causa ostendentur, ea sic ostendito, ut ignis ab igne captus sit faciat. Item ad portam Tesenacam. Item ad portam Veiam.

22. Ante portam Trebulanam Iovi Grabovio boves tres facito. Sic narrato libans: "(Te invoco invocationes) Te invocavi invoco (J) Iovem Grabovium pro arce Fisia, pro civitate (urbe: J) Iguvina, pro eius (arcis) nomine (pro arcis nomine: J), pro eius (civitatis) nomine (pro urbis nomine: J); favens sis, propitius sis arci Fisiae, civitati (urbi: J) Iguvinae, eius (arcis) nomini (arcis nomini: J), eius (civitatis) nomini (urbis nomini: J). Sancte, (te invoco invocationes) In dedicatione invocavi invoco (J) Iovem Grabovium, sancti (dedicationis: J) fiducia (te invoco invocationes) te invocavi invoco (J) Iovem Grabovium.

26. Iuppiter Grabovi (Dive Grabovi: J), te hoc bove opimo piaculo (piaculari: J) pro arce Fisia, pro civitate (urbe: J) Iguvina, pro eius (arcis) nomine (arcis nomine: J), pro eius (civitatis) nomine (urbis nomine: J). Iuppiter Grabovi (Dive Grabovi: J), (illis fac) illorum opere (J), si in arce Fisia ignis ortus est, in civitate (urbe: J) Iguvina ritus debiti omissi sunt, quasi non consulto (ut non oportuit: J). Iuppiter Grabovi (Dive Grabovi: J), si tui sacrificii (tuae caerimoniae (quid): J) vitiatum est, peccatum est, peritum est, fraudatum est, delictum est (neglectum est: J), tui sacrificii (tuae caerimoniae: J) visum invisum vitium est, Iuppiter Grabovi (Dive Grabovi: J), si ius sit (est: J), hoc bove opimo piaculo (piaculari: J) piatum sit. Iuppiter Grabovi (Dive Grabovi: J), piato arcem Fisiam, piato civitatem (urbem: J) Iguvinam. Iuppiter Grabovi (Dive Grabovi: J)

piato arcis Fisiae, civitatis (urbis: J) Iguvinae nomen, principes (ritus) et sacerdotes (J), (virorum pecuum capita) homines et pecudes (J), fruges (capita et fruges: J) piato; esto favens propitius pace tua arci Fisiae, civitati (urbi: J) Iguvinae, eius (arcis) nomini, eius (civitatis) nomini (arcis nomini, urbis nomini: J). Iuppiter Grabovi (Dive Grabovi: J), salvam servato arcem Fisiam, salvam servato civitatem (urbem: J) Iguvinam. Iuppiter Grabovi (Dive Grabovi: J), salvum servato arcis Fisiae, civitatis (urbis: J) Iguvinae nomen, principes (ritus) et sacerdotes: J), (virorum pecuum capita) homines et pecudes (J), fruges (capita et fruges: J) salvas (salva: J) servato; esto favens propitius pace tua arci Fisiae, civitati (urbi: J) Iguvinae, eius (arcis) nomini, eius (civitatis) nomini (arcis nomini, urbis nomini: J). Iuppiter Grabovi (Dive Grabovi: J), te hoc bove opimo piaculo (piaculari: J) pro arce Fisia, pro civitate (urbe: J) Iguvina pro eius (arcis) nomine, pro eius (civitatis) nomine (pro arcis nomine, pro urbis nomine: J), Iuppiter Grabovi (Dive Grabovi: J), te invoco".

35. Iuppiter Grabovi (Dive Grabovi: J), te hoc bove opimo piaculo altero (piaculari: J) pro arce Fisia, pro civitate (urbe: J) Iguvina, pro eius (arcis) nomine (arcis nomine: J), pro eius (civitatis) nomine (urbis nomine: J). Iuppiter Grabovi (Dive Grabovi: J), illis fac (illorum opere: J), si in arce Fisia ignis ortus est, in civitate (urbe: J) Iguvina ritus debiti omissi sunt, quasi non consulto (ut non oportuit: J). Iuppiter Grabovi (Dive Grabovi: J), si tui sacrificii (tuae caerimoniae (quid): J) vitiatum est, peccatum est, peritum est, fraudatum est, delictum est (neglectum est: J), tui sacrificii (tuae caerimoniae: J) visum invisum vitium est, Iuppiter Grabovi (Dive Grabovi: J), si ius sit (est: J), hoc bove opimo piaculo (piaculari: J) piatum sit. Iuppiter Grabovi (Dive Grabovi: J), piato arcem Fisiam, piato civitatem (urbem: J) Iguvinam. Iuppiter Grabovi (Dive Grabovi: J) piato arcis Fisiae, civitatis (urbis: J) Iguvinae nomen, principes (ritus) et sacerdotes (J), (virorum pecuum capita) homines et pecudes (J), fruges (capita et fruges: J) piato; esto favens propitius pace tua arci Fisiae, civitati (urbi: J) Iguvinae, eius (arcis) nomini, eius (civitatis) nomini (arcis nomini, urbis nomini: J). Iuppiter Grabovi (Dive Grabovi: J), salvam servato arcem Fisiam, salvam servato civitatem (urbem: J) Iguvinam. Iuppiter Grabovi (Dive Grabovi: J), salvum servato arcis Fisiae, civitatis (urbis: J) Iguvinae nomen, principes (ritus) et sacerdotes (J), (virorum pecuum capita) homines et pecudes (J), fruges (capita et fruges: J) salvas (salva: J) servato; esto favens propitius pace tua arci Fisiae, civitati (urbi: J) Iguvinae, eius (arcis) nomini, eius (civitatis) nomini (arcis nomini, urbis nomini: J). Iuppiter Grabovi (Dive Grabovi: J), te hoc bove opimo piaculo altero (piaculari: J) pro arce Fisia, pro civitate (urbe: J) Iguvina pro eius (arcis) nomine,

pro eius (civitatis) nomine (pro arcis nomine, pro urbis nomine: J), Iuppiter Grabovi (Dive Grabovi: J), te invoco".

45. Iuppiter Grabovi (Dive Grabovi: J), te hoc bove opimo piaculo tertio (piaculari: J) pro arce Fisia, pro civitate (urbe: J) Iguvina, pro eius (arcis) nomine (arcis nomine: J), pro eius (civitatis) nomine (urbis nomine: J). Iuppiter Grabovi (Dive Grabovi: J), illis fac (illorum opere: J), si in arce Fisia ignis ortus est, in civitate (urbe: J) Iguvina ritus debiti omissi sunt, quasi non consulto (ut non oportuit: J). Iuppiter Grabovi (Dive Grabovi: J), si tui sacrificii (tuae caerimoniae (quid): J) vitiatum est, peccatum est, peritum est, fraudatum est, delictum est (neglectum est: J), tui sacrificii (tuae caerimoniae: J) visum invisum vitium est, Iuppiter Grabovi (Dive Grabovi: J), si ius sit (est: J), hoc bove opimo piaculo (piaculari: J) piatum sit. Iuppiter Grabovi (Dive Grabovi: J), piato arcem Fisiam, piato civitatem (urbem: J) Iguvinam. Iuppiter Grabovi (Dive Grabovi: J) piato arcis Fisiae, civitatis (urbis: J) Iguvinae nomen, principes (ritus) et sacerdotes (J), (virorum pecuum capita) homines et pecudes (J), fruges (capita et fruges: J) piato; esto favens propitius pace tua arci Fisiae, civitati (urbi: J) Iguvinae, eius (arcis) nomini, eius (civitatis) nomini (arcis nomini, urbis nomini: J). Iuppiter Grabovi (Dive Grabovi: J), salvam servato arcem Fisiam, salvam servato civitatem (urbem: J) Iguvinam. Iuppiter Grabovi (Dive Grabovi: J), salvum servato arcis Fisiae, civitatis (urbis: J) Iguvinae nomen, principes (ritus) et sacerdotes (J), (virorum pecuum capita) homines et pecudes (J), fruges (capita et fruges: J) salvas (salva: J) servato; esto favens propitius pace tua arci Fisiae, civitati (urbi: J) Iguvinae, eius (arcis) nomini, eius (civitatis) nomini (arcis nomini, urbis nomini: J). Iuppiter Grabovi (Dive Grabovi: J), te hoc bove opimo piaculo tertio (piaculari: J) pro arce Fisia, pro civitate (urbe: J) Iguvina pro eius (arcis) nomine, pro eius (civitatis) nomine (pro arcis nomine, pro urbis nomine: J). Iuppiter Grabovi, te commoto ternione boum opimorum piaculorum pro arce Fisia, pro civitate Iguvina, pro eius (arcis) nomine, pro eius (civitatis) nomine, Iuppiter Grabovi (Dive Grabovi: J), te invoco".

56. Postquam taceri iussit, precator totum (Tacitus precator totum: J). Item porricito, prosecta narrato, prosectis mefam spefam (*mefam aspersam: J), fitillam addito, (exta) grana (J) facito. Istud sacrificium vel vino vel (mola) potione (J) facito. (Hostias ictu) Victimas in tabulato (J) facito.

58. Post portam Trebulanam sues gravidas tres facito Trebui Iovio pro arce Fisia, pro civitate (urbe: J) Iguvina. Humi stratum (*Pedarium: J) facito, (exta) grana (J) facito, (mola) potione (J) facito, postquam taceri iussit, precator (tacitus precator: J). Item narrato ut ante portam Trebulanam. Prosectis struem (struiculam: J), fitillam addito.

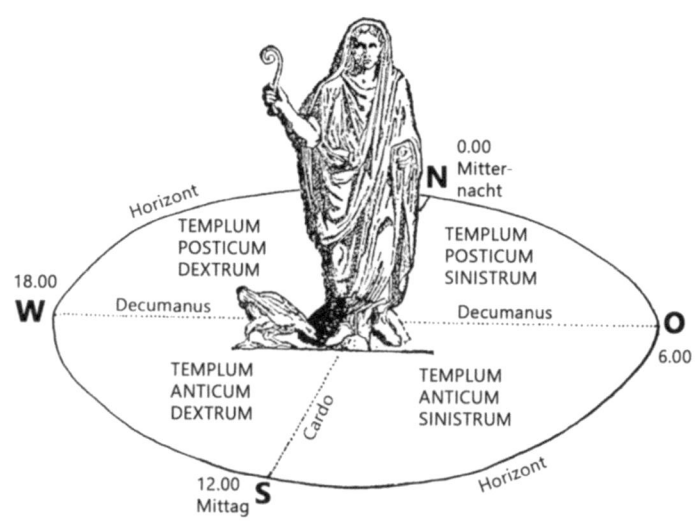

The following labels appear on the figure:

- Horizont
- N / 0.00 / Mitter-nacht
- TEMPLUM POSTICUM DEXTRUM
- TEMPLUM POSTICUM SINISTRUM
- 18.00 / W / Decumanus
- Decumanus / O / 6.00
- TEMPLUM ANTICUM DEXTRUM
- Cardo
- TEMPLUM ANTICUM SINISTRUM
- 12.00 / Mittag / S
- Horizont

(Origo: Auguren und Auspizien im Alten Rom – PROGNOSTIK Institut)

Tavlen fra Gubbio VI a

1. (Den ansvarlige præst) skal begynde denne gudstjeneste med en iagttagelse af fuglene, uglen og kragen i vest og spætten og skaden i øst.

2. Den, som skal gå ud for at observere varselsfuglene (= auguren), skal siddende råbe ud af (augur)hytten til den ansvarlige præst således: "Lov mig, at jeg skal observere uglen i vest og kragen i vest, spætten og skaden i øst, fuglene i øst, de guddommelige budbringere i øst." Præsten skal acceptere aftalen på følgende måde: "Iagttag uglen i vest, kragen i vest, spætten i øst og skaden i øst, de for mig guddommelige budbringere i øst, for byen Iguvium, for dette etablerede ritual." Når den, som skal gå ud for at observere varselsfuglene, har sat sig på sit sæde, må man ikke lave larm og en anden må ikke stå i vejen, indtil den, som er gået ud for at observere varselsfuglene, er vendt tilbage. Hvis der er blevet larmet eller nogen anden har stået i vejen, har han gjort hele ceremonien ugyldig.

8. Iagttagelsesrummet (templum), hvor præsten opholder sig for at rense borgen rituelt, er, når det er etableret, begrænset på følgende måde: fra det nederste hjørne, som er nærmest det hellige alter, til det øverste hjørne, som er nærmest auguralsæderne, dernæst fra det øverste hjørne til auguralsæderne til bygrænsen, og fra det nederste hjørne til det hellige alter til bygrænsen. Så skal han observere inden for bygrænserne til begge sider.

12. Bygrænserne er: fra auguralsæderne til udgangen, til observationsposten, til Nurpius' grunde, til dalen, til Smurcias tempel, til familien Miletinas hus, til det tredje ‹tårn› [...] af volden, fra auguralsæderne til Vesticius' stræde, til Rubrus' have, til familien Nonias hus, til Salius' hus, til Hoius' stræde, til Patellas port. Neden for disse grænser, som er beskrevet ovenfor, observer uglen i vest, kragen i vest. Oven for disse grænser observer spætten i øst og skaden i øst.

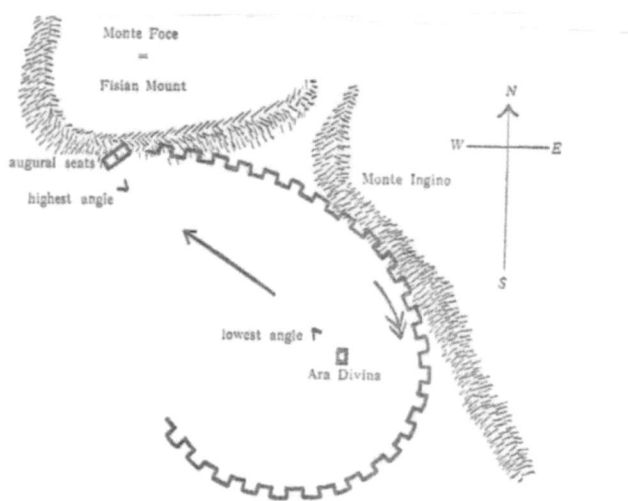

(Origo: Poultney, J.W.: The Bronze Tablets of Iguvium, Maryland-Oxford, Engl. (Amer. Phil. Ass. Baltimore 18) 1959, p. 237)

16. Når varselsfuglene har sunget, skal han (auguren) melde det siddende fra hytten på følgende måde og kalde på præsten på følgende måde: "‹Jeg har set› uglen i vest og kragen i vest, spætten i øst og skaden i øst, fuglene i øst, de hellige varselsfugle i øst, for dig, for byen Iguvium, for dette etablerede ritual." Til alle disse offerritualer til rensning af folket og til udsoning af borgen skal han (præsten) bære den rituelle stav. De lerkar, som skal vises til udsoning af borgen, skal han vise ved Trebulana-porten sådan, at han bevirker, at ilden bliver tændt af ild. Ligeledes ved Tesenaca-porten. Ligeledes ved Veii-porten.

22. Foran Trebulana-porten skal han ofre tre okser til Jupiter Grabovius. Følgende skal han sige, efter ofring af en libation: "Jeg påkalder dig, Jupiter Grabovius, som påkaldt for Fisus-højen, for byen Iguvium, for højens navn, for byens navn. Vær venligsindet,

vær gunstig over for Fisus-højen, for byen Iguvium, for højens navn, for byens navn. Ved indvielsen påkalder jeg dig, Jupiter Grabovius, som den, jeg har påkaldt; i tillid til indvielsen påkalder jeg dig, Jupiter Grabovius, som den, jeg har påkaldt.

26. Jupiter Grabovius, ⟨jeg påkalder⟩ dig med denne velnærede okse som udsoningsoffer for Fisus-højen, for byen Iguvium, for højens navn, for byens navn. Jupiter Grabovius, med ydelsen af disse ting ⟨sørg for⟩, at det er sket uden forsæt, hvis der er opstået ild på Fisus-højen, hvis de fastsatte ritualer er blevet forsømt i byen Iguvium. Jupiter Grabovius, hvis der i dit offerritual er sket en forsømmelse, en fejl, en overtrædelse, et bedrag, en forbrydelse, hvis der i dit ritual er en synlig eller usynlig mangel, Jupiter Grabovius, så lad det, hvis det er ret, med denne velnærede okse som udsoningsoffer være udsonet. Jupiter Grabovius, rens Fisus-højen, rens byen Iguvium. Jupiter Grabovius, rens Fisus-højens navn, rens byen Iguviums navn, rens magistraterne og præsterne, rens indbyggerne og dyrene samt afgrøderne. Vær velsindet og gunstig med din fred for Fisus-højen, for byen Iguvium, for højens navn, for byens navn. Jupiter Grabovius, bevar Fisus-højen uskadt, bevar byen Iguvium uskadt. Jupiter Grabovius, bevar Fisus-højens navn uskadt, bevar byen Iguviums navn uskadt, bevar magistraterne og præsterne, indbyggerne og dyrene samt afgrøderne uskadt. Vær venligsindet og gunstig med din fred for Fisus-højen, for byen Iguvium, for højens navn, for byens navn. Jupiter Grabovius, dig ⟨påkalder jeg⟩ med denne velnærede okse som et udsoningsoffer for Fisus-højen, for byen Iguvium, for højens navn, for byens navn. Jupiter Grabovius, dig påkalder jeg."

35. Jupiter Grabovius, ⟨jeg påkalder⟩ dig med denne velnærede okse som andet udsoningsoffer for Fisus-højen, for byen Iguvium, for højens navn, for byens navn. Jupiter Grabovius, med ydelsen af disse ting ⟨sørg for⟩, at det er sket uden forsæt, hvis der er opstået ild på Fisus-højen, hvis de fastsatte ritualer er blevet forsømt i byen Iguvium. Jupiter Grabovius, hvis der i dit offerritual er sket en forsømmelse, en fejl, en overtrædelse, et bedrag, en forbrydelse, hvis der i dit ritual er en synlig eller usynlig mangel, Jupiter Grabovius, så lad det, hvis det er ret, med denne velnærede okse som udsoningsoffer være udsonet. Jupiter Grabovius, rens Fisus-højen, rens byen Iguvium. Jupiter Grabovius, rens Fisus-højens navn, rens byen Iguviums navn, rens magistraterne og præsterne, rens indbyggerne og dyrene samt afgrøderne. Vær velsindet og gunstig med din fred for Fisus-højen, for byen Iguvium, for højens navn, for byens navn. Jupiter Grabovius, bevar Fisus-højen uskadt, bevar byen Iguvium uskadt. Jupiter Grabovius, bevar Fisus-højens navn uskadt, bevar byen Iguviums navn uskadt, bevar magistraterne og præsterne, indbyggerne og dyrene samt afgrøderne uskadt. Vær venligsindet og

gunstig med din fred for Fisus-højen, for byen Iguvium, for højens navn, for byens navn. Jupiter Grabovius, dig ‹påkalder jeg› med denne velnærede okse som andet udsoningsoffer for Fisus-højen, for byen Iguvium, for højens navn, for byens navn. Jupiter Grabovius, dig påkalder jeg."

45. Jupiter Grabovius, ‹jeg påkalder› dig med denne velnærede okse som tredje udsoningsoffer for Fisus-højen, for byen Iguvium, for højens navn, for byens navn. Jupiter Grabovius, med ydelsen af disse ting ‹sørg for›, at det er sket uden forsæt, hvis der er opstået ild på Fisus-højen, hvis de fastsatte ritualer er blevet forsømt i byen Iguvium. Jupiter Grabovius, hvis der i dit offerritual er sket en forsømmelse, en fejl, en overtrædelse, et bedrag, en forbrydelse, hvis der i dit ritual er en synlig eller usynlig mangel, Jupiter Grabovius, så lad det, hvis det er ret, med denne velnærede okse som udsoningsoffer være udsonet. Jupiter Grabovius, rens Fisus-højen, rens byen Iguvium. Jupiter Grabovius, rens Fisus-borgens navn, rens byen Iguviums navn, rens magistraterne og præsterne, rens indbyggerne og dyrene samt afgrøderne. Vær venligsindet og gunstig med din fred for Fisus-højen, for byen Iguvium, for højens navn, for byens navn. Jupiter Grabovius, bevar Fisus-højen uskadt, bevar byen Iguvium uskadt. Jupiter Grabovius, bevar Fisus-højens navn uskadt, bevar byen Iguviums navn uskadt, bevar magistraterne og præsterne, indbyggerne og dyrene samt afgrøderne uskadt. Vær venligsindet og gunstig med din fred for Fisus-højen, for byen Iguvium, for højens navn, for byens navn. Jupiter Grabovius, dig ‹påkalder jeg› med denne velnærede okse som tredje udsoningsoffer for Fisus-højen, for byen Iguvium, for højens navn, for byens navn.

Jupiter Grabovius, med denne skænkede triade af velnærede okser som udsoningsofre for Fisus-højen, for byen Iguvium, for højens navn, for byens navn, Jupiter Grabovius, dig påkalder jeg."

56. Når han har befalet, at man tier stille, skal han fremføre alle bønner. På samme måde skal han præsentere ‹offerkødet›, erklære offerkødet (= det afskårne) for fejlfrit, tilføje en mefa spefa-offerkage og en fitilla-offerkage til offerkødet, ofre kerner. Dette offer skal han fuldføre enten med vin eller med en trylledrik. Han skal lægge offerkødet på offerbordet.

58. Bag ved Trebulana-porten skal han ofre tre drægtige søer til Trebo Iovius for Fisus-højen, for byen Iguvium. Han skal forrette ritualet på jorden, ofre kerner, ofre med en trylledrik, bede, når han har befalet, at man tier stille, fremføre de samme trylleformularer som foran Trebulana-porten, og tilføje speltofferkage og fitilla-offerkage til det afskårne offerkød.

Kommentar

Det drejer sig om en augur, der skal se på fuglenes flugt, nærmere bestemt ugle og krage fra vest og spætte og skade fra øst: 1. 'istud … iusto'. Auguren: 2. 'qui oscines observatum ibit', tager plads i sit telt, 'in tabernaculo sedens', og spørger den ansvarlige præst, flamen, om lov til at tage varslet, og præsten samtykker med næsten de samme ord og for hvis skyld varslet skal tages: 'ibi observa … huic statui statuto'. Omstændighederne ved ritualet præciseres, der skal være ro og frit udsyn, ingen må stå i vejen for auguren. Hvis det skulle ske, er ritualet ugyldigt.

I afsn. 8 tales der om etablering af varselsrummet, 'templum', som vi også så det i Varros tekst, se kap. 9.

Afsn. 12 viser en specificering af grænserne for 'templum' med byens bygninger, gader og andre fikspunkter som mål.

Afsn. 16 angiver, hvad auguren skal gøre, når han har iagttaget fuglene. Formularen skal gentages ordret både hvad angår fuglene og de begunstigede, og kravene til auguren er, at han bærer den rituelle stav, 'virga ritualis', for at udsoningen af folk og borgen kan ske korrekt, og derudover skal lerkarrene, der bruges til at tænde ild, vises frem ved alle tre byporte, fordi det er her, man overskrider bygrænsen og træder ind på indviet område; det sidste krav går ud på, at ilden skal frembringes på stedet ved at gnide træ mod træ; ilden må ikke bringes ud fra et ildsted til varselsområdet.

Det ovenstående er augurens opgaver, som teksten indledte med. Det næste emne er selve offeret til byens skytsgud Jupiter Grabovius, og selve handlingen ledsages selvfølgelig af en generel bøn, inden det egentlige offer skal foregå, se afsn. 22: 'ante portam Trebulanan … Iovem Grabovium'. Bønnen starter med, at afsender påkalder adressaten dobbelt: 'te invocavi invoco Iovem Grabovium …', den ekspressive og den fatiske funktion som kontaktoptagelse, efterfulgt af navnene eller betegnelserne på de begunstigede, den informative funktion: 'pro arce Fisia …pro eius nomine'; derefter kommer ønsket, den direktive funktion, til guden om at være venligsindet og gunstigt stemt over for de begunstigede: 'favens sis, propitius sis …'. Som afslutning på kontakten påkaldes guden med et 'sancte', og den dobbelte påkaldelse fra indledningen gentages to gange: 'Sancte … Grabovium'.

Jupiter Grabovius er del af Grabovius-triaden i Iguviums pantheon, hvad der måske svarer til Roms arkaiske triade bestående af Iove, eller Iove Patre, Jupiter, Marte, Mars, og Quirinus eller Liber, Vofionos. Liber har måske en relation til italisk Loifer fra græsk (Dionysos) Eleutheros. Guderne i Grabovius-triaden modtager tre okser uden for de tre byporte, foran den Trebulanske, 'preveres Treblanes', uden for den Tesenakiske, 'preveres Tesenaces', og uden for den Vehiske, 'preveres Vehiies'. Okserne til Vofionos skal være 'calersu', lat. 'callidus', dvs. med hvidt pandehår.

Med afsn. 26 nærmer vi os selve offerhandlingen, idet oksen nu er til stede. Præsten indleder handlingen med en bøn og starter med en påkaldelse af guden, Iuppiter Grabovius, en fatisk og en ekspressiv funktion: '‹invoco› te', samt en informativ funktion om, hvad offeret består i: 'hoc bove opimo' og formålet med det, 'piaculo', et sonoffer, derpå de begunstigede: 'pro arce Fisia ... nomine'. Herefter følger den negative direktive bøn om udsoning af fejl og forsømmeligheder inden for det religiøse domæne med oksen som offergave: 'Iuppiter Grabovi, illorum opere ... piatum sit'. Herefter følger den positive direktive bøn om rensning af byen, højen, indbyggerne, dyrene og afgrøderne, samt bevarelse af de samme elementer i uskadt stand samt ønsket om gunst og venligsindethed: 'Iuppiter Grabovi ... eius nomini'. Her nærmer vi os en ekspressiv påkaldelse af guden og en informativ funktion om ofret pga. de begunstigede, som guden bedes tage sig af: 'Iuppiter ... te invoco'. Dermed er det første bønneritual med det første okseoffer afsluttet.

Afsn. 35 drejer sig nu med en identisk formular om det andet okseoffer, 'piaculo altero', og afsn. 45 drejer sig med samme identiske formular om det tredje okseoffer, 'piaculo tertio'.

Efter en sammenfatning af ofrene:'Iuppiter ... te commoto ternione ... te invoco' følger ofrene.

Ved afslutningen af offerceremonien følger afsn. 56, hvor flamen, den ansvarlige præst, beder om ro, for at han kan fremføre bønnerne i stilhed. Derefter præsenterer han offerkødet sammen med en offerkage, 'mefam spefam', og en anden offerkage, 'fitillam' sammen med vin eller en anden offerdrik. Kødet skal erklæres for fejlfrit, for at offeret kan være gyldigt. Hvis det er, lægges det på offerbordet til fordeling blandt deltagerne: 56: 'postquam ... facita'.

Hele ceremonien afsluttes i afsn. 58 med en ofring af tre drægtige søer til Trebo Iovius til gunst for byen og højen med de samme elementer som ved okseofferet: 58: 'post portam ... fitillam addito'.

Trebo Iovius

Trebo Iovius hører til den lille triade af guddomme i det iguvinske pantheon, men til forskel fra den store triade bliver de fejret inden for bymurene. Trebos Iovios svarer til

Iove Grabovios, Fisus Sancius svarer til Marte Grabovios og Tefer Iovios til Vofionos Grabovios. De fik som ofre tre drægtige søer, tre diende smågrise og tre (hun)gimmerlam. Man kender kun den anden af guddommene nogenlunde sikkert, fordi han i Rom er kendt som Semo Sancus Dius Fidius. Når han identificeres med Mars, kan det hentyde til, at han er skytsgud for bymurene, som er et fokuspunkt i de iguvinske tavler. 'Trebos' bliver sædvanligvis henført til lat. 'trabs', den øverste tagbjælke; han er måske skytsgud for huset og bygningen som sådan; 'Tefer' forklarer man med henvisning til ie. '*tep', hede, varme, men det er omdiskuteret.

De begunstigede for ofringerne er lederne, præsterne, indbyggerne, kvæget, markerne og afgrøderne, og det har Benveniste og Dumézil taget som et tegn på, at indoeuropæisk religion drejer sig om lederkasten, den militære kaste og arbejderne i deres tredeling af de religiøse funktioner.

Litteratur

Blumenthal, Albrecht von: *Die iguvinische Tafeln : Text, Übersetzung, Untersuchungen*, Stuttgart (Kohlhammer) 1931

Devoto, Giacomo:*Tabulae Iguvinae*, Roma, 1940 (2nd ed.; reprinted in 1954)

3. ed. Roma (Istituto Poligrafico e Zecca dello Stato) 1962

Pfiffig, Ambros Josef: *Religio Iguvina. Philologische und religionsgeschichtliche Studien zu den Tabulae Iguvinae mit Text und Übersetzung und 8 Tafeln*, Wien (Hermann Böhlaus Nachf. /Graz-Wien-Köln) 1964

Poultney, James Wilson: *The Bronze Tables of Iguvium*, Maryland/Oxford (Amer. Phil. Ass., Baltimore 18) 1959

Rosenzweig, Irene: *Ritual and cults in pre-Roman Iguvium : with an appendix giving the text of the Iguvine Tablets*, London (Baltimore printed) 1937

Thulin, Carl: *Die Götter des Martianus Capella und der Bronzeleber von Piacenza*, Giessen (A. Töpelmann) 1906

Weiss, Michael L.: *Language and ritual in Sabellic Italy : the ritual complex of the third and the fourth Tabulae Iguvinae*, Leiden (Brill Academic Pub) 2010

Iguvine Tablets – Wikipedia

10. Offerritualer og bønneformularer

Dokumenter

1. Marcus Porcius Cato: De agri cultura, LXXXIII om 'offer for oksernes velfærd'

1. Votum pro bubus, uti valeant, sic facito.
2. Marti Silvano in silva interdius in capita singula boum votum facito.
3. Farris libra III et lardi pondo IIII semis et pulpae pondo IIII semis, vini sextario III, id in unum vas liceto coicere,
4. et vinum item in unum vas liceto coicere.
5. Eam rem divinam vel servus vel liber licebit faciat.
6. Ubi res divina facta erit, statim ibidem consumito.
7. Mulier ad eam rem divinam ne adsit neve videat quo modo fiat.
8. Hoc votum in annos singulos, si voles, licebit vovere.

(Origo: Cato & Varro: *De re rustica*, in Loeb Clas. Libr., no. 283, London e.a., 1967 (rev. 1935))

Cato: Om landbruget, LXXXIII
1. Fremfør en bøn for okserne på følgende måde, så at de får styrke:
2. Fremfør bønnen for skovguden Mars om dagen i en skov for hvert enkelt stykke kvæg.
3. 3 pund mel, 4½ pund bacon, 4½ pund fars, 1½ liter vin, det er tilladt at hælde det op i ét kar,
4. og det er ligeledes tilladt at hælde vinen op i ét kar.
5. Det vil være tilladt, at enten en slave eller en fri mand udfører den guddommelige handling.
6. Når den guddommelige ceremoni er udført, skal du straks lade offergaven fortære sammesteds.
7. Der må ikke være en kvinde til stede ved den religiøse handling, ejheller må hun se, hvordan den foregår.
8. Hvis du vil udføre denne bøn år for år, så er det tilladt.

Kommentar

Teksten indeholder en henvendelse til guderne fra bonden til fordel for oksernes helbred, og her skal vi huske på, at Cato skriver en fagbog med anvisninger, mens det er selve den verbale henvendelse til guderne der er interessant. Hvis bønnen er virksom, bliver det okserne, der tilgodeses af guderne. Bonden får at vide, hvilken gud han skal bede til, 'Marti Silvano', hvor bønnen skal foregå, 'in silva', hvornår, 'interdius' og hvor ofte den skal fremføres: 'in capita singula boum', nemlig for hver enkelt okse. Derefter følger den anden del af ritualet, de praktiske handlinger. Interessant er den nøjagtige mængde af kød og vin, der skal ofres for hvert enkelt stykke kvæg, og behandlingen af det samt, hvem der må handle og hvem der ikke må være til stede. Når okserne har fået deres offer, skal resten af offermængden spises på stedet. Vi bemærker her, at kvinder ikke har adgang til ritualet, og bønnen må gerne fremføres hvert år, hvis man vil det (1.8).

2. Marcus Porcius Cato: De agri cultura, CXXXI om 'offer før pløjning'

Piro florente dapem pro bubus facito. Postea verno arare incipito. Ea loca primum arato, quae rudecta harenosaque erunt; postea, uti quaeque gravissima et aquosissima erunt, ita postremo arato.

(Origo: Cato & Varro: *De re rustica*, in Loeb Clas. Libr., no. 283, London e.a., 1967 (rev. 1935))

Cato: Om landbruget, kap. 131

Mens pæretræet blomstrer, udfør et offermåltid for okserne. Så begynd at pløje ved forårstide. Pløj først de steder, som er stenede og sandede; derefter pløj dem jo senere, desto tungere og vandholdigere de er.

Kommentar

Her nævnes intet ritual, men Catos anvisning viser, at man skal tænke på deres vel, inden de skal ud at arbejde. Derefter følger ganske naturligt anvisninger for pløjningen; bondearbejde og religiøse påbud følges ad i en bondes liv.

3. Cato: De agri cultura, CXXXII om 'offer til Iuppiter Dapalis, Offermåltids-jupiter'

[132] 1. Dapem hoc modo fieri oportet. Iovi dapali culignam vini quantam vis polluceto. Eo die feriae bubus et bubulcis et qui dapem facient. Cum pollucere oportebit, sic facies: "Iuppiter dapalis, quod tibi fieri oportet in domo familia mea culignam vini dapi, eius rei ergo macte hac illace dape polluenda esto." Manus interluito, postea vinum sumito: 2."Iuppiter dapalis, macte istace dape pollucenda esto, macte vino inferio esto." Vestae, si voles, dato. Daps Iovi assaria pecuina urna vini. Iovi caste profanato sua contagione. Postea dape facta serito milium, panicum, alium, lentim.

(Origo: Cato & Varro: *De re rustica*, in Loeb Clas. Libr., no. 283, London e.a., 1967 (rev. 1935))

Cato: Om landbruget, kap. 132

1. Et offermåltid bør udføres på følgende måde. Til Offermåltids Jupiter bring et bæger vin som offer så stort, som du vil. Den dag er helligdag for okser og karle og for dem, som udfører offermåltidet. Når du skal ofre, skal du gøre således: "Offermåltids Jupiter, fordi der skal bringes dig et bæger vin som offermåltid i mit hjem af min husstand, så vær af denne grund beæret over dette offermåltid, som bringes dig som offer." Vask hænder, derefter tag vinen ‹med ordene›: 2."Offermåltids Jupiter, vær beæret over dette offermåltid, vær beæret over offervinen." Hvis du vil, giv et offer til Vesta. Offermåltidet for Jupiter: Kvægpenge til en værdi og en vægt af 1 as (~1 pund fårekød), 1 urne vin (= 13,1 l); giv dette som offergave til Jupiter med rene hænder, når du rører det. Derefter, når offermåltidet er slut, kan du så almindelig hirse, italisk hirse, hvidløg og linser.

Kommentar

Indledningen til offeret foregår med et vinoffer, der hældes på Jupiters alter, og helligdagen markeres ved, at husholdet har fri. Efter bønnen finder den rituelle renselse, håndvasken, sted, hvorefter der ofres kød og vin i en afmålt mængde. Når deltagerne så har fortæret resten af offerkødet, kan arbejdet begynde. Bemærkelsesværdigt er, at man er fritstillet mht. offeret til Vesta, i hvert fald her, men nu er det jo også et offer til Jupiter. Det viser dog, at Vesta er en vigtig husgudinde for ildstedet, så hun bliver ikke glemt. Her findes selvfølgelig også en bøn til guden, der skal tilfredsstilles, før bonden kan så almindelig hirse, italisk hirse, hvidløg og linser: 'postea … lentim'. Den første bøn lyder: 'Iuppiter … esto'. Der startes med en tiltale til guden med den for situationen relevante funktion, der gemmer sig i tilnavnet, herefter nævnes, hvad offeret består i, og hvem der donerer det; donor ønsker, at guden er tilfreds med gaven. På denne måde er kontraktparterne og gaveobjektet identificeret, ganske i stil med den romerske juridiske praksis, her overført på det religiøse domæne. Den anden bøn gentager ønsket om, at gaven må være tilfredsstillende for guden. 'macte' er et ofte gentaget idiom i denne forbindelse. Det er oftest brugt i vokativ af adjektivet 'mactus' i betydningen 'tilfredsstillet', 'fejret', 'højtideligholdt'; måske afledt af et verbum *magere = augere, at forøge. Når man får gaver, bliver ens værdi jo forøget.

I teksten forekommer van Genneps tre faser: separationsfasen, den liminale fase og aggregationsfasen. Separationsfasen ses i starten af teksten: 'Iovi Dapali … facient.', idet ritualet begynder med vinofferet og at det er helligdag for okser og karle. Der sker altså en markering af ritualets begyndelse. Liminalitetsfasen kommer, når offeret skal udføres: hænderne skal renses rituelt, bønnen til Jupiter i takt med vinofferet, afmålte mængder af kød, gentagelse af den rituelle renselse. Aggregationsfasen når vi, når offeret er forrettet og deltagerne har spist resterne af offerdyret; så kan man gå over til det normale bondearbejde, den profane tilstand. Men nu har man givet et offer til guden for at få hans gunst og velvilje til markarbejdet, dvs. offeret er et udtryk for den reciprokke gaveudveksling: bonden giver vin og et offerdyr, det er symbol på hans velvilje over for guden, og til gengæld håber man på, at guden er glad og giver sin gunst til gengæld: 'macte hac illace dape polluenda esto'.

Denne tekst viser en påkaldelse og en hyldest i form af et offer samt hvem der er afsenderen af offeret, altså en fatisk funktion og en implicit ekspressiv funktion i hjemmet, og husholdet skal jo nyde godt af gudens velvilje, det håber på en modydelse fra gudens side som gengæld for offeret: 'Iuppiter dapalis … esto.' Dette gentages lidt senere.

4.   Cato: De agri cultura, CXXXIV om 'offer til Ceres før høst'

[134] 1. Priusquam messim facies, porcam praecidaneam hoc modo fieri oportet. Cereri porca praecidanea porco femina, priusquam hasce fruges condas, far, triticum, hordeum, fabam, semen rapicium. Ture vino Iano Iovi Iunoni praefato, priusquam porcum feminam immolabis. 2. Iano struem [c]ommoveto sic: "Iane pater, te hac strue [c]ommovenda bonas preces precor, uti sies volens propitius mihi liberisque meis domo familiaeque meae". Ferctum Iovi [c]ommoveto et mactato sic: "Iuppiter, te hoc fercto

ommovendo bonas preces precor uti sies volens propitius mihi liberisque meis domo familiaeque meae mactus hoc fercto". 3. Postea Iano vinum dato sic: "Iane pater, uti te strue [c]ommovenda bonas preces bene precatus sum, eiusdem rei ergo macte vino inferio esto." Postea Iovi sic: "macte isto fercto esto, macte vino inferio esto." Postea porcam praecidaneam inmolato. 4. Ubi exta prosecta erunt, Iano struem ommoveto mactatoque item, uti prius obmoveris. Iovi ferctum obmoveto mactatoque item, uti prius feceris. Item Iano vinum dato et Iovi vinum dato, item uti prius datum ob struem obmovendam et ferctum libandum. Postea Cereri exta et vinum dato.

(Origo: Cato & Varro: *De re rustica*, in Loeb Clas. Libr., no. 283, London e.a., 1967 (rev. 1935))

Cato: Om landbruget, kap. 134

1. Før du bringer høsten ind, bør en so ofres som førhøstslagteoffer på følgende måde. Til Ceres et svin af hunkøn som førhøstslagteoffer, førend du lagrer disse afgrøder: spelt, hvede, byg, bønner og roefrø. Bed først med røgelse og vin til Janus, Jupiter og Juno, førend du ofrer det kvindelige svin. 2. Ræk Janus offerbagværk på følgende måde: "Fader Janus, jeg fremsender gode bønner med overrækkelsen af dette offerbagværk og beder dig, at du vil være velvillig og nådig stemt over for mig, mine børn, mit hus og min husstand." Ræk Jupiter et offerfladbrød og ær ham således: "Jupiter, jeg fremsender gode bønner med overrækkelsen af dette offerfladbrød og beder dig, at du vil være velvillig og nådig stemt over for mig, mine børn, mit hus og min husstand, da du jo blev beæret med dette offerfladbrød." 3. Derefter giv Janus et vinoffer på følgende måde: "Fader Janus, således som jeg har fremsendt gode bønner til dig med overrækkelsen af offerbagværk, så vær altså i samme anledning beæret med offervin." Derefter til Jupiter således: "Vær beæret med dette offerfladbrød, vær beæret med denne offervin." Derefter skal du ofre en so som førhøstslagteoffer. 4. Så snart indvoldene er skåret ud ‹af dyret›, ræk Janus offerbagværket og ær ham med samme procedure, som du har brugt tidligere. Ræk Jupiter et offerfladbrød og ær ham med samme procedure, som du har gjort tidligere. Giv ligeledes Janus et vinoffer og giv Jupiter et vinoffer med samme procedure, som det tidligere blev rakt frem i anledning af overrækkelsen af offerbagværket og offerfladbrødet. Derefter skal du ofre indvolde og vin til Ceres.

Kommentar

Teksten taler om et offer af en so, før høsten af spelt, hvede, byg, bønner og roefrø bringes ind. Offeret indledes med røgelse og en vinlibation til den gamle gudetriade

Janus, Jupiter og Juno; vi lægger mærke til Janus' position; han kommer først. Da det drejer sig om afgrøder, består offeret også af afgrøder, altså melkager, formet på en speciel måde som bagværk og som fladbrød, og vinoffer, inden bønnen udtales, og Janus får først. Han er guden med de to hoveder, der kan se ud af og ind i huset, ind i fremtiden og tilbage til fortiden, en vigtig gud, der ofte nævnes før Jupiter i bønner. Han skal modtage offerbagværk 'strues' med følgende bøn: 'Iane pater ... meae.' Offerbagværket ledsages af 'gode bønner', dvs. bønner om positiv behandling fra gudens side, og man bør lægge mærke til, at når der findes gode bønner, må der også findes onde bønner, fx forbandelser, som er negative ønsker over for nogen. Med de gode ønsker følger en opfordring til guden om at være velvillig og gunstig stemt over for dem, der skal nyde godt af gudens gunst, her den bedende selv, hans børn, hjemmet og husholdet. Og husholdet omfatter som sagt ejeren, fruen, børnene, slaverne samt husdyrene, altså alle levende væsener på bedriften. Derefter er det Jupiters tur til at modtage gaver, og bønnen er en gentagelse af bønnen til Janus pater, bortset fra at han får et offerbrød 'ferctum' i stedet for 'strues', offerbagværk. Efter de spiselige gaver kommer de flydende, og her er Fader Janus først igen: ' ... eiusdem rei ergo ... esto', og derefter Jupiter: 'macte isto fercto esto, macte vino inferio esto'. Derefter fortsætter Cato med sine anvisninger om ritualet.

Indledningen til ofret består i kravet om at ofre, før man begynder at høste, bringe i lade og gribe ind i naturens gang. Separationsfasen indledes af en bøn med røgelse og et vinoffer til den gamle gudetriade Janus, Jupiter og Juno, og når man nu er inde i ritualet, altså i den liminale fase, skal ord og gerninger udføres korrekt og i den rigtige rækkefølge både mht. guder og mht. offeringredienser; bønnen adresseres nøjagtigt, og de begunstigede nævnes lige så nøjagtigt, og den reciprokke gaveudveksling markeres tydeligt. Derefter står offeret af soen i centrum, hvis indvolde skal ofres til Ceres, men inden de brændes, gentages indledningsritualet med offerbagværk og vin til de mandlige guder. Først nu får Ceres sit offer. I denne tekst ser vi altså kun fase 1 og 2 i ritualet, mens aggregationsfasen er implicit, om end nævnt i starten af teksten: 'priusquam hasce fruges condas, far, triticum, hordeum, fabam, semen rapicium.' Den profane tilstand er her lagringen af de fire afgrøder.

Teksten starter med en påkaldelse, en invocatio, af guden, 'Iane pater', dvs. en fatisk funktion, efterfulgt af et verbum i 1. person, 'precor', hvor adressanten så introduceres i en ekspressiv funktion, der sender preces bonas, gode bønner, sammen med en offergave, 'hac strue commovenda', som vi betragter som en informativ eller repræsentativ funktion, hvorefter den egentlige bøn formuleres, 'uti sies volens propitius', den direktive funktion; den gunst, som den ofrende ønsker af guden i denne reciprokke gaveudveksling, skal komme de begunstigede, 'mihi, domo, familiae meae', til gode, og dette må være en informativ funktion. Dette skema gentages over for Jupiter, kun offergaven er denne gang 'fercto', derefter får begge guder et vinoffer, 'vino inferio', hvor bønnen om gudens gunst hedder 'macte … esto'. Det centrale afsnit er porca praecidanea, der slagtes og hvis exta, indvolde, tages ud og kontrolleres, og når de er godkendt, gentages hele første del af ritualet i samme rækkefølge; først nu får Ceres sit offer og en vinlibation.

De næste to tekster viser samme mønster i bønneritualet, men dog med nogle andre karakteristiske træk for romerske ritualer.

5. Cato: De agri cultura, CXXXVIIII om 'offer til guderne før beskæring af den hellige lund'

[139] Lucum conlucare Romano more sic oportet: porco piaculo facito, sic verba concipito: "Si deus, si dea es, quoiium illud sacrum est, uti tibi ius est porco piaculo facere illiusce sacri coercendi ergo harumque rerum ergo, sive ego sive quis iussu meo fecerit, uti id recte factum siet, eius rei ergo hoc porco piaculo immolando bonas preces precor, uti sies volens propitius mihi domo familiaeque meae liberisque meis: harumce rerum ergo macte hoc porco piaculo immolando esto".

(Origo: Cato & Varro: *De re rustica*, in Loeb Clas. Libr., no. 283, London e.a., 1967 (rev. 1935))

Cato: Om landbruget, kap. 139
Du bør udtynde en lund på romersk vis således: du bør ofre et svin som sonoffer, form ordene således i en bønneformular: "Om du er gud, om du er gudinde, som denne hellige lund tilhører, således som det er ret at ofre et svin som sonoffer for dig i anledning af, at helligdommen skal udtyndes, og i anledning af disse forholdsregler, sender jeg dig, hvad enten jeg eller nogen på min befaling har sørget for, at det er blevet gjort korrekt, i den anledning gode bønner med overrækkelsen af dette svin som sonoffer og beder om, at du vil være velvillig og nådig over for mig, mit hus, min husstand og mine børn; i anledning af disse forholdsregler vær beæret med overrækkelsen af dette svin som sonoffer."

Kommentar

I denne anvisning er bønnen det vigtigste, men vi bør lægge mærke til, at svinet er et sonoffer, 'piaculum', fordi mennesket griber ind i naturens gang og beskærer en lund, som nok er et helligt sted, men det er hele naturen også, så menneskets nødvendige overgreb skal sones på forhånd.

Da der skal beskæres træer og da naturen er Moder Jords, er kloden hellig, bestyret af guder, og skal man røre kloden, og det gør alle bønder, har de brug for en bønneformular: 'Si deus, si dea es, ...immolando esto.' Det første, vi lægger mærke til, er tiltalen 'om du er gud eller gudinde', hvad der svarer til 'ingen nævnt, ingen glemt'; man henvender sig til alle for en sikkerheds skyld, som er berettiget til at modtage et svin som sonoffer for træbeskæringen, og agenten eller den, der handler på agentens ordre, sender positive bønner til guden om en velvillig indstilling over for de kendte størrelser: den bedende, hans børn, hans hus og hans hushold, sådan som vi har set det før. Bønnen viser den reciprokke gavefordeling: man håber på gudens gunst mod at guden får et offer, som han/hun forhåbentlig vil tage imod, efter formlen 'macte ... esto.'

Denne tekst, starter også med en fatisk funktion, en henvendelse til alle guder og gud-inder, der har ejerskab over lunden: 'si deus ... sacrum est.', efterfulgt af konstateringen, at det er gudernes ret til at modtage et offer: 'uti tibi ius ... factum siet.' 'ius' betegner et kontraktforhold mellem klienter i det sociale domæne, som nu også bruges i det religiøse domæne, hvor forpligtigelsesfølelsen overføres på guderne. Så nu bliver mennesker og guder klienter i en retslig procedure. Afsenderen giver et offer og beder om velvilje, altså en kontant hyldest med en direktiv funktion: 'eius rei ergo ... liberisque meis.'

6. Cato: De agri cultura, CXXXX om 'offer før markarbejdet starter'

[140] Si fodere voles, altero piaculo eodem modo facito, hoc amplius dicito: "Operis faciundi causa". Dum opus, cotidie per partes facito. Si intermiseris aut feriae publicae aut familiares intercesserint, altero piaculo facito.

(Origo: Cato & Varro: *De re rustica*, in Loeb Clas. Libr., no. 283, London e.a., 1967 (rev. 1935))

Cato: Om landbruget, kap. 140

Hvis du vil kulegrave ⟨jorden⟩, gør det med et andet sonoffer på den samme måde, men sig bønneformularen med en udvidelse: " på grund af det markarbejde, der skal gøres." Mens markarbejdet står på, udfør det hver dag stykke for stykke. Hvis du afbryder den eller offentlige eller private helligdage kommer ind i mellem, udfør et sonoffer til.

Kommentar

Teksten viser, at bøn og offer indrettes efter det arbejde, der skal udføres i naturen; det passer til romernes specificering af landbrugsfunktioner, der følger specificeringen af gudefunktioner. Og afbrydelser af ritualet er brud på den liminale fase, hvor almindeligt arbejde altså opfattes som en handling, der skal udføres korrekt over for naturen(s guder) og ikke må afbrydes.

I kap. 140 drejer det sig ikke om at beskære en hellig lund, men om at pløje marken, 'fodere', og da det er en anden opgave, skal der også siges en anden tekst i bønnen, hvad selve arbejdet angår: 'operis faciundi causa'. Ord og handling skal følges ad i romerske ritualer for at opfylde ortopraksiens krav.

7. Cato: De agri cultura, CXXXXI om 'ofring af suovetaurilia og vin til Jupiter og Janus'

[141] 1. Agrum lustrare sic oportet. Impera suovitaurilia circumagi: "Cum divis volentibus quodque bene eveniat, mando tibi, Mani, uti illace suovitaurilia fundum agrum terramque meam quota ex parte sive circumagi sive circumferenda censeas, uti cures lustrare."

2. Ianum Iovemque vino praefamino, sic dicito: " Mars pater te precor quaesoque uti sies volens propitius mihi domo familiaeque nostrae; quoius rei ergo agrum terram fundumque meum suovitaurilia circum agi iussi: uti tu morbos visos invisosque viduertatem vastitudinemque, calamitates intemperiasque prohibessis defendas averruncesque; uti tu fruges frumenta vineta virgultaque grandire beneque evenire siris;

3. pastores pecuaque salva servassis; duisque bonam salutem valetudinemque mihi domo familiaeque nostrae: harunce rerum ergo fundi terrae agrique mei lustrandi lustrique faciundi ergo, sic ut dixi, macte hisce suovitaurilibus lactentibus immolandis esto: Mars pater, eiusdem rei ergo macte hisce suovitaurilibus lactentibus immolandis esto item, esto item."

4. Cultro facito struem et ferctum uti adsiet, inde obmoveto. Ubi porcum inmolabis,

agnum vitulumque, sic oportet: "eiusdem rei ergo macte hisce suovitaurilibus immolandis esto." Nominare vetat Martem neque agnum vitulumque. Si minus in omnis litabit, sic verba concipito: "Mars pater, si quid tibi in illisce suovetaurilibus lactentibus neque satisfactum est, te hisce suovetaurilibus piaculo." Si uno duobusve dubitavit, sic verba concipito: "Mars pater, quod tibi illoc porco neque satisfactum est, te hoc porco piaculo".

(Origo: Cato & Varro: *De re rustica*, in Loeb Clas. Libr., no. 283, London e.a., 1967 (rev. 1935))

Cato: Om landbruget, kap. 141

141. 1. Man bør rense marken med et offer på denne måde. Befal, at gris, lam og kalv drives omkring ‹marken, med ordene›: "Med troen på velvillige guder og håbet om, at det må godt, giver jeg dig, Manius, den opgave, at du sørger for at rense ‹marken›, alt eftersom du vurderer, på hvor stor en del af min grund, min mark og min jord disse suovetaurilia enten skal drives eller bør føres rundt.

2. Påkald Janus og Jupiter med et vinoffer og bed således: "Fader Mars, dig beder jeg til og bønfalder om, at du er velvillig og nådig stemt over for mig, mit hus og min husstand, for hvis skyld jeg har befalet, at suovetaurilia drives omkring min mark, min jord og min grund: at du må holde synlige og usynlige sygdomme, tørke og ødelæggelse, ulykker og uvejr borte og afvende dem; at du må lade afgrøder, korn, vinmarker og beplantninger vokse og trives godt,

3. bevare hyrder og kvæghjorder uskadt; og give mig, mit hus og min husstand en god skæbne og helse: på grund af disse ting og for at rense min grund, min jord og min mark og udføre et sonoffer, således som jeg har sagt, vær bæret med offeret af disse suovetaurilia, der endnu dier: Fader Mars, af samme årsag vær bæret med offeret af disse suovetaurilia, der endnu dier, endnu engang, og endnu engang."

4. Sørg for, at offerbagværk og offerfladbrød ligger ved kniven, giv offergaver af dem. Når du vil ofre grisen, lammet og kalven, bør det ske således: "Vær af samme årsag bæret over offeret af disse suovetaurilia." At nævne Mars, forbyder offerformularen, ligesom at nævne lam og kalv. Hvis offeret i alle ‹tre tilfælde› ikke giver et godt varsel, så formuler bønneformularen således: "Hvis noget ved dette offer af suovetaurilia, som er diende, ikke har tilfredsstillet dig, vil jeg forsone dig med disse suovetaurilia." Hvis han tvivler på et eller to sonofre, skal han formulere bønneformularen således: "Fader Mars, det, som ikke har tilfredsstillet dig ved dette griseoffer, vil jeg sone for dig med denne gris som sonoffer."

Kommentar

Denne tekst handler om det traditionelle suovetaurilia-offer af en gris, et lam og en kalv, altså unge dyr, der endnu dier (se afsn. 3), for at rense marken for negative ånder, 'agrum lustrare' (se afsn. 1). Dyrene skal føres rundt om en relevant del af grunden, marken og jorden for at indvie den og dermed gøre den klar til et års brug igen. I den næste bøn i afsn. 2 møder vi den kendte struktur i en bøn, hvem man beder til, her Fader Mars, som fungerer som skov- og markgud, ønsket om, at guden må være gunstig stemt over for husholdet, årsagen til, at de tre dyr drives rundt om ejerens jord og grund, med det tillæg her, at alle onder holdes væk fra ejerens hushold, og at alle afgrøder trives, hyrder og deres hjorder holdes uskadte, og at husholdet får det godt takket være suovetaurilia-offeret. Resten af bønnerne er rettet mod Fader Mars, landbrugsguden, om at modtage offeret velvilligt, og hvis det ikke virker, så skal handlingen gentages med et nyt offer, sacra succidanea.

Ritualet er lustratio agri, rensning af marken, i starten af året, før den skal sås til igen. Ritualet indledes med en bøn, der kendetegner starten på separationsfasen, idet dyrene så at sige afgrænser den jord, der skal indvies, fra de andre jorder, som ingen betydning har her. Derefter går vi ind i liminalfasen med bønner til de specificerede guder Janus og Jupiter, og vi bemærker igen rækkefølgen af dem, Janus kommer først, sammen med et vinoffer. Den lange bøn, der følger og som er rettet til Fader Mars som landbrugsgud, viser alle karakteristika for denne genre, adressat og adressant, begunstigede, ønsker om positiv behandling og afværgelse af negative elementer. Den reciprokke gunstbevisning ses i formlen 'macte … esto'. Ortopraksien kræver, at remedierne er i nærheden af hinanden, her offerkniv, offerbagværk og –fladbrød, og at formlen bruges korrekt; hertil hører i dette tilfælde også, hvad man ikke må sige. Vi hører ikke noget om aggregations-fasen, men til gengæld rådgiver Cato om gentagelsen af ofret, hvis det første offer ikke skulle virke. Hvis suovetaurilia ikke skulle virke, er en gris den sidste udvej for at forsone guden.

Bønnen starter med en påkaldelse, altså en fatisk funktion; der er faktisk to fatiske funktioner, den første går til Janus og Jupiter uden tekst, og derefter påkaldelsen af Mars pater: 'Mars pater, te precor,' derefter følger det første positive direktiv: 'quaesoque uti … nostrae.' De begunstigede nævnes af afsender, og selve ofret skal være prisen for, at guden holder de negative onder væk fra afsenderen. Direktivet lyder: 'uti tu morbos … averruncesque.' Derefter følger et positivt direktiv for afgrøder og mennesker: 'uti tu fruges … familiaeque nostrae.' Formålet med offeret nævnes igen: 'harunce rerum ergo ... ergo', som er en informativ funktion. Som afslutning på bønnen tiltales Fader Mars igen, et afsluttende farvel i en fatisk funktion med afsenderens ønske om, at guden må være tilfreds: 'eiusdem rei ergo ... esto item.' Og ligeledes i afsn. 4: 'eiusdem rei ergo ... immolandis esto.' Resten af teksten viser en anden ting i romersk offerkultur. Hvis offeret ikke vurderes til at virke af forskellige årsager, skal det gentages, for samfundet kræver et gyldigt svar. Denne procedure formuleres her: 'Mars pater ... piaculo.' Med verbet i afsn. 4 'piaculo' udtrykker afsenderen en kommissiv funktion, fordi han lover at udføre offeret, indtil et tilfredsstillende resultat er fundet.

8. Cato: De agri cultura CXXXXIII om 'husholderskens religiøse pligter'

[143] ... rem divinam ni faciat neve mandet qui pro ea faciat iniussu domini aut dominae: scito dominum pro tota familia rem divinam facere. ... Kal., Idibus, Nonis, festus dies cum erit, coronam in focum indat, per eosdemque dies lari familiari pro copia supplicet. ...
(Origo: http://thelatinlibrary.com/cato/cato.agri.html)

Cato: Om landbruget, kap. 143 (uddrag)
... Hun må ikke udføre kulthandlinger eller overgive dem til en, som skal udføre dem for hende, uden herrens eller fruens anvisning. Lad hende vide, at husherren udfører kulthandlingen for hele husstanden. ... På Kalendae, Nonae eller Idus og når der er helligdag, skal hun hænge en krans over ildstedet og på de samme dage bede til husstandslaren om ‹tilstrækkeligt› forråd ‹af mad›.

Kommentar
Teksten viser, at husholdersken i visse tilfælde må assistere ved et ublodigt offer, når pater familias tillader det; pater familias og i anden række mater familias har den overordnede kontrol over alt, hvad der sker på gården. Samtidig viser teksten den vigtige stilling, som huslaren indtager, når denne skal tilgodeses på månedens mærkedage og på alle helligdage. Og man lægger mærke til, at der kun er én lar på gården i modsætning til lares compitales og de andre typer af larer.

9. Maurus Servius Honoratus: Commentarius in Vergilii Georgicum I, 21 om 'påkaldelse af landbrugsguder'

[21] dique deaeque omnes post specialem invocationem transit ad generalitatem, ne quod numen praetereat, more pontificum, (per) quos ritu veteri in omnibus sacris post speciales deos, quos ad ipsum sacrum, quod fiebat, necesse erat invocari, generaliter omnia numina invocabantur. quod autem dicit 'studium quibus arva tueri', nomina haec numinum in indigitamentis inveniuntur, id est in libris pontificalibus, qui et nomina deorum et rationes ipsorum nominum continent, quae etiam Varro dicit. nam, ut supra diximus, nomina numinibus ex officiis constat inposita, verbi causa ut ab occatione deus Occator dicatur, a sarritione Sarritor, a stercoratione Sterculinius, a satione Sator. Fabius Pictor hos deos enumerat, quos invocat flamen sacrum Cereale faciens Telluri et Cereri: Vervactorem, Reparatorem, Inporcitorem, Insitorem, Obaratorem, Occatorem, Sarritorem, Subruncinatorem, Messorem, Convectorem, Conditorem, Promitorem. 'tueri' pro 'tuendi' aut 'tuendorum'.

(Origo: Maurus Servius Honoratus. In Vergilii carmina comentarii. Servii Grammatici qui feruntur in Vergilii carmina commentarii; recensuerunt Georgius Thilo et Hermannus Hagen. Georgius Thilo. Leipzig. B. G. Teubner, 1881)

Servius' Kommentar til Vergil: Georgica I, 21

21. Alle guder og gudinder: efter den specificerede påkaldelse går man over til den generelle påkaldelse, for at man ikke skal forbigå den gud, efter pontifikalpræsternes skik, og af dem blev efter et gammelt ritual i alle kulthandlinger efter ‹påkaldelsen› af de specificerede guder, som det var nødvendigt at påkalde med henblik på det offer, som skete, alle guder påkaldt generelt, hvad der er 'hengivenhed over for dem, som beskytter engene'; disse guders navne findes i bønnebøgerne, dvs. i pontifikalkollegiets bøger, som både indeholder gudernes navne og deres etymologier, som også Varro angiver. For som jeg har sagt ovenfor, så står det fast, at navnene gives guderne efter deres funktioner, fx kommer gudenavnet Occator fra harvningen, Sarritor fra lugningen, Sterculinius fra gødningen, Sator fra såningen. Fabius Pictor remser disse guder op, som præsten påkalder, når han skal forrette høstofferet til Tellus og Ceres: Vervactor (brakjord), Reparator (gendyrkning), Inporcitor (pløjning), Insitor (okkulering/podning), Obarator (pløjning), Occator (harving), Sarritor (hakning), Subruncinator (lugning), Messor

(høst), Convector (høsttransport), Conditor (lagring af afgrøder), Promitor (udlevering af afgrøder). 'at beskytte' står for 'den, der beskytter' eller 'dem, der beskytter'.

Kommentar

Denne tekst af den senantikke kommentator Maurus Servius Honoratus, som har skrevet ordforklaringer til hele nationaldigteren Vergils værker, kommenterer her hans landbrugsdigte Georgica, og i afsn. 21 er det netop landbrugsguder, det drejer sig om. Teksten viser os nogle nye træk i romersk landbrugskult. Han starter med udtrykket 'dique deaeque omnes', som er en generel påkaldelse af guderne, ingen nævnt, ingen glemt eller forbigået, og ifølge Servius er det en anvisning fra pontifikalkollegiet, 'more pontificium', Roms øverste og mest ansete religiøse kollegium, der udløser denne form for påkaldelse: 'generaliter omnia numina invocabantur; quod autem dicit 'studium quibus arva tueri''. Pontifikalkollegiet ville altså sikre sig, at bønderne forfølger en overordnet påkaldelse til landbrugsguderne, før man påkalder de i forhold til landbrugsarbejdet relevante guder med specialfunktioner, sådan som vi kan aflæse dem af deres tilnavne, cognomina. Og her viser teksten tydeligt, hvor mange guder der er er impliceret: landbrugsarbejdets forskellige arbejdstrin; her støtter han sig på etymologen og leksikografen Varros skrift De lingua Latina fra 1. årh. f.Kr., som han nævner i teksten, og vi får en lang liste, og det er kun nogle eksempler på specialiserede gudefunktioner. Teksten viser igen den inddeling af arbejdsfunktioner i forhold til skytsguder og –gudinder, som romerne dyrkede. Man var påpasselig med at give guderne deres andele af ofre, både konkrete og verbale i form af bønner.

Haruspicium – indvoldstydning

10. Titus Livius: Ab Urbe Condita XXX, 2, 13

[2] 13. consulum alteri primam hostiam immolanti caput iocineris defuit. ea prodigia maioribus hostiis procurata; editi a collegio pontificum dei quibus sacrificaretur.
(Origo: http://thelatinlibrary.com/livy/liv.30.shtml#2)

Titus Livius: Fra Roms grundlæggelse XXX, 2, 13

13. Den ene af konsulerne manglede toppen af leveren, da han ofrede det første offerdyr.

Disse varsler blev sonet med fuldt voksne offerdyr; pontifikalkollegiet udpegede de guder, som der skulle ofres til.

Kommentar
Toppen af leveren er et centralt undersøgelsespunkt for haruspices, om offerdyret kan accepteres eller ej. Her skal der så ofres med udvoksede dyr, ikke diende som ved visse suovetaurilia.

Perlitatio

11. Titus Livius: Ab Urbe Condita XXXXI, 14, 7

[14] 7. Cn. Cornelio et Q. Petilio consulibus, quo die magistratum inierunt, immolantibus Ioui singulis bubus, uti solet, in ea hostia, qua Q. Petilius sacrificauit, in iocinere caput non inuentum. id cum ad senatum rettulisset, boue perlitare iussus.

(Origo: http://thelatinlibrary.com/livy/liv.41.shtml#14)

Titus Livius: Fra Roms grundlæggelse XXXXI, 14, 7
7. På den dag, hvor konsulerne Cnaeus Cornelius og Quintus Petilius tiltrådte deres embede, ofrede de hver for sig en okse til Jupiter, som man plejer, og i det offerdyr, som Quintus Petilius ofrede, fandt man ikke nogen top på leveren. Da man havde meddelt senatet det, blev han opfordret til at ofre okser, indtil der var gunstige varsler.

Kommentar
Igen er det toppen af leveren, der er vigtig. For at kunne ofre til guderne blev man ved med at slagte offerdyr, indtil leveren var i orden; så var der håb om gode varsler, og dette resultat kaldes 'perlitatio': man bliver ved med at ofre, til der er et positivt resultat.

Arvalbrødrene

12. Acta arvalium fratrum – Corpus Inscriptionum Latinarum – CIL VI, 2041

Teksten stammer fra år 58 e.Kr. i kejser Neros (54-68) regeringstid:

Tabula reperta a. 1866 in vinea Ceccarelliorum prope aedificium rotundum; iam in museo Lateranensi inter reposita.

Tavle fundet år 1866 i vingården af Ceccarelli-familien nær ved den runde bygning; nu henligger den i Lateranmuseet.

Iisdem consulibus ante III Idus Octobres L. Salvius Otho Titianus magister collegii fratrum Arvalium nomine immolavit in Capitolio ob imperium Neronis Claudi Caesaris Augusti Germanici Iovi bovem marem, Iunoni vaccam, Minervae vaccam, Felicitati publicae vaccam, Genio ipsius taurum, Divo Augusto bovem marem Divae Augustae vaccam, Divo Claudio bovem marem; in collegio adfuerunt L. Salvius Otho Titianus Magister, C. Piso, C. Vipstanus Apronianus, M. Valerius Maessalla Corvinus, A. Vitellius, Sulpicius Camerinus, P. Memmius Regulus, T. Sextius Africanus.

Arvalbrødrenes protokoller – Corpus Inscriptionum Latinarum – CIL VI, 2041

I det samme år ofrede på den tredje dag før Idus i oktober Lucius Salvius Otho Titianus, formanden for kollegiet, i Arvalbørdrenes navn på Kapitol på grund af Nero Claudius Caesar Augustus Germanicus' tiltrædelse som kejser en okse til Jupiter, en ko til Juno, en ko til Minerva, en ko til borgerskabets Felicitas, en tyr til borgerskabets Genius, en okse til den guddommeliggjorte Augustus, en ko til den guddommeliggjorte Augusta, en okse til den guddommeliggjorte Claudius. Tilstede var formanden Lucius Salvius Otho Titianus, Gaius Piso, Gaius Vipstanus Apronianus, Marcus Valerius Messala Corvinus, Aulus Vitellius, Sulpicius Camerinus, Publius Memmius Regulus, Titus Sextius Africanus.

Kommentar

Protokollen viser, hvordan forskellige guder og gudinder krævede forskellige dyr som offer; det var pontifikalkollegiets opgave ud fra deres bøger at definere offerdyrets køn, alder, farve og seksuel status i forhold til de guder og gudinder, der skulle ofres til. Arvalbrødrene følger selvfølgelig disse anvisninger fra statens øverste kollegium i religiøse forhold.

Lille ekskurs om arvalbrødrene

13. Commentarii fratrum Arvalium anno 118 p.Chr.n.

Fratres Arvales år 118 e.Kr. under Hadrian

(Origo: John Scheid avec la collabortion de P. Tassini et J. Rüpke: Commentarii fratrum Arvalium qvi svpersvnt – Les copies épigraphiques des protocols annuels de la confrérie Arvale (21 av.-304 ap. J.-C.), École Française de Rome-Soprintendenza archeologica de Roma 1998, no. 68 Hadrien (118 ap. J.-Chr.), 203-205) (= CIL 2078=32374)

3. januar

[imp(eratore) Caesar]e Tr[ai]ano Ha[dri]ano
[A]ug(usto) (iterum), *(vacat)* co(n)s(ulibus)
Cn. [Pedanio] Fusco [Sali]nature
(vacat) (ante diem tertium) non(as) I[anuar(ias), *(vacat)*]
(vacat) magisterio *(vacat)*
M. V[al]eri Treb[i]ci [D]eciani,
[in Capitolio uotorum] nuncupandorum causa [pro salute]
[Imp(eratoris) Caesaris, diui] Traiani Pa[rthici f(ili), diui Nervae]
[nepotis, Traia]ni Hadriani [Augusti], p(atris) p(atriae), fratres]
[aruales conuener]unt M. Valeri[us Treb]icius [De-]
[cianus mag(ister), Q. Ful]uius Gillo Bittius Proculus, Ti.
Iulius Candidus Caecilius Simplex, Ti. Iulius Candidus,
Ti. Iulius Alexander Iulianus, L. Antonius albus, P.
Metilius Secundus. *(vacat)*

Af Arvalbrødrenes protokoller år 118 e.Kr.

3. januar

Under konsulatet af kejser Caesar Traianus Hadrianus Augustus, konsul for anden gang, og Cnaeus [Pedanius] Fuscus Salinator, den tredje dag før Nonae i januar, under foresæde af Marcus Valerius Trebicius Decianus, [forsamlede sig på Kapitol] arvalbrødrene Marcus Valerius Trebicius [Decianus, formand, og Quintus] Fulvius Gillo Bittius Proculus, samt Tiberius Iulius Candidus Caecilius Simplex, Tiberius Iulius Candidus, Tiberius Iulius Alexander Iulianus, Lucius Antonius Albus, Publius Metilius Secundus for at forkynde [deres lykønskninger for kejser Caesar] Traianus Hadrianus [Augustus, søn af den guddommelige] Traianus Parthicus, sønnesøn af den guddommelige Nerva, fædrelandets fader.

Kommentar

Da arvalbrødrene sammen med mange andre religiøse kollegier eller loger eller broderskaber i senrepublikken var ved at miste fodfæste i befolkningen, fordi samfundet havde ændret sig markant siden 5. årh. f.Kr., og fordi Romerriget nu ikke kun bestod af Italia, men af mange stater rundt om Middelhavet, så den internationale indflydelse på Rom var stor, så havde små lokalkulter ikke megen indflydelse og bevågenhed i befolkningen. Det indså kejser Augustus, for han ønskede en moralsk genoprustning af romerne som i fordums dage, dvs. for flere århundreder siden, og til udførsel af den plan havde han brug for de kulter, hvis oprindelse lå langt tilbage. Og på denne måde faldt han over arvalbrødrene, der fejrede Dea Dia; arvalhymnen er en af de ældste tekster, vi har og som romerne havde, så kulten kunne bruges i Augustus' religiøse regi. Augustus' øvrige tiltag på det religiøse område ses hos C. Suetonius T.: Vita Caesarum – Divus Augustus 31, l. 4-14; her skitserer Sueton, hvad Augustus gjorde for at fremme sine religiøse planer.

Augustus indsætter nu arvalbrødrenes kult som officiel kult, der skal højtideligholde kejserfamiliens fødselsdage hele året, og da disse fødselsdage er fastsat af herskeren og dermed staten, bliver arvalbrødrene nu en statslig forening med en bestyrelse og krav om dokumentation og protokollering af deres bestyrelsesmøder, og disse protokoller har vi for hvert år fra 21 f.Kr. til 304 e.Kr. Et eksempel er teksten fra den 3. januar 118 e.Kr. i kejser Hadrians og Fuscus' konsulat med Valerius Trebicius som formand, på Kapitol, hvor broderskabet forkynder de bedste ønsker for kejser Hadrian, Trajans søn og Nervas sønnesøn.

7. januar

(vacat) Isdem co(n)s(ulibus) (ante diem septimum) id(us) Ian(uarias) *(vacat)*
in pronao aedis Concordiae ad sacrificium deae Diae indi-
cendum fratres aruales conuenerunt, ibique M. V[alerius]
Trebicius Decianus magister manibus lautis [uelato]
capite sub diuo culmine contra orientem, c[um collegis]
suis indixit: *(vacat)* "Quod bonum faustum fel[ix fortu-]
natum salutareque sit *(vacat)*
Imp(eratori) Caesari, diui Traiani Parthici filio, Ner[uae nep(oti),]
Traiano Hadriano Augusto, *(vacat)* totique dom[ui]
eius, populo Romano Quiritibus fratribusque ar[uali-]
bus! Sacrificium deae Diae hóc annó erit ante diem
(sextum) k(alendas) Iún(ias) domi, ante diem (quartum) k(alendas) Iun(ias) in [luc]o et domi,
ante diem (tertium) k(alendas) Iún(ias) domi consummabitur." [A]dfuerunt
in collegio M. Valerius Trebicius Decianus mag(ister),
Ti. Iulius Candidus Caecilius Simplex, Ti. Iulius Candi[dus,]
L. Antonius Albus, P. Metilius Secundus. *(vacat)*

7. januar

Under de samme konsuler den syvende dag før Idus i januar mødtes arvalbrødrene i forhallen til Concordia-templet for at forkynde offeret til Dea Dia. Og formand Marcus Valerius Trebicius Decianus efter at have vasket sine hænder og tilhyllet sit hoved under himmelhvælvet forkyndte med ansigtet vendt mod øst sammen med sine kolleger: "Gid det må være godt, gunstigt, lykkebringende, lykkeligt og helsebringende for kejser Caesar Traianus Hadrianus Augustus, søn af den guddommelige Traianus Parthicus, Nervas sønnesøn, og for hele hans hjem, for det romerske folk, Quiriterne og for arvalbrødrene! Offeret for Dea Dia vil i år falde på den sjette dag før Kalendae i juni (27. maj) hjemme hos mig, den fjerde dag før Kalendae i juni (29. maj) i den hellige lund og hjemme hos mig, og det vil blive afsluttet den tredje dag før Kalendae i juni (30. maj) hjemme hos mig." Tilstede i kollegiet var formand Marcus Valerius Trebicius Decianus, Tiberius Iulius Candidus Caecilius Simplex, Tiberius Iulius Candidus, Lucius Antonius Albus og Publius Metilius Secundus.

Kommentar

Mødet den 7. januar med den samme formand, Valerius Trebicius, finder sted i Concordia-templet for at ofre til broderskabets skytsgudinde Dea Dia. Ritualet foregår efter ritus Romanus med togaen trukket over håret, så det er dækket, efter den rituelle renselse af hænderne og med ansigtet vendt mod øst, solopgangens verdenshjørne og den positive pol for romerne og grækerne. Samme retning indtager augurerne også, når de skal tage fuglevarsler, men her bliver der af formanden ytret en fødselsdagslykønskning for kejseren, hans familie, det romerske folk som efterkommere af Romulus og last not least arvalbrødrene selv. Lykønskningen følger en fast formel i sin direktive henvendelse til guderne: 'Quod bonum faustum felix fortunatum salutareque sit', efterfulgt af hvem der skal være den eller de begunstigede. Dernæst forkyndes offerterminerne for Dea Dia, tre i alt, som afholdes i formandens hjem. Til sidst nævnes de tilstedeværende logemedlemmer med navns nævnelse. Vi har altså et ganske normalt bestyrelsesreferat fra den mellemste kejsertid. Og arvalbrødrenes kultforening overlevede altså 300 år mere takket være Augustus' religionspolitik.

Evocatio

14. Ambrosius Theodosius Macrobius: *Saturnaliorum libri VII*. Liber III, 9, 7-8
7 Est autem carmen huiusmodi quo di evocantur, cum oppugnatione civitas cingitur:
SI DEUS SI DEA EST CUI POPULUS CIVITASQUE CARTHAGINIENSIS EST IN TUTELA, TEQUE MAXIME, ILLE QUI URBIS HUIUS POPULIQUE TUTELAM RECEPISTI, PRECOR VENERORQUE VENIAMQUE A VOBIS PETO UT VOS POPULUM CIVITATEMQUE CARTHAGINIENSEM DESERATIS, LOCA TEMPLA SACRA URBEMQUE EORUM RELINQUATIS ABSQUE HIS ABEATIS,

8 EIQUE POPULO CIVITATI METUM FORMIDINEM OBLIVIONEM INICIATIS, PRODITIQUE ROMAM AD ME MEOSQUE VENIATIS, NOSTRAQUE VOBIS LOCA TEMPLA SACRA URBS ACCEPTIOR PROBATIORQUE SIT, MIHIQUE POPULOQUE ROMANO MILITIBUSQUE MEIS PRAEPOSITI SITIS UT SCIAMUS INTELLIGA-MUSQUE. SI ITA FECERITIS, VOVEO VOBIS TEMPLA LUDOSQUE FACTURUM. ...
(Origo: http://penelope.uchicago.edu/Thayer/L/Roman/Texts/Macrobius/Saturnalia/3*.html#9)

Ambrosius Theodosius Macrobius: Samtaler under Saturnaliefesten, III, 9, 7-15

7. Den bøn, som guderne bliver kaldt ud med, når en by er belejret og indesluttet, lyder således [Iurispr. Anteiust. Frag., Furius Frg. 1]: "Hvad enten det er en gud eller gudinde, som har overtaget beskyttelsen af borgerne og byen i Karthago, og du, store gud, som har overtaget beskyttelsen af denne by og dets indbyggere, jeg bønfalder, ærer og beder jer om den gunst, at I forlader dens indbyggere og Karthago by, opgiver dens lokaliteter, templer, helligdomme og byen og går væk.

8. Dernæst skal I også indgyde dens indbyggere og denne by frygt, angst og glemsel og skal, prisgivet dér, komme til mig i Rom og til mine medborgere. I skal være mere velkommen i vore lokaliteter, templer, helligdomme og by og disse skal være behageligere for jer, og I skal herske over mig, det romerske folk og mine soldater, så at vi ved og erkender det. Hvis I altså gør det, lover jeg at indrette templer og udføre lege for jer."

Kommentar

Vi skal se på en speciel bøn i forbindelse med et ritual, kaldt 'evocatio', udkald, hvor man forsøger at kalde fjendens guder væk fra deres hjemby og lokke dem til Rom til gengæld for større modydelser, ofre, templer o.lign. Den senlatinske kommentator Ambrosius Theodosius Macrobius (omkr. 400 e.Kr.) giver et eksempel på en sådan bøn med dette specielle formål i sine 7 bøger, hvor han gengiver samtaler mellem vennerne ved årets slutning.

Vi starter med en fatisk funktion, en påkaldelse af alle guder, ingen nævnt, ingen glemt, samt af den største guddom, hvis funktion det er at beskytte Karthago; det er jo den beskyttelse, romerne vil have elimineret for at nedbryde modstanden og indtage byen: "si deus … recepisti'; derefter følger afsenderens ekspressive funktion, hvor han udtrykker beundring for disse guder, efterfulgt af den direktive funktion, at de bedes forlade Karthago og dens indbyggere, opgive deres helligdomme og gå bort: 'precor, … peto … abeatis'; det er det første negative direktiv; straks følger det andet med forhåbentlig stærkere virkning, nemlig at indgyde beboerne frygt og rædsel, så de prisgiver deres guder: 'eique … proditique'. Det næste direktiv skal lyde positivt for guderne, nemlig at rejse til Rom og få bedre lokaliteter og templer og et behageligere liv: 'Romam … probatiorque sit'; sammen med en udvidelse af deres magtområde: 'mihique … intelligamusque'. Feltherren slutter af med et kommissiv, hvis han indtager Karthago: 'si ita … facturum. 'voveo' er det løfte, som forpligter feltherren til at udføre tjenesten til gengæld for gudernes hjælp.

Kommunikationsanalyse – sammenfatning

Teksten behandler en bøn om evocatio:

Si deus si dea est: modtager af bønnen, adressatfunktion, han- og hunkøn betyder, at man ikke glemmer nogen gud, der kunne blive stødt efter princippet: ingen nævnt, ingen glemt.

Cui ... in tutela: modtagerens ansvarsområde, angiver implicit, hvorfor man henvender sig til ham/hende, informativ funktion.

Te-: eksplicit tiltale, fatisk funktion

Maxime: fokusering på en bestemt gud

Ille qui ... recepisti: årsagen til, at netop denne gud påkaldes; informativ funktion

Precor venerorque: afsenderens holdning til modtager; ekspressiv funktion, som viser ærbødighed og loyalitet over for modtageren og magtforskellen mellem afsender og modtager.

Veniam ... peto: afsenderens ydmyge bøn om en gunst, direktiv funktion, idet han beder modtageren om at handle positivt i forhold til afsender (der jo netop vil erobre den fjendtlige by, hvorfor skytsguderne skal rejse væk fra den);

Ut .. deseratis, ... abeatis: den positive venia, som modtager skal vise afsender, nemlig afrejse fra hjemby; direktiv funktion;

Eique ... iniciatis, proditique: den negative venia, som modtager skal vise fjenden, direktiv funktion;

Romam ... veniatis: den positive venia, som modtager skal vise afsender, nemlig ankomst til den nye hjemby, direktiv funktion;

Nostraque ... sit: belønningen for udrejse og ankomst, forpligtigelse fra afsenders side, kommissiv funktion;

Mihique ... praepositi sitis: afsenderens holdning til modtager, som gentager magtforskellen mellem afsender og modtager, ekspressiv funktion;

Ut sciamus intelligamusque: magtforholdet skal vise sig ved et ydre (sciamus) eller indre tegn (intelligamus) som en garanti, kommissiv funktion;

Si ... facturum: løftet fra prokonsulens side til guderne, den optimale forpligtigelse, kommissiv funktion.

Devotio

15. Titus Livius: Ab Urbe Condita VIII, 9, 4-8

[9] … 4. In hac trepidatione Decius consul M. Valerium magna voce inclamat. 'Deorum' inquit, 'ope, M. Valeri, opus est; agedum, pontifex publicus populi Romani, praei verba quibus me pro legionibus devoveam.' 5. Pontifex eum togam praetextam sumere iussit et velato capite, manu subter togam ad mentum exserta, super telum subiectum pedibus stantem sic dicere: 6. 'Iane, Iuppiter, Mars pater, Quirine, Bellona, Lares, Divi Nouensiles, Di Indigetes, Divi, quorum est potestas nostrorum hostiumque, Dique Manes, 7. vos precor veneror, veniam peto feroque, uti populo Romano Quiritium vim victoriam prosperetis hostesque populi Romani Quiritium terrore formidine morteque adficiatis. 8. Sicut verbis nuncupavi, ita pro re publica [populi Romani] Quiritium, exercitu, legionibus, auxiliis populi Romani Quiritium, legiones auxiliaque hostium mecum Deis Manibus Tellurique devoveo.'

(Origo: http://thelatinlibrary.com/livy/liv.8.shtml#9)

Titus Livius: Fra Roms grundlæggelse VIII, 9, 4-8

9. … 4. I denne kritiske fase råbte konsul Decius med høj røst til Markus Valerius:

"Der er brug for hjælp fra guderne, Markus Valerius; fremfør nu, du officielle pontifex for det romerske folk, de ord, med hvilke jeg skal vie mig selv til døden for legionerne!" 5. Ypperstepræsten bad ham tage sin embedstoga på, stille sig med tildækket hoved og hånden under togaen hævet op til hagen og benene stående på et spyd, lagt på jorden, og sige følgende: 6. "Janus, Jupiter, Fader Mars, Quirinus, Bellona, Larer, Divi Novensiles (nyoptagne), Di Indigetes (indfødte), I guder, som har magt over os og fjenderne, I guder for de døde sjæle, 7. jeg tilbeder og ærer jer, jeg beder om en gunst og ønsker, at I giver kraft og sejr til det romerske folks borgere og at I slår det romerske folks fjender med rædsel, frygt og død. 8. Således som jeg nu har forkyndt det med disse ord, således vier jeg nu fjendernes legioner og hjælpetropper og mig selv til De Døde Sjæles guder og til Tellus til gavn for det romerske folks stat og for det romerske folks hær, legioner og hjælpetropper." …

Kommentar

En anden form for bøn i en krigssituation er konsul Decius' devotio, indvielse til guderne, som Livius beretter om her. Konsul Decius var i en slem knibe over for fjenden, der får ham til at vie sit liv til guderne. En sådan funktion kræver en embedsmand med autoritet ved siden, og det er M. Valerius, der er pontifex og som giver anvisningerne i dette romerske ritual, se afsn. 5: 'pontifex ... dicere.' Når vi ved, at det skal ske ritu Romano, skyldes det, at han skal stå med tildækket hoved, 'velato capite', og spydet viser, at vi står i en krigssituation.

Vi starter med en anråbelse af de vigtigste guder i Rom, husguderne, nye og gamle guder samt guderne for de døde sjæle, dvs. alle væsentlige guder for livet og døden, for det officielle og det private Rom samt gudinden for krig, Bellona, i denne fatiske funktion. Derefter følger en formel, vi kender: 'vos ... peto', hvor afsender bruger den ekspressive funktion til at udtrykke sin beundring for guderne, for derefter at udtrykke den egentlige direktive funktion, nemlig at bede om gudernes gunst for en positiv handling: ' ... uti ... prosperetis', og for en negativ handling: 'hostesque ... adficiatis.' Alt har sin pris, og feltherren skal betale med sit liv for at modtage gudernes hjælp: 'Sicut ... devoveo.' Dette er den kommissive funktion, forpligtigelsen. Med i døden tager han fjendernes tropper, mens romerne og deres hær skal være den begunstigede part.

16. Titus Livius: Ab Urbe Condita XXIX, 27, 1-5

[27] 1. Ubi inluxit, Scipio e praetoria naue silentio per praeconem facto 2. 'diui diuaeque' inquit 'qui maria terrasque colitis, uos precor quaesoque uti quae in meo imperio gesta sunt geruntur postque gerentur, ea mihi populo plebique Romanae sociis nominique Latino qui populi Romani quique meam sectam imperium auspiciumque terra mari amnibusque sequuntur bene uerruncent, eaque uos omnia bene iuuetis, bonis auctibus auxitis; 3. saluos incolumesque uictis perduellibus uictores spoliis decoratos praeda onustos triumphantesque mecum domos reduces sistatis; inimicorum hostiumque ulciscendorum copiam faxitis; 4. quaeque populus Carthaginiensis in ciuitatem nostram facere molitus est, ea ut mihi populoque Romano in ciuitatem Carthaginiensium exempla edendi facultatem detis.'

5. Secundum has preces cruda exta caesa uictima, uti mos est, in mare proiecit tubaque signum dedit proficiscendi. ...

Titus Livius: Fra Roms grundlæggelse XXIX, 27, 1-5

1. Da det blev lyst, lod Scipio fra sit admiralsskib gennem en herold bede om ro og sagde: 2. "Guder og gudinder, som bebor havene og verdensdelene, jer påkalder jeg og beder om, at det, som er blevet udført, bliver udført og i fremtiden vil blive udført under min overkommando, må ende succesfuldt for mig, det romerske folk og almenvellet, for vores forbundsfæller og latinerne, for dem, som står på det romerske folks og min side og følger min befaling og de indhentede varsler til lands, til vands og på floderne; støt I alle disse tiltag velvilligt, og understøt dem med succesfuld fremgang. 3. Lad dem vende sunde og uskadte tilbage som sejrherrer efter at have besejret fjenderne, smykket med fjendernes rustninger, belæsset med bytte, lad dem vende hjem i triumftog sammen med mig; giv os muligheden for at hævne os på modstandere og fjender; 4. giv mig og det romerske folk muligheden for at statuere et eksempel mod det Karthagos borgerskab for det, som karthagenienserne har pønset på at gøre mod vores borgere."
5. Efter denne bøn slagtede han et offerdyr og kastede de rå indvolde, som det er skik og brug, i havet og lod trompeten give signal til at kaste los.

Kommentar

Her er endnu en tekst, der er vendt mod Karthago, fra den anden puniske krig med den berømte feltherre Scipio Africanus i fokus, der fremfører sin bøn med tydeligt militært mål: 'ubi … facto.' Efter en fatisk funktion, påkaldelse af alle guder og gudinder: 'divi divaeque, … qui …colitis', udtrykker den direktive funktion ønsket om sejr for feltherren, det romerske folk, forbundsfæller og latinerne: 'quaesoque … auxitis.' Han ønsker en handling fra gudernes side og nævner de begunstigede tydeligt. Bemærkelsesværdigt er her, at forbundsfæller og latinerne nævnes særskilt; de er del af den romerske samhørighedsfølelse, i hvert fald vil Livius give udtryk for det. Det er jo hans beretning. Der følger et positivt ønske, dvs. et direktiv om, at romerne må kunne smykke sig med fjendens våben og vende hjem i triumftog: 'saluos …sistatis.' Til sidst følger et negativt direktiv om hævn over for karthaginienserne: 'inimicorum … facultatem detis.' Den ekspressive funktiuon kommer frem i 1. persons verbalformer, 'precor', 'quaeso-que', den poetiske funktion, som vi kan identificere som fast formel, er påkaldelsen af guder og gudinder 'divi divaeque'. Selve bønneteksten er en retorisk flot udformet tekst, og vi kan jo ikke vide, hvad der er Livius' ord og hvad der er Scipios ord. Den referentielle funktion ligger i det implicitte indhold, der ligger i Scipios anklage mod Karthago og hvad det havde af planer imod Rom: 'quaeque … molitus est.'

Ritualer til markering af statusforandringer

(Origo: Edmund Leach: Culture and Communication. The Logic by which symbols are connected, Cambridge Univ. Press 1976)

Ritualer bruges til at markere overskridelse af sociale grænser, altså en statusforandring fra en social status til en anden. Overskridelse er fx

> fra liv til død
> fra jomfru til kvinde
> fra dreng til mand
> fra sygdom til sundhed
> fra urenhed til renhed

Ceremonierne statuerer statusforandringen og viser den tydeligt. Det kaldes rites de passage.

Initianden skal igennem 3 faser:

A. Separationsriter skal bringe initianden ud af den gamle status/den gamle rolle, og det kan ske ved

> At gå i procession fra A til B
> At aflægge sine klæder
> At slagte et offerdyr
> At slå en offergenstand i stykker
> At få håret vasket eller få det klippet

B. Liminalitetssritualer er rites de marge og finder sted i et interval af social tidløshed, som kan vare få minutter eller år, fx sørgeår for enker. Initianden skal være et bestemt sted uden profane mennesker, og der kan være forbud/påbud om bestemt mad, klædning og opførsel. Initianden er i princippet besmittet, uren, fordi han er i det hellige område. Når han skal ud af det, sker det fx med en rituel afvaskning.

C. Aggregationsriter integrerer initianden på ny i det sociale samfund, hvor han overtager sin nye rolle, og det kan ske gennem den omvendte procedure i forhold til A, fx

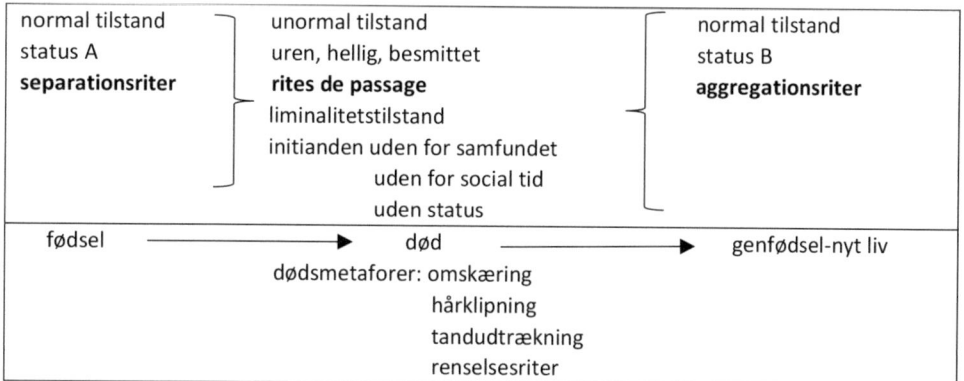

At gå i procession fra B til A
At iføre sig en ny klædedragt
At ofre igen
At standse fasten
At lade håret gro

normal tilstand	unormal tilstand	normal tilstand
status A	uren, hellig, besmittet	status B
separationsriter	**rites de passage**	**aggregationsriter**
	liminalitetstilstand	
	initianden uden for samfundet	
	uden for social tid	
	uden status	

fødsel ⟶ død ⟶ genfødsel-nyt liv

dødsmetaforer: omskæring
hårklipning
tandudtrækning
renselsesriter

Ritualklasssifikation og offeret

(Origo: Jens Peter Schjødt: *Ritualstruktur og ritualklassifikation*, in: Religionsvidenskabeligt Tidsskrift 20, 1992, 5-23)

Et ritual instituteres, når et individ eller et kollektiv eller et helt samfund vil i kontakt med den anden verden, og det kræver, at afsenderen eller afsenderne er i en commu-nitas-tilstand, en fællesskabstilstand, hvor alle er ens som kontaktsøgende. Ritualet er en kommunikativ handling, som bliver religiøs, dvs. del af det religiøse domæne, ved at søge kontakt med 'den anden verden', hvis svar udgøres af en række fænomener, der opfattes som sendt fra den anden verden. Det svar kan tolkes umiddelbart, mens ritua-let foregår (divination), eller efter at ritualet er afsluttet, efter finalfasen, fx årets gode afgrøder. Ritualet bygger altså på en kommunikativ reciprocitet.

Et subjekt bevæger sig ind i den anden verden som initiand eller som myste i en direkte kommunikation eller så tæt på som muligt til grænsen af den anden verden med et offer i en indirekte kommunikation.

Ifølge Victor W. Turner har vi en initialfase, der symboliserer orden, struktur og hverdag, som så i ritualet skal afbrydes med separationsriter, der skal gøre subjekterne parate til det nye enten gennem faste eller psykisk renselse, i overgangen til liminalfasen, der betegner ikke-orden og anti-struktur, fordi al normalitet er ophævet i den tilstand; efter liminalfasen, hvor berøringen sker med 'den anden verden', kommer den nye overgang med aggregationsriter, reintegrationsfasen, der leder til finaltilstanden, der betegner den nye orden, den nye struktur og hverdag. Vi har altså at gøre med fem faser i stedet for van Genneps tre.

Van Gennep lagde grunden til studiet af ritualets struktur, idet han i sin horisontale bevægelse som første trin havde rites de séparation, adskillelsesriter, der fjernede subjekterne fra hverdagen, rites de marge, selve liminalitetsfasen, hvor man er i berøring med 'den anden verden', og rites de agrégation, optagelses-riter, der opretter den nye orden. Men dertil føjer Terence S. Turner den vertikale akse, idet man er i direkte kontakt med 'den anden verden' via den vertikale akse i liminalfasen, altså fasen mellem initial- og finalfasen.

Den finske religionsforsker Lauri Honko klassificerer ritualer i rites of passage, overgangsritualer, som hellere skulle hedde initiationsritualer, calendrical rites, årstidsritualer, samt crisis rites, kriseritualer, fordi initialfasen og finalfasen kategorimæssigt er forskellige. Når overgangsritualer hellere skulle hedde initiationsritualer, skyldes det, at der er flere slags overgange; de mest markante er fødsel, pubertet, giftermål og død, men der er også, hvad Schjødt kalder erhvervsmæssige overgange som indvielse i krigerforbund, kongeindsættelser, præsteindvielser o. lign.

Når man skal klassificere ritualer efter initial- og finalfase, kan man sige, at ved initiationsriter går individet fra en gammel status til en ny status, fra 0 til 1, og der er identitet mellem subjekt og objekt (= subjekt), ved årstidsriter er der kun en gentagelse af sidste års resultat, fra 0 til 0, her kommer der et offer ind i billedet, mens kriseriter opstår af en nødsituation, som man vil have fjernet til normalen, fra –1 til 0, hvor der også kommer et offer ind i billedet. På denne måde kan man adskille forskellige ritualer.

Offerets struktur

Offeret hører til den indirekte kommunikation med 'den anden verden', idet offeret er stedfortræder for initianden, og ligesom ritualet har offeret også en struktur. Hubert og Mauss har sat en tredeling, nemlig en indledning som forberedelse til helliggørelsen, væk fra profaniteten, selve udførelsen, der indbefatter offeret, fællesspisningen og renselsen, samt afslutningen, der er en afhelligelse ind i profaniteten. Her kunne man jo også ansætte 5 faser: initialfasen, der er profan – forberedelsesriter til liminalfasen, fx renselse, røgelse, libation o.lign. – selve liminalfasen med offeret, hvor præsten (= den religiøse embedsmand) er i funktion sammen med hjælperne – afslutningsriter, der gør kødet spiseligt igen, og renselse og libation, samt fællesmåltidet – finalfasen, hvor deltagerne er i profaniteten og i en ny orden.

Det romerske offerritual – hovedtrin

1. Udvalg af offerdyret – <u>probatio</u> – mht. race, køn, alder, farve i forh. t. guddommen:
   Mandlige guder – kastrerede offerdyr
   Mars, Neptun, Ianus, Genius – ikke-kastrerede offerdyr
   Kvindelige guder – kvindelige dyr
2. Udsmykning, bl.a. forgyldning af hornene
3. Procession – <u>pompa</u> – til alteret
4. Bønner
5. Ublodige førofre/indledende ofre
6. Offerlederen eller pater familias tager togaen over hovedet – <u>caput velatum</u> – ritus Romanus
7. Mola salsa strøs over offerdyret; ved de officielle fester lavet af vestalinderne
8. Strygning med en kniv over offerdyrets ryg = overdragelse til det guddommelige domæne
9. Slagtning af dyret gennem <u>victimarius</u> med ét enkelt slag, og dyret bløder ud
10. Indvolde = <u>exta</u> inspiceres af <u>haruspex</u>, indvoldstyder, efter etruskisk skik
11. Accept af offerdyret = <u>litatio</u>; ved ikke-accept gentages offeret dagen efter
12. Exta præsenteres for guden og brændes sammen med et vinoffer = <u>libatio</u> (Cato: De Agricultura 134)
13. Det øvrige kød, som endnu tilhører guddommen, berøres af præstens hånd og desakraliseres = profaneres igen; (Cato, De Agricultura 132)
14. Nu må det koges og spises af deltagerne

Offerterminologi – en kort introduktion

Caedere: at slagte offerdyret.

D D D : dat, donat, dedicat – han giver, skænker og overdrager til guden.

D D : dat, dedicat – han giver og overdrager til guden.

Dare, porrigere, pollucere – at give, række frem, vie til = sætte frem for guderne

Dedicatio = overdragelse af en ting eller et dyr eller et menneske til guderne; ting kan jo være korn, frugter, afgrøder, votivtavler; dyr er offerdyr, kyllinger, lam, pattegrise, får, væddere, han-/hungrise, okser, tyre, kvier; mennesker gælder kun i specielle situationer, når en general vier sit liv til guden for at vinde en sejr mod en overmægtig fjende; hvis han ikke dør i kampen, kan han ikke vende hjem til Rom, men skal gå i landflygtighed. Den religiøse formel er udsprunget af en juridisk kontrakt, hvor giveren er den, der betaler og er overdragelsesberettiget. Overført til det religiøse domæne betyder det, at sagen (= offeret) overdrages guddommen efter verdslig rets terminologi: publica consecratio = dedicatio

Diis danto (fut. imperativ) – de skal give (= ofre) til guderne

Do ut des: Ofte bruges dette udtryk i romerretten = jeg giver, for at du giver', som er en realkontrakt mellem to parter, men den bliver IKKE anvendt i sakralretten, netop fordi det er en asymmetrisk kommunikation.

Duumviri: et specielt præstekollegium på opr. 2, derefter 10 og til sidst 15 mand, som hed Duumviri, Decemviri, Quindecimviri, udførte ofringer til bestemte guder i ritus Graecus. Visse ofringer foregik efter ritus Graecus, idet embedsmændene ikke dækkede håret med togaen; hvis hovedet bliver dækket, følger man ritus Romanus.

Exta: det, der præsenteres for guderne, er indvoldene, exta: hjerte, lever, lunge, galle, milt, dvs. alt det, der er indeholdt i bughinden, som præsenteres på bordet ved siden af alteret. Og disse exta bliver kogt (oftest) eller stegt.

Ferire: at slå offerdyret ned.

Haruspices: Kriterier for den pletfri tilstand grundes på dets alder, proportioner og anatomiske normer, og undersøgelsen foretages af haruspices, indvoldstyderne, ellers i det private af pater familias.

Hostia: offerdyret.

Hostia succidanea: efterfølgende offerdyr, der ofres, indtil varslet er pletfrit ud fra exta, indvoldene, se fx Cato 141, 4.

Immolatio: bestænkningen af offerdyret med mola salsa før ofringen; derfor betyder ordet også ofring; verbet er immolare: at bestænke, at ofre.

Inter caesa et prorrecta: Udtrykket inter caesa et porrecta hentyder til, at befolkningen mellem slagtning (caesa, af caedere) og præsentation for guden, porrecta (af porrigere), kan udføre retshandler og dagligdagsforretninger, idet slagtningen foregik om morgenen og præsentationen om aftenen. Det sker på de delte dage, dies intercisi, i kalenderen.

L M : libens merito – gerne og efter fortjeneste; handlen baserer sig på frivillighed (libens), mens merito betyder, at partneren har ydet sit, som jo er forudsætningen for kontraktens indgåelse.

Litare: at opnå accept fra guddommen ved at forrette et offer, non litare: ikke at opnå accept; ordet hænger betydningsmæssigt måske sammen med solvere ‹votum› – at indfri sit løfte = dare deo – at give til guden; det har måske en etymologisk sammenhæng med luitio – betaling, som er en terminus technicus i romerretten Digesta 49, 15, 15; en anden mulighed er det græske ord lité = bøn.

Sueton fortæller om Caesar (Sueton: Iulius 81, 4): *Caesar går den 15. marts 44 f.Kr. ca. kl. 11 til senatsmødet i curia Pompeii, og inden han går ind, forretter han et offer, men opnår ikke et gunstigt varsel, nulla litatio, non lito; han forsøger sig med flere offerdyr, hostiae succidaneae, men heller ikke nu opnår han litatio; han afbryder ofret og går ind til mødet i curia og bliver som bekendt stukket ned af 23 dolkestød.* Årsagen til hans død omtaler Sueton med ordene *spreta religione*, foragt for ritualet (egl. ritualet, der er kastet til jorden), og desuden grinede han ad haruspex Spurinna.

Litatio er det bærende element i ofringen efter den ovennævnte fortolkning; det er en synlig, kontrollerbar og manipulerbar handling, fordi den kontrolleres og udføres af mennesker; haruspex eller auguren udtaler dermed den således fortolkede guddommelige accept. Romerne havde altså en opfattelse af, hvornår offeret var i orden, fordi de selv skulle tolke det. På denne måde kunne de religiøse kultfunktionærer manipulere med resultatet, jf. augurerne eller haruspexerne, der undersøgte offerdyret før et senatsmøde i Rom; hvis de ikke ville, at der blev truffet politiske beslutninger den dag, stemplede de offerdyret som ikke intakt.

Litationem inspicere: Undersøgelsen af offerdyrets ydre og indre = indvolde hedder litationem inspicere, at undersøge indvoldene mhp. accept, og probatio hedder accepten af offerdyrets pletfri tilstand i det ydre og indre.

Mola salsa: saltet speltmel (groft), som blev drysset over offerdyret før slagtningen.

Obmovere diis: at tilbyde guderne et offer.

Praefari: Før selve ofringen af dyret kunne der være et foroffer med røgelse og vin: ture et vino facere – at ofre med røgelse og vin, og at udføre forofferet hedder praefari, at tale i forvejen, igen en påmindelse om, at en kulthandling består af en aktionsdel og en verbal del.

Princeps: af primus, den første, og capio, tager; dvs. det er den festdeltager, der må tage af offeret først; han har altså en særlig stilling i samfundet, hvad der fører til betydningen 'leder', 'anfører', 'kejser'.

Probatio hedder accepten af offerdyrets pletfri tilstand i det ydre og indre.

Propitiare og placare deos: formålet med et offer er at forsone guderne, propitiare deos, placare deos.

Rem divinam/res divinas/sacra facere: at udføre en kultisk handling

Res sacrae er extra commercium, dvs. trukket ud af menneskelig handel og færdsel, se Digesta 1, 8, 9 pr.2; Gaius 2, 1; Dig. 18, 1, 6; Institutiones 2, 20, 4; commercium = byttehandel, handel: 2 retsgyldige partnere handler sammen, jf. com-merces; undertiden kaldes disse ting for merces, varer eller commercium, varesalg, varebytte, som er en term. techn. inden for jura, men ikke inden for sakralretten. Det viser bare, at de termer, man bruger inden for det religiøse domæne, stammer fra det verdslige sprog og dagligdagens retshandler. De har så fået en speciel religiøs betydning hen ad vejen. Den semantiske glidning er gået fra det retslige domæne over i det religiøse, ligesom sanctitas og pietas.

Sacrificium: blodigt offer, verbum: sacrificare: at ofre.

Sportula: små kurve, hvori resten af offerdyrets kød blev lagt, som deltagerne i processionen kunne købe og tage med hjem, hvis ikke ritualet bestemte, at det skulle spises på stedet.

Ture et vino facere: at ofre med røgelse og vin; dette var ofte bestanddele af et foroffer før det egentlige blodige offer.

V S : votum solvit – Han har indfriet løftet; vota og offer kombineres, idet offeret er en betaling for den af guden ydede tjeneste, og de to ting har den samme struktur = homologi, idet det er to tjenesteydelser, der er afhængige af hinanden, selv om der hersker asymmetri mellem den ofrende og offermodtageren:

V S : votum suscipere – at påtage sig et løfte = at forpligte sig

Offerlogik

Hvad har ofring af dyr og mennesker med menneskets kommunikation med guderne at gøre?

Rituel aktivitet har en visuel, verbal, rumlig og tidslig dimension samt en sansning af lyd og lugt og smag og følelse/berøring + gentagelser af handlingerne

Universet er todelt:

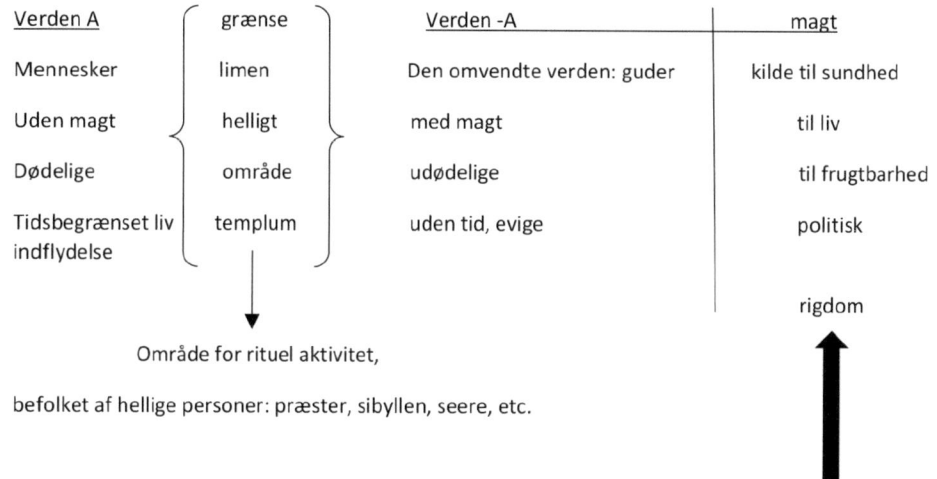

Et offer må gå samme vej som sjælene. Offeret er en symbolsk gave: selve offerhandlingen er en måde at give gaver til guderne på. Det er udtryk for et gensidigt forhold, ikke en byttehandel (altså ikke: do ut des!). Offerhandlingen betyder, at man lader et menneske i grænseområdet, præsten, føre et dyr ind i grænse-området, ofre det, og på den måde slår bro mellem menneske- og gudeverden, så at magten kan komme til mennesket.
Ved slagteofferet træder offerdyret i stedet for initianden, og det repræsenterer også den ofrende, som bliver renset og initieret til sin nye status. Den liminale fase er en renselsesproces, der skiller urenhed fra renhed. Initianden går renset videre. Ofringen er en magisk handling, som bringer hele processen over i det nye stadium, og offeret er en grænsemarkering i den sociale tid.

Offerfunktioner:
Der opstilles hierarkier
1. mellem guder og mennesker, den vertikale akse træder frem: a) guderne spiser først, offerdyrets indvolde brændes på alteret, = måltid for guder

b) guden får de vigtigste dele, nemlig indvoldene, vitalia: lever, galde, lunger, mellemgulv, hjertet.

Mennesket tilbyder guden et offer og håber på et godt resultat. Hvis det går godt, fortsættes ofret. Hvis guden ikke reagerer eller der ikke sker noget godt, træder litatio i kraft: analyse af indvoldene. Gudens accept eller ikke-accept ligger i indvoldenes tilstand; haruspices foretager undersøgelsen: gode indvoldes skæres ud og koges for sig og bliver senere brændt. Hvis de er dårlige, er der to muligheder: man afbryder offeret eller slagter flere dyr, indtil guddommen accepterer ofret: usque ad litationem = lige til accepten. Plutarch skriver, at han har hørt om en ofring, der blev gentaget 20 gange.

2. mellem mennesker og mennesker, den horisontale akse træder frem:

der institueres en forskel mellem deltagerne i ritualet som symbol på samfundsmedlemmernes forskellige status:

particeps: del-tager i offerritualet

princeps: den, der tager først: førstemand i det religiøse domæne med ret til at vælge offerkød først;

størrelsen af portioner:

formanden for foreninger: dobbelt portion

næstformand, kasserer: 1½ portion

menige medlemmer: 1 portion

3. mellem mennesker og dyr; på det horisontale niveau sættes der en adskillelse mellem den civiliserede verden, der tilbereder maden, og den vilde natur, der spiser maden rå: menneskene dræber, dyrene bliver dræbt.

Det romerske offer efter G. Wissowa

(Origo: G. Wissowa: Religion und Kultus der Römer, München (C.H. Beck) 1971, Nachdruck der 2. Aufl. 1912, p. 409-432)

Romerne brugte ritualer i den tidlige fortid uden at tro på guder og dæmoner, men på magiens virkning for at fremkalde regn, sejr over fjender, frugtbarhed, jf. saliernes dans, lupercis løb, equirrias hestevæddeløb, drab på hunde for at undgå meldug og solstik; i det tilfælde er selve handlingen det magiske element. Senerehen, da de magiske kræfter havde krystalliseret sig til guder og guddomme, der krævede andre slags ritualer, forblev de ældre ritualer alligevel i brug og svinger med i de nyere. Det mest elementære ritual er offeret som afgift eller tak til guden fra en mands, en gruppes eller statens side.

At ofre hedder 'rem divinam facere' = 'operari'. I Spoletum-loven for lunden i spoletum står: 'Quo die res deina anua fiet ... quod rei dinai causa fiet', ' på den dag vil det årlige offer ske ... det, som vil ske pga. offeret', (CIL XI 4766), og tempelloven for Furfo: 'sei quei ad templum rem deivinam fecerit', (CIL IX 3513)

Facere med ablativ instrumentalis, fx Cato de agric. 139: 'porco piaculo facito', 'Udfør (et offer) med en gris som sonoffer', eller Acta Arvalium: 'bobus auratis II vovemus esse futurum ‹sacrificium›', 'vi lover, at der vil ske et offer med to guldprydede okser'. Da vi befinder os i et fattigt bondesamfund, gives der ingen pengegaver, men naturalier til landbrugsguderne, primitiae af høsten, det første afskårne korn, den første bønne, drue eller druesaft, og ved grundlæggelsen af en ny by kastes de første frugter ned i mundus, porten til de underjordiske guder. Plinius den Ældre: Naturalis historia XVIII, 8: 'ne degustabant quidem novas fruges aut vina, antequam sacerdotes primitias libassent.' 'Man måtte ikke engang smage på de nye afgrøder eller vine, førend præsterne havde smagt den første høst'.

Ver sacrum

En speciel form for indvielse til en guddom er ver sacrum, det hellige forår: alt, hvad naturen og mennesker bringer af afgrøder og afkom, vies til guden: (se Livius A.U.C. XXII, 9, 10 – 10, 6 = Liv. XXXIII 44, 1 f. = XXXIV 44, 1-3, 6 i år A.U.C. 537 = 217 f.Kr; Livius bringer kun dette ene eksempel: Liv. A.U.C. XXXIV, 44, 3: pecus ... consulibus; Livius: A.U.C. XXII 10, 3: quod ver attulerit ... Iovi fieri, ' hvad foråret bringer af afgrøder ... skal gives til Jupiter'; men undtaget er her menneskeligt afkom.

Hjemme hos husherren deltager guderne i måltidet, idet man, familia, spiser ved siden af ildstedet og penaternes skrin og stiller maden i en skål, patella, til guderne. I dødekulten opstiller man retterne ved graven til di parentum = inferiae, (Varro L.L. VI, 13). Ved specielle lejligheder får de relevante guder, fx Jupiter dapalis, før udsåning stegte kødstykker, frugter og et krus vin: daps Iovi assaria, pecunia, 'et måltid til Jupiter af en as' værdi = 1 pund; (se også Paul. p. 244: pecunia ... offerebantur, Cato: De agricultura 132 + 83, Paul. p. 68: daps ... verna).

Der er både blodige og ublodige ofre i historisk tid samt vinofre. Selvfølgelig har et hyrde- og agerbrugsfolk brugt det som offer, der var nærmest og billigst:

Mola salsa: groft speltmel, blandet med salt (Plinius: Naturalis historia XVIII 7: Numa ... tostum).

Puls: grød af speltmel og bønner (Plinius: N. H. XVIII 83 f., 118).

Kager, honning, frugter, ost og mælk (Plinius: N.H. XIV 88: Romulum lacte ... morem; Cicero: De divinatione I 18).

Dyreoffer finder fast sted ved lustrationer og piakularofre (Cato: De agricultura, 141: suovetaurilia lactentia, 'diende offerdyr', nemlig kalv, lam og pattegris).

Vædderoffer til lar familiaris til renselse af funesta familia efter et dødsfald, jf. Cicero: De legibus II 55.

En hund som udsoningsoffer = piaculum, hvis man skal arbejde på marken på en helligdag, (Columella II 21, 4).

Svinet er det billigste offerdyr i privatkulten (se Varro R.R. II, 4, 9); hus- og compitallarerne får ved særlige lejligheder et svin, porcus, som piaculum, (se Cato: De agric. 139).

Arvalbrødrene ofrer til Dea Dia et agna opima, et opfedet hunlam, og en porca, en hungris.

Vin og røgelse, først italisk, siden importeret, samt kager hører især til i privatkulten og som praefatio sacrorum, indledningen til ceremonien, ved offentlige ofringer. Traditionen overholdes ved, at offerdyrene bestrøs med mola salsa og bestænkes med vin.

Ved statslige ofre er proceduren den samme, men offerdyrene er dyrere, man undgår grisen og foretrækker bovillum, okser, og ovillum, får:

Alder:

       victimae (= bos, oves)

       hostiae (= høns, gris, hund, ged)

       maiores (= udvoksede dyr)

       lactentes (= diende dyr)

køn: taurus = tyr

       bos = okse

       vacca = ko

       aries = vædder

       ovis = får

       caper = hanged

       capra = hunged

       iuvencus = ung tyr, stud

       iuvenca = kvie

       agnus = lam

       vitulus = kalv

       bos mas = taurus

       bos femina = vacca

       ovis mas = aries

       ovis femina = ovis

kastration: bos = okse

       vervex = bede

Valget af offerdyr afhænger af

1. guden, der skal ofres til,
2. kulthandlingens ritual,
3. anledningen

Himmelguderne Jupiter og Juno	hvide okser
Underverdenens, jordiske guder	mørke okser, får
Ildens gud Vulcan	røde dyr: vitulus robeus
Tellus og Ceres	drægtige dyr: fordae boves
Mars	hest: equus
Faunus, frugtbarhedens gud	ged: caper
Juno, undfangelsens gudinde	hunged: capra

Rangforskelle mellem guder afspejler sig også i offerdyrene (i værdirækkefølge):
Taurus › Mars, bos mas › Jupiter, vitulus › Vulcanus, aries › Janus, agnus › Quirinus
Ved ceremonier, der gentages, sacra sollemnia, fx til Jupiter og Juno på Kalendae og Idus, kan man nøjes med ovis og agna. Ved kejserens fødselsdag kunne der ofres et utal af okser (se Suetonius: Caligula 14; Seneca: De beneficiis III 27, 1; Ammianus Marcellinus XXV 4, 17).

Arvalbrødrene ofrede til Dea Dia et agna opima og porciliae piaculares samt en vacca honoraria alba, 'en hvid ko for ærens skyld', dvs. et ekstra offer honoris causa.

Ved prodigier er senatet storsindet og bevilliger hostiae maiores i stort antal (se Livius: A.U.C. XXII 1, 15, Aulus Gellius Noctes Atticae IV, 6, 2).

Piakularofre er mere beskedne; guddommen får det offerdyr, som guden får som sacrum sollemne, og hvis det ikke accepteres, bliver det gentaget, (se Cato: de agricultura 141); det næste offerdyr i rækken hedder hostia succidanea, (se Aulus Gellius: Noctes Atticae IV 6, 6; Paulus p. 303).

Offerdyret skal undersøges før ofring og være rent ligesom den, der ofrer (se Livius: A.U.C. XLV 5, 4: 'cum omnis ... arceat'), for kun pletfri og af menneskeligt arbejde uberørte dyr er passende for en guddom; det tekniske udtryk for sådan et dyr er 'purus', (se Varro: De re rustica II 1, 20).

Smykket med 'infulae', pandebånd, og 'vittae', bånd, og okserne smykket med blomsterkranse og forgyldte horn trækkes dyrene i procession til alteret foran det relevante tempel. Ved siden af alteret står et bærbart ildsted, 'foculus', til vinoffer, libation, og røgelsesoffer, 'tus', og den ofrende præst viser sig i cinctus Gabinus, dvs. togaen er kiltet op og rygdelen er trukket over hovedet, 'velatio capitis', (CIL XI 1420, 25: 'immolaverint cincti Cabino ritu'). Før i tiden, da man slagtede selv, var armene også frie, togaen var bundet op, senere havde man victimarii, offerslagtere, til det.

En herold befaler stilhed og en fløjtespiller spiller (Plinius: Naturalis historia XXVIII

11: 'alium vero … exaudiatur'). Fløjtespilleren mangler aldrig, hverken offentligt eller privat. Selve offeret indledes med en praefatio, en indledende ofring af vin og røgelse (CIL VI 2065 I 18 ff.: 'ture et vino in igne in foculo fecit), derpå følger offerbønnen, (se Cato: de agric. 141), derpå immolatio med vin og mola salsa (Cicero: De divinatione II 37: 'immolavitque vino mola cultroque'), og trækker med knivens flade side en streg hen over dyrets ryg fra hoved til hale (Servius: in Verg. Aen. XII 173: 'obliquum etiam … consueverant'). At skære pandehåret af og brænde det, sådan som det sker i græske ritualer, er ikke belagt i romersk offerskik.

Victimarii dræber nu offerdyret, og slagtningen og undersøgelsen af exta, 'inspicere exta', sker, mens exta endnu hænger sammen med kroppen (Paulus p. 100: 'adhaerentia inspiciebantur exta'). Offeret afvises, hvis der er anormaliteter, især hvis hjertet mangler eller leverens toppe, 'capita iecoris' (Paulus p. 244: 'pestifera … non fuisset'). Så indtræder litatio nemlig ikke, offergivning med henblik på gode varsler; ofringen er så resultatløs, ' non perlitat'. Der ofres så på ny, indtil litatio opnås: 'usque ad litationem.' (Liv. XXVII 23,4; XLI 15, 4; Cato: De agric. 139). Teorien om extispicium (se fx bronzeleveren fra Piacenza), og forudsigelse af fremtiden er typisk etruskisk og udføres af haruspices (= haruspicatio, CIL VI 32328, l. 78).

Den ofrende fuldfører ofret ved at bringe guden de indviede dele af dyret, efter at de er kogt og præsenteret (Varro: De lingua Latina V 98: 'haec sunt … videmus'), og lægger derefter delene på alteret (Fest. p. 23 Müll: 'exta aulicocta reddidit': 'Han lagde indvoldene, kogt i en potte, tilbage (på alteret)'). Ingen forskel mellem piakular- og andre ofre, og holocausta kender gammelromersk offerskik ikke.

Guden får exta: lever, lunge, galle, hjerte og mellemgulv samt kødstykker, augmenta, offerkager, og magmenta, ofre; dette er prosiciae (=porriciae), offerstykker, som lægges på alteret og brændes (CIL II 2395).

Hvis offeret sker på et skib, kastes exta rå i havet (Livius: A.U.C. XXIX 27,5: 'cruda exta victimae, uti mos est, in mare porricit').

Når esta er givet til guderne, 'extis redditis', bliver resten af dyret, 'viscera', profan gennem håndspålæggelse fra offerpræstens side og spises af de tilstedeværende privatfolk (se Cato: De agricultura 50 +132), og ved sacerdotale ofre er det præsterne, der får viscera (CIL VI 2104a l. 22), mens det ved magistrale ofre spises af magistraterne, præsterne og senatet, der har epulandi publice ius.

Romerne optog mange fremmede kulter i deres pantheon; derved kom ritus Graecus til Rom, som betyder, at hovedet af præsten ikke behøver at være tildækket, og at offerdyrets køn ikke behøver at være identisk med gudens køn; menneskeofre hører ikke til romersk tradition, se Livius: A.U.C. XXII 57, 6; under ver sacrum, hvor alle nye afgrøder, nyfødte dyr og mennesker i princippet vies til guden som offer i en katastrofesituation, ofres dyrene, mens menneskene som sacri, tabubelagte, jages ud af landet og på den måde stilles til gudens disposition.

Lectisternium

Ved lectisternia opstiller man et pulvinar, en sofa, til guderne, der får serveret maden som ved et normalt romersk gæstebud. De sibyllinske bøger anbefalede at optage græske guder i det romerske gudehierarki, og templerne for disse guder indeholdt et pulvinar eller en lectus, en kline, en sofa, hvor guddommen blev sat på som stråpukke eller som gudebillede med et foran sofaen opstillet bord med offermåltidet. Det skete ved indstiftelsen af helligdommen, den årlige fødselsdag for indstiftelsen og ved særlige anledninger (se Livius: A.U.C. XXIX 14, 14: 'lectisterniumque et ludi fuerunt, Megalesia appellata', (= Magna Mater-kulten), jf. Festus p. 351: 'fana sistere = lectisternia certis locis et dis habere'). 'pulvinar' = 'lectisternium' i CIL II suppl. 5439 c. 128: 'ludos circenses sacrificia pulvinariaque facienda curent': 'de skal sørge for at afholde festlege, ofringer og gudemåltider'. Som lustrationsakt forberedes der et lectisternium for flere guder til et fælles måltid på et offentligt sted, 'in foris publicis'. Det skete første gang pga. en epidemi i 355 A.U.C. = 399 f.Kr., 8 dage for Apollo og Latona, Herkules og Diana, Mercurius og Neptunus (se Livius A.U.C. V 13, 6). Ceremonien nævnes i 390 A.U.C. = 364 f.Kr., 405 A.U.C. = 349 f.Kr., 428 A.U.C. = 326 f.Kr., sidste gang nævnes et 12-guderslectisternium i 537 A.U.C. = 217 f.Kr. Der sker en blanding af Graecus ritus i normale romerske ritualer, og gudemåltiderne indtræder i stedet for daps, 'snack', eller et epulum, festmåltid for guderne, og der findes ikke gammelromerske lectisternia, så de må være en nyhed fra den græske religions kulter. De blev især afholdt for Iuppiter Optimus Maximus på Kapitol i Rom. Indvielsesdagen for templet var den 13. september, og der fandt epulum sted, ledsaget af ludi Romani = ludorum epulare sacrificium. Et præsteskab for denne fest blev indsat i 558 A.U.C. = 196 f.Kr., kaldt tresviri epulones; for Iovis epulum den 13. november gjaldt ritus Graecus. De kvindelige guddomme får i senrepublikken ifølge romersk skik en lænestol at sidde på i stedet for en sofa, og festen kaldtes sellisternium efter Graecus ritus.

Supplicatio

Supplicationes er sonings- og takkefester for hele folket. De blev oprindeligt etableret for at sone prodigier, men de bliver også til faste gudstjenester inden for Graecus ritus, fordi supplicationes sker ad omnia pulvinaria, altså for alle guder, ikke en specielt. Decemviri sacris faciundis har af senatet fået til opgave at inspicere de sibyllinske bøger i en krisesituation, og de leder ritualet. Hele folket, mænd og kvinder, bliver bekranset og holder laurbær i hænderne; man går til templerne, som er åbne for publikum, man ofrer vin og røgelse, mens kvinderne med løst hår knælende beder til guderne. Normalt varer soningen 1 dag, sjældent flere, men takkefesterne kunne vare meget længere, 10-50 dage. Supplicationes kan være takkefester, 'gratulationes', og bønnefester, 'obsecrationes'. Kejserdyrkelsen i kommunerne og i provinserne sker i form af supplicationes, hvor folket ofrer vin og røgelse. Ud fra supplicatio har der udviklet sig en bønneprocession med et pigekor, første gang pga. af en hermafroditfødsel 547 A.U.C. = 207 f.Kr., og senere pga. samme årsag eller pga. andre prodigier (se Iulius Obsequens: 27, 34, 36, 43, 46, 48, 53, Liv. A.U.C. XXVII 37, 7 ff.; Liv. A.U.C. XXXI 12, 9 f.). Processionen bevæger sig fra Apollotemplet foran Porta Carmentalis til Juno Reginas tempel på Aventin, som får to hvide køer som offer af Xviri s.f.; de leder processionen, foran dem går 27 jomfruer, 'ter novenae virgines', som synger hymnen til Juno; de standser på Forum, hvor de berører et tov, der forbinder dem alle, og danser, mens de synger hymnen. Modellen er græsk og ligner fejringen af Athene. Romerske processioner kender vi fra renselsesprocessioner som Ambarvalia og Robigalia og fra Arvalbrødrenes hymne med valsetrin, 'ibi ... tripodiaverunt' (CIL VI 2104 l. 31). Et markant eksempel er Augustus' sækularfest i 17 f.Kr., hvor jomfruerne synger Horats' festhymne til Apollon og Diana (CIL VI 32323 l. 147 ff. Se også Iulius Obsequens 46 [106] og Liv. A.U.C. XXVII 37, 12. 15: 'duo signa cupressea Iunonis Reginae').

Gaver

Templernes udsmykning sker via privatgaver fra kultmedlemmerne; ud over alter, gudebillede, ildsteder, borde gives der pengegaver. Oprindeligt var det naturalier, typisk for et agrarsamfund, men snart blev det til pengegaver.

Et offer er en gave, der skal fjernes fra profan, menneskelig brug. Indviet bliver den tabu, og man skal være i en liminal tilstand for at håndtere den. Derfor bliver madofferet brændt, ved dyreofferet de dele, der er bestemt for guden, og de våben, man har taget fra fjenderne og som indvies til guderne, brændes også eller gøres ubrugelige. Pengeofferet var i første omgang bestemt for de underjordiske guder og kildeguderne, og mønterne kastes i mundus, porten ned til jordguderne, eller i vandet, fx i Lacus Curtius, i udgravningen til et tempel eller i kilden. Så kan mennesker ikke røre eller bruge dem mere; sådan en frivillig gave hedder 'stirps'. Begrebet udvides til at gælde for alle slags pengegaver, som egentlig hedder 'thesaurus'. 'stirpem iacere/iactare' betyder 'at ofre pengegaver', og verberne viser, at mønterne oprindeligt blev kastet ned. Det gælder især for Graecus ritus, idet pengegaver og mønterne lægges på 'mensa sacra' eller i kollekten 'thesaurus' (se Varro: De lingua Latina V 182 og Macrobius: Saturnalia III 11, 6: 'mensa in qua epulae libationes et stirpes conferuntur.'). Indsamling af penge, 'stirpem cogere', er kun tilladt for kulter af fremmed oprindelse som Magna Mater, Isis, og pengene må kun bruges til kultens tempel.

Et særligt offer er 'decuma', en tiendedel af salget af krigsbyttet eller af handelsgevinster, renditer, som vi kun kender fra Apollonkulten og Herakleskulten ved Ara Maxima. Decuma er en votivgave, fordi man har afgivet løfte herom, altså et kommissiv.

Litteratur

Beard, Mary/John North: *Pagan Priests – Religion and Power in the Ancient World*, London (Duckworth and Co.) 1990

Eitrem, S.: *Opferritus und Voropfer der Griechen und Römer*, Kristiania (Jacob Dybvad) 1915

Gennep, A. van: *Les Rites de Passage*, Paris (Éditions de Minuit) 1909

Honko, L.: *"Theories Concerning the Ritual Process: an Orientation"*, in: L. Honko (ed.): *Science of Religion: Studies in Methodology*, The Hague, Paris, New York (de Gruyter Mouton) 1979

Hubert, H./M. Mauss: *"Essai sur la Nature et la Fonction sociale du Sacrifice"*, in: L'Annee Sociologique II 1899

Podemann Sørensen, Jørgen: *Ritual og praksis – Tanke, sprog og handling i komparativt religionshistorisk perspektiv*, Janua Religionum 7, København (Books on Demand) 2013

Scheid, J.: *Romulus et son frères. Le college des frères Arvales, modele du culte public dans la Rome des empereurs,* Rome (École francaise de Rome) 1990, 384-676

Scheid, J.: *Roman Religion*, Edinburgh (Edinburgh Univ. Press) 2003, 79-96

Schjødt, J.P.: *"Initiation and Classification of Rituals"*, in: Temenos 22, 1986

Schjødt, J.P.: *Ritualstruktur og ritualklassifikation*, in: Religionsvidenskabeligt Tidsskrift 20, 1992, 5-23

Turner, Terence S.: *"Transformation, Hierarchy, and Transcendence. A Reformation of van Gennep's Model of the Structure of Rites de Passage"*, in: Moore, S.F./B.G. Meyerhoff (eds.): *Secular Ritual*, Assen, Amsterdam (Van Gorcum) 1977

Turner, Victor W.: *The Forest of Symbols. Aspects of Ndembu Riutal*, Ithaka, London (Cornell Univ. Press) 1967

Turner, Victor W.: *The Ritual Process. Structure and Antistructure*, Ithaka, New York (Cornell Univ. Press) 1969

Wissowa, G.: *Religion und Kultus der Römer*, München (C.H. Beck) 1971, Nachdruck der 2. Aufl. 1912, p. 409-432

11   Hymners struktur

Ritualer, bønner og hymner – carmina

Et ritual består af praktiske handlinger, bl.a. processioner, ofringer, måltider, og af verbale handlinger, fx bønner og hymner. Her vil vi se på bønner og deres struktur ud fra Marcus Porcius Catos tekster, der omhandler alt væsentligt i en romersk bondes landbrugsliv, vejledning i at dyrke marken, skovfældning, beskæring, gode råd om de skader, en bonde kan komme ud for, fx forvridninger, og ikke mindst hvordan man skal opføre sig over for landbrugsguderne. En bøn er de dødeliges forsøg på at opnå kontakt med de udødelige guder, som i menneskets bevidsthed er af en anden støbning end mennesket selv, og derfor kræver det overholdelse af visse formaliteter, når man henvender sig.

Religionsudøvelse i Rom og Grækenland er ritualistisk, altså formalistisk. Vigtig er ritualets performans, altså udførelsen. Ritus hedder 'sacrum/sacra' eller 'caeremonia/ caeremoniae' på latin, på græsk 'νόμος'.

Et ritual er altså en kompleks sekvens af handlinger og bevægelser i en bestemt rækkefølge; hverdagshandlinger er forbilledet: at hilse, at ære, at give, at tage, at modtage, at klæde sig ud, at opføre sig.

Ritualet bandt borgerne sammen i en fælles tradition, kulten var altså offentlig.

Offerdyret var smykket med uldbånd i røde og hvide farver, hornene var pyntede, og på ryggen lå et dorsale, et tæppe; dyret blev bestænket med mola salsa, der blev dryppet vin på panden af det, nogle hår fra øjenbrynet blev brændt i alterilden og offertjeneren, victimarius, fører kniven fra hovedet ned langs rygmarven til halen; dermed er offerdyret gudens ejendom. Så bliver det ofret ved at victimarius skærer halsen over på det, så det kan forbløde. Større offerdyr får viklet et tov af stof omkring sine horn, så det ser ud, som om dyret nikker ja til ofringen.

Bønnen, ordene, bekræfter og realiserer handlingen, men vigtigst er aktionsmodusen, altså performansen, selve handlingen, ikke indholdet. Derfor skal der opfyldes visse bestemmelser for ritualets udførelse:

a)   Dato
b)   Rækkefølgen af
c)   Handlingerne
d)   Kultpladsens indretning

e)   Celebranternes placering i forhold til alteret

f)   Deres sociale rang

g)   De håndterede genstande

h)   Kontekst: gudens navn – tilnavne/epiteter – genstande, forbundet med guden – de tilhørende rituelle handlinger

i)   Offentlig kult: ritus Romanus: toga, armene fri, dækket hoved; ritus Graecus: toga, armene fri, udækket hoved, musik, hymner, i virkeligheden en ekstrem ritus Romanus, skabt i 3. + 2. årh. f.Kr.

Et rituals effektivitet afhænger mere af menneskelig teknik end af guddommelig kraft.

Kommunikationsteoretisk analyse af bønner og hymner

Før vi går videre med hymner og bønneritualer, vil vi se på de sproghandlinger, der udspiller sig i en hymne- eller bønnetekst. Hertil har vi brug for Roman Jakobsons (1897-1982) kommunikative funktioner, også kaldet talehandlinger eller sproghandlinger.

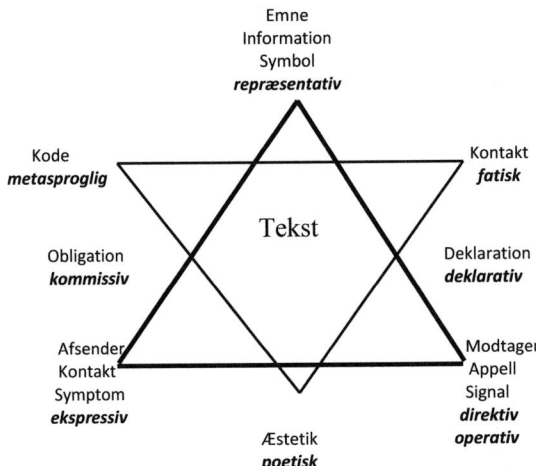

Kommunikationsformel, udvidet i forhold til romerske/græske bønneformularer:
+Hvem siger +hvad +til hvem +for hvem +på hvilken måde +med hvilke midler

+i hvilken mængde +med hvilket formål +på grund af hvilken årsag +med hvilket ønskværdigt resultat?

Roman Jakobson: "*Linguistics and Poetics*", in: Thomas A. Seboek (ed.): *Style in Language*, Cambridge, Mass., MIT Press, 1960, pp. 62-94; opr. præsenteret på en konference på Indiana University i foråret 1958, derefter revideret og udgivet 1960.)

Legende

Enhver ytring, mundtlig eller skriftlig, udtrykker en eller flere kommunikative funktioner; ellers ville man jo ikke åbne munden for at sige noget eller sætte sig ned og skrive en tekst. Roman Jakobson har så fundet 6 funktioner, og der er så føjet 2 til, som vi har brug for i vores analyser.

Den ekspressive eller emotive funktion udgår fra taleren/skriveren, altså afsenderen, og udtrykker hans holdninger, følelser og ønsker; værdiladede ord er typisk for ekspressive tekster. Den direktive eller konative eller operative funktion retter sig mod den tiltalte, altså modtageren, for at få ham til at handle, agere efter talerens ønske. Funktionen har så mange navne, fordi man vil udtrykke den direkte henvendelse til modtageren, forsøget på at få modtager til at handle, kaldes konativt, og 'operativ' lægger vægt på handlingen, afsenderen vil have modtager til at udføre. En tekstgenre med denne funktion kan være en ordre, en lov el.lign. Den informative eller referentielle funktion omhandler sagsforhold, der fremstilles neutralt og fagligt og refererer til den virkelighed, afsender og modtager befinder sig i. En typisk tekstgenre med informativ funktion er leksikon, ordbog eller videnskabelig artikel.

Den metasproglige funktion vedrører de sprogkoder, som afsender og modtager bruger og som i så høj grad som muligt skal være forståelige for afsender og modtager. Fremmedsprog skal forstås af begge parter, ellers bryder kommunikationen sammen. Typiske genrer, hvor denne funktion har betydning, er ordbøger, begrebsdefinitioner og leksika. Man taler om sproget og dets ord.

Den fatiske funktion etablerer kontakten mellem afsender og modtager, holder den vedlige gennem forskellige mekanismer og afslutter også kontakten. 'fatisk' betyder, at man taler sammen, fra latin 'fari', at tale.

Den poetiske funktion vedrører den måde, meddelelsen er formuleret på, altså samtlige stiltræk og det ordvalg, man anvender i en tekst. Hertil hører bl.a. versemål, ordspil, ordvalg, formler, rytme. 'poetisk' dækker alt, hvad der kan gøres med ord, fra græsk 'poiein', at gøre.

Den kommissive funktion, som er en af to tilføjelser til Jakobsons skema, betegner en forpligtigelse, som afsenderen indgår med sig selv over for modtageren. Han forpligtiger sig til en handling eller en ydelse, hvis modtageren har gjort gengæld inden.

Den deklarative funktion skal udføres af personer, der er udstyret med en af samfundet anerkendt autoritet, der bemyndiger dem til at erklære visse forhold for hermed etableret, fx dåben af et barn eller udnævnelsen af en embedsmand eller en krigs- eller fredserklæring. Så det er ledende embedsmænd, regenter, konsuler, der har den myndighed.

Kommentar til Roman Jakobsons sprogfunktionsskema

Jakobson har opstillet dette skema over sprogfunktionerne, hvor meddelelsen går fra afsender til modtager i et bestemt rum, nemlig konteksten. Meddelelsen er talt eller skrevet eller vist i en bestemt kode, og kommunikationen kan være gensidig (= tovejs) eller bare ensrettet (= envejs).

Hvis man vil fremhæve et af de ovennævnte aspekter, kan man bruge visse sproglige træk og virkemidler for at fremhæve det. Disse sproglige træk benævnes

referentiel	for kontekstens vedkommende
poetisk	"meddelelsens"
ekspressiv	"afsenderens"
konativ/operativ	"modtagerens "
fatisk	"kontaktens"
metalingvistisk	"kodens"
kommissiv	"forpligtigelsens"
deklarativ	"autoritetens"

Det betyder,
1. at *konteksten* behandles sprogligt eller bliver sat i sprogligt fokus ved at have henvisninger, referencer til omverdenen,
2. at *meddelelsen* sættes i fokus ved at ændre på formen (ordvalg, stil, digt, prosa, etc.),
3. at *afsenderen* sættes i fokus ved at udtrykke følelser, hensigter o.lign.,
4. at *modtageren* sættes i fokus ved sprogligt at blive påvirket af afsenderen til at handle eller gøre noget eller mene noget bestemt,

5. at **kontakten** sættes i fokus gennem ord, der holder kommunikationen i gang, fx øh, hallo, hvad mener du, godt vejr i dag, o.lign., og
6. at **koden** sættes i fokus ved at man taler om ordene som elementer i et leksikon eller en ordbog,
7. at **forpligtigelsen** sættes i fokus ved at afsender afgiver et løfte til modtageren,
8. at **autoriteten** sættes i fokus ved at afsender har myndighed til at erklære et nyt forhold for etableret.

Der vil altid kunne opstå støj i kommunikationen, fordi der er problemer med alle de nævnte faktorer; der er sikkert også flere på spil, når man analyserer tekst og tale nærmere, men Jakobson har i hvert fald givet en ramme for en sproglig tekstanalyse.
I det følgende skema forsøges der at skabe en sammenhæng mellem en bøns eller en hymnes struktur, som traditionelt har en tredeling, nemlig påkaldelse, invocatio, beskrivelse af guddommens egenskaber, aretaiologi, samt selve bønnen, ønsket om hjælp eller venligsindethed, preces, og Jakobsons sprogfunktioner, som her er udvidet med den kommissive og den deklarative funktion.

Kommunikationsanalyse af en bøn eller hymne

Tema	Tekst	Funktion efter Jakobson
påkaldelse	Goddag til guden	Kontakt – fatisk
identifikation		Modtager – referentiel
bøn om handling		Modtager – direktiv
aretaiologi		Prædikation – essentiel eller dynamisk – referentiel/repræsentativ
bøn om positiv modt. af offer		Modt. – direktiv
aretaiologi: handling og karakter	Sammenhæng ml. aretai og direktiv	Prædikation – positive egenskaber Dynamiske/essentielle – repræsentativ
funktion som gud/gudinde		Prædikation – dynamisk – referentiel
pos. karakt. i handl. og udseende		Prædikation – pos. egenskaber repræsentativ

status		Prædikation – essentiel – repræs.
oprindelse – herkomst		Prædikation – essentiel – repræs.
afkom – børn		Prædikation – essentiel – repræs.
pos. karakt. – aretaiologi neg. karakt. aktiv/passiv		Prædikation – essentiel eller dynamisk – repræs.
påkaldelse – afslutning: NB! cirkelstruktur	Farvel til guden	Kontaktopretholdelse – fatisk
aretaiologi – begrundelse		Appel – direktiv – modt.
bøn om handling		Appel – direktiv – modt.
aretaiologi – positiv	Gudens egenskaber skal bruges til at udføre afsenders formål	Prædikation – pos. egensk. Sammenhæng ml. aretaiologi og direktiv
bøn – funktionalitet		Appel – direktiv – modt.
bønnens formål	Skabe kontakt til en gud	” ” ”
finalt formål	Skabe goder for afsender	” ” ”
påkaldelse og aretaiologi om magt		Kontakt samt prædikation – essentiel eller dynamisk – referentiel
hymnens struktur, ordvalg, fremførelse		Æstetik – poetisk funktion
hymnens forståelighed og leksikon		Kode – metasproglig funktion

Bønnen som et af de centrale fænomener i kultpraksis

Bønnen udgør den ene af de to former for kommunikation, nemlig den verbale del, ved siden af den ikke-verbale, den handlingsorienterede del af et ritual. Dermed er bønnen et socialiseringsfænomen, og ritualet har et socialt sigte, et socialt indhold og er en social handling.

Set med kommunikationsteoretiske øjne skelnes der mellem selve ordlyden af bønnen eller hymnen, her kaldet lokution/semantik, den sprogfunktion, der knytter sig til tekstens udsigelse, her kaldet illokution/pragmatik, samt selve ritualets status i en tradition inden for det religiøse domæne, her kaldet tradition:

en teksttype, dvs. en samling ord rettet mod et guddommeligt væsen: bøn om noget påkaldelse bønfaldelse forbøn, fx førhøstoffer taksigelse, fx votiv lovprisning, fx hymne dedikation, fx indvielse = liminalisering af et offer-dyr eller et tempel soning = supplicatio (velsignelse) kristent (skriftemål) kristent	*en teksthandling = en tale- eller sproghandling, dvs. en kommunikativ handling:* anråbe (ekspressiv) navngive (deklarativ) hengive, fx devotio, devoveo (kommissiv) love, fx voveo (kommissiv) forbande, fx defixio (eks-pressiv) erklære (deklarativ) indvie (deklarativ) bevæge til at gøre noget (direktiv) befale (direktiv)	*et ritual i sig selv eller del af et ritual, der beskrives og disku-teres:* filosofiske og teologiske diskus-sioner, fx Cicero håndbøger, fx Cato, Varro, Ma-crobius, Gellius beskrivelse af bedeforskrifter, fx Cato, pontifikalbøger handleforskrifter, fx orakelsvar, libri Sibyllini
fokuseret indhold – loku-tion	performativ handling i ord – illokution + ønske om perlokution – fuldførelse	led i en tradition
semantik	pragmatik	tradition

(Origo: Sam Gill, in: *The Encyclopedia of Religion*, 2005, 2. ed., edited by Lindsay Jones, Detroit, MI: Thomson Gale, s.v. prayer), her udvidet med forf.'s eksempler fra romersk religion og Jakobsons talehandlinger.

Sam Gills oprindelige skema har den danske religionsforsker Armin W. Geertz så udvi-det med tre parametre, der handler om den bønfaldendes adfærd som socialt, psykologisk og biologisk individ; her har forf. så forsøgt at føje eksempler fra romersk religion til for at gøre skemaet brugbart i den aktuelle sammenhæng.

Bøn som socialadfærd:	Bøn som psykologisk adfærd:	Bøn som biologisk adfærd:
Kropslige handlinger, positurer og orientering, fx augurens templum Tidslige = kalendermæssige, og stedlige = geografiske og fysiske = arkitektoniske kontekster, fx Lupercalia i februar ved Lupercal-grotten Rituelle kontekster, fx suovetaurilia Reguleringer gennem sociale institutioner, fx pontifices' opsyn Bekræftelse af bestående institutioner og magtrelationer, fx køduddeling, siddeorden, etikette Fremstilling af kulturelle, sociale og religiøse ideer og ideologier, fx Augustus' religiøse program Identitetsmarkør, fx mysterieindvielser, de Eleusinske mysterier, Isis-kulten, Magna Mater-taurobolium	Opmærksomhed Stilhed Musik Koncentration Angst Lindring Frygtindgydelse, fx forbandelser Ærefrygt Veneration Taknemmelighed, fx votiv Enhedsfølelse, fx orficisme Mystisk forening, fx Isis Ekstase, fx Bacchus-kulten, Dionysos	Faste Festmåltid, fx lectisternium, sellisternium, epulae

(Origo: Armin W. Geertz: *"Bøn som analytisk kategori"*, in: Den sammenklappelige tid – Festskrift til Jørgen Podemann Sørensen, 2012, Forlaget Chaos)

8 teser om sprog i det religiøse domæne

1. Religiøs og profan sprogbrug ligner hinanden, er ikke modsætninger; religiøs, ideologisk, politisk og dagligdags sprogbrug har fællestræk.
2. Hellige sprog som kirkelatin og koranarabisk er ældre sprogtrin af latin og arabisk; det er ikke et særligt religiøst sprog.
3. Specielle religiøse gloser omfatter navne og betegnelser på guder og ånder (numen, gud, ånd, dæmon), på hellige lokaliteter (sacrarium, kapel, kirke, ekklesia, templum, claustrum, kloster), på genstande (mola salsa, lituus, apex), på tekster

(de Sibyllinske bøger, orakel), på ritualer (indvielse, bøn, precatio, offer, sacrum), og på tilstande (hellig, syndig, forbandet, indviet, ren, uren, viet, velsignet, sacer, sanctus, sacrosanctus, pius, defixus). Derudover omfatter gloserne en række specielle performative verber for rituelle sproghandlinger (døbe, tro, skrifte, velsigne, besværge, forbande, capio, udvælger, sancio, beslutter).

4. Der findes tre typer af religiøse tekstgenrer: en narrativ mytologisk og en performativ rituel type samt teologiske tekster.

A) Den narrative mytologiske type omfatter myte, orakel, profeti, sagn, eventyr, legende og fortolker verden religiøst som udtryk for et religiøst verdensbillede; her gælder det semantiske/betydningsmæssige egenskaber ved teksten;

B) den performative rituelle type omfatter offerformularer, bønneformler, indvielsesformularer, velsignelse, forbandelse, løfter, besværgelse, ed, påkaldelse, tilbedelse, bøn, votivløfte, trosbekendelse og tjener til at bekræfte og opretholde et religiøst verdensbillede; her gælder det pragmatiske træk ved talehandlingerne; ritualer består i at udføre stort set uforandrede sekvenser af ikke-spontane og formelle handlinger og ytringer, som ikke opfindes aktuelt af celebranterne, men går tilbage til et overleveret ordensreglement. Rappaport 1999 skriver følgende: a) specifikke regler styrer performansen. Celebranterne har hver især fastsatte roller; b) stedet er specielt og fastlagt; c) hver aktion skal udføres på en speciel måde; d) ritualets genstande kan ikke erstattes af andre genstande; e) ritualets program/disposition med den fastlagte sekvens af aktioner er yderst væsentlig at overholde. Den fastlagte sekvens danner en kognitiv proces af emotionel ophidselse eller beroligelse, erkendelse, modning, forløsning, forvandling, etc., så at den af celebranterne opfattes som personlig erkendelses-, modnings-, forløsnings- eller forvandlingsproces, etc.; rituelle mønstre lader sig fortolke som ideelle kognitive, emotionelle og sociale handlemønstre, der kan gentages af celebranterne. Det samme gælder for digtformer, fx sonetter, sange, idet de gentager et abstrakt poetisk mønster, eller hilse- og afskedsceremonier, eller hvilke handlemønstre fra dagliglivet det end kan være, så har de en fast normativ struktur. Endnu i det 18. årh. havde katolikkerne et hav af velsignelses-, besværgelses- og processionsformularer: velsignelse for stedet, huset, brønden, soveværelset, frugter, urter, pilgrimme, relikvier, æg, brød, frugt, vin, olie, foder og salt; forbandelser af fugle og skadedyr; indvielser af kirker, kapeller, dragter og kors; processionen til forskellige fester, mod storm, sult, mangel, dyresygdomme, for regn og godt vejr; exorcismer mod dæmoner, mod dyresygdomme, storm og hagl (Agenda 1720, s. 303ff.). Ritualer bruger kun sproglige symboler, hvis der foreligger en tekst. Ellers bruger celebranterne analoge tegn, indices og ikoner som gestus (korsets tegn, at bøje hovedet, at tilhylle hovedet, falde på knæ), kropsholdninger (knæle, stå op, bøje hovedet) eller materielle ofre (brød, vin, oliven, røgelse, kød, frugt, korn, etc.). Ritualets virksomhed afhænger af den performative talehandlingskarakter: lover man noget, forpligter man sig over for adressaten til at opfylde løftet; opfordrer man adressaten til noget, kan afsender ikke vide, om adressaten følger opfordringen, men adressaten er nødt til at følge op på sagen, at reagere over for adressaten og ved ikke-handlen fra dennes side at sanktionere en konsekvens. De nye situationer eller tilstande bliver først virkelige igennem ritualet, fordi det netop har en deklarativ værdi, ligesom præsten under dåben. Derved danner celebranterne et kommunikativt fællesskab og ritualet bliver en offentlig aktion, ikke en privat. Ritualer afslutter en proces: er man døbt, er man kristen; har man været igennem et manddomsritual, er man voksen. I prototypiske rituelle tekster kan man forvente sproglige former, som udtrykker situationsforandringen (jf. Cato), men også skjuler den gennem mystificering: sproget er enten arkaisk, svært forståeligt eller stærk formelagtig, så at der kun formidles lidt indholdsmæssig information.

C) Teologiske tekster er en tredje type ved siden af myte og ritual og fortolker myter og ritualer; de har altså en metakommmunikativ funktion.

5. Situationer, hvor religiøs sprogbrug er i brug, er komplekse, fordi man på den ene side har mennesker med forskellige sociale relationer og på den anden side har overnaturlige deltagere. Religiøs kommunikation forudsætter altid et religiøst verdensbillede, og det performative element er vigtigere end det indholdsmæssige og tjener udførelsen af ritualer, som skaber eller forandrer religiøse og sociale situationer. Ritualers religiøse talehandlinger er afledt af dagligdagens talehandlingstyper, men adskiller sig fra dem, fordi de inddrager guder og ånder. Ofte er flere forskellige talehandlinger kombineret i et ritual. Kommunikationen mellem mennesker og guder foregår via specialister, præster, spåkoner, seere. Socialstrukturen inden for religiøse kultfællesskaber kan ses i ritualbøgerne, idet tekstudsagnene fordeles på de forskellige slags celebranter, præster, assistenter, lægfolk. Undertiden er der en erotisk/seksuel dimension i kommunikationen: guder, gudinder, ånder, opfattes sjældent, men dog undertiden som seksualpartnere, og i teksterne ophæves grænsen mellem profan og religiøs kærlighed. Religionen giver mulighed for kompensatorer,

dvs. erstatninger for uopnåelige goder: et evigt liv, hjælp i nøden, sociale relationer til guderne. Præsteskabet konstruerer og fordeler disse goder, som lægfolk har brug for; derved udvikler sig en byttehandel, hvor præsterne får sekulære goder, mens menigheden får religiøse goder, jf. offerpraksis.

6. Religiøse tekster er på mange måder flertydige og uklare. Dunkelheden skaber gåder, men er ikke vilkårligt uklare, fordi de skal skabe flere muligheder for fortolkning af den religiøse genstand/det religiøse emne. Indholdsmæssig vaghed åbner sig for flere tilhængere, den bliver attraktiv. Skabelsen af religiøse metaforer gør en videnskabelig fortolkning vanskelig. Religiøs sprogbrug støder ofte mod almindelige sprogbrugsmaksimer netop, fordi de er metaforiske. Den semantiske uklarhed får en pragmatisk funktion, idet tilhængerne gentager uforståelige trylleformularer, som stivner i deres ordlyd, og på den måde skaber man et fællesskab blandt og for dem, der netop fremsiger disse formularer.

7. Religiøs argumentation understøtter det religiøse verdensbillede og bestående ritualer; argumentationen sigter ikke imod at skabe ny erkendelse.

8. For at man kan huske de religiøse formularer, har de en speciel form: kombinationer af tekster med musik, gestus og kropsstillinger, forskellige former for tale og fremførelse af tekster, samt tekstformgivning ved hjælp af ordvalg, syntaks, rytme og rim. Især skriftformen byder på mange muligheder, fordi ritualer nedfældes i dem, fx de Sibyllinske bøger. Sproget i ritualer ligner dagligdags talehandlinger, men partnere her er lægfolk, præster, ånder og guder, og derfor bliver det specielt inden for det religiøse domæne. Guder og ånder er jo overnaturlige personale agenter, som tillægges stor magt og strategiske informationer. Speciel indflydelse udøves af religiøse rituelle talehandlinger, fx velsigne, forbande, skrifte, frisætte, bede, bekende, sværge, love.

Nu er vi nogenlunde klar til at se på arvalhymnen igen.

1. Carmen Arvale

De tolv Arvalbrødres hymne til såguderne, fundet på en marmortavle fra 218 f. Kr. (Corpus Inscriptionum Latinarum = CIL VI, 2104, v. 31ff.; I² 2)

Carmen Arvale er en gammel hymne, som fratres Arvales, arvalbrødrene, sang på den 2. festdag for Dea Dia, en frugtbarhedsgudinde, den 29. maj i en rytmisk tredelt takt.

Original tekst på tavlen:	Rekonstrueret latinsk tekst:
1. Enos Lases iuvate! (x 3)	0. Ibi sacerdotes clusi succincti libellis acceptis car-
2. Neve lue rue Marmar sins incur-rere in pleores. (x 3)	men descindentes tripodiaverunt in verba haec:
	1. "Enos lares iuvate!
3. Satur fu, fere Mars, limen sali! Sta! Berber! (x3)	2. Neve luae ruae Marmar sinas/sin incurrere in plures.
4. Semunis alternei advocapit conctos. (x3)	3. Satis esto, fere Mars, limen sali! Sta! Verbera[1]!
5. Enos Marmor iuvato! (x 3)	4. Semines alterni advocapite (= advocate) cunctos.
6. Triumpe! (x 5)	5. Enos Marmor iuvato!
	6. Triumpe!"
	7. Post tripodationem deinde signo dato publici introierunt et libellos receperunt.

(Origo: E. H. Warmington: *Remains of Old Latin*, vol. IV, Archaic Inscriptions, London/Cambridge, Massachusetts (W. Heinemann Ltd./Harvard Univ. Press) 1967 (1. print 1940), p. 250-252); *(Ernout, Alfred (1947). Recueil de Textes Latins Archaiques (in French and Latin). Paris: Librairie C. Klincksieck. pp. 107-109.)*

Hele formularen lyder altså således:

> *"enos Lases iuuate*
> *enos Lases iuuate*
> *enos Lases iuuate*
> *neue lue rue Marmar sins incurrere in pleores*
> *neue lue rue Marmar sins incurrere in pleores*
> *neue lue rue Marmar sins incurrere in pleores*
> *satur fu, fere Mars, limen sali, sta berber*
> *satur fu, fere Mars, limen sali, sta berber*
> *satur fu, fere Mars, limen sali, sta berber*
> *semunis alternei advocapit conctos*

semunis alternei advocapit conctos
semunis alternei advocapit conctos
enos Marmor iuuato
enos Marmor iuuato
enos Marmor iuuato
triumpe triumpe triumpe triumpe triumpe"

Carmen Arvale

Præsterne var lukket inde, stod med tøjet bundet op med et bælte, og efter at de havde modtaget de hellige bøger, delte de sig og stampede rytmisk i gulvet, mens de fremførte trylleformularen med disse ord:

1. "Hjælp os, Larer!
2. Lad hverken blod eller nederlag, Mars, ramme mængden.
3. Vær tilfreds, vilde Mars, spring på tærsklen! Stop! Pisk[1]!
4. Tilkald på skift alle såguderne!
5. Hjælp os, Mars!
6. Triumf!"
7. Efter den rytmiske dans og efter at et tegn var givet, trådte de offentlige tjenere ind og indsamlede de hellige bøger.
    [1] I originalteksten står 'Berber', hvis betydning er ganske usikker.

Kommentar

Teksten er en af de ældste, vi har, inden for det religiøse domæne, opdaget på en kobbertavle fra 218 f.Kr., fremført af 12 fratres Arvales, en kultforening, der hyldede Dea Dia, en frugtbarhedsgudinde, den 29. maj på andendagen af hendes højtid. Både kultforeningen, eller logen, kunne man også kalde den, og gudinden med fokus på frugtbarhed hører til i et bondesamfund, hvor markens afgrøder var livsnødvendige for overlevelsen. Derfor var templet også oprindeligt lagt ved 5. milepæl uden for Rom mod sydøst, altså ude på landet. 'fratres' kunne tyde på en slægtsmæssig forbindelse, som senere har udviklet sig til en forening, hvis medlemmer betragtede sig som indviede brødre.

Hymnens vers gentages 3 gange undtagen 'triumpe' i vers 6, der gentages 5 gange; den fremførtes i en rytmisk tredelt takt. Til ceremonien hører, at logebrødrene er inde i et særligt rum, 'clusi', har bundet togaen op, 'succincti', hvad der passer til, at man skal ofre og danse her, har fået udleveret de hellige bøger, 'libellis acceptis', som symbol på, at de må udføre ritualet, deler sig i grupper, 'descindentes', og danser så i ¾-dels-takt, 'tripodiaverunt', mens de fremfører hymnens ord.

Vers 1 'enos lares iuvate!' er en påkaldelse af de relevante guder, lares, som er romernes husguder og tage vare på hjemmet og dets beboere generelt; det siger noget om larernes stilling i det private religiøse domæne, at de bliver påkaldt først med en bøn om hjælp eller støtte. I vers 2 tiltales Mars, her kaldt 'Marmar', – tostavelsesord har større vægt end etstavelsesord på latin, – og vi husker, at Mars hos Cato er blevet kaldt Mars Silvanus, og han har altså også skoven og landområder som skytsområde; det er jo tilnavnet, cognomen, der viser funktionen af guden her. Mars opfordres til ikke at lade ulykker og ruin ramme mængden, flertallet, altså et ønske om at holde det negative borte fra folket. Vers 3 er en opfordring til den vilde Mars, 'fere Mars', altså ham, der har den vilde natur under sig, om at være tilfreds, dvs. være positiv over for de bønfaldende, og om at springe op på tærsklen, 'limen sali! Sta!' og standse det negative i at trænge ind på den private grund og ind i privathjemmet. Tærsklen, 'limen', er altid en grænse mellem det profane over for det hellige, indviede, eller det private over for det offentlige eller det dyrkede areal over for den vilde natur, og grænsen indvies med et offer, som gentages årligt; 'limen' er altså også et religiøst begreb; det berømteste eksempel på en overtrædelse af en religiøs grænse er Remus' spring over Roms bygrænse, 'pomerium', som Romulus var ved at bygge; han blev sur og dræbte Remus. På den måde var der kun én kongeaspirant til Rom, ikke to. Det var så den politiske fortolkning af drabet. Men i hvert fald viser det grænsens betydning i det religiøse domæne. Det er en følsom grænse, og derfor forstår vi også, hvorfor Mars skal springe op på den, ikke over den for at standse ondet. Det sidste ord, 'Berber' eller 'Verber' er uforståeligt og et uafklaret spørgsmål blandt filologer. Fortolket som 'Verbera!', 'Pisk!' er det en nødløsning i det billede, vi danner os af guden, der måske skal holde ondet ude ved at piske det. I vers 4 følger en positiv opfordring til på skift fra deltagernes side at hidkalde såguderne, og det passer måske til den anden udsåning i juni af vintersæd. Vers 5 er en gentagelse af vers 1 og betegner afrundingen af hymnen, et slags farvel til Mars med den samme opfordring som i begyndelsen. 6. vers er så den højstemte afslutning på hymnen med en femfoldig gentagelse af 'triumf'. Ordet kommer fra græsk 'θρίαμβος' og betyder '3/4-dels-takt', så det passer til de dansetrin, brødrene udfører.

Hermed er hymnen slut med en emfatisk afslutning og et givet tegn, 'signo dato', hvorefter statens offentlige slaver, 'publici' træder ind og samler de hellige bøger ind. Dermed er ceremonien slut med den samme symbolske handling, som den startede med.

Vi prøver på at anvende Jakobsons funktioner på arvalhymnen, som kaldes en hymne pga. dansen, fremførelsen og det sidste vers: 'triumpe' fem gange.

Vi forventer iflg. Jakobson en kontaktoptagelse, en påkaldelse, et slags 'Goddag!', og det får vi i vers 1, hvor Lares tiltales og påkaldes. I denne invocatio finder vi den fatiske funktion. I samme vers står en opfordring til larerne i imperativ, 'iuvate', og afsenderne, 'enos', er også nævnt, da det er dem, der ønsker hjælp. Vi har altså nu identificeret modtageren af bønnen, afsenderne samt ønsket om hjælp, 'iuvate', som udgør den direktive funktion; afsenderne forsøger jo at påvirke larerne til at yde hjælp. Det er det positive ønske. I vers 2 påkaldes Mars som næste modtager af bønnen; her er altså igen en fatisk funktion på spil, og straks følger den direktive funktion, at Mars skal holde uheld, 'luae', og ruin, 'ruae', væk fra folket, 'in plures', altså et ønske om at holde noget negativt væk fra folket, som afsenderne jo også hører til. I vers 3 tiltales Mars igen, 'fere Mars', med egenskaben 'vild', som er en positiv fatisk funktion, fordi man tillægger guden kraft og viljestyrke, nemlig til at holde det onde væk; dette ledsages af to direktive funktioner, et positivt mentalt direktiv om at guden skal være tilfreds med at hjælpe dem, der beder om hjælp, dels praktiske direktiver, der skal blokere for, at ondet kommer ind i huser eller ind på grunden: 'limen sali! Sta! Verbera!' Når dette er sket, er afsenderne, menneskene, klare til at udstede et aktivt direktiv til sig selv om at påkalde såguderne på skift; så kan den egentlige såhandling finde sted, efter at man har ofret til såguderne. I vers 5 kommer den fatiske funktion igen, denne gang for at sige 'farvel' til Mars, så at samtalen kan slutte på en pæn måde og minde ham om at hjælpe: 'enos marmor iuvato!' De positive forhåbninger til Larerne og Mars munder ud i et jubelråb, der gentages fem gange for så at sige at tage det positive resultat for givet. Den informative eller referentielle funktion findes i indledningen og afslutningen af ritualet. I denne lille tekst har vi altså indtil nu identificeret fire sprogfunktioner, og måske kan vi finde to til for nu at tilfredsstille Jakobson. Romerne taler latin, her i en version fra 3. årh. f.Kr., og når de fremfører hymnen over for Larerne, Mars og såguderne, så må vi jo gå ud fra, at de er sikre på, at guderne forstår latin eller koden. Det er den implicitte forudantagelse, at afsenderne og modtagerne forstår hinanden, og det er jo forudsætningen for alle hymner og bønner og henvendelser til guderne. Den sidste funktion, vi skal tale om, er den poetiske funktion, altså selve ordvalget, rytmen, opsætningen, rækkefølgen af versene. Da hymner og bønner tilhører en gammel tradition og romerne fokuserer stærkt på ortopraksi og dermed på den korrekte fremførelse af ordene, går vi ud fra, at denne hymne er en standardtekst for arvalbrødrene, som ikke ændres fra gang til gang. Den poetiske struktur, altså formen, er en fast struktur for denne slags hymne, stærkt markeret ved fem gange 'triumpe' til sidst. Således fandt vi en forklaring på Jakobsons seks sprogfunktioner i denne korte tekst.

2. Precatio Terrae sive Telluris

Dea sancta Tellus, rerum naturae parens,
quae cuncta generas et regeneras indidem,
quod sola praestas gentibus vitalia,
coeli ac maris diva arbitra rerumque omnium,
5 per quam silet natura et somnos concipit,
itemque lucem reparas et noctem fugas:
tu Ditis umbras tegis et immensum chaos
ventosque et imbres tempestatesque attines
et, cum libet, dimittis et misces freta
10 fugasque soles et procellas concitas,
itemque, cum vis, hilarem promittis diem.
Tu alimenta vitae tribuis perpetua fide,
et, cum recesserit anima, in tete refugimus:
ita, quicquid tribuis, in te cuncta recidunt.
15 Merito vocaris Magna tu Mater Deum,
pietate quia vicisti divom numina;
tuque illa vera es gentium et divom parens,
sine qua nil maturatur nec nasci potest;
tu es Magna tuque divom regina es, dea.
20 Te, diva, adoro tuumque ego numen invoco,
facilisque praestes hoc mihi quod te rogo;
referamque grates, diva, tibi merita fide.
Exaudi me, quaeso, et fave coeptis meis;
hoc quod peto a te, diva, mihi praesta volens.

25 Herbas, quascumque generat maiestas tua, salutis causa tribuis cunctis gentibus: hanc nunc mihi permittas medicinam tuam. Veniat medicina cum tuis virtutibus: quidque ex his fecero, habeat eventum bonum, 30 cuique easdem dedero quique easdem a me acceperint, sanos eos praestes. Denique nunc, diva, hoc mihi

maiestas praestet tua, quod te supplex rogo.

(Origo: http://thelatinlibrary.com/prec.terr.html)

Bøn til Tellus, Moder Jord

Hellige gudinde, Moder Jord, moder til naturen,

du, som skaber og genskaber alle ting sammestedsfra,

fordi du alene giver livskraft til folkene,

himlens og havets gudinde, dommer over alle ting,

5. gennem hvem naturen falder til ro og i søvn,

og ligeledes genopvækker lyset og slår natten på flugt:

Du dækker for Underverdenens skygger og det umådelige kaos

og holder vinde, regnbyger og uvejr tilbage

og sender dem afsted, når det lyster dig, og gør havet oprørt

10. og slår solen på flugt og skaber stormvinde,

og fremskynder ligeledes, når du vil, en munter dag.

Du skaffer livsnødvendighederne med aldrig svigtende trofasthed,

og, når sjælen har givet op, flygter vi ind i dig:

Så, hvad du end giver, falder alt tilbage på dig.

15. Med rette kaldes du Gudernes Store Moder,

fordi du har overgået gudernes magt med pligtopfyldende tjeneste;

og du er det sande ophav til mennesker og guder,

uden hvilket intet modnes eller kan fødes;

du er stor og du er gudernes dronning, gudinde.

20. Dig, gudinde, tilbeder jeg og jeg påkalder din styrke,

og und mig velvilligt, hvad jeg beder dig om;

og jeg vil sige dig tak, gudinde, med tilbørlig troskab.

Hør på mig, venligst, og understøt mine planer;

und mig det velvilligt, som jeg beder dig om, gudinde.

25. De urter, som din storhed skaber, skænker du for sundhedens skyld til alle folkeslag:

und mig nu denne din helbredende kraft. Lad helbredelsen komme med dine kræfter:

Hvad end jeg skaber ud fra dem, lad det have et godt resultat. Til hvem jeg end giver de samme urter og hvem der end modtager de samme urter af mig, lad dem være sunde. Kort sagt: Lad nu din storhed, gudinde, unde mig det, som jeg bønfaldende beder dig om.

Kommentar

Dette er en hymne til Moder Jord, gudinde for alt liv på jorden. Datoen er ukendt. Den fylder 24 vers i jambiske senarer, og de sidste 7 vers om helbredende urter er tilføjet senere.

Teksten indledes i vers 1 med 'Dea sancta Tellus', og dermed har vi påkaldt gudinden med titlerne 'Dea' og 'sancta', attribut om en person eller et væsen i det religiøse domæne og dermed ikke-profan, dvs. adskilt fra menneskenes daglige liv. Indledningen her er del af kontaktoptagelsen med den fatiske funktion, traditionelt kaldt invocatio. Herefter følger en række egenskaber, som tilskrives gudinden, som her drejer sig om den af hende skabte natur 'rerum natura ... indidem', der er forudsætningen for menneskenes liv 'quod sola ... vitalia', med en efterfølgende sammenfatning af hendes funktions- og magtområde 'coeli ... omnium' med fokus på naturens gang 'per quam ... diem i vers 11. Vi finder her en samling af egenskaber, der viser gudindens funktionsområde, også kaldet aretaiologi, og da afsender ønsker, at denne egenskabstilskrivelse er reel for modtageren, altså gudinden, fordi hymnen er en hyldest til hende, har vi at gøre med den informative funktion; menneskene som afsendere foregiver at kende gudindens magtområde og egenskaber og roser hende for dem. Hun står for menneskenes livsnødvendigheder, den konkrete føde 'tu ... fide', og for den mentale helse, altså alle sider af menneskenes liv, 'et ... recidunt'. Til aretaiologien føjes et endnu større herskerområde, nemlig gudernes moder 'Magna tu Mater Deum', fordi hun har opfyldt sin 'pietas', respekten for guder og mennesker, dvs. hun har varetaget sine pligter over for dem. Derfor er de næste tre linjer en gentagelse og sammenfatning af hendes magtstilling 'tuque illa vera ... dea!' Dermed er aretaiologien slut, der har fyldt 20 vers, den referentielle funktion afsluttes, og nu træder afsenderen i funktion og udtrykker sin beundring for denne stærke gudinde; et lysende eksempel på den ekspressive funktion er 'Te ... adoro', hvorefter der følger en påkaldelse 'tuumque ... invoco', som også udtrykker en beundring for hendes magt, og nu følger den direktive funktion 'facilisque ... rogo'. Afsender beder om, at hun opfylder hans ønske, hvorefter han vil være taknemmelig med evig troskab 'referamque ... fide'. Her ser vi bønnens egentlige og overordnede formål, det finale formål, at hun skal støtte afsenderens projekter. Aretaiologien er oplægget til denne bøn for at skabe velvilje hos gudinden. Samtidig har vi et eksempel på den kommissive funktion: afsender forpligter sig til en ydelse eller en positiv holdning til den hjælpende gud. De næste to linjer (23-4) er en gentagelse af den direktive funktion.

I de næste syv vers, som er tilføjet senere, behandler den nye skriver et konkret aspekt af naturen, som Tellus hersker over, nemlig de helbredende urter, som skænker sundhed til menneskene. Det er skriverens aretaiologi og dermed den referentielle funktion, som ender i en bøn om, at hun må lade urterne virke effektivt; det er så igen en direktiv funktion 'herbas … praestes.' Det hele sluttes af med en sammenfatning af ønsket om hjælp og et farvel til gudinden 'diva' med en emfase på hendes storhed 'maiestas': 'denique … rogo'. Så i den sidste sætning har vi en fatisk, en direktiv og en referentiel funktion, en vægtig afslutning på en hymne til Moder Jord.

Kommunikationsanalyse af en hymne, anvendt på Tellus-hymnen

Tema	Tekst	Funktion efter Jakobson
påkaldelse fra afsenders side	Dea sancta Tellus	kontakt – fatisk + ekspressiv
essentiel (passiv) prædikation: status	rerum naturae parens	modtager – informativ
dynamisk (aktiv) prædikation: aretaiologi	quae cuncta generas et re-generas, quod solas praestas gentibus vitalia	modtager – informativ
essentiel prædikation: status	coeli ac maris diva arbitra rerumque omnium	modtager – informativ
dynamisk (aktiv) prædikation: funktion som gudinde	l. 5: per quam – l. 11: diem	modtager – informativ
aretaiologi: gudindens aktivitet (aktiv) og karakter (passiv)	Tu alimenta vitae tribuis …	positive egenskaber aktive/passive – informativ
gudindens karakter ift. andre guder	perpetua fide	modtager – informativ
mennesker som andre væsener lever cyklisk med Tellus som centrum: dyn. præd.	l. 13.: et, cum recesserit anima – l. 14: in te cuncta recidunt	modtager – informativ

status og karakter ift. andre guder – essent. præd.	l. 15-6: Magna tu Mater Deum – pietate quia vicisti divom numina	afsender – ekspressiv modtager – infor-mativ
magtstatus: dyn. præd.	sine qua – potest	modtager – infor-mativ
statussammenfatning	l. 19: tu es magna – divom regina es, dea	modtager – infor-mativ.
påkaldelse – oplæg til bøn	Te, diva, adoro – numen invoco	afsender – ekspressiv + fatisk
bønnens formål – generel finalitet	facilisque praestas – te rogo	appel – direktiv
forpligtigelse – løfte (votum)	referamque grates – merita fide	kommissiv – afsen-der
bøn om handling – speciel finalitet	l. 23-4: Exaudi me – praesta volens	appel – direktiv
farvel til gudinden	l. 24: … diva …	kontaktafslutning – fatisk

I den ovenfor skitserede kommunikationsteoretiske analyse tales der om bønnens ge-nerelle og specielle finalitet, hvormed der menes, at bønnen eller hymnen har et over-ordnet formål, nemlig at skabe kontakt til en gud og få ham eller hende til at høre den bønfaldendes anliggende; dette er den generelle funktion; den specielle funktion, det egentlige formål med henvendelsen er ønsket om, at guden eller gudinden vil opfylde de behov, som den bønfaldende nu ytrer i en direktiv funktion. Dertil skal guddommen jo overtales til at vise den bønfaldende sin gunst, og derfor er de egenskaber, der nævnes i teksten, den essentielle og den dynamiske prædikation, vigtige parametre i den proces, der skal føre til den bedendes behovsopfyldelse. Aretaiologien, opsummeringen af gud-dommens egenskaber, skal altid sættes i relation til de ønsker, man har som bønfaldende. Sådanne egenskaber handler ofte om at være ydmyg i forhold til guddommen, som er den stærke part, og egenskaberne, der nævnes, kan gradueres alt efter, hvad man vil have guddommen til at gøre.

Ud over alle de nævnte funktioner, vi har kunnet finde i teksten, er der to, der kan forstås som forudsætninger for dialogen mellem den menneskelige og den guddommelige part, nemlig den metasproglige funktion, koden, og den poetiske funktion, æstetikken. For koden må gælde, at guddommen forstår romernes sprog, latin; det er den simple forudsætning for enhver henvendelse til guderne, som alle bønfaldende må være enige om. Mht. æstetikken og den poetiske funktion går vi ud fra, at der igennem tiderne har dannet sig et bevidst skema for en bøn eller en hymne, som følges præcist, især hvad angår bønner; her kan man passende henvise til Catos forskrifter i hans landbrugsbog, hvor han gør meget ud af, at de bedende bruger de rette formler og ord ved alle henvendelser til de guddommelige kræfter. For en hymnes vedkommende kunne vi sige, at den har en friere struktur end bønnen, da en hymne skabes til en bestemt lejlighed og er en gave til guddommen mere end en bøn om hjælp i en nødsituation. Til gengæld er de anvendte egenskaber i prædikationen af guddommen bestemt af det formål, som den bedende vil have opfyldt; så de er ikke tilfældige valg af ord og tiltale.

Tellus Mater – Terra Mater
I et bondesamfund er såning og høst de vigtigste funktioner, derfor er Saturnus, gud for såningen, og Consus, gud for høsten de vigtigste guder. Tellus Mater er gudinde for markerne, der lader kornet gro. Pontifices beder til hende, se Varro i Augustinus: Civitas Dei VII 23: 'pontifices … faciunt rem divinam Telluri, Tellumoni, Altori, Rusori.' De tre sidste epiteter er synonymer for Tellus.
Den 15. april til Fordicidia gives der et offer til Tellus, fordi sæden ligger i jorden nu og skal gro nu. Pontifices ofrer på Kapitol, curiae, distriktsrådhusene, ofrer hver for sig, se Ovidius: Fasti IV 634; Varro: De lingua Latina VI 15.
På den 19. april afholdes Cerialia for Ceres, der er tæt forbundet med Tellus, fordi korndyrkning og natur hænger sammen. Ceres hører til den ældste gudeslægt i Rom, selv om hun er blevet helleniseret senere gennem analogien til Demeter. Cerus er det mandlige modsvar til Ceres, = Kerus i Salierhymnen 'duonus Cerus' = 'Cerus manos'. Tellus og Ceres fejres på såfesten, når såningen er afsluttet, feriae sementivae, afhængig af årstidens klima; derfor er det feriae conceptivae, fester, der skal fastsættes år for år, men dog i januar.
Højtiden fejres 2 dage med en uges mellemrum: 1. fest: der slagtes en drægtig so til Tellus; 2. fest: der gives et speltoffer til Ceres, se Varro: De lingua Latina VI 26 og Ovid: Fasti 657 ff. + 671 + 673. Flamen Cerialis står for højtiden, se CIL XI 5028: 'flamini Ceriali Romae'.
Der er tolv forskellige høstfunktioner, se Servius: in Verg. Georgica I 21. Hvis man ikke ofrer til Ceres, straffes man med døden, se Plinius: Naturalis historia XVIII 12. Så før høsten får Tellus og Ceres et porca praecidanea, se Cato: De agricultura 134.

Der er to grunde til offeret: a) det betegner en indledning til høsten, og b) der skal et sonoffer til pga. en overtrædelse af ius Manium, de døde ånders ret. Tellus har som jordgudinde, hvorfra alt gror op, en forbindelse til Di Manes.

Tellus tilbedes også ved brylluppet, se Servius, in Verg. Aen. IV 166: 'quidam sane Tellurem praeesse nuptiis tradunt; nam et in auspiciis nuptiarum vocatur; cui etiam virgines vel cum ire ad domum mariti coeperint vel iam ibi positae diversis nominibus vel ritu sacrificant.' – 'Nogle fortæller, at Tellus var beskytter af brylluppet; for hun tilkaldes også ved varselstagning til brylluppet; til hende ofrer brudene enten når de er begyndt at gå til brudgommens hus, eller når de allerede ankommet dér ofrer til hende under forskellige navne eller med forskellige ritualer'. Det kunne tages som et tegn på, at hun også er beskytter for de kommende mødre, hvis afkom sammenlignes med det såede korn.

Offeret, praesentanea porca, til liget gjaldt ifølge Festus p. 250 Ceres, men har oprindeligt været rettet mod Tellus, eller i hvert fald Tellus og Ceres, og underverdens indgang, mundus Cereris, er ikke det oprindelige, men måske mundus Telluris.

Tellus er repræsentant for underverdenen, Ceres er det aldrig; Tellus føder alt op af sit skød og tager det til sig igen som død: Lucretius: De rerum natura V 259: 'omniparens eadem rerum commune sepulcrum.' Buecheler: Carmina epigrafica nr. 1476: 'Terra mater rerum quod dedit ipse tegat': 'Terra, naturens moder, vil dække det, som hun selv har frembragt'. Buecheler: Carmina epigrafica nr. 1129, 2 = CIL VI 15493: 'quae genuit Tellus ossa tegit tumulo': 'Tellus dækker de knogler med en jordhøj, som hun selv har frembragt'.

I devotionsformularen vies generalen og hæren til 'Telluri et dis manibus', se Livius: A.U.C. VIII 6, 10 + 9, 8. X 28, 13

Til sidst påkaldes Terra Mater og Jupiter Pater til vidne som repræsentanter for de underjordiske guder og for de himmelske guder. Den bedende berører jorden, når han påkalder Tellus og løfter hænderne mod himlen, når han påkalder Jupiter, se Macrobius: Saturnalia III 9, 11 f.

Tellus-kulten trænges tilbage pga. græsk indflydelse, selv Arvalbrødrene beder ikke til Tellus, men til Dea Dia, men dette er ligesom Bona Dea kun et tilnavn til enten Tellus eller Ceres.

Tellus havde et tempel på Esquilin samme sted, hvor cos. Ti. Sempronius Sophus byggede et tempel år 268 f.Kr. med indstiftelse den 13. december.

CIL VI 3731 = 31052: 'Terrae matri deae piae': her er en fremstilling af Tellus tilhyldet med slør, bekranset med kornaks, scepter og offerskål, patera, i hænderne.

3. Sanctus Franciscus Assisiensis: Altissime, omnipotens, bone domine

1. Altissime, omnipotens, bone domine,
tuae sunt laudes, gloria, honor et omnis benedictio,
tibi soli referendae sunt
et nullus homo dignus est te nominare.
2. Lauderis, domine deus meus, propter omnis creaturas tuas
et specialiter propter honorabilem fratrem nostrum Solem
qui diescere facit et nos illuminat per lucem;
pulcher est et radians et magni splendoris
et tui, domine, symbolum praefert.
3. Laudetur dominus meus propter sororem Lunam et stellas,
quas in caelo creavit claras et bellas.
4. Laudetur dominus meus propter fratrem Ventum,
aerem, nubem, serenitatem et propter omnia tempora,
per quae omnibus creaturis ministrat alimentum.
5. Laudetur dominus meus propter sororem Aquam,
quae est multum utilis, humilis, pretiosa et casta.
6. Laudetur dominus meus propter fratrem Ignem,
per quem noctem illuminat;
ille roseus est, rutilus, invictus et acer.
7. Laudetur dominus meus propter nostram matrem Terram,
quae nos sustentat et alit
et producit varios fructus et varicolores flores et herbas.
8. Lauderis, mi domine, propter illos, qui pro tuo amore offensas dimittunt
et patienter sustinent tribulationem et infirmitatem.
Beate illi, qui in pace sustinuerunt,
quia a te, altissime, coronabuntur.
9. Lauderis, mi domine, propter sororem nostram Mortem,

quam nullus vivens potest evadere.

Ve illis, qui moriuntur in peccato mortali!

Beati illi, qui in hora mortis suae inveniunt se

conformes tuae sanctissime voluntati,

mors enim secunda non poterit eis nocere.

10. Laudate et benedicite dominum meum, gratificamini

et servite illi, omnes creature, cum magna humilitate!

(Origo: http://www.hymnarium.de/hymni-ex-thesauro/hymnen/232-altissime-omnipotens-bone-domine%20-%20mainmenu (01.02.16))

Frans af Assisi: Solsangen

1. Allerhøjeste, almægtige, gode Herre,

Din er al lov, pris og ære og al velsignelse.

Dig alene, Allerhøjeste, tilkommer de,

og intet menneske er værdigt at nævne Dit

navn.

2. Lovet være Du, min herre, med alle Dine

skabninger, især hr. broder sol, som er dagen,

og ved ham giver Du os lys.

Og han er smuk og strålende med stor glans.

På Dig, Allerhøjeste, er han et billede.

3. Lovet være Du, min Herre, gennem søster

måne og stjernerne. På himlen har Du skabt

dem, klare og kostelige og smukke.

4. Lovet være Du, min Herre, gennem broder

vind og gennem luften og skyerne og godt vejr

og al slags vejr, hvorved Du giver næring til

Dine skabninger.

5. Lovet være Du, min Herre, gennem søster

vand, som er såre nyttig og ydmyg og kostelig

og kysk.

6. Lovet være Du, min Herre, gennem broder

ild, ved hvem, Du oplyser natten;

og han er smuk og munter og kraftig og stærk.

7. Lovet være Du, min Herre, gennem vor
søster Moder Jord, som opretholder og nærer os
og frembringer alskens frugter med farvede
blomster og græs.
8. Lovet være Du, min Herre, gennem dem,
som opgiver krænkelser for din kærlighed og
tålmodigt udholder nød og svækkelse.
Salige er de, som har holdt ud i fred, fordi de,
Højeste Herre, bliver bekranset af Dig.
9. Lovet være Du, min Herre, gennem vor
søster, den legemlige Død, som ingen levende
kan undslippe. Ve dem, som dør i dødssynd!
Salige er de, som døden finder indesluttet
i Din allerhelligste vilje, for den anden død kan
ikke gøre dem noget ondt.
10. Lov og pris min Herre
og tak ham og tjen ham i stor ydmyghed.

(Origo: Den af forfatteren reviderede danske oversættelse bygger på Johannes Jørgensens oversættelse i: *Den hellige Frans af Assisi*, København (Katolsk Forlag) 1976)

Kommentar

Det kan være ganske givende at sammenligne hymnen til Moder Jord med denne Solsang rent kommunikationsteoretisk. Hymnen er, som alle hymner, en hyldest til guden eller gudinden, og man starter med en påkaldelse af guden, her 'domine', ofte i kombination med flere positive epiteter, 'altissime, omnipotens, bone', i dette tilfælde en repræsentativ funktion, der stiller guden i det bedste lys og samtidig skaber et hierarki mellem den bedende og guden, og dermed viser den bedende, at han/hun som menneske står lavere end guden og kender sin plads i kosmos. Dette hierarki uddybes så i strofe 1, 'tuae … benedictio', hvor tredje vers, 'tibi … sunt', indsætter Gud som centrum for kosmos, og 4. vers stadfæster hierarkiet mellem Gud og mennesker: 'et nullus homo … nominare'. Epiteterne og beskrivelsen af Gud betragtes som informative funktioner, der skal vise Guds positive sider. I 2. strofe følger en positiv opfordring til dem, der hører hymnen, om at lovprise Gud, 'lauderis', og hans stilling stadfæstes, fordi Gud er ophav til alle kosmos' skabninger, som remses op i løbet af hymnen, og disse skabninger er spejlbilleder af Gud: 'et tui ... praefert'. Ganske tydeligt en informativ funktion fra den bedendes side. Denne model fortsætter til strofe 8, hvor de kristne roses pga. deres tro på Gud trods modgang i livet. Strofe 9 definerer tydeligt menneskenes og skabningernes stilling på jorden, idet den legemlige død er uundgåelig, mens troen på Gud skaber et liv efter døden for dem, der tror. Gud ses i denne hymne som centrum og skaber af alt, og elementerne er spejlbilleder af Gud, altså sekundære, men ikke set ned på af den grund, da de er nødvendige hjælpemidler for at menneskene kan få føde og et liv på jorden, men dog alt sammen i en kristen kontekst; derfor ser vi strofe 10 som en opfordring til alle kristne om at lovprise og takke Gud, her en direktiv funktion til de øvrige kristne.

Litteratur:

Assmann, Aleida/Assmann, Jan: *Mythos*, in: Cancik, Hubert/Gladigow, Burkhard/ Laubscher, Matthias Samuel (Hrsg.): *Handbuch religionswissenschaftlicher Grundbegriffe*, Band 4, Stuttgart (Kohlhammer) 1998

Assman, Jan 2007. *"Monotheism and Polytheism"*, in: Johnston, Sarah I. (red.): *Ancient Religions*, Cambridge (The Belknap Press of Harvard University Press) 2007, S. 17-31.

Bayer; Klaus: *Religiöse Sprache. Thesen zur Einführung*, 2., überarb. Aufl., Berlin 2009, 22-3

Boyer, Pascal: *Religion Explained: The Human Instincts That Fashion Gods, Spirits and Ancestors*, London 2001, s. 265ff., 271ff.

Burkhard/Kohl, Karl-Heinz (Hrsg.): *Handbuch religionswissenschaftlicher Grundbegriffe*, Bd. 4, Stuttgart 1998, om mytebegrebet og klassifikationer af myter, s. 187ff.

Feldt, Laura: *"Wilderness in Mythology and Religion"*, in: Laura Feldt (red.): *Wilderness In Mythology and Religion: Approaching Religious Spatialities, Cosmologies and Ideas of Wild Nature*, Berlin (de Gruyter) 2012, S. 1-24

Heiler, Friedrich: *Erscheinungsformen und Wesen der Religion*, Stuttgart 1961, 266-364 giver et overblik over religiøse tekstgenrer; 275-306 om ord fra en gud, 307-332 om ord rettet til en gud

Jakobson, Roman: *"Linguistics and Poetics"*, in: Thomas A. Seboek (ed.): *Style in Language*, Cambridge, Mass., MIT Press, 1960, pp. 62-94; opr. præsenteret på en konference på Indiana University i foråret 1958, derefter revideret og udgivet 1960

Johnston, Sarah I. (red.): *Ancient Religions*, Cambridge (The Belknap Press of Harvard University Press) 2007

Rappaport, Roy A.: *Ritual and Religion in the Making of Humanity.* Cambridge 1999

Sorrell, Roger D.: *St. Francis of Assisi and Nature: Tradition and Innovation in Western Christian Attitudes toward the Environment,* Oxford: (Oxford Academic) 2009

12.   Prodigier

Dokumenter

Iulius Obsequens: DV Prodigiorum liber

(Origines: http://www.thelatinlibrary.com/obsequens.html + http://aillyacum.de/Obsequens.html)

(= Der liber prodigiorum des Iulius Obsequens von Annette Pohlke neuformatierte Ausgabe, Dezember 2010)

1.   L. Scipione C. Laelio coss. [A.U.C. 564 / 190 B.C.]

1. Iunonis Lucinae templum fulmine ictum ita ut fastigium valvaeque deformarentur. In finitimis pleraque de caelo icta. Nursiae sereno nimbi orti et homines duo exanimati. Tusculi terra pluit. Mula Reate peperit. Supplicatio per decem pueros patrimos matrimos totidemque virgines habita.

A.U.C. 564/190 B.C.

1. Juno Lucinas tempel blev ramt af et lyn, således at gavlen og dørene blev ødelagt. I de omkringliggende landområder blev mange ting ramt af lyn. I Nursia samlede stormskyer sig på en dag med ellers skyfri himmel, og to personer mistede livet. I Tusculum regnede det jord. I Reate fødte et mulæsel. En takkefest blev afholdt af ti drenge, hvis fædre og mødre endnu levede, og af lige så mange piger. (Liv. XXXVII.iii.2-6)

Kommentar

Dette er den første tekst i Julius Obsequens' samling af bemærkelsesværdige år i Roms historie, startende altså med år 190 f.Kr. Vi starter med en alvorlig begivenhed, da et tempel og de omkringliggende landområder bliver ramt af et lyn. Varslet er alvorligt, fordi lynet kommer fra himlen og rammer jorden, altså et vertikalt liminalt varsel, og især, at det bliver et tempel, altså en religiøs bygning for fødselsgudinden ramt af selve guderne ifølge romernes opfattelse. Den næste beretning handler om et adynaton, for hvordan kan stormskyer skabe orkan og ødelæggelse, når himlen er skyfri? Det næste tegn på kosmisk uro er jordregn i Tusculum, syd for Rom. Da man ikke kender årsagen til jordregn, som vi gør i dag, tolkes det som et negativt tegn fra guderne, da regn jo kommer fra himlen, altså igen et vertikalt liminalt varsel. Den næste anmærkning fra Julius Obsequens er et adynaton, fordi det burde være umuligt, men i dag ved vi, at det kan ske. Et mulæsel som er en krydsning mellem en æselhoppe og en hestehingst, burde ikke kunne få afkom, men har fået afkom ca. 60 gange siden 1500-tallet i Europa. Fordi der i dette år var så mange negative varsler, påbød senatet i Rom en sonofferhøjtid, hvor 10 drenge og piger, hvis forældre skulle være i live, deltog. At forældrene lever, er et tegn på, at børnene er hele og uskadte, familien er intakt ligesom et offerdyr skal være.

2. M. Messala C. Livio coss. [A.U.C. 566 / 188 B.C.]

2. Luce inter horam tertiam et quartam tenebrae ortae. In Aventino lapidum pluviae novendiali expiatae. In Hispania prospere militatum.

A.U.C. 566/188 B.C.
2. Mellem den tredje og fjerde time af dagen blev det mørkt. På Aventinerhøjen blev der afholdt en ni dages udsoningsfest pga. byger af sten. I Spanien blev der kæmpet med succes. (Liv. XXXVIII. xxxvi.4)

Kommentar
Det andet kapitel i Julius Obsequens' tekstkompilation af bemærkelsesværdige varselsår handler om et adynaton, en umulighed, fordi der bliver mørkt – uden skyer – mellem kl. 9 og 10 om formiddagen; derudover regner det sten, også en umulighed, en vertikal liminalitet, fordi regnen kommer fra himlen og rammer jorden. Derfor er der brug for en udsoningshøjtid. Til trods for de negative varsler var der alligevel succes i Spanien rent militært.

3. Sp. Postumio Albino Q. Marcio Philippo coss. (A.U.C. 568/186 B.C.)

3. Sacrum novendiale factum quod in Piceno lapidibus pluit ignesque caelestes multifariam orti levi afflatu complurium vestimenta adusserunt. Aedes Iovis in Capitolio fulmine icta. In Umbria semimas duodecim ferme annorum inventus aruspicumque iussu necatus. Galli qui Alpes transierunt in Italiam sine proelio eiecti.

A.U.C. 568/186 B.C.

3. En nidages gudstjeneste blev afholdt, fordi det i Picenum havde regnet sten, og lyn, som var opstået mange steder, havde brændt adskillige folks klæder med en let brise. Juppiters tempel på Kapitol-højen blev ramt af et lyn. I Umbrien blev en hermafrodit på 12 år afsløret og af varselspræsterne dømt til døden. De gallere, som var gået over Alperne og ind i Italien, blev fordrevet uden kamp. (Liv. XXXIX.xxii.3-5)

Kommentar

Teksten indledes med en sonofferhøjtid på typisk ni dage efter en stenregn og lynnedslag, et adynaton og et vertikalt liminalt varsel med en skade på folks klæder. Et andet vertikalt liminalt varsel finder vi også i næste anmærkning, og det er som nævnt et alvorligt varsel, når Roms helligste tempel på Roms helligste høj rammes af et lyn fra de hellige guder; så er der atter krise i forholdet mellem mennesker og guder. Et adynaton finder vi i det kønsdublerede væsen hermafroditten, som betragtes som en trussel mod menneskeheden og som derfor af haruspexerne bliver dømt til døden ved at blive lagt i en trækiste og sat ud i floden eller i havet, til døden indtræffer. Til trods for årets uheldssvangre varsler var der militær succes mod de gallere, der var kommet over Alperne ind i Gallia Cisalpina, i dag Norditalien, fra Gallia Transalpina, i dag Frankrig.

4. Appio Claudio Q. Metello coss. [A.U.C. 611 / 143 B.C.]

21. Amiterni puer tribus pedibus natus. Caurae sanguinis rivi e terra fluxerunt. Cum a Salassis illata clades esset Romanis, decemviri pronuntiaverunt se invenisse in Sibyllinis, quotiens bellum Gallis illaturi essent, sacrificari in eorum finibus oportere.

A.U.C. 611 / 143 B.C.
21. I Amiternum blev en dreng født med tre fødder. I Caura strømmede floder af blod ud af jorden. Da der var blevet påført romerne et nederlag af Salasserne, forkyndte 10-mandskommissionen, at de havde fundet ‹et belæg› i de Sibyllinske Bøger, at hvergang romerne ville føre krig mod gallerne, var det nødvendigt at ofre på deres landområder.

Kommentar
Julius Obsequens' (3. årh. – 4. årh. e.Kr.) liste over prodigier viser mange forskellige fænomener, som er blevet tolket som ildevarslende tegn fra gudernes side over for de romerske borgere. Her har vi en 'puer tribus pedibus natus', altså et menneske med for mange ekstremiteter, hvilket er en abnormitet og derfor en umulighed, et adynaton, for menneskeheden. Sådan en umulighed skal som dårligt varsel fra guderne sones. Det næste eksempel, 'sanguinis rivi e terra fluxerunt', beskriver et naturfænomen, som vækker angst pga. den røde farve, der minder om blod. Her skal vi tænke som romere og ikke som moderne borgere, der har lært om geografi, klima og kemi i skolen. For romerne var den røde farve tegn på blod og dermed et varsel om død og krig, og det kan forklare Julius Obsequens' næste anmærkning om Salassernes sejr over romerne; krigens ulykker har ramt romerne, og det viser disse strømme af blod. Soningen over for guderne består denne gang i et specielt ritual, nemlig konsultation af de sibyllinske orakelbøger, en samling orakelsvar på græsk, baseret på forskellige sibyllers udsagn og fortolkning, og her tilgået af den timands-kommission, decemviri, der havde adgang til bøgerne efter senatets tilladelse. Og her afgiver kollegiet det responsum til senatet, at der skal ofres på fjendernes, gallernes, land, hvis man vil føre krig mod dem. Så i dette kapitel kan der ses en sammenhæng mellem prodigier og de militære resultater, som Obsequens nævner. Sådan en sammenhæng kan vi ikke altid se.

5. Cn. Domitio C. Fannio coss. [A.U.C. 632 / 122 B.C.]

32. In foro Vessano androgynus natus in mare delatus est. In Gallia tres soles et tres lunae visae. Vitulus biceps natus. Bubo in Capitolio visus. Aetnae incendio Catina consumpta. Sallyes et Allobroges devicti.

A.U.C. 632 / 122 B.C.

32. I Forum Vessanum blev en hermafrodit født og kastet i havet. I Gallien viste sig tre sole og tre måner. En kalv blev født med to hoveder. En hornugle viste sig på Kapitol. Pga. Aetnas ild blev Catina ødelagt. Sallyerne og allobrogerne blev besejret.

Kommentar

Her møder vi et andet eksempel på et varsel fra gudernes side tæt på menneskeverdenen; en hermafrodit fødes, hvilket betragtes som et unaturligt afkom af romerne og derfor skal elimineres som et adynaton, en kønssammenblanding, der er utilstedelig for et samfund, og det gjaldt både mennesker og dyr. Elimineringen foregik ved, at hermafroditten blev lukket ned i en trækiste og sat ud på den nærmeste flod, i Rom på Tiberen, som så drev til havs. Embedsmændene blev således ikke besmittet ved at dræbe et andet menneske, – en morder er altid uren og besmittet, – men det uheldssvangre symbol på en forrykket verdensorden blev givet tilbage til naturen, der sørgede for resten. En ny type varsel viser sig i den følgende sætning med tre sole og tre måner. Her er vi i naturens verden, nærmere bestemt den kosmologiske orden, som betragtes som helt ude af fatning, når der både om dagen og om natten viser sig for mange himmellegemer. Så er den kosmiske orden truet, hvad der kræver en udsoning. Vi må gå ud fra, at alle de observationer, som Julius Obsequens nævner, er meddelt senatet og har medført officielle anvisninger om udsoningsritualer. Og denne kosmiske uro viser sig også blandt dyrene med en kalv, født med to hoveder, endnu et adynaton og en unaturlighed, der truer kvægbestanden. Et sådant dyr er jo slet ikke fejlfrit, tværtimod, det kan ikke bruges som offerdyr, men skal bare slagtes og elimineres. Den næste sætning, hvor hornuglen flyver ind på Kapitol, Roms helligste høj, viser en uro i forholdet mellem civiliseret verden og vild natur. Vi moderne mennesker holder jo af ugler som tegn på en fungerende fauna, men romerne anså en hornugle for et vilddyr, som skulle holdes borte fra civilisationen, her en by med en bygrænse, altså et indviet område. Og for at det ikke kan være slemt nok, at hornuglen har overskredet den vilde naturs grænser ved at flyve ind på byens område, så har den ovenikøbet sat sig på Kapitol, Roms centrale og på det religiøse domæne dominerende høj med Jupiter Maximus Optimus' tempel; her er den vilde natur og den civiliserede, tæmmede verden på kollisionskurs i romernes bevidsthed og dermed et meget tydeligt tegn på krise i forhold til guderne. Varslet med hornuglen er et liminalt varsel, fordi uglen har overskredet grænsen mellem indviet og uindviet område, adskilt gennem pomerium, bygrænsen. Mere specificeret er det et horisontalt liminalt tegn, fordi hornuglen flyver over bygrænsen, men samtidig kan det vel også tolkes som et vertikalt liminalt tegn, fordi et vilddyr sætter sig på Roms religiøse vartegn, hvorved kontakten til guden forstyrres. Til de nævnte uheldssvangre tegn kommer ødelæggelsen af byen Catina gennem Ætna. Da romerne ikke kender vulkaners og jordens geologi, opfattede de lavastrømme og udbrud som guddommelige tegn på verdensordenens forstyrrelse, og her kunne man så tale om en vertikal liminalitet, bare i omvendt retning, ikke fra himlen mod jorden, men fra urdybet mod jorden. Så dette år har på forskellige steder i Italia været foruroligende og har fået senatet i Rom til at påbyde forsoningshøjtideligheder. Som en trøst nævner Julius Obsequens, at de romerske tropper har besejret de galliske stammer Sallyerne og Allobrogerne til trods for de negative religiøse tegn i det år, hvis vi vil forsøge at koble de religiøse tildragelser sammen med de militære; men den kobling er langtfra logisk i mange tilfælde.

6. Q. Metello T. Didio coss. [A.U.C. 656 / 98 B.C.]

47. Bubone in Capitolio supra deorum simulacra viso cum piaretur, taurus victima exanimis concidit. Fulmine pleraque decussa. Hastae Martis in regia motae. Ludis in theatro creta candida pluit; fruges et tempestates portendit bonas. Sereno tonuit. Apud aedem Apollinis decemviris immolantibus caput iocineris non fuit, sacrificantibus anguis ad aram inventus. Item androgynus in mare deportatus. In circo inter pila militum ignis fusus. Hispani pluribus proeliis devicti.

A.U.C. 656 / 98 B.C.

47. Da man holdt udsoning, fordi der var blevet set en hornugle på Kapitol oven over gudebillederne, faldt en tyr, et af offerdyrene, død om. Flere ting blev kastet ned af lynet. Mars' spyd bevægede sig af sig selv i Regia. Under legene i teatret regnede det hvidt kridt; det varslede om en god høst og godt vejr. Det tordnede fra en skyfri himmel. Da 10-mandskommissionen ofrede ved Apollon-templet, var der ingen top på leveren, men de ofrende fandt en slange ved altret. Ligeledes blev en hermafrodit kastet i havet. I Circus bredte der sig en ild blandt soldaternes spyd. Spanierne blev besejret i flere slag.

Kommentar

År 98 f.Kr. byder ligeledes på en række varsler, der er blevet behandlet af senatet. Julius Obsequens starter med hornuglen, der igen har overskredet bygrænsen, sat sig på Kapitol i nærheden eller oven over gudebillederne. Den iværksatte udsoningshøjtidelighed rammes af et negativt varsel, idet det dyre offerdyr, en tyr, falder død om midt under ceremonien. Guderne vil ikke tage imod ofret, ser det ud til. Hornuglens flyvetur ind over bygrænsen må være et horisontalt liminalt varsel, fordi grænsen mellem vild natur og indviet grund overskrides; samtidig er der også en vertikal dimension i det, fordi den sætter sig over de sakrosankte gudestøtter. Et vertikalt liminalt varsel udgør lynet, der kommer fra himlen og ødelægger flere genstande på jorden. Så melder Julius Obsequens om en ting, vi ikke har hørt om før, nemlig at Mars' hellige spyd bevægede sig i Regia. Regia er pontifex maximus' kontor, altså centrum for Roms religiøse administration, og Mars og våbnene hører både til det religiøse og det militære domæne, og en sådan form for varsel tolkes som et analogifænomen, idet våbnenes spontane bevægelse tolkes som et tegn på en kommende krig. Tolkningen skifter ikke domæne, spyd og krig hører til samme sted, så fænomen og tolkning indgår en slags metonymisk forhold, her kaldt analogi. Den hvide kridtregn er af senatet blevet tolket som et positivt varsel om en god høst og kræver altså ingen udsoning. Til gengæld er torden fra en klar himmel et adynaton, uforståeligt og derfor et dårligt varsel. Det næste fænomen er lige så ildevarslende, fordi offerdyrets lever mangler den vigtigste top, 'caput iocineris', og derfor ikke er intakt og således ikke kan bruges som offerdyr i den ceremoni, hvor decemvirerne har fået til opgave af senatet at se i de sibyllinske bøger, som netop opbevaredes i Apollontemplet, og foretage en ofring for at afværge en større krise for Rom. At slangen befinder sig ved alteret, nævnes, fordi den ikke bør holde til i et indviet rum, den er så at sige uden for sit domæne, men det betyder ikke, at det er et negativt tegn. Slangen er et positivt dyr, der lever i jorden og som sådan hører til de (under)jordiske guder. Men det næste fænomen, Julius Obsequens beretter om, er til gengæld en trussel mod menneskeheden, den tvekønnede hermafrodit, der er en besmittelse i sig selv og ikke må røres; derfor transporten i en trækasse ned ad floden og ud i havet, hvor naturen gør sit. Så finder vi et analogivarsel i den ild, der breder sig blandt soldaterens spyd på circus maximus, eksercitspladsen, der tolkes som et varsel om kommende ulykker på den militære slagmark. Men til trods for de mange negative tegn blev spanierne slået i adskillige slag, så militært set gik det godt for riget.

7. M. Lepido Munatio Planco coss. [A.U.C. 712 / 42 B.C.]

70. Mula Romae ad duodecim portas peperit. Canis aeditui mortua a cane tracta. Lux ita nocte fulsit ut tamquam die orto ad opus surgeretur. In Mutinensi victoriae Marianae signum meridiem spectans sua sponte conversum in septentrionem hora quarta. Cum haec victimis expiarentur, soles tres circiter hora tertia diei visi, mox in unum orbem contracti. Latinis in Albano monte cum sacrificaretur, ex humero et pollice Iovis cruor manavit. Per Cassium et Brutum in provinciis direptionibus sociorum bella gesta. Notatum est prodigii loco fuisse, quod P. Titius praetor propter dissensiones collegae magistratum abrogavit; et ante annum est mortuus. Constat neminem qui magistratum collegae abstulerat annum vixisse. Abrogaverunt autem hi: Lucius Iunius Brutus consul Tarquinio Collatino, Tib. Gracchus M. Octavio, Cn. Octavius L. Cinnae, C. Cinna tr.pl. C. Marullo, Tullius ... Bruto et Cassio pugnam adversus Caesarem et Antonium molientibus in castris Cassii examen apium consedit. Locus aruspicum iussu interclusus interius ducto vallo. Vulturum et aliarum alitum quibus strages cadaverum pabulo est ingens vis exercitum advolavit. Puer in pompa Victoriae cultu cum ferretur, ferculo decidit. Lustratione lictor perversis fascibus lauream imposuit. Brutianis in proelium egredientibus Aethiops in porta occurrit et a militibus confossus. Cassius et Brutus interierunt.

A.U.C. 712 / 42 B.C.

70. Et mulæsel fødte i Rom ved de tolv porte. En tempelvogters døde tæve blev slæbt væk af en hund. Lyset strålede sådan om natten, at man stod op til arbejdet, som om dagen var begyndt. I Mutina-området drejede en statue for Marius' sejr, der vendte mod syd, sig af egen kraft mod nord på den fjerde time. Da disse ting blev udsonet med ofringer, blev der set tre sole på dagens tredje time, der snart formede sig til en kreds. Da latinerne ofrede på albanerbjerget, strømmede Jupiters blod fra skulder og tommeltot. Cassius og Brutus førte krig i provinserne med plyndringer af forbundsfællerne. Det blev noteret, at det skulle gælde som et varsel, at prætor P. Titius havde frakendt sin kollega hans embede pga. uoverensstemmelser; og før årets udgang døde han. Det står nemlig fast, at ingen endnu har overlevet et år, som havde frakendt kollegaen hans embede. Følgende har også frakendt ‹kolleger embedet›: Konsul Lucius Junius Brutus Tarquinius Collatinus, Tib. Gracchus M. Octavio, Cn. Octavius L. Cinna, folketribun C. Cinna C. Marullus, Tullius ... Da Brutus og Cassius planlagde et angreb på Caesar og Antonius, slog en

314

bisværm sig ned i Cassius' lejr. Stedet blev afspærret på indvoldstydernes ordre, idet der blev opført en vold længere inde ‹på området›.

En stor mængde af gribbe og andre fugle, for hvem bunker af lig er føde, fløj til hæren. Da en dreng blev båret i en procession i Victorias kostume, faldt han ned fra bærestolen. Ved renselsesceremonien fastgjorde liktoren (= den offentlige betjent) laurbærkransen på de omvendte myndighedstegn. En etiopier løb brutianerne, der var ved at drage ud i kamp, i møde ved byporten og blev stukket ned af soldaterne. Cassius og Brutus omkom.

Kommentar

Teksten starter med et adynaton, nemlig et mulæsel, der føder, denne gang i Rom, ikke i Reate, som ordsproget normalt lægger op til. Det, der betragtes som en umulighed, tolkes som en forstyrrelse i forholdet mellem guder og mennesker. Det næste uheldssvangre tegn viser en hund, der slæber en død tæve bort, hvad der kunne være et analogi-varsel, idet to individer af samme slags mishandler hinanden, hvoraf det ene endda tilhører en religiøs embedsmand. Hvis vi overfører dette til menneskeverdenen, kunne det vise en mellemfolkelig eller –menneskelig konflikt, fx en borgerkrig. Det næste varsel er kosmisk, idet nat bliver til dag, altså en omvending af den naturlige orden, og det må være et adynaton. Det næste tegn stammer fra det militære domæne, idet en statue, der symboliserer Marius' sejr i borgerkrigen mod Sulla i starten af 1. årh. f.Kr., drejer sig af egen kraft i Mutina, i dag Modena. Tolket som analogt varsel forudsiger det kommende krigshandlinger. Alle de nævnte varsler kræver en udsoning, en expiatio, men samtidig sker der et kosmisk fænomen, tre sole, der forenes til en ring; de tre sole er et usædvanligt tegn, men en ring kunne være et positivt tegn om harmoni eller evigt liv eller fuldkommenhed. Julius Obsequens nævner det selvfølgelig, fordi det er et specielt tegn. Den næste begivenhed er tvetydig, idet blod på Jupiters statue altid vil være faretruende, altså et forvarsel om krig og ufred, tolket som et analogt varsel, ud over at det er et adynaton. Omstændighederne er specielle, idet latinerne, indbyggerne i Latium, og romerne sammen holdt offerhøjtid for Jupiter til minde om en meget gammel tradition for samarbejde mellem et ekspanderende Rom og omegnskommunerne, så varslet kunne være et tegn på, at samarbejdet ikke var optimalt i år 42 f.Kr., hvor Octavian og Antonius kæmpede om magten i en borgerkrigslignende situation. Det næste kunne tyde på en sådan tilstand, idet Cassius og Brutus førte krig mod forbundsfællerne, og dem hørte latinerne jo også til. Så varslet skulle tages alvorligt, og det er sikkert ikke noget tilfælde, at de begge dør, som Julius Obsequens skriver i sidste sætning. Den næste historie om prætoren, der fyrer sin kollega, hvorefter han selv dør, efterfulgt af flere lignende dødsfald, er altså også blevet vurderet som et prodigium. Han fortsætter fortællingen om oprørerne Brutus og Cassius, der rammes af en bisværm, som tolkes analogt, idet bier tolkes som fjender, og den næste oplysning om gribbene, der flyver over hæren, viser de samme negative træk ved Brutus' og Cassius' fremfærd, som slutter med deres død. Tendensen er klar. De sidste uheldstegn kan tolkes som analogier, da drengen falder ned fra bærestolen under et ritual og embedstjeneren sætter laurbærkransen omvendt; det ligner den danske tradition, når man hænger hesteskoen omvendt op over indgangsdøren, så lykken falder ud. Etioperens utilsigtede død afslutter dette års ulykkelige begivenheder.

Prodigier

Prodigier indgår som del af divination, og divination betyder, at man prøver på at finde årsagen til, at pax deorum er forstyrret. Det er altså en tilstand, der skal løses nu. Det er ikke en profeti om fremtiden, men en trussel mod res publica nu.

Senere omkring Kristi fødsel opfattede man prodigia som tegn på en fremtidig begivenhed, men sådan var det altså ikke i republikkens tid.

Prodigium er et varsel om ulykke med umiddelbar påvirkning af menneskene, fx storme, højvande, tørke, hungersnød, epidemier, jordskælv, jordskred, kometer. Iflg. de sibyllinske orakler er kometer tegn på krig, sult og død, mens astronomen Aratos tolker dem som tegn på et tørt år. Der er altså forskel på, hvordan man fortolker verdens fænomener. Men i Rom anses prodigia altså for at være en generel trussel mod staten eller privatmanden.

Omina er specifikke varsler med henblik på en helt bestemt begivenhed. Fx viste der sig 12 gribbe, da Romulus skulle forkyndes som konge. Og da Octavian skulle vælges til konsul i 43 f.Kr. viste der sig 6 gribbe og efter valget 6 gribbe, så det blev også til 12 gribbe. Vi forstår den mytologiske hentydning, men Augustus (= Octavian) sørgede jo altid for at skabe en tradition for de projekter, han satte i gang.

Varselterminologi i republikkens tid

Ud fra etymologen Varro især arbejder antikken med fem forskellige ord for varsler, nemlig portentum, ostentum, prodigium, miraculum eller omen, monstrum, jf.

a) Varro in Isid. Diff. Verb. 1, 459, b) Varro in Festus p. 316-17, c) Varro in Serv. auct. Aen. 3, 366:

a) quinque sunt genera prodigiorum ut Varro dicit: portentum, ostentum, prodigium, miraculum et monstrum: *Der er fem forskellige slags varsler: portentum, ostentum, prodigium, miraculum og monstrum.*

b) quinque genera signorum observant augures: ex caelo, ex avibus, ex tripudiis, ex quadropedibus, ex diris: *Augurerne observerer fem forskellige slags tegn: ud fra himlen, fuglene, kyllingerne, firfodede dyr og uheldssvangre varsler (dira).*

c) Varro sane haec ita definit: ostentum quod aliquid hominibus ostendit; portentum quod aliquid futurum portendit; prodigium quod porro dirigit; miraculum quod mirum est, monstrum, quod monet. *Varro definerer dem således: ostentum er noget, der viser sig for menneskene; portentum er noget, der varsler om fremtiden; prodigium viser noget her og nu; miraculum er et under; monstrum er et uheldssvangert varsel.*

Cicero, de div. I, 93: quia enim ostendunt, portendunt, monstrant, praedicunt, ostenta, portenta, monstra, prodigia dicuntur. *Fordi de viser noget, fremlægger noget, varsler uheldssvangert, forudsiger noget, kaldes de ostenta, portenta, monstra og prodigia.* Cicero bruger ordet 'prodigia' kun denne ene gang i sit skrift.

Hvis vi skal sammenfatte betydningerne af disse begreber, kunne man måske skitsere det således:

Ostentum = substansløst tegn, fx sanseindtryk for øjne og øren, stråleglans, mørke; usædvanlige begivenheder, himmelsbrande.

Prodigium = substantielt tegn, fx meteor, tegn, der vedrører moralsk fordærv og forudsiger kommende skadelige begivenheder. Livius har de fleste eksempler og bruger ordet som overbegreb for de offentlige årsvarsler (1. januar). = himmelstegn, jordtegn, naturdeformationer, vidundere, magttegn, sejrstegn, dødstegn, nederlagstegn, og Julius Obsequens har jo sammenfattet Livius.

Monstrum = unaturligt, abnormt tegn, slange med fire fødder, fugl med fire vinger, unaturlige fødsler, altså tegn mod naturlovene.

Portentum: formagtige tegn, længerevarende tegn om hændelser i fremtiden.

Omen = sprogligt varsel; ethvert profant menneskeord, der tolkes som et varsel om fremtiden, jf. Valerius Maximus 1, 5, 1; Cicero: De divinatione 1, 104.

Tre kriterier

Hvis man skal inddele og forsøge at fortolke prodigier, kan man bruge tre kriterier.

1. Analogi = lighedsfortolkning

Det første kriterium baserer sig på analogitænkning. Man fortolker et ukendt fænomen i analogi med et kendt fænomen. Fx føder en plebejerkvinde omkring år 12-14 e.Kr. 4 børn, hvad der tolkes som tegn på en befolkningseksplosion, der kan føre til hungersnød. En pige, der er født med to hoveder, tolkes som tegn på borgerkrig, hvor to ledere står over for hinanden, idet kroppen opfattes som samfundet, der ikke kan bære to ledere. Eller i privatlivet tolkes de to hoveder som, at moderen har bedrevet hor, altså har haft to mænd. Publius Claudius Pulcher, admiral, var ikke tilfreds med de hellige høns om bord på hans skib, fordi måden, de spiste på, gav et dårligt varsel, og han skulle ikke være taget ud på togt. I stedet for at blive hjemme smed han hønsene i havet, tog på krigstogt og druknede symbolsk i det samme farvand. Analogien ligger her i stedet. En analogi i motivet ligger i, at Romulus dræbte sin bror Remus, fordi denne sprang over den nye bys (= Roms) bymur, pomerium, som er religiøst indviet og ikke må latterliggøres. Ligheden ligger nu i, at alle, der går over Roms bymure betragtes som fjender og vil blive dræbt. Årsagen til drabet kan selvfølgelig også ligge i, at der kun kan være 1 konge i Rom, så Remus var overflødig. Analogi mht. tanker er homeriske lignelser, eller lignelser i det hele taget, fordi man fortolker billedsproget ud fra de reelle omstændigheder.

Andre eksempler er solen, der kæmper mod månen, der tolkes som Jupiters kamp mod Tanit, Karthagos gudinde, hvilket symboliserer Roms krig mod Karthago. Der var jo tre krige mod Karthago, inden Rom sejrede. Mars' lanser, hastae, bevæger sig i Marstemplet; lanser betyder krig, fordi det er våben, og bevægelsen betyder, at der er en krig under opsejling. Vilde dyr, fx ulve eller hornugler, der trænger ind i byen, er tegn på, at fjender trænger ind; civilisationen bliver angrebet af de vilde: hornugler, brandfugle, bier, hvepse, ulve, græshopper er billeder på en hærs soldater.

Lynnedslag i offentlige bygninger er tegn på fjendtlige erobringer; meteorer, ildkugler på himlen er ligeledes ildevarslende tegn. Stenregn ligner kasteskyts fra fjenden, og blodregn, den blodrøde sol, kornaks, der bløder, når de skæres af, symboliserer blod, der mistes i kamp. Misfostre og hermafroditter er symboler på forplantningsproblemer i befolkningen; de er tegn på, at naturens orden er forstyrret; tohovedede børn og okser, får, svin muldyr, høns er vigtige elementer, fordi de har værdi som husdyr, ud over børnene, og uvejr, tørke, oversvømmelser ødelægger bondens afgrøder, og betragtes derfor som vigtige tegn på verdensordenen. Da husdyrene før forbundsfællekrigen i 91-89 f.Kr. forlod deres stalde og dermed blev til vilde dyr, var de et tegn på den kommende krig mod forbundsfællerne, der gjorde oprør ved at bryde kontrakten med Rom. Rom har jo indgået kontrakter med mange kommuner i hele Italia siden 500 f.Kr.; det var jo sådan, at Rom blev den herskende magt over hele Italia, dvs. et byråd blev centrum for magten omkring Middelhavet.

2. Adynata = Umuligheder = anomalier

Ting, der ikke kan forklares, skaber usikkerhed. Kausaliteten er ophævet, og oplevelsen sprænger menneskenes erfaring. Et typisk eksempel er mulæslerne fra Reate; byen er berømt for sit opdræt af mulæsler; et mulæsel er barn af en æselhoppe og en hestehingst og kan ikke få børn. Så hvis det sker, er det en anomali og tegn på borgerkrig eller naturlovenes sammenbrud eller rod i forplantningen, alt sammen forstyrrelse af pax deorum. Et muldyr, som er barn af en æselhingst og en hestehoppe, kan få børn. Siden reformationen er der født 15 børn af mulæsler, så når det sker, er det sjældent og bemærkelsesværdigt, og derfor bliver det så nævnt i Roms annaler. Herodot, historieskrivningens fader i Grækenland, skriver, at dengang et mulæsel fødte et føl, skete der en umulighed; og begivenheden fandt sted, lige før Babylon faldt, som er den reelle verdens umulige event, fordi man altid betragtede Babylon som uindtagelig. Andre anomalier er, at tøj, der brænder på mennesket, ikke efterlader spor, og lyn fra en klar himmel eller solformørkelser og jordskælv er tegn på, at naturen er gået ud af kurs.

3. Liminalitet = overskridelser = transgressioner

Vi kender udtrykket fra Arnold van Gennep, der 1909 beskrev rites de passage, hvor rites de marge er tærskelfaser, hvor man går fra det almindelige liv til en flydende tilstand uden faste elementer, indtil man så går over i sin nye tilstand, aggregationen. I denne overgangstilstand er man grænsegænger, hvor man hverken hører til det gamle eller det nye område. Man har en flydende status efter at have forladt en klart defineret tilstand og inden man når en ny, defineret tilstand. Teorien er videreudviklet af Victor Turner og Mary Douglas. Dette ses selvfølgelig tydeligst i mysteriereligionerne, hvor man skal indvies til noget nyt, efter at have forladt den gamle verden.

Det romerske pantheon har en gud Terminus, som er gud for grænsen, hvad enten det er husets tærskel eller markens skel, og Janus med de to ansigter, som er tærskelgud og gennemgangsgud, fordi han kan se ud og ind, tilbage og frem i tiden; han er jo dørens gud.

Hermafroditter og mulæsler, der føder, er evige grænsegængere mellem to species, arter. Lam med hestefødder, grise med hænder og fødder, haner, der bliver til høns og omvendt, bryder liminaliteten for den rene art. Børn med to hoveder, 4 hænder, 2 sæt kønsdele eller slet ingen kropsåbninger bryder artens normalitet.

Samfundet bliver betragtet som en krop, som ligesom præster og offerdyr, skal være sund og rask og uden fejl; enhver fejl på denne krop vises billedligt gennem et prodigium, som altså viser en fejl her og nu på kroppen og i samfundet.

Horisontal/tidsmæssig/temporal og vertikal/rumlig/spatial liminalitet

Når man skriver om liminalitet, skal man være opmærksom på, om man tænker på van Gennep og Turner og de tre faser i et initiationsritual. Det er jo et tidsligt forløb, og man kunne kalde det for temporal liminalitet. Men når man skriver om prodigier, taler man jo ikke om initiationsritualer, men om tegn, der viser forstyrrelse af pax deorum. Derfor gælder det her en speciel anvendelse af ordet liminalitet, som drejer sig om rum, og det drejer sig om følgende tegn: Når lyn slår ned i bygninger på jorden, overskrider det grænsen mellem himmel og jord, eller flammer, der rækker fra himlen ned til jorden; det kunne man kalde vertikal liminalitet. Men når hornuglen, bubo, flyver ind i byen og sætter sig på tempeltaget eller inde i det på en gudestatue, så overskrider den også en grænse mellem den vilde natur og det civiliserede samfund, men nu er det snarere en horisontal liminalitet; det vigtige er, at man overskrider nogle rumlige grænser, og derfor er det måske formålstjenligt at kalde van Genneps fase for temporal liminalitet, mens man i undersøgelsen af prodigier kunne kalde det spatial liminalitet for at holde de to tilgange adskilt.

Statens rolle i behandlingen af prodigier

Prodigier hører til auspicia oblativa, varsler, der bliver tilbudt (af guderne), altså uventede varsler, som skal indrapporteres.

De andre varsler hedder auspicia impetrativa, dvs. varsler, man har bedt om, forventede varsler, når man så på fuglenes flugt, som augurerne gjorde, eller så på de hellige kyllingers spisevaner. Her satte man et helt system bevidst i gang for at se, om man skulle på togt eller ej. Eller haruspexerne så på dyrenes indvolde for at se, om leveren havde tre toppe. Staten, res publica, behandler begge slags prodigier, og auspicia impetrativa bliver sat i gang af magistraten, fordi der skal tages varsler ang. en bestemt politisk strategi. Så det er klart fra starten af, at der skal handles.

Noget anderledes forholder det sig med auspicia oblativa, som ingen har bedt om. Kommandovejen ses i skemaet. Menigmand melder om et varsel til en magistrat eller kommunens borgmester, duumvir, som giver sagen videre til senatet i Rom, der sender det til behandling, alt efter hvordan varslet ser ud og hvilken politisk situation Rom befinder sig i, til pontifices, decemviri eller haruspices. Disse afgiver et responsum til senatet, der så afgør, om det drejer sig om et offentligt, privat eller slet intet prodigium.

Der skal afholdes et forsoningsoffer, supplicatio, enten af konsulerne eller af pater familias. Hvis det virkeligt er krisetid, sker offeret straks, datoen bliver fastsat af senatet, ellers bliver alle supplicationes samlet og afholdt den 1. januar i det nye år. I løbet af året kan der jo anmeldes flere hundrede varsler.

Senatet har ansvaret for udsoning, supplicatio, ved et prodigium, der anses for offentligt, altså berører hele res publica.

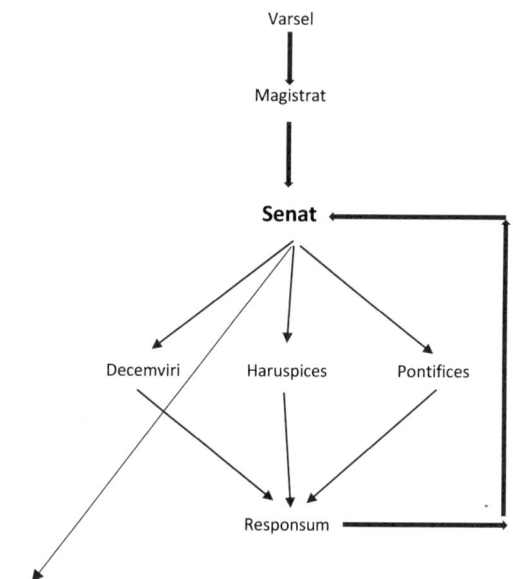

Pater familias får ansvaret for udsoning, supplicatio, ved et prodigium, der anses for privat. Hvis senatet ikke mener, at der er tale om et prodigium, bliver det afvist.

De tre faser

Hvis man prøver at sætte prodigie-fænomenet ind i en liminalitetstankegang, må varslerne være tegn på, at samfundet befinder sig i en ustabil fase, hvor netop pax deorum er truet eller skadet; det er altså en opløsningsfase, som skal sones, for at man kan komme ud i en fornyet rolig fase i forholdet til guderne, hvad mos maiorum jo kræver. Det kan illustreres på følgende måde:

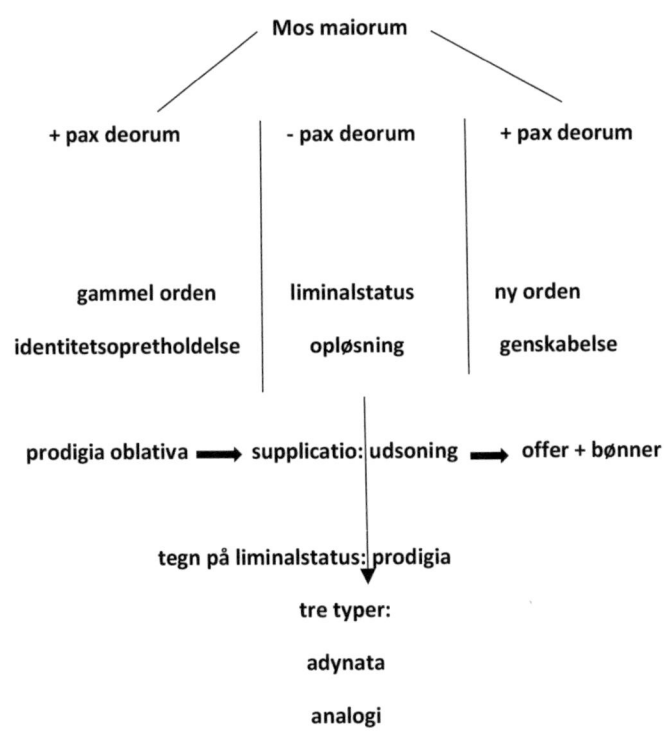

type	publicum	privatum	nullum
adynaton			
analogi			
liminalitet			

Den moderne religionshistoriker Michael Rothstein[1] skriver i sine studier om penanerne på Borneo, at deres brug af fuglevarsler på deres jagter kan ses som 'en kulturbestemt måde at sætte menneskelig grådighed og rationalitet en hindring i vejen, så den nødvendige balance mellem forbrug og ressourcer kan opretholdes' (Rothstein 2016: 278). Måske kan romernes prodigiesystem betragtes på samme måde, at menneskene hele tiden skal udføre sonofre eller tage varsler for at se, om balancen mellem guder, der her repræsenterer naturen, og mennesker er i orden, dvs. at man tænker over de ressourcer, som man tager fra naturen[2].

[1] Rothstein, M.: *Regnskovens religion. Forestillinger og ritualer blandt Borneos sidste jæger-samlere*, København (U Press) 2016
[2] Jeg takker Pernille Ahrenfeldt for henvisningen til Rothsteins bog.

Litteratur

Barth, Frederik: 1969. *"Introduction"*, in: Frederik Barth (red.): *Ethnic Groups and Boundaries: The Social Organization of Culture Difference*, Oslo: (Universitetsforlaget) 1969, s. 9-38

Barton, T: *"Astrology and the State in Imperial Rome"*, in: Thomas, N./Humphrey, C.: *Shamanism, history, and the state*, Ann Arbor (Univ. of Mich. Press) 1994, 146-163

Bell, Catherine: *Ritual Theory, Ritual Practice*, Oxford-New York (Oxford University Press) 1992, s. 200-225

Bloch, Raymond: *Portents and Prodigies*, Encyclopedia of Religion, 2005: https://www.*encyclopedia.com/environment/encyclopedias-almanacs-transcripts-andmaps/portents-and-prodigies*

Bonnefoy, Yves 1992. *Roman and European Mythologies*, (overs. Wendy Doniger), Chicago, s. 30-35

Bourque, N.: *"An Anthropologist's View of Ritual"* in: Bispham, Edward & Smith, Christopher: *Religion in archaic and republican Rome and Italy*, Edinburgh (Edinburgh University Press) 2000, s. 19-33

Engels, David: *Das römische Vorzeichenwesen (753–27 v. Chr.). Quellen, Terminologie, Kommentar, historische Entwicklung, (Potsdamer Altertumswissenschaftliche Beiträge 22)*, Stuttgart (Fr. Steiner) 2006

Feldt, Laura: *"Monstrøsitet som kulturel og religiøs diskurs: illustreret af monstertraditioner fra det gamle Mesopotamien"*, in: Religionsvidenskabeligt Tidsskrift, nr. 42 (2003), s. 43-64

Feldt, Laura: *"Wilderness in Mythology and Religion"*, in: Laura Feldt (red.): *Wilderness In Mythology and Religion: Approaching Religious Spatialities, Cosmologies and Ideas of Wild Nature*, Berlin (Walter de Gruyter) 2012, s. 1-24

Hammer, Olav & Sørensen, Jesper: *Religion: I psyke og samfund*, Aarhus: (Aarhus Universitetsforlag) 2010, s. 27-48

Klingshirm, W.E.: *"Inventing the Sortilegus : lot, divination and cultural identity in Italy, Rome, and the province"*, in: Schultz and Harvey: *Religion in Republican Italy*, Cambridge (CUP) 2006, 137-161

Lennon, Jack J.: *Pollution and Religion in Ancient Rome*, Cambridge-New York (Cambridge University Press) 2014, s. 1-28, 188-196

Liebeschuetz, J.H.W.G.: *Continuity and change in Roman religion*, Oxford (OUP) 1976: s. 7-29

Lisdorf, Anders: *"At navigere i et farefyldt hav"*, Religionsvidenskabeligt Tidsskrift, nr. 44 (2004), s. 27-41

MacBain, Bruce: *Prodigy and expiation: a study in religion and politics in Republican Rome*, Collection Latomus, vol. 177, Bruxelles (Latomus – Revue des Etudes Latines) 1982

North, J.: *"Diviners and Divination at Rome"*, in: M. Beard/J. North: *Pagan Priests – Religion and Power in the Ancient World*, London (Duckworth) 1990, 51-71

Rasmussen, Susanne William: *"Blod, sved og tårer – prodigier i romersk religion"*, in: Religionsvidenskabeligt Tidsskrift 33, 1998, s. 35-47

Rasmussen, Susanne W.: *Public Portents in Republican Rome,* Roma (Bretschneider) 2003.

Rasmussen, Susanne W.: *"Romersk Religion"* in: Tim Jensen, Jørgen P. Sørensen & Mikael Rothstein (red.), *Gyldendals Religionshistorie. Ritualer. Mytologi. Ikonografi*, København (Gyldendal) 2011, s. 130-144

Rasmussen, Susanne W.:*"Roman religion"*, in: Lisbeth B. Christensen, Olav Hammer

& David A. Warburton (red.), *The Handbook of Religions in Ancient Europe,* Durham (Acumen) 2013, s. 192-207

Rasmussen, Susanne William: *Kulturmøder og religiøse fjendebilleder,* Odense (Syddansk Universitetsforlag) 2018

Ripat, P.: *'Roman Omens, Roman Audiences, and Roman History',* in: Greece and Rome (Cambridge Univ. Press), Oct. 2006, vol. 53.2., ss. 155-174

Rosenberger, V.: *Gezähmte Götter. Das Prodigienwesen in der römischen Republik,* Stuttgart (Fr. Steiner Verl.) 1998, ss. 91-126 (*'Die Bedeutung der Prodigien oder: Zeichen und Ängste'*)

Rosenberger, Veit: "*Republican Nobiles, Controlling the Res Publica*", in: J. Rüpke (ed.): *A Companion to Roman Religion,* Oxford (Wiley-Blackwell) 2011, s. 292-303

Rosenløv, J: "*Guder, varsler og ritualer i den romerske verden*", in: Fonnesbech-Wulff, B./Rosenlyng-Jensen, P.: *Historiens langs linjer,* København (Gyldendal) 2006, s. 59-74

Rothstein, Mikael:*"Emblematic Architecture and the Routinization of Charisma in Scientology",* International Journal for the Study of New Religions, nr. 5.1 (2014), s. 51-75

Rothstein, Mikael: *Regnskovens religion: Forestillinger og ritualer blandt Borneos sidste jæger-samlere,* København (U Press) 2016, s. 254-280

Rüpke, Jörg: "*Religious Deviance in the Roman World: Superstition or Individuality?*", Cambridge (CUP) 2016, s. 65-90

Santangelo, Federico: "*Law and Divination in the late Roman Republic*", in: Tellegen-Couperus, Olga: *Law and religion in the Roman Republic,* Leiden-Boston (Brill) 2011, s. 31-54

Schjødt, Jens Peter:*"Ritualstruktur og ritualklassifikation",* Religions-videnskabeligt Tidsskrift, nr. 20 (1992), s. 5-23

Schjødt, Jens Peter:*"Wilderness, Liminality, and the Other in Old Norse Myth and Cosmology",* in: Laura Feldt (red.): *Wilderness in Mythology and Religion: Approaching Religious Spatialities, Cosmologies and Ideas of Wild Nature,* Berlin (Walter de Gruyter) 2012, s. 183-204

Sørensen, Jørgen Podemann: *Komparativ Religionshistorie,* København (Books on Demand) 2006

Wildfang, Robin Lorsch/Jacob Isager (Ed.): *Divination & Portents – in the Roman World.* Odense (Syddansk Universitetsforlag) 2000

13. Kvinders status og vestalinderne

Dokumenter

Kvindens stilling i lovgivningen

1. Gaius: Institutiones I, 108-113

108. Nunc de his personis videamus, quae in manu nostra sunt. Quod et ipsum ius proprium civium Romanorum est.

109. Sed in potestate quidem et masculi et feminae esse solent; in manum autem feminae tantum conveniunt.

110. Olim itaque tribus modis in manum conveniebant: usu, farreo, coemptione.

111. Usu in manum conveniebat, quae anno continuo nupta perseverabat; quia enim velut annua possessione usucapiebatur, in familiam viri transibat filiaeque locum optinebat. Itaque lege duodecim tabularum cautum est, ut si qua nollet eo modo in manum mariti convenire, ea quotannis trinoctio abesset atque eo modo cuiusque anni usum interrumperet. Sed hoc totum ius partim legibus sublatum est, partim ipsa desuetudine obliteratum est.

112. Farreo in manum conveniunt per quoddam genus sacrificii, quod Iovi Farreo fit; in quo farreus panis adhibetur, unde etiam confarreatio dicitur; complura praeterea huius iuris ordinandi gratia cum certis et sollemnibus verbis praesentibus decem testibus aguntur et fiunt. Quod ius etiam nostris temporibus in usu est: Nam flamines maiores, id est Diales, Martiales, Quirinales, item reges sacrorum, nisi ex farreatis nati non leguntur: Ac ne ipsi quidem sine confarreatione sacerdotium habere possunt.

113. Coemptione vero in manum conveniunt per mancipationem, id est per quandam imaginariam venditionem: Nam adhibitis non minus quam V testibus civibus Romanis puberibus, item libripende, emit vir mulierem, cuius in manum convenit.

(Origo: http://thelatinlibrary.com/gaius1.html#108-112)

1. Gaius: Romerrettens institutioner I, 108-113

108. Nu vil vi gå over til de personer, der befinder sig i formynderskab, og det er et retsprincip, som kun vedrører romerske borgere.

109. Under myndighed står personer af han- og hunkøn, men i formynderskab kommer kun kvinder.

110. Engang kom kvinder under formynderskab på tre forskellige måder, gennem hævd, gennem confarreatio, speltkage-ægteskab, og gennem et ægteskab af form som et skin-køb.

111. Gennem hævd kom hun i ‹mandens› formynderskab, når hun har levet sammen med manden et helt år som i et ægteskab; hun blev nemlig så at sige erhvervet ved hævd gennem den et år varende brugsret, gik over til mandens familie og indtog den juridiske position som en datter. Derfor er der også i de 12 Tavlers Love bestemt, at hvis hun ikke ville overgå til mandens formynderskab på denne måde, så skulle hun hvert år være fraværende fra huset tre nætter i træk og på denne måde bryde årets juridiske hævd-periode. Men hele dette retsprincip er delvist blevet ophævet af love, dels gået i glemmebogen, fordi man ikke overholdt sædvanen.

112. Ved confarreatio (= speltkage-ægteskab) kommer man i formynderskab gennem et specielt offer, som man giver Jupiter Farreus; i det bruger man en speltkage, hvoraf navnet confarreatio kommer; desuden udføres der adskillige ritualer med bestemte riituelle formler under tilstedeværelse af ti vidner for at stadfæste dette ‹ægteskabelige› retsprincip. Dette retsprincip er endnu i vore dage i brug: De højere præsteembeder nemlig, dvs. præsten for Jupiter, Mars og den romerske borger, og ligeledes kongeofferpræsterne kan kun vælges, hvis de er født ud af et speltkage-ægteskab; og ikke engang de selv kan beklæde præsteembedet, hvis ikke de har indgået et speltkage-ægteskab.

113. Ved et købsægteskab (coemptio) bliver kvinderne gift gennem mancipatio, dvs. gennem et bestemt fiktivt køb: for under tilstedeværelse af ikke færre end fem myndige romerske borgere som vidner og af en vægtkontrollør bliver kvinden købt af den mand, i hvis formynderskab hun kommer.

Kommentar

Ad 108

Gaius er en romersk jurist fra det andet årh. e.Kr. (130-180 e.Kr.) og en vigtig kilde til republikkens retslige institutioner. Når vi skal arbejde med kvindens stilling i samfundet, er 'manus', formynderskab, et vigtigt begreb for at forstå romerske borgeres status.

'manus' vedrører især kvinderne, fordi de skal være i formynderskab, dvs. have en juridisk værge i alle retsgyldige anliggender.

Ad 109

Et andet begreb er 'potestas', magt, autoritet, myndighed, som vedrører alle romerske borgere, fordi de skal følge romersk lovgivning. Begrebet betegner det at have en magt over nogen, fx borgere, eller noget, fx et land, og denne magt er stadfæstet i loven; det er en lovhjemlet magtposition. Mænd kommer ikke i formynderskab, men det gør kvinderne fra fødslen, idet far eller bedstefar er værge, indtil datteren bliver gift, hvor hun så overgår til ægtemandens formynderskab.

Ad 110

Bryllupsceremonien kan foregå på tre forskellige måder, som Gaius skriver, nemlig gennem hævd, se afsn.111, et spelt-ritual, se afsn. 112, eller et fiktivt køb, se afsn.113. Det handler om tre forskellige traditioner at blive gift på, men pointen her er, at bruden får brudgommen som ny værge, efter at hendes far har overgivet hende til hendes nye familie.

Kvinders juridiske stilling generelt

I den gammelromerske periode er man ikke individer, men medlemmer af en større enhed, privat er det familien, offentligt er det staten. Den juridiske størrelse, familia, har paterfamilias som overhoved, og hans hustru, uxor in manu, hans børn, såfremt de ikke er udtrådt af hans myndighed og voksne, hans undersåtter eller klienter og slaverne er underkastet paterfamilias' potestas, som tidligere også hed manus, som er gået videre i 'myndig', 'formynderi'. Senere bruges ordet kun om hustruen i sin mands myndighed, uxor in manu; myndigheden over børnene hedder patria potestas, myndigheden over slaverne hører til ejendomsretten.

Uxor in manu og børnene er frie borgere, men underkastet husfaderens myndighed, der har retten over liv og død. Men hvis han går for vidt i sin magtudøvelse, er der både love og sakralretlige bestemmelser og senere også censorens moralske opsyn, der hindrer paterfamilias i at udøve vold.

Uxor in manu og børnene kan ikke eje formuer selv, dispositionsretten er paterfamilias'. Sui iuris = suae potestatis er den, der ikke står under nogens formynderi, altså paterfamilias, den enlige mand, den enlige kvinde; alle andre er alieno iuri subiecti. En kvinde sui iuris, der altså hverken står under patria potestas (som barn) eller manus (som hustru), har, selv om hun er myndig, en tutor mulieris, en slægtsformynder, hvis auctoritas tutoris er nødvendig, før hun kan indgå forpligtelser, lovformelige handler, transaktioner, optagelse af gæld. Denne formynderinstans svækkes i løbet af klassisk tid og ophører ved republikkens slut. I efterklassisk tid kan mor bliver formynder for sine børn.

De fire vigtigste begreber vedr. formynderskab:

Faderens overordnede formynderskab: potestas

Ægtemandens overordnede formynderskab over hustruen: manus

Kvindens underordnede formynderskab: tutela

Formynder for en kvinde: tutor

2. Cicero: Philippicae 2, 28, 69

Illam suam suas res sibi habere iussit ex XII tabulis, claves ademit, exegit.

Han befalede sin kone ifølge de Tolv Tavlers Love, at hun skulle tage sine ting, tog nøglerne fra hende og bortviste hende fra huset.

Kommentar

Teksten viser, hvilken magt manden havde over sin hustru, idet han uden juridiske omsvøb kunne bortvise hende og dermed ophæve ægteskabet. At romerne fulgte traditionerne, viser denne bestemmelse i de Tolv Tavlers Love, som jo stammer fra 450 f.Kr.

3. Gaius: Institutiones II, 47

Mulieris, quae in agnatorum tutela erat, res mancipii usucapi non poterant, praeterquam si ab ipsa tutore [auctore] traditae essent: id[que] ita lege XII tabularum [cautum erat].

3. Gaius: Romerrettens institutioner II, 47

Ejendele af en kvinde, som er i sine mandlige slægtninges formynderskab, kan ikke erhverves ved hævd (tidsmæssig tradition), medmindre de er blevet overgivet af hende selv med hendes formynder som medvirkende; og dette var således bestemt i de Tolv Tavlers Love.

Kommentar

Her specificeres den testamentariske overdragelse mht. hævd, 'usucapio', og igen er det formynderen, 'tutor', der skal være med i overdragelsen. Kvinden kan ikke handle selv i juridisk forstand.

4. Tolv Tavlers Love

SI INTESTATO MORITUR, CUI SUUS HERES NEC ESCIT, ADGNATUS PROXIMUS FAMILIAM HABETO.

Hvis nogen dør, som ikke har en arving, og uden at have skrevet testamente, så skal den nærmeste mandlige slægtning arve ejendelene.

Kommentar

De mandlige slægtninges priviligerede stilling har været fastslået siden 450 f.Kr. Der sker dog forandringer i kvindens stilling i senrepublikken og kejsertiden. Men i de Tolv Tavlers Love ser man tydeligt udgangspunktet for det romerske patriarkat.

5. Tolv Tavlers Love

SI ADGNATUS NEC ESCIT, GENTILES FAMILIAM HABENTO.
Hvis en sådan mandlig slægtning ikke eksisterer, skal slægtsmedlemmerne have arven.

Kommentar

Her drejer det sig om 'gentiles', de fjernere mandlige medlemmer af slægten, der får arven.

6. Gaius: Institutiones I, 155

Quibus testamento ... tutor datus non sit, iis ex lege XII [tabularum] agnati sunt tutores.
For dem, der ikke har fået en formynder i testamentet, er de mandlige slægtninge
formyndere ifølge de Tolv Tavlers Love.

Kommentar
Traditionen følges fra den tid, hvor de Tolv Tavler blev sat op på Forum Romanum.

7. Tolv Tavlers Love

SI FURIOSUS ESCIT, ADGNATUM GENTILIUMQUE IN EO PECUNIAQUE EIUS
POTESTAS ESTO.
Hvis nogen er sindssyg, skal de mandlige slægtninge og øvrige slægtsmedlemmer have
formynderskabet over ham og hans formue.

Kommentar
Her drejer det sig så om et mandligt slægtsmedlem, der af en eller anden grund ikke
kan tage vare på sig selv og ikke mere kan handle selv; så overgår arven til de mandlige
slægtsmedlemmer.

8. Gaius: Institutiones I, 111

Lege XII tabularum cautum esset, ut si qua nollet eo modo (usu) in manum mariti
convenire, ea quotannis trinoctio abesset atque eo modo (usum) cuiusque anni
interrumperet.

Gaius: Romerrettens institutioner I, 111
I de Tolv Tavlers Love er det forudset, at en kvinde, der ikke på nogen måde vil komme
i mandens formynderskab (usus = hævd), hvert år skal være fraværende fra huset i tre
nætter og på den måde afbryde den igangværende hævd for mandens formynderskab.

Kommentar

Gaius giver her en anvisning på, hvordan kvinden i den ene form for ægteskab, nemlig hævd, kan afbryde forløbet ved at flytte ud af mandens hus i tre døgn; en sådan afbrydelse ophæver enhver ceremonis gyldighed, hvilket vi også ser som en bestemmelse i andre religiøse embedsmænds funktionsperioder.

9. Gaius: Institutiones I, 144: Om formynderskab

144. Permissum est itaque parentibus liberis, quos in potestate sua habent, testamento tutores dare: Masculini quidem sexus inpuberibus, feminini vero inpuberibus puberibusque, vel cum nuptae sint. Veteres enim voluerunt feminas, etiamsi perfectae aetatis sint, propter animi levitatem in tutela esse.

Gaius: Romerrettens institutioner I, 144

144. Det er således tilladt for forældre at udpege formyndere for de børn, der er i deres formynderskab: for børn af hankøn under pubertetsalderen, for børn af hunkøn under og over pubertetsalderen og uanset om de er gift. De gamle har nemlig villet, at kvinder, skønt de er voksne, skal være i formynderskab pga. deres karaktermæssige ustabilitet.

Kommentar

Gaius forklarer kort og kontant, at kvinderne i modsætning til mændene skal være i formynderskab, her kaldt 'tutela', selv om de er voksne, og årsagen skulle være en karaktermæssig ustabilitet; igen følger man lovene fra 450 f.Kr.

10. Gaius: Institutiones I, 145: Om formynderskab

145. Itaque si quis filio filiaeque testamento tutorem dederit, et ambo ad pubertatem pervenerint, filius quidem desinit habere tutorem, filia vero nihilo minus in tutela permanet: Tantum enim ex lege Iulia et Papia Poppaea iure liberorum a tutela liberantur feminae. Loquimur autem exceptis virginibus Vestalibus, quas etiam veteres in honorem sacerdotii liberas esse voluerunt: Itaque etiam lege XII tabularum cautum est.

Gaius: Romerrettens institutioner I, 145

145. Ligeledes, hvis man har givet en formynder til en søn og en datter ifølge testamentet og begge er nået til puberteten, så holder sønnen op med at have en formynder, mens datteren ikke desto mindre forbliver i formynderskab; for ifølge lex Iulia og Papia Poppaea befries kvinder kun fra formynderskab under forudsætning af børn (= moderskab). Vi siger det, idet også vestalinderne er undtaget, som forfædrene har villet skulle være fritaget til gengæld for deres præsteembedes værdighed; således er det fastsat i de Tolv Tavlers Love.

Kommentar

Tankegangen vedr. kvinders formynderskab fortsættes i dette afsnit med de undtagelser, at kvinder pga. moderskab, 'iure liberorum', fritages for formynderskab, samt vestalinderne, som har en helt særlig status i det romerske samfund. Og man bemærker, at vestalinder indtager en juridisk særstilling, idet de ikke skal være i en fars eller bedstefars formynderskab. Helt fri for formynderskab er de dog ikke, idet pontifex maximus har formynderskab over dem.

Vestalindernes stilling i Rom

Indledning

Kong Numa har indstiftet vestalinde-kollegiet iflg. traditionen, så at kollegiet eksisterede fra 650 f.Kr. til 392/4 e.Kr., da kejser Theodosius forbød al romersk religion. Der er 6, måske senere 7 vestalinder, ledet af virgo Vestalis maxima.

De var forpligtet i 30 år til at varetage tjenesten; derefter kunne de gå på pension eller fortsætte. Øverste myndighed var pontifex maximus; de havde æresplads i teatret og amfiteatret, blev kørt i hestevogn i Rom og blev begravet inden for bymuren.

Caesar og Augustus deponerede deres testamenter hos dem, kontrakter blev deponeret i templet, og de fungerede som konfliktmæglere.

Fester for gudinden Vesta holdtes 7. – 15. juni: Vestalia; selve vestalinderne deltog i 24 af årets højtider i Rom, og de var til stede ved århundredfesten, ludi Saeculares.

11. Aulus Gellius: Noctes Atticae I, 12 om 'valget til vestalinde'

XII. *Virgo Vestae quid aetatis et ex quali familia et quo ritu quibusque caerimoniis ac religionibus ac quo nomine a pontifice maximo capiatur et quo statim iure esse incipiat, simul atque capta est; quodque, ut Labeo dicit, nec intestato cuiquam nec eius intestatae quisquam iure heres est.*

1 Qui de virgine capienda scripserunt, quorum diligentissime scripsit Labeo Antistius, minore quam annos sex, maiorem quam annos decem natam negaverunt capi fas esse;

2 item quae non sit patrima et matrima;

3 item quae lingua debili sensuve aurium deminuta aliave qua corporis labe insignita sit;

4 item quae ipsa aut cuius pater emancipatus sit, etiamsi vivo patre in avi potestate sit;

5 item cuius parentes alter ambove servitutem servierunt aut in negotiis sordidis versantur.

6 Sed et eam, cuius soror ad id sacerdotium lecta est, excusationem mereri aiunt; item cuius pater flamen aut augur aut quindecimvirum sacris faciundis aut septemvirum epulonum aut Salius est.

7 Sponsae quoque pontificis et tubicinis sacrorum filiae vacatio a sacerdotio isto tribui solet.

8 Praeterea Capito Ateius scriptum reliquit neque eius legendam filiam, qui domicilium in Italia non haberet, et excusandam eius, qui liberos tres haberet.

9 Virgo autem Vestalis, simul est capta atque in atrium Vestae deducta et pontificibus tradita est, eo statim tempore sine emancipatione ac sine capitis minutione e patris potestate exit et ius testamenti faciundi adipiscitur.

10 De more autem rituque capiundae virginis litterae quidem antiquiores non exstant, nisi, quae capta prima est, a Numa rege esse captam.

11 Sed Papiam legem invenimus, qua cavetur, ut pontificis maximi arbitratu virgines e populo viginti legantur sortitioque in contione ex eo numero fiat et, cuius virginis ducta erit, ut eam pontifex maximus capiat eaque Vestae fiat.

12 Sed ea sortitio ex lege Papia non necessaria nunc videri solet. Nam si quis honesto loco natus adeat pontificem maximum atque offerat ad sacerdotium filiam suam, cuius dumtaxat salvis religionum observationibus ratio haberi possit, gratia Papiae legis per senatum fit.

13 "Capi" autem virgo propterea dici videtur, quia pontificis maximi manu prensa ab eo parente, in cuius potestate est, veluti bello capta abducitur.

14 In libro primo Fabii Pictoris, quae verba pontificem maximum dicere oporteat, cum virginem capiat, scriptum est. Ea verba haec sunt: "Sacerdotem Vestalem, quae sacra faciat, quae ius siet sacerdotem Vestalem facere pro populo Romano Quiritibus, uti quae optima lege fuit, ita te, Amata, capio."

15 Plerique autem "capi" virginem solam debere dici putant. Sed flamines quoque Diales, item pontifices et augures "capi" dicebantur.

16 L. Sulla rerum gestarum libro secundo ita scripsit: "P. Cornelius, cui primum cognomen Sullae impositum est, flamen Dialis captus."

17 M. Cato de Lusitanis, cum Servium Galbam accusavit: "Tamen dicunt deficere voluisse. Ego me nunc volo ius pontificium optime scire; iamne ea causa pontifex capiar? si volo augurium optime tenere, ecquis me ob eam rem augurem capiat?"

18 Praeterea in commentariis Labeonis, quae ad duodecim tabulas composuit, ita scriptum est: "Virgo Vestalis neque heres est cuiquam intestato, neque intestatae quisquam, sed bona eius in publicum redigi aiunt. Id quo iure fiat, quaeritur."

19 "Amata" inter capiendum a pontifice maximo appellatur, quoniam, quae prima capta est, hoc fuisse nomen traditum est.

(Origo: http://thelatinlibrary.com/gellius/gellius1.shtml)

11. Aulus Gellius: *Attiske nætter* I, 12

Hvilken alder, fra hvilken familie, med hvilken ritus, med hvilke ceremonier og religiøse handlinger og under hvilket navn en vestalinde bliver valgt af pontifex maximus og hvilken retsstilling hun straks får, når hun er blevet valgt; og at, som Labeo siger, hun hverken kan blive arving efter en, der ikke har skrevet testamente, eller nogen arve hende, hvis hun ikke har skrevet testamente.

1 De, der har skrevet om valg af vestalinder (og blandt dem har Antistius Labeo skrevet mest nøjagtigt),[38] har sagt, at det ikke er lovligt at vælge en, som er yngre end seks år, og heller ikke en, som er ældre end ti år;

2 videre skal hendes far og mor være i live;

3 hun må være i stand til at tale tydeligt, hun må ikke have problemer med hørelsen, og hun må ikke have nogen legemsfejl;

4 hun må ikke selv være fri af sin fars myndighed og det må hendes far heller ikke, selv om hun er underkastet sin bedstefars myndighed, hvis faderen er i live;

5 hendes forældre (den ene eller begge) må ikke have været slaver eller have været beskæftiget i nedværdigende erhverv.

6 Men også hun, hvis søster er blevet valgt til det præsteembede, kan forlange fritagelse, siger de; ligeledes hvis hendes far er flamen eller augur eller medlem af femtenmandskommissionen, der tager sig af de sibyllinske bøger, eller medlem af syvmandskommissionen, der tager sig af offentlige banketter, eller er salierpræst.

7 Frihed for dette præsteembede plejer også at blive tildelt den pige, der er forlovet med en pontifex, eller til datteren af ham, der spiller trompet ved religiøse ceremonier.

8 Yderligere har Ateius Capito skrevet,[39] at man ikke må vælge en datter af en, der ikke har bopæl i Italien, og at man skal fritage en datter af en mand, der har tre børn. (egen ov., JPJ)

9 Så snart vestalinden er blevet valgt og ført ind i forhallen i Vestatemplet og overgivet pontifexerne, fra det tidspunkt træder hun ud af sin fars myndighed uden en ceremoni med frigørelse og uden forringelse af sine borgerlige rettigheder, og hun opnår ret til at skrive sit testamente.

10 Om fremgangsmåden og ritualet ved at vælge en vestalinde findes der ikke ældre kilder, bortset fra at den første, der blev valgt, blev valgt af kong Numa.

11 Men vi har fundet en Lex Papia, hvori det bestemmes, at der ved ypperste-præstens afgørelse skal udvælges tyve jomfruer blandt folket, at der skal foretages en lodtrækning blandt denne mængde på en folkeforsamling, og at den, hvis lod bliver udtrukket, gribes af ypperstepræsten, og hun bliver Vestas.

12 Men denne lodtrækning synes ikke nu at være nødvendig efter Lex Papia. For hvis en respektabel mand henvender sig til ypperstepræsten og tilbyder sin datter til præsteembedet, og det er en, man kan tage i betragtning, forudsat at man har fulgt religionens forskrifter, kan der gennem senatet gives dispensation fra Lex Papia.

13 Jomfruen synes at blive 'grebet', fordi hun holdes fast af ypperstepræstens hånd og føres væk fra sin far, under hvis myndighed hun er, ligesom en krigsfange.

14 I første bog af Fabius Pictors historieværk står der, hvilke ord ypperstepræsten skal fremsige, når jomfruen gribes. Det er følgende: "Til at være vestalinde, som skal udføre de hellige ritualer, som det er retmæssigt, at en vestalinde udfører for det romerske folk, Quiriterne, sådan som hun er den bedste efter loven, således griber jeg dig, Amata."[40]

15 Der er flere, der mener, at udtrykket 'at blive grebet' kun skal bruges om vestalinder. Men også Iuppiterpræster og ligeledes pontifexer og augurer sagdes 'at blive grebet'.

16 Lucius Sulla har i anden bog af sine Bedrifter skrevet sådan: "Publius Cornelius, der var den første, der fik tilnavnet Sulla, blev grebet til Iuppiterpræst."[41]

17 Marcus Cato sagde om lusitanerne, da han anklagede Servius Galba: "Dog siger de, at de havde ønsket at falde fra. Jeg ønsker nu, at jeg kendte til præstejura. Skal jeg så af den grund gribes til pontifex? Hvis jeg ønsker at vide noget om tydning af varsler, mon så nogen skal gribe mig til augur?"[42]

18 Yderligere står der i Labeos Kommentarer, som han skrev om de Tolv Tavler, sådan: "En vestalinde kan ikke blive arving efter en, der ikke har skrevet testamente, og heller ikke kan nogen arve hende, hvis hun ikke har skrevet testamente, men hendes ejendele tilfalder statskassen, siger de. Med hvilket retsgrundlag det sker, er omstridt."[43]

19 Under valget kaldes vestalinden 'Amata', fordi der er en tradition om, at det var navnet på den, der første gang blev valgt.

38. Labeo Antistius, De iure pontificio fr. 21 Huschke.

39. Ateius Capito, De iure pontificio fr. 14 Strzelecki.

40. Fabius Pictor, Liber 1 fr. 4 Huschke = fr. 1 Peter.

41. Sulla, Res gestae fr. 2 Peter.

42. Cato, Contra Servium Galbam fr. 197 Malcovati = Origines 5 fr. 109 Peter.

43. Labeo, Commentarii fr. 24 Huschke.

(Origo: AIGIS 9,2 – november 2009 – overs. af Carsten Weber Nielsen http://aigis.igl.ku.dk/aigis/2009,2/ Gelle/Gelle1.mellel.pdf)

Kommentar

I dette kapitel beretter Aulus Gellius, 125 – 180 e.Kr., der var på studieophold i Athen og der skrev om alskens emner, om en vestalindes optagelsesbetingelser og optagelsesmåde samt om hendes juridiske status i senrepublikkens tid; han støtter sig derved på nogle ældre forfattere, som kun er overleveret fragmentarisk, hvis overhovedet. Også denne tekst viser de krav og forpligtelser, der hviler på en religiøs embedsmand eller –kvinde, hvad vi jo også så i beretningen om flamen Dialis og rex sacrorum. Den unge pige skal være mellem seks og ti år, altså ikke seksuel aktiv, hendes forældre skal være i live, hun må ikke have talefejl, høre dårligt eller have legemlige skavanker: med andre ord skal hun være fejlfri fysisk og psykisk og må ikke have mistet sine forældre; ud over det sidste er det samme slags krav, der stilles til et offerdyr, og også til rex og regina sacrorum samt til flamen og flaminica Dialis; hun skal være i sin fars eller bedstefars formynderskab, 'manus' eller 'tutela', dvs. en integreret del af det traditionelle romerske retssystem, og hendes far og mor skal have en passende social status, dvs. de må ikke have været slaver eller haft nedværdigende erhverv, fx manuelt arbejde. Dernæst følger en række bestemmelser, efter hvilke pigen kan fritages for at blive valgt til vestalinde, i tilfælde af at en søster allerede er det, at faren er flamen, augur, 15-mandskollegiemedlem, 7-mandskollegiemedlem eller medlem af Salier-broderskabet; yderligere fritagelse gøres gældende, hvis pigen er forlovet med en pontifex eller er datter af en trompetist ved religiøse ceremonier. Ligeledes fritages hun, hvis familien ikke bor i Italia eller der er tre børn. Afsn. 9 berører den nye vestalindes juridiske status fra det øjeblik, hvor pontifex maximus har grebet (= valgt) hende, idet hun nu overgår fra faderens myndighed til pontifex maximus' myndighed; hun fjernes altså fra familiens myndighedsfære til statens, fordi pontifex maximus som overordnet instans i det religiøse domæne repræsenterer staten. Derudover må hun skrive testamente uden en formynder, som en kvinde altid skal have i mødet med offentligheden. I senrepublikken sker der dog mange forandringer mht. kvindens juridiske stilling, og hendes bevægelsesfrihed øges, især i kejsertiden. Kong Numa regnes for den, der har institueret vestalindekollegiet, selv om de nominelt og historisk ifølge Ovid allerede forekommer i Lavinium flere århundreder før Roms grundlæggelse. Man han kan jo have givet navn til et kvindeligt præstekollegium med de nævnte funktioner. Afsn. 11 beskriver udvælgelsesprocessen ifølge Lex Papia fra år 65 f.Kr.; der vælges 20 kandidater blandt folket, og ved lodtrækning på folkeforsamlingen udpeges den kommende vestalinde, og pontifex maximus griber, 'capiat', hende. Lex Papia behøver ikke at blive fulgt, for hvis en familiefar med status og en moralsk og religiøs livsførelse tilbyder sin datter, kan denne udpeges i stedet for at man følger Lex Papias procedure. Det officielle verbum er 'capi', at blive taget, valgt. Historikeren Fabius Pictor citerer den formel, som pontifex maximus skal fremføre, når han griber pigen, og af den formel fremgår også, at vestalinden nu er i statens tjeneste og i det romerske folks, Quiriternes, formynderskab; 'capi' bruges også om valget af flamen Dialis, pontifices og augurer. I afsn. 18 nævnes pligten til at skrive testamente, og hvis vestalinden dør uden at have skrevet testamente, tilfalder hendes ejendom staten; det understreger, at vestalinderne er repræsentanter for staten, personificeret i pontifex maximus.

(Litteratur: Alexander Bätz: *Sacrae virgines – Studien zum religiösen und gesellschaftlichen Status der Vestalinnen*, Brill/ Schöningh, 2011)

12. Cicero: De legibus 2, 20

Virginesque Vestales in urbe custodiunto ignem foci publici sempiternum ...
Og vestalinderne i Rom skal vogte over det offentlige ildsteds evige ild ...

Kommentar
Her beskriver Cicero vestalindernes hovedfunktion.

13. Cicero: De legibus 2, 29

Quomque Vesta quasi focum urbis, ut Graeco nomine est appellata —quod nos prope idem *ac* Graecum, *non* interpretatum nomen tenemus —conplexa sit, ei colendae sex uirgines praesint, ut aduigiletur facilius ad custodiam ignis, et sentiant mulieres in illis naturam feminarum omnem castitatem pati.

13. Cicero: De legibus 2, 29
... Og da Vesta – som vi kalder med hendes græske navn (Hestia), næsten uændret, uden at oversætte det – så at sige har taget byens arne under sin beskyttelse, skal seks jomfruer lede dyrkelsen af hende, for at de lettere kan våge over ildens vedligeholdelse, og for at andre kvinder kan se, at den kvindelige natur kan tåle fuldkommen seksuel afholdenhed.

Kommentar
Dette korte uddrag viser, at vestalinderne var symbol for hele det romerske folk, hvilket jo satte dem i fokus, når de var i funktion til offerritualer, men også, når de brød nogen af de for dem opstillede regler, først og fremmest seksuel afholdenhed og opretholdelsen af den evige ild.

14. Festus p. 454 L. s.v. senis crinibus

Senis crinibus nubentes ornantur, quod [h]is ornatus vetustissimus fuit. Quidam quo deo Vestales virgines ornentur, quarum castitatem viris suis +sponoe+ ... a ceteris ...

Festus p. 454 L. s.v. senis crinibus

Brudene smykkes med seks fletninger, fordi det er en meget gammel modeskik for dem; nogle fortæller, at den gud, som vestalinderne smykker sig for, hvis kyskhed over for mændene ….

15. Festus p. 468 L. s. v. sex Vestae sacerdotes

Sex Vestae sacerdotes constituae sunt, ut populus pro sua quaque parte haberet ministram sacrorum; quia civitas Romana in sex est distributa partis: in primos, secundosque, Titienses, Ramnes, Luceres.

Festus p. 468 L. s. v. sex Vestae sacerdotes

Seks vestalinder er ansat som præstinder, for at folket for hvert enkelt distrikt, 'tribus', kunne have en kvindelig leder af offerritualerne; det romerske samfund er nemlig inddelt i seks dele: første distrikt, andet distrikt, Titienses, Ramnes og Luceres.

Kommentar

I den ældste tid af republikken var folket inddelt i distrikter, 'tribus', alt efter, hvor man boede.

16. Varro: De lingua Latina 6, 21

Opsconsiva dies ab dea Ops Consiva, cuius in Regia sacrarium quod adeo artum, ut eo praeter virgines Vestales et sacerdotem publicum introeat nemo. "Is cum eat, suffibulum ut habeat," scriptum: id dicitur ut ab suffi‹g›endo subfigabulum.

Varro: De lingua Latina 6, 21

Opsconsiva-dagen er opkaldt efter gudinden Ops Consiva, hvis hellige rum i Regia (pontifex' kontor) er sådan indrettet, at ingen må træde ind i det ud over vestalinderne og den offentlige præst. "Når han går ind, står der skrevet, "at man bærer et hovedbånd"; man siger, at 'subfigabulum' kommer af 'suffigere', at binde op, hæfte fast på.

17. Festus p. 474 L. s. v. suffibulum

Suffibulum est vestimentum al‹bum praetextum qua›drangulum, oblongum, quod in ca‹pite virgines Ve›stales, cum sacrificant, semper ‹habere solent, i›dque fibula comprehenditur.

Festus p. 474 L. s. v. suffibulum
'suffibulum' er det hvide, purpurbræmmede, kvadratiske og aflange klæde, som vestalinderne plejer at bære på hovedet, når de ofrer, og det holdes sammen af et spænde.

18. Aulus Gellius: Noctes Atticae 10, 15, 31

[31] Verba praetoris ex edicto perpetuo de flamine Diali et de sacerdote Vestae adscripsi: "Sacerdotem Vestalem et flaminem Dialem in omni mea iurisdictione iurare non cogam."

Aulus Gellius: Noctes Atticae 10, 15, 31
31 Jeg har tilføjet prætorens ord fra det stående edikt om Iuppiterpræsten og om Vestas præstinde: "I hele min jurisdiktion vil jeg ikke tvinge Vestas præstinde eller Iuppiterpræsten til at sværge[1]."
[1] Edictum perpetuum praetoris de flamine Diali et sacerdote Vestae, Fontes Iuris Romani p.220.

19. Servius in Aeneida 7, 150

[150] haec fontis stagna Numici: ista iam ab incolis discuntur. quod autem ait 'stagna' verum est: nam Numicus ingens ante fluvius fuit, in quo repertum est cadaver Aeneae et consecratum. post paulatim decrescens in fontem redactus est, qui et ipse siccatus est sacris interceptus: Vestae enim libari non nisi de hoc fluvio licebat.

Servius in Aeneida 7, 150

[150] haec fontis stagna numici: Dette kan man lære af indbyggerne; at den er 'et stillestående vand' er sandt: for Numicus har tidligere været en stor flod, hvor Aeneas' lig blev fundet og bisat. Lidt senere blev han ført til dens udspring og sank ned, og kilden tørrede ud og blev reserveret til offerritualer: det var nemlig ikke tilladt at ofre til Vesta undtagen med vand fra denne flod.

Kommentar

Numicus er en kystflod i Latium, der flyder fra Mons Albanus til det tyrrenske hav mellem byerne Ardea og Lavinium; den er viet til Jupiter Indiges, senere identificeret med Aeneas og Anna Perenna. Ifølge Ovid renser flodguden Numicus Aeneas og vasker alle hans dødelige dele bort, så han kan blive en gud, med navnet Indiges. Navnet Numicus er forbundet med slægten Numicius og måske navnene Numa og Numitor. Floden spiller altså en central rolle i Roms historieforståelse, idet alle de forekommende navne er vigtige i grundlæggelsen af Rom og sammenfletningen med Aeneas' slægt og historie. Derfor kan det heller ikke undre, at vestalinderne er del af dette system og skal bruge flodens vand. Så allerede før Roms grundlæggelse spillede vestalinder, eller kvindelige præster med de samme funktioner, en vigtig rolle i de religiøse ritualer.

20. Suetonius: Augustus 44, 3

[3] solis uirginibus Vestalibus locum in theatro separatim et contra praetoris tribunal dedit

Suetonius: Augustus 44, 3
Til vestalinderne reserverede han logepladser i teatret, kun til dem, over for prætorens sæde.

21. Suetonius: Nero 12, 4

ad athletarum spectaculum inuitauit et uirgines Vestales, quia Olympiae quoque Cereris sacerdotibus spectare conceditur.

Suetonius: Nero 12, 4

Han inviterede også vestalinderne til at se bryderne kæmpe, fordi det også var tilladt Demeters præstinder i Olympia at se begivenheden.

22. Tacitus: Annales 1, 8

Augusti, cuius testamentum inlatum per virgines Vestae, Tiberium et Liviam heredes habuit.'

Det (testamentet) havde Tiberius og Livia som arvinger til Augustus, hvis testamente blev bragt ind af vestalinderne.

Kommentar

Teksterne viser de privilegier, som vestalinderne havde, når de færdedes i det offentlige rum eller var tilskuere til offentlige lege; både deres klædedragt og deres reserverede pladser viste den anseelse, som dette kvindelige præsteskab nød som belønning for opretholdelsen af den hellige ild i aedes Vestae, symbol på byens velstand og lykke. Måske var vestalinderne først symboler på renhed, der efterhånden fik mere og mere politisk indflydelse. Forbindelsen mellem den offentlige religiøse tjeneste og den private gudsdyrkelse viser brugen af mola salsa til offentlige og private immolationes (Cic. De Div. 2, 16, 3) og andre suffitamenta til ritualerne, og det viser også, at den offentlige evige ild på Forum Romanum og det hjemlige ildsted bliver forbundet gennem vestalinderne. Så at sige var de til stede i alle ildsteder. Augustus forstærkede denne betydning ved at flytte vestalindernes ildsted til sit domus på Palatin i stedet for at bruge domus publica, pontifexernes kontor indtil Julius Caesar.

Kollegiets almene bestemmelser

Privatlivets Vesta overskygges hurtigt af Vesta publica populi Romani Quiritium, som værner om statens ildsted, hvor seks jomfruer i stedet for husfruen sørger for ilden og maden, som ikke skal spises, men ofres ved særlige lejligheder. Til dette modtager vestalinderne 7.-14. maj speltaks fra den nye høst, som de rister, stamper og maler til mel, mola, som de på tre dage i året, Lupercalia, 15. februar, Vestalia, 7.-14. juni og Idus Septembres, 13. september, tilsætter salt og laver mola salsa, speltgryn med salt, og de tilsætter vand, og man får nu en offerlage, muries.

Rundtemplet er Roms ældste tempel, og det indeholder ikke et billede af gudinden, men kun ildstedet, hvor ilden brænder, og ved starten af det nye år, dvs. 1. marts, blev den slukket, ildstedet renset med vand fra Egeriakilden foran Porta Capena, og ilden blev tændt igen på den naturlige måde, dvs. træ mod træ, og træet skal være fra et arbor felix, dvs. et lykkebringende træ. I dette rum var et aflukke med sivtæppe, penus Vestae, uden for det var penus exterior, hvor offeringredienserne og offerresterne, blodet fra oktoberhesten, aske af kalvefostre fra Fordicidia, og bønnestrå blev opbevaret. I det allerhelligste, penus Vestae, blev de symbolske objekter fra Roms historie, bl.a. Palladium fra Troja, opbevaret; kun vestalinder og pontifex maximus måtte betræde dette rum. På vestalindernes højtid, Vestalia den 7. – 15. juni, blev templet renset, og i denne uge måtte kvinderne betræde templet med bare fødder. Affaldet blev fjernet den 15. juni, Quando stercus delatum, fas, som er en helligdag; affaldet bringes til clivus Capitolinus, lægges i en skraldespand, som så tømmes ud i Tiberen. Lertøjet er lavet i hånden, uden pottemagerskive, hvilket er tegn på en meget gammel tradition. Pontifex maximus er vestalindernes tilsynsmand og juridiske repræsentant.

Augustus blev den 6. marts 742 (= 12 f.Kr.) pontifex maximus, og derfor anordnes supplicatio Vestae dis publicis penatibus p.R.Q. (CIL X 8375), og kejseren grundlægger en ny helligdom for Vesta ved siden af sit palads på Palatin, hvis grundlæggelsesdato er den 28. april (CIL I^2 p. 317), og dette Vesta-tempel bliver særlig vigtigt som kejserligt symbol.

Henvisninger: Servius in Eclogas 8, 82; Festus p. 158 L.; Varro apud Nonnum p. 223 M.; Macrobius Sat. I 12, 6; Festus, p. 250 L.; Ovidius: Fasti IV 731 ff.; Festus p. 161 L.;Varro: L.L. 32; Festus p. 344 L.; Paulus p. 106; Servius in Aeneida XI 339

23. Plinius: Naturalis Historia 18, 2, 7

Numa instituit deos fruge colere et mola salsa supplicare atque, ut auctor est Hemina, far torrere, quoniam tostum cibo salubrius esset, id uno modo consecutus, statuendo non esse purum ad rem divinam nisi tostum. is et fornacalia instituit farris torrendi ferias et aeque religiosas terminis agrorum.

Plinius: Naturalis Historia 18, 2, 7

Numa bestemte, at man skulle dyrke guderne med korn og ofre spelt og salt og, ligesom Hemina skriver, at riste spelt, fordi ristet mad er bedre for sundheden, og dette alene havde til følge, at man slog fast, at kun det ristede var egnet til offer. Han etablerede også Fornacalia til ære for Fornax, bageovnens gudinde, som højtid for kornristning, som var lige så hellig som højtiden for markernes grænsepæle.

24. Festus p. 57 L. s. v. casta

Casta mola genus sacrificii, quod Vestales virgines faciebant.
Indviet spelt er den slags offertilbehør, som vestalinderne producerede.

25. Festus p. 152 L. s.v. muries

Muries est, quemadmodum Veranius docet, ea quae fit ex sali sordido, in pila pisato, et in ollam fictilem coniecto, ibique operto gypsatoque et in fumo percocto; cui virgines Vestales serra ferrea secto, et in seriam coniecto, quae est intus in aede Vestae in penu exteriore, aquam iugem, vel quamlibet, praeterquam quae per fistulas venit, addunt, atque ea demum in sacrificiis utuntur.

Festus p. 152 L. s. v. muries

'muries' er, således som Veranius forklarer det, lage af almindeligt salt, stødt i kugler, og hældt i en lerpotte, og i den dækket til og hvidtet og kogt og dampet igennem; til det føjer vestalinderne, når det er delt med en savtakket kniv af jern og lagt i et lerkar, som står inde i det ydre forrådsrum i Vesta-templet, rindende vand, så meget man vil, førend det løber igennem rørene, og først nu bruger de det i offerritualerne.

26. Servius in Vergili Eclogas 8, 82

[82] sparge molam: far et salem. hoc nomen de sacris tractum est: far enim pium, id est mola casta, salsa – utrumque enim idem significat –ita fit: virgines Vestales

tres maximae ex nonis Maiis ad pridie idus Maias alternis diebus spicas adoreas in corbibus messuariis ponunt easque spicas ipsae virgines torrent, pinsunt, molunt atque ita molitum condunt. ex eo farre virgines ter in anno molam faciunt, Lupercalibus, Vestalibus, idibus septembribus, adiecto sale cocto et sale duro.

Servius in Vergili Eclogas 8, 82

[82] sparge molam: speltmel og salt: navnet 'mola' kommer fra offerritualerne: melet er nemlig indviet, dvs. 'mola casta' eller 'salsa' – begge betegnelser betyder nemlig det samme, – og det foregår således: tre af de ældste vestalinder lægger fra 7. maj til 14. maj skiftevis hver dag nogle speltkornaks i høstkurve, og vestalinderne rister, støder, maler og lagrer selv det sådan malede korn. Af dette speltmel laver de tre gange om året mola, en religiøs melblanding, nemlig til Lupercalia (15. februar), Vestalia (7. – 15. juni) og den 13, september, efter at kogt og stærkt salt er blandet i melet.

27. Servius in Aeneida 4, 57

Olim enim hostiae ‹immolatae' dicebantur mola salsa tactae; cum vero ictae et aliquid ex illis in aram datum,'mactatae' dicebantur [per laudationem] per boni ominis significationem.

Servius in Aeneida 4, 57

Engang kaldes offerdyrene for 'immolatae', når de var bestrøet med mola salsa; når de så var slået ned, og noget af dem var lagt på alteret, kaldtes de 'mactatae', 'ophøjede', [for lovprisningens skyld] som symbol på et godt varsel om fremtiden.

Kommentar

Vestalindernes opgave var at producere mola salsa, blandingen af gruttet speltmel med salt, som skulle hældes over offerdyrene, før de blev ofret ved Roms officielle festligheder. Derudover skulle de rense deres tempel med vand, hentet fra Porta Capena-kilden, en af Roms porte mod nord, forberede midler til renselsesriter og give dem til folket. Hovedopgaven var at holde ilden i gang i templet, hvilket før i tiden var livsnødvendigt, hvis ilden gik ud hos privatfolk og de ikke kunne tilberede føden; så kunne man hente den i templet; senere har den kun symbolsk værdi som tegn på, at Rom lever.

28. Festus p. 14 L. s. v. 'argeos'

Argeos vocabant scirpeas effigies, quae per virgines Vestales annis singulis iaciebantur in Tiberim.

'Argei' kaldte man de sivdukker, som blev kastet i Tiberen af vestalinderne hvert år.

Kommentar
Årligt kastedes menneskefigurer af siv den 15. maj ned i Tiberen fra Roms første bro, pons Sulpicius. Meningen med dukkerne er omstridt, men da de 27 dukker er produceret i alle Roms distriktskapeller, er det en udbredt hypotese, at udsoningen af fejl og mangler over for guderne skal sones for hele Roms skyld. Man samler årets dårlige begivenheder på dukken, hvert distrikt for sig, og kaster dem i Tiberen, som fører dem ud i havet. Det samme skete jo med hermafroditter, der blev lagt i trækister og ført ud i havet. At der skulle have været 27 menneske-ofre årligt i Roms tidlige tid er ikke belagt noget sted.

29. Festus p. 190 L. s. v. Octuber equus

October equus appellatur, qui in campo Martio mense Octobri immolator quotannis marti, bigarum victricum dexterior. De cuius capite non levis contentio solebat esse inter Subaraneses, et Sacravienses, ut hi in regiae pariete, illi ad turrim mamiliam id figerent; eiusdemque coda tanta celeritate perfertur in regiam, ut ex ea sanguis destilet in focum, participandae rei divinae gratia.

Festus p. 190 L. s. v. Octuber equus
'Octuber equus' kaldes den hest, som hvert år i oktober ofres på Marsmarken til Mars, den højre af det sejrrige tospand. Om dens hoved plejede der at være en heftig kappestrid mellem beboerne i Subara og på Sacra via, for at de sidste kunne hænge det på væggen i pontifex maximus' kontor, 'regia', og de første på Mamilius-tårnet; dens hale bringes så hurtigt som muligt til Regia, for at blodet fra den kunne dryppe ned på ildstedet, så det kunne være en del af offeret.

Kommentar

Den 15. oktober fandt equus Octobris sted, som var en takkefest for romernes sejr over fjenderne og samtidig en udsoningshøjtid for alt det blod, der var flydt det sidste halve år i de militære aktioner; at det er Mars, der får offeret, kan ikke undre, når det drejer sig om krig. Derfor er det også flamen Martialis' hest, der skal ofres til Mars; af udsoningsritualer er der de to, der involverer hestens blod, idet det dels dryppes på Regias arne, altså ildstedet i pontifex maximus' kontor, dels opbevares i penus Vestae, det helligste rum i Vesta-templet, til lustrationsformål. Hestens hoved kæmper to bydele om, Sacra Via og Subura, fordi begge bydistrikter ville hænge det op på en bestemt bygning i deres kvarter; sådanne grupper kaldes catervae iflg. Augustinus: De doctrina Christiana IV 24, 53.

30. Macrobius: Saturnalia I 12, 6

6 Huius etiam prima die ignem novum Vestae aris accendebant, ut incipiente anno cura denuo servandi novati ignis inciperet: eodem quoque ingrediente mense tam in regia curiisque atque flaminum domibus laureae veteres novis laureis mutabantur: eodem quoque mense et publice et privatim ad Annam Perennam sacrificatum itur, ut annare perennareque commode liceat.

Macrobius: Saturnalia I 12, 6

Den første dag i marts tændte man den nye ild på Vestas altre, så at bekymringen for at holde den fornyede ild i live fra årets start kunne begynde igen. I begyndelsen af samme måned skiftede man i Regia (pontifex maximus' kontor), i distriktsrådhusene og i specialpræsternes hjem de gamle laurbærgrene ud med nye; derudover ofres der i samme måned både offentligt og privat til Anna Perenna, for at det var muligt at leve behageligt i dette og de følgende år.

Kommentar

Marts er den gammelromerske kalenders første måned, hvorfor der ofres til guderne, for at det nye år skal forløbe godt. Symbolsk er ilden i Vesta-templet blevet slukket og tændt på ny på gammeldags vis for at markere det nye års start. Anna Perenna er en romersk gudinde for et langt liv, velfærd og overflod; hun symboliserer årets, måske årstidernes cyklus, og forbinder fortiden med nutiden, hvad hendes navn viser: 'annare' betyder at leve i dette år, mens 'perennare' betyder at leve i mange år. Hendes højtid falder på den 15. marts, hvor der er fuldmåne og foråret er i fuld gang, mens de nye skud kommer op af jorden. Hun symboliserer altså måneårets kalendercyklus.

31. Plinius: Naturalis Historia 16, 85, 235

Romae vero lotos in Lucinae area, anno, qui fuit sine magistratibus, CCCLXXIX urbis aede condita. Incertum, ipsa quanto vetustior; esse quidem vetustiorem non est dubium, cum ab eo luco Lucina nominetur. Haec nunc D circiter annum habet. Antiquior, sed incerta eius aetas, quae capillata dicitur, quoniam Vestalium virginum capillus ad eam defertur

Plinius: Naturalis Historia 16, 85, 235
Men i Rom står der et lotustræ på Lucinas tempelområde, som blev bygget i Roms 379. år, det år, som der ikke var magistrater for. Det er usikkert, hvor meget ældre det er; men det er uden for al tvivl, at det er ældre, da Lucina har fået sit navn efter den hellige lund ('lucus'). Den er nu ca. 500 år gammel. Endnu ældre, men dets alder er usikker, er det træ, som kaldes hårtræet, fordi Vestalindernes hår bliver givet til det.

32. Plinius: Naturalis Historia 28, 7, 39

… et fascinus, imperatorum quoque, non solum infantium, custos, qui deus inter sacra Romana a Vestalibus colitur, et currus triumphantium, sub his pendens, defendit medicus invidiae …

Plinius: Naturalis Historia 28, 7, 39
Og fallos-symbolet, der også er beskytter af feltherrer, ikke kun af børn, og dyrkes af vestalinderne som en gud blandt de romerske ritualer, og som en læge mod misundelse forsvarer de triumferendes vogn, som den hænger under.

Kommentar

Det var naturligt, at romerske børn bar en amulet, udformet som en fallos, omkring halsen for at afværge onde ånders angreb. Det nye element er iflg. Plinius den Ældre, at sådan et symbol også hængtes på den triumferendes vogn, for at krigsherren ikke bliver for overmodig eller ramt af misundelse.

33. Servius in Aeneida 11, 339

[339] non futtilis auctor non inanis: nam futtile vas quoddam est lato ore, fundo angusto, quo utebantur in sacris Vestae, quia aqua ad sacra Vestae hausta in terra non ponitur, quod si fiat, piaculum est: unde excogitatum vas est, quod stare non posset, sed positum statim effunderetur.

Servius in Aeneida 11, 339
'non futtilis auctor' ikke tom: for en 'futtile vas' er en vase med en bred mund og lille fod, som brugtes af vestalindernes ofre, fordi det vand, der blev hældt ud til deres offerritualer, ikke måtte ende på jorden; hvis det skete, skulle det udsones; derfor var vasen udtænkt sådan, at den ikke kunne stå, men når den blev sat ned, straks lod sit indhold flyde ud.

Kommentar
Vestalindernes opgaver blev overvåget af mange regler, heriblandt behandlingen af det vand, de skulle bruge både til mola salsa og til rensning af templet og diverse andre opgaver; det vand skulle tages direkte fra kilden og måtte ikke have løbet igennem rør; og i vores lille tekst her måtte der ikke spildes vand på jorden, dvs. præstinden skulle holde den i hånden hele tiden; ellers skulle der hentes nyt vand. Så foden er så lille, for at den ikke kan stå oprejst, men vasen skal håndteres hele tiden. Alle disse regler for vestalinderne, sådan som vi også har set det for rex sacrorum og flamen Dialis og deres hustruer, viser den høje alder af disse ritualer.

34. Servius in Aeneida 10, 228

vigilasne, deum gens, Aenea, vigila: verba sunt sacrorum; nam virgines Vestae certa die ibant ad regem sacrorum et dicebant '‹vigilasne rex? vigila'.

Servius in Aeneida 10, 228
'vigilasne deum gens Aenea vigila': Ordene hører til offerritualerne; for vestalinderne gik på en bestemt dag til kongeofferpræsten og sagde: "Er du vågen, konge? Vågn op!"

Kommentar
Ordene viser, at rex sacrorum og vestalinderne begge er ældgamle kollegier, der er opstået af den samme tradition fra Numas tid eller måske endnu tidligere. Her har de nok skullet deltage i det samme ritual, siden den ene part kommer for at vække den anden.

35. Festus p. 94 L. s. v. ignis

Ignis Vestae si quando interstinctus esset, virgines verberibus adficiebantur a pontifice, quibus mos est tabulam felicis materiae tam diu terebrare, quousque exceptum ignem cribro aeneo virgo in aedem ferret.

Festus p. 94 L. s.v. ignis
Hvis Vestas ild engang skulle være gået ud, straffedes vestalinderne med pisk af pontifex, for hvilke det er påbudt at bore så længe i et stykke af et lykke bringende træ, indtil en vestalinde kunne bære den genantændte ild på en kobbersi ind i templet.

36. Festus p. 277 L. s. v. probrum virginis

Probrum virginis Vestalis ut capite puniretur, vir, qui eam incestavisset, verberibus necaretur: lex fixa in atrio Libertatis cum multi‹s› aliis legibus incendio consumpta est, uta it M. Cato in ea oratione, quae de auguribus inscribitur. Adicit quoque virgines Vestales sacerdotio ex augurali …

Festus p. 277 L. s. v. probrum virginis
At utugt fra en vestalindes side skulle straffes med døden, og at den mand, der havde
begået utugt mod hende, skulle dræbes ved pisk: den lov, der var henlagt i Frihedens
tempel sammen med mange andre love er brændt, således som M. Cato siger i den tale,
der kaldes 'Om augurerne'. Han føjer også til, at vestalinderne ud fra augurembedet …

37. Festus p. 448 L. s. v. sceleratus campus

Sceleratus campus app‹ellatur prope portam Col›linam in quo virgin‹es Vestales, quae
incestum› fecerunt, defossae sunt v‹ivae …

Festus p. 448 L. s. v. sceleratus campus
'sceleratus campus': forbryderpladsen kaldes den plads nær ved Collina-porten, hvor
de vestalinder, der havde begået utugt, blev begravet levende.

38. Paulus Orosius: Historiae adversum paganos III, 9, 5

5 Anno autem post hunc subsequente Minucia uirgo Vestalis ob admissum incestum
damnata est uiuaque obruta in campo, qui nunc sceleratus uocatur.

Paulus Orosius: Historiae adversum paganos III, 9, 5
I det følgende år tilstod Minucia, en vestalinde, at hun havde begået hor; hun blev dømt
og begravet levende på den plads, der nu hedder Campus Sceleratus, Forbryderpladsen.

39. Paulus Orosius: Historiae adversum paganos IV, 5, 9

9 Eodem tempore Caparronia uirgo Vestalis incesti rea suspendio periit: corruptor eius
consciique serui supplicio adfecti sunt.

Paulus Orosius: Historiae adversum paganos IV, 5, 9

På den tid blev Caparronia, en vestalinde, efter at være blevet afsløret i hor, hængt; hendes forfører og de medsammensvorne slaver led også dødsstraffen.

40. Paulus Orosius: Historiae adversum paganos V, 15, 22

22 Paruo post hoc intercessu temporis L. Veturius eques Romanus Aemiliam uirginem Vestalem furtiuo stupro polluit. duas praeterea uirgines Vestales eadem Aemilia ad participationem incesti sollicitatas contubernalibus sui corruptoris exposuit ac tradidit. indicio per seruum facto supplicium de omnibus sumptum est.

Paulus Orosius: Historiae adversum paganos V, 15, 22

Kort tid efter besmittede L. Veturius, en romersk ridder, Aemilia, en vestalinde med en voldtægt. Den samme Aemilia førte også to andre vestalinder i fordærv og forrådte dem, idet hun fik dem lokket til at gå ind i seksuelle relationer med kammeraterne til hendes egen forfører. Efter afsløringen gennem en slave ramte straffen dem alle.

41. Servius in Aeneida 11, 206

Et meminit antiquae consuetudinis: nam ante etiam in civitatibus sepeliebantur, quod postea Duellio consule senatus prohibuit et lege cavit, ne quis in urbe sepeliretur: unde imperatores et virgines Vestae quia legibus non tenentur, in civitate habent sepulchra. denique etiam nocentes virgines Vestae, quia legibus non tenentur, licet vivae, tamen intra urbem in campo scelerato obruebantur.

Servius in Aeneida 11, 206

Og man husker den gamle skik: for tidligere blev man også begravet i byerne, hvad senatet under konsul Duellius senere forbød og stadfæstede ved lov, at ingen måtte begraves i byen; derfor har kejsere og vestalinder, som ikke er omfattet af lovene, deres grave inden for bymurene. Således blev skyldige vestalinder, fordi de ikke omfattes af lovene, alligevel begravet inden for bymuren på Forbryderpladsen, om end levende.

Kommentar

Vestalinderne var altså hele tiden i tjeneste pro populo, og når det gik staten dårligt, ramte projektørlyset dem selvfølgelig først. Så blev vestalinderne mistænkt. Anklagen rettedes mod deres kyskhed, de incesto, men vi har ikke mange navngivne tilfælde. Anklagerne blev flere, når staten var i fare; det viser kilderne. Beard arbejder med tesen om, at vestalinder får deres betydning, fordi de står mellem stadiet af jomfru og matrone = gift kvinde, dvs. en 30-årig liminalfase. Spørgsmålet er, om det blev anset som et prodigium, når en vestalinde begik hor, eller om prodigiet var et tegn på, at hun ville miste sin mødom, mens dette ikke var et prodigium i sig selv. Holt Parker sammenligner vestalindens krop/hud med Roms pomerium, som ikke må gennemtrænges, fordi man så går ind i indviet område. Robin L. Wildfang konkluderer, at mødom og renhed er conditio sine qua non i forhold til at udføre deres religiøse pligter, som især drejede sig om renselsen af byen Rom. Deres kyskhed var permanent i 30 år, modsat mændene, der kun skulle være det, når de var i religiøs funktion. Jack Lennon påpeger, at den ukyske vestalinde er en besmittelse af byen, som skal fjernes, uden at man begår en ny besmittelse. Derfor blev de begravet levende på campus sceleratus ved Porta Colina midt imellem uden for og inden i Rom (Festus 448-449 L.: Sceleratus campus app‹ellatur prope portam Col›linam in quo virgin‹es Vestales, quae incenstum› fecerunt, fossae sunt v‹ivae…'Forbryderpladsen kaldes den nær ved porta Collina, hvor de vestalinder, der havde begået hor, blev begravet levende…)

21 tilfælde af anklager de incesto findes der i hele Roms historie, og Rhea Silvia er den første. 19 vestalinder blev i kongetid og republikkens tid begravet levende ved Porta Capena inden for bymurene.

Dødsdomme over vestalinder blev stadfæstet i rigets krisetider, 216 f.Kr. (Cannae og Hannibal) og 114/113 f.Kr. (cimbrer og teutoner stod foran Rom); det kunne være, at folkets nervøsitet skulle kanaliseres mod nogen, så det kan have været justitsmord. I normale tider neddæmpede man anklagerne mod vestalinderne; romerne var jo ikke glade for at dræbe deres egne borgere, især ikke, når de har så høj en status. (Senator Aurelius Symmachus (380-400 e.Kr.): Epistulae 9, 109 + 147 + 148: kravet om dødsstraf bliver ikke gennemført)

42. Festus p. 310 L. s. v. Q.ST.D.F.

‹Q.S.D.F. Quando ster›cus delatum fas, eo‹dem modo in fastis notator di›es, qui talis est, ut ‹aedes Vestae purgetur, s›tercusque in alvum ca ... cum id factum sit ...ta.

Festus p. 310 L. s. v. Q.ST.D.F.
Q.S.D.F. = Quando stercus delatum, fas: Når møjet er kørt væk, er det hverdag; sådan noteres dagen i kalenderen, som foregår sådan, at Vesta-templet renses, møjet på bunden af ... og når det er sket ...

43. Varro: De lingua Latina 6, 32

Dies qui vocatur, "Quando stercum delatum, fas" ab eo appellatus, quo eo die ex Aede Vestae stercus evertitur et per Capitolium Clivum in locum defertur certum.

Varro: De lingua Latina 6, 32
Den dag, som kaldes "Når møjet er kørt ud, er det hverdag", har fået sit navn, fordi møjet på den dag bliver fejet ud af Vesta-templet og bringes til en bestemt adresse på Kapitolstræde.

Kommentar
Højtiden for vestalinderne specielt blev afholdt den 7. til den 15. juni, og den sidste dag er dies nefastus, indtil rensningen af templet er ført til ende; derefter er dagen fastus. Der var et affaldsdepot på Kapitolstræde, hvor templets affald blev samlet og derfra bragt til Tiberen. Se også Festus p. 344 L. og p. 250 L.

44. Cicero: Philippica 11, 10, 24

... id signum quod de caelo delapsum Vestae custodiis continetur; quo salvo salvi sumus futuri.
... den statue, som er faldet ned fra himlen og opbevares i Vestas varetægt; så længe den er uskadt, vil vi også være uskadte i fremtiden.

356

45. Festus p. 296 L. s. v. penus

‹Penus v›ocatur locus intimus in aede Vestae tegetibus saeptus qui certis diebus circa Vestalia aperitur. I dies religiosi habentur.

Festus p. 296 L. s. v. penus

'penus' kaldes det inderste rum i Vesta-templet, omgærdet af sivmåtter, som åbnes på visse dage omkring Vestalia-højtiden. Disse dage anses for helligdage.

Kommentar

Vestalinderne var ansvarlige for rigets klenodier, bl.a. Palladium, som Aeneas havde taget med fra Troja, samt andre pignora imperii, som skulle beskytte romerriget; disse ting blev opbevaret i det inderste penus og måtte ikke bringes ud af Rom (Livius: A.U.C. 26, 27, 4).

Kvinders stilling i Rom i forhold til vestalindernes særstatus

Kvinder kunne ikke deltage i valg til nogen politiske organer, de var underkastet faderen eller ægtemanden juridisk; var der ingen far eller mand, blev der indsat en tutor, ofte en agnat. Iflg. Cicero skulle den traditionelle romerske kvinde være kysk, ren, fri for enhver grund til offentlig sladder. Castitas, kyskhed, betød ideelt set, at der ingen sex var før eller uden for ægteskabet, og han følger som politiker og augur de traditionelle romerske værdier. Det har betydning for holdningen til de lilleasiatiske kulter.

Vestalinderne er undtaget fra de ovennævnte regler allerede fra de XII Tavlers love 450 f.Kr., idet de har en sakral- og civilretlig særstatus.

Det første privilegium er hendes ret til at arve, hvad kvinder normalt ikke kan, idet der med captatio, dvs. når pontifex maximus griber hende, 7-11 år gammel, sker det, at hun løses fra faderens myndighed, manus eller potestas; til gengæld står hun nu i pont. max.'s myndighed.

Det andet privilegium består i, at når hun befries fra faderens myndighed, er hun sui iuris, har altså sin egen myndighed till at underskrive kontrakter og indgå forretningsaftaler og har dispositionsret over sin formue; hun fungerer altså som mand rent juridisk. Men incestforbuddet gjaldt hele tiden, og enhver kunne anmelde en vestalinde for seksuel adfærd.

Man kan spørge sig selv, om den levende begravelse var en straf eller et forsoningsritual: at blive levende begravet var en straf for kongehusets kvindelige medlemmer i kongetiden. Vestalindernes privilegier består, indtil kejser Theodosius forbyder det hele i 392/4 e.Kr.; de havde en høj status, men var underkastet total overvågning og dødelig risiko for anklager om seksuel adfærd. Der er altså ikke tale om emanciperede kvinder eller emancipation i det hele taget.

Vestalindernes funktioner

(Origo: Claudia Beltrao og Patricia Horvat:*"The name of the vestal, or when a vestal is named"*, in: Archiméde No. 5, 2018, 175-184)

En vestalinde er idealet af en kysk, ubesmittet kvinde, virgo vestalis castissima. (Cic. De domo sua, 144). Hun modstilles den mest fordærvede politiker i Ciceros tid, Clodius. Vi ser, at politik og religion hænger uløseligt sammen og er til stede samtidig i det romerske samfund.

Religion binder sig til sociale grupper mere end til individer, og derfor skaber det religiøse sammenhængskraften i det romerske samfund, og derfor fremgår de kønsspecifikke problemstillinger også af denne problematik.

Kildematerialet er sparsomt, og ud over Cicero stammer kilderne fra augustæiske og senere kejsertid. En god kilde til studiet af vestalinder er Mekacher 2006. Hvad vi ved, ligger altså flere århundreder efter deres levetid.

Der var 6, senere 7 vestalinder, der blev optaget i barnealderen (7-10 år). De boede i atrium Vestae på forum Romanum, nær ved aedes Vestae. Dette var ikke et tempel, fordi det aldrig var blevet indviet af augurer, det var gudindens hus og den hellige flammes hus, og hendes penus (= forråd) var Palladium og andre hellige objekter, (Gellius: Noctes Atticae 14, 7, 7): "Så skrev han (Marcus Varro) om de steder, hvor det var lovligt at vedtage en senatsbeslutning, og han oplyste og forsikrede, at kun på et sted, der var udpeget af en augur, og kaldtes templum, kunne en senatsbeslutning vedtages. Derfor, fortsætter han, var der i Curia Hostilia, i Curia Pompeia og senere i Curia Iulia, som var profane lokaliteter, udpeget templa af augurerne, således at senatsbeslutninger kunne vedtages i disse efter traditionen. Blandt andet skrev han også, at ikke alle helligdomme var templa, og at ikke engang Vestas helligdom var et templum."

Deres aktiviteter gjaldt pro populo, altså hele det romerske folk, og de havde lictores, betjente, med i byen, og magistraterne skulle give plads og sænke fasces, når de gik forbi; de havde lov til at køre i vogn i centrum og som vidner i retten var de fritaget for at sværge sandhedseden, (Gellius, Noctes Atticae 7, 7, 2 + 10, 15, 31) og når de døde, blev de begravet inden for pomerium (Serv. Annales, 11, 206): Gellius: Noctes Atticae 7, 7, 2: " At Taracia var vestalinde, bevidnes af lex Horatia, som blev foreslået folket på grund af hende. Ved denne lov fik hun mange æresbevisninger, blandt andet fik hun tildelt ret til at afgive vidnesbyrd, og hun er den eneste kvinde, der har fået denne ret. Ordet testabilis findes i lex Horatia selv; derimod står der skrevet i De tolv tavlers Lov: 3 "Lad ham være slet og intestabilis ('uden ret til at vidne')."

Gellius: Noctes Atticae 10, 15, 31: "Jeg har tilføjet prætorens ord fra det stående edikt om Iuppiterpræsten og om Vestas præstinde: "I hele min jurisdiktion vil jeg ikke tvinge Vestas præstinde eller Iuppiterpræsten til at sværge."

Moralsk perfektion og fysisk renhed og afholdelse af kropslig kontakt med andre mennesker var kendetegn for vestalinderne. Børnene, der blev valgt, måtte ikke have fysiske mangler, taleproblemer eller høreproblemer, have levende forældre (patruma et matruma), der var lovformeligt gift. Forældrene måtte ikke have eller have haft nedværdigende erhverv (Gell. N.A. 11, 2, 1-5). Captio fjernede vestalinden fra pater familias' potestas og garanterede hende retten til et testamente (Gell. N.A. 12, 73). Hvis en vestalinde døde uden testamente, tilfaldt ejendelene det statslige aerarium. De var altså løsrevet fra deres familier, fra patria potestas og fra tutela mulierum. Dvs. de var under tutela af byen selv. De havde specielle pladser til ludi scaenici, var altså prominente i bybilledet. De arbejdede for hele det romerske samfund, og derfor modtog de privilegier fra res publica.Derudover fungerede de som notarer for det offentlige, idet de opbevarede Caesars og Augustus' testamenter, kontrakter og andre dokumenter. (Suet. Iul. 83, Suet. Aug. 101, 1)

Fester, hvor vestalinderne deltager

13. februar: Parentalia; dies parentales; Ovid: Fasti II, 533 ff.
15. februar: Lupercalia Ovid: Fasti II, 267 ff.

17. februar: Fornacalia; Fornax = ovnens gudinde Ovid: Fasti, II, 525-7

21. februar: Feralia = slut på Parentalia, fest for di parentum

22. februar Caristia = Cara cognatio

1. marts: Pontifex Maximus slukker ilden og tænder den igen i locus intimus i aedes Vestae

6. marts: Offer til Vesta sammen med Ianus Pater; Servius: in Aen. X, 228 + Cato: De re rust. 143

6. marts: 12 f.Kr. Augustus bliver pontifex maximus; offer til Jupiter Dapalis; Cato: De re rust. 132

16. – 17. marts: Itur ad Argeos – Argei-festen Ovid: Fasti, III, 791

15. april: Fordicidia = fordae boves (drægtige køer)

21. april: Parilia = Palilia, renselsesfest for Pales, Roms fødselsdag

Pales ‹ Palatua › Palatinus mons

28. april: Supplicatio Vestae diis publicis penatibus populi romani Quiritium, indstiftet af Augustus + et nyt tempel for Vesta på Palatinus mons

1. maj: Bona Dea = Fauna, tempel neden for Aventinus mons

7. – 14. maj: Vestalinderne modtager speltaks fra den nye høst; Servius: in Ecl. VIII, 82

14. (15.) maj: Argei-festen og de 27 kapeller = sacella Ovid: Fasti V, 621 ff.; Varro, L.L. V, 45 ff.; Macrob. Sat. I, 11, 47

7. – 15. juni: Vestalia = renselse af aedes Vestae Arbor felix; se Macrob. Sat. III, 20, 3

15. juni: Dies nefastus: Quando stercus delatum, fas – Porta Stercovaria

21. august: Consualia, fest for Consus

25. august: Opiconsivia, fest for Ops Consiva

5. – 19. september: Ludi Romani = Ludi Magni, fest for Jupiter

15. oktober: Equus Octobris = Oktoberhesten, takkefest til Mars

3. – 4. December: Bona Dea-fest

15. December: Consualia, fest for Consus

19. december: Opalia, fest for Ops i Regia, pont. max.'s kontor

Litteratur

(Origo: Claudia Beltrao og Patricia Horvat:*"The name of the vestal, or when a vestal is named"*, in: Archiméde No. 5, 2018, 175-184)

Beard, Mary: *"The Sexual Status of Vestal Virgins"*, in: Journal of Roman Studies 70 (1980), p. 12-27.

Beard, Mary: *"Re-reading (Vestal) Virginity"*, in: R. Howley & B. Levick (ed.): *Women in Antiquity: New Assessments*, London (Psychology Press) 1995, p. 21-48.

Beltrão, Claudia, 2007, *"Tirocinium fori: o orador e a criação de homens no forum romanum"*, Phoînix 13 (2007), p. 52-66.

Boehringer, Sandra & Sebillotte Cuchet, Violaine: *Hommes et femmes dans l'Antiquité grecque et romaine. Le genre: méthode et documents*, Paris (Colin) 2011

Butler, Judith: *Gender Trouble: Feminism and Subversion of Identity*, London-New York (Routledge) 1990

Coarelli, Filippo: *s.v. campus sceleratus*, in: E. Steinby (ed.): *Lexicon Topographicum Vrbis Romae*, 1, Roma (Quasar) 1993

Cornell, Tim: *"Some observations on the crimen incestum"*, in: *Le délit religieux dans la cité antique, table ronde à Rome, 6-7 avril 1978,* Rome (Collection de l'École française de Rome 48) 1981, p. 27-37.

Douglas, Mary: *Purity and Danger: An Analysis of Concept of Pollution and Taboo*, London–New York (Routledge) 1966

Eckstein, Arthur: *"Human Sacrifice and Fear of Military Disaster in Republican Rome"*, American Journal of Ancient History 7 (1982), p. 69-95.

Ferri, Giorgio: *Tutela urbis. Il significato e la concezione della divinità tutelare citadina nella religione romana*, Stuttgart (Steiner) 2010

Gleason, Maud: *Making Men: Sophists and Self-Presentation in Ancient Rome*, Princeton (PUP) 1995 [tr. fr. Sandra Boehringer & Nadine Picard, *Mascarades masculines.Genre, corps et voix dans l'Antiquité grecque et romaine*, Paris 2012].

Gilmore, David: *Manhood in the Making. Cultural Concepts of Masculinity*, New Haven–London (Yale Univ. Press) 1991

Gradel, Ittai: *"Jupiter Latiaris and Human Blood. Fact or Fiction?"*, in: Classica et Mediaevalia 53 (2002), p. 235-254.

Guizzi, Francesco: *Aspetti giuridici del sacerdozio romano. Il sacerdozio di Vesta*, Napoli (Editore Jovene) 1968

Horvat, Patricia: *"O Templo de Vesta e a Ideia Romana de Centro do Mundo"*, in: Phoînix 13 (2007), p. 280-291.

King, Ursula: *"Religion and Gender: Embedded patterns, interwoven frameworks"* in:

T.A. Medde & M. E. Wiesner-Hanks (ed.): *A Companion to Gender History*, London (Blackwell Publ.) 2004

Kroppenbeg, Inge: *"Law, Religion and Constitution of the Vestal Virgins"*, in: Law and Literature 22,3 (2010), p. 418-439.

Lamott, Franziska: *Die Vermessene Frau. Hysterien um 1900*, München, 2001.

Lennon, Jack: *Pollution and Religion in Ancient Rome*, Cambridge-New York (CUP) 2014

Lovisi, Claire: *"Vestale, incestum et jurisdiction pontificale sous la République romaine"*, in: Mélanges de l'École française de Rome 110 (1998), p. 699-735

Martini, Maria Cristina: *Le vestali. Un sacerdozio funzionale al "cosmo" romano*, Bruxelles (Collection Latomus 282) *2004*

Mekacher, Nina: *Die vestalischen Jungfrauen in der römischen Kaiserzeit*, Wiesbaden (Reichert) 2006

Mekacher, Nina & Van Haeperen, Françoise: *"Le choix des Vestales, miroir d'une société en évolution (iiie s. a. C.-ier s. p. C)"*, in: Revue de l'histoire des religions 200 (2003), p. 63-80.

Mustakallio, Katariina: *"The crimen incestum of the Vestal Virgins and the Prodigious Pestilence"*, in T. Viljamaa, A. Timonen & C. Krötzl (ed.): *The Politics of Cruelty in the Ancient and Medieval World*, Krems (Medium Aevum Quotidianum) 1992.

Parker, Holt: *"Why Were the Vestals Virgins? Or the Chastity of Women and the Safety of the Roman State"*, in: American Journal of Philology 125.4 (2004), p. 563-601.

Prescendi, Francesca: *Décrire et comprendre le sacrifice. Les réflexions des Romains sur leur propre religion à partir de la littérature antiquaire*, Stuttgart (Franz Steiner Verlag) 2007

Richardson, James: *"The Vestal Virgins and the use of the Annales Maximi"*, in J. H. Richardson & F. Santangelo (ed.): *Priests and State in the Roman World*, Stuttgart (Franz Steiner Verlag) 2011, p. 91-106.

Rüpke, Jörg: *Fasti sacerdotum. A Prosopography of Pagan, Jewish, and Christian Religious Officials in the City of Rome*, Oxford (OUP) 2008

Scheid, John: *"Le flamine de Jupiter, les Vestales et le général triomphant. Variations romaines sur le theme de la figuration des dieux"*, in: Le temps de la réflexion 7 (1986), p. 213-230.

Schroeder, Jeanne Lorraine: *The Vestal and the Fasces. Hegel, Lacan, Property, and the Feminine*, Berkeley (Univ. of California Press) 1998

Schultz, Celia: *"The Proper Disposed of a Polluting Presence"*, in: M. Bradley (ed.), *Rome, Pollution and Propriety*: *Dirt, Disease and Hygiene in the Eternal City from Antiquity to Modernity*, Cambridge-New York (CUP) 2010, p. 122-35.

Schultz, Celia 2010b: *"The Romans and Ritual Murder"*, Journal of the American Academy of Religion 78 (2010), p. 516-541.

Stanley, Elena: *"By the Power Vesta-ed in Me: The Power of the Vestal Virgins and Those Who Took Advantage of It."* Macalester, Honors thesis, Macalester College, 2022.

Staples, Ariadne: *From Good Goddess to Vestal Virgins. Sex and category in Roman religion*, London–New York (Routledge) 1998.

Tákacs, Sarolta: *Vestal Virgins, Sibyls and Matrons. Women in Roman Religion*, Austin (Univ. of Texas Press) 2008

Tamm, Ditlev: *Romerret*, København (Juristforbundets Forlag) 1980, om ægteskab s. 185 ff., umyndighed og værgemål s. 196 ff., arv s. 198 ff.

Thébaud, Françoise: *Écrire l'histoire des femmes*, Paris (ENS Éditions) 1998

Van Haeperen, Françoise: *Le Collège Pontifical (3ème s.a.C.-4ème s.p.C.),* Bruxelles-Rome *(*Turnhout) 2002

Wildfang, Robin Lane: *Rome's Vestal Virgins*. London–New York (Routledge) 2006

Winkler, John: *The Constraints of Desire*: *The Anthropology of Sex and Gender in Ancient Greece*, London-New York (Routledge) 1990 [tr. fr. Sandra Boehringer & Nadine Picard, *Désir et contraintes en Grèce ancienne*, Paris, 2005].

Zabeeh, Farhang: *What is in a Name? An Inquiry into the Semantics and Pragmatics of Proper Names*, The Hague. (Springer Netherlands) 1968

14.   Romernes naturopfattelse over for den kristne ideologi

Dokumenter

Bestemmelse om den hellige lund i Spoletum

1.   CIL I2 366 = Dessau 4911

Honce loucom ne qu[i]s violatod neque exvehito neque exferto quod louci siet, neque cedito, nesei quo die res deina anua fiet; eod die, quod rei dinai (=divinae) cau[s]a [f] iat, sine dolo cedre [l]icetod. Sei quis violasit, Iove bovid piaclum datod; sei quis scies violasit dolo malo, Iovei bovid piaclum datod et a. CCC moltai suntod. Eius piacli moltaique dicator[ei] exactio est[od].

Omskrevet til klassisk latin:

Hunc lucum ne quis violato neque exvehito neque exferto quod luci sit, neque caedito nisi quo die res divina annua fiet; eo die, quod rei divinae causa fiat, sine dolo caedere liceto. Si quis violaverit, Iovi bovem piaculum dato; si quis scies violaverit dolo malo, Iovi bovem piaculum dato et asses CCC multae sunto. Eius piaculi multae dicatori exactio esto.

CIL I^2 366 = Dessau 4911

Denne lund må ingen krænke eller køre ud af eller bære ud, hvad der hører til lunden, ejheller fælde ‹træer›, undtagen på den dag, hvor den årlige hellige offerhandling finder sted; på den dag skal det være tilladt at fælde ‹træer› uden straf, fordi det sker for den hellige offerhandlings skyld. Hvis nogen krænker ‹denne ordning›, skal han give Jupiter en okse som sonoffer; hvis du ved, hvem der har krænket ‹denne ordning› i ond hensigt, skal han give Jupiter en okse som sonoffer, og der skal erlægges en bøde på 300 as. Håndhævelsen af sonoffer og bøde er den embedsmands opgave, der står for indvielsen.

Kommentar

Denne gamle indskrift er et tydeligt bevis på, hvordan romerne tænkte på naturen, her symboliseret ved en hellig lund, 'lucus'. Der må ikke fjernes noget, ikke fældes træer eller handles usømmeligt i lunden, fordi en hellig lund er indviet til en guddom og dermed tabu for profane handlinger. Et brud på dette tabu ville være et tyveri eller et rov af noget, der tilhører en guddom, og ville dermed være en krænkelse og kræve et sonoffer, fordi forholdet til guden er gået i minus. Sonofferet skal bringe forholdet i balance igen. Den hellige natur, sådan som den er defineret af mennesker, bliver betragtet af romerne som en ressource, der skal behandles med omtanke og i hvert fald ikke krænkes. Når man bevæger sig i en hellig lund, er man på et indviet område, og det er som om man bevæger sig i et liminalt felt, der kræver specielle forholdsregler.

2. Precatio Terrae sive Telluris

Dea sancta Tellus, rerum naturae parens, quae cuncta generas et regeneras indidem, quod sola praestas gentibus vitalia, coeli ac maris diva arbitra rerumque omnium,	Hellige gudinde, Moder Jord, moder til naturen, du, som skaber og genskaber alle ting sammestedsfra, fordi du alene giver livskraft til folkene, himlens og havets gudinde, dommer over alle ting,
5 per quam silet natura et somnos concipit, itemque lucem reparas et noctem fugas: tu Ditis umbras tegis et immensum chaos ventosque et imbres tempestatesque attines et, cum libet, dimittis et misces freta	5. gennem hvem naturen falder til ro og i søvn, og ligeledes genopvækker lyset og slår natten på flugt: Du dækker for Underverdenens skygger og det umådelige kaos (gab) og holder vinde, regnbyger og uvejr tilbage og sender dem afsted, når det lyster dig, og gør havet oprørt
10 fugasque soles et procellas concitas, itemque, cum vis, hilarem promittis diem. Tu alimenta vitae tribuis perpetua fide, et, cum recesserit anima, in tete refugimus: ita, quicquid tribuis, in te cuncta recidunt.	10. og slår solen på flugt og skaber stormvinde, og fremskynder ligeledes, når du vil, en munter dag. Du skaffer livsnødvendighederne aldrig svigtende trofasthed, og, når sjælen har givet op, flygter vi ind i dig: Så, hvad du end giver, falder alt tilbage på dig.
15 Merito vocaris Magna tu Mater Deum, pietate quia vicisti divom numina; tuque illa vera es gentium et divom parens, sine qua nil maturatur nec nasci potest; tu es Magna tuque divom regina es, dea.	15. Med rette kaldes du Gudernes Store Moder, fordi du har overgået gudernes magt med pligtopfyldende tjeneste; og du er det sande ophav til mennesker og guder, uden hvilket intet modnes eller kan fødes; du er stor og du er gudernes dronning, gudinde.

20 Te, diva, adoro tuumque ego numen invoco,	20. Dig, gudinde, tilbeder jeg og jeg påkalder din styrke,
facilisque praestes hoc mihi quod te rogo;	og und mig velvilligt, hvad jeg beder dig om;
referamque grates, diva, tibi merita fide.	og jeg vil sige dig tak, gudinde, med tilbørlig troskab.
Exaudi me, quaeso, et fave coeptis meis;	Hør på mig, venligst, og understøt mine planer;
hoc quod peto a te, diva, mihi praesta volens.	und mig det velvilligt, som jeg beder dig om, gudinde.
25 Herbas, quascumque generat maiestas tua,	25. De urter, som din storhed skaber, skænker du for sundhedens skyld til alle folkeslag:
salutis causa tribuis cunctis gentibus:	Und mig nu denne din helbredende kraft.
hanc nunc mihi permittas medicinam tuam.	Lad helbredelsen komme med dine kræfter:
Veniat medicina cum tuis virtutibus:	Hvad end jeg skaber ud fra dem, lad det have et godt resultat.
quidque ex his fecero, habeat eventum bonum,	
30 cuique easdem dedero quique easdem a me acceperint,	30. Til hvem jeg end giver de samme urter og hvem der end modtager de samme urter af mig, lad dem være sunde.
sanos eos praestes. Denique nunc, diva,	
hoc mihi maiestas praestet tua, quod te supplex rogo.	Kort sagt: Lad nu din storhed, gudinde, unde mig det, som jeg bønfaldende beder dig om.
(Origo: http://thelatinlibrary.com/prec.terr. html)	

Kommentar

Hvis vi efter at have set på Tellus-hymnen ud fra Jakobsons funktioner betragter den i forhold til dens natursyn, ser vi i l. 1 ud over fremhævelsen af Tellus som gudinde, – der sætter rammerne for hierarkiet mellem gud og menneske, her: den, der skaber hymnen til ære for Tellus, – hendes titel som 'skaber af jorden', 'rerum naturae parens', der stadig er aktiv i sin udfoldelse 'generas et regeneras' i en cyklisk bevægelse, og skaffer det nødvendige livsgrundlag for folk, l. 3 'vitalia', og forsyner menneskene med mad og er dommer over himlen og havet, l. 4 'coeli … omnium', hvad der betinger dag og nat og naturens kredsløb og kontrollen med det, l. 5 – l. 11. I l. 12 gentages l. 3, grundlæggelsen af fødens basis for menneskene, 'alimenta', og i l. 13-14 etableres livscyklussen for menneskene, hvis livsgrundlag opstår af jorden, og da menneskene bliver til jord efter døden, styrer Moder Jord denne cyklus fra fødsel over liv til død, som så gentages i takt med naturens gang. L. 15 udvider hendes position fra l. 1, idet Tellus også er gudernes moder og dermed urprincip for hele kosmos af guder og mennesker, og Tellus sørger for kosmos, jordkloden, af respekt for og af ansvarlighed 'pietate', over for de levende væsener. Derfor er Tellus forskellig fra de øvrige guder og ophav til alles liv, fordi hun skaffer dem livsnødvendighederne, se l. 18, der er en gentagelse af l. 2-4, og dermed berettiget urprincip for alt levende. Med den magt, som hymneforfatteren og gavegiveren tildeler Tellus, kan der nu bedes om hjælp til den bedendes subjektive formål, l. 20-24.

L. 25-32 gentager, skrevet af en anden og senere skribent, hendes magtstilling, 'tua maiestas', der kan sikre sundhed og helbred for menneskene gennem de urter, som Tellus også fremavler som naturens herskerinde. Hun optræder som kosmos' og naturens gudinde både i det oprindelige og i det tilføjede stykke og viser den holdning til universet og kloden, at Tellus er levende i alt, hvad der lever og gror, og derfor kræver det et hensyn til gudinden i alt, hvad man foretager sig ude i naturen som bonde og jæger, fordi menneskene er elementer af kosmos og under Tellus' herredømme.

Tellus' funktioner

I et bondesamfund er såning og høst de vigtigste funktioner, derfor er Saturnus, gud for såningen, og Consus, gud for høsten de vigtigste guder. Tellus Mater er gudinde for markerne, der lader kornet gro. Pontifices beder til hende, se Varro i Augustinus: Civitas Dei VII 23: 'pontifices … faciunt rem divinam Telluri, Tellumoni, Altori, Rusori.': 'pontifices ofrer for Moder Jord, Jordens produktionskraft, Ernærerinde og Hende, der sørger for afgrødernes genkomst (jf. rursus: 'igen')'; de tre sidste epiteter er synonymer for Tellus.

Den 15. april til Fordicidia gives der et offer til Tellus, fordi sæden ligger i jorden nu og skal gro. Pontifices ofrer på Kapitol, curiae, distriktsrådhusene, hvert rådhus for sig, se Ovidius: Fasti IV 634; Varro: De lingua Latina VI 15.

På den 19. april afholdes Cerialia for Ceres, der er tæt forbundet med Tellus, fordi korndyrkning og natur hænger sammen. Ceres hører til den ældste gudeslægt i Rom, selv om hun er blevet helleniseret senere gennem analogien til Demeter. Cerus er det mandlige modsvar til Ceres, = Kerus i Salierhymnen 'duonus Cerus' = 'Cerus manos'. Tellus og Ceres fejres på såfesten, når såningen er afsluttet, feriae sementivae, afhængig af årstidens klima; derfor er det feriae conceptivae, fester, der skal fastsættes år for år, men dog i januar.

Højtiden fejres 2 dage med en uges mellemrum; 1. fest: der slagtes en drægtig so til

Tellus; 2. fest: der gives et speltoffer til Ceres, se Varro: De lingua Latina VI 26 og Ovid: Fasti 657 ff. + 671 + 673. Flamen Cerialis står for højtiden, se CIL XI 5028: 'flamini Ceriali Romae'.

Der er tolv forskellige høstfunktioner, se Servius in Vergili Georgica I 21. Hvis man ikke ofrer til Ceres, straffes man med døden, se Plinius: Naturalis historia XVIII 12. Så før høsten får Tellus og Ceres et porca praecidanea, se Cato: De agricultura 134.

Der er to grunde til offeret: a) det betegner en indledning til høsten, og b) der skal et sonoffer til pga. en overtrædelse af ius Manium, de døde ånders ret. Tellus har som jordgudinde, hvorfra alt gror op, en forbindelse til Di manes.

Tellus tilbedes ved brylluppet, se Servius, in Vergili Aeneida IV 166: 'quidam sane Tellurem praeesse nuptiis tradunt; nam et in auspiciis nuptiarum vocatur; cui etiam virgines vel cum ire ad domum mariti coeperint vel iam ibi positae diversis nominibus vel ritu sacrificant.': 'Nogle fortæller, at Tellus beskyttede bryllupsceremonien; for hun påkaldes også under varseltagningerne til brylluppet, og brudene ofrer til hende med forskellige navne eller ritualer, når de enten er begyndt at gå til brudgommens hjem eller allerede er placeret der.'

Offeret til den døde, praesentanea porca, gjaldt ifølge Festus p. 250 Ceres, men har oprindeligt været rettet mod Tellus, eller i hvert fald Tellus og Ceres, og underverdens indgang, mundus Cereris, er ikke den oprindelige betegnelse, men er måske mundus Telluris.

Tellus er repræsentant for underverdenen, aldrig Ceres; Tellus føder alt op af sit skød og tager det til sig igen som død: Lucretius: De rerum natura V 259: 'omniparens eadem rerum commune sepulcrum.' : 'alle tings moder er også deres fælles gravsted.'

Buecheler: Carmina epigrafica nr. 1476: 'Terra mater rerum quod dedit ipse tegat': 'Alle tings moder vil selv dække det, som hun har frembragt.'

Buecheler: Carmina epigrafica nr. 1129, 2 = CIL VI 15493: 'quae genuit Tellus ossa tegit tumulo.': 'de knogler, som Tellus har skabt, dækker hun med en høj af jord.'

I devotionsformularen vies generalen og hæren til 'Telluri et dis manibus', se Livius: A.U.C. VIII 6, 10 + 9, 8. X 28, 13

Til sidst påkaldes Terra mater og Jupiter pater som vidner som repræsentanter for de underjordiske guder og for de himmelske guder. Den bedende berører jorden, når han påkalder Tellus og løfter hænderne mod himlen, når han påkalder Jupiter, se Macrobius: Saturnalia III 9, 11 f.

Tellus-kulten trænges tilbage pga. græsk indflydelse, selv Arvalbrødrene beder ikke til

Tellus, men til Dea Dia, men dette er ligesom Bona Dea kun et tilnavn til enten Tellus eller Ceres.

Tellus havde et tempel på Esquilin samme sted, hvor cos. Ti. Sempronius Sophus byggede et tempel år 268 f.Kr. med indstiftelse den 13. december.

CIL VI 3731 = 31052: 'Terrae matri deae piae': her er en fremstilling af tellus tilhyllet med slør, bekranset med kornaks, scepter og en offerskål, 'patera', i hænderne.

Natursynet

Natur kan inddeles i en ydre og en indre natur. Den ydre natur skal for romernes vedkommende deles i den vilde natur, som er uciviliseret, fordi de vilde, utæmmede dyr bor i den, og den civiliserede natur, som bebos af de tæmmede husdyr og bearbejdes af mennesker i landbruget. Den indre natur er den natur, der udgør et menneskes, dyrs eller en plantes væsen. Alle tre former for natur har religiøs betydning, fordi afvigelser fra det normale i kropslig eller mental henseende varslede uro i forholdet mellem guder og mennesker. Og grænsen mellem den civiliserede og uciviliserede natur er lige så vigtig for forholdet til guderne, idet hele varselsystemet bygger på adskillelsen mellem den indviede og uindviede jord. Tellus kan både forstås som gudinde for jorden, for naturen, 'Mater Terrae', og som jorden, naturen selv, 'terra'. Og synet på naturen er cyklisk, da den skaber, 'generas', og genskaber, 'regeneras', alle livsnød-vendigheder. Derfor må forholdet til den forstås som en balance, der skal opretholdes, fx gennem førhøstslagtofre eller andre former for sonofre, før man går i gang med at bearbejde jorden; det ser vi jo tydeligt i Catos forskrifter til bonden.

3. Biblia Sacra – Genesis kap. 1, 26 – 30

26 et ait: "faciamus hominem ad imaginem et similitudinem nostram et praesit piscibus maris et volatilibus caeli et bestiis universaeque terrae omnique reptili quod movetur in terra",

27 et creavit Deus hominem ad imaginem suam; ad imaginem Dei creavit illum masculum et feminam, creavit eos

28 benedixitque illis Deus et ait: "crescite et multiplicamini et replete terram et subicite eam et dominamini piscibus maris et volatilibus caeli et universis animantibus, quae moventur super terram";

29 dixitque Deus: "ecce dedi vobis omnem herbam adferentem semen super terram et universa ligna, quae habent in semet ipsis sementem generis sui, ut sint vobis in escam 30 et cunctis animantibus terrae omnique volucri caeli et universis, quae moventur in terra et in quibus est anima vivens, ut habeant ad vescendum", et factum est ita.

(Origo: https://www.biblestudytools.com/vul/genesis/1.html med forf.'s tegnsætning)

Biblia Sacra – Genesis kap. 1, 26 – 30

26 Så sagde Gud: »Lad os skabe et levende væsen, der ligner os. Det skal herske over alt dyrelivet – fiskene i havet, fuglene i luften og de tamme og vilde dyr på jorden.« 27 Da skabte Gud to mennesker, som lignede ham. De blev skabt som mand og kvinde. 28 Gud velsignede dem og sagde: »Formér jer og bliv mange, bred jer over hele jorden og tag den i besiddelse! Hersk over fiskene, fuglene og alle de andre dyr på jorden.« 29 Gud fortsatte: »Se! Jeg giver jer alle de frøbærende planter på jorden som føde, og I må også spise frugt fra de mange frugttræer. 30 Jeg giver græsset og urterne til føde for dyrene og fuglene.« Og sådan blev det.

(Origo: http://bibelweb.dk/1-mosebog-kapitel-1/ (1. Mosebog, Bibelen på Hverdagsdansk, Det Gamle Testamente))

Kommentar

Guds plan er at skabe et levende væsen, der ligner ham og som skal herske over alle dyr, se v. 26. Adam og Eva befaler han at skabe efterkommere, der skal brede sig på jorden og tage den i besiddelse, se v. 28. Derefter opretter Gud et hierarki, hvor mennesker hersker over dyr, spiser frugter og afgrøder og skaber græs og urter for dyr og fugle, se v. 29.

4.   Biblia Sacra – Genesis kap. 3, 18

18 spinas et tribulos germinabit tibi et comedes herbas terrae.
(Origo: https://www.biblestudytools.com/vul/genesis/3.html)

Biblia Sacra – Genesis kap. 3, 18
18 Nu må du leve af, hvad du kan dyrke på marken, hvor der også vil vokse tjørn og tidsler.
(Origo: http://bibelweb.dk/1-mosebog-kapitel-3/ (1. Mosebog, Bibelen på Hverdagsdansk, Det Gamle Testamente)

Kommentar
Adam og Eva skal, fordi de har spist af den forbudne frugt, arbejde for føden og være agerbrugere, se v. 17 + 18.

5.   Biblia Sacra – Genesis kap. 9, 1-7

1 benedixitque Deus Noe et filiis eius et dixit ad eos: "crescite et multiplicamini et implete terram;
2 et terror vester ac tremor sit super cuncta animalia terrae et super omnes volucres caeli cum universis, quae moventur in terra, omnes pisces maris manui vestrae traditi sunt,
3 et omne quod movetur et vivit erit vobis in cibum, quasi holera virentia tradidi vobis omnia,
4 excepto quod carnem cum sanguine non comedetis;
5 sanguinem enim animarum vestrarum requiram de manu cunctarum bestiarum et de manu hominis de manu viri et fratris eius requiram animam hominis,

6 quicumque effuderit humanum sanguinem, fundetur sanguis illius ad imaginem, quippe Dei factus est homo

7 vos autem crescite et multiplicamini et ingredimini super terram et implete eam"!

(Origo: https://www.biblestudytools.com/vul/genesis/9.html)

Biblia Sacra – Genesis kap. 9, 1-7

Guds pagt med Noa

1 Gud velsignede Noa og hans sønner: »Formér jer og bliv mange!« sagde han. »Spred jer over jorden. 2 Dyrene, fuglene og fiskene vil frygte for jer, fordi jeg har givet jer magt over dem. 3 Jeg har givet dem til jer, og I må gerne spise dem såvel som de grønne planter, jeg tidligere har givet jer. 4 Men fordi livet er i blodet, må I ikke spise kød, som stadig indeholder blod. 5 Menneskers livsblod vil jeg kræve hævn for. Ethvert dyr, som dræber et menneske, skal dø. 6 Ethvert menneske, der slår et andet menneske ihjel, skal henrettes for at have myrdet et levende væsen, som er skabt i Guds billede. 7 Formér jer og få mange børn så jeres efterkommere kan brede sig ud over hele jorden.«

(Origo: http://bibelweb.dk/1-mosebog-kapitel-9/ (1. Mosebog, Bibelen på Hverdagsdansk, Det Gamle Testamente)

Kommentar

Gud giver magten over dyr, fugle, fisk og planter til Noah, som må spise dem. Men kravet til menneskets føde er, at det skal koges, så blodet er væk. Mennesket bliver centrum på jorden; intet menneske eller dyr må dræbe et menneske; så følger der en henrettelse. Til sidst følger befalingen om udbredelse og magt over hele jorden, se v. 7. Den balance, som den førkristne romer forsøgte at opretholde i forholdet til naturen, forsvinder i den kristne religion, når Gud overdrager ansvaret for og magten over naturen til mennesket; naturen er til for at tilfredsstille menneskets behov, hierarkiet er tydeligt: Gud – menneske – dyr – planter.

6. Lactantius (egt. Lucius Caecilius Firmianus, ca. 250-325): Divinae Institutiones, III, 28 (= Migne, PL., 6, col. 436-7)

De vera religione, deque natura; Fortuna num sit dea; et de philosophia

Quapropter nihil aliud est in vita, quo ratio, quo conditio nostra nitatur, nisi Dei, qui nos genuit, agnitio et religiosus ac pius cultus; unde quoniam philosophi aberraverunt, sapientes utique non fuerunt. Quaesierunt illi quidem sapientiam, sed quia non rite quaerebant, prolapsi sunt longius; et in tantos errores inciderunt, ut etiam communem sapientiam non tenerent. Non enim religionem asserere noluerunt, verum etiam sustulerunt; dum specie falsae virtutis inducti, conantur animos omni metu liberare; quae religionis eversio naturae nomen invenit. Illi enim cum aut ignorant a quo esset effectus mundus; aut persuadere vellent, nihil esse divina mente perfectum, naturam esse dixerunt rerum omnium matrem, quasi dicerent omnia sua sponte esse nata; quo verbo plane imprudentiam suam confitentur. Natura enim remota providentia et potestate divina, prorsus nihil est. Quod si deum naturam vocant, quae perversitas est, naturam potius quam deum nominare; si autem natura ratio est, vel necessitas, vel conditio nascendi, non est per se ipsam sensibilis, quia necesse est mentem esse divinam, quae sua providentia nascendi principium rebus omnibus praebeat. Aut si natura est coelum atque terra, et omne quod natum est, non est deus natura, sed dei opus.

(Origo: Migne, PL., 6, col. 436-7)

Lactantius (egt. Lucius Caecilius Firmianus, ca. 250-325): Lærebog i teologi III, 28 (partim)

Om den sande religion og om naturen; om Lykken er en gudinde, og om filosofi

Hvorfor der er intet andet i livet, hvorpå fornuften og vores livsbetingelser kan støtte sig, end anerkendelsen af den Gud, som har skabt os, og den pligtopfyldende og respektfulde dyrkelse af ham; og da filosofferne har forladt den rette vej til ham, har de helt tydeligt ikke været forstandige. Ganske vist søgte de visdom, men fordi de ikke søgte den på rette vis, gled de længere og længere bort fra den rette vej. Og de gled ind i så store fejltagelser, at de ikke engang besad almindelig visdom. For ikke alene nægtede de at opretholde en ‹almindelig› gudsdyrkelse, men de fjernede den også; og de forsøger tilskyndet af en forestilling om en falsk moral at befri sindene for enhver form for angst, og denne fordrejning af gudsdyrkelse har så fået navn af natur. For de, når de enten var uvidende om, hvem der havde skabt verden, eller ville overtale verden, at intet var fuldført efter en guddommelig intelligens, hævdede, at naturen var alle tings moder, som om de ville sige, at alt var skabt af egen kraft; med dette udsagn bekræfter de helt klart deres egen uvidenhed. Naturen er nemlig, når man fjerner det guddommelige forsyn og den guddommelige kraft, absolut intet i sig selv; men hvis de kalder Gud for natur, hvad er det så for en perversitet at bruge ordet 'natur' i stedet for 'Gud'; men hvis naturen er planen eller nødvendigheden eller betingelsen for tilblivelse, er den ikke i sig selv i stand til at blive sanset, fordi der nødvendigvis må være et guddommeligt sind, som med sin forudseenhed sætter betingelsen for tilblivelsen af alle ting. Eller hvis naturen er himmel og jord og alt, hvad der er skabt, så er naturen ikke Gud, men Guds værk. ...

Kommentar
Lactants (ca. 250 – ca. 325 e.Kr.) sætter naturbegrebet over for gudsbegrebet, og i et religiøst perspektiv kalder han den gammelromerske gudsdyrkelse for naturdyrkelse, og når romerne sætter lighedstegn mellem guddommene og naturen, er det ifølge Lactants en perversitet, fordi han er af den opfattelse, at der er en guddommelig bevidsthed, der sætter betingelsen for alle tings tilblivelse, dvs. for naturens skabelse. Derfor er naturen skabt af en guddom og dermed guds værk og netop ikke guddommelig. Lactants følger som konvertit biblens udsagn om guds skaberkraft og accepterer hierarkiet mellem gud, verden, naturen og menneskene. Han betragter romerne som uvidende, når de kalder naturen for alle tings moder.

Kritik af de romerske guder

7. Aurelius Augustinus: De civitate Dei IV, 8

[VIII] Deinde quaeramus, si placet, ex tanta deorum turba, quam Romani colebant, quem potissimum uel quos deos credant illud imperium dilatasse atque seruasse. Neque enim in hoc tam praeclaro opere et tantae plenissimo dignitatis audent aliquas partes deae Cluacinae tribuere aut Volupiae, quae a uoluptate appellata est, aut Lubentinae, cui nomen est a libidine, aut Vaticano, qui infantum uagitibus praesidet, aut Cuninae, quae cunas eorum administrat. Quando autem possunt uno loco libri huius commemorari omnia nomina deorum et dearum, quae illi grandibus uoluminibus uix comprehendere potuerunt singulis rebus propria dispertientes officia numinum? Nec agrorum munus uni alicui deo committendum arbitrati sunt, sed rura deae Rusinae, iuga montium deo Iugatino; collibus deae Collatinam, uallibus Valloniam praefecerunt. Nec saltem potuerunt unam Segetiam talem inuenire, cui semel segetes commendarent, sed sata frumenta, quamdiu sub terra essent, praepositam uoluerunt habere deam Seiam; cum uero iam essent super terram et segetem facerent, deam Segetiam; frumentis uero collectis atque reconditis, ut tuto seruarentur, deam Tutilinam praeposuerunt. cui non sufficere uideretur illa Segetia, quamdiu seges ab initiis herbidis usque ad aristas aridas peruenieret? Non tamen satis fuit hominibus deorum multitudinem amantibus, ut anima misera daemoniorum turbae prostitueretur, unius Dei ueri castum dedignata complexum. Praefecerunt ergo Proserpinam frumentis germinantibus, geniculis nodisque culmorum deum Nodutum, inuolunmentis folliculorum deam Volutinam; cum folliculi patescunt, ut spica exeat, deam Patelanam, cum segetes nouis aristis aequantur, quia ueteres aequare hostire dixerunt, deam Hostilinam; florentibus frumentis deam Floram, lactescentibus deum Lacturnum, maturescentibus deam Matutam; cum runcantur, id est a terra auferuntur, deam Runcinam. Nec omnia commemoro, quia me piget quod illos non pudet. Haec autem paucissima ideo dixi, ut intellegeretur nullo modo eos dicere audere ista numina imperium constituisse auxisse conseruasse Romanum, quae ita suis quaeque adhibebantur officiis, ut nihil uniuersum uni alicui crederetur. Quando ergo Segetia curaret imperium, cui curam gerere simul et segetibus et arboribus non licebat? Quando de armis Cunina cogitaret, cuius praepositura paruulorum cunas non permittebatur excedere? Quando Nodutus adiuuaret in bello, qui nec ad folliculum spicae, sed tantum ad nodum geniculi pertinebat? Vnum quisque domui suae ponit ostiarium, et quia homo est, omnino sufficit: tres deos isti posuerunt, Forculum foribus, Cardeam cardini, Limentinum limini. Ita non poterat Forculus simul et cardinem limenque seruare.

Aurelius Augustinus: Om Guds stat IV, 8

Ved hvilke guders hjælp kan romerne mene, at deres rige er blevet forøget og bevaret, når de kun med nød og næppe har ment at kunne overdrage beskyttelsen af enkelte ting til enkelte guder?

8. Lad os dernæst engang stille det spørgsmål, hvem eller hvilke guder ud af den så store gudeflok, som romerne dyrkede, de især mener har udbredt og bevaret deres rige. For ved dette strålende og agtværdige værk vover de ikke at henregne nogen del til gudinden Cluacina (kloakgudinden) så lidt som til Volupia, der har navn fra voluptas (begær) eller Lubentina, der har navn efter libido (vellyst) eller guden Vaticanus, der er gud for barnegråd (vagitus) eller Cunina, der forvalter deres vugger (cunae). Men hvorledes skulle jeg på et enkelt sted i dette værk kunne opregne alle navnene på guderne og gudinderne, når romerne selv kun med nød og næppe har kunnet få dem alle med i omfattende værker, hvori de har givet guderne særlige opgaver ved de enkelte ting. De mente nemlig ikke, at opsynet med markerne kunne tillægges blot én bestemt gud, men marken på sletterne

lagde de under gudinden Rusina, bjergenes højder derimod under guden Jugatinus; over højene satte de gudinden Collatina, over dalene Vallonia. Ej heller har de kunnet nøjes med at finde én Segetia, således at de én gang for alle kunne overdrage sædekornet til hende, men sålænge det såede korn var under jorden, ville de have gudinden Seia til at våge over det. Når det så var kommet oven for jorden og satte aks, overdrog de det til gudinden Segetia, og når kornet var samlet og bragt i hus satte de gudinden Tutilina til at bevare det i sikkerhed. Man skulle da tro, at nævnte Segetia ville være tilstrækkelig til at følge kornet fra de første spirer til de modne aks. Men det har ikke været nok for mennesker, der har været så forelsket i mængder af guder med det resultat, at den stakkels menneskesjæl prostituerede sig til en skare af afguder, fordi den afviste at favne den ene sande Gud. De satte derfor Proserpina til at tage sig af det spirende korn, guden Nodutus til at tage sig af knæ og knuder på stråene og gudinden Volutina til at tage sig af de indrullede aks; når aksene kom frem, så at vipperne blev synlige, var det gudinden Paelana, og når de unge aks var ligesom de gamle aks, gudinden Hostilina, fordi de gamle kaldte dette 'hostire'; over de blomstrende frugter satte de Flora, over de frugter, der gav saft, guden Lacturnus, over de modnede frugter gudinden Matuta; når det blev mejet, det vil sige fjernet fra jorden, gudinden Runcina. Jeg skal ikke opregne det alt sammen, for jeg keder mig ved det, de ikke skammer sig ved. Men jeg har anført disse eksempler for at man skal forstå, at romerne på ingen måde har vovet at påstå, at det var disse guder, der grundlagde, forøgede og bevarede Romerriget, når de i den grad var optaget af hver deres opgave, så at der ikke var noget, der som helhed blev tillagt én bestemt gud. Mon nemlig Segetia skulle kunne drage omsorg for riget, når man ikke lod hende drage omsorg for både korn og træer samtidigt? Mon Cunina kunne tænke på våbnene, når hendes domæne ikke fik lov til at strække sig ud over børnenes vugger? Mon Nodutus kunne hjælpe i krigen, når han end ikke kunne tage sig af kornstråets blade, men kun knuder i stråets knæ. Enhver vil dog kun sætte én dørvogter ved sit hus, og fordi der er tale om et menneske, vil han være fuldt ud tilstrækkelig. Men romerne satte tre guder til det, Forculus for selve dørene (fores), Cardea for dørhængslet (cardo), Limentinus for dørtrinet (limen). Forculus kunne således ikke samtidigt passe dørhængsel og dørtrin.

(Origo: Augustin: *Om Guds stad*, oversættelse af Bent Dalsgaard Larsen, Aarhus Universitetsforlag, Aarhus 2002, 254-255)

Kommentar

Augustin (354-430 e.Kr.) retter sin kritik mod romernes mange guder, der hver har en specifik funktion, som bliver vist i deres navn eller tilnavn. Efter at have nævnt gudinderne for kloaken og driterne: 'neque enim ... administrat', fortsætter kritikken med de mange forskellige guder, der har hver deres opgave i forbindelse med afgrøderne, hvor han gør grin med, at de har så små eller begrænsede funktionsområder, at der skal så mange guder til for at dække opgaven: 'nec agrorum munus … praeposuerunt.' Han kalder det prostitution i forhold til en kristendom med kun én gud: 'non tamen satis … complexum.' Augustin bliver ved med kritikken, denne gang fokuseret på kornets vækst- og høstfaser: 'praefecerunt … deam Runcinam.' Han gør endvidere nar ad guderne med deres meget specielle opgaver, så for ham er spørgsmålet, hvordan guderne kan have gjort romerriget stort og mægtigt, når de kun kan klare en lille opgave hver: 'quando ergo Segetia … geniculi pertinebat?' Til sidst spidser han kritikken til ved at sige, at én dørvogter kan kontrollere en indgang, men der skal tre guder til det samme: 'unum quisque domini … servare.' Augustin tænker ud fra en monoteistisk tankegang, mens romerne tænker polyteistisk. Da den kristne gud står over alt, mennesker, naturen, dyr, verden, har han magten og overblikket over det hele og er transcendent. Sådan tænker romerne ikke; for dem er guderne tættere på menneskene, dyrene og naturen, og netop derfor er de mere specialiserede; guderne lever iblandt dem og er immanente. Denne form for tankegang finder vi tydeligt hos Cato i hans værk om agerbruget.

8.   Aurelius Augustinus: De civitate Dei VII, 29

[XXIX] Namque omnia, quae ab eis ex istorum deorum theologia uelut physicis rationibus referuntur ad mundum, quam sine ullo scrupulo sacrilegae opinionis Deo potius uero, qui fecit mundum, omnis animae et omnis corporis conditori, tribuantur, aduertamus hoc modo: Nos Deum colimus, non caelum et terram, quibus duabus partibus mundus hic constat; nec animam uel animas per uiuentia quaecumque diffusas, sed Deum, qui fecit caelum et terram et omnia, quae in eis sunt; qui fecit omnem animam, siue quocumque modo uiuentem et sensus ac rationis expertem, siue etiam sentientem, siue etiam intellegentem.

Aurelius Augustinus: Om Guds stat VII, 29

Alt, hvad naturfilosofferne henfører til universet og dets dele, burde de henføre til den ene, sande Gud

29. For alt, hvad de ud fra læren om deres guder henfører til universet med såkaldt naturfilosofiske begrundelser, kan meget lettere og uden afgudstroens skrupler tillægges den sande Gud, som skabte universet, Skaberen af enhver sjæl og ethvert legeme. Det ser vi således: Vi dyrker Gud, ikke himmel og jord, de to dele, som denne verden består af; ej heller sjælen eller sjælene, der er spredt ud i alt levende, men Gud, som skabte himmel og jord og alt, som er i himmel og på jord, han, som skabte enhver sjæl, hvad enten den har en eller anden form for liv uden at have del i sansning og fornuft, eller den ud over liv kan sanse eller derudover kan tænke.

(Origo: Augustin: *Om Guds stad*, oversættelse af Bent Dalsgaard Larsen, Aarhus Universitetsforlag, Aarhus 2002, 368)

Kommentar
Teksten fremhæver kategorisk den kristne gud som skaber af alt, dvs. som overordnet magt over himmel og jorden og sjælene i alle former for levende væsener: 'nos deum … intellegentem.'

9. Sanctus Franciscus Assisiensis: Altissime, omnipotens, bone domine – Frans af Assisi: Solsangen

1. Altissime, omnipotens, bone domine, tuae sunt laudes, gloria, honor et omnis benedictio, tibi soli referendae sunt et nullus homo dignus est te nominare.	1. Allerhøjeste, almægtige, gode Herre, Din er al lov, pris og ære og al velsignelse. Dig alene, Allerhøjeste, tilkommer de, og intet menneske er værdigt at nævne Dit navn.
2. Lauderis, domine deus meus, propter omnis creaturas tuas et specialiter propter honorabilem fratrem nostrum Solem qui diescere facit et nos illuminat per lucem; pulcher est et radians et magni splendoris et tui, domine, symbolum praefert.	2. Lovet være Du, min herre, med alle Dine skabninger, især hr. broder sol, som er dagen, og ved ham giver Du os lys. Og han er smuk og strålende med stor glans. På Dig, Allerhøjeste, er han et billede.
3. Laudetur dominus meus propter sororem Lunam et stellas, quas in caelo creavit claras et bellas.	3. Lovet være Du, min Herre, gennem søster måne og stjernerne. På himlen har Du skabt dem, klare og kostelige og smukke.
4. Laudetur dominus meus propter fratrem Ventum, aerem, nubem, serenitatem et propter omnia tempora, per quae omnibus creaturis ministrat alimentum.	4. Lovet være Du, min Herre, gennem broder vind og gennem luften og skyerne og godt vejr og al slags vejr, hvorved Du giver næring til Dine skabninger.
5. Laudetur dominus meus propter sororem Aquam, quae est multum utilis, humilis, pretiosa et casta.	5. Lovet være Du, min Herre, gennem søster vand, som er såre nyttig og ydmyg og kostelig og kysk.
6. Laudetur dominus meus propter fratrem Ignem, per quem noctem illuminat; ille roseus est, rutilus, invictus et acer.	6. Lovet være Du, min Herre, gennem broder ild, ved hvem, Du oplyser natten; og han er smuk og munter og kraftig og stærk.

7. Laudetur dominus meus propter nostram matrem Terram, quae nos sustentat et alit et producit varios fructus et varicolores flores et herbas. 8. Lauderis, mi domine, propter illos, qui pro tuo amore offensas dimittunt et patienter sustinent tribulationem et infirmitatem. Beate illi, qui in pace sustinuerunt, quia a te, altissime, coronabuntur. 9. Lauderis, mi domine, propter sororem nostram Mortem, quam nullus vivens potest evadere. Ve illis, qui moriuntur in peccato mortali! Beati illi, qui in hora mortis suae inveniunt se conformes tuae sanctissime voluntati, mors enim secunda non poterit eis nocere. 10. Laudate et benedicite dominum meum, gratificamini et servite illi, omnes creature, cum magna humilitate! (Origo: http://www.hymnarium.de/hym-ni-ex-thesauro/hymnen/232-altissime-om-nipotens-bone-domine%20-%20mainmenu (01.02.16))	7. Lovet være Du, min Herre, gennem vor søster Moder Jord, som opretholder og nærer os og frembringer alskens frugter med farvede blomster og græs. 8. Lovet være Du, min Herre, gennem dem, som opgiver krænkelser for din kærlighed og tålmodigt udholder nød og svækkelse. Salige er de, som har holdt ud i fred, fordi de, Højeste Herre, bliver bekranset af Dig. 9. Lovet være Du, min Herre, gennem vor søster, den legemlige Død, som ingen levende kan undslippe. Ve dem, som dør i dødssynd! Salige er de, som døden finder indesluttet i Din allerhelligste vilje, for den anden død kan ikke gøre dem noget ondt. 10. Lov og pris min Herre og tak ham og tjen ham i stor ydmyghed. (Origo: Den af forfatteren reviderede danske oversættelse bygger på Johannes Jørgensens oversættelse i: *Den hellige Frans af Assisi*, København (Katolsk Forlag) 1976)

Kommentar

Den hellige Frans af Assisi (1182–1226 e.Kr.) levede i højmiddelalderen og indtager som kristen en speciel holdning til naturen. For ham er gud den højeste instans, almægtig: 1. 'altissime, omnipotens, bone domine'; verden og dens elementer er skabt af ham, solen først (str. 2), dernæst månen og stjernerne (str. 3), atmosfærens elementer og årstiderne (str. 4), vandet (str. 5), ilden (str. 6) og Moder Jord (str. 7); til sidst følger en hyldest til de mennesker, der som kristne udholder pinsler og forfølgelser (str. 8), og det hele afsluttes med en hyldest til døden som livets terminale slutning (str. 9). Hierarkiet består, og gud står øverst over verden og dens elementer, men Frans remser dog alle de skabte elementer op, som har betydning for menneskenes liv på jorden. Her regnes de for betydningsfulde for livet på jorden og dermed for menneskene.

Natursyn[1]

Frans af Assisis forhold til naturen er lidt mere udglattende, men hierarkiet mellem gud, mennesker og natur er det samme, og Moder Jord står ikke på højde med Gud; hun kan kun være 'søster'. Og alle de fænomener, som Frans nævner, er symboler på Guds almægtighed, og han hyldes igennem, 'propter', disse fænomener. Naturen er Guds skaberværk og ikke på nogen måde sidestillet ham, og de romerske guder, der herskede over verden og beboede den, idet de var immanente, er nu blevet til én almægtig transcendent gud; naturen er blevet en ressource for menneskene og derfor som skaberværk sekundær.

[1] Jeg takker Pernille Ahrenfeldt for inspirerende diskussioner om romernes og de kristnes natursyn.

10. Jacobus de Voragine: Vita S. Francisci Assisiensis, uddrag af cap. 5

[5.] 1. Super petras reverenter ambulat intuitu eius, qui dicitur petra legis divinae; vermiculos, ne transeuntium pedibus conculcentur, levat et apibus, ne inedia permeant glacie hiemali, mel et optima vina iubet apponi, fraterno nomine Animalia cuncta vocabat. 2. Miro et ineffabili gaudio replebatur ob creatoris amorem, cum solem, lunam et stellas intuebatur et eas ad creatoris amorem invitabat.

(Origo: http://www.thelatinlibrary.com/voragine/fran.shtml)

Jacobus de Voragine: Vita S. Francisci Assisiensis, uddrag af cap. 5

5. 1. Han spadserede med ærefrygt på klipper af hensyn til ham, som kaldes den guddommelige lovs klippe; ormene samlede han op, for at de ikke skulle blive mast af de forbipasserendes fødder, og han lod bierne få honning og god vin, for at de ikke skulle dø af mangel pga. vinterens kulde; og han kaldte alle dyrene sine brødre. 2. Når han betragtede solen, månen og stjernerne, fyldtes han med en forunderlig og usigelig glæde over skaberens kærlighed, og opfordrede dyrene til at elske skaberen.

Kommentar

Her fortæller Jacobus de Voragine (ca. 1230–1298 e.Kr.) om Frans, der prædikede fattigdommens evangelium og strengt levede efter det. Men i denne biografi møder vi en Frans, der beskytter naturen, selv de mindste dyr, bier og orme: 1.'vermiculos ... vocabat', selv om også Gud her står over alt: 2. 'ob creatoris amorem ... invitabat.'

Litteratur

Assman, Jan: *"Monotheism and Polytheism"*, in: Johnston, Sarah I. (red.): *Ancient Religions*, Cambridge (The Belknap Press of Harvard University Press) 2007, S. 17-31.

Feldt, Laura: *"Wilderness in Mythology and Religion"*, in: Laura Feldt (red.): *Wilderness In Mythology and Religion: Approaching Religious Spatialities, Cosmologies and Ideas of Wild Nature*, Berlin (de Gruyter) 2012, S. 1-24

Haaning, Aksel: *Middelalderens naturfilosofi: En indføring i grundlaget for vestens religiøse kosmologi og natursyn*, København (C. A. Reitzels Forlag) 1993

Haaning, A.: *Middelalderens naturfilosofi. Naturens genkomst i filosofi, digtning og videnskab ca. 1100-1250*, København (C.A. Reitzels Forlag) 2004

Herbener, J.: *Naturen er hellig. Klimakatastrofe og religion*, København (Informations Forlag) 2015

Lundager Jensen, H.J.: *Gammeltestamentlig religion. En indføring*, 2. udg., København (Eksistensen) 2019

Lennon, J.J.: *Pollution and Religion in Ancient Rome*. Cambridge (CUP) 2014

Rasmussen, T & E. Thomassen: *Kristendommen – En historisk innføring*, 6. udg., Oslo (Universitetsforlaget) 2016

Rothstein, M.: *Regnskovens religion. Forestillinger og ritualer blandt Borneos sidste jæger-samlere*, København (U Press) 2016

Schjødt, J.P.: *"Ritualstruktur og ritualklassifikation"* in: Religionsvidenskabeligt Tidsskrift 20, 1992, s. 5-23

Sorrell, Roger D.: *St. Francis of Assisi and Nature: Tradition and Innovation in Western Christian Attitudes toward the Environment*, Oxford: (Oxford Academic) 2009

15. Bacchanalieaffæren 186 f.Kr.

Dokumenter

1. Senatusconsultum de Bacchanalibus 186 f.Kr. om 'forbuddet mod

Bacchus-ritualerne' – Bacchanalie-affæren – CIL, I² 2, 581
(Origo: C.I.L., I2 2, 581, jvf. Livius: Ab urbe condita XXXVIIII, 8-19)

1 [Q.] Marcius L. f(ilius), S(purius) Postumius L. f(ilius) co(n)s(ules) senatum consolu-
erunt N(onis) Octob(ribus), apud aedem
2 Bellonai. Sc(ribendo) adf(uerunt) M. Claudi(us) M. f(ilius), L. Valeri(us) P. f(ilius), Q.
Minuci(us) C. f(ilius). De Bacchanalibus qui foederati
3 essent, ita edicendum censuere: «Nequis eorum [B]acchanal habuisse vellet. siqui
4 essent, qui sibi dicerent necesse esse Bacchanal habere, ei uti ad pr(aetorem) urbanum
5 Romam venirent, deque eis rebus, ubei eorum v[e]r[b]a audita essent, uti senatus
6 noster decerneret, dum ne minus senator[i]bus C adessent, [cum e]a res consuleretur.
7 Bacchas vir nequis adiisse vellet civis Romanus neve nominis Latini neve sociorum
8 quisquam, nisi pr(aetorem) urbanum adiissent, isque [d]e senatus sententia, dum ne
9 minus senatoribus C adessent, cum ea res consuleretur, iussisset. Ce[n]suere.
10 Sacerdos nequis uir esset. Magister neque uir neque mulier quaequam esset.
11 neve pecuniam quisquam eorum commune[m h]abuisse vellet. Neve magistratum,
12 neve pro magistratu, neque virum [neque mul]ierem qui[s]quam fecisse vellet,
13 neve post hac inter se coniuras[se nev]e convovisse neve conspondisse
14 neve compromesisse vellet, neve quisquam fidem inter sed dedisse vellet.
15 Sacra in occulto ne quisquam fecisse vellet. Neve in publico neve in
16 privato neve extra urbem sacra quisquam fecisse vellet, nisi
17 pr(aetorem) urbanum adiisset, isque de senatus sententia, dum ne minus
18 senatoribus C adessent, cum ea res consuleretur, iussisset. Censuere.
19 Homines plus V universi viri atque mulieres sacra ne quisquam

20 fecisse vellet, neve interibi viri plus duobus, mulieribus plus tribus
21 adfuisse vellent, nisi de pr(aetoris) urbani senatusque sententia, uti supra
22 scriptum est.« Haec uti in contioni edicatis ne minus trinum
23 nundinum, senatusque sententiam uti scientes essetis, eorum
24 sententia ita fuit: «Siqui essent, qui adversum ea fecissent, quam supra
25 scriptum est, eis rem capitalem faciendam censuere». Atque uti
26 hoc in tabulam ahenam incideretis, ita senatus aequum censuit,
27 utique eam figi iubeatis, ubi facillime nosci possit; atque
28 uti ea Bacchanalia, siqua sunt, extra quam siquid ibi sacri est,
29 (ita ut supra scriptum est) in diebus X, quibus vobis tabelae datae
30 erunt, faciatis uti dimota sint. In agro Teurano.

Senatsbeslutning om Bacchanalierne

1. Quintus Marcius, Lucius' søn, og Spurius Postumius, Lucius' søn, der var konsuler, henvendte sig til senatet den 7. oktober,
2. ved Bellonas tempel. Marcus Claudius, Marcus' søn, og Lucius Valerius, Publius' søn, og Quintus Minucius, Gaius' søn, udgjorde komiteen til at udfærdige og aflægge rapport. Med hensyn til Bacchanalierne blev man enige om at give følgende instruktioner til vore allierede:
3. "Ingen af dem må eje et sted, hvor Bacchus-kulten bliver afholdt. 4. Hvis nogen af dem påberåber sig nødvendigheden af at eje sådan et sted, skal de komme til praetor urbanus i Rom, politidirektøren,
5. så skal senatet træffe afgørelse om disse forhold, når deres krav er blevet hørt, 6. forudsat at ikke mindre end 100 senatorer er til stede, når sagen behandles.
7. Ingen mand kan blive bacchant, ejheller en romersk borger eller en latiner eller en af vores allierede,
8. medmindre de går til politidirektøren og han i overensstemmelse med senatets votum,
9. under forudsætning af at mindst 100 senatorer er til stede under drøftelsen, har givet lov til det. Dette er besluttet.
10. Ingen mand må være præst, ingen, hverken mand eller kvinde, må være formand;
11. ejheller må nogen af dem bestyre kultens kasse;
12. ingen må udpege en mand eller kvinde til at være formand eller være næstformand;
13. fra nu af må de ikke sætte stridigheder i gang blandt dem selv eller vække uorden,
14. fremsætte gensidige løfter eller aftaler eller indgå forpligtelser;

15. ingen må afholde religiøse ritualer i det skjulte.

16. Ingen må afholde de hellige riter offentligt, privat eller uden for byen,

17. medmindre han har henvendt sig til politidirektøren, og denne i overens-stemmelse med senatets votum,

18. forudsat at mindst 100 senatorer er til stede under drøftelsen, har givet lov dertil. Dette er besluttet.

19. Ingen i en gruppe på mere end fem personer, mænd og kvinder, må afholde de hellige riter,

20. ejheller må der i den gruppe være mere end 2 mænd eller 3 kvinder,

21. medmindre det finder sted i overensstemmelse med politidirektørens og senatets tilladelse som skrevet ovenfor.

22. Sørg for at man erklærer dette i forsamlingen i ikke mindre end tre markedsperioder.

23. For at man kan kende senatets opfattelse, lød dets afgørelse således:

24. Hvis der er nogen, der har handlet imod det, der er skrevet ovenfor,

25. har det besluttet, at der skal rejses anklage for kapitalforbrydelse imod dem; 26. senatet har med rette bestemt, at man skal indskrive dette på en
bronzetavle

27. og anbringe den på et sted, hvor den er let at læse.

28. Sørg for at Bacchanalierne, såfremt der er nogen, – undtagen i det tilfælde, at der findes indviede kultbygninger, –

29. er opløst inden for ti dage, som det er skrevet ovenfor,

30. efter at denne skrivelse er overdraget til jer." Givet i Teuras distrikt.

Kommentar

Indskriften er en kopi af et brev med senatets beslutninger, sendt til magistraten i Ager Teuranus i Syditalien i år 186 f.Kr. Der er overleveret 54 senatus consulta fra den romerske republiks tid (RE Suppl. VI s.v. Senatusconsultum, 1935: 808f.), hvoraf 27 er overleveret på latin og 27 på græsk. Den tidligste stammer fra år 189 f.Kr. og handler om Delfi, og den næste er denne om Bacchanalierne fra år 186 f.Kr. Ud fra de overleverede SC kan man se en fast struktur i dokumenterne:

Struktur

1. oplæg fra magistraten: 'ille consul (praetor, tribunus plebis) senatum consuluit': konsulen (prætor, folketribunen) har tilspurgt senatet'.

2. måned og dag for forhandlingen

3. forhandlingssted, hvis det ikke er Rom

4. vitterlighedsvidner: 'scribendo adfuerunt illi': 'følgende personer var vitterlighedsvidner'.

5. forelæggelse af emnet: 'quod ille verba fecit/quod illi verba fecerunt': 'mht. hvad han/ de har sagt om denne sag',

6. beslutningens indledning: 'de ea re ita censuere': 'har senatorerne besluttet følgende',

7. beslutningens juridiske grundlag (dette punkt nævnes først fra kejsertiden af),

8. beslutningens indhold: 'ut ille faceret/illum facere': 'at han skal gøre'.

9. afstemningsanmærkning: 'censuere': 'dette har senatorerne besluttet'.

Disposition

Selve dispositionen ser sådan ud:

A. Præambel

I. Protokol over senatsbeslutningen

1. Autoritative personer

L.1: Konsulerne er de embedsmænd, der har indkaldt senatet. Senatet fungerer som implicit subjekt, ‹senatores›, for de relevante verber;

2. Dato

L.1: Fra denne dag har dokumentet gyldighed.

3. Stedsangivelse

L.1: Lokalet nævnes, hvis forhandlingen ikke finder sted i Rom; stedet specificeres her: Bellona-templet uden for Rom;

4. Vidner

L.2: Vidner benævnes;

5. Emnet

L.2-3:Emnet, der skal behandles, nævnes, her: Bacchanalierne

II. Anordning

L.2-3: Indholdet af SC skal meddeles de allierede, forbundsfællerne.

B 1: 1. Hovedafsnit

L.3ff.: pkt. 8: Beslutningens indhold

L.3: §1.1: forbud mod en institutionaliseret Bacchus-fest og mod at stille en lokalitet til rådighed for den;

L.4-6: i tilfælde af en lejlighedsvis stedfindende Bacchus-fest opstilles betingelser for den iflg. senatet i Rom;

L.7-9: §1.2: forbud mod mænds deltagelse i en lejlighedsvis stedfindende Bacchus-fest; betingelser for §1.2 iflg. det romerske senat;

L.9: pkt. 9: afstemningssignatur

B 2: 2. Hovedafsnit

Pkt. 5: forelæggelse af emnet, og til emnet skal der tilføjes under hensyntagen til §1: i tilfælde af en lejlighedsvis stedfindende Bacchusfest gælder følgende bestemmelser

L.10 ff.: pkt. 8: beslutningens indhold

L. 10: §2.1: a) ingen mand må være præst/have en religiøs funktion i kulten

b) hverken en romersk mand eller en romersk kvinde må være formand for en institutionaliseret Bacchus-kult;

L.11: c) Der må ikke være en foreningskasse;

L.11-12: d) ingen må udpege en romersk mand eller romersk kvinde som formand eller næstformand i kulten;

L.13-14: e) man må ikke grundlægge en ny Bacchus-kult; derved er personer, der udøver kulten, ikke mere beskyttet af loven; verberne 'coniuro' betegner en sammensværgelse, 'convoveo' en forbindelse gennem et fælles løfte, 'conspondeo' en højtidelig forbindelse mellem sammensvorne, 'compromitto' afgivelse af et gensidigt løfte, og 'fidem do' aflæggelse af en troskabsed;

L.15-18: §2.2: a) hemmelige fester efter Bacchus-kultens ritus må ikke praktiseres Nogetsteds. Betingelser for §2.2 nævnes iflg. senatet;

L.18: pkt. 9: afstemningssignatur

pkt. 5: fremlæggelse af emnet, idet følgende skal tilføjes under hensyntagen til §1 og §2: hvis en tilladt Bacchus-fest finder sted, gælder følgende bestemmelser:

L.19: der må ikke deltage mere end 5 personer, mænd og kvinder i alt;

pkt. 8: beslutningens indhold

L.20-21: §2.2: b) Der må ikke deltage mere end 2 mænd og ikke mere end 3 kvinder. Ifølge §1.1 kan mænd fra Latium, Rom og forbundsfæller ikke deltage, kun fremmede, efterfulgt af betingelser for dette iflg. det romerske senat;

L.21-22: pkt. 9: afstemningssignatur

B 3: 3. Hovedafsnit

III. Publikationsbestemmelse fra magistraten, dvs. konsulerne

L.22-23: mundtlig bekendtgørelse i forbundsfællernes forsamling samt betingelser iflg. Det romerske senat;

pkt. 5: emnets fremlæggelse

De ovenfor behandlede punkter vedr. Bacchanalierne er genstand for afstemningen i det romerske senat.

pkt. 8: beslutningens indhold

L.24-25: i tilfælde af overtrædelse af bestemmelserne samt betingelser iflg. Det romerske senat;

B 4: 4. Hovedafsnit

L.25-27: sted og måde for den skriftlige publikation

Gennemførelsesforordning af SC: 'atque utei ea Bacanalia ...'

L.28-30: i tilfælde af eksisterende lokaliteter for Bacchanalia er der vedtaget en indskrænkning for afholdelse af Bacchus-kulten: 'extra quam si quid ibi sacri est'

IV. Sted

L.30 Destinationsanmærkning: ager Teuranus; senatsbeslutningen har gyldighed på hele Italias område, dvs. på ager Romanus og på forbundsfællernes område.

Bacchus-kultens samfundsrevolutionerende elementer

Selvom religionen i Rom var præget af åbenhed og tolerance, var der grænser. Fremmede elementer skulle gerne kunne tilpasses forfædrenes tradition, kaldet mos. Bacchus-kulten udviklede sig til at være i strid med mos maiorum. Typisk blev romerske ritualer udført om dagen og af mænd og i fuld offentlighed. Bacchuskulten var knyttet til Bacchus, der blev identificeret med Dionysos, den græske vin- og frugtbarhedsgud. Den blev udført om natten, i hemmelighed og med kvinder som deltagere i første omgang. Dette gik strikt imod romerske traditioner, hvor man udførte ritualerne om dagen, især med mænd og i fuld offentlighed. Men Bacchus-kulten havde stor tiltrækning for italikerne og medførte en stor vækst i medlemstallet over hele Italien. Dette gjorde byrådene usikre og de kontaktede senatet i Rom. Kulten kom fra Etrurien og kom fra Campanien til Rom og var udbredt i hele Italia. Der skete en forandring, da mænd blev tilladt adgang. Historier om vold og voldtægt bredte sig, så at myndighederne var af den opfattelse, at kulten forstyrrede den offentlige orden. Senatet forbød kulten i 186 f.Kr., fordi myndighederne ikke kunne styre udbredelsen, dog med visse undtagelser; kulten forsvandt ikke, men i den aktuelle sag blev mere end 7000 medlemmer henrettet.

Affæren blev altså betragtet som en konspiration mod den romerske stat, der arbejdede i det skjulte og forsøgte at undergrave romernes værdier. Da der kun var adgang for kvinder og der kun blev foretaget indvielser 3 dage om året med skiftende gifte kvinder som præstinder, kunne staten acceptere udviklingen tolerant som myndighederne var, men da Annia Paculla fra Campanien blev leder og ændrede optagelseskriterierne, så at mænd også kunne indvies, endda fem dage om året, begyndte senatet at frygte for opretholdelsen af de romerske værdier, og historierne om vold, voldtægt, udskejelser, som Livius udpensler i bog 39, kap. 8-19, tager til, og kulten betragtes nu i medierne som et slags parallel-samfund. Myndighederne tager affære og fremsætter det ovennævnte senatus consultum som en advarsel til befolkningen i hele Italia. De mange henrettelser tyder på en stor frygt og usikkerhed over for den voksende medlemsskare. Senatsbeslutningen viser dog også, at man ikke forbød Dionysos-kulten som sådan, dertil har den nok været for populær, men den skulle blot reduceres til den oprindelige form, en lille gruppe på maksimalt fem personer med en kvindelig præst, der mødtes i hemmelighed om natten. Kulten kan betragtes som et frirum for datidens kvinder, hvis religiøse udfoldelser var meget begrænsede i forhold til mandens, idet de hverken måtte drikke vin, forberede offermel eller slagte dyr. Dionysos-kulten var en mulighed for dem at træde ud af deres traditionelle roller på. Modstanden mod kulten kunne også bunde i, at denne kult ikke var blevet indført af senatet, – det gjaldt også Isis-kulten, som også oplevede modstand fra senatet, – og derfor ikke fra starten var under statens, dvs. pontifikalkollegiets og decemvirernes kontrol, og det var især ømfindtligt, når kultens medlemmer var romerske borgere. Det ses også klart af senatsbeslutningen, som skelner mellem bestemmelser og forbud vendt mod mænd eller mod kvinder eller mod mennesker, dvs. mænd og kvinder.

Litteratur

Baudy, Dorothea: ”Prohibitions of Religion in Antiquity: Setting the Course of Europe's Religious History”, in: Ando, Cl./Rüpke, J. (eds.): Religion and Law in Classic and Christian Rome, chapt. 6, Stuttgart (Franz Steiner Verlag) 2006, s. 100-114

Meisner, Dwayne A.: Bacchic Madness and Roman Justice, Saskatchewan, Can. (Univ. of Regina) 2010

Riedl, Matthias: *"The Containment of Dionysos: Religion and Politics in the Bacchanalia Affair of 186 BCE"*, Intern. Political Anthropology, Vol. 5 (2012) No. 2

Washburn, Michael David: *Fear Itself: Greek Maenadism and the Controversy of 186 BCE*, New Haven, Connect. (Southern Connecticut State Univ.) 2011

16. Kejsernes tiltag mod de gammelromerske kulter

Dokumenter

(Origo: http://www.thelatinlibrary.com/theodosius/theod09.shtml)

1. CTh. 9.16.1, 1. februar 319 e.Kr.

Imp. constantinus a. ad maximum. nullus haruspex limen alterius accedat nec ob alteram causam, sed huiusmodi hominum quamvis vetus amicitia repellatur, concremando illo haruspice, qui ad domum alienam accesserit et illo, qui eum suasionibus vel praemiis evocaverit, post ademptionem bonorum in insulam detrudendo: superstitioni enim suae servire cupientes poterunt publice ritum proprium exercere. accusatorem autem huius criminis non delatorem esse, sed dignum magis praemio arbitramur. proposita kal. feb. romae constantino a. v et licinio caes. conss. (319 febr. 1 [sept...]).

CTh. 9.16.1. Kejser Constantinus Augustus til Maximus.
Ingen indvoldstyder må nærme sig en anden persons tærskel, heller ikke under et andet påskud. Og lige meget hvor gammel det venskab med den slags mennesker er, så skal det afvises; den indvoldstyder skal brændes, som har nærmet sig et fremmed hjem, og han skal forbandes, som har kaldt ejeren ud ‹af sit hus› med overtalelse eller belønninger, til en øde ø, efter at man har konfiskeret hans ejendom: de, der ønsker at følge deres overtro, har kunnet gøre det ved at udøve deres eget ritual offentligt. Jeg er af den opfattelse, at den, der anmelder en sådan forbrydelse, ikke er en stikker, men snarere har fortjent en belønning. Fremsat den 1. februar i Rom under kejser Constantinus Augustus' femte og kejser Licinius Caesars konsulat.

Maximus blev præfekt i Rom den 1. september 319.

Kommentar
Vi har at gøre med malefici, troldmænd, mathematici, astrologer, haruspices, indvoldstydere; de skal brændes, concremando, og forbandes til en øde ø, in insulam detrudendo, efter konfiskation af deres ejendom, post ademptionem bonorum.

Forbrydelsen består i, at de ikke har udført deres ritualer offentligt, publice ritum proprium exercere. Disse gamle ritualer kaldes nu superstitio, overtro, eller på dette tidspunkt, falsk tro.

2. CTh. 9.16.4, 25. januar 357 e.Kr.

Imp. constantius a. et iulianus c. ad populum. nemo haruspicem consulat aut mathematicum, nemo hariolum. augurum et vatum prava confessio conticescat. chaldaei ac magi et ceteri, quos maleficos ob facinorum magnitudinem vulgus appellat, nec ad hanc partem aliquid moliantur. sileat omnibus perpetuo divinandi curiositas. etenim supplicium capitis feret gladio ultore prostratus, quicumque* iussis obsequium denegaverit. dat. viii. kal. febr. mediolano, constantio a. ix. et iuliano caes. ii. coss. (357 e.Kr.) interpretatio. quicumque* pro curiositate futurorum vel invocatorem daemonum vel divinos, quos hariolos appellant, vel haruspicem, qui auguria colligit, consuluerit, capite punietur.

Cth. 9.16.4. Kejser Constantinus Augustus og kejser Julianus Caesar til folket.
Ingen må rådspørge en indvoldstyder eller en astrolog, ingen en spåmand. Augurernes og sandsigernes dårlige lærdom skal forstumme. Astrologer og spåmænd og de øvrige, som folket kalder forbrydere/troldmænd på grund af deres ugerningers størrelse, må ikke foretage sig noget i denne retning. Nysgerrigheden efter at erfare den guddommelige vilje skal tie for alle og for altid. Han vil nemlig lide dødsstraf, fældet af det hævnende sværd, som nægter lydighed over for disse befalinger. Udstedt den 25. januar i Milano i kejser Constantinus Augustus' 9. og kejser Julianus Caesars 2. konsulat.
Fortolkning: Enhver, der af nysgerrighed efter at erfare om fremtiden rådspørger enten en, der påkalder dæmoner, eller religiøse spåmænd, som kaldes harioli, eller en indvoldstyder, som ser på fuglevarsler, skal lide dødsstraf.

Kommentar

Tilføjet til listen er nu harioli, spåmænd, chaldaei og magi, spåmænd fra Chaldaea i Lilleasien og fra Persien, og varselspræster, augurer; bemærk, at de i republikkens tid havde stor indflydelse, men det er jo også 450 år siden!

Divinandi curiositas, nysgerrigheden efter at udforske gudernes vilje og plan med menneskeheden, det, som hele divinatio drejer sig om, skal lukkes med trussel om dødsstraf, supplicium capitis.

3.   CTh. 9.16.7, 9. september 364 e.Kr.

Impp. valent. et valens aa. ad secundum pf. p. ne quis deinceps nocturnis temporibus aut nefarias preces aut magicos apparatus aut sacrificia funesta celebrare conetur. detectum atque convictum competenti animadversione mactari, perenni auctoritate censemus. dat. v. id. sept. divo ioviano a. et varroniano coss. (364 e.Kr.)
interpretatio. quicumque* nocturna sacrificia daemonum celebraverit vel incantationibus daemones invocaverit, capite puniatur.

CTh. 9.16.7. Kejser Valentinianus Augustus og kejser Valens Augustus til Secundus, præfekt for prætorianergarden.
Ingen må herefter forsøge til natlig tid at udføre skændige bønner eller magiske forberedelser eller foretage urene ofringer. Den, der bliver opdaget og arresteret, vil blive henrettet som en passende straf, beslutter vi med eviggyldig autoritet. Udstedt den 9. september under kejser Divus Iovianus og kejser Varronianus' konsulat.
Fortolkning: Enhver, som udfører natlige ofringer til dæmonerne eller påkalder dæmonerne med trylleformularer, skal straffes med døden.

Kommentar
Personer, der udfører magiske handlinger, magicos apparatus, eller beder ukristelige bønner, nefarias preces, eller urene ofringer, sacrificia funesta, om natten, nocturnis temporibus, skal henrettes, mactari.

4.   CTh. 9.16.12, 1. februar 409 e.Kr.

Impp. honorius et theodosius aa. caeciliano praefecto praetorio. mathematicos, nisi parati sint codicibus erroris proprii sub oculis episcoporum incendio concrematis catholicae religionis cultui fidem tradere numquam ad errorem praeteritum redituri, non solum urbe roma, sed etiam omnibus civitatibus pelli decernimus. quod si hoc non fecerint et contra clementiae nostrae salubre constitutum in civitatibus fuerint deprehensi vel secreta erroris sui et professionis insinuaverint, deportationis poenam excipiant. dat. kal. feb. ravennae honorio viii et theodosio iii aa. conss. (409 febr. 1).

CTh. 9.16.12. Kejser Honorius Augustus og kejser Theodosius Augustus til Caecilianus, præfekt i Rom.

Vi beslutter, at astrologer skal fordrives ikke blot fra byen Rom, men også fra alle kommuner, medmindre de er parate til, når bøgerne md deres vranglære er blevet brændt under biskoppernes øjne, at overføre deres tro ('fides') til dyrkelsen af den almindelige tro ('religio') og aldrig at vende tilbage til deres tidligere vranglære. For hvis de ikke gør dette og mod Vores Mildheds velfærdsbringende forfatning bliver grebet i kommunerne i færd med at indføre deres vranglæres og falske erhvervs hemmeligheder, skal de lide deportationens straf. Udstedt den 1. februar i Ravenna i kejser Honorius Augustus' ottende og kejser Theodosius Augustus' tredje konsulat.

Kommentar

Alle astrologer, mathematicos, skal deporteres, deportationis poenam, deres bøger skal brændes under opsyn, sub oculis episcoporum incendio concrematis. De opnår amnesti, hvis de fralægger sig deres tidligere vranglære, errorem praeteritum, og går over til den almindelige tro, catholicae religionis cultui fidem. Hermed har katholicismen sejret.

Kort sammenfatning af kejsernes tiltag mod de gammelromerske kulter ud over de citerede tekster

15. maj 319 e.Kr.

Her nævnes sacerdotes, præster i gammelromerske kulter, som vil blive anklaget; men de gamle ritualer må stadig udføres i fuldt dagslys.

23. maj 319 e.Kr.

Tilføjet til listen er nu incantatores, folk, der benytter sig af trylleformularer, og immissores tempestatum, folk, der påkalder regnguder, samt dæmonpåkaldere, invocatores daemonum.

Alle, der er beskæftiget med magiske kunster, magicis accincti artibus, der minder om kvaksalveri, contra hominum moliti salutem, eller amoralske handlinger, pudicos ad libidinem deflexisse animos, skal straffes hårdt, severissimis merito legibus vindicanda. Undtaget er medicin, remedia humanis quaesita corporibus, og hjælpemidler til bonden, innocenter adhibita suffragia, hvis de ser ud til at have en positiv effekt.

4. december 357 e.Kr.

Til listen føjes dem, der påkalder dødsånderne, manibus accitis, som tidligere hørte til enhver normal begravelse; de skal dø af en dødelig pest, feralis pestis.

5. juli 358 e.Kr.

Personer af høj rang, honoribus praeditorum, slipper heller ikke, hvis de udfører de ovennævnte aktiviteter; de bliver sat på hjul og stejle, sit eculeo deditus ungulisque sulcantibus latera.

29. maj 371 e.Kr.

Astrologer, mathematicorum, skal lide dødsstraf, capitali sententia feriatur, uanset om det foregår om dagen eller om natten; det gælder også kunden, der har bestilt astrologen.

Samme dag – 29. maj 371 e.Kr.

Der sker nu en præcisering eller modificering af ediktet, der kom tidligere på dagen. Indvoldstydning, haruspicina, er ikke kriminel, nullum maleficiorum causis habere consortium, selv om den hører til gammeldags overtro, religio. Bare indvoldstydningen ikke volder skade, nocenter exerceri.

6. december 371 e.Kr.

Alle sager vedr. overtro varetages af den øverste politimyndighed i Rom, bypræfekturen, negotia urbanae praefecturae.

16. august 389 e.Kr.

Enhver pågrebet troldmand, maleficiorum pollutum, skal stilles for en domstol, iudiciorum oculis, og ingen anden må øve selvtægt over for ham. En selvtægtsmand vil selv blive straffet.

Årstal for forbud mod gammelromerske kulter

312: Kristendommen bliver officiel religion under kejser Konstantin
341: Forbud udstedes mod hedenske ofringer
346: De hedenske templer skal lukkes
353: Forbud udstedes mod natlige ofringer
356: Forbud udstedes mod alle slags afgudsdyrkelse, hvad der straffes med døden
385: Forbud udstedes mod ofringer og varselstagning
391: Forbud udstedes mod alle hedenske ceremonier og mod besøg af templer
392: Forbud udstedes mod ofringer til hedenske gudebilleder
396: De privilegier, som hedenske præster har nydt, ophæves
399: Hedenske templer uden for byerne skal rives ned

Litteratur

Barton, T.: 'Astrology and the State in Imperial Rome', in: Thomas, N./Humphrey, C. (eds.): Shamanism, History and the State, Ann Arbor (Univ. Mich. Press) 1994, s. 146-163

Baudy, D.: 'Prohibitions of Religion in Antiquity: Setting the Course of Europe's Religious History', in: Ando, Cl./Rüpke, J. (eds.): Religion and Law in Classical and Christian Rome, (Potsdamer altertumswissenschaftliche Beiträge, 15) Stuttgart (Fr. Steiner) 2006, ss. 100-114

Bremmer, Jan N.: "2: Priestesses, Pogroms and Persecutions: Religious Violence in Antiquity in a Diachronic Perspective", in: Raschle, Christian R.; Dijkstra, Jitse H. F. (eds.): Religious Violence in the Ancient World from Classical Athens to Late Antiquity, Cambridge (Cambridge University Press) 2020

Funke, Daniel: Götterdämmerung – Das Ende des Mithraskultes und die Christianisierung des Römischen Reiches, München (Grin) 2006

Raschle, Christian R.; Dijkstra, Jitse H. F. (eds.): Religious Violence in the Ancient World from Classical Athens to Late Antiquity, Cambridge (Cambridge University Press) 2020

Thrams, Peter: Christianisierung des Römerreiches und heidnischer Widerstand. Heidelberg: C. Winter, *1992*

Wikipedia: Historiography of Christianization of the Roman Empire – Wikipedia

17.   Mysteriekulter – Magna Mater/Kybele og Atthis

Antikke mysteriekulter ifølge W. Burkert

Walter Burkert: *Antike Mysterien*, München 1990 (C. H. Beck), eng. orig. udg. Walter Burkert: *Ancient Mystery Cults*. Cambridge, Massachusetts, and London, England (Harvard University Press) 1987

I. Fællestræk

At træde ind i en mysteriereligion er ikke en indvielse til en religion, som vi ser det hos jøderne, de kristne eller muslimerne. Vigtig er udførelsen af ritualet, ikke aflæggelsen af en trosbekendelse.

Sponsorer giver penge og får ære, timé, honor, ud af det, mens medlemmerne er autonome individer med private interesser, erhverv og formuer.

Kulterne er klubber, thiasoi, sodalitates, medlemmerne kaldes brødre, adelphoi, fratres.

Medlemmer udelukker ikke-medlemmer gennem hemmeligholdelse af ritualer: ikke udbredelsen af en tro(sbekendelse) er målet, men bevarelsen af den centrale hemmelighed. Derfor bliver det aldrig en 'kirke'.

Medlemmerne tager genstande med hjem, symbola, som symboler på deres fællesskab, de er ikke forståelige for udenforstående, et slags ID-tegn, som binder medlemmerne sammen, også kaldet synthema, løsen, parole.

Af mysteriekulter er der Eleusis – Dionysos – Magna Mater – Isis og Osiris – Mithras. På græsk har vi ordene' mysteria', hemmelige ritualer, – 'myein', at indvie – 'myesis', indvielse; det svarer til latin 'initia' – 'initiare' – 'initiatio'.

At være medlem af en mysteriereligion afhænger af en personlig afgørelse med et individuelt forhold til guddommen, forpligter til en praksis og festligholdelse af guddommen; højtiden fejres, for at man kan være guddommen nær. Livet fortsætter normalt efter højtiden, men som indviet myste har man jo været igennem den liminale fase, så at det må betragtes som en ny start i livet.

På gravindskrifter nævnes titler, hierophant, for at vinde ære og anerkendelse, timé. Det er en individuel forrangsstilling, men der er ikke en menighed som sådan.

Mysteriekulter skaber ikke menigheder, kirke, ekklesía findes ikke. Kristendom og jødedom skaber en ny samfundsform og nægter at leve en hellenistisk levemåde, de skaber altså en ideologisk lukkethed. Kristendommen yder støtte til alle fattige, sigter mod et økonomisk sammenhold, inddrager hele familien i religionen som elementær enhed; børnene opdrages i forældrenes tro på Herren.

Den traditionelle seksualmoral med fødselskontrol (= børneudsættelse), prostitution, homoseksualitet sættes ud af kraft, mens målet, at fylde jorden med individer, blev opretholdt, og dermed blev de kristne en stadig voksende gruppe.

Mysterierne karakteriseres ved eksklusivitet, individualisme, afhængighed af rige sponsorer, og selv om der er hellige bøger, hieroi logoi, i mysteriekulterne, er der ikke tale om åbenbaringsbøger som Thorah, Biblen eller Koranen. Det er bønnebøger, precationes, orakelbøger, libri vaticinii, offerforskrifter, ars sacrificandi conscripta. Teologi i vor forstand findes ikke; det er religiøse ritualer, og præsten er en udfører af den rituelle praksis; han forklarer ikke, fortolker ikke.

Mysteriemyter handler om den lidende gud: Persephone blev voldtaget, Attis kastreredes, Osiris blev parteret. Men sorg slår om i jubel gennem mysteriets ritualer: Eleusis, Magna Mater og Isis.

Der findes en dødsdimension, men ingen opstandelse i kulterne, altså ingen Jesus-figur. Rituelle træk fra guden overføres til mysterne: det kan være kastration – faste – at dække hovedet – at slå sig på brystet.

Allegorisk fortolkning

Den mystiske tekst omformes, så at kultmedlemmerne kan se en sammenhæng; 'mystisk' kommer til at blive forstået som 'allegorisk' eller 'metaforisk'; moder-gudinden fortolkes som Moder Jord = Demeter; gallis kastration hentyder til høsten af kornaks, og dies sanguinis, blodets dag, hentyder til, at galli sårer sig med sværd og knive, og det hentyder så til pløjningen af jorden; at Magna Mater bades i floden Almo, hentyder til, at jorden har brug for vand. Der er intet i mysterierne, der ligner Paulus eller Johannes-evangeliet mht. genfødsel. Til gengæld er der en antitese mellem liv og død, nat og dag, mørke og lys, nede og oppe.

Burkert betvivler, at der findes en dåb i mysterierne. Vandbassinerne i Isiskulten skal snarere forstås som hjælpemiddel i fremstillingen af den rituelle niloversvømmelse i myten. Tertullian taler om et bad, lavacrum, i Isis og Mithras.

Der er ingen ydmygelse eller forårsagelse af smerte i mysteriereligioner, til gengæld er renselsen vigtig, som kan vise sig ved, at man smører sig ind i ler og også slår sig selv. Galli i Magna Mater-kulten har fået brændt et segl ind i huden med glohede nåle. Piskeslag, flagellatio, kan absolut høre til renselsen, katharsis.

Orgier og seksualitet spiller en rolle; således blev en stor phallos ført rundt under de

Store Dionysier i Athen, og der sker en statusforandring fra barn til voksen under puberteten og under indgåelse af ægteskab. Livius skriver om Bacchanaliaffæren, at initianderne voldtages homoseksuelt: simillimi feminis mares.

Burkert opfatter seksualiteten som symbolsk, og orgiet er et ritual, der garanterer varighed i held og lykke. I Eleusis er renhed vigtig, men vi ved ikke meget. Mithras hader kvinder, det mandlige står i centrum. Fx griber man om den døende tyrs genitalier og opfanger sæden i dødsøjeblikket, mens halen bliver til kornaks: frugtbarhed opstår af døden. I Magna Mater står kastrationen for ophævelsen af den seksuelle drift. I Isis er der ingen seksuelle symboler, men Isis sidestilles med Afrodite, og hetærer hører ofte til kulten; der er seksuel abstinens før Isisfesten; men i Osiris-myten bliver der forberedt et leje til et gudebryllup. Seksuel afholdenhed er et forberedelsesstadium i næsten alle mysterier. Rusmidler findes i alle mysterier, Eleusis har forgiftninger af meldrøje, der forårsager hallucinationer, og valmuekapslen, opium, er sammen med kornakset Demeters attribut. Ekstase findes i Dionysos/Bacchus-kulten, jf. Bacchanalierne, samt Magna Mater, men der er ingen tegn på ekstase i Eleusis, Isis/Osiris og Mithras.

Det store offermåltid findes også i alle mysteriekulter.

Magna Mater Deum Idaea – kulten

Den religiøse, politiske, historiske og sociale baggrund for, at kulten blev introduceret til Rom i 204 f.Kr. er stadigvæk et stort spørgsmål. Krigen mod Hannibal var ikke en katastrofe mere i 204 f.Kr. Det står bare fast, at kulten blev indført det år.

Kybele blev introduceret som romersk og national gudinde og fik sin plads i romersk religion; vi kan bare ikke se, hvordan hun opnåede den status. Nogle forbinder det med den romerske statsmand Scipio Nasica fra den berømte slægt Scipiones, der kæmpede mod Hannibal.

Kilderne er bemærkelsesværdigt tavse om hendes indtog i Rom. Iulius Obsequens beretter i Prodigiorum liber, cap. 44a (101 f.Kr.), at en slave af konsul Q. Servilius Caepio (cos. 106 f.Kr.) kastrerede sig selv i Magna Maters tjeneste, Servus Q. Servilii Caepionis Matri Idaeae se praecidit, hvorfor han blev trans mare exportatus med ordren ne umquam Romae reverteretur, 'for at han ikke skulle vende tilbage til Rom'. Hvad betyder det? Der er nogle få kilder om galli i det republikanske Rom.

Mary Beard's tese

Festen for Magna Mater, ludi Megalensia, blev organiseret af magistratus cum imperio, embedsmænd med militær myndighed, dvs. konsuler og prætorer, først praetor urbanus, politidirektøren, senere af curules aediles, som havde ansvaret for de offentlige fester og Roms offentlige bygninger. Mary Beard diskuterer forholdet mellem officiel romersk religion og individuel mysteriekult, som hun kalder shamanisk og inspirationel, altså ekstatisk. Hun spørger, hvor spændingen mellem disse to størrelser opstår, når kulten nu engang er optaget som officiel højtid i Rom?

Midt i Hannibalkrigene og efter en serie af varsler konsulterede man de Sibyllinske bøger og oraklet i Delfi, som anbefalede, at Magna Mater, skytsgudinden for Pessinus i Asia Minor, det nuværende Tyrkiet, skulle bringes til Rom. Det havde Rom gjort før med Asklepios, Dis og Proserpina, Hebe, Aphrodite af Eryx (Venus Erycina) og adskillige andre. Men der er to usædvanlige forhold, der ser ud til at modarbejde hinanden. Det første er, at Magna Mater menes at have en forbindelse til Troja og dermed kan styrke forholdet Troja-Rom, da Troja i sidste ende er oprindelsen til Rom. Det andet er, at de ceremonielle træk ved kulten er ganske utypiske for romerske officielle kulter: frugtbarhed, bjerge, de vilde dyr, kastratpræster, ekstatisk sang og dans.

Hendes kultsymbol er en sort meteorit, som blev overført til Rom, og der blev bygget et tempel for hende på Palatinerhøjen, se Ovid: Fasti: IV, 179-372, der også fremhæver forbindelsen mellem Troja og Rom. Den unge dreng Attis var tæt forbundet med hende, både i Østen og i Rom. Attis-myten relaterede sig tæt til bestemte træk ved Magna Mater-kulten, nemlig selvkastrationen og hans genopstandelse.

I fortællingerne om Magna Maters introduktion til Rom nævnes han aldrig. Hun ankom åbenbart alene. Men nu har man i templet på Palatinerhøjen fundet et stort antal småfigurer af Attis, dvs. han var i virkeligheden med fra starten.

De fleste ritualer ved romerske kulter er gået tabt for stedse, og det gælder også Magna Mater-kulten. Beard fremhæver tre ritualer, som hun fremanalyserer af ofte modvillige og spottende kristne kilder.

Magna Mater blev fejret med ludi Megalesia/Megalensia fra den 4. – 10. april og indbefattede ludi og sceneoptræden foran templet på Palatinerhøjen, mens templet var åbent for besøgende, gudinden fik moretum, en blanding af ost med krydderurter, og kastratpræsterne gik rundt i Roms gader og bad i denne periode om almisser, mens Roms elite fejrede hende ved at invitere til festmåltider.

Den anden højtid fandt sted i marts med følgende dele:

15. marts: Canna træder ind – siv træder ind
22. marts: Arbor træder ind – træet træder ind: det er det nåletræ, som Attis døde under efter sin selvkastration.
24. marts: Sanguem – blodets dag; præsterne piercer sig selv med fyrretræsnåle og pisker sig selv, og den kommende præst kastrerer sig selv.
25. marts: Hilaria – glædens dag; på denne dag fejres Attis' genopstandelse.
26. marts: Requietio – hvile
27. marts: Lavatio – badning; magna Maters symbol, den sorte meteoritsten vaskes i Almo, en sideflod til Tiberen.
Hvordan de enkelte dele er blevet integreret – delvist eller som helhed, ved vi heller ikke, men ved slutningen af det 2. årh. e.Kr. ser det ud som nævnt.
Taurobolium, indvielsen i tyreblod, fandt også sted i marts, og efter slagtningen af offerdyret blev de, der skulle indvies, bestænket med blodet fra tyren, ikke som et brusebad, som de kristne vil have os til at tro, men tværtimod efter romersk skik, hvor man samlede blodet omhyggeligt i kar for ikke at snavse celebranterne til.

Medhjælperne og personalet
Ud over eunuk-præsterne, galli, var der personale af han- og hunkøn, romere og orientalere, høj og lav status. 3 slags fungerede i marts: cannophoroi – sivbærerne (15. marts), dendrophoroi – træbærerne (22. marts) og doryphoroi – hastiferi – spydbærerne (25. marts). Så er der ballatores Cybelae – Kybeles dansere, der optrådte til alle ceremonierne, samt sacerdotes, præster og præstinder, der varetog kultens forskellige opgaver.
Galli med formand archigallus symboliserede kulten, men det er ikke sikkert, at alle var kastrerede, men kun havde scarificeret, skåret, sig i en vis grad, altså en symbolsk forbindelse med Attis.
Bagvaskelsen af eunukkerne kombineres ofte med deres seksuelle aktiviteter, fordi den overskrider de romerske normer. Dels er de aktive, selv om de er halvt mænd eller halvt kvinder, altså effeminiserede mænd, dels er de aktive på en mandlig måde, idet de tager føringen; de overskrider altså de sædvanlige forestillinger om mænds eller kvinders normale seksuelle roller. Derfor måtte romerske borgere heller ikke tiltræde kulten ved at kastrere sig selv, se Justinian: Digesta: 48.8.4.2-6

Derudover er eunukkerne tiggere, da de beder om almisser, mens den normale romerske præst er velgører og skal gøre godt for folket. De vender præstens rolle om.

Beard anfører, at der her vises to måder at opnå adgang til den guddommelige sfære på, enten ved at deltage i en officiel romersk kult eller ved at deltage i en shamanisk kult med for romerne normbrydende ritualer, og det giver en evig spænding for den romerske magistrat. Eunukkerne udfordrer den romerske elites måde at tilgå det religiøse domæne på og ryster på en måde magistratens autoritet og de officielle normer og værdier. Se Livius A.U.C. 29.10.4-11, 8; 29.14.5-14 som traditionel repræsentant for romerske værdier.

Mht. taurobolium foreslår Beard at betragte blodbestænkningen som en overførsel af tyrens kræfter til den, der skal indvies, ligesom vi ser det ved Lupercalia-festen, hvor celebranterne smører gedeblod på sig.

Derudover kan man undre sig over, at templet lå på den næstmest berømteste høj i Rom i fuld offentlighed, hvilket viser, at kulten lå højt i prestige officielt.

Kulten symboliserer ejerskab, ekstase, inspiration (= shamanisme), altså en udfordring for det traditionelle syn på staten og dens borgere i det religiøse domæne; den romerske stat derimod symboliserer magt, hierarki, identitetsfølelse, altså statsværdier, altså en institution, der kan assimilere den kultiske udfordring i form af Magna Mater, så at Magna Mater bliver en støtte og ikke en trussel for staten. Kulten kan således bruges til at definere den romerske stats værdier i et større perspektiv, når vi samtidig ser på, hvordan riget voksede sig stort og integrerede mange forskellige riger, deres praksisser, kulter og værdier. Samtidig kunne optagelse af en kult være et effektivt middel til at kontrollere den i stedet for at forbyde den, hvorved den ville forsvinde i undergrunden.

Kortfattet terminologi om kastrater

eunūchus, af gr. εὐνοῦχος, af εὐνὴν ἔχειν, at holde = vogte sengen, altså sengevogter; det er altså egentlig en stillingsbetegnelse for en kastreret mand.

spado: gr. σπάδων; betegnelse for en mand med uudviklede eller deforme kønsdele eller manglende sexlyst; de er eunukker af naturlige årsager; overbegreb for impotente mænd.

thlibia, af gr. θλίβω, jeg klemmer; betegnelsen kommer af, at man snørede scrotum, pungen, sammen for at klemme sædlederen, vas deferens, af og standse dens funktion. Der er ikke tale om kastration.

thladia, af gr. θλάω, jeg knuser, maser; her maser man testiklerne, og der er heller ikke tale om en kastration.

castratus, af lat. castro, jeg kastrerer, gilder; kategori af mænd, hvis kønsdele blev helt eller delvist fjernet; det er altså en speciel kategori, der er forskellig fra spado, thlibia og thladia; rent juridisk kunne de ikke mere lade en arv gå videre, fordi de ikke blev betragtet som mandlige borgere mere.

Dokumenter

Taurobolie-offer i Magna Mater-kulten

1.   CIL VI, 510 = Dessau 4152 (Rom den 13. august 376 e.Kr.)

Dis magnis Matri deum et Attidi Sextilius Agesilaus Aedesius v. c. (vir clarissimus), causarum non ignobilis Africani tribunalis orator et in consistorio principum, item magister libellor. et cognition. sacrarum, magister epistular., magister memoriae, vicarius praefector. per Hispanias vice s.c. (sacra cognoscens), pater patrum dei Solis invicti Mithrae, hierofanta Hecatar., dei Liberi archibucolus, taurobolio criobolioq. in aeternum renatus aram sacravit dd. (dominis) nn. (nostris) Valente V et Valentiniano iun. Augg. conss. Idib. (Idibus) Augustis.

CIL VI, 510 = Dessau 4152

Til de store guder, gudernes Moder og Attis har den højtagtede herre Sextilius Agesilaus Aedesius, en ikke ukendt sagsbehandler ved domstolen i provinsen Afrika og siddende i kejsernes statsråd, leder af petitions- og efterforsknings-kontoret, leder af sekretariatet, leder af arkivet, stedfortræder for præfekten i Spanien med højeste myndighed for religiøse anliggender, fædrenes fader i den ubesejrede solgud Mithras' kult, hierofant for Hecate, overhyrde for guden Liber, genfødt i evighed gennem et tyre- og et vædderoffer, indviet alteret den 13. august, mens vore herskere kejser Valens for femte gang og kejser Valentinianus den Yngre var konsuler.

Kommentar

I indskriften får vi at vide, at den fornemme Sextilius Agesilaus Aedesius har indviet et alter i Magna Mater Deum Idaea-kulten for gudinden og hendes protegé Attis, efter at være blevet indviet til den med et tyre- og et vædderoffer. Hans fornemme stand udtrykkes ved v.c., vir clarissimus, der fortæller, at han hører til en af de gamle patricierfamilier og dermed den øverste klasse i Rom, hvorefter vi får oplistet hans høje politiske hverv i kejserrigets administration, som strakte sig rundt om Middelhavet. Efter de politiske poster følger de religiøse: han er pater patrum og dermed lederen af den lokale Mithras-kult, idet han er valgt blandt alle patres af kultens medlemmer; i kulten er der syv grader, som man kan opnå, og den fineste og sidste grad er pater-graden. Derudover er han indviet til Hecates kult, en af den græske underverdens gudinder med speciale i trolddom og hekseri; hun blev også dyrket i Italien med altre ved trekorsveje, hvorfor hun også kaldes Trivia; kulten er kommet til Rom fra øen Aigina; at han er hierofant betyder, at han er den præst eller religiøse embedsmand, der viser kultens hellige objekter frem ved mysternes indvielse i det allerhelligste rum; hermed forbundet er også den næste titel, archibuculus dei Liberi, da Liber bliver identificeret med Dionysos, kaldet Bacchus i Rom, gud for frugtbarhed og fri seksuel udfoldelse, og denne kult menes også at komme fra Aigina. Både Hecates og Dionysos' kulter som sacra peregrina menes at have haft mange tilhængere i det 3. og 4. årh. e.Kr. som modvægt mod den stigende christianisering af Romerriget. Det taurobolium, som herefter nævnes i forbindelse med Magna Mater-kulten, er et af de få beviser efter 295 e.Kr., der viser, at sådan et tyre- eller vædderoffer indgik i kulten; før 295 hører vi ikke om denne tradition i Rom. Offeret foregik på den måde, at den person, der skulle indvies, gik ned i en grube eller et underjordisk rum, hvis tag af træ var gennemboret med mange huller; op på taget slæbte man nu offerdyret og slagtede det efter kultens ritualer, hvorefter blodet dryppede ned på dem, der skulle indvies. I teksten opfattes dette som en genfødsel, renatus, idet personen nu starter et nyt liv, efter at have været igennem denne liminale fase.

Forbud mod kastration – Magna Mater-kulten

2. Digesta 48.8.4.2 (Ulpianus 7 de off. procons.)

48.8.4.2. Idem divus hadrianus rescripsit: " constitutum quidem est, ne spadones fierent, eos autem, qui hoc crimine arguerentur, corneliae legis poena teneri eorumque bona merito fisco meo vindicari debere, sed et in servos, qui spadones fecerint, ultimo supplicio animadvertendum esse: et qui hoc crimine tenentur, si non adfuerint, de absentibus quoque, tamquam lege cornelia teneantur, pronuntiandum esse. plane si ipsi, qui hanc iniuriam passi sunt, proclamaverint, audire eos praeses provinciae debet, qui virilitatem amiserunt: nemo enim liberum servumve invitum sinentemve castrare debet, neve quis se sponte castrandum praebere debet. at si quis adversus edictum meum fecerit, medico quidem, qui exciderit, capitale erit, item ipsi qui se sponte excidendum praebuit".

Digesta 48.8.4.2
48.8.4.2. Den samme guddommelige Hadrian (117-138 e.Kr.) forordnede: "Det er lovmæssigt vedtaget, at for at der ikke skal være kastrater, bør de, som anklages for den forbrydelse, dømmes efter lex Cornelia og deres formue med rette overdrages til kejserens finanser, og at de slaver, som har udført kastrationer, også bør forfølges med dødsstraf: også for dem, som anklages for den forbrydelse, selv om de ikke har hjulpet til, skal det forkyndes endda in absentia, at de anklages efter lex Cornelia. Det er klart, at hvis selv de, som har lidt under denne uret, har indrømmet overgrebet, bør provinsens statsanklager afhøre dem, som har mistet deres manddom: ingen bør nemlig kastrere en fri mand eller en slave, der ikke vil og ikke vil tillade det, ejheller bør nogen på eget initiativ indvillige i at blive kastreret, og hvis nogen har gjort det mod min forordning, vil der være dødsstraf for den læge, som har udført operationen, og ligeledes for den, som har indvilliget i at blive kastreret."

3. Digesta 48.8.5 (Paulus 2 de off. procons.)

48.8.5. Hi quoque, qui thlibias faciunt, ex constitutione divi hadriani ad ninnium hastam in eadem causa sunt, qua hi qui castrant.

Digesta 48.8.5 (Paulus 2 de off. procons.)

48.8.5. Også de, som maser testiklerne, er ud fra den guddommelige Hadrians lovtekst til Ninnius hjemfalden til dom efter den samme juridiske paragraf som dem, der kastrerer.

4. Digesta 48.8.6 (Venonius 1 de off. procons.)

Is, qui servum castrandum tradiderit, pro parte dimidia bonorum multatur ex senatus consulto, quod neratio prisco et annio vero consulibus factum est.

Digesta 48.8.6 (Venonius 1 de off. procons.)

48.8.6. Den, som har overgivet en slave til kastration, straffes med en bøde på halvdelen af sin formue ud fra den senatsbeslutning, som blev vedtaget i Neratius Priscus' og Annius Verus' konsulat.

(Origo: http://thelatinlibrary.com/justinian/digest48.shtml)

Kommentar

Lovene mod kastration i det gamle Rom viser tydeligt det maskuline mandlighedsideal, der herskede officielt i den tid. Det er præget af en heteroseksuel tankemåde: en romer penetrerede andre, enten af han- eller af hunkøn; derved viste han sin overlegenhed og magt over sin partner eller partnerske eller sit offer. Det var utænkeligt, at en romer selv lod sig penetrere, idet det ville tilintetgøre hans mandlighedsideal. Forståelsen af kønnet var forbundet så tæt med kroppen, at selv en ufrivillig fjernelse af de mandlige kønsdele ville deklassere offeret samfundsmæssigt og statusmæssigt. Tanken, at nogen frivilligt ville skille sig af med sine kønsdele og de dermed sammenhængende privilegier, gik i den grad imod de almene forestillinger om køn, magt og skamfølelse. Det ville svække samhørighedsfølelsen i Romerriget og dermed rigets magt og dominans.

Med udvidelsen af det romerske territorium rundt om Middelhavet var tilstedeværelsen af fremmede kulter, sacra peregrina, stadig hyppigere. Lilleasiatiske og græske kulter blev assimileret og integreret i Rom, deriblandt Kybele-kulten, der i starten blev anklaget for dionysiske orgier og orfiske hemmelige ritualer. Men under den anden puniske krig (218-210 f.Kr.) mod Hannibal blev Kybele på decemvirernes anbefaling, der studerede de sibyllinske orakelsvar, libri Sibyllini, hentet til Rom fra Pessinus i Lilleasien i år 204 f.Kr. Romerne vandt over Hannibal, og som tak blev der afholdt en årlig fest for gudinden, kaldt Megalesia, fra den 4. til den 10. april. Under denne festival piskede kultens kastrerede præster, galli, og de indviede hinanden, og kvinder skar deres bryster af og mændene blev offentligt kastrerede. Galli kastrerede sig selv ved den finale initiation, bar fra det øjeblik kvindeklæder og præsenterede sig som kvinder.

Da dette gik imod den romerske kønsopfattelse, blev kastrationen forbudt i år 81 f.Kr. af diktator Lucius Cornelius Sulla med loven Lex Cornelii Sullae de sicariis et veneficis, der samtidig forbød magi, abort og omskærelse.

Men selv om staten var imod kastrerede mænd, så kunne man ikke sende Kybele tilbage til Lilleasien, dels pga. sejren over Hannibal, dels fordi der i hende var en forbindelse til myten om Troja og Aeneas; det ville betyde et ærestab af rang; så myndighederne besluttede at indskrænke retten til adgang: romerske borgere måtte ikke blive præster i kulten. Den samme form for forbud så vi i Bacchanalie-affæren 186 f.Kr. (se kap. 15).

Galli var et paradoks i Rom, idet deres behandling af deres køn marginaliserede dem og gjorde dem grænseoverskridende, liminale for livet. Samtidig var kultens integration i Roms officielle religiøse liv med et fornemt tempel på Palatin central og gav galli en legitimitet, man ikke kunne se bort fra. Deres eunukstatus gjorde dem ikke-menneskelige og samtidige hellige, liminale, pga. deres tætte bånd til guddommen. Paradokset blev løst ved, at galli fik lov til at være i deres tempelområde det meste af året, at en decemvir overvågede kultens færden og dens højtider, og under disse måtte galli gå ud i byen, afholde optog med tamburiner og musik og tigge om gaver. Til sidst tillod kulten, at også ikke-kastrerede mænd kunne blive præster.

Trods disse statslige forordninger var der masser af tilhængere, der deltog i de festlige processioner gennem Rom og hele imperiet, indtil de kristne herskere forbød alle hedenske kulter i 392.

5. Arnobius de Sicca: Adversus nationes V, 5-7 om 'Magna mater-kulten, Agdestis og Attis

5.1. Apud Timotheum, non ignobilem theologorum virum, nec non apud alios aeque doctos super Magna deorum Matre superque sacris eius Origo haec sita est, ex reconditis antiquitatum libris et ex intimis eruta, quemadmodum ipse scribit insinuatque, mysteriis. 2. "In Phrygiae finibus inauditae per omnia vastitatis petra, inquit, est quaedam, cui nomen est Agdus, regionis eius ab indigenis sic vocata. Ex ea lapides sumptos, sicut

Themis mandaverat praecinens, in orbem mortalibus vacuum Deucalion iactavit et Pyrra, ex quibus cum ceteris et haec Magna quae dicitur informata est Mater atque animata divinitus.

3. Hanc in vertice ipso petrae datam quieti et somno quam incestis Iuppiter cupiditatibus adpetivit, sed cum obluctatus diu id quod sibi promiserat optinere nequisset, voluptatem in lapidem fudit victus. hinc petra concepit, et mugitibus editis multis prius mense nascitur decimo materno ab nomine cognominatus Agdestis.

4. Huic robur invictum et ferocitas animi fuerat intractabilis, insana et furialis libido et ex utroque sexu; vi rapta divastare, disperdere, immanitas quo animi duxerat; non deos curare, non homines, nec praeter se quicquam potentius credere terras caelum et sidera continere".

6.1. "Cuius cum audacia quibusnam modis posset vel debilitari vel conprimi saepenumero esset deorum in deliberatione quaesitum, haesitantibus ceteris huius muneris curam Liber in se suscipit.

2. Familiarem illi fontem, quo ardorem fuerat suetus et sitiendi lenire flagrantiam ludo et venationibus excitatam, validissima succendit vi meri.

3. Necessitatis in tempore haustum accurrit Agdestis, immoderatius potionem hiantibus venis rapit: fit ut insolita re victus soporem in altissimum deprimatur.

4. Adest ad insidias Liber, ex setis scientissime conplicatis imum plantae inicit laqueum, parte altera proles cum ipsis genitalibus occupat.

5. Exhalata ille vi meri corripit se impetu et adducente nexus planta suis ipse se viribus eo qua ›vir‹ fuerat privat sexu.

6. Cum discidio partium sanguis fluit inmensus, rapiuntur et combibuntur haec terra, malum repente cum pomis ex his punicum nascitur. Cuius Nana speciem contemplata regis Sangari vel fluminis filia carpit mirans atque in sinu reponit: fit ex eo praegnas.

7. Tamquam vitiatam claudit pater et curat ut inedia moriatur: pomis atque aliis pabulis deum sustentatur a matre. Enititur parvulum. Sed exponi Sangarius praecipit: repertum nescio quis sumit [formas] ‹Phorbas›, lacte alit hirquino et quoniam Lydia ‹forma› scitulos sic vocat, vel quia hircos Phryges suis attagos elocutionibus nuncupant, inde Attis nomen ut sortiretur effluxit.

8. Hunc unice mater deum, ore fuerat quod excellentissimo, diligebat. ‹Diligebat› et Agdestis, blandus adulto comes et qua solum poterat minus rectis adsentationibus vinctum saltuosa ducens per nemora et ferarum multis muneribus donans, quae puer Attis primo sui esse dicebat laboris atque operis glorians: per vinum deinde confitetur

et ab Agdesti se diligi et ab eo donis silvestribus honorari; unde vino, quod silentium prodidit, in eius nefas est sanctum sese inferre pollutis".

7.1. "Tunc Pessinuntius rex Midas alienare cupiens tam infami puerum coniunctione matrimonio eius suam filiam destinat, ac ne scaevus aliquis nuptialia interrumperet gaudia, fecit oppidum claudi. Verum deum mater adulescentuli fatum sciens interque homines illum tamdiu futurum salvum quamdiu esset solutus a matrimonii foedere, ne quid accideret maesti, civitatem ingreditur clausam muris eius capite sublevatis, quod esse turritum ratione ab hac coepit.

2. Agdestis scatens ira convulsi a se pueri et uxoris ad studium derivati convivantibus cunctis furorem et insaniam suggerit: conclamant exterriti: 'ĕ adora, adora', Phryges, mammas sibi demetit [+] Galli filia paelicis, rapit Attis fistulam, quam instigator ipse gestitabat insaniae, furiarum et ipse iam plenus, perbacchatus iactatus proicit se tandem et sub pini arbore genitalia sibi desecat dicens: "Tibi Agdesti haec habe, propter quae motus tantos furialium discriminum concitasti".

3. Evolat cum profluvio sanguinis vita, sed abscisa quae fuerant Magna legit et ⟨lavit⟩ Mater deum, inicit his terram ⟨ut erant⟩ veste prius tecta atque involuta defuncti. Fluore de sanguinis viola flos nascitur et redimitur ex hac arbos: inde natum et ortum est nunc etiam sacras velarier et coronarier pinos. Virgo sponsa quae fuerat, quam Valerius pontifex Iam nomine fuisse conscribit, exanimati pectus lanis mollioribus velat, dat lacrimas cum Agdesti interficitque se ipsam: purpurantes in violas cruor vertitur interemptae.

4. Mater suffodit etiam deum, unde amegdalus nascitur amaritudinem significans funeris. Tunc arborem pinum, sub qua Attis nomine spoliaverat se viri, in antrum suum defert et sociatis planctibus cum Agdesti tundit et sauciat pectus pausatae circum arboris robur. Iuppiter rogatus ab Agdesti ut Attis revivesceret non sinit; quod tamen fieri per fatum posset, sine ulla difficultate condonat, ne corpus eius putrescat, crescant ut comae semper, digitorum ut minimissimus vivat et perpetuo solus agitetur e motu. Quibus contentum beneficiis Agdestim consecrasse corpus in Pessinunte, caerimoniis annuis et sacerdotum antistitibus honorasse".

(Origo: http://www.thelatinlibrary.com/arnobius/arnobius5.shtml)

5.   Arnobius de Sicca: Mod hedningene, V, 5-7

Kapitel 5

1. Hos Timotheus, en meget dygtig mytologiforsker, og også hos andre lige så lærde er fødslen af Gudernes Store Moder og oprindelsen til hendes ritualer nu tilgængelige, gravet frem fra arkiverede bøger om oldtidens samfund og fra de yderst hemmelige mysterier, således som han selv skriver og antyder.

2. " I Frygiens land er der en klippe af i alle henseender uhørt størrelse, ved navn Agdus, således opkaldt af de indfødte i den egn. Sten, der er hugget ud af den, således som Themis havde befalet i sit orakelsvar, kastede Deukalion og Pyrrha ned mod jorden, der endnu var ubeboet af dødelige; af dem blev sammen med de andre denne Store Moder, som hun kaldes, skabt og besjælet med guddommelig kraft.

3. Hende, der havde lagt sig på klippetoppen for at få en rolig søvn, begærede Jupiter med den største liderlighed, men da han, skønt han længe havde stræbt efter det, som han havde stillet sig selv i udsigt, alligevel ikke havde kunnet fuldføre det, udgød han uden selvkontrol sin vellyst over klippen. Af dette blev klippen gravid, og med mange veer fødtes Agdestis i den tiende måned, opkaldt efter den mødrene klippe (= Agdus).

4. I ham var der en ubetvingelig styrke og en ukontrolleret sindsvildskab, en afsindig lidenskab, der hører til begge køn; han røvede og plyndrede med vold, spredte ødelæggelse, hvorend sindets vildskab førte ham hen. Han respekterede hverken guder eller mennesker, ejheller troede han, at noget mægtigere ud over ham selv kunne rumme kontinenter, himlen og stjernerne.

Kapitel 6

1. Da det ofte blev diskuteret i gudernes råd, med hvilke midler hans brutalitet kunne svækkes eller stænges, påtog Liber sig udførelsen af den opgave, da de øvrige guder tøvede ubeslutsomme.

2. Den kilde, hvor Liber vidste, at han var vant til at slukke sin brændende tørst og pirrende trang til sex og jagt, den kilde fyldte han med en meget stærk vin.

3. Herhen løb nu Agdestis, ganske tørstig, når tiden var til det, og slugte temmelig umådeholdent cocktailen med sit vidt åbne svælg. Overvundet af den uvante drik faldt han i en meget dyb søvn.

4. Liber var tilstede ved bagholdet og bandt en løkke af meget kløgtigt flettede hår om en træstub, med den anden ende af rebet bandt han lemmet og testiklerne.

5. Da vinens kraft var fordampet, forsøgte han at rive sig løs med stor kraft, og idet træstubben spændte løkken, berøvede han sig sine egne kønsdele med sit kraftige ryk.

6. Da han flåede sine kønsdele af, flød der en uhyre strøm af blod, som jorden hurtigt tog til sig og sugede op, og op af den voksede der pludseligt et granatæbletræ med æbler, og betaget af dets udseende, plukkede Nana, datteren af kongen eller floden Sangarius, dem fuld af beundring og opbevarede dem i sin barm, hvorved hun blev gravid.

7. I den tro, at hun var blevet voldtaget, spærrede hendes far hende inde og planlagde, at hun skulle dø af sult; hun blev holdt i live af gudernes mor med æbler og andre frugter. Hun fødte et lille barn, men Sangarius lod det sætte ud; en eller anden Phorbas fandt barnet, tog det med hjem og ernærede det med gedemælk, og enten fordi man i Lydien kalder flotte fyre sådan eller fordi frygerne på deres dialekt kalder gederne attagos, glemte man, at drengen fik navnet Attis.

8. Ham elskede gudernes moder umådeligt, fordi han besad en enestående skønhed, og også Agdestis, hans kælne ledsager, elskede ham, og tiltrukket af ham i kraft af ganske upassende følelser på den eneste for ham nu mulige måde, førte han ham over de skovklædte skråninger og forærede ham mange gaver fra de ‹nedlagte› vilde dyr, som teenageren Attis i begyndelsen pralede med var resultatet af hans egen indsats og anstrengelse; bagefter under påvirkning af vin indrømmede han, at han blev elsket af Agdestis og blev æret af ham med gaver, bragt hjem fra jagten; derfor er det forbudt at gå ind i hans helligdom, når man har drukket vin, fordi den prisgav hans hemmelighed.

Kapitel 7

1. Herpå besluttede Midas, kongen af Pessinus, der ønskede at holde den unge mand væk fra sådan en skændig forbindelse, at give ham sin datter til ægte, og for at ingen forbryder skulle forstyrre de ægteskabelige glæder, lod han byens porte lukke. Men gudernes moder, der kendte den unge mands skæbne og vidste, at han blandt mennesker kun ville være i sikkerhed, sålænge han var fri for ægteskabets bånd, gik ind i den lukkede by, for at der ikke skulle ske noget sørgeligt, efter at hun havde løftet murene op med sit hoved, som pga. denne fremgangsmåde begyndte at være omkranset af tårne.

2. Agdestis, der boblede af raseri over at se den unge mand blive revet fra ham og forført til at søge en hustru, hensatte alle festdeltagerne i et afsindigt vanvid; frygerne skreg skræmt fra vid og sans: ”Oh, ve, bønfald, bønfald ‹gudinden›!” Datteren til en elskerinde af Gallus skar brysterne af sig selv, Attis snappede rørfløjten, som han selv blæste på for at drive dem til vanvid, og han selv nu helt fyldt af rasende ekstase, ravende omkring,

drevet rundt af vanvid, kastede sig omsider ned under et pinjetræ og kastrerede sig selv med ordene: "Tag disse her, Agdestis, for hvis skyld du har iscenesat så store følelser og så vanvittig en krise."

3. Livet åndede ud sammen med blodets strøm, men den Store Moder samlede de afskårne dele op, vaskede dem og kastede jord på dem, efter at hun havde svøbt dem i den dødes klædedragt. Af blodet fødtes en viol, og man bekransede et træ med dem: derfra stammer og påbegyndtes den skik at binde klæde om træerne og bekranse de hellige fyrretræer med violer. Den jomfru, som havde været brud og hvis navn ifølge pontifex Valerius har været Ia, dækkede den unge afdødes bryst med bløde uldlagner, fældede tårer sammen med Agdestis og dræbte så sig selv; den døde kvindes blod forvandledes til purpurfarvede violer.

4. Gudernes moder begravede også hende, og der voksede et mandeltræ op som tegn på dødens bitterhed. Så bar hun fyrretræet, under hvilket Attis havde kastreret sig selv, til sin hule, bankede sig på brystet og sårede sig selv under fælles klager med Agdestis, mens hun løb rundt om træet, der forholdt sig i total ro. Agdestis bad Jupiter om at genoplive Attis, men han tillod det ikke. Dog tillod han uden problemer, hvad skæbnen kunne tillade, nemlig at hans krop ikke skulle rådne op, at hans hår altid skulle gro, at lillefingeren skulle leve og evigt holdes i bevægelse. Tilfreds med disse indrømmelser, fortæller man, at Agdestis indviede legemet i Pessinus og ærede det med årlige ritualer og ‹kastrerede› præsters gudstjenester.

Kommentar

Der findes flere myter om Kybeles herkomst. Ud fra et sagn opstod hun af Agdistis, et tvekønnet væsen. Fordi de andre guder var betænkelige ved det væsen, skar de hans mandlige kønsdele af, og ud af den kastrerede Agdistis opstod Kybele. Ud af hans penis opstod Attis, verdens smukkeste mand. Kybele forelskede sig i ham. Da Attis ville gifte sig med en kongedatter, straffede Kybele ham ved at gøre ham vanvittig; det førte til, at han kastrerede sig selv og døde. Kybele bad skyldbetynget Zeus om at genoplive ham, men han sørgede kun for, at hans lig ikke rådnede op, hans hår groede videre og at han kunne bevæge lillefingeren. Derfor afholdes der en fest i marts til markering af forårets start.

I en anden version af sagnet er Attis en dødelig præst, der kastreres af en konge, fordi han har forsvaret sig mod at blive voldtaget. Som hævn sender Kybele et vildsvin til egnen, som hærger og ødelægger alt, indtil beboerne formilder Kybele ved én gang om året at afholde sørgefest over Attis.

I en tredje version kastrerer Attis sig selv bevidst for at garantere jordens frugtbarhed og antage en tvekønnet identitet, som tillader ham evigt at være Kybeles præst, elsker og vognstyrer.

Tolkning af Attis-myten ifølge Jørgen Podemann Sørensen
(Origo: J. Podemann Sørensen: Religio mentis – Sindets religion, Janua Linguarum 8, Books on Demand, Kbh. 2015, s. 98-108)

JPS finder en række temaer, som gennemspilles i myten, og derved opstiller en række essentielle modsætninger:

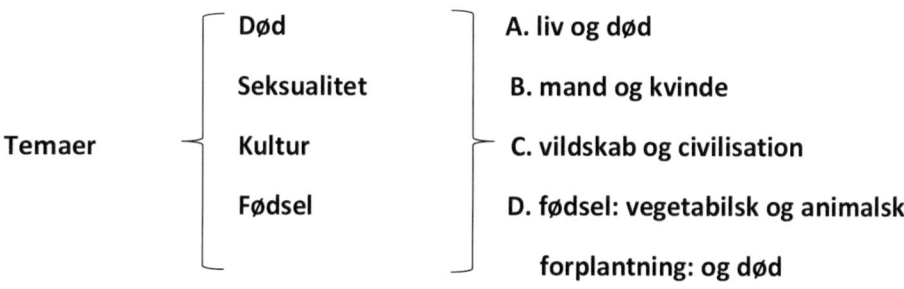

Modsætningerne udmønter sig påfølgende måde:
Voldtægt forhindres i starten (Jupiter – Magna Mater/Kybele)
Ægteskab forhindres i slutningen (Attis + kongedatter – Kybele griber ind)

Agdestis er en vild hermafrodit (Jupiters sæd og klippen)
Attis er en civiliseret mand (søn af en kvinde og en granatæblekerne)

Vin forhindrer Agdestis i at opdage, hvad der foregår
Vin forfører Attis til at røbe alt

    { Agdestis bliver kastreret, for at guderne kan dæmpe hans vildskab
    { Attis kastrerer sig selv pga. galskab

    { Nana lukkes inde for at dø, men overlever pga. vegetabilsk føde
    { Attis sættes ud, men overlever pga. animalsk næring

Nanas død forhindres, og en fødsel er resultatet
Attis dør og kan ikke forplante sig

Temaernes modsætninger forklares:

Liv – ikke-liv/død	:::::	fødsel ud af en sten = Agdestis
Mand – kvinde	:::::	liderlige Jupiter – kysk Kybele
Vildskab – civilisation	:::::	Agdestis som tvekønnet, dvs. han er både-og og hverken-eller mand og kvinde; derved bliver han mediator af det mandlige og det kvindelige; derudover er han født af Jupiters sæd og en klippe; derved bliver han mediator af liv og ikke-liv/død, fordi en sten ikke har liv, og samtidig mediator af forplantningen: sex mellem kvinde og mand og ikke-sex (klippen). Agdestis og hans vildskab over for guderne og deres civilisation, da de afviser vildskaben, ganske unormalt for guder! Og kastrationen bliver betingelsen for at kunne blive optaget i det civiliserede samfund.
Vegetabilsk – animalsk forplantning	:::::	Attis er født af en kvinde og en granatæblekerne, dvs. han er mediator for den animalske og vegetabilske forplantning, igen hverken-eller eller både-og. Han forhindres i ægteskab, dvs. i at komme ind i det civiliserede samfund, og kastrerer sig selv i galskab, altså ubevidst og ikke for

at komme ind i civilisationen. Hans død er igen en mediering, idet hans blod bliver til violer, vegetabilsk metamorfose, mens hans lig ikke rådner, håret vokser, og lillefingeren bevæger sig, en animalsk metamorfose.

Seksualitetens normalisering af modsætninger

I starten blev Agdestis født ud af en klippe og sæd, i midten skyder der af Agdestis' blod et granatæbletræ op af jorden, senere bliver Nana gravid af en granatæble-kerne og Attis fødes som barn uden for ægteskabet, der ikke må være i civilisationen og derfor sættes ud i naturen af flodguden Sangarius.

Fortolkning af myten

Klippen og guden står for urtiden, hvor der ingen modsætninger er mellem
Liv og død
Mand og kvinde
Civilisation og vildskab
Vegetabilsk og animalsk forplantning: fødsel
Modsætningerne har ingen relevans i urtiden. Men som tiden går og kosmos skrider frem, sker der en differentiering, og nu opstår modsætningerne som et enten – eller:
Enten *liv* eller *død*
Enten *mand* eller *kvinde*
Enten *civilisation* eller *vildskab*
Enten *vegetabilsk* eller *animalsk forplantning*
Man kan ikke være både det ene og det andet.

I nutiden møder vi så Attis, der forener alle modsætninger og faktisk er både–og, en rigtig mediator:
Han er både levende og død
Han er både mand og kvinde
Han er både civiliseret og vild
Han er både vegetabilsk født og animalsk født

Han ophæver alle modsætninger – er han den nye frelser, bringer han urtiden tilbage, eller?

Litteratur

Beard, Mary: *'The Roman and the Foreign: The Cult of the "Great Mother" in Imperial Rome'*, in: Thomas, N./Humphrey, C.: *Shamanism, History, and the State*, Ann Arbor (Univ. of Mich. Press) 1994, ss. 164-190

Caveney, Cathryn, *"The Metroac Cult: Foreign or Roman?"* Undergraduate Honors Theses. Paper 1229, Boulder (Univ. of Colorado) 2016

Duthoy, R.: *The taurobolium, its evolution and terminology*, Leiden-Boston (Brill) 1969

Foxhall, Lin/John Slamon: *When Men Were Men: Masculinity, Power and Identity in Classical Antiquity*, London/New York (Routledge) 1999

Gardner, Jane F.: *Family and Familia in Roman Law and Life,* Oxford (OUP) 2004

Kuefler, Mathew: *The Manly Eunuch Masculinity, Gender Ambiguity, and Christian Ideology in Late Antiquity*, Chicago (Univ. of Chicago Press) 2001

Latham, Jacob: *"Fabulous Clap-Trap": Roman Masculinity, the Cult of Magna Mater, and Literary Constructions of the galli at Rome from the Late Republic to Late Antiquity,* in: The Journal of Religion Vol. 92, No. 1 (January 2012), pp. 84-122, The University of Chicago Press

Maass, Ernst: *„Eunuchos und verwandtes",* Rheinisches Museum fur Philologie 74 (1925): 432-76

Murison, Charles Leslie:*"Cassius Dio on Nervan Legislation (68.2.4): Nieces and Eunuchs",* Historia: Zeitschrift für Alte Geschichte, Bd. 53, H. 3 (2004), pp. 343-355

Stevenson, Walter:*"The Rise of Eunuchs in Greco-Roman Antiquity",* Journal of the History of Sexuality, Vol. 5, No. 4 (april 1995), pp. 495-511

Schmidt, E.: *Kultübertragungen*, Gießen (Alfred Töpelmann) 1909

Vermaseren, M. J.: *Cybele and Attis. The Myth and the Cult*, London (Thames and Hudson) 1977

18. Isis og Osiris

Dokumenter

1. Firmicus Maternus: De errore profanarum religionum, cap. 2, 1-3

1. Aegypti incolae aqua ‹rum beneficia percipientes›[1] aquam colunt aquam supplicant, aquam superstitiosa votorum continuatione venerantur. Sed in sacris suis quae mysteria vocant addunt tragica funera et funestae calamitatis metuenda certamina: incestum cum sorore adulteriumque commissum, et hoc facinus severis mariti animadversionibus vindicatum. Isis soror est. Osyris frater, Tyfon maritus.
2. Is cum comperisset Isidem uxorem incestis fratris cupiditatibus esse corruptam, occidit Osyrim artuatimque laceravit, et per omnes Nili fluminis ripas miseri corporis palpitantia membra proiecit. Isis repudiato Tyfone ut et fratrem sepeliret et coniugem, adhibuit sibi Nepthum sororem sociam et Anubem venatorem, cui ideo caninum caput inpositum est quia lacerati corporis partes artificio canis vestigantis invenit. Sic inventum Osyrim Isis tradidit sepulturae.
3. Fuerunt sane hi aput Aegyptum reges pariter ac tyranni, sed Osyris iustus praeter illud quod cum sorore commisit, Tyfon furiosus, impotens ac superbus. Ideo ille colitur, iste vitatur. Haec est Isiaci sacri summa: In adytis habent idolum Osyridis sepultum, hoc annuis luctibus plangunt, radunt capita ut miserandum casum regis sui turpitudine dehonestati defleant capitis, tundunt pectus, lacerant lacertos, veterum vulnerum resecant cicatrices, ut annuis luctibus in animis eorum funestae ac miserandae necis exitium renascatur. Et cum haec certis diebus fecerint, tunc fingunt se lacerati corporis reliquias ‹quaerere›, et cum invenerint, quasi sopitis luctibus gaudent. …

Firmicus Maternus: Fejltagelsen i hedningenes religioner, kap. 2, 1-3
1. Befolkningen i Ægypten opfatter på grund af vands generelt helsebringende virkning vand for helligt, påkalder havet, og de ærer det med overtroiske løfter. Men i kraft af deres hellige ritualer, som de betegner som mysterier, føjer de tragiske jordfæstelser og grusomme ulykkesbringende fejder til: blodskam med søsteren og ægteskabsbrud,

begået af søsteren, og denne ugerning hævnet med strenge straffe fra ægtemandens side. Isis er søsteren, Osiris er broderen, Typhon ægtemanden.

2. Da sidstnævnte erfarede, at hans kone Isis var blevet skændet af sin brors skændige begær ved blodskam, dræbte han Osiris, parterede hans lig lem for lem og fordelte det elendige ligs endnu skælvende lemmer langs med Nilens flodbredder. Isis afviste Typhon og fik til begravelsen af sin bror og mand hjælp af sin søster Nephtus og jægeren Anubis, der derfor fik sat et hundehoved på sig, fordi han sporede de parterede legemsdele med en sporhunds evne. Isis overgav Osiris, der blev fundet på denne måde, til begravelse.

3. De var ganske vist konger og tyranner i Ægypten på samme tid, men mens Osiris var en retskaffen mand (bortset fra den skændige seksuelle omgang med sin søster), så var Typhon vanvittig, tøjlesløs og overmodig. Derfor blev den ene af dem æret, den anden afvist. Det er kernen i Isiskulten. I den inderste helligdom holder man Osiris' billede begravet og begræder det med årligt tilbagevendende klager af sorg, barberer håret af for at sørge over deres konges jammerfulde endeligt i kraft af det hæslige vanartede hoved, slår sig på brystet, flår armene, fjerner arrene fra gamle sår, for at den grusomme og jammerlige død gennem årligt tilbagevendende sørgeklager kan opstå på ny i deres sind. Og når de har gjort dette på de bestemte dage, da lader de som om de søgte resterne af det lemlæstede lig, og jubler, når de har fundet dem, som om det ville være slutningen på sorgerne. ...

Kommentar

Iulius Firmicus Maternus (født 300/310 på Sicilien) skrev 'Mathesios libri octo', et forsvar for astrologien og horoskoper. Han var jurist af fornem familie. Mellem 343 og 350 efter sin omvendelse til kristendommen skrev han 'De errore profanarum religionum', hvori han opfordrer kejserne Constans og Constantius til at udrydde hedningene. Han angriber mysteriekulterne for med deres symbola at efterligne de kristne sakramenter, og han er den første kristne forfatter, der anså det for legitimt at tilintetgøre de traditionelle kulter med vold.

Denne holdning skal man huske, når man læser hans gengivelse af Isis-Osiris-myten, som han refererer ret præcist. Når han fremhæver vandet, er det forståeligt ud fra hans værk, hvor han lægger stor vægt på renhed i rituel forstand ved siden af sin fremhævelse af blodet, der tolkes positivt i kristen betydning, men negativt i hedensk betydning.

Litteratur

Ahmed, L.: *Bilder von den Anderen. Christliches Sprechen über Heiden bei den lateinischen Apologeten* (Jahrbuch für Antike und Christentum, Ergänzungsband, Kleine Reihe, 14). Münster (Ascendorff) 2017

Gaddis, M.: *There Is No Crime for Those Who Have Christ. Religious Violence in the Christian Roman Empire*. Berkeley (University of California Press) 2005 Gassman, M. P.: *Worshippers of the Gods. Debating Paganism in the Fourth-Century Roman West*. Oxford (OUP) 2020

Gersh, St.: §139. *Firmicus Maternus:* in Ch. Riedweg et al. (Eds.): *Die Philosophie der Antike*, 5/2: Philosophie der Kaiserzeit und der Spätantike (pp. 1634–1641). Basel (Schwabe) 2018

Hübner, W./Wlosok, A.: *'Firmicus Maternus (Iulius Firmicus Maternus iunior)'*: in R. Herzog (Ed.): *Restauration und Erneuerung. Die lateinische Literatur von 284 bis 374 n. Chr.* (pp. 84–93). München (C.H. Beck) 1989

2. Lucius Apuleius: Metamorphoseon liber XI, 22-24 om 'optagelsen i Isis-kulten' [22] 1.

Dixerat sacerdos, nec inpatientia corrumpebatur obsequium meum, sed intentus miti quiete et probabili taciturnitate sedulum quot dies obibam culturae sacrorum ministerium. 2. Nec me fefellit vel longi temporis prolatione cruciavit deae potentis benignitas salutaris, sed noctis obscurae non obscuris imperiis evidenter monuit advenisse diem mihi semper optabilem, quo me maximi voti compotiret, quantoque sumptu deberem procurare supplicamentis, ipsumque Mithram illum suum sacerdotem praecipuum divino quodam stellarum consortio, ut aiebat, mihi coniunctum sacrorum ministrum decernit. 3. Quis et ceteris benivolis praeceptis summatis deae recreatus animi necdum satis luce lucida, discussa quiete, protinus ad receptaculum sacerdotis contendo atque eum cubiculo suo commodum prodeuntem continatus saluto. 4. Solito constantius destinaveram iam velut debitum sacris obsequium flagitare. 5. At ille statim ut me conspexit, prior: "O" inquit "Luci, te felicem, te beatum, quem propitia voluntate numen augustum tantopere dignatur"; et "Quid" inquit "iam nunc stas otiosus teque ipsum demoraris? 6. Adest tibi dies votis adsiduis exoptatus, quo deae multinominis divinis imperiis per istas meas manus piissimis sacrorum arcanis insinueris." 7. Et iniecta dextera senex comissimus ducit me protinus ad ipsas fores aedis amplissimae rituque sollemni apertionis celebrato ministerio ac matutino peracto sacrificio de opertis adyti profert quosdam libros litteris ignorabilibus praenotatos, partim figuris cuiusce modi animalium concepti sermonis compendiosa verba suggerentes, partim nodosis et in modum rotae tortuosis capreolatimque condensis apicibus a curiositate profanorum lectione munita. Indidem mihi praedicat, quae forent ad usum teletae necessario praeparanda.

[23] 1. Ea protinus naviter et aliquanto liberalius partim ipse, partim per meos socios coemenda procuro. 2. Iamque tempore, ut aiebat sacerdos, id postulante stipatum me religiosa cohorte deducit ad proximas balneas et prius sueto lavacro traditum, praefatus deum veniam, purissime circumrorans abluit, rursumque ad templum reductum, iam duabus diei partibus transactis, ante ipsa deae vestigia constituit secretoque mandatis quibusdam, quae voce meliora sunt, illud plane cunctis arbitris praecepit, decem continuis illis diebus cibariam voluptatem coercerem neque ullum animal essem et invinius essem. 3. Quis venerabili continentia rite servatis, iam dies aderat divino destinatus vadimonio, et sol curvatus intrahebat vesperam. 4. Tum ecce confluunt undique turbae sacrorum ritu vetusto variis quisque me muneribus honorantes. 5. Tunc semotis procul profanis omnibus linteo rudique me contectum amicimine arrepta manu sacerdos deducit ad ipsius sacrarii penetralia. 6. Quaeras forsitan satis anxie, studiose lector, quid deinde dictum, quid factum; dicerem, si dicere liceret, cognosceres, si liceret audire. 7. Sed parem noxam contraherent et aures et lingua, [ista impiae loquacitatis], illae temerariae curiositatis. 8. Nec te tamen desiderio forsitan religioso suspensum angore diutino cruciabo. 9. Igitur audi, sed crede, quae vera sunt. 10. Accessi confinium mortis et calcato Proserpinae limine per omnia vectus elementa remeavi, nocte media vidi solem candido coruscantem lumine, deos inferos et deos superos accessi coram et adoravi de proximo. 11. Ecce tibi rettuli, quae, quamvis audita, ignores tamen necesse est. 12. Ergo quod solum potest sine piaculo ad profanorum intellegentias enuntiari, referam.

[24] 1. Mane factum est, et perfectis sollemnibus processi duodecim sacratus stolis, sed effari de eo nullo vinculo prohibeor, quippe quod tunc temporis videre praesentes plurimi. 2. Namque in ipso aedis sacrae meditullio ante deae simulacrum constitutum tribunal ligneum iussus superstiti byssina quidem sed floride depicta veste conspicuus. 3. Et umeris dependebat pone tergum talorum tenus pretiosa chlamida. 4. Quaqua tamen viseres, colore vario circumnotatis insignibar animalibus; hinc dracones Indici,

inde grypes Hyperborei, quos in speciem pinnatae alitis generat mundus alter. 5. Hanc Olympiacam stolam sacrati nuncupant. 6. At manu dextera gerebam flammis adultam facem et caput decore corona cinxerat palmae candidae foliis in modum radiorum prosistentibus. 7. Sic ad instar Solis exornato me et in vicem simulacri constituto, repente velis reductis, in aspectum populus errabat. 8. Exhinc festissimum celebravi natalem sacrorum, et suaves epulae et faceta convivia. 9. Dies etiam tertius pari caerimoniarum ritu celebratus et ientaculum religiosum et teletae legitima consummatio. 10. Paucis dehinc ibidem commoratus diebus inexplicabili voluptate simulacri divini perfruebar, inremunerabili quippe beneficio pigneratus. 11. Sed tandem deae monitu, licet non plene, tamen pro meo modulo supplicue gratis persolutis, tardam satis domuitionem comparo, vix equidem abruptis ardentissimi desiderii retinaculis. 12. Provolutus denique ante conspectum deae et facie mea diu detersis vestigiis eius, lacrimis obortis, …

(Origo: http://www.forumromanum.org/literature/apuleius11.html)

Lucius Apuleius: Det gyldne æsel, XI, 22-24

[22.] 1. Præsten havde talt, og selv om jeg var meget utålmodig, fulgte jeg hans råd, og i behersket ro og respektfuld tavshed tog jeg dagligt del i gudstjenesten. 2. Men den mægtige gudindes helsebringende velvilje svigtede mig ikke og pinte mig ikke trods langvarig udskydelse, idet hun formanede mig om – hendes budskab til mig i den dunkle nat var ganske klart –, at den af mig højt ønskede dag omsider var oprunden, hvor hun ville opfylde mit største ønske, og hun sagde også, med hvor store udgifter jeg skulle drage omsorg for gudstjenesten; og hun sagde videre, at Mithras, hendes ypperstepræst, der var forbundet med mig i kraft af en næsten guddommelig overensstemmelse i stjernerne, af hende var blevet udset til at være den, der skulle fuldbyrde indvielsen. – 3. Opmuntret af disse og andre velvillige forskrifter fra den højtærede gudinde rystede jeg, endnu før det var blevet lyst, søvnen af mig og ilede til præstens bolig, hvor jeg møder ham som han træder ud af sit soveværelse og hilser på ham. 4. Jeg agtede at kræve indvielsen i den hellige tjeneste så at sige med det samme. 5. Men han sagde, så snart han så mig: "Lucius, hvor er du lykkelig og heldig, at den majestætiske guddom har fundet dig værdig til hendes velvilje og nåde!" og tilføjer så: "Hvorfor står du så passiv og sinker dig selv? 6. Den dag, som du i stadige bønner har ønsket skulle oprinde, hvor du efter den navnrige gudindes guddommelige bud ved mine hænders pålæggelse skal indvies i de fromme hemmeligheders tjeneste, er kommet." 7. Dermed lægger den venlige gamle mand sin højre hånd på min skulder og fører mig straks til det mægtige tempels porte. Efter at den rituelle døråbning er fuldført og efter højtidelig skik og brug morgenofret afsluttet, henter han nogle bøger fra helligdommens hemmelige rum, som var forsynede med uforståelige skrifttegn; de indeholdt nemlig dels i forkortet version ord fra et sprog, som var skrevet i form af billeder af forskellige dyr, dels blev læsningen sikret mod uindviedes nysgerrighed ved hjælp af slyngede og efter et hjuls form bøjede og som vinranker snørklede skrifttegn. Ud fra disse forkyndte han så for mig, hvad jeg absolut skulle forberede til min indvielsesfest som præst.

[23.] 1. Alle de nævnte ting anskaffer jeg straks til dels selv ivrigt og ret generøst, dels lader jeg dem indkøbe af mine folk. 2. Og så var tiden kommet til, som præsten sagde, at han omgivet af en skare fromme skulle føre mig til den nærmeste badeanstalt. Først tager jeg et ganske ordinært bad. Så bad præsten om gudernes gunst og nåde og rensede mig totalt ved at oversprøjte mig. Så ledsager han mig tilbage til templet, – to tredjedele af dagen var allerede gået –, og anbringer mig lige foran gudindens fødder. I hemmelighed gav han mig så nogle opgaver, der er for hellige til at jeg må omtale dem. Dernæst gav han mig for øjnene af mange vidner ordre til, at jeg i de næste ti dage skulle indskrænke indtagelsen af mad, ikke spise kød og ikke drikke vin. 3. Efter i respektfuld askese at have overholdt dette, oprandt så den dag, som var bestemt for mig på guddommelig vis, og solen gik ned i en bue og førte aftenens mørke med sig.

4. Men se, så strømmer fra alle sider skarerne sammen og beærer mig efter gammel religiøs tradition enkeltvis med mangfoldige gaver. 5. Derpå bliver alle ikke indviede fjernet, og jeg blev hyllet i et groft klæde af linned, og præsten tog mig ved hånden og førte mig ind i helligdommens indre. – 6. Du spørger mig måske nu, ivrige læser, fuld af spænding om, hvad der blev sagt og hvad der skete. Jeg ville gerne fortælle dig det, hvis jeg måtte sige det; og du ville erfare det, hvis du måtte høre det. 7. Men dine ører og min tunge ville påføre dig lige stor skyld for denne ryggesløse nysgerrighed. 8. Jeg vil dog ikke pine dig, som måske er spændt af from lyst, gennem langvarig uro. 9. Så lyt, men tro på det, som er sandheden. 10. Jeg var nået til Dødsriget og havde passeret dets grænse og alle elementer på min vej tilbage. Ved midnatstid så jeg solen i blændende hvidt lysskær og nærmede mig guderne i Dødsriget såvel som guderne i Himmelen og tilbad dem på nærmeste hold. 11. Hermed har jeg, kære læser, fortalt dig, hvad du, om end du har hørt det, ikke vil kunne forstå. 12. Derfor vil jeg nu fortælle dig, hvad man må fortælle de uindviede uden at synde.

[24.] 1. Det blev morgen, og festlighederne hørte op. Så jeg trådte frem, iført tolv stolaer som tegn på min indvielse. Men ingen binding hindrer mig i at tale frit derom, eftersom så mange tilstedeværende har set mig ved den lejlighed. 2. Man beordrede mig til at træde op på en scene af træ midt i templet foran gudindens billede; jeg var iøjnefaldende fint klædt, takket være en klædedragt, der var fremstillet af fint linned og broderet med mange farver. 3. Og fra skuldrene ned ad ryggen helt til hælene hang en kostbar kappe. 4. Til alle sider var jeg udsmykket med dyrebilleder i alle mulige farver; der var indiske drager fra øst, der var hyperboreiske griffe fra det iskolde nord, som fremstilles i en helt anden verden. 5. Denne klædedragt kalder vi præster for himmelstolaen. 6. I min højre hånd flammede en fakkel, og mit hoved smykkede en lysende palmekrans, fra hvilken bladene stak frem som stråler. 7. Efter at jeg var blevet smykket som solen og opstillet som en statue af denne, blev forhænget pludselig trukket til side, og folkemassen bølgede frem for at se mig. 8. Dernæst fejrede jeg min højtidelige fødselsdag som indviet præst, og der fandt et pragtfuldt festmåltid og et muntert drikkegilde sted. 9. Også tre dage senere blev den samme form for festligheder afholdt med et religiøst måltid og den korrekte fuldførelse af indvielsen. 10. Jeg blev der kun få dage og nød den ufattelige glæde, som nærheden af gudebilledet var. Jeg følte mig jo forpligtet af en velgerning, som jeg aldrig ville kunne gengælde. 11. Endelig kom jeg til at tænke på gudindens formaning om at vende hjem, om end jeg ikke havde takket i fuldt mål, så dog ydmygt efter min ringe evne. Jeg kan næppe rive mig løs fra de glødende længselsbånd. 12. Altså kastede jeg mig til sidst ned foran gudindens ansigt, længe tørrede jeg mit ansigt i hendes fødder, gråden vældede frem; …

Kommentar

(Origo: J. Podemann Sørensen: Religio mentis – Sindets religion. En introduktion til Hermes-skrifterne, Janua Religionum 8, Books on Demand, Kbh. 2015, p. 23-34)

Lucius Apuleius Madaurensis (124-ca. 170 e.Kr., født i Madaura i Nordafrika) er med sin roman 'Metamorphoses', 'Det gyldne æsel', vores hovedkilde til Isis-kulten i Romerriget. Lucius hedder hovedpersonen, han er født i Grækenland, men i 11. bog født i Madaura, forfatterens fødeby, så der er åbnet for en selvbiografisk fortolkning af 11. bog. Denne Lucius bliver ved en ulykkelig fejltagelse forvandlet til et æsel, bliver bortført af røvere og oplever arbejdslivets barske vilkår. I 11. bog lykkes det så æslet at slippe væk fra sine vogtere, og det beder nu til himlens dronning om at blive forvandlet tilbage til menneskeskikkelse. Isis viser sig for ham og lover ham at gøre det dagen efter, når hendes præster går til havet for at åbne for skibsfarten igen efter vinteren. Lucius spiser roser af ypperstepræstens hånd, og miraklet sker: han bliver menneske igen. Som tak for det vil han lader sig indvie til hendes kult som neofyt og tilbede hende resten af sit liv. Oprindeligt var der ingen indvielse af privatpersoner i det allerhelligste, kun præsten og hans stedfortræder havde adgang, men det ændrer sig i hellenistisk tid. Indvielsen af Lucius er således højdepunktet i Lucius' hårde liv, der skal være en personlig frelse for ham. Isis dyrkes under mange af de store modergudinders navne omkring Middelhavet, og hun betragtes som altings moder og elementernes behersker, ophav til orden og civilisation, retfærd, og hun er endda den, som selv skæbnen, heimarmene, adlyder. Før indvielsen af en neofyt, en kandidat til kulten, skal der holdes faste i 10 dage, og på den 10. dag ved solnedgang starter selve ritualet og han bliver klædt i linnedsklæder, et planteprodukt, og ikke i uld, som er et dyreprodukt. Da det er en kult for indviede, får læserne ikke noget at vide om, hvad der sker i det allerhelligste ud over det følgende: (23.10.) 'Jeg var nået til Dødsriget og havde passeret dets grænse og alle elementer på min vej tilbage. Ved midnatstid så jeg solen i blændende hvidt lysskær og nærmede mig guderne i Dødsriget såvel som guderne i Himmelen og tilbad dem på nærmeste hold.' De, der var indviet til kulten, lærte nogle korte referater med en bestemt ordlyd udenad, – de kaldes synthemata eller symbola, – og de var en slags identifikationstegn, så at man var sikker på, at den, man talte med, også var indviet og ikke bare gav sig ud for at være det. Men ud fra de ægyptiske underverdensbøger kan man alligevel regne noget ud om, hvad der skete i det allerhelligste. De beskriver nemlig solens gang gennem underverdenen i løbet af nattens 12 timer, og om morgenen kommer Lucius frem iført 12 stolaer, skjorter, og det kunne meget vel passe til de 12 timer i underverdenen; derudover er han iført en krans af palmeblade om hovedet, dvs. han fremstår som den dagligt genfødte solgud. Neofyten betragtes altså som en død, der bevæger sig igennem underverdenen, dødsriget, og hele kosmos, hvor solen skinner om natten, og genfødes om morgenen ligesom solguden; denne regenerationstanke er til for verdens skyld, for verden har brug for solen hver dag; men her i Lucius' tilfælde er det en privatperson, der indvies for hans personlige frelse, ikke for verdens skyld. Det er en nyhed i kulten, og dette træk viser sig også i Lucius' takkebøn til Isis (11, 25): Dit guddommelige åsyn og din hellige guddomsmagt vil jeg gemme i mit hjertes dyb, og ved at tænke derpå stadig værne om' (JPS, p. 33). Dette løfte, votum, er en personlig hengivenhed, som vi ser udfoldet i kristendommen og gnosticismen og er en ganske anden form for votivgave, end man er vant til fra gammelromersk tradition.

Isis-kulten

Kulten ses allerede i Kampaniens kystbyer i det 2. årh. f.Kr., fordi den havde en relation til handel med Nærorienten og med Delos, hvor ægyptiske guddomme blev dyrket siden det 3. årh. f.Kr. Den dukkede op i Piræus, Athens havneby, omkring 300 f.Kr., og i Pompeji omkring 100 f.Kr., i Rom ca. 80 f.Kr. Den sidste tempelkult, vi hører om, foregår på øen Philae nær Aswan i 530 e.Kr. Oprindeligt var det en kult, der blev dyrket af private, men så blev den offentlig, og magistraterne i Rom ødelagde i 59 f.Kr. Isis-altrene på Kapitol, og året efter og 3 gange i løbet af de næste ti år, men masserne hyldede Isis og i 43 f.Kr. besluttede triumvirerne med Caesar i spidsen at bygge et statstempel til Isis, som så blev optaget i sacra publica populi Romani; dette var et led i kampen mellem Octavian, der var imod fremmede kulter, og Antonius, der var for; Augustus forbød i 28 f.Kr. oprettelse af privatkapeller inden for pomerium, og Agrippa udvidede dette forbud til at gælde 1 mil uden for bygrænsen (Cass. Dio LIV 6,6). Men de kunne ikke standse kulten, der havde mange tilhængere i de lavere indkomstlag og blandt hetærer og prostituerede, og privatkapeller var der også inden for pomerium. Selve helligdommen, som blev ødelagt i 58 f.Kr., var i god stand under kejser Nero. Det første statstempel var et dobbelttempel for Isis og Serapis uden for pomerium på Marsmarken, Isis Campensis (Apul. Met. XI 26). Selve højtideligheden for Isis fandt sted som Isia-festen fra den 28. oktober til 1. november og var en dødsfest for Osiris, der varede fire dage med en udvidelse på 1 dag, hvor den 31. okt. (= 19. Athyr) kaldtes Heuresis, da alle Osiris' knogler var blevet fundet; myten bag ved højtiden er, at Isis ved hjælp af Nephtys og Anubis finder Osiris' lemmer, som Seth har spredt ud over hele Ægypten, efter at have myrdet ham, sætter dem sammen og genopliver ham, 'εὑρήκαμεν συγχαίρομεν': 'vi har fundet ud af det, vi er glade' = Heuresis den 13. Athyr = 31. oktober, og den 1. – 3. nov. var en glædesfest, Hilaria, med 3 x 9, ter novena, kordeltagere. Romerne har også en forårsfest for Isis Pelagia, der hersker over havet og beskytter de søfarende; den falder på den 5. marts og hedder isidis navigium, fordi søfarten igen starter efter vinteren (Lact. Inst. I 11, 21; Apul. Met. XI 8-17). i havnebyen Ostia og i Portus indtog Isis og Serapis en betydningsfuld stilling. Først nu bliver den statskult (Apul. Met. XI 17) og indtager samme stilling, som de græske kulter havde indtaget fra før 217 f.Kr. Caracalla (188-217 f.Kr.) ophævede forbuddet for sacra Aegyptia i den ekstrapomeriale zone, som Agrippa havde indført, og byggede et Serapis-tempel på Quirinal-højen og måske også et Iseum et Serapeum på Caelius-højen. Det var en meget populær kult, hvad Apuleius er vidne på og som den kristelige polemik tordner imod. Processionen den 5. marts til navigium Isidis ses i Apuleius: Metamorfoser XI 8-11 med pomp og pragt og præster i hvidt med tonsur, musikinstrumenter, bl.a. sistrum, et ranglelignende instrument, en lampe af form som et skib, altre, sejrspalme, en heroldstav, som er Hermes'/Merkurs symbol og som kan trylle mennesker i søvn, en figur, der viser en åben venstre hånd, som er symbol på retfærdighed, en guldvase til libation af form som et kvindeligt bryst, et guldkar med laurbærkviste og præster, der er udklædt som guder i dyreskikkelse med hundehoved, jf. Anubis, der fandt Osiris' lemmer, og Isis afbildet som ko, jf. Apul. Met. XI 11. Gudstjenesten, liturgien, bestod af åbningen af templet, genoplivningen af guden med ild og vand og en udsmykning af gudebilledet, jf. Apul Met. XI 9 + 20 + 22; Porphyrios: De abstinentia IV 9. Kulten havde stor virkning på tilhængerne, fordi den var så forskelligartet fra andre romerske kulter. Isis havde mange tilnavne, myrionyma, fx Isis Regina, Isis Victrix, Isis triumphalis, der viste alle hendes egenskaber og magtbeføjelser, og hun krævede af sine tilhængere udførelsen af et kompliceret ritual og symbolske riter, se Apul. XI 22 + 24, faste (Apul. XI 23 + 28 + 30) uden kød og vin, seksuel afholdenhed i optagelsesperioden, puri Isidos dies, samt mange prøver, hvor neofyten trinvis føres ind i gudindens hemmeligheder. Til gengæld beskytter hun sine indviede tilhængere i det aktuelle liv og lover dem et lykkeligt liv i det hinsides, jf. Apul. Met. XI 6: 'Vives autem beatus, vives in mea tutela gloriosus; et cum spatium saeculi tui permensus ad inferos demearis, ibi quoque in ipso subterraneo semirotundo me, quam vides Acherontis tenebris interlucentem Stygiisque penetralibus regnantem, campos Elysios incolens ipse, tibi propitiam frequens adorabis': 'Du vil leve lykkeligt, du vil leve ærefuldt under min beskyttelse, og når du har gennemlevet det fulde mål af din livstid og vandrer ned i underverdenen, så skal du også dér i den underjordiske hemisfære ofte tilbede mig, som du ser stråle i Acherons mørke og herske i Styx' fjerne dybder, idet jeg er dig gunstig stemt, mens du dvæler i de Elysiske sletter'. Selve indvielserne, teletae, får vi ikke noget at vide om, fordi de er forbeholdt de indviede og hemmelige, jf. Apul. XI 23. Kulten var vidt udbredt i Romerriget, og man kunne tage indvielsesgraderne i en anden bys Isiskult. Der er tre grader: 1. grad for Isis, 2. grad for Osiris og 3. grad består i optagelsen til Isis-præst. Apuleius bliver efter sin tredje gradoptagelse i kollegiet af pastophori medlem af bestyrelsen, se Apul. Met. XI 30, og får det privilegium at bære de små kapeller og symboler for guderne, se Apul. Met. XI 17 + 27 + 30. Præsteskabet hedder sacerdotes Isidis og er oftest af hankøn, men der findes også kvindelige præster, CIL VI 512 + 2246; lederen af præsteskabet, summus sacerdos, Apul. Met. XI 16 + 20, kaldes også profeta, CIL VI 846, Apul Met. II 28, eller maximus, Apul. Met. XI 17, eller primarius, Apul. Met. XI 21, eller praecipuus, Apul. Met. XI 22; en præst af høj rang kaldes grammateus, Apul. Met. XI 17, og blandt det øvrige personale er pausarii, der har navn efter isisprocessionens stationer, pausae. Det nedenstående er en hymne i jeg-form, som gudinden selv fremsiger, hvorved den fremstår som en åbenbaring eller epifani af Isis selv; her er den udformet som en votivindskrift til gudinden og som et bevis på Demetrios' beundring af hende:

Votivindskrift fra Kyme i Lilleasien, 1. eller 2. årh. e.Kr.

Demetrios, Artemidoros' søn, også kaldet Thraseas, fra Magnesia ved Maiandros, tilbeder Isis. Dette er afskrevet fra den stele i Memphis, som står ved Hefaistostemplet (= templet for Ptah):
"Jeg er Isis, herskerinde over alle lande, og jeg er opfostret af Hermes, og har sammen med ham opfundet den hierarkiske og demotiske skrift, så ikke alt skulle skrives med den samme skrift. Jeg har stiftet love for menneskene og fastslået, hvad ingen kan ændre. Jeg er Kronos' ældste datter. Jeg opfandt landbruget for menneskene. Jeg er kong Horus' mor. Jeg står op i Hundestjernen. Jeg er den, kvinderne kalder gudinden. Det er for mig, byen Bubastis blev grundlagt. Jeg har skilt Jorden fra himlen. Jeg har vist stjernerne deres veje. Jeg har bestemt Solen og Månens bane. Jeg har givet ophav til søfarten. Jeg har gjort det rigtige stærkt. Jeg har ført mand og kvinde sammen. Jeg har bestemt, at kvinder skal føde børn i den tiende måned. Jeg har fastslået, at forældre skal elskes af sine børn. Jeg har ilagt straf for de forældre, der ikke elsker sine børn. Jeg og min bror Osiris har gjort slut på menneskeæderi. Jeg har vist menneskene mysterierne. Jeg har lært dem at dyrke gudernes billeder. Jeg har indviet gudernes hellige områder. Jeg har styrtet tyrannernes verden. Jeg har gjort slut på drabene. Jeg har tvunget mændene til at elske kvinderne. Jeg har gjort det rigtige stærkere end guld og sølv. Jeg har fastslået, at det sande skal betragtes som smukt. Jeg har opfundet ægteskabskontrakten. Jeg har fastslået sprogforskellen for grækere og barbarer. Jeg har gjort det sådan, at naturen skiller det gode og det onde fra hinanden. Jeg har gjort eden til det mest frygtede. Jeg har overladt den, der falder andre i ryggen. Jeg fastsætter straf for dem, der handler uretmæssigt. Jeg har fastsat barmhjertighed for den, der søger beskyttelse. Jeg beskytter dem, der møder gengæld med retfærdighed. Hos mig er

det rigtige stærkt. Jeg er herskerinde over floderne og vindene og havet. Ingen hædres uden min viden. Jeg er krigens herskerinde. Jeg er lynets herskerinde. Jeg gør havet roligt og får det til at storme. Jeg er at finde i Solens stråler. Jeg er med til at styre Solens bane. Det jeg bestemmer, fuldbyrdes. Alt adlyder mig. Jeg frigør det fangne. Jeg er søfartens herskerinde. Jeg gør sejlbare farvande usejlbare, når det passer mig. Jeg har grundlagt byernes mure. Jeg er den, der kaldes Lovgiveren. Jeg løfter øjnene op mod lyset. Jeg er regnens herskerinde. Jeg overvinder skæbnen. Skæbnen adlyder mig. Vær hilset, Egypten, som har fostret mig." [1]

[1] Allan Kynne: *Kleopatra* (s. 241-2), forlaget Cappelen Damm, Oslo 2010, ISBN 978-82-02-32314-1 **(Origo:** Isis – Wikipedia, den frie encyklopædi)

Litteratur

Bøgh, Birgitte: *"The Hellenistic Cult of Isis"*, in: Lisbeth Bredholt Christensen, Olav Hammer og David Warburton (red.): *Handbook of Religions in Ancient Europe*, London: (Acumen) 2013, s. 228-241

Bowden, Hugh: *Mystery Cults in the Ancient World*, London (Thames & Hudson) 2010

Brix, Jan: *"Apuleius og Isis-kulten i den græsk-romerske verden"*, AIGIS nr. 6, 2 (2006) s. 1-12

Burkert, Walter: *Ancient Mystery Cults,* Cambridge, Mass. and London *(Harvard University Press), 1987*

Griffiths, Gwyn J.: *Apuleius of Madauros – The Isis-Book (Metamorphoses, Book XI)* ed. with introd., transl. and comm., Leiden (E.J. Brill) 1975

Hahn, Frances Hickson: *"Performing the Sacred: Prayers and Hymns"*, in: Rüpke, Jörg (red.): *"A Companion to Roman Religion,* London (Blackwell) 2007, s. 235-248

Hammer, Olav og Mikael Rothstein: *"Religious Innovation in the Hellenistic and Roman Periods"*, *Elements,* Cambridge Univ. Press 2023

Kaufmann-Heinimann, Annemarie: *"Religion in the House "*, in: Rüpke, Jörg (red.): *A Companion to Roman Religion,* London (Blackwell) 2007, s. 88-203

Keulen, W.H./Egelhaaf-Gaiser, U. (eds.): *Apuleius Madaurensis' Metamorphoses Book XI, The Isis-Book*, Leiden-Boston (Brill) 2015

Orlin, Eric: *"Urban Religion in the Middle and Late Republic"*, in: Jörg Rüpke (red.): *A Companion to Roman Religion,* London (Blackwell) 2007, s. 58-71

Podemann Sørensen, Jørgen:*"Hellenismen og den romerske kejsertids religioner"*, in: Tim Jensen, Jørgen Podemann Sørensen og Mikael Rothstein (red.), *Gyldendals religionshistorie. Ritualer. Mytologi. Ikonografi*, København (Gyldendal) 2011, s. 145-172

Podemann, Jørgen Sørensen: *Komparativ religionshistorie,* København (Books on Demand) 2006, s. 66-96.

Rasmussen, Susanne. *"Romersk religion"*, in: Tim Jensen, Jørgen Podemann Sørensen og Mikael Rothstein (red.): *Gyldendals religionshistorie. Ritualer. Mytologi. Ikonografi*, København (Gyldendal) 2011, s. 130-144

Rüpke, Jörg: *"Roman Religion – Religions of Rome", in:* Rüpke, Jörg (red.): *"A Companion to Roman Religion"* London (Blackwell) 2007, s. 1-10

Schjødt, Jens Peter *"Ritualstruktur og ritualklassifikation",* in: Religionsvidenskabeligt Tidsskrift 20 (1992), s.5-21

Turcan, Robert: *The Cults of the Roman Empire*, Oxford (Blackwell) 1996, fr. orig. Robert Turcan: *Les cultes orientaux dans le monde romain, Paris (Les Belles Lettres)* 1988

19 Hvilke begreber bruger romerne om det religiøse, og hvad betyder de egentlig?

Overvejelser over begreber som 'religio', 'sanctitas', 'pietas', 'iustitia', 'cultus', 'superstitio', 'caerimonia'

Dokumenter

1a. Marcus Tullius Cicero: De natura deorum I, 1+3-4

[1] Cum multae res in philosophia nequaquam satis adhuc explicatae sint, tum perdifficilis, Brute, quod tu minime ignoras, et perobscura quaestio est de natura deorum, quae et ad cognitionem animi pulcherrima est et ad moderandam religionem necessaria. ...

[3] Sunt enim philosophi et fuerunt, qui omnino nullam habere censerent rerum humanarum procurationem deos. Quorum si vera sententia est, quae potest esse pietas, quae sanctitas, quae religio? Haec enim omnia pure atque caste tribuenda deorum numini ita sunt, si animadvertuntur ab is et si est aliquid a deis inmorta-libus hominum generi tributum; sin autem dei neque possunt nos iuvare nec volunt nec omnino curant nec, quid agamus, animadvertunt nec est, quod ab is ad

hominum vitam permanare possit, quid est, quod ullos deis inmortalibus cultus, honores, preces

adhibeamus? In specie autem fictae simulationis sicut reliquae virtutes item pietas inesse non potest; cum qua simul sanctitatem et religionem tolli necesse est, quibus sublatis perturbatio vitae sequitur et magna confusio;

[4] atque haut scio, an pietate adversus deos sublata fides etiam et societas generis humani et una excellentissuma virtus iustitia tollatur. ...

(Origo: Cicero: De Natura Deorum I (thelatinlibrary.com))

Marcus Tullius Cicero: Om gudernes væsen I, 1+3-4

1. Kære Brutus, da mange ting i filosofien endnu langtfra er tilstrækkeligt udforskede, så er især spørgsmålet om gudernes væsen, hvad du også er helt klar over, særdeles vanskeligt og gådefuldt, et spørgsmål, hvis afklaring er særdeles lykkebringende for sjælens erkendelsesevne og nødvendig for en afbalanceret ritualudførelse. ...

3. Der har været og er nemlig filosoffer, som mener, at guderne ikke har nogen interesse

for menneskelige anliggender overhovedet. Hvis deres anskuelse er rigtig, hvordan kan respekt, religiøs integritet og ritualudførelse så være mulig? For alle disse ting bør kun vises guderne i deres magt og virke i renhed og ube-smittethed, hvis de udødelige guder bemærker dem og har vist menneskeslægten omsorg; men hvis de hverken kan eller vil hjælpe os eller slet ikke bekymrer sig eller bemærker, hvad vi gør, og der ikke er noget, som de kan have indflydelse på i menneskenes liv, er der så overhovedet en grund til at dyrke de udødelige guder, at ære dem og tilbede dem? I hykleriets skær kan der forekomme lige så lidt integritet/fromhed som de øvrige dyder; samtidig med den må nødvendigvis også religiøs følelse og gudsdyrkelse forsvinde, og når det er sket, følger der en voldsom forstyrrelse og forvirring i livet;

4. og jeg ved ikke, om ikke, samtidig med at pligtfølelsen over for guderne er forsvundet, også loyaliteten og menneskehedens fællesskabsfølelse samt den største af alle dyder, retfærdsfølelsen, tilintetgøres. ...

Kommentar

Det vanskelige og gådefulde spørgsmål om gudernes væsen er ifølge Cicero et incitationsmoment for sjælens erkedelsesevne: 'perdifficilis ...pulcherrima est', hvorefter han fortsætter med ordene 'et ad moderandam religionem necessaria'. Og da opgaven er at forstå betydningen af ordet 'religio' på klassisk latin, skal vi dels se på etymologien af ordet, hvad sprogvidenskaben kan sige om ordets oprindelse, hvad romerne siger om betydningen og sidst men ikke mindst, hvad konteksten oplyser om ordet og dets nuancer.

Etym. ordb. s. v. 'religio': af *red-: gen-, tilbage, + *lĕ g- › legāre: binde/ + lĕ ig- › ligāre: binde, ærefrygt for guderne (som følelse), gudsdyrkelse, kultus (som handling), religiøs angst, overtro, forpligtigelse.

Etymologien giver de historiske rammer for et ords stamme og dens betydning fra oldindisk til latin i vores søgning; man kan altså få at vide, i hvilke betydningsdomæner ordet har sin plads, altså den grove betydningsramme for ordet. Men skal man se på den konkrete brug på et bestemt tidspunkt i romernes historie, er man nødt til at se på de kontekster, ordet bruges i, de tekster, det optræder i, samt de ord, der omgiver det, i den enkelte sætning.

Ovenfor finder vi udtrykket 'ad moderandam religionem', og for at indsnævre eller nuancere betydningen af 'religio' må vi se på 'moderandam', gerundiv af 'moderor', der kan betyde 'balancere', 'afveje', 'bringe i balance'. Hvad kan det så betyde at bringe 'religio' i balance? Det ville et stort projekt at bringe en hel religion i balance; dertil er det en for abstrakt størrelse. Vi skal være mere konkrete for at se betydningen af 'religio'. 'moderor' er en afledning af 'modus', som betyder 'måde', 'metode', 'mådehold' og kombineres med substantiver som 'lingua', 'mens', 'animus', 'dicta', 'oratio', 'populus'; En slags konklusion kunne altså være, at man udførte noget med måde, afvejet, eller balanceret uden at overdrive eller underdrive udførelsen af projektet, og i kombination med 'religio' bliver dette udtryk for udførelsen af en konkret kultisk handling over for de religiøse magter. Man kan givetvis under- eller overdrive en holdning til guderne, – det ses hos senere forfattere i Romerriget, – men i første række, dvs. i første betydning af ordet er der tale om en handling, en konkret aktion. Oversættelsen 'gudsdyrkelse' kan både dække over en konkret handling og en mental indstilling, så oversættelsen 'gudsdyrkelse' er egentlig tvetydig, i hvert fald i republikkens tid, så vi må søge efter et ord, der kun er konkret, fx 'ritualudførelse'.

I forbindelse med spørgsmålet, om guderne over hovedet bekymrer sig om menneskenes forhold, nævner han tre væsentlige begreber i det religiøse domæne, nemlig 'pietas', 'sanctitas' og igen 'religio'. Alle tre begreber er 'virtutes', altså dyder med et gammelt ord, på latin er det en egenskab, der tillagdes manden, 'vir', men uanset denne kønsbetingede oprindelse betegner det en prisværdig egenskab hos et menneske; alle tre begreber er altså positive egenskaber, som viser sig ved, at man dyrker, ærer og tilbeder de udødelige guder: quae potest esse pietas, quae sanctitas, quae religio? Haec enim omnia pure atque caste tribuenda deorum numini ita sunt. ... 'quod ullos deis inmortalibus cultus, honores, preces adhibeamus'.

'pietas' oversættes ofte med 'fromhed', men det svarer ikke til den oprindelige betydning af ordet, som er mere konkret og verdslig, nemlig 'respekt' over for sine børn, sine forældre og slægtninge, eller sine medborgere af samme stand, politiske støtter eller republikken.

Etym. ordbog: s.v. pietas, pius: pius: af *pĕi-/(s)pĕi-: se på, beskytte, sigte mod, › pligtopfyldende mod guder, forældre, fædreland, › from, ærbødig, loyal; pietas: af pius, respekt, ærefrygt, fromhed over for guder, ærbødighed over for forældre.

Hvis vi ser på citaterne fra Cicero, har han en helt klar tosidet definition af 'pietas': (Aequitas) "una ad superos deos, altera ad manes, tertia ad homines pertinere. Prima pietas, secunda sanctitas, tertia iustitia aut aequitas nominatur," (Cic. Top. 23, 90); 'aequitas' skal forstås som rimelighed mellem to parter eller måske bedre ligeværd mellem to parter, og den viser sig som 'una ad superos deos', kaldet 'pietas', 'altera ad manes', kaldet 'sanctitas' over for dødsånderne 'manes' og til sidst 'tertia ad homines', kaldet 'iustitia aut aequitas'. Respekt skal her altså forstås som den holdning, at to parter, hvoraf den ene er mennesket, har en følelse af ligeværd over for dels de himmelske guder, dels de underjordiske guder og dels ens medmennesker, hvad enten de er nære eller fjerne slægtninge eller bare medborgere. Her bruger Cicero en definition inden for det religiøse domæne. I de andre citater:

(Cic. Part. 22, 78) 'justitia erga deos religio, erga parentes pietas nominatur': 'retfærd over for guderne kaldes 'religio', over for forældrene 'pietas'; (Cic. Planc. 33, 80): 'quid est pietas, nisi voluntas grata in parentes?': 'hvad er 'pietas' andet end taknemmelig velvilje over for forældrene?'; (Cic. Rep. 6, 15, 15): 'iustitiam cole et pietatem, quae cum sit magna in parentibus et propinquis, tum in patriā maxima est': 'dyrk retfærd og respekt, som skønt den er stor i forholdet til forældre og slægtninge, dog er det største i forhold til fædrelandet.' (Cic. Inv. 2, 22, 65): 'pietas, quae erga patriam aut parentes, aut alios sanguine conjunctos officium conservare monet': 'den respect, som byder en at overholde pligtfølelsen over for fædrelandet, forældrene eller andre blodsforbundne slægtninge',

defineres 'pietas' inden for det verdslige eller profane domæne, idet respekten her er rettet mod forældrene, 'parentes', mod slægtningene 'propinquis' og mod fædrelandet 'patria'. Der er altså intet til hinder for, at et ord både forekommer i det verdslige og i det religiøse domæne, og så kan man antage, at begrebet er gået fra det mest konkrete til det mentale og det religiøse domæne. Dagligdags ord udvider deres betydning alt efter behov og samfundets udvikling og integreres i nye domæner; det er en ganske almindelig proces i et folks sproglige udvikling. Den religiøse note ses i afsn. 4 af Ciceros tekst: 'pietate adversus deos sublata', hvor han anser 'pietas' over for guderne som grundlæggende for alle andre værdier i et samfund, fordi der med respekten for guderne også forsvinder ligeværdsfølelsen over for de underjordiske guder ('sanctitas') samt over for ens medmennesker ('iustitia'). Med 'pietas' ryger altså den værdi, der både binder mennesker indbyrdes og mennesker og guder sammen.

'Pietas' betegner en holdning, en indstilling til størrelser, man har respekt overfor; 'religio' betegner vi nu som en praksis, en udførelse af ritualer, altså en ganske konkret handling inden for det religiøse domæne.

Cicero har betegnet 'sanctitas' som en holdning til de underjordiske guder, dødsånderne, og det vil vi se nærmere på nu. 'sanctitas' er afledt af 'sanctus' og har etymologisk rod i sacer: *săq-: binde, restringere, beskytte, indelukke; i religionsfaglig forstand 'at forsyne med liminale egenskaber'; sancio: af sacer med nasalering: gøre usårlig, binde til straf; 'at gøre liminal'; sanctus: af sancio, gjort usårlig, bundet til straf, ukrænkelig; 'liminal'; sanctitas: af sanctus, ukrænkelighed, moralsk livsførelse; 'liminalitet'.

Det har på latin stadfæstet sig i udtryk som:

(Cic. Sest. 37, 79) 'tribunatūs'; (Caes. ap. Suet. Caes. 6) 'regum'; (Sall. Fragm. ap. Serv. Verg. G. 4, 211) 'regii nominis'; (Liv. 44, 29,2) 'sanctitas templi insulaeque'; (Tac. A. 3, 62 fin.) 'templo sanctitatem tribuere'; (Cic.id. Off. 2, 3, 11) 'deos placatos pietas efficiet et sanctitas'.

Og her viser sig så ligesom i 'pietas'' tilfælde, at 'sanctitas' har fæste i både det profane og det religiøse domæne, idet ordet kombineres med de politiske begreber tribunatet ('tribunatus'), konger ('regum'), kongenavnet ('regii nominis'), og derefter glider det over i det religiøse domæne, idet der tales om templets 'sanctitas' og at den sammen med 'pietas' gør guderne forsonede. Betydningsfeltet, hvori der indgår politisk betydningsfulde poster som tribunat og kongetitel, er altså et felt, hvor de, der beklæder embedet, har særstatus, har særlige magtbeføjelser og er ikke tilgængelige for almindelige mennesker uden særstatus; adgangen til disse myndighedsindehavere er altså meget begrænset, defineret ved et bestemt regelsæt, som gør indehaveren urørlig og ukrænkelig, næsten tabu. I det religiøse domæne er denne ukrænkelighed og urørlighed så tydelig, idet det er de religiøse embedsmænd der bestemmer, om man må gå ind i templet eller ej. Et tempel er en indviet bygning, overgivet til guderne, og derfor ukrænkelig. En folketribun og en konge er ikke indviet til guderne, men hører til blandt menneskene, men deres status nærmer sig ukrænkelighed og tabu. 'sanctitas' bevæger sig inden for begge domæner og kræver en særlig opførsel af dem, der nærmer sig disse myndighedspersoner. Den profane aura er tæt på den religiøse aura; tilnærmelse kræver specielle regler. Adjektivet 'sanctus', som 'sanctitas' er afledt af, indeholder så de samme semantiske træk som substantivet.

På latin er der forskel i brugen af de to ord 'sanctus' og 'sacer', så vi vil lige kaste et blik på 'sacer': (Cic. Inv. 1, 26, 38; (Auct. Her. 2, 4, 7; Quint. 5, 10, 38) 'locus sacer et profanus'; (Hor. Ep. 1, 16, 54) 'miscebis sacra profanis', (Cat. 68, 75) "sanguis" (om offerdyret); Verg. A. 11, 721) 'ales' (fordi den bruges af auguren). Af eksemplerne ses, at 'sacer' kun bruges i det religiøse domæne og står i modsætning til det profane; ellers kan de ikke blandes sammen; og offerdyrets blod og augurens fugl er hellige eller tabu eller urørlige, fordi de er gudens ejendom, når offeret eller varselstagningen er startet og indgangsformularen er udtalt. Det kræver altså speciel myndighed at omgås 'sacra' og mange bestemmelser skal overholdes; derfor er overskridelsen af det tilladte ikke langt væk, og misdæderen bliver forbandet, tabu på den negative måde.

Se de følgende eksempler: (Fest. s. v. sacer mons, p. 318 Müll.) 'homo sacer is est, quem populus judicavit ob maleficium; neque fas est eum immolari; ... Ex quo quivis homo malus atque improbus sacer appellari solet': 'den mand er tabu/forbandet, som folket har dømt for en ugerning; og det er ikke tilladt at indvie ham; ... Ud fra dette plejer man at kalde et ondt og uhæderligt menneske for forbandet.' (LEX XII Tab. ap. Serv. Verg. A. 6, 609) 'PATRONVS SI CLIENTI FRAVDEM FECERIT SACER ESTO': 'Hvis en patron begår bedrageri mod sin klient, skal han være forbandet'; (Plaut. Bacch. 4, 6, 14) 'ego sum malus, Ego sum sacer, scelestus': 'Jeg er ond, jeg er forbandet, jeg er en forbryder'; (Cic. Leg. 2, 9, 22) 'sacrum sacrove commendatum qui cleperit rapsitque parricida esto': 'Den, der røver eller stjæler en indviet ting eller en ting, der er overgivet til guddommen, han skal være forbandet.'

En person, der har begået en alvorlig forbrydelse, er tabu, og man må altså ikke røre eller have samkvem med vedkommende; han er urørlig ligesom religiøse embedsmænd, men her af negative årsager, fordi man bliver rituelt besmittet, hvis man rører vedkommende. Det kræver et renselsesoffer, hvis man har gjort det, fordi forbryderen er fjernet fra det profane domæne og nu befinder sig i det negative religiøse domæne. Det er det, der menes med at være forbandet, tabu.

Den sidste betydning læser vi ud af følgende citater: (Cic. Agr. 2, 7, 18) 'quod per populum errari fas non erat propter religionem sacrorum': '... selv om det ikke var tilladt, at det (embedet) blev overdraget (ham) gennem folket(s beslutning) pga. den gældende praksis i udførelsen af ritualerne.' (Cic. Fl. 28, 69) 'religio sacrorum': 'den gældende praksis i udførelsen af ritualerne'; (Cic. Balb. 24, 55) 'sacra Cereris conficere' :'... at udføre ritualerne for Ceres ...'

Her drejer det sig så om udførelsen af religiøse ritualer lige fra bønner til ofringer inden for det religiøse domæne, som for statens vedkommende udføres af religiøse embedsmænd og for privatsfærens vedkommende af pater familias. Inden man udfører 'sacra', træder man ind i det religiøse domæne fra det profane og overskrider dermed en grænse, og det symboliseres ved en bøn eller et offer eller en bestemt kropsstilling eller måde at bære togaen på.

'sacer'-tilstanden betegner en indvielse i det ikke-profane domæne, det guddommelige domæne, og opnås ved en overskridelse af en grænse. Der er altså en tydelig forskel mellem 'sanctus' og 'sacer', idet det første begreb stadig er positioneret i det profane område med mulighed for at træde ind i det religiøse område og ud af det igen, mens det andet begreb er positioneret i det guddommelige område og er fjernet fra det profane helt og holdent.

I afsn. 4 er der kommet nogle flere begreber i spil ud over dem, vi har nævnt, nemlig 'fides', 'societas' og 'iustitia': [4] atque haut scio, an pietate adversus deos sublata fides etiam et societas generis humani et una excellentissuma virtus iustitia tollatur:

'pietas' har vi kategoriseret som overbegreb over 'sanctitas' og 'religio' og oversat det med 'respekt' eller 'pligtfølelse', altså en holdning, der viser, at man betragter den anden som ligeværdig med en selv ('aequus', 'aequitas'). Når 'pietas' forsvinder, forsvinder der andre værdier ('virtutes') også, fx 'fides'.

Vi finder følgende oplysninger i den etymologiske ordbog s.v. fides: *bheid(h)-: binde, bøje, tillid, tro, loyalitet; (Cic. Rep. 3, 17) 'vir aequissimus, singulari fide': 'en mand, der sætter ligeværd meget højt, af enestående loyalitet'; (Cic. Rep. 2, 14) 'quibus facillime justitia et fides convalescit': '... hvorved retfærdsfølelse og troværdighed meget led styrkes.' (Cic. Rep. 1, 2) 'unde justitia, fides, aequitas?': 'Hvorfra kommer retfærdsfølelsen, troværdigheden og ligeværdet?'

'fides' er en positiv værdi og betyder, at man kan stole på hinanden og hinandens ord og at man regner hinanden for ligeværdig; derfor følges det sammen med 'aequus', 'aequitas', hvad vi har set før hos Cicero, og her også med 'iustitia'; det kan oversættes med 'pålidelighed', 'troværdighed', 'loyalitet', og følelsen er rettet mod det romerske samfund, myndighedspersoner og, når vi bevæger os fra det profane over i det religiøse, de højere magter, guderne. Begrebet udtrykker en forpligtigelse over for væsener af højere status. På denne måde er tabet af loyalitet forståeligt sammen med tabet af respekten og pligtfølelsen, som har samme målgruppe inden for det religiøse domæne. Ordet bruges her i forbindelse med 'societas' og 'iustitia'; og 'societas' betegner et fællesskab med et bestemt formål, med et fælles sigte og kan møntes på alle former for grupperinger, der har en fælles målsætning; det gælder det private fællesskab, gårdens hushold, 'familia', logefællesskabet, fx Arvalbrødrene, religiøse fællesskaber omkring en gud eller gudinde, og sidst men ikke mindst fællesskabet for alle romere, staten, 'res publica'. Cicero taler endda om menneskeslægten som sådan, der bindes sammen, 'societas generis humani', fordi han derved kan løfte risikoen ved tabet op på et højere niveau, der truer sammenhængskraften mellem mennesker i det hele taget; på denne måde er forfædrene inddraget og staten også, fordi den er afhængig af sammenhængskraften mellem de romerske borgere. Derved berøres også det religiøse domæne, fordi man jo netop ved at udføre ritualer styrker sammenholdsfølelsen mellem deltagerne, og når man fejrer Iuppiter Optimus Maximus, så er det alle romere, der beviser deres fællesskabsfølelse med hinanden over for guderne. Det er dette, der er på spil, når værdierne nedbrydes.

Så passer 'iustitia' fint ind i dette begrebshierarki af grundlæggende værdier for romerne ifølge Cicero. Den betegnes som den højest rangerende værdi 'excelentissuma virtus'. Begrebet bygger på 'ius', der har vundet fodfæste og fast status i samfundet, '-stitia' af 'sto, stare', at stå, og dermed er basis for samfundets mellemmenneskelige relationer. Det er altså et profant begreb, der regulerer adfærden mellem mennesker og på den måde er basis for sammenhængskraften i samfundet; derfor er forbindelsen til 'societas generis humani' også oplagt. (Cic. De fin. 5, 23, 65): 'quae animi affectio suum cuique tribuens, atque hanc quam dico, societatem conjunctionis humanae munifice et aeque tuens, justitia dicitur, cui sunt adjunctae pietas, bonitas, liberalitas, benignitas, comitas, quaeque sunt generis ejusdem': 'Denne sjælelige indstilling, der giver enhver, hvad der tilkommer ham, og som på én gang storslået og med ligelighed våger over det menneskelige samfunds beståen, er det vi kalder retfærdighed; til den føjer sig trofasthed og hengivenhed, godhed, frisind og imødekommenhed, høflighed og andre egenskaber af samme art'. (Overs. af Thure Hastrup i: Blatt/Hastrup/Krarup: Ciceros filosofiske skrifter, bd. II, Kbh. (Gad) 1968)

(Just. Inst. 1, 1, 1) 'justitia est constans et perpetua voluntas jus suum cuique tribuendi': 'Retfærdsfølelse er den vedvarende og evige vilje til at lade enhver få sin ret(mæssige behandling)'; (Cic. Part. Or. 22, 78) 'justitia erga deos religio, erga parentes pietas, creditis in rebus fides ... nominatur': 'Retfærdsfølelse over for guderne hedder 'religio' ('pligtfølelse'), over for forældrene 'pietas' ('respekt'), over for betroede midler 'fides' (ærlighed').'

Kernen i ordet er 'ius', og det kommer af *i̯ĕu-/*i̯eu-s-: binde, fastgøre, forbinde (jungo), lov, ret, myndighed, magt; iustus: rettighed, vedtaget formalitet; iustitia: af ius, retfærdighed, mildhed; af ius, retfærdig, redelig, rigtig, passende.

Kernebetydningen er altså noget, der forpligtiger en på noget og som gælder for alle samfundsborgere; det kan være en konkret bestemmelse, kaldet 'lov', eller samlingen af et samfunds love, kodificeringen af alle bestemmelser, eller hvad der er vigtigst her, følelsen af, at alle er underkastet de samme bestemmelser og dermed står på samme niveau over for 'ius', 'iura' eller 'iustitia'; det er her, at 'aequitas' spiller med igen, at man står lige over for lovkomplekset, som man er forpligtet på i et fællesskab som samfundet.

Konklusionen på afsn. 3 og 4 i teksten må derfor være, at 'pietas' er den stærkeste værdi, der binder menneskene og menneskene over for guderne sammen, fordi alle væsentlige relationer afhænger af den grundlæggende respekt over for guderne.

1b. Marcus Tullius Cicero: De natura deorum I, 61:

… Itaque ego ipse pontifex, qui caerimonias religionesque publicas sanctissime tuendas arbitror, …

(Origo: Cicero: De Natura Deorum I (thelatinlibrary.com))

… Derfor er jeg personligt og især som ypperstepræst af den opfattelse, at de religiøse procedurer og former for offentlig gudsdyrkelse bør overholdes meget samvittighedsfuldt, …

Kommentar
I kap. 61 underbygger Cicero sin holdning, at guder findes, med sin status som pontifex, den højest ansete religiøse embedsmand i republikken, og slår fast, at de religiøse procedurer og ritualer skal overholdes samvittighedsfuldt. Vi ser, at 'religio' og 'sanctitas' følges ad, og der er kommet et begreb til, 'caerimonia', som kommer fra skr. kri- 'at udføre': *(s)kě i-r- (= skær = ren), renselsesritual, –gudstjeneste, ritual, respekt, helligdom.
Ud fra nedenstående eksempler ligger 'caerimonia' tæt op ad 'religio' i betydningen 'religiøs praksis': (Cic. Verr. 2. 1. 3. § 7) 'religiones vero caerimoniaeque omnium sacrorum fanorumque violatae': 'Udførelsen af ritualer og ceremonier i alle helligdomme og templer (er blevet) krænket.' (Cic. Rab. Perd. 10, 27) 'in sacerdotio caerimoniisque diligentissimus': 'Han var meget omhyggelig i sit præsteembede og i udførelsen af ritualerne'; (Cic. Tusc. 1, 12, 27) 'sepulcrorum'; (Liv.1, 20, 4+7) 'caelestes'; (Liv. 6, 41, 9; Tac. H.1, 2; Suet. Caes.74) 'polluere'; (Liv. 9, 11, 8) 'fetiales'; (Liv. 9, 11, 8): (Liv. 22, 9, 7) 'auspiciaque'; 'ceremonier, der vedrører begravelser, de himmelske guder, fetialpræsterne og fuglevarslerne.' Det er altså et begreb om en konkret procedure i det religiøse domæne, et ritual eller en rite i højtideligholdelsen af en begivenhed inden for kulten, og fordi det er en konkret foreteelse, kan det heller ikke undre os, at det står i flertal, ligesom 'religiones', for procedurer og ritualer er der jo mange af. Og vi har set af den foregående analyse, at der ikke er tale om religioner, altså religiøse

systemer; det er ikke dem, Cicero skriver om. 'Kultudøvelse' eller 'ritualudøvelse' har vi tidligere oversat 'religio' med, og det i flertal volder ikke problemer, fordi vi nu taler om forskellige praksisser i kultudøvelsen. Og disse praksisser betegner forskellige typer af handlingsfølger inden for en kult, også kaldet ritualer i det religiøse domæne.

Hvad sker der, når et begreb går fra singular til plural? Hvis vi vælger eksemplet 'vinum', vin, i ental, betegner det en kategori af flydende væske over for vand eller frugtsaft eller øl; det betegner en substans af en bestemt slags; når ordet sættes i plural, 'vina', er det stadigvæk den samme kategori over for vand, frugtsaft, øl. Men nu er kategorien blevet delt op i forskellige underkategorier, fx vinsorter. Begrebet er blevet mere konkret, og det kan blive endnu mere konkret, når det betegner vinflasker; her er der så tale om helt konkrete objekter.

Hvis vi overfører glidning på begrebet 'religio', så har vi i singular en kategori, der kunne hedde 'gudsdyrkelse' eller 'ritualudførelse', altså et konkret handlingssystem inden for det religiøse domæne fx sat over for agerdyrkning eller en anden form for arbejde; når 'religio' så glider over i plural, har vi stadigvæk et handlingssystem over for agerdyrkning og andet arbejde, men nu er der kommet flere underkategorier til systemet, og dem kunne man kalde praksisser; man har forskellige praksisser i forskellige kulter. Og ligesom med vinflaskerne kan det blive endnu mere konkret, idet de nu kan sammenlignes med de enkelte riter inden for kultens ritualsystem.

2. Marcus Tullius Cicero: De natura deorum I, 116-117

[116] … Est enim pietas iustitia adversum deos; cum quibus quid potest nobis esse iuris, cum homini nulla cum deo sit communitas? Sanctitas autem est scientia colendorum deorum; qui quam ob rem colendi sint, non intellego nullo nec accepto ab his nec sperato bono.

[117] … Horum enim sententiae omnium non modo superstitionem tollunt, in qua inest timor inanis deorum, sed etiam religionem, quae deorum cultu pio continetur.

(Origo: Cicero: De Natura Deorum I (thelatinlibrary.com))

Marcus Tullius Cicero: Om gudernes væsen I, 116-117

116. … 'Pietas' er nemlig retfærdsfølelse over for guderne; hvad kan der for os være af

retsgyldighed over for dem, når der ikke eksisterer noget forpligtende fællesskab for mennesket med guden? Og hellighed er videnskaben om dyrkelsen af guder; hvorfor de bør dyrkes, forstår jeg ikke, når jeg hverken har modtaget et gode eller der er stillet mig noget gode i udsigt af dem.

117. … For alle disse personers meninger ikke blot ophæver den overtro, i hvilken der bor en tom frygt for guderne, men også den religion, der består i en respektfuld dyrkelse af guderne.

Kommentar

I afsn. 116 bliver vi bekræftet i, at 'pietas' oprindeligt er et profant begreb, der betyder respekt over for ens medmennesker, så derfor skal det også specificeres, når det gælder guderne. Glidningen fra den profane sfære til den religiøse kræver netop en specificering. 'Iustitia' bliver nu et begreb i det religiøse domæne, fordi det betegner et retslignende forhold over for guderne; det bliver betragtet som et lovpligtigt forhold, dvs. der er regler og procedurer, der skal overholdes i behandlingen og henvendelsen til de højere magter; det er jo den kerne, der ligger i betydningen af ritual: der skal være en ortopraktisk udførelse af det. 'sanctitas', som vi tidligere har oversat med 'religiøs integritet' eller 'urørlighed'/'ukrænkelighed', bliver nu defineret som 'scientia colendorum deorum', altså viden om at dyrke guderne. 'sanctitas' bliver dermed konkretiseret til viden om ritualer, så vi er langt fra det mentale kristne begreb 'fromhed'.

I afsn. 117 defineres 'religio' som 'en respektfuld dyrkelse af guderne', og dermed er vi stadig i den konkrete betydnng af 'religio'. Der gives også en betydning af 'superstitio', normalt oversat med 'overtro' efter 'super' = 'over et standard-niveau', og 'stitio', 'basis' (af 'sto', 'står'); ordet betyder altså, at man har en holdning til de højere magter ud over det sædvanlige; i negativ konnotation betegner det altså en form for overdrivelse i handling eller tanke; man gør for meget, fordi man frygter guderne, og Cicero vurderer dette så til at være 'inanis', en tom, ubegrundet frygt.

3. Marcus Tullius Cicero: De natura deorum II, 5

… Itaque et in nostro populo et in ceteris deorum cultus religionumque sanctitates existunt in dies maiores atque meliores;

(Origo: http://thelatinlibrary.com/cicero/nd2.shtml#5)

Marcus Tullius Cicero: Om gudernes væsen II, 5

... Derfor er både hos vores folk og hos de øvrige folkeslag dyrkelsen af guderne og overholdelsen af de religiøse forpligtelser med tiden blevet mere betydningsfuld og bedre;

Kommentar

Her møder vi alle vores omtalte begreber i plural, idet Cicero roser udviklingen af de forskellige former for kultpraksis, som er afhængige af de guder, man højtideligholder, og derfor er der forskellige ritualudførelser, 'religionum', og forskellige former for viden om guderne, 'sanctitates'. Pluralformerne betegner altså underkategorier af overkategorien 'cultus', 'religio' og 'sanctitas'.

4.   Marcus Tullius Cicero: De natura deorum II, 8

[8] C. Flaminium Coelius religione neglecta cecidisse apud Transumenum scribit cum magno rei publicae vulnere. Quorum exitio intellegi potest eorum imperiis rem publicam amplificatam, qui religionibus paruissent. Et si conferre volumus nostra cum externis, ceteris rebus aut pares aut etiam inferiores reperiemur, religione, id est cultu deorum, multo superiores.

(Origo: http://thelatinlibrary.com/cicero/nd2.shtml#8)

Marcus Tullius Cicero: Om gudernes væsen II, 8

8. Coelius skriver, at C. Flaminius faldt ved Trasumener-søen til stor skade for staten, fordi han havde forsømt at overholde den religiøse praksis. Ud fra disse mænds død kan man forstå, at staten kun er blevet mægtigere under de mænds ledelse, som har fulgt de religiøse ritualer. Og hvis vi vil sammenligne vores forhold med udlandets, vil vi anses for at være lige eller ringere på de andre områder, men med hensyn til den religiøse praksis, dvs. dyrkelsen af guderne, anses vi for at være dem langt mere overlegne.

Kommentar

Cicero fremhæver her betydningen af at overholde den religiøse praksis, dvs. den konkrete udførelse af ritualer for guderne, 'religio' = 'cultus deorum'. Bliver denne forpligtigelse forsømt, går det galt.

5. Marcus Tullius Cicero: De natura deorum II, 71-72

[71] … Quos deos et venerari et colere debemus, cultus autem deorum est optumus idemque castissimus atque sanctissimus plenissimusque pietatis, ut eos semper pura integra incorrupta et mente et voce veneremur. non enim philosophi solum verum etiam maiores nostri superstitionem a religione separaverunt.

[72] nam qui totos dies precabantur et immolabant, ut sibi sui liberi superstites essent, superstitiosi sunt appellati, quod nomen patuit postea latius; qui autem omnia quae ad cultum deorum pertinerent diligenter retractarent et tamquam relegerent, [i] sunt dicti religiosi ex relegendo, [tamquam] elegantes ex eligendo, [tamquam] [ex] diligendo diligentes, ex intellegendo intellegentes; his enim in verbis omnibus inest vis legendi eadem quae in religioso. ita factum est in super-stitioso et religioso alterum vitii nomen alterum laudis. Ac mihi videor satis et esse deos et quales essent ostendisse.

(Origo: http://www.thelatinlibrary.com/cicero/nd2.shtml#71)

Marcus Tullius Cicero: Om gudernes væsen II, 71-72

71. … Den bedste og tillige reneste og mest integre og respektfulde dyrkelse af de guder, som vi bør ære og dyrke, består i, at vi altid ærer dem med ren, ubesmittet og ufordærvet tanke og tale. For ikke alene filosoffer, men også vore forfædre har adskilt overtro fra religion.

72. For de, som bad og ofrede hele dagen, for at deres børn kunne overleve dem, blev kaldt overtroiske, hvilket ord senere fik en videre betydning; men de, som omhyggeligt gennemgik og så at sige genlæste alt, hvad der hørte til gudernes dyrkelse, er blevet kaldt religiøse af 'relegere' (genlæse), ligesom elegante af 'eligere' (udvælge), diligentes (liebhavere) af 'diligere' (værdsætte), intelligente af 'intellegere' (forstå); i alle disse ord er der nemlig den samme betydning 'at udvælge', som findes i 'religiøs'. Således opstod i 'superstitiosus' og i 'religiosus' hhv. et ord for det lastefulde og det prisværdige. Og jeg synes at have bevist i tilstrækkelig grad, at guderne er til og af hvad art de er.

Kommentar

Her fremhæver Cicero endnu engang den holdning, man skal møde guderne med, nemlig en ren, ubesmittet og ufordærvet tanke og tale. 'castissimus', som jo ofte oversættes med 'kysk' eller 'ren', forstår vi her som 'uden bagtanker' og falder godt i hak med 'pura', 'ren', og 'integra', 'urørt', 'pletfri', 'perfekt', idet betydningen er, at man ikke har været i berøring med rituelt besmittede ting, men har fulgt reglerne inden for det religiøse domæne, man er 'hel' i moralsk forstand, og med 'incorrupta' menes 'ukorrumperet', 'ikke ødelagt', dvs. man fører ikke et dobbeltspil og er ikke offer for negative påvirkninger udefra. På den måde ligger betydningen af disse begreber fint i forlængelse af hinanden. Når Cicero så bringer overtroen ind, er det, fordi de nævnte egenskaber hos de overtroiske personer bliver modificerede i negativ retning, det, som han kalder 'vitium', 'last' eller 'negativ egenskab' lidt senere i afsn. 72.

I dette afsnit forsøger Cicero sig med en etymologisk forklaring, som de moderne ordbøger stadigvæk nævner, men ikke foretrækker, nemlig at 'religio' skulle komme af 'relego', 'at genlæse', 'at studere nøje', fordi 're-' skulle betyde 'igen', 'om', og 'lego' skulle betyde 'udvælger' ud fra overbetydningen (arkisemet) 'vis legendi', 'betydningen at udvælge' eller 'at fokusere på'. 'Religio' betegner iflg. Cicero dermed en fordybelse i og en fokusering på omgangen med guderne. Denne fordybelse udgør så forskellen til de såkaldt overtroiske mennesker, der på overfladen dyrker guderne nervøst og rastløst. 300 år senere fremfører kirkefaderen Lactants en kritik af denne forklaring, se senere.

6. Marcus Tullius Cicero: De natura deorum III, 5

Balbus har fremhævet Cotta som pontifex i afsnittet før.

… quod eo, credo, valebat, ut opiniones, quas a maioribus accepimus de dis immortalibus, sacra, caerimonias religionesque defenderem … Cumque omnis populi Romani religio in sacra et in auspicia divisa sit, tertium adiunctum sit, si quid praedictionis causa ex portentis et monstris Sibyllae interpretes haruspicesve monuerunt, harum ego religionum nullam umquam contemnendam putavi mihique ita persuasi, Romulum auspiciis, Numam sacris constitutis fundamenta iecisse nostrae civitatis, quae numquam profecto sine summa placatione deorum inmortalium tanta esse potuisset. [6]

(Origo: https://thelatinlibrary.com/cicero/nd3.shtml#5)

Marcus Tullius Cicero: Om gudernes væsen III, 5

... Hvilket, tror jeg, var af betydning i den hensigt, at jeg skulle forsvare de opfattelser, som vi har modtaget af vore forfædre om de udødelige guder, deres ritualer, ceremonier og former for gudsdyrkelse ... Og da hele det romerske folks gudsdyrkelse er delt i offerhandlinger og fuglevarsler, og der er tilføjet et tredje element, når Sibyllens fortolkere og indvoldstydere har givet os en eller anden antydning om fremtiden ud fra varsler og jærtegn, har jeg aldrig været af den opfattelse, at nogen af disse former for gudsdyrkelse skulle ringeagtes, men jeg har altid været overbevist om, at Romulus gennem indstiftelsen af fuglevarsler og Numa gennem fastlæggelsen af offerhandling‹s procedurer› har lagt et solidt fundament for vores stat, som aldrig nogensinde uden den største forsoning af de udødelige guder havde kunnet blive så stor. [6]

Kommentar

I dette kapitel gentager han så de funktioner i det religiøse domæne, som vi har talt om i det foregående, nemlig ritualerne, ceremonierne, dvs. rækkefølgen af de enkelte riter i et ritual, og kultpraksisserne eller formerne for gudsdyrkelse. Hvad der er værd at notere sig, er, at han deler 'religio', altså det romerske folks kultudøvelse på højeste niveau, netop brugt som overkategori, op i tre forskellige praksisser, nemlig 'sacra', 'offerhandlinger' og 'offerritualer', 'auspicia', 'fuglevarsler' samt de Sibyllinske bøger, 'libri Sibyllini', som forelå på græsk i mange forskellige samlinger af netop orakelsvar og varsler og jærtegn. Den romerske divinationspraksis hviler altså på tre baser.
Til sidst fremhæver han som traditionelt tænkende romer Romulus, Roms grundlægger, og Numa, Roms anden konge, som skabere af de religiøse love, præsteskaber og ritualer.

Vetus Testamentum

7a. Exodus 12:26:

Et cum dixerint vobis filii vestri: Quae est ista religio[1]?

(Exodus 1 : Vulgata Latina – Vetus Testamentum (wordproject.org)

2. **Mos. 12:26:** Og når jeres sønner har spurgt jer: Hvad er dette for et ritual?

[1]religio: hebr. avodah = arbejde, tjeneste

7b. Exodus 12:43:

Dixitque Dominus ad Moysen et Aaron: Haec est religio[1] Paschae: omnis alienigena non comedet ex eo;

(Exodus 1 : Vulgata Latina – Vetus Testamentum (wordproject.org)

2. Mos. 12:43: Og Herren sagde til Moses og Aaron: Dette er reglen for påskelammet: ingen fremmed må spise af det.

[1]religio = hebr. huqqah = regel, forordning, bestemmelse

7c. Numeri 19:2:

Ista est religio[1] legis[2], quam constituit Dominus. Praecipe filiis Israel, ut adducent ad te vaccam rufam aetatis integrae, in qua nulla sit macula, nec portaverit iugum.

(Origo: https://www.wordproject.org/bibles/vg/04/19.htm#0)

4. Mos. 19:2: Dette er reglen ifølge loven, som Herren har udstedt. Sig til Israels børn, at de skal føre en rød kvie uden fejl og som ikke har båret et åg endnu, til dig.

[1]religio: hebr. huqqah = regel, forordning, bestemmelse, kultforskrift
[2]legis: hebr. torah = lov

Kommentar

Det Gamle Testamentes skrifter er blevet til ca. 200 f.Kr. til ca. 100 e.Kr., relativt hurtigt fulgt op af en græsk oversættelse, 'Septuaginta', og latinske oversættelser, kaldet 'Itala', fulgte i det andet århundrede e.Kr., som så blev kanoniseret i Hieronymus' oversættelse 'Vulgata' i årene 382-405 e.Kr. Når vi oversætter, skal vi sætte os i oversætterens sted og se, hvilket ord han har brugt i sin levetid, og her er vi altså et sted mellem 150 og 400 e.Kr. Oversættelsen af det Gamle Testamente til latin kan meget vel være yngre end oversættelsen af det Nye Testamente til latin, men vi går ud fra, at oprindelsen ligger i det andet eller tredje efterkristne århundrede.

I 2. mosebog, 12:26, af GT bruges ordet 'religio' til oversættelse af det hebræiske ord 'avodah'[1], som betyder 'arbejde', 'tjeneste'. Ordet har altså et konkret indhold, en handling inden for det religiøse domæne, som man godt kan oversætte med 'ritual' eller 'rite'.

I samme bog, 12:43, af GT bruges ordet 'religio' så igen i forbindelse med påsken 'Paschae', dvs. der er tale om et påskeritual, hvoraf en forskrift omtales her, nemlig at påskelammet ikke må spises af fremmede, tilflyttere. 'Pascha' kan både betyde 'påske' og 'påskelam'; det sidste er så en specificerende del af helhedsbetydningen 'påske'. På hebræisk står der 'huqqah', som oversættes med 'religio', og det betyder 'regel' eller 'forskrift', afledt af 'hqq', 'lov'. Da ritualer består af forskrifter, passer oversættelsen fint på den hebræiske tekst. 'religio' betyder 'handlingsanvisning' her.

I fjerde mosebog, 19:2, møder vi både underbegrebet 'religio', på hebræisk 'huqqah', og overbegrebet 'lex', på hebræisk 'hqq', det samlede lovkompleks, som Gud har skabt. Her drejer den enkelte forskrift eller regel sig altså om en rød kvie. Så 'religio' i disse eksempler betyder stadig konkrete handlingsanvisninger inden for et ritual eller en forskrift som del af et helt lovkompleks.

[1] Jeg takker lektor Laura Feldt, Religionsstudier, SDU, for hjælp med oversættelsen af de hebræiske termer.

Novum Testamentum

8a. Epistula Iacobi 1:26

Si quis putat se religiosum esse, non freno circumducens linguam suam, sed seducens cor suum, huius vana est religio.

(Origo: EPISTULA IACOBI – Nova Vulgata, Novum Testamentum (vatican.va))

Jak. 1:26
Hvis nogen mener, at han dyrker Gud, men ikke tøjler sin tunge og fører sit hjerte på afveje, så er hans gudsdyrkelse tom.

8b. Epistula Iacobi 1:27

Religio munda et immaculata apud Deum et Patrem, haec est: visitare pupillos et viduas in tribulatione eorum, et immaculatam se custodire ab hoc saeculo.

(Origo: EPISTULA IACOBI – Nova Vulgata, Novum Testamentum (vatican.va))

Jak. 1:27
En ren og pletfri holdning over for Gud og Faderen består i at besøge de forældreløse og enkerne i deres nød og beskytte sig i integritet mod denne verden.

8c. Acta Apostolorum 26:5

Praescientes me ab initio (si velint testimonium perhibere) quoniam secundum certissimam sectam nostrae religionis vixi pharisaeus.
(Origo: Actus Apostolorum – Nova Vulgata (vatican.va))

Apost. Gern. 26:5
For de ved om mig fra tidligere (hvis de da ellers vil aflægge vidnesbyrd om det), at jeg har levet som en farisæer i overensstemmelse med den gruppe, der er mest nøjeregnende med vores form for gudsdyrkelse.

8d. Ad Colossenses 2:18

Nemo vos seducat, volens in humilitate, et religione angelorum, quae non vidit ambulans, frustra inflatus sensu carnis suae.
(Origo: https://www.bibliacatolica.com.br/en/vulgata-latina/epistula-ad-colossenses/2/amp/)

Brevet til Koloss. 2:18
Lad jer ikke forføre af nogen, der hælder til falsk ydmyghed og engledyrkelse og går op i, hvad han ikke har set (= fantasmer), uden grund drevet af sit køds begær.

Kommentar

Der er fire steder i det Nye Testamente, som er oversat til latin med substantivet 'religio' eller adjektivet 'religiosus', på græsk 'θρησκεία' og 'θρῆσκος'. Der er altså en overensstemmelse i brugen af gloserne på græsk og latin. Nu er vi nået til det første århundrede efter Kristus, lidt over hundrede år efter Ciceros tekster, og selv om vi her fokuserer på latinske tekster, så er NT latine jo oversat fra græsk, så vi bør have de græske gloser i baghovedet. Hvis vi ser på de første to eksempler fra Jakobs brev, som er et apokryft skrift ifølge den teologiske tradition, bruges 'religiosus' om den, der tøjler sin tunge og ikke fører sit hjerte på afveje, dvs. lader sig korrumpere af negative indflydelser. Det er altså en konkret anvisning, at man skal bevare sin integritet, sin retskaffenhed, hvad der svarer til det førnævnte 'pietas' og 'sanctitas'; forskriften dækker fint det latinske 'religio'. De græske termer dækker her nok mere overbegrebet 'gudsdyrkelse' i konkret form ('θρησκεία') og i det hele taget at befinde sig i det religiøse domæne ('θρῆσκος'). Overholder man ikke denne anvisning, er ens gudsdyrkelse uden indhold, ikke substantiel, 'vana'.

I det andet tekststed bruges også ordet 'religio' med et underled 'apud Deum et Patrem', efterfulgt af en konkret anvisning, at man skal besøge de svage i samfundet og indtage en bestemt holdning over for den profane verden; 'religio' betegner her altså en konkret forskrift, som vi kender fra ordets betydningsfelt, men udvides nu også med en holdningsmæssig forskrift, som viser sig ved en pletfri livsvandel over for Gud Fader, at man holder sig integer over for verdens fristelser. Begrebet 'religio' indeholder nu det velkendte træk af forskrift, regel, men nu også en mental, indre holdning over for verden.

I Apostlenes Gerninger nævnes farisæerne som den sekt eller udvalgte gruppe (αἵρεσις), der er mest nøjeregnende (certissimam) med gudsdyrkelsen. Her drejer det sig nok om en gennemført ortopraksi. Her kommer vi nok tættest på den senrepublikanske brug af ordet 'religio', en gudsdyrkelse, der skal følges til punkt og prikke mht. ritualer og forskrifter i gudsdyrkelsens praksis.

I Paulus' brev til indbyggerne i Kolossos nævnes den falske forfører, der med en påtaget ydmyghed og en dyrkelse eller tro på englene søger at forføre andre ved hjælp af fantasmer, indbildte syner, for at tilfredsstille sin egen seksualitet. Her er der tale om mentale fænomener både som årsag og middel til at forføre ens medmennesker, og begrebet 'religio' begynder at blive mere mentalt end handlingsmæssigt præget. I hvert fald foregår der en udvidelse af begrebet i mental retning, en betydningsglidning.

9. Lactantius (Lucius Caecilius Firmianus) Divinarum Institutionum libri septem, IV 28, 1-5+9-12+15

Quae cum ita se habeant ut ostendimus, apparet nullam aliam spem uitae homini esse propositam, nisi abiectis uanitatibus et errore miserabili deum cognoscat et deo seruiat, nisi huic temporali renuntiet uitae ac se rudimentis iustitiae ad cultum uerae religionis instituat.

1. Hac enim condicione gignimur, ut generanti nos deo iusta et debita obsequia praebeamus, hunc solum nouerimus, hunc sequamur.

2. Hoc uinculo pietatis obstricti deo et religati sumus, unde ipsa religio nomen accepit, non ut Cicero interpretatus est a relegendo; qui libro de natura deorum secundo ita dixit:

3. (Cic. Nat. deor. II 71 sq.) "Non enim philosophi solum verum etiam maiores nostri superstitionem a religione separaverunt.

[72] nam qui totos dies precabantur et immolabant, ut sibi sui liberi superstites essent, superstitiosi sunt appellati, ‹quod nomen patuit postea latius›[1];

4. qui autem omnia quae ad cultum deorum pertinerent ‹diligenter›[2] retractarent et tamquam relegerent, [i] ‹ii›[3] sunt dicti religiosi ex relegendo, [tamquam][4] elegantes ex eligendo, [tamquam] [ex][5] diligendo diligentes, ex intellegendo intellegentes; his enim in verbis omnibus inest vis legendi eadem quae in religioso. ita factum est in superstitioso et religioso alterum vitii nomen alterum laudis."

5. Haec interpretatio quam inepta sit, ex re ipsa licet noscere. Nam si in isdem diis colendis et superstitio et religio uersatur, exigua uel potius nulla distantia est. ...

9. Nam quod ait "religiosos a relegendo appellatos, qui retractent ea diligenter, quae ad cultum deorum pertineant", cur ergo illi qui hoc saepe in die faciant religiosorum nomen amittant, cum multo utique diligentius ex adsiduitate ipsa relegant ea quibus dii coluntur?

10. Quid ergo est? Nimirum religio ueri cultus est, superstitio falsi. Et omnino quid colas interest, non quemadmodum colas aut quid precere. Sed quia deorum cultores religiosos se putant, cum sint superstitiosi, nec religionem possunt a superstitione discernere nec significantiam nominum exprimere.

11. Diximus nomen religionis a uinculo pietatis esse deductum, quod hominem sibi deus religauerit et pietate constrinxerit, quia seruire nos ei ut domino et obsequi ut patri necesse est. ...

12. Melius ergo id nomen Lucretius interpretatus est, qui ait "religionum se nodos soluere". ...

15. Sed cum ueteres quoque deos inueniamus eodem modo consecratos esse post obitum, superstitiosi ergo qui multos ac falsos deos colunt, nos autem religiosi qui uni et uero deo supplicamus.

^{1⁻2} haec verba in Cic. codd., om. Lact. codd., ³ hoc verbum om. Cic. codd., ^{4⁻5} in Lact. codd.

(Origo: Lactantius: *Divinarum Institutionum libri septem*, fasc. 2: Libri III et IV, edd. E. Heck et A. Wlosok, Berolini et Novi Eboraci (Walter de Gruyter) MMVII)

Lactantius (Lucius Caecilius Firmianus): Lærebog i religion i 7 bøger IV, 28, 1-5+9-12+15

Da forholdene er sådan, som vi har vist, er det klart, at der intet andet håb om liv bliver tilbudt mennesket, hvis ikke det erkender og tjener Gud, når forfængelighed og ulykkelige fejltagelser er lagt til side; medmindre man undsiger det jordiske liv og øver sig i dyrkelsen af den sande gudsdyrkelse ud fra retfærdsfølelsens grundprincipper.

1. Vi fødes nemlig under den betingelse, at vi viser den Gud, der skaber os, retfærdig og tilbørlig lydighed, at vi anerkender og følger ham alene.

2. Vi er lænket og bundet til Gud med denne fromheds lænke, hvorfra selve ordet 'religion' fik sin betydning, ikke som Cicero har afledt det fra 'relegere' (studere grundigt, genlæse); han siger således i sin anden bog af "Om gudernes væsen":

3. (71.) … For ikke alene filosoffer, men også vore forfædre har adskilt overtro fra gudsdyrkelse.

(72.) For de, som bad og ofrede hele dagen, for at deres børn kunne overleve (superstes) dem, blev kaldt overtroiske (superstitiosi), [hvilket ord senere fik en videre betydning];

4. men de, som [omhyggeligt] gennemgik (retractare) og så at sige genlæste (relegere) alt, hvad der hørte til gudernes dyrkelse, er blevet kaldt religiøse af 'relegere' (genlæse), ligesom elegante kommer af 'eligere' (udvælge), diligentes (liebhavere) af 'diligere' (værdsætte), intelligente af 'intellegere' (forstå); i alle disse ord er der nemlig den samme betydning 'at udvælge', som findes i 'religiøs'. Således opstod i 'superstitiosus' og i 'religiosus' hhv. et ord for det lastefulde og det prisværdige.

5. Hvor tåbelig denne fortolkning er, kan vi lære af virkeligheden selv. For hvis der i dyrkelsen af de samme guder er involveret både overtro og ‹den rette› gudsdyrkelse, er der kun en minimal eller snarere slet ingen forskel mellem dem. …

9. For når han (= Cicero) siger, "at de bliver kaldt 'religiøse' (gudsdyrkere) af 'relegere'

(studere nøjagtigt/genlæse), fordi de studerer de ting omhyggeligt, som hører til gudsdyrkelsen", hvorfor skal de så, som gør dette ofte i løbet af dagen, miste betegnelsen 'rettroende mennesker' ('religiosi'), når de under alle omstændigheder ud fra selve deres vedholdenhed studerer de ting meget mere omhyggeligt, som guderne dyrkes med?

10. Hvad drejer det hele sig altså om? Det følger uden for al tvivl, at 'religio' er dyrkelsen af den sande tro, mens 'superstitio' er dyrkelsen af den falske tro. Og i det hele taget er det af afgørende betydning, hvad du dyrker, ikke hvorledes du gør det eller hvilke bønner du fremsiger. Men fordi gudsdyrkerne opfatter sig selv som rettroende (religiosi), skønt de er overtroiske (superstitiosi), kan de hverken adskille sand gudsdyrkelse fra overtro eller redegøre for betydningen af disse ord.

11. Vi har sagt, at ordet 'religio' er afledt af fromhedens lænke, fordi Gud har bundet mennesket til sig og lænket det til sig gennem respekt, fordi vi nødvendigvis må tjene ham som en herre og adlyde ham som en far.

12. Lukrets fortolkede nemlig det ord bedre, når han siger, "at han løser gudsdyrkelsernes knuder". …

15. Men da vi ser, at de gamle guder også er blevet udødeliggjort på samme måde efter deres død, så er de altså overtroiske (superstitiosi), som dyrker mange og falske guder, mens vi er rettroende (religiosi), som tilbeder den ene og sande Gud.

Kommentar

Med kirkefaderen Lactants (250-325 e.Kr.) befinder vi os i det tredje og starten af det fjerde århundrede e.Kr., og i sit værk Libri septem Divinarum Institutionum plæderer han for den kristne lære, efter at han selv er gået over til den. Dette er man selvfølgelig nødt til at have in mente, når man læser hans diskussion af bl.a. Ciceros opfattelse og den gammelromerske gudsdyrkelse. Det fornemmer man allerede i indledningen, hvor han plæderer for at undsige det jordiske liv og på grundlag af retfærdsfølelsen hengive sig til dyrkelsen af den sande religion. Her kobles 'iustitia' sammen med 'cultus verae religionis'; retfærd baserer sig nu kun på kristent grundlag. Her ser vi kristendommen i tidlig udfoldelse, som fraråder engagement i det konkrete dagligliv til fordel for hengivelse til den kristne gud; kristendommen er nu den sande religion, mens alle andre former for gudsdyrkelse, gammel-romerske kulter og ritualer nu betragtes som falske. Det er bemærkelsesværdigt, at 'iustitia', som Cicero betegnede som den mest kostbare egenskab for samfundets sammenhængskraft, nu nævnes som basis for en kristen stat, et kristent kejserdømme, og derfor kalder han det vel også 'rudimenta', 'rester', nemlig af den gamle samfundsbygning, der hvilede på gammelromersk religiøs praksis, hvoraf 'iustitia' nu omdefineres og bliver et grundprincip for den kristne stat.

Efter afsnit 1, der plæderer for lydighed over for den kristne gud, følger afsn. 2 som direkte kommentar til Ciceros teori om etymologien af 'religio', der citeres i afsn. 3 + 4. I afsn. 2 fremlægger han sin version af ordet 'religio's betydning, som han fører tilbage til verbet 'religo', 'at binde', og dermed lader 'religio' betegne det bånd, der binder den troende til gud, og her den kristne Gud, idet man som troende lænker og binder sig til den ene Gud. Han gentager tankegangen i afsn. 11 mht. det bånd, der binder gud og mennesket sammen i 'pietas's navn, som her stadigvæk betyder 'respekt' og 'loyalitet' over for den ene Gud, hvad der senere i det kristne univers bliver til 'fromhed' som standardoversættelse. Billedet med båndet som basis for 'religio's betydning ses også i afsn. 12, hvor han anfører den gamle atomist Lukrets som kilde; her kobles gudsdyrkelse, 'religionum' og knuder, der løses, 'nodos soluere', sammen.

Samtidigt er der her en anden vigtig religiøs terminologi, der konsoliderer sig med Lactants' skrift. I afsn. 10 kobles terminologien for den sande tro, altså kristendommen, sammen med ordet 'religio': 'religio veri cultus est', og terminologien for den falske tro, altså de gammelromerske kulter, sammen med ordet 'superstitio': 'superstitio falsi'. Derudover lægger han vægt på, hvad man tror på, dvs. hvilken religion eller hvilket gudesystem man dyrker; det er ikke væsentligt, hvordan man gør, dvs. hvilke ritualer man udfører, eller hvilke bønner man fremfører. Dette står i skærende kontrast til den gammelromerske ortopraksi og nøjagtighed i udførelsen af de religiøse handlinger, så man kan tydeligt se forskellen mellem gammelromersk praksis og kristen tro. Og med logisk nødvendighed ser vi i afsn. 15, at de polyteistiske romere med de mange kulter kaldes 'superstitiosi', 'overtroiske' eller 'falsk troende', mens de, der kun tror på den ene og sande Gud, kaldes 'religiosi', 'rettroende.

Vi husker, at Cicero kritiserede de mennesker, der af overdreven frygt for guderne ofrede mange gange og gentog ritualerne for mange gange ifølge ham; dem kaldte han 'superstitiosi', 'overtroiske', i modsætning til dem, der havde en normal tilgang til det religiøse, kaldt 'religiosi', 'de, der studerer eller følger ritualerne grundigt'. Disse ord får nu en anden betydning i det kristne domæne, og i afsn. 9 tager Lactants Ciceros definition op og stiller spørgsmålet, hvorfor det skulle være negativt at bede mange gange, da det kun kan styrke båndet til Gud. Også her ser vi en fundamental forskel i holdningen til religiøse spørgsmål; Cicero er praktikeren, der vil udføre ritualet korrekt, og så er det godt, mens Lactants vil styrke den mentale forbindelse til Gud, hvad der ikke kan gøres ofte nok.

10. Aurelius Augustinus: De vera religione, cap. 55, par. 108-113

Epilogus exhortans ad veram religionem, et a falsa deterrens.
108. Non sit nobis religio in phantasmatibus nostris. …
Non sit nobis religio humanorum operum cultus. …
Non sit nobis religio cultus bestiarum. …
Non sit nobis religio cultus hominum mortuorum: …
Non sit nobis religio cultus daemonum; …
109. Non sit nobis religio terrarum cultus et aquarum; …
Non sit nobis religio etiam purioris aeris et serenioris cultus: …
Non sit nobis religio cultus corporum aethereorum atque coelestium, …
Non sit nobis religio cultus illius vitae, qua dicuntur arbores vivere: …
110. Non sit nobis religio vel ipsa perfecta et sapiens anima rationalis, …
111. … et ei uni religantes animas nostras, unde religio dicta
creditur, omni superstitione careamus?
112. Ecce unum Deum colo, unum omnium Principium, et Sapientiam qua sapiens est quaecumque anima sapiens est, et ipsum Munus quo beata sunt quaecumque beata sunt. Quisquis Angelorum diligit hunc Deum, certus sum quod etiam me diligit. …
113. Religet ergo nos religio uni omnipotenti Deo; quia inter mentem nostram qua illum intellegimus Patrem, et veritatem, id est lucem interiorem per quam illum intellegimus, nulla interposita creatura est. …
(Origo: Augustinus Hipponensis – De Vera Religione liber unus)

Aurelius Augustinus: Om den sande religion, kap. 55, afsn. 108-113

Epilog, der opmuntrer til den sande gudsdyrkelse og afskrækker fra den falske
108. Gudsdyrkelse skal for os ikke være bundet til fantasiforestillinger. …
Gudsdyrkelse skal for os ikke være en dyrkelse af menneskelige kunstværker. …

Gudsdyrkelse skal for os ikke være en dyrkelse af dyr. …

Gudsdyrkelse skal for os ikke være en dyrkelse af døde mennesker, …

Gudsdyrkelse skal for os ikke være en dyrkelse af dæmoner, ...

109. Gudsdyrkelse skal for os ikke være en dyrkelse af kontinenter og have, ...

Gudsdyrkelse skal for os ikke være en dyrkelse af den renere og klarere luft, …

Gudsdyrkelse skal for os ikke være en dyrkelse af æter- og himmellegemer, …

Gudsdyrkelse skal for os ikke være en dyrkelse af det liv, hvormed træer siges at blive besjælet. …

110. Gudsdyrkelse skal for os ikke være en dyrkelse af den fuldkomne og vise rationelle sjæl, …

111. … og binder vores sjæle til den ene, hvoraf ordet 'religio' synes at være afledt, idet vi gør os fri for al form for overtro.

112. Se, jeg dyrker den ene Gud, urprincippet til altet, og Visdommen, hvorved enhver vis sjæl bliver vis, og selve Gaven, som gør alle salige lykkelige. Hvilken engel der end elsker denne Gud, den engel er jeg sikker på, elsker også mig. ...

113. Så lad gudsdyrkelsen binde os til den ene almægtige Gud. For mellem vores forstand, hvormed vi erkender Faderen, og sandheden, dvs. det indre lys, gennem hvilket vi elsker ham, er der ikke sat en skabning. ...

Kommentar

Aurelius Augustinus levede fra 354-430 e.Kr. og er den mest indflydelsesrige kirkefader i den katolske kirke, og i sin traktat 'Om den sande religion' er terminologien nu så fast, at 'vera religio' står for kristendommen, som nu er statsreligion, mens alle andre kulter og religioner er falske.

I ni enslydende afsnitsindledninger tager Augustin den gammelromerske kultpraksis op og konfronterer den med kristendommens dogmer under formlen: 'non sit nobis religio …'.

I afsn. 108 startes der med negationen af fantasiforestillinger. Det udtryk har vi mødt i det Nye Testamente, se ovf.: Brevet til Koloss. 2:18: "Lad jer ikke forføre af nogen, der hælder til falsk ydmyghed og engledyrkelse og går op i, hvad han ikke har set (= fantasmer), uden grund drevet af sit køds begær." Spørgsmålet er så, hvad fantasmer er i forhold til gammelromersk kult. Det kunne være de syn, man forbinder med 'portenta', naturfænomener som en aura omkring solen eller en fakkel på himlen, fænomener, der hører ind under prodigier, varsler, man ikke har bedt om. Den næste negation handler om tilbedelse af menneskelige kunstværker, og i den religiøse sfære må det dreje sig om gudestøtter og gudebilleder. Dette efterfølges af modstanden mod at tilbede dyr, og det må være offerdyrene, victimae og hostiae, og dyreofringerne, som han har i tankerne og som spiller en stor rolle i gammelromerske kulter. Modsat grækerne havde romerne ingen tanker om det at slå dyr ihjel for at højtideligholde en gud, hvilket en del retninger i Grækenland, fx pythagoræerne og orfikerne, anså for et paradoks og derfor afviste det. Den følgende kritik retter sig mod tilbedelsen af de døde og højtideligholdelsen af dæmoner, som jeg har forstår som Dødsånderne, hvor gammelromersk kult havde faste ritualer og højtidsdage, Parentalia, for at afværge angreb fra ondsindede genfærd, Lemures, der kom op fra graven om natten og truede de levende, hvis de ikke fik ofre. De næste tre afsnit handler om romernes naturdyrkelse, som Augustin er modstander af, og her er endnu en væsentlig forskel mellem gammelromere og kristne i deres syn på naturen. Hverken luft, himmellegemer eller træer og planter er besjælede ifølge kristen opfattelse, og derfor afvises al tilbedelse af disse objekter. Den kristne holdning til dette ses allerede tydeligt i 1. Mosebog. Augustin har nu elimineret enhver form for gammelromersk natur- og gudedyrkelse. I afsn. 110 afvises tilbedelsen af den rationelle sjæl, fordi den ikke er fuldkommen i sig selv, men kun adlyder den fuldkomne stemme, den uforanderlige sandhed, som taler til den indefra. Sjælen er ikke noget i sig selv, men styres af en højere autoritet. Man ser her tydeligt bevægelsen eller glidningen fra en ydre manifestation af (gammel-romersk) kult i fuld offentlighed til en indre manifestation af individuel tro. Religiøsitet har skiftet betydning i form og udtryksmåde.

I afsn. 111 gentager han Lactants' etymologi, at 'religio' kommer af at binde sig til én gud efter verbet 'religare', og går altså også imod Ciceros definition; her kan vi se, at etymologi også kan være religionspolitisk. Han anerkender ikke Ciceros definition, fordi han hører en ikke-kristen tid til, en gammelromersk polyteisme, mens Lactants tilbeder den éne Gud, hvorfor hans etymologi foretrækkes; modsætningerne er tydelige. Etymologien gentages i afsn. 113 med bindingen til den éne Gud.

At religiøsiteten har skiftet form og udtryksmåde ses ligeledes i afsn. 112-113, idet han taler i første person ental, altså selvbiografisk, og bekender sin tro på 'Deum' = 'Principium', 'Sapientiam' og 'Munus': 'Gud' = 'Urprincippet', 'Visdommen' og 'Gaven'; Gud er den nye Treenighed. Religiøsitet eller tro bliver nu en relation mellem individet og Gud, hvor formidleren, mediet, kunne være englen, 'quisquis angelorum'. Den kristne tro bliver nu internaliseret i den enkelte person, og dette ses også i afsn. 113, hvor Augustin taler om det indre lys, sandheden, som er betingelsen for at forstå den éne Gud, og der er ingen mellemmand. Det er ikke noget tilfælde, at Augustin er den første i Europa, der har skrevet en selvbiografi, 'Confessiones', 'Bekendelser', fra år 397-98 e.Kr., som omhandler hans personlige forhold til Gud, en trosbekendelse til den éne Gud.

Litteratur

Ames, C.: 'Roman Religion in the Vision of Tertullian', in: Rüpke, J. (ed.): *A Companion to Roman Religion*, Oxford (Wiley-Blackwell) 2011 (paperback), kap. 31, ss. 457-471

Beard, M.: *'Cicero and Divination. The Formation of a Latin Discourse'*, in: The Journal of Roman Studies, 1976, vol.76, ss. 33-46

Feil, E.: *Religio – die Geschichte eines neuzeitlichen Grundbegriffs vom Frühchristentum bis zur Reformation*, Göttingen (Vandenhoeck & Ruprecht) 1986

Kirsopp Michels, A.: *'The Versatility of Religio'*, in: T.E.W. Nind (ed.): *The Mediterranean World – Papers presented in honour of G. Bagnani*, Ontario 1975, 36-77

Muth, Robert: *'Vom Wesen römischer 'religio''*, in: ANRW II, *Principat 16.1, Religion*, hrsg. v. W. Haase, Berlin – New York 1978, 290-354

Orlin, E.: *'Urban Religion in the Middle and Late Republic'*, in: Rüpke, J. (ed.): *A Companion to Roman Religion*, Oxford (Wiley-Blackwell) 2011 (paperback), kap. 5, ss. 58-70

Schofield, M.: *'Cicero for and against divination'*, in: Journal of Roman Studies 76 (1986), ss. 47-65

Veyne, Paul: *Die griechisch-römische Religion. Kult, Frömmigkeit und Moral*, Stuttgart (Reclam) 2008, 2015, s. 18-26; fr. orig. Paul Veyne: *Culte, piété et morale dans le paganisme gréco-romain*, in: P. V.: *L'Émpire gréco-romain*, Paris (Éditions du Seuil) 2005, p. 419-543

20   Kejserkult

Dokumenter

Augustus

1.   Caius Plinius Secundus Maior: Naturalis historia II, 93-94

[93] … Cometes in uno totius orbis loco colitur in templo Romae, admodum faustus Divo Augusto iudicatus ab ipso, qui incipiente eo apparuit ludis, quos faciebat Veneri Genetrici non multo post obitum patris Caesaris in collegio ab eo instituto. namque his verbis in …. [94] gaudium prodit is: Ipsis ludorum meorum diebus sidus crinitum per septem dies in regione caeli sub septemtrionibus est conspectum. id oriebatur circa undecimam horam diei clarumque et omnibus e terris conspicuum fuit. eo sidere significari vulgus credidit Caesaris animam inter deorum inmortalium numina receptam, quo nomine id insigne simulacro capitis eius, quod mox in foro consecravimus, adiectum est. haec ille in publicum; interiore gaudio sibi illum natum seque in eo nasci interpretatus est. et, si verum fatemur, salutare id terris fuit. Sunt qui et haec sidera perpetua esse credant suoque ambitu ire, sed non nisi relicta ab sole cerni; alii vero qui nasci umore fortuito et ignea vi ideoque solvi.

(Origo: http://thelatinlibrary.com/pliny.nh2.html)

Caius Plinius Secundus Maior: Naturhistorien II, 93-94
93. … Kun på et sted på jorden, nemlig i Rom, æres en komet, fordi den guddommelige Augustus har vurderet den som et lykkebringende tegn for ham selv, en komet, som i starten af hans regeringstid viste sig under de lege, som han afholdt for Venus Genetrix ikke længe efter sin far Caesars død i det af ham etablerede kollegium.
94. For med følgende ord udtrykker han sin glæde: "I dagene for afholdelsen af mine lege blev der set en komet 7 dage på den nordlige del af himlen. Den viste sig cirka på den 11. time af dagen og var tydelig og synlig i alle lande. Folket troede, at det med den stjerne blev symboliseret, at Caesars sjæl var optaget blandt de udødelige guder, og på den foranledning har jeg tilføjet det tegn på billedet af hans hoved, som jeg snart

efter har indviet på torvet." Sådan fortolkede han det for offentligheden; men i sit indre glædede han sig over, at den var opstået for ham og at han selv voksede med den. Og hvis vi skal sige sandheden, så har det været helsebringende for landene. Der er mennesker, som tror, at disse stjerner er evige og vandrer i deres eget omløb og kun kan ses, når de er fjernt fra solen; men andre mener, at de opstår af tilfældig fugtighed og en ildkraft og opløses af sig selv.

Kommentar

Augustus dyrkede Venus Genetrix, som af Caesar blev betragtet som stammoderen for den juliske slægt, der dermed kunne føre sine aner tilbage til Aeneas og Venus. Og Augustus kunne bruge adoptivfaderens guddommelige status til at fremhæve sin egen stilling.

2. Augustus: Res gestae (= Monumentum Ancyranum) 7

[7] Triumvirum rei publicae constituendae fui per continuos annos decem. Princeps senatus fui usque ad eum diem quo scripseram haec per annos quadraginta. Pontifex maximus, augur, XV virum sacris faciundis, VII virum epulonum, frater arvalis, sodalis Titius, fetialis fui.

(Origo: http://thelatinlibrary.com/resgestae.html)

Augustus: Mine bedrifter 7

7. Triumvir til nyindretningen af staten var jeg 10 år i træk. Leder af senatet har jeg været til den dag, hvor jeg skrev dette, fyrre år i træk. Jeg har været leder af pontifikalkollegiet, augur, medlem af 15-mands-kommissionen og 7-mands-kommissionen, arvalbroder, Titius-broder, fetialpræst.

Kommentar

Triumvir, et medlem af en af tre personer bestående øvrighed; om Antonius, Lepidus og Octavian, hvem det i året 43 f.Kr. ved en lov blev overdraget at bringe ro i staten. Pontifex maximus, formand for pontifikalkollegiet, det ledende kollegium i Rom, der bl.a. forvaltede kalenderen og årets officielle religiøse begivenheder.

Augur, fuglevarseltyder, en vigtig post, da han kunne udskyde senatets beslutninger.

XVvir sacris faciundis, det af 15 mænd bestående præstekollegium, der bevarede og adspurgte de sibyllinske bøger.

Septemvir epulonum, et medlem af et kollegium el. en kommission på 7 mænd, som sørgede for de med legene (især *ludi magni*) forbundne offentlige gæstebud.

Frater arvalis, præsteskab, bestående af 12 mand, der oprindeligt afholdt ofringer til gavn for markernes frugtbarhed; senere under Augustus fik de til opgave at fejre kejserfamiliens fødselsdage, og således overlevede logen til antikkens slutning.

Sodalis Titius, medlem af et broderskab, fra Romulus' medregent Titus Tatius, der varetog auspicier, senere før 27 f.Kr. genoplivet af Octavian, den senere Augustus, som sodales Augustales som varselstagere for kejserfamilien.

Fetialis, m., 3., et kollegium af præster i Rom, der brugtes som offentlige gesandter (herolder) ved afslutning af forbund el. fred, ved fordring af erstatning, ved krigserklæringer.

3. Augustus: Monumentum Ancyranum 8 (uddrag)

8. … Legibus novis me auctore latis multa exempla maiorum exolescentia iam ex nostro saeculo reduxi et ipse multarum rerum exempla imitanda posteris tradidi.
 (Origo: http://thelatinlibrary.com/resgestae.html#10)

Augustus: Mine bedrifter, 8
8. Ved at foranledige nye love vedtaget har jeg genindført mange gamle traditioner, der nu var ved at gå af brug i vor tidsalder, og jeg har selv på mange områder indledt traditioner til kommende slægters efterfølgelse.
(Origo: Rudi Thomsen: Det augustæiske principat, Kbh. 1965, 2. udg.)

Kommentar
Augustus fik vedtaget en lov, der gav ham myndighed til at udnævne nye patriciere, hvis antal var svundet stærkt ind. Men han havde brug for nye medlemmer til genetablering af de gamle kultfællesskaber og præsteskaber, og denne ret brugte han første gang i 29 f.Kr.

4. Augustus: Monumentum Ancyranum 9

[9] Vota pro valetudine mea suscipi per consules et sacerdotes quinto quoque anno senatus decrevit. Ex iis votis saepe fecerunt vivo me ludos aliquotiens sacerdotum quattuor amplissima collegia, aliquotiens consules. Privatim etiam et municipatim universi cives unanimiter continenter apud omnia pulvinaria pro valetudine mea supplicaverunt.

(Origo: http://thelatinlibrary.com/resgestae.html#10)

Augustus: Mine bedrifter, 9

Senatet besluttede, at der hvert 4. år ved konsulerne og præsterne skulle aflægges hellige løfter til bevarelse af min sundhed. I anledning af disse løfter har snart de fire fornemste præsteskaber, snart konsulerne hyppigt i min levetid afholdt festdage. Desuden har samtlige borgere, hver for sig og byvis, i bestandig endrægtighed bedt for min sundhed ved alle templerne.

(Origo: Rudi Thomsen: Det augustæiske principat, Kbh. 1965, 2. udg.)

Kommentar

Senatsbeslutningen stammer fra år 28 f.Kr., og der blev afholdt festlege ved afslutningen af 4-års-perioden, på skift afholdt af pontifikalkollegiet, augurerne, 15-mands- og 7-mands-kollegiet samt af konsulerne. Gudehynderne, pulvinaria, er hynder, hvorpå gudebillederne var anbragt til offentlig tilbedelse, her = templer.

5. Augustus: Res gestae (= Monumentum Ancyranum) 10 (uddrag)

[10] Nomen meum senatus consulto inclusum est in saliare carmen, et sacrosanctus in perpetum ut essem et, quoad viverem, tribunicia potestas mihi esset, per legem sanctum est.

(Origo: http://thelatinlibrary.com/resgestae.html#10)

Augustus: Mine bedrifter 10 (uddrag)

10. Mit navn blev på senatets beslutning tilføjet saliernes kultsang, og at jeg skulle

være ukrænkelig i evighed og skulle bære folketribunembedet, sålænge jeg levede, blev vedtaget med en lov.

(Origo: Rudi Thomsen: Det augustæiske principat, Kbh. 1965, 2. udg.)

Kommentar
Salierne var et gammelt præsteskab, der dyrkede Mars som krigsgud, opførte våbendanse med ancilia, de hellige skjolde, hvoraf det første efter legenden var faldet ned fra himlen. For ikke at miste det skabte man 11 ekstra, som brugtes til deres særlige ritual; de sang en ældgammel hymne med anråbelse af gamle statsguder, og nu blev Augustus' navn altså føjet til denne liste, et tidligt tegn på den senere guddommeliggørelse. Han blev udnævnt til pontifex maximus i år 12 f.Kr. Fredhelligheden, det at være sacrosanctus, er en del af tribunmyndigheden, og Augustus blev fredhellig i 36 f.Kr., men fik først hele myndigheden i år 23 f.Kr.

6. Augustus: Res gestae (= Monumentum Ancyranum) 13

[13] Ianum Quirinum, quem claussum esse maiores nostri voluerunt cum per totum imperium populi Romani terra marique esset parta victoriis pax, cum priusquam nascerer, a condita urbe bis omnino clausum fuisse prodatur memoriae, ter me principe senatus claudendum esse censuit.

(Origo: http://thelatinlibrary.com/resgestae.html#10)

Augustus: Mine bedrifter 13
13. Medens Janus Quirinus-templet – som efter vore forfædres bestemmelse skal være lukket, når der gennem sejre er opnået fred i hele romerfolkets magtområde, til lands og til vands – ifølge overleveringen kun har været lukket to gange fra Roms grundlæggelse til min fødsel, har senatet vedtaget at lade det lukke tre gange under mit principat.

(Origo: Rudi Thomsen: Det augustæiske principat, Kbh. 1965, 2. udg.)

Kommentar
Janus spillede i republikkens ældre tid en stor rolle i romernes religiøse liv, og templet vendte mod øst og vest. Dens porte stod åbne, når Rom var i krig, og før Augustus var de lukket én gang under kong Numa og én gang i år 235 f.Kr. efter en sejr over

Karthago. Under Augustus blev den første gang lukket i 29. f.Kr. efter sejren over Kleopatra.

7. Augustus: Res gestae (= Monumentum Ancyranum) 19

[19] Curiam et continens ei Chalcidicum templumque Apollinis in Palatio cum porticibus, aedem divi Iuli, Lupercal, porticum ad circum Flaminium, quam sum appellari passus ex nomine eius qui priorem eodem in solo fecerat, Octaviam, pulvinar ad circum maximum, aedes in Capitolio Iovis Feretri Iovis Tonantis, aedem Quirini, aedes Minervae et Iunonis Reginae et Iovis Libertatis in Aventino, aedem Larum in summa sacra via, aedem deum Penatium in Velia, aedem Iuventatis, aedem Matris Magnae in Palatio feci.

(Origo: http://thelatinlibrary.com/resgestae.html#10)

Augustus: Mine bedrifter 19

19. Jeg har ladet kurien og det tilstødende Chalcidicum bygge, endvidere Apollon-templet på Palatin med søjlehallerne, den guddommelige Julius' tempel, Lupercal, søjlehallen ved Circus Flaminius, som med min tilladelse blev kaldt den octaviske efter den, der havde bygget den foregående på samme grund, balkonen ved Circus Maximus, Jupiter Feretrius' og Jupiter Tonans' templer på Capitol, Quirinus' tempel, Minervas, Juno Reginas og Jupiter Libertas' templer på Aventin, larernes tempel på Via Sacras højeste sted, templer for penaterne på Velia, Juventas' tempel samt Magna Mater-templet på Palatin.

(Origo: Rudi Thomsen: Det augustæiske principat, Kbh. 1965, 2. udg.)

Kommentar

Caesar påbegyndte curia Iulia og den tilstødende søjlehal Chalcidicum i 44 f.Kr., og Augustus fuldførte byggeriet i 29 f.Kr. Apollon var Augustus' specielle skytsgud, og Augustus begyndte opførelsen af Apollon-templet på Palatin i 36 f.Kr. ved siden af sit palads. Kort efter mordet på Caesar påbegyndtes opførelsen af Divus Julius-templet på Forum Romanum. Lupercal-helligdommen blev restaureret af Augustus som tegn på hans respekt for Roms gamle traditioner; her skal den ulvinde have haft sin hule, som fandt og diede Romulus og Remus ifølge legenden. Den octaviske søjlehal lå på

Marsmarken og var opført af et tidligere familiemedlem af Augustus efter sejren over Perseus af Makedonien i 167 f.Kr.; circus Maximus lå mellem Palatin og Aventin, og her opførte Augustus en balkon, hvor hans familie og gudebillederne kunne overvære cirkuslegene. Ved siden af Jupiter Optimus Maximus' tempel på Kapitol var der et Jupiter Feretrius-tempel fra Romulus' tid, som Augustus lod restaurere for at vise sin respekt over for Roms ældgamle traditioner; Jupiter Tonans-tempel er et nyt tempel, som Augustus lod opføre, fordi han ikke blev ramt af et lyn under et felttog i Spanien. Quirinus' tempel var en ældre helligdom på Quirinalhøjen, viet til Quirinus (= Mars), som dyrkedes af sabinerne på højen; senere blev han identificeret med den guddommeliggjorte Romulus. Templerne på Aventin er restaureringer af templerne for den gamle romerske triade Jupiter, Juno og Minerva. Larernes tempel på Via Sacra blev opført, hvor den senere Titus-bue blev rejst, og til larerne knyttedes dyrkelsen af Augustus' Genius. Penaternes tempel lå i nærheden på Velia, nordøst for Via Sacra ved Titus-buen; penaterne beskyttede husets forrådskammer, og deres tradition førtes tilbage til Aeneas, som tog en af dem med fra Troja til Italien. Templet for Juventas, ungdommens gudinde, lå på Aventin. Magna Mater (= Kybele) var de første orientalske guddom, der kom til Rom i 205/204 f.Kr. efter at man havde konsulteret de sibyllinske bøger i krigen mod Hannibal. Hun blev symboliseret med en stor sort sten, der var faldet ned fra himlen og som nu blev sat på en sølvstatue, som blev centrum i et nyopført tempel på Palatin. Det brændte, og Augustus genopførte det.

8. Augustus: Monumentum Ancyranum 20

[20] Capitolium et Pompeium theatrum utrumque opus impensa grandi refeci sine ulla inscriptione nominis mei. … Forum Iulium et basilicam quae fuit inter aedem Castoris et aedem Saturni, coepta profligataque opera a patre meo, perfeci … Duo et octoginta templa deum in urbe consul sextum ex auctoritate senatus refeci nullo praetermisso quod eo tempore refici debebat. …
(Origo: http://thelatinlibrary.com/resgestae.html#10)

Augustus: Mine bedrifter, 20
20. Jeg har ladet det capitolinske tempel og Pompeius-teatret genopbygge, begge dele med stor bekostning, uden at sætte nogen indskrift med mit navn … Jeg fuldendte Forum

Iulium og basilikaen, som lå mellem Castor-templet og Saturn-templet, påbegyndt og næsten fuldendt af min far,... I mit 6. konsulat restaurerede jeg ifølge senatsbeslutning 82 gudetempler i Rom, idet jeg ikke forbigik noget, der på det tidspunkt trængte til genopbygning. ...

(Origo: Rudi Thomsen: Det augustæiske principat, Kbh. 1965, 2. udg.)

Kommentar
Jupitertemplet fra 509 f.Kr. brændte og blev genopført af Augustus. Pompeius-teatret blev restaureret, og Forum Iulium blev påbegyndt af Caesar som et nyt torveanlæg bag ved kurien med et tempel for stammoderen Venus, Venus Genetrix; den juliske slægt førte jo sine aner tilbage til Aeneas' søn Julus, og Aeneas var søn af Anchises og Venus. Basilica Iulia blev bl.a. anvendt til retsforhandlinger; Castor og Pollux-templet var et tempel for dioskurerne, sønner af Zeus, der ifølge legenden hjalp romerne mod latinerne i den ældste republiks tid. Saturn-templet, nordvest for Basilica Iulia, indeholdt den romerske statskasse, aerarium. Saturn var en gammel gud for såningen, men blev senere identificeret med Kronos, Zeus' far. De 82 tempelrestaureringer startede i 28 f.Kr. for de penge, byttet fra hans triumftog i 29 f.Kr. indbragte.

9. Augustus: Res gestae (= Monumentum Ancyranum) 21

[21] In privato solo Martis Ultoris templum forumque Augustum ex manibiis feci. ... Dona ex manibiis in Capitolio et in aede divi Iuli et in aede Apollinis et in aede Vestae et in templo Martis Ultoris consacravi, quae mihi constiterunt HS circiter milliens...

(Origo: http://thelatinlibrary.com/resgestae.html#10)

Augustus: Mine bedrifter 21
21. På min private grund byggede jeg for krigsbytte Mars Ultors tempel og Forum Augustum. ... Af krigsbytte anbragte jeg votivgaver i det capitolinske tempel, i den guddommelige Julius' tempel, i Apollons tempel, i Vestas tempel og i Mars Ultors tempel, og de stod mig i omkring 100 millioner sestertier. ...

(Origo: Rudi Thomsen: Det augustæiske principat, Kbh. 1965, 2. udg.)

Kommentar

Augustus, dengang endnu Octavian, havde i 42 f.Kr. før slaget ved Filippi lovet at bygge et tempel for den hævnende Mars, Mars Ultor, hvis han vandt. I forbindelse med templet opførte han også Forum Augustum, og begge dele blev indviet år 2 f.Kr. Apollon-templet er det gamle tempel vest for Kapitol ned mod Tiberen; det stammede fra den ældre republik og var Roms eneste Apollon-tempel, før han byggede sit eget Apollon-tempel på Palatin. At han lagde votivgaver i templerne, er et bevis på, hvilke guder Augustus særligt højtideligholdt. 4 sestertier udgør 1 denar, som var en normal dagløn for en arbejder eller en soldat.

Tillæg, skrevet af senatet i Rom eller i Ancyra

Totalopgørelse

10. Augustus: Res gestae (= Monumentum Ancyranum) Addenda 2

[2] Opera fecit nova aedem Martis, Iovis Tonantis et Feretri, Apollinis, divi Iuli, Quirini, Minervae, Iunonis Reginae, Iovis Libertatis, Larum, deum Penatium, Iuventatis, Matris Magnae, Lupercal, pulvinar ad circum, curiam cum Chalcidico, forum Augustum, basilicam Iuliam, theatrum Marcelli, porticum Octaviam, nemus trans Tiberim Caesarum.

(Origo: http://thelatinlibrary.com/resgestae.html#10)

Augustus: Mine bedrifter 2 Tillæg

2. Af nye bygningsværker opførte han templerne for Mars, Jupiter Tonans og Feretrius, Apollon, den guddommelige Julius, Quirinus, Minerva, Juno Regina, Jupiter Libertas, larerne, penaterne, Juventas og Magna Mater, desuden Lupercal, balkonen ved cirkus, kurien med Chalcidicum, Forum Augustum, Basilica Iulia, Marcellus-teatret, den octaviske søjlehal og Cæsarernes lund hinsides Tiberen.

(Origo: Rudi Thomsen: Det augustæiske principat, Kbh. 1965, 2. udg.)

11. Augustus: Res gestae (= Monumentum Ancyranum) Addenda 3

[3] Refecit Capitolium sacrasque aedes numero octoginta duas, theatrum Pompei, aquarum rivos, viam Flaminiam.

(Origo: http://thelatinlibrary.com/resgestae.html#10)

Augustus: Mine bedrifter 3 Tillæg

3. Han genopbyggede det capitolinske tempel og hellige bygninger i et antal af 82, Pompeius-teatret, vandledningerne og Via Flaminia.

(Origo: Rudi Thomsen: Det augustæiske principat, Kbh. 1965, 2. udg.)

Kommentar

Tillægget er ikke forfattet af Augustus, men af en anden skriver, og det er møntet på befolkningen i den romerske provins Galatien i hovedstaden Ancyra, nutidens Ankara, hvor den var anbragt på marmortemplet for Roma og Augustus; tillægget er et resumé af kap. 19 og 20 i Augustus' egen beretning om sine bedrifter.

Augustus' religiøse reformer

Augustus bragte fred til den krigstrætte republik og blev selv lovprist som Frelser. En del af hans politik, der sigtede mod at bevare de gammelromerske værdier samtidig med principatets indførelse, er reorganiseringen af de romerske institutioner. Allerede før slaget ved Actium 31 f.Kr., hvor han endelig fik overtaget over rivalerne, havde han grebet tilbage på en gammel sakral institution, idet han i år 32 f.Kr. som fetialis-præst erklærede Kleopatra krig og dermed revitaliserede et embede, som i over hundrede år havde ophørt med at eksistere. Nogle år efter slaget ved Actium fornyede han Arvalbrødrenes kollegium og Sodales Titii-kollegium, som man næsten havde glemt var til. Hertil kom en stor omsorg for at reetablere de forfaldne templer: efter eget udsagn i Monumentum Ancyranum, hans testamente på en indskrift i Ancyra i Lilleasien, har han i starten af sit principat ladet restaurere 82 templer i byen Rom, hvorfor han af Livius (IV, 20, 7) kaldes templorum omnium conditor ac restaurator.

Især var han optaget af at udstyre guderne i den juliske slægt med pragtfulde templer. Til sin skyts- og yndlingsgud Apollon viede han i 28 f.Kr. på Palatinerhøjen et pragtfuldt tempel, som egentlig var det juliske dynastis privateje, men med Augustus' voksende personlige og politiske betydning udviklede sig til en statshelligdom og næsten overgik den kapitolinske Jupiters tempel. Ved den store sækularfest 17 f.Kr. stod Apollon og hans søster Diana på Palatin ved siden af Iupiter Optimus Maximus og Iuno Regina, og festen var arrangeret således, at Apollontemplet blev det egentlige midtpunkt for festen. For Iulius Caesar, som i år 42 f.Kr. gennem en senatsbeslutning, senatus consultum, var blevet optaget blandt de romerske statsguder som Divus Iulius og havde fået sin egen flamen, rejste Augustus i 29 f.Kr. på Forum Romanum et tempel, hvis fundamenter findes endnu. Divus Iulius fik også sin egen festdag, som blev optaget blandt feriae publicae; og for at fremhæve hans guddommelighed endnu mere, blev Caesars ansigtsmaske under begravelser i det juliske hus ikke båret sammen med forfædrenes billeder, men blev ført rundt på en vogn sammen med andre gudebilleder under Pompa Circensis. Denne guddommeliggørelse af Iulius Divus har sikkert virket godt for indretningen af kejserkulten.

Med gens Iulias interesser tæt forbundet var den af Augustus indstiftede kult for Mars Ultor. Denne gud havde han lovet et tempel i slaget ved Philippi år 42 f.Kr., hvor det gjaldt at hævne Caesars død, og i år 20 f.Kr. rejste han et lille rundtempel på Kapitol. På Forum Augusti blev det i år 2 f.Kr. til Mars Ultor indviede tempel bygget, ved siden af Venus-templet. Her blev den guddommelige stamfar til de ældste romerske konger og bygrundlæggere stillet sammen med den guddommelige stammor til den juliske slægt. Templet blev udstyret med ekstraordinære privilegier. Her skulle medlemmer af den kejserlige familie tage toga virilis på, herfra skulle magistraterne rejse ud i provinserne, her skulle senatet afgøre krigserklæringer og triumftog, og her skulle triumfinsignierne og de i krigen erobrede felttegn lægges ned. Disse privilegier var i den republikanske tid bundet til Iupitertemplet på Kapitol, som nu fik dem frataget, og man mærker hensigten at lade den republikanske hovedgud træde tilbage i betydning, til fordel for Mars Ultor. Relativt uberørt af tidernes skiftende forvirringer, statskulternes forfald, rationalistisk spekulation og trang til orientalske mysterier levede endnu som i gamle tider i den private kult tilbedelsen af larerne, af husets arne og pater familias' genius, så den private gudstilbedelse fungerede stadig. Også Vesta publicas kult bestod og blev betragtet som garanti på Romerrigets storhed og magt.

Augustus forbandt tilbedelsen af Vesta og Genius med sin person og transformerede den i monarkistisk regi. I år 12 f.Kr. blev han Pontifex Maximus og kom således tæt på Vesta-kulten. Han afstod fra at bruge Pontifex Maximus' kontor i Regia og forærede det til vestalinderne; i stedet for lod han en del af sit palads på Palatin overgå til statsejendom, fordi Pontifex Maximus skal bo in loco publico, og byggede tæt ved siden af sit palads et nyt Vestatempel. Den der tilbedte gudinde var så at sige Augustus' private Vesta, men hendes kult voksede i betydning pga. den personlige og statsretlige stilling af princeps, og med tiden fik denne Vesta Augusta næsten samme status som den republikanske Vesta.

I hvert hus blev pater familias' genius tilbedt. Genius' festdag var husherrens fødselsdag, og medlemmerne af husholdningen og familien aflagde ed til denne genius. Det skete også med Augustus' genius. Fordi han var statsoverhovede, fik det afgørende betydning; kejserkulten fik et middel til politik i hænde. Tilbedelsen af princeps' genius blev koblet sammen med tilbedelsen af Lares compitales, som blev tilbedt der, hvor flere veje og gader stødte sammen.

I byen Rom var der dannet såkaldte collegia compitalicia i de forskellige distrikter om Lares compitales-kulten, som havde ansvaret for hver deres Lares compitales og legene, der var forbundet dermed. Disse kultforeninger bestod overvejende af slaver og frigivne slaver og truede i revolutionstider den almene sikkerhed, fordi de blev til politiske interessegrupper; derfor ophævede Iulius Caesar dem. Da Augustus inddelte byen Rom i regiones og deres underafdelinger, vici, bestemte han for hver vicus et compitum som sakralt midtpunkt og pålagde de fire magistri vici, valgt af beboerne af den aktuelle vicus, ansvaret for opretholdelsen af den larkult, der hørte til hvert compitum. Mellem de to larer, der befandt sig ved hvert compitum, blev Genius Augusti tilbedt, og snart fik de betegnelsen Lares Augusti. Denne forbindelse mellem Genius Augusti og Larkulten bredte sig hurtigt ud over hele Italien og blev også efterlignet i provinserne.

Blandt Augustus' sakrale reformer kan man skelne mellem to retninger; den ene består i restaureringen af forfaldne kulter og en genoplivning af ældgamle, næsten forsvundne nationale sakralinstitutioner; den anden retning har til formål gennem nyskabte kulter, der er dedikeret den juliske families guder, at omgive Augustus, hans familie og hans statsinstitutioner med en religiøs aura. Ofte bliver betydningen af de augustæiske reformer undervurderet, fordi man henviser til, at de af Augustus nyskabte kultinstitutioner med undtagelse af tilbedelsen af Genius Augusti efter hans død mistede deres betydning og at han ikke var i stand til at give nyt liv til de gamle former. Den, der dømmer på denne måde, misforstår ikke blot opbygningen af den antikke stat og den antikke religion, men også betingelserne for en religiøs reformation. Den antikke religion var udførelse af kulten og udgjorde kun den ene side af statens institutioner. Så længe menneskene troede på guder, måtte staten sørge for at opretholde gudstjenesterne.

Augustus' sakrale reformer var altså et led i hans hensigt at genoprette den offentlige orden. Det var hans ikke ringe fortjeneste at standse den almindelige ligegyldighed over for de religiøse ritualer og at genoprette de gamle former for den endnu eksisterende religiøsitet eller at skabe nye. Og religiøsitet var endnu til stede, ikke bare blandt de lavere klasser, sådan som indskrifterne beviser det, men også blandt de filosofisk dannede; for den i Rom fremherskende stoiske filosofi havde nu fået et religiøst anstrøg og forsøgte at understøtte den bestående religion. I revolutionstiderne var der vokset en religiøs stemning, som søgte sine idealer i fortiden.

Augustus øvede også stor indflydelse på litteraturen, i skildringen af landlivet hos Vergil og Tibul, Vergils nationalepos, Livius' romerske historie, Properts' og Ovids beskrivelser af legender og religiøse fester samt Horats' oder, der alle var i samklang med Augustus' program.

Genius Augusti's kult og den dermed tæt forbundne kejserkult er de sidste store nyskabelser i den antikke religion, som udbygges i de første århundreder af kejsertiden, idet monarkiske synspunkter gør sig gældende i alle dele af den offentlige gudstjeneste.

Litteratur

Augustus/Cooley, A.E.: *Res Gestae Divi Augusti: Text, Translation, and Commentary*, Cambridge (CUP) 2012

Fishwick, Duncan: *The Imperial Cult in the West*, vol. 1-2, Brill 1987-92

Gradel, Ittai: *Emperor Worship and Roman Religion,* (Oxford Classical Monograph) Oxford (OUP) 2002

Price, Simon R. F.: *Rituals and Power. The Imperial Cult in Asia*, Cambridge (Cambridge Univ. Press) 1984

Taylor, Lily Ross: *The divinity of the Roman emperor*, Middeltown, Conn. (Amer. Phil. Ass.) 1931

21 Kulter i den romerske hær

Dokumenter

1. CIL III, 4800 = Dessau 4198

24. juni 239 e.Kr., restaurering af mithraeum af to embedsmænd i den noriske finansforvaltning:
Pro salute Aug(usti)/in honorem d(omus) d(ivinae) Soli/invicto Mythr(ae) (sic!) Hilaru[s]/Aug(usti) lib(ertus) tab(ularius) p(rocuratoris) r(egni) N(orici) et Epictetus/ ark(arius) Aug(usti) n(ostri) tem(plum) vetustate conl(ap)s(um)/sumptu suo cum picture refe[c(erunt)]/imp(eratore) d(omino) n(ostro) Gordiano Aug(usto) et Aviola c[o(n) s(ulibus)]/sacerdot(e) Licin(io) Marcello pat[re]/d(edicatum) VIII K(alendas) Iulias Q(uinto) Viv[---].

CIL III, 4800 = Dessau 4198
Til bedste for Augustus og til ære for den guddommelige Solguds hus, til den ubesejrede Mithras har Hilarus, Augustus' frigivne slave, regnskabsfører i den noriske forvaltning, og Epiktet, vores Augustus' kassemester, for egen regning genopbygget det tempel, som var styrtet sammen af ælde, og udsmykket det med freskomalerier i vor herres kejser Gordianus Augustus' og Aviolas konsulat under præsten Licinius Marcellus' opsyn, indviet den 24. juni…

2. CIL III, 4796

Restaurering af et Mithrastempel år 311 e.Kr. efter ordre fra statholderen i Indre Noricum (Centralnoricum) Aurelius Hermodorus
D(eo) i(nvicto) M(ithrae) templum vetusta(te)/conlabsum (sic!) quot (sic!) fuit/per annos amplius/L desertum Aur(elius)/Hermodorus v(ir) p(erfectissimus) p(raeses) p(rovinciae) N(orici)/m(edi)t(erranei) a novo restitui fecit/quot (sic!) (a)edificatum est divo/Maximiano VIII et Maximino it(e)rum/A(u)gg(ustis) con(sulibus) Quar(tinio) Ursiniano cur(ante).

CIL III, 4796

Til den ubesejrede gud Mithras har den fortræffelige Aurelius Hermodorus, statholder i Centralnoricum, ladet genopbygge dette tempel som nyt, der var styrtet sammen af ælde og som havde stået forladt igennem mere end 50 år, bygget under den guddommelige Maximinianus Augustus' 8. konsulat og Maximinus Augustus' 2. konsulat med Quartinius Ursinianus som ledende arkitekt.

Kommentar

Noricum var oprindeligt et keltisk kongerige i det nuværende Østrig med centrum i Virunum, nær nutidens Klagenfurt. Kelterne bosatte sig sammen med den oprindelige befolkning omkring 450 f.Kr. og befolkningen voksede pga. store jernmalmforekomster, minedrift, landbrugsproduktion og handel. Omkring 170 f.Kr. indgik romerne og kelterne en handelsaftale, og romerne grundlagde Aquileia i 181 f.Kr., der blev en vigtig by for transithandlen over Alperne. I 15 f.Kr. erobrede Augustus Noricum og under kejser Claudius blev det til Provincia Noricum.

3. Indskrift fra Mithras-templet i Virunum

D(eo) i(nvicto) M(ithrae) pro salute imp(eratoris) [[Commodi]] Aug(usti) pii
qui templum vii conlapsum impendio suo restituerunt
(*manu secunda*) *et mortalitat(is) causa convener(unt)*

Marullo et Aeliano co(n)s(ulibus) VI K(alendas) Iulias
I 1 Iulius Secundinus pat(er) II Atticius Tacitus III Marius Eutychus(188) IV Veponius C(h)restus(195)
2 θ Trebius Zoticus pat(er) …
…
…
…
                                34 Cornel(ius) Florentinus
10 θ Sentius Hermes
…
17 θ Rufius Fuscus

…

23 θ Varius Secundus

…

25 θ Atticius Sextus pater Aelius Fuscus Claudius Primitiv(u)s

(*manu prima*) Tiberius Claudius Quintilianus ob dedicationem templi tabulam aeream donum dedit et camaram picturis exornavit
L. Quar(tinius?) Quartus

Indskrift fra Mithras-templet i Virunum
Til den ubesejrede gud Mithras til bedste for den fromme kejser Commodus Augustus' helbred,
De ‹undertegnede› har genopbygget dette tempel, der var styrtet sammen pga. en klimakatastrofe, for egen regning.
(senere tilføjelse) Og de kom sammen pga. dødsfaldene (efter epidemien) den 26. juni år 184 e.Kr.
Underskrifter nr. 1 – 27
Tiberius Claudius Quintilianus har givet denne bronzetavle som en gave i anledning af templets indvielse og udsmykkede det hellige rum med freskomalerier.

Kommentar
Indskriften fra Virunum, beliggende i provinsen Noricum, i dag omkring Kärnten i Østrig, fortæller os, at et Mithras-kultfællesskab, bestående af 34 medlemmer i år 183 e.Kr. lod genopbygge helligdommen, der nok var rejst 30 år tidligere, og som pga. et jordskælv eller lign. (*vii*) var styrtet sammen (*conlapsum*). En af hovedbidragsyderne, Ti. Claudius Quintilianus, forærede desuden selve bronzetavlen med medlemsnavnene til templet og lod det samtidig udsmykke med freskomalerier (*picturis*). På grund af forskellige håndskrifter kan vi se, at de første 34 navne stammer fra år 183 e.Kr. og at der de følgende år indtil år 201 e.Kr. løbende er føjet medlemsnavne til, det sidste (*27 L. Quar(tinius) Quartus*) står endda under Ti. Claudius Quintilianus' dedikation. Derudover får vi at vide, at der den 26. juni 184 e.Kr. blev afholdt en sørgefest for de fem medlemmer (kendetegnet med littera nigra θ (= θανών = *afdød*)) pga. den epidemi (*mortalitatis causa*), der grasserede i det sydlige Noricum og især i Virunum i disse år. Den har fået navnet den "Antoniniske pest". Tavlen tjente altså som medlemsliste for

kulten, *album sacratorum*, indtil 201 e.Kr. Sørgefesten finder sted ved sommersolhverv, og sommersolstitium er netop det tidspunkt, hvor sjælene ifølge mithraismen går over fra fiksstjernesfærens udødelighed til dødelig status igen, mens sjælene til vintersolhverv går fra dødelig status til udødeligheden i fiksstjernesfæren. Navnet på kejser Commodius er udraderet, fordi han blev myrdet den 31. december 192 e.Kr. og udsat for en damnatio memoriae i 193 e.Kr., og selvom han fik æresoprejsning gennem kejser Septimius Severus i 195 e.Kr., blev navnet altså aldrig restaureret. Commodius var selv medlem af Mithras-kulten, og det har man vidst i provinsen. Man bør bemærke ordet 'templum' for en Mithras-helligdom, idet man i Italien brugte ordet 'spelaeum' eller 'antrum' om en Mithras-helligdom.

(Origo: Gernot Piccottini: Mithrastempel in Virunum, Klagenfurt 1994, Verlag des Geschichtsvereins für Kärnten, 14-26)

Kulter i den romerske hær

(Origo: Anne Poettgen, *Kulte im römischen Heer*, 16. januar 2012 (Kulte im römischen Heer – Geschichte-Wissen))

Kejserkulten

Kejser Augustus, udnævnt til den Ophøjede i 27 f.Kr. og regent til 14. e.Kr., grundlagde en ny styreform for riget, men skabte også en ny form for kult som led i sine religiøse reformer. Som Pontifex Maximus, udnævnt 12. f.Kr., havde han myndigheden til det. Ved altrene for 'Roma og Augustus' blev der ofret røgelse og vin, thure ac vino. Ved officielle fester deltog alle, men også individuelt kunne man lægge sine gaver og bede om at få opfyldt et ønske. Den nye kult havde templer, fester og præster i alle provinser. På den italiske halvø var det dog forbudt at vise kejseren guddommelige æresbevisninger med undtagelse af Divus Iulius, den guddommeliggjorte Gaius Julius Caesar. Han var den første guddommeliggjorte herskcr, derpå kommer Augustus og så mange flere. Det første alter til ære for Roma og Augustus rejste Drusus i år 12 f.Kr. i Gallia Transalpina i Lugdunum (Lyon).

Sandsynligvis var deltagelsen i festlighederne et krav til alle Roms borgere og alle rigets undersåtter. Det gjaldt også soldaterne, det var en del af deres tjeneste. De fungerende embedsmænd havde selvfølgelig også andre pligter.

" I det følgende drejer det sig mindre om det religiøse liv for den enkelte soldat, men om de handlinger, han udførte som del af et kollektiv. Og dermed menes kollektive handlinger såvel fra enheder, legio, centuria, vexillatio, som fra bestemte grupper, der udfører det samme hverv, centuriones, baioli, tubicines.

1. Kollektiv deltagelse i regelmæssige aktiviteter til ære for den regerende kejser og hans familie.

2. Deltagelse i ceremonier for enheden som fornyelse af sacramentum, troskabsed til kejseren, og nuncupatio votorum.

3. Deltagelse i enhedens religiøse liv, rosaliae signorum, natalis signorum.

4. Deltagelse i de almene højtider i den romerske kalender." (Peter Herz)

Den romerske statsreligion

Det ser ud til, at enhver kunne blive lykkelig på sin egen facon i det romerske rige. Der var guder nok af enhver slags. Men ve den, der ikke overholdt de påkrævede formaliteter. Den, der ikke på det rette tidspunkt og på rette sted bad de rigtige guder om det rette, måtte regne med vrede og straf. Og hans ønske blev ikke opfyldt. Men ofte blev ønskerne opfyldt, hvad de mange votivtavler/votivsten beviser, hvor takken altid bliver udtrykt med akronymet 'VSLM': votum solvit libens merito (løftet er gerne blevet opfyldt efter gudens fortjeneste). Helt sikker var man, når man bundtede modtagerne og henvendte sig til alle guder og gudinder. Påkaldelse af Jupiter, Mars og Victoria var sikkert den rigtige vej for en soldat. Også Janus må regnes til de guder, der var vigtige for soldaterne; før et felttog blev dørene på hans tempel åbnet, for at han kunne begive sig ud på slagmarken.

Helt officielle var offerhandlingerne for Jupiter Optimus Maximus og – betegnet som kejserkult – Roma og Augustus. Alle rigets indbyggere var forpligtede dertil. På det private område herskede penaterne, penates, og larerne, lares. For dem var der i huset et lararium, et alter, hvor pater familias ofrede hver dag. For at det omgivende land ikke skulle være uden beskyttelse, fandtes genierne, fx genius loci.

Fakisk ærede man ikke Jupiter alene, men ved siden af ham, både mentalt og konkret i de kapitolinske templer står Juno og Minerva, så at sige hustru og datter. Jupiter blev afbildet med attributterne scepter, lyn og ørn, Juno med scepterofferskål og påfugl, Minerva med hjelm og skjold. "Den romerske stat og romersk religion har altid været meget tæt forbundet igennem alle århundrederne. De var det så meget, at en adskillelse ofte er vanskelig. Det romerske samfund hvilede på et religiøst grundlag, og det er dybt forfejlet, hvis man ser bort fra romernes religiøse holdning. Alt: forfatning og politisk handling, individets og helhedens historic cr gennemsyret af religio." (Cassius Dio)

Soldaternes guder og helte

Soldaterne håbede på en særlig beskyttelse fra en række kræfter, der blev kaldt militærguder, dii militares, og som støttede soldaterne i deres dagligliv, især på kasernen og endnu mere på slagmarken. Der kan ses fire hovedgrupper: de store guder, guddommeliggjorte abstraktioner, genierne og insignierne.

Først og fremmest var Mars selvfølgelig gud for soldaterne, deres gudinde var Victoria. Den guddommeliggjorte Caesars sværd siges at have været opbevaret i Marstemplet i Köln. Også Hercules nød guddommelige hædersbevisninger, soldaterne var jo hårdt arbejdende mennesker. At Bacchus blev afbildet på drikkeglassene i canabae, lejrværtshusene, kan ikke undre. Aesculapius, lægeguden, har sikkert haft sin plads i legionslejrens lazaretter, og i underverdenen hersker Pluto. For soldater af germansk oprindelse var underverdenen mindre trist, foran dem lå Valhallas æresbevisninger og glæder. En guddommeliggjort abstraktion var fx gudinden Roma, inkorporationen af den romerske stat. I det andet århundrede kom der fra øst en religion, som kom soldaternes forestillinger i møde: tilbedelsen af den helteagtige kæmper Mithras. På mange legionsgarnisoner rejste man helligdomme for Mithras, mithraea (pl.), mithraeum (sg.). Fordi kulten kom fra øst, blev den ikke optaget blandt de statslige ceremonier. Indtil nu er der udgravet ca. 1000 mithræer i hele romerriget. Den første domkirke i Köln blev bygget på ruinerne af et sådant kultrum, dvs. på ruinerne af boliger, i hvis kældre der var et mithraeum.

Ved siden af den romerske statsreligion udviklede der sig en officiel hær- og soldaterreligion, religio castrensis. Den var møntet på legionerne og for hjælpetropperne, auxiliarenhederne. Jupiter Optimus Maximus (IOM), kejserkulten, legionernes genier og felttegnene, insignia, der nød kultisk tilbedelse, var hjørnestenene i soldaterreligionen. Ritualerne bandt tropperne sammen.

Mithras

Mithras-kulten var et logeagtigt mandekollegium med hemmelige ritualer i en hule med plads til 20 personer til deres hemmelige møder, ingen præster og ingen templer, kun kultrum, mithraea; hvis man ville optages i kollegiet, skete det gennem en 7-trins-indvielse: korax (ravn) – nymphus (bilarve) – miles (soldat) – leo (løve) – persa (perser) – heliodromus (solløber) – pater (faderen).

Pater patrum var den højeste titel, sanctissimus ordo kaldtes ledelsen, og patres vågede over den korrekte udførelse af ritualerne.

Medlemmerne rekrutterede sig blandt soldater, købmænd/handelsrejsende og slaver, ingen kvinder og børn, og kulten bredte sig sammen med militæret.

Drabet på tyren stod i centrum, taurobolium udgjorde dåben i tyreblod, og den kan betragtes som en ny fødselsdag for den nyindviede, der efter dåben går ud i livet med en ny status.

(Origo: The Ostia Mithraea: An Introduction to the Cult of Mithras and Tour of the Ostian Shrines – Brewminate: A Bold Blend of News and Ideas)

Fanehelligdommen

Midtpunkt i enhver legionslejr var fanehelligdommen, aedes. Den var del af forvaltningsbygningen, principia, og ofte den eneste bygning af sten i lejren. Det skyldtes måske også, at legionskassen blev opbevaret der. Ligeledes var der kejserens billede og hans næsten religiøst tilbedte felttegn ved siden af legionsørnen og dernæst underenhedernes felttegn, signa. Om dagen var der æresvagt foran helligdommen. Felttegnene symboliserede enheden, og forsvaret af dem havde højeste prioritet.

På gårdspladsen foran principia befandt sig enhedens alter, hvor der på fastsatte helligdage blev forrettet kande- og dyreofre. Til de vigtige helligdage i den romerske hær, som var optegnet i den officielle højtidskalender, feriale duranum, hørte rosalia signorum i maj, fest for de med roser smykkede felttegn. På gårdspladsen stillede enheden op og så til, mens standarterne blev smykket med roseguirlander. Til festakten hørte en gudstjeneste for guderne. En anden vigtig festdag blev fejret på fødselsdagen for felttegnene, natalis signorum. Denne fest blev holdt på grundlæggelsesdagen for enheden, hvor den fik sine felttegn. Enhver udmærkelse, som soldaterne fik, blev sat på felttegnet ligesom ordener på soldaternes brystharnisk.

Ørn og genier

En ørn, der fløj foran hæren, gjaldt som et heldigt omen: Jupiter selv så ud til at love sejren. Tabet af den sølverne legionsørn, aquila, beviser ikke kun et skamfuldt nederlag, men bevirker også nedlæggelsen af enheden eller i det mindste hårde straffe. Således blev statholder M. Lollius ikke kun kritiseret for sit slag med den V. legion mod sugambrerne, usipeterne og tenctererne, som han tabte, langt værre var tabet af legionsørnen. At Augustus i år 20 f.Kr. førte legionsørnene hjem igen, som Crassus havde tabt i slaget mod partherne ved Carrhae i år 53 f.Kr., blev anset for en stor bedrift fra Augustus' side.

(Origo: Feldzeichen – Wikipedia)

Ansvarlig for felttegnene var legionens primipilus, dvs. 1. centurio af 1. cohorte. Han fungerede også som præst, når felttegnene skulle hædres under højtiderne. Felttegn og genier opnåede på et tidspunkt rangen af 'små' guder, hvad man kan aflæse på dedikationerne.

"En tredje kategori af beskyttende væsener ved siden af de antropomorfe guder og abstraktionerne var genii, væsener, som nærmer sig katolicismens skytsengle. Nogle havde en topografisk funktion og var knyttet til bygningsværker, især til lejren, som var indviet område og som blev indviet med et offer, suovetaurilia, under fløjteledsagelse, ligesom feltherrens bolig, præturen eller auguralet. ... Der er også bevidnet genier for legionernes cohorter, centurier principales samt for hjælpetroppernes alae og cohorter ..." (Yann de Bohec)

Dødekulten

Sammenholdet mellem soldaterne viste sig også ved begravelsen af en afdød. Hver soldat, som forlod hæren, betalte en bestemt sum til en fælleskasse og fik derved den garanti, at der blev sat en passende gravsten for ham.

Begravelsesforskrifterne var forskellige, alt efter om det handlede om legionærer, romerske borgere eller om medlemmer af auxiliartropperne. Begravelsen er første og det vigtigste skridt i dødekulten. Et fortsat liv efter døden var for romerne en grundoverbevisning, og di manes levede under jorden. Romere blev brændt sammen med båren, asken blev samlet i en urne, som blev båret i en procession til kirkegården uden for lejrområdet. Graven blev beplantet med blomster og gjaldt som locus religiosus. Der er mange kilder til begravelser i det civile rum, og om man kan overføre disse oplysninger til en soldaterbegravelses ritualer, er hidtil ikke blevet undersøgt. Men da legionærerne var romerske borgere og veteranerne havde fået romersk borgerret, er der måske en del ligheder. I dødekulten ofrede man for de døde vand, mælk, olie eller mulsum, mjød. Efter slag med mange ofre blev de døde som nævnt brændt.

Kilder til vores viden

Der er de skriftlige kilder, som fx Tacitus (ca. 56 – 120 e.Kr.) og andre historikere, der er indskrifterne på votivstenene/-tavlerne og på gravstenene. Offerhandlinger er afbildet på søjler, på Trajansøjlen i Rom kan man fx se, at kejserne indledte et felttog med en ofring af dyr, suovetaurilia, og man kan også se soldater ved et ofringsritual. Også arkæologien giver os viden. Den analyserer templernes fundamenter og lejrenes vigtige bygninger. Små gudestatuer viser os den private religionsdyrkelse, og amforer med rester af kandeofre giver os i dag oplysning om de ofrede væsker, fx olie og vin.

Litteratur

Spickermann, Wolfgang: (Hrsg. in Verbindung mit Hubert Cancik und Jörg Rüpke): *Religion in den germanischen Provinzen Roms,* Tübingen (Mohr-Siebeck) 2001

Yann Le Bohec: *Die römische Armee – Von Augustus zu Konstantin d. Gr.,* Stuttgart (Franz Steiner) 1993

Teksternes forfattere

Arnobius Maior de Sicca

Arnobius Maior de Sicca, ca. 300 e.Kr. fra Sicca i Nordafrika, retoruddannet før sin omvendelse til kristendommen; efter denne skrev han 'Adversus nationes', 'Mod hedningene'. Hans ideer står i modsætning til den ortodokse lære, måske influeret af Markion, 2. årh. e.Kr., grundlægger af den kristne gnosticisme; pga. forskelle og påståede modsætninger mellem det Gamle og det Nye Testamente forkastede denne det Gamle Testamente; af det Nye Testamente anerkendte han kun Lukas-evangeliet og Paulus' breve.

Lucius Apuleius

Lucius Apuleius, 123 – 2. årh., fra Madaura i Nordafrika, uddannet i Karthago og Rom som jurist og aktiv som omrejsende taler i sin hjemegn, var præst i kejserkulten, *sacerdos provinciae*, og skrev som sit hovedværk den eneste fuldt bevarede roman, *Metamorphoseon* libri 11, almindeligvis kaldt 'Det gyldne æsel', der fortæller om Lukians forvandling til et æsel, hvilket skal være en metafor for det omflakkende individ, der til sidst finder trøst i Isis-kulten. Tekstuddraget viser optagelsen som myste i Isis-kulten.

Aurelius Augustinus Hipponensis

Aurelius Augustinus blev født i 354 i Thagaste i Numidien og døde den 28. august 430 med en omfattende produktion bag sig. Han var biskop i Hippo i Nordafrika og blev den betydeligste af de latinske kirkefædre. Han skrev den første selvbiografi i Litteraturhistorien, 'Confessiones', på dansk 'Bekendelser' fra år 397/98, der beretter om hele hans omvendelseshistorie, samt et utal af prædikener, 'Sermones', om emner, der dominerede den religiøse dagsorden dengang. Bemærkelsesværdigt er 'Soliloquia', 'Monologer', om forholdet mellem sjælen og Gud i form af en dialog mellem Augustin og hans Ratio, fornuft. Af de vigtigste teoretiske skrifter fra hans hånd kan nævnes 'De doctrina christiana', 'Den kristne lære', der er en systematisk fremstilling af kristendommen på basis af biblen, samt 'De trinitate', 'Om treenigheden'; hans største dogmatiske værk er 'De civitate Dei', 'Guds stat', det sidste store forsvarsskrift for kristendommen, inspireret af Roms fald i 410 e.Kr. og udvidet til en historiefilosofisk traktat med en teori om Guds stat, civitas Dei, og menneskenes stat, civitas terrena.

Bacchanalia

Bacchanalia var hemmelige ritualer, holdt til ære for Bacchus, grækernes Dionysos, i hele Middelhavsområdet, og på et tidspunkt bredte kulten sig fra Syditalien via Etrurien til Rom. Oprindelig var det en ren kvindekult, hvor ritualet blev udført om natten fem gange månedligt; senere blev også mænd indviet. Antallet af indviede steg over alle grænser i året 186 f.Kr., således at de romerske myndigheder så sig nødsaget til at gribe ind.

Senatus consultum de Bacchanalibus er resultatet af myndighedernes indgriben i ager Teuranus, det Teuranske distrikt, i Bruttium på den italiske halvøs tåspids, og senatsbeslutningen gjaldt i hele Italien, idet alle kultsteder blev destruerede, og af de 7000 indviede i Rom blev mange straffet med døden.

Marcus Porcius Cato

Marcus Porcius Cato, 234 – 149 f.Kr. fra Tusculum, var en markant politiker i 2. årh. f.Kr. og forfatter til det ældste latinske prosaskrift inden for fagLitteratur, nemlig 'De agri cultura', 'Om landbrug', fra ca. 160 f.Kr., som giver et godt indblik i bøndernes livsvilkår på den tid. Han var repræsentant for nationale, antigræske tendenser og stod i modsætning til hele Scipio-kredsens prohellenske holdning.

Caius Valerius Catullus

Caius Valerius Catullus, ca. 87-54 f.Kr., fra Verona, var repræsentant for neoterikerne, 'De moderne', der foretrak de hellenistiske digtere frem for Homers epik og dens indflydelse på romersk Litteratur. Det nye element i digtningen er bl.a. udtryk for individuelle følelser, psykologi og personlige præferencer.

Marcus Tullius Cicero

En af oldtidens berømteste talere og retorikere, der har præget den latinske prosa i allerhøjeste grad, er Marcus Tullius Cicero, 106-43 f.Kr. Han har efterladt sig en række værker om retorik, filosofi, breve og ikke mindst religiøse forhold, nemlig 'De natura deorum', 'Om gudernes væsen', fra år 45 f.Kr., der er en samtale mellem filosoffer i de fiktive år 77-75 f.Kr. om oldtidens gudeforestillinger; heri præsenterer han Epikurs lære, stoicismens syn og til sidst akademikernes polemik mo d de to retninger under indflydelse af den græske filosof Poseidonios. En uddybelse og et tillæg udgør 'De divinatione', 'Om forudsigelse', udgivet 44 f.Kr., samt det delvist bevarede skrift 'De fato', 'Om skæbnen'. I 'De legibus', 'Om lovene', 45-44 f.Kr., fremlægger Cicero, hans ven Atticus og Ciceros yngre bror Quintus et udkast til en sakralret på basis af de 12 tavlers love.

Codex Theodosianus
Kejser Theodosius II., 401-450 e.Kr., påbegyndte indsamlingen af kejserlige edikter og konstitutioner, udstedt siden kejser Konstantin den Store, 274-337 e.Kr., og udgav Codex Theodosianus i 438 e.Kr., og kejser Valentinianus III. autoriserede samlingen som lovtekst for det vestromerske rige; den er et vigtigt forstadie til Corpus Justinianus, som kejser Justinianus I. lod samle 528-534 e.Kr. og indeholder kejserkonstitutionerne fra 2.-6. årh. e.Kr. 12 tolv bøger. Denne indgår som første del af fire i Corpus Iuris Civilis.

Corpus Inscriptionum Latinarum – Samlingen af latinske indskrifter
Formålet med CIL er indsamling og udgivelse af antikke latinske indskrifter, som skal tjene som belæg i udforskningen af Romerrigets kultur og historie. Under ledelse af Theodor Mommsen blev projektet igangsat i 1853 med Berliner Akademie der Wissenschaften som opsynsførende institution. Siden 1994 er CIL del af Berlin-Brandenburgische Akademie der Wissenschaften. Samlingen rummer i dag ca. 180.000 indskrifter i 17 bind i 70 dele i folioformat samt 13 supplementsbind.

Sextus Pompeius Festus
Sextus Pompeius Festus, 2. årh. e.Kr., latinsk grammatiker, udfærdigede ud fra Verrius Flaccus' leksikon 'De significatu verborum', 'Ordenes betydning', et resumé, som senere blev forkortet af Paulus Diaconus, ca. 720-799 e.Kr., munk i Monte Cassino-klosteret.

Iulius Firmicus Maternus
Iulius Firmicus Maternus, 4. årh. e.Kr. fra Syrakus, skrev 'Mathesios libri octo', et forsvar for astrologien og horoskoper. Mellem 346 og 350 efter sin omvendelse til kristendommen skrev han 'De errore profanarum religionum', 'De hedenske religioners fejltagelse', hvori han opfordrer kejserne Konstans og Konstantinus til at udrydde hedningene.

Fratres Arvales, Agerbrødrene
Traditionen går tilbage til Romulus, hvis amme Acca Larentia fødte tolv sønner, som udgjorde de første arvalbrødre. (Gellius, 7,7,8). De afholdt deres møder i en hellig

lund ved Via Campana ca. 5 mil fra Rom og sang en gammel hymne på den anden festdag, den 19./29. maj for Dea Dia, en frugtbarhedsgudinde, mens de dansede i en tredelt rytme. Brudstykker af deres protokoller er fundet i helligdommen, og festen for frugtbarheden varede tre dage og foregik skiftevis den 17./19. 20. maj eller den 27./29./30. maj. De afholdt forsoningsofre for alle aktiviteter i den hellige lund; kollegiet blev styrket af kejser Augustus og havde en fremtrædende rolle til det 3. årh. e.Kr., fordi kolelgiet afholdt gudstjenester for kejseren og hans familie på deres fødselsdage og andre festdage.

Gaius

Gaius, 2. årh. e.Kr., romersk jurist. Bevaret er hans Kommentarer til 'Institutiones', 'Lærebog i retsvidenskab' inden for områderne personal- og ejendomsret, arve- og obligationsret samt procesret. Samlingen tjente senere som grundlagde for kejser Justinians Institutiones.

Aulus Gellius

Aulus Gellius levede i det 2. århundrede efter Kristus og tog som 30-årig før år 165 e.Kr. til Athen på et et-årigt studieophold, hvor essaysamlingen 'Noctes Atticae' blev til, som indeholder tekster om filosofi, tekstkritik, retsvidenskab og sakrallære.

Hieronymus og Vulgata

Kirkefaderen Hieronymus, ca. 345 til 419/420, fra Stridon i Dalmatien, ophold i Trier og Rom, hvor han var elev af grammatikeren Donatus, blev præsteviet i Antiochia og grundlagde et munkekloster, hvor han tilbragte sine sidste år og skrev pamfletter mod tilhængerne af Origenes og Pelagius. Han får i sin egenskab af pave Damasus' sekretær af konsiliet i Konstantinopel 381 til opgave at revidere den indtil da foreliggende latinske bibeltekst; det Nye Testamente, Novum Testamentum, færdiggøres i årene 382-384, mens det Gamle Testamente, Vetus Testamentum, færdiggøres i årene 391-406. Derudover forfatter han den første kristne Litteraturhistorie, 'De viris illustribus', 'Berømte mænd'.

Titus Flavius Josephus

Titus Flavius Josephus (= Yosef ben Matityahu), 37-ca.95 e.Kr., jødisk historiker, højtstående embedsmand i Galilaea, dernæst i Rom. Han skrev på græsk for at lære grækerne om jøderne. Hovedværker er 'Bellum Iudaicum', Den jødiske krig' om Makkabæeropstanden og årene 66-70 e.Kr., 'Antiquitates Iudaicae', 'Jødisk kulturhistorie', der behandler tiden fra verdens skabelse til år 66 e.Kr., samt skriftet 'Contra/In Apionem', 'Mod Apion', der vil vise, at jøderne er et af de ældste kulturnationer i verden, som alle senere afhænger af, samt en selvbiografi. Han var modstander af jødisk nationalisme, men forsvarede jødisk religion og kultur.

Lactantius
Lactantius, egl. *Lucius Caecilius Firmianus,* ca. 250-325, var opdrager for kejser Konstantinus' søn Crispus år 317 i Augusta Treverorum, i dag Trier, og ivrig forsvarer for kristendommen. Hans hovedværk er 'Divinae Institutiones', 'Lærebog i religion', som er en apologi for kristendommen og en fremstilling af den kristne tro, hans 'Epitome divinarum institutionum', 'Kompendium til Lærebog i religion' er et sammendrag af hovedskriftet. Skriftet 'De opificio Dei', 'Om Guds kunstværk' fremstilles den menneskelige organismes skønhed og funktionalitet uden religiøse overtoner; 'De ira Dei', 'Om Guds vrede' behandler spørgsmålet, om man kan tillægge en gud affekter og følelser. I 'De morte persecutorum', 'Om kristenforfølgernes dødsmåder', beskriver han hedningenes endeligt; om skriftet stammer fra Lactantius, er omdiskuteret.

Titus Livius
Titus Livius, 59 f.Kr.-17 e.Kr., fra Patavium (Padua), romersk historiker, ven med kejser Augustus. Hans delvist bevarede 'Romerske historie', 'Ab urbe condita libri', dvs. 142 bøger fra byen Roms grundlæggelse, til Drusus' død 9 f.Kr. 35 bøger er bevaret: 1-10 (til 293 f.Kr.), 21-45 (219-167 f.Kr.). I kejsertiden blev der lavet korte uddrag, Periochae, af bøgerne. Grundlaget er de statslige årbøger, Annales. Inspireret af Augustus' restaurationsbestræbelser fremstiller Livius et moralsk billede af romerrigets værdigrundlag.

Iulius Obsequens
Iulius Obsequens (4. årh. e.Kr.) skrev sin 'Bog om varsler', 'Liber prodigiorum', ud fra de varselstegn, han forbandt med historiske begivenheder fra år 190 til 11 f.Kr. Til grund for samlingen ligger Livius' værk 'Roms historie', 'Ab urbe condita libri'.

Publius Ovidius Naso
Publius Ovidius Naso, 20. marts 43 f.Kr. – 17/18 e.Kr., ville med sine 'Fasti' udlægge

den romerske kalender aitiologisk, altså angive årsagerne til helligdagene, og nåede at blive færdig med månederne januar til juni, da han af kejser Augustus blev landsforvist til Tomi ved Sortehavet i år 8 e. Kr. Det sidste halve år i Fasti blev aldrig færdiggjort, fordi Ovid manglede arkiverne i Rom, som han aldrig vendte tilbage til. Årsagen til forbandelsen skyldtes måske produktionen af kærlighedsdigte i hans første litterære fase, 'Amores', 'Kærlighedsdigte', 'Heroides', 'Breve fra mytiske kvinder', 'Ars amatoria', 'Kunsten at elske' samt 'Remedia amoris', 'Midler mod kærlighed'. Til hans anden litterære fase hører 'Metamorphoseon libri', 'Forvandlinger', en stor samling af mytologiske forvandlingsfortællinger, samt 'Fasti', 'Festkalenderen'. I Tomi skrev han også 'Tristia', 'Sørgedigte' og 'Epistulae ex Ponto', 'Breve fra Pontus', som må siges at høre til hans sidste litterære fase.

Paulus Diaconus
Paulus Diaconus, 720-799, benediktinermunk og langobardisk historiker, forfattede en 'Epitome de significatu verborum' på grundlagde af Festus' værk; se Festus

Caius Plinius Secundus Maior, den Ældre
Caius Plinius Secundus Maior, den Ældre, 23-79 e.Kr. fra Como i Norditalien skrev en 'Naturalis historia', 'Naturhistorie' som er en encyklopædi over oldtidens viden på alle områder, kosmologi, kunst, geografi, etnologi, medicin, zoologi, botanik, metallurgi, mineralogi, idet han har excerperet hundredvis af faglitterære artikler. Dette værk er det eneste bevarede af hans omfattende produktion.

Maurus Servius Honoratus
Maurus Servius Honoratus, 4. e.Kr., latinsk grammatiker, forfattede en Kommentar til grammatikeren Donatus og til Vergil.

Caius Suetonius Tranquillus
Caius Suetonius Tranquillus, ca. 75-150 e.Kr., jurist og sekretær (ab epistulis) hos kejser Hadrian. Vigtigste værker er hans biografier 'De vitis Caesarum', der rækker fra C. Julius Caesar til kejser Domitian, samt 'De viris illustribus', 'Berømte mænd'.

Publius Cornelius Tacitus
Publius Cornelius Tacitus, 55/56 – 116/120 e.Kr., er den store forfatter af Romerrigets

historie fra Augustus' død til Domitian i hovedværket 'Historiae', som dækker årene 69-96 e.Kr., hvoraf kun årene 69-71 er bevaret, fragmentarisk bevaret er det andet hovedværk 'Annales ab excessu Divi Augusti', 'Årbøger fra den guddommeliggjorte Augustus' tid', som dækker årene 14-68 e.Kr. Til de tidligere værker hører 'Agricola', en biografi over Tacitus' svigerfar og Britanniens erobrer, 'Dialogus de oratoribus', 'Dialog om talerne' om forfaldet i veltalenheden, samt 'Germania', den eneste geografisk-etnografiske afhandling på latin.

Testamentum Novum et Vetus, se Hieronymus

Marcus Terentius <u>Varro</u>
Marcus Terentius Varro kom fra Reate og levede 116 – 27 f.Kr.; han var måske den mest lærde fagvidenskabelige forfatter med en stor produktion bag sig. Hans plan var at skrive Roms kulturhistorie under titlen 'Antiquitates', 'Kulturhistorie', og i 'Disciplinae' i udviklede han et system for de fire kunster, artes liberales. Der er kun fragmenter bevaret, men fx Augustins beskæftigelse med Varro kan give os et indblik i værkernes karakter. Helt bevaret er 'Res Rusticae', 'Om landbruget' og næsten helt bevaret er hans værk 'De lingua Latina', 'Det latinske sprog' fra 45/44 f.Kr.

Vulgata, se Hieronymus

Leksikon over væsentlige begreber

A commentariis: protokolfører for pontifices, quindecimviri og fratres Arvales.

Abominatio: se abominor.

Abominor: 'jeg ønsker at afvende et ondt varsel'; auguren nægter at anerkende et tegn, signum, som et ondt varsel, omen, men rapporterer kun iagttagelsen af det; han ignorerer sådan set tegnets betydning.

Accensus: magistratens tjener

Acerra: røgelsesæske

Adelphos: 'broder' som betegnelse for medlemmerne af en mysteriekult

Aedes: en guds bopæl, der rummer gudens billedstøtte, modsat tempel, som betegner et indviet område.

Aedilis: magistrat eller opsynsmand over templerne og offentlige bygninger

Aeditumus: tempelpedel

Aesculapius: lægekunstens gud, skytsgud for lægerne

Ager Gabinus: Gabii var den første kommune, der indgik kontrakt med Rom; derfor er der specielle omstændigheder ved denne oppidums (bykommunes) jord.

Ager hosticus: fremmed territorium uden kontrakt med romerne.

Ager incertus: øvrige områder, der ikke hører til de andre ager-kategorier.

Ager peregrinus: landområder, som er bragt under kontrakt (pacatus, 'fredeliggjort') med romerne.

Ager Romanus: byen Roms område uden for pomerium.

Ager: i religiøs sprogbrug et jordstykke, defineret til augurens iagttagelse

Agonalia: 9. januar, 21. maj, 11. december, højtid for forskellige guddomme, der fungerede som statens beskyttere. Den 17. marts var der desuden et Agonium Martiale, hvor krigssæsonen blev indledt med denne højtid til Mars.

Agone?: offertjeneren (etrusk. popa) spørger præsten "Skal jeg udføre offeret?" (Agone?), og på svaret "Ja! Gør det!" (Age!) slog han dyret ned. Offerstikkeren (cultrarius, af culter: kniv) stak nu offerkniven i halspulsåren på dyret, som liggende på ryggen blev skåret op af offertjeneren (victimarius) for at man kunne tage indvoldene ud. Disse blev undersøgt, hvis de blev godkendt, gik proceduren videre; blev de ikke godkendt, kunne offeret gentages, op til 20 gange. Indvoldene blev nu skåret ud, kogt, bestrøet med mola salsa og lagt på alteret. Dette gjorde han, der forestod offeret, og han fuldførte dermed gudemåltidet (epulum).

Ambarvalia: 29. maj, højtid for Ceres som frugtbarhedsgud, hvor fratres Arvales gik rundt om pomerium og sluttede af med et suovetaurilia-offer; privat gik husherren og hans familia også rundt om sin ejendom og ofrede til slut. Ordet kommer af 'ambio', rundgang, og 'arvum', eng.

Amburbium: se Ambarvalia

Antistes: tempelforstander, opsynsmand over gudstjenesten

Apex: flamens officielle spidshue med en olivenspids på toppen, som har lagt navn til huen.

Apollo: gud for musik og digtning, lægekunst, spådomskunst og bueskydning.

Apparitor: offentlig betjent hos en øvrighedsperson, statstjener.

Ara: stedet for selve offerhandlingen; oftest en åben træ- eller stenstruktur uden for fanum, helligdommen, i profanum.

Arbor felix: et træ, der gav gode varsler og stod under himmelgudernes (di superi) beskyttelse. Hertil hørte eg, birk, hasselnød, røn, hvid figen, pære, æble, vindrue, blomme, kornel, lotus, oliventræ, laurbær, poppel.

Arbor infelix: et træ, der stod under de underjordiske guders beskyttelse samt under de guder, der kunne afvende en dårlig skæbne; hertil hører vrietorn, rød kornel, bregne, sort figen, de træer, der bærer sorte frugter, kristtjørn, skov-/vildpære, musetorn, vildrose, brombær.

Arcarius: regnskabsfører i præstekollegier.

Archigallus: formand for kastratpræsterne i Magna Mater-kulten.

Archisynagogus: leder af en synagoge.

Arcosolum: buegrav i en katakombe, som var lidt mindre og dermed billigere end et cubiculum.

Argei: 16.-17. marts, 14.-15. maj; højtid for Roms kultsteder; pontifikalkollegiet, vestalinderne og prætorerne gik rundt til 27 kultsteder, sacella, og tog en strådukke med fra hvert sted; derefter gik man til Pons Sublicius, Roms ældste bro, under ledsagelse af flaminica Dialis, og kastede strådukkerne i Tiberen. Både strådukkerne og kultstederne blev kaldt Argei, hvis etymologi er usikker.

Armilustrium: 19. oktober, højtid for rituel rensning af våbnene, når krigssæsonen er slut. Salii, de dansende præster, har sikkert deltaget; højtiden fandt sted på Aventiner-højen.

Ars sacrificandi conscripta: offerforskrifter

Aruspicium: se haruspicium

Ater: mørk, dvs. uheldssvanger dag i kalenderen, en dag, hvor man ikke skulle forrette religiøse handlinger; især dagene efter månedens mærkedage, Kalendae, Nonae og Idus

Atthis: Magna Maters elsker, der blev slået af vanvid og kastrerede sig selv, hvad der forvoldte hans død.

Attrecto: 'jeg rører ved'; term for, at præsten rører ved og bruger indviede genstande til ritualet som myndighedsperson;

Augur maximus: formand for augurerne

Augur: fra 3›9›15›16, auguralkollegiet tog fuglevarsler i luften eller på jorden for at tage stilling til, om guderne bifaldt senatets eller magistraternes politiske eller militære beslutninger. Kollegiet havde som sådan stor politisk magt.

Auguraculum: augurens af ham indviede område til iagttagelse og tydning af fuglevarsler, inkl. hans hytte eller telt, tabernaculum; I Rom var det arx, borgen ved siden af Kapitol, Quirinal og Palatin; den vender mod øst, augurens venstre eller gunstige side; se templum.

Augurium Salutis: augurernes rådslagning efter et indvoldsskue med positivt resultat, om der overhovedet skal bedes en bøn om velfærd (salus) for folket.

Augurium: iagttagelse og tydning af varsler, især fuglevarsler, (= divination) som auspicia impetrativa, varsler, man bevidst søger efter, modsat auspicia oblativa; se disse.

Augustalia: også kaldt ludi Augustales, blev etableret af Augustus samtidig med åbningen af et alter for Fortuna Redux i 19. f.Kr. til minde om Augustus' tilbagevenden fra Asia Minor. Pontifikalkollegiet og vestalinderne foretog ofringer. Højtiden er første led i den senere kejserdyrkelse.

Auspex: 'fugletyder' ('avis', fugl, og 'spicio/specio', se på); en spåmand, der tog varsler efter fuglenes flugt

Auspicia impetrativa: 'varsler, man har bedt om', dvs. magistraten har bedt auguren om varselstagning i forbindelse med politiske og militære aktioner.

Auspicia maiora: 'vigtigere varsler', som kun måtte igangsættes af en magistrat med imperium, censor og flamines maiores.

Auspicia oblativa: 'varsler, man får tilbudt', dvs. varsler, man ikke har igangsat selv, men som man tror, er blevet sendt af guderne som godt eller dårligt varsel i forbindelse med en politisk, militær eller samfundsmæssig situation; prodigier hørte til de ugunstige auspicia oblativa.

Auspicia privata: varsler, der vedrører paterfamilias og hans familie og i princippet følger de samme regler som de officielle varselstagninger i Rom; varselstageren kunne også her foregive ikke at have modtaget et dårligt tegn fra guderne; pontifex maximus kunne vejlede privatfamilier i tolkning af varsler.

Auspicium: 'fuglevarsel'; iagttagelse af fugle inden for templum, augurens observationszone; der er fem slags varsler: ex caelo, fra himlen, dvs. torden og lyn; ex avibus, fra fugle; ex tripudiis, fra kyllingernes spisning ved truget; ex quadrupedibus, fra de firfodede dyr; ex diris, fra truende varsler; i Rom blev der til officielle formål kun brugt ex caelo- og ex avibusvarsler. Der skulle være tavshed, silentium, når auguren iagttog fuglene, spectio eller servare de caelo; gunstige varsler resulterede i nuntiatio, dårlige varsler i obnuntiatio.

Averrunco: 'jeg afværger'; rituel handling, der skal afværge et onde, varslet gennem et dårligt omen, nemlig et portentum malum eller et prodigium malum; disse skal afværges ved at brænde træ fra arbores infelices, der beherskes af underverdenens guder eller af guder, der kan afværge onde varsler. Den gud, der kan afværge noget sådant, er Averruncus.

Bacchanalia: det latinske navn for de hemmelige ritualer, orgia, i Bacchus-kulten (= Dionysos-kulten), der fandt sted om natten i skoven og med kvinder, bacchantinder, der dansede vildt og slog på mænd i deres rus. Det førte til, at senatet forbød kulten i 186 f.Kr., som trods streng kontrol overlevede forbudet.

Bellona: krigsgudinde

Bellum iustum: 'retfærdig krig'; en krigserklæring skulle forkyndes formelt efter ius fetiale, fetialpræsternes ansvarsområde, og krigen skulle have en fra romernes side lovlig årsag, enten et spørgsmål om erstatning eller et regreskrav, repetitio, en trussel om invasion eller et kontraktbrud fra den fremmede kommunes side.

Bidens: et offerdyr, især et får, som allerede har begge rækker af tænder; det brugtes til udsoning af et bidental, et indviet og indhegnet sted, hvor lynilden var slået ned.

Bidental: et indviet og indhegnet sted, hvor lynilden havde slået ned, hvor der derfor skulle ofres et bidens, et offerdyr med to rækker tænder

Bona Dea: romersk jord- og frugtbarhedsgudinde, kun fejret af kvinder; skytsgudinde for de gifte kvinder, matronae. Identificeret med den romerske gudinde Fauna, datter eller hustru til Faunus. Hun blev fejret med en so og et vinoffer den 3. december, og hendes kult var meget afholdt i Italia og i provinserne.

Brumalia: 24. november – 25. december, højtid for vintersolhverv til ære for Saturnus, Ops, og Bacchus/Dionysus. Der blev ofret geder til sidstnævnte og grise til Demeter og Cronus/Kronos, Saturns far. Ordet 'bruma' betyder årets 'korteste dag'.

Bøn: et af de vigtigste ritualer; alle ritualer ledsages af en bøn, men ikke alle bønner ledsages af et ritual. Den bedende står op med bøjet hoved, knæler i nærheden af kultbilledet, undertiden vælter man sig i støvet som en forstærkning; håndfladerne er vendt mod himlen; der bedes tydeligt og højt, og bønnen slutter med en drejning til højre; det kan være, at tempeltjeneren beder for og publikum svarer i fællesskab. Ofte er bønnen skriftligt nedskrevet, fx arvalbrødrenes bøn.

Caerimonia: af Cicero i singular brugt om ukrænkelighed, hellighed, men oftest brugt i plural om rituelle forskrifter og handlinger.

Caesa: se 'inter caesa et prorrecta'

Calator: = kalator

Camillus/camilla: børneassistenter for flamen Dialis.

Canistra: kurv til offerkager

Cantharus: kande

Capite aperto: 'med utildækket hoved', se ritus Graecus.

Capite velato: 'med tilhyllet hoved'; før offeret skulle alle celebranter rense sig selv, vaske hænder, og man nærmede sig altret med tilhyllet hoved som led i ritus Romanus.

Caprotinia: 7. juli, højtid til ære for Juno Caprotina, afholdt af de kvindelige slaver; kun kvinder deltog i ritualerne. Oprindelsen er usikker.

Captatio: 'tagning', af 'capio', jeg tager; udtryk for proceduren fra pontifex maximus' side, der lægger hånden på en ung pige mellem 6 og 10 år og 'tager', vælger, hende til vestalinde; den samme procedure skete ved valget til rex sacrorum og flamines maiores.

Caristia: også kaldet Cara Cognatio, 'De kæres familiefest', 22. februar, privat festlighed til styrkelsen af familien og freden blandt slægtninge. Man ofrede til Larerne, husguderne, med madvarer og røgelse, og familien spiste sammen

Carmen Arvale: Arvalbrødrenes hymne til såguderne, semines, fundet på en marmortavle fra 218 f.Kr.

Carmen: i religiøs sprogbrug en formular, hymne, trylleformular, forbandelsesformular, bønneformular, der er præget af formelagtige vendinger, gentagelser og rytme; se tripodatio og tripudium; et typisk eksempel er carmen Arvale, et af de ældst bevarede trylleformularer, som Arvalbrødrene fremførte under en rituel dans for markerne og engene.

Carmenta: eller Carmentis, der er gudinde for barnefødsler og trolddom samt beskytter af mødre og børn. Hendes navn kommer af 'carmen', trylleformular. Hun var en af Camenerne, gudinder for barnefødsler, brønde og kilder og profetier og beskytter af mødre i arbejde. Carmenta var leder af disse vandnymfer. Gudindens specialpræst var flamen carmentalis.

Carmentalia: 11. og 15. januar, højtiden for gudinden Carmenta eller Carmentis, der er gudinde for barnefødsler og trolddom samt beskytter af mødre og børn. Hendes navn kommer af 'carmen', trylleformular. Hun var en af Camenerne, gudinder for barnefødsler, brønde og kilder og profetier og beskytter af mødre i arbejde. Carmenta var leder af disse vandnymfer. Gudindens specialpræst var flamen Carmentalis.

Carmentis = Carmenta

Castitas: se castus.

Castor og Pollux: guder for redning til lands og til vands samt for rytteriet, boksere og atleter. Deres højtid faldt på den 27. januar og den 13. august. Almindelige bandeord som 'edepol' og 'mecastor/ecastor' er afledt af deres navne.

Castus: moralsk ren eller skyldfri, kendetegner en præst, sacerdos; enten afledt af et ord for 'at savne', careo, eller af et gammel ord for 'at overholde ritualets forskrifter', *k'(e)stos.

Cerealia: midten til slutningen af april i 7 dage; højtid for korngudinden Ceres og bøn om at undgå ildebrand på marken. Under højtiden blev der afholdt ludi Cereales i Circus Maximus.

Ceres: gudinde for frugtbarhed og vækst, identificeret med Demeter; skytsgudinde for de gifte kvinder, matronae.

Chaldaeus: uofficiel magiker

Christiani: de kristne

Cinctus Gabinus: togaens flig blev taget fra venstre skulder og ført ind under højre arm og op over hovedet for at dække håret og togaens ender blev knyttet sammen foran på brystet, så at præsten kunne bruge begge hænder til rituelle formål. Formen stammer fra byen Gabii, 18 km øst for Rom, der var den første by til at slutte overenskomst med Rom. Opr. måske båret af krigere for at erklære krig mod fjender.

Cippus: grænsemarkering for et locus inauguratus, se dette.

Clavum figo: 'jeg slår et søm i'; den 13. september slog den ældste embedsmand det årlige søm, clavus annalis, i væggen på Jupiter Optimus Maximus' tempel på Kapitol; det skete på templets fødselsdag, hvor der også blev afholdt et gudemåltid for Jupiter, epulum Iovis; selve ceremonien fandt sted i nabotemplet, viet til Minerva, fordi hun gjaldt som opfinder af tal-begrebet og ritualet foregreb brugen af skrevne bogstaver. Ritualet blev af Augustus i 1 e.Kr. flyttet til Mars Ultor-templet og foretaget af en censor.

Coemptio: ægteskabsform, der havde form af et fiktivt køb af hustruen.

Collegium Pontificium: se Pontifices

Collegium: 'forening ved lov'; officiel forening efter romersk lov, opr. kun for patriciere, efter 300 f.Kr. også åben for plebejere, hvorefter antallet af medlemmer blev forøget. De fire vigtigste kollegier, quattuor amplissima collegia, er: pontifikalkollegiet (se Pontifices), auguralkollegiet (se Augur), Quindecimviri sacris faciundis (se Quindecimviri s.f.), og Septemviri epulonum (se Septemviri epulonum).

Columbarium: 'dueslag'; underjordisk reolsystem til hundredevis af urner.

Comitialis: se Dies comitialis.

Comitium calatum: 'indkaldt forlkeforsamling' til meddelelse af religiøse meddelelser; pontifex maximus ledede forsamlingen og indsatte rex sacrorum og flamines i tjenesten efter at have taget varsler. Formlen 'Quando Rex Comitiavit Fas' i kalenderen betegnede den dag, hvor rex sacrorum rituelt havde lov til at indkalde en comitium calatum.

Commentarii augurales: auguralkollegiets arkiv over dets responsa, svar, til senatet og decreta, beslutninger.

Commentarii pontificum: pontifikalkollegiets arkiv over dets beslutninger og bestemmelser.

Commentarius/commentarii fratrum Arvalium: Arvalbrødrenes protokoller.

Comoeterium ad catacumbas: katakombe; den første blev bygget i slutningen af 1. årh. e.Kr. af Flavia Domitilla, barnebarn af kejser Vespasian.

Comperendinus: se Dies comperendinus

Compitalia: eller ludi Compitalicii blev afholdt for larerne ved korsvejene mellem de tilstødende grundejeres jordstykker. 'compitum' betyder korsvej. Tidspunktet varierer, de hører til feriae conceptivae, dvs. de bliver fastsat hvert år på ny, men ligger mellem Saturnalia i slutningen af december og før 5. januar (Nonae).

Conceptivus: se Feriae conceptivae

Conclamatio: forkyndelse af den dødes navn under begravelsesceremonien

Confarreatio: den mest bindende og helligste form for indgåelsen af et romersk ægteskab, ved hvilken der blandt andre skikke blev ofret en kage af spelt, farrea liba, hvoraf også brudeparret nød et stykke. Handlingen overværedes af pontifex maximus, flamen Dialis og ti borgere som vidner. Skilsmisse var ikke mulig.

Coniectura: fortolkningsdisciplin, der tydede uventede tegn som ostenta og portenta, uheldssvangre varsler; opr. en etruskisk disciplin, der betragtedes som en 'ars', en metode, der krævede undervisning; modsat observatio, se dette.

Consecratio: indvielse af en grund/bygning, der var erklæret frigjort, liberatus, og forkyndt som ren, effatus, til religiøse formål. Indvielsen blev ledet af en pontifex. En del af consecratio var dedicatio, den juridiske del af indvielsen, ledet af en magistrat som udtryk for folkets vilje.

Constitutio: myndighedernes beslutning om at udvælge og indvi en grund/bygning til religiøse formål.

Consualia: eller Consuales Ludi, 21. august og 15. december; det er en højtid for Consus, guden der beskytter høsten, som fejredes i august, og som beskytter lagringen af kornet i laden, som fejres i december. Også Mars som høstgud og Lares modtog ofre. Heste, muldyr og æsler blev smykket med blomsterguirlander og ført igennem Rom.

Consultum: senatusconsultum = SC; senatets beslutning vedr. en sag, som arkiveres officielt.

Consus: gud for velfærd og rigdom.

Cooptatio: udtryk for optagelse i et præsteskab gennem selvsupplering.

Cornicen: spiller på et cornu, et horn.

Cornu: horn i brug ved religiøse ritualer.

Corona: krans til rituel brug

Crematio: ligbrænding

Cubiculum: gravplads i en katakombe til en sarkofag

Culter: offerkniv

Cultrarius: den tjener, der stikker kniven i offerdyrets hals med sin culter: kniv.

Cultus: dyrkelse af guderne, af colo: bebygger, bebor, plejer, ærer

Curator templi: tempelforstander

Curator: forstander for en synagoge hos jøderne; ellers tempelforstander.

Curia: en kurie, en af de 30 afdelinger, i hvilke de romerske borgere fra Romulus' tid var inddelt; heraf = distriktsrådhus i Rom eller i kommunerne.

Curio maximus: 1, den religiøse forstander for alle kurier, se curia.

Curio: 30, religiøs forstander for en kurie, en af de 30 afdelinger, i hvilke de romerske borgere fra Romulus' tid var inddelt. Forstanderen ledede den fælles gudstjeneste.

Cymbalistria: bækkenspiller i Isiskulten.

Damiatrix: 1, sacerdos Bonae Deae, præstinde for Bona Dea

Daps: 'måltid'; bespisning af guderne

Dea Dia: gudinde for frugtbarhed og vækst, hendes præstekollegium Fratres Arvales holdt højtid for hende i maj måned. Hendes tempel lå ved 5. milepæl uden for Rom ved Tiberens bred.

Decretum: de officielle præsters bindende fortolkninger af religiøse spørgsmål.

Dedicatio: magistraten forkynder lex dedicationis, den lovmæssige bestemmelse, over en grund/bygning, der skal bruges til religiøse formål, og grunden/bygningen overgår fra verdslig til gudernes ejendom, den bliver et sacrum.

Defixio: forbandelsesformular

Delubrum: en helligdom eller et alter, den ældste form for aedes, bolig for en gud; opr. den tilhørende vaskeplads til rituel renselse.

Detestatio sacrorum: 'aflæggelse af ritualer'; når en romer skifter slægt, gens, gennem adoption, aflægger han dyrkelsen af den gamle slægts og optager dyrkelsen af den nye slægts guder.

Deus certus: en gud med kendt funktion ifølge Varro.

Deus incertus: en gud med usikker/ukendt funktion ifølge Varro.

Deus praecipuus: en gud med en funktion, der betragtes som den væsentligste for guden ifølge Varro.

Deus selectus: en gud med en udvalgt, specificeret funktion ifølge Varro.

Devotio: en militærisk selvofring; den feltherre, som vil ofre sig selv, står på en lanse med hovedet tilhyllet, siger devotionsformlen og indvier sig selv til guden; derefter kaster han sig ud i kampen for at dø og dermed give sejr til Rom. Overlever han, udstødes han af samfundet og byen Rom, som om han var død.

Dexter: 'højre'; da auguren sad vendt mod syd under sin varselstagning, vendte højre side mod vest, den nedadgående sols side, mørkets side, som betød uheld og ulykke. Se højre side.

Di Manes: 'Dødsånder', guderne i dødsriget, der våger over de afdøde.

Di parentes: familiens afdøde medlemmer.

Diaconus: biskoppens medhjælper i oldkirken.

Diana: gudinde for den vilde natur og skovene, skytsgudinde for de vilde dyr, deres unger og jagten, samt for de gravide kvinder. 13. august faldt højtiden for Diana i Rom.

Dico: 'jeg indvier'; formel til indvielse af en genstand til en guddom.

Dies ater: 'uheldssvanger dag', se dies postridianus.

Dies comitialis: C-dag i kalenderen; dag, hvorpå der må afholdes comitia, folkeforsamlinger.

Dies comperendinus: udsættelse af en retssag til den tredjenæste dag.

Dies Endoitio Exitio Nefas: se Dies endotercisus

Dies endotercisus: = intercisus, delt; sådan en EN-dag er reserveret til guderne om morgenen og om aftenen, altså en helligdag med religiøse handlinger, mens den om dagen er fastus, altså normal arbejdsdag, åben for retssager.

Dies fastus principio: FP-dag; man tolker dagen sådan, at den om morgenen, in principio, er arbejdsdag, men ikke om eftermiddagen; tolkningen er usikker.

Dies fastus: F-dag; på denne dag kunne prætor, den øverste justitsembedsmand, afholde retsmøde og indlede og afslutte retssager, som skulle afsluttes ved solnedgang. Der er 42 dage af denne slags i kalenderen. 'fastus': tilladt af guderne. I plural, fasti, betyder det kalender.

Dies festus: helligdag

Dies imperii: den dag, hvor kejseren tiltrådte sit imperium, altså fik kejsertitlen; dagen blev fejret årligt med edsaflæggelse, løfter og ofringer for kejsernes helbred, pro salute imperatoris.

Dies lustricus: 'renselsesdag'; ritual for den nyfødte pige på ottendedagen efter fødslen, og for den nyfødte dreng på niendedagen efter fødslen; barnet blev renset og fik sit navn.

Dies natalis: 'fødselsdag'; årlig mærke-/festdag for mennesker, bygninger og særlige objekter.

Dies nefas piaculum: NP-dag; der må ikke finde retsforhandlinger sted på NP-dage, og der finder religiøse handlinger sted; 'nefas': ikke tilladt af guderne, 'piaculum': forsoningsoffer.

Dies nefastus: N-dag; på N-dage kunne der ikke påbegyndes nye retssager, men allerede løbende sager kunne gennemføres. 'nefastus': ikke tilladt af guderne.

Dies nundinus: se Nundina.

Dies postridianus: 'dagen efter', nemlig efter en af månedens mærkedage; det var forbudt at afholde store privatfester på sådan en dag, fordi disse skulle forberedes på en mærkedag.

Dies profestus: hverdag, arbejdsdag; se dies festus.

Dies religiosus: 'helligdag'; på sådanne dage måtte der ikke indgås ægteskaber, politiske forsamlinger, krigshandlinger eller retshandlinger.

Dies violaris: 'violdagen'; de afdødes grave pyntes med blomster i maj.

Dies vitiosus: 'fejlfuld dag': dagens normale offentlige aktiviteter blev forbudt af augurerne gennem en obnuntiatio, se denne, fordi der er blevet observeret et uheldssvangert tegn.

Diffareatio: den formelle ophævelse af et confarreatio-ægteskab.

Dirus: uheldssvanger, brugt om dårlige varsler.

Dis pater: gud for underverdenen

Disciplina Etrusca: 'etruskisk disciplin'; den samlede viden i form af rituelle praksisser, love og kosmologisk kendskab, samlet af etruskerne; divinatio, se denne, var en del af dette videnskompleks, som fandtes i tre kilder: libri haruspicini, libri fulgurales og libri rituales.

Dius Fidius: gud for edsaflæggelse.

Divinatio: udforskning af gudernes vilje = indvoldstydning, prodigieanalyser.

Divus/diva: opr. et menneske, der er blevet udødelig, gud; senere synonym med deus, dea.

Do ut des: 'jeg giver, for at du giver.' Udtrykket viser gensidigheden i forholdet mellem menneske og gud som en gensidig forpligtigelse, når mennesket ofrer og forventer en gusnt fra gudens side.

Dorsuale: et bredt, ulddække med bræmme (dorsuale) blev lagt over dyrets ryg; svin fik kun et dorsuale. Får og væddere får hornene forgyldt, men får ikke noget dorsuale, fordi deres pels er langhåret (altilanei).

Duoviri sacris faciundis/duumvir s.f.: kommission på to mand inden for det religiøse område, der havde ansvaret for at konsultere de Sibyllinske orakelbøger; senere blev de forøget til ti mand og derefter til 15 mand, se Quindecimviri; de endte med at være 60 mand under kejsertiden, indtil de blev forbudt af kejser Theodosius 1. (379-395).

Effatio: = verbal definition af det religiøse rum med bestemte formularer efter at have inspiceret tegnene og befriet det for ondsindede åndelige indvirkninger eller menneskelige påvirkninger, liberatio. Det næste trin er inauguratio, se dette.

Effatum: defineret templum, se dette.

Epifani: Gudebilleder blev afvaskede, olierede, afsvovlede og beklædt = klargjort til rituel epifani = gudens tilstedeværelse under det rituelle måltid, epulum;

Episcopus: biskop, egt. tilsynsmand

Epulo: præst, der arrangerede de rituelle gudemåltider under epulum Iovis; se dette.

Epulum Jovis: et overdådigt måltid ofret til Jupiter den 13. september og den 13. november. Det faldt midt i ludi Romani og ludi Plebeii. Guderne blev officielt inviteret og deltog i form af billeder eller statuer eller stråkukker. De lå på pulvinaria, sofaer på æresgæsternes plads, og fik serveret maden, som om de kunne spise. De præster, der fungerede som arrangører, epulones, udførte ritualet og spiste maden som stedfortrædere for guderne.

Equirria: 27. februar = dagen før det nye år, 14. marts, til ære for Mars på Campus Martius uden for pomerium, og hvis Tiberen gik over sine bredder, blev den holdt på Campus Martialis på Caelius-højen. Navnet stammer fra '*equicurria', hesteløb, som oprindeligt fandt sted på hesteryg, ikke i hestevogn. Højtiden har nok tjent til at indvie krigshestene til den kommende krigssæson.

Equus October: 15. oktober, højtid for Mars og for udsoning af krigshestene ved afslutningen af krigssæsonen. Hesten betragtes som et symbol på kraft, hurtighd og klogskab; den er mediator mellem guder og mennesker, et offerdyr, og dens blod blandes i offerkagen; den hest, der vandt løbet den 15. oktober, ofres til Mars, og rex sacrorum og blod fra hestens hale og hældte det ud på Regias arne; Regia er kontor for pontifex maximus.

Esse in actu: udtryk for den romerske holdning til gudsdyrkelse, at det ikke er gudernes væsen, der reflekteres, men deres handlinger over for menneskene.

Evocatio: romerne forsøger at lokke den fremmede gud til Rom, så den belejrede part pludselig mangler sin skytsgud; dette skete i forbindelse med en trussel om fjendens overmagt hængende over hovedet eller med en overgivelse, så at gudens beskyttende magt vendes bort fra fjenden og gives til romerne; disse lovede så til gengæld et rigt udstyret tempel eller en rigere kultdyrkelse.

ex sacrificio: '(at spise) af offeret'; betegnelse for retten til at spise offerkødet under en officiel højtid i Rom; retten til at spise af offeret tilkom kun de privilegerede, nemlig magistrater, eksmagistrater og de offentlige præster; se ius publice epulandi.

Exauguratio: 'ophævelse af indvielse'; et indviet sted, locus inauguratus, se dette, kunne ikke forandre sin status uden et ritual, der ophævede dets sakrale karakter. Det skete gennem en exauguratio.

Eximius: 'udvalgt' af flokken til at være offerdyr.

Expiatio: 'udsoning' af et fejltrin over for guderne.

Exta: 'indvolde' = det, der står frem; de indvolde, der ofres til guderne: lever, nyre, mellemgulv, galde og hjerte.

Falacer: italisk guddom med sin egen flamen.

Fanaticus: 'hørende til et fanum, et helligt sted eller et alter'; om personer bruges det om tilhængere og tempeltjenere af især orgiastiske kulter som Kybele, Magna Mater, Bellona-Ma og måske Silvanus.

Fanum: locus sacer, et indviet sted.

Far: spelt, emmer eller enkorn, som brugtes til adskillige former for offerbrød og –kager

Farrea liba: speltkage, brugt ved indgåelse af confarreatio-ægteskabet

Fas: 'det, som er ret ifølge guddommelig lov'

Fasces cum securibus: pileknippe med økse, lictorens embedstegn; se lictor.

Fasti: Roms officielle kalender, administreret af pontifikalkollegiet, men fratres Arvales havde deres egen festkalender.

Fastus: se Dies fastus.

Faunus: gud for skov, natur og hyrder; højtid i Rom den 13. februar og i landområderne rundt omkring Rom den 5. december; han blev også fejret under Lupercalia.

Favete linguis: 'Var jeres tunger!' eller 'Ti stille!'; en herold påbød de forsamlede at tie stille og være opmærksom så at offerhandlingen kunne gå i gang.

Februa: nyere betegnelse for Lupercalia.

Felix: i religiøs sprogbrug betyder det, at objektet står under himmelgudernes beskyttelse.

Feralia: 21. februar, sidste dag i højtiden Parentalia; højtid for de dødes ånder, di manes, hvor familierne bragte mad og offergaver til de afdøde familiemedlemmers grave.

Fercula: serveringsbakke

Feriae conceptivae: mobile højtider; de blev afholdt årligt, men flyttede sig datomæssigt; magistraten eller præsterne fastsatte dem; en af de vigtigste var Feriae Latinae, se disse.

Feriae imperativae = indictivae: spontan helligdag, beordret af en konsul, prætor eller en diktator, fx i anledning af en sejr.

Feriae Latinae: en af de vigtigste højtider i den romerske kalender, som blev afholdt ved forårets begyndelse på Mons Albanus i Latium for Jupiter Optimus Maximus og Jupiter Latiaris af romerne og latinerne. Prokonsuler måtte først drage til provinsen efter ofring på Kapitol og på Mons Albanus.

Feriae stativae: officielt af pontifikalkollegiet fastsatte helligdage.

Feriae: dage, der tilhører guderne, altså helligdage, hvor der ikke kan afholdes folkeforsamlinger.

Fertum: = ferctum: oblat til offerbrug.

Festus: se dies festus

Fetiales: 20, dette præstekollegium var ansvarlig for diplomatiet over for andre folkeslag og afsluttede traktater med dem; de erklærede krig over for fjenden og garanterede, at krigen var retfærdig. Deres objekter blev opbevaret i Jupiter Feretrius' tempel; se også pater patratus.

Fictor: håndværker, der former offerkager og –dyr af dej eller voks, modellør.

Fides: gudinde for den gode skæbne; begrebet dækker loyalitet, troværdighed, garanti, kredit, tillid, tro, beskyttelsesforhold

Fidicen: lyrespiller.

Flamen Carmentalis: specialpræst for Carmenta/Carmentis

Flamen Cerealis: specialpræst for Ceres

Flamen Dialis: specialpræst for Jupiter

Flamen Falacer: specialpræst for Falacer

Flamen Floralis: specialpræst for Flora

Flamen Furrinalis: specialpræst for Furrina

Flamen Martialis: specialpræst for Mars

Flamen Palatualis: specialpræst for Palatua

Flamen Pomonalis: specialpræst for Pomona

Flamen Portunalis: specialpræst for Portunus

Flamen Quirinalis: specialpræst for den guddommeliggjorte Romulus = Quirinus

Flamen Virbialis: måske specialpræst for guden Virbius.

Flamen Volcanalis: specialpræst for Volcanus

Flamen Volturnalis: specialpræst for Volturnus

Flamen: specialpræst for en gud

Flamines maiores: 3, de tre specialpræster for Jupiter, Mars og Quirinus

Flamines minores: 12, de tolv specialpræster for Carmenta, Ceres, Falacer, Flora, Furrina, Palatua, Pomona, Portuna, Virbialis, Volcanus, Volturnus; Virbialis og den 12. flamen ved man ikke meget om.

Flaminica Dialis: gift med flamen Dialis i et confarreatio-ægteskab

Flaminica Martialis: gift med flamen Martialis i et confarreatio-ægteskab

Flora: gudinde for forår og blomster, sat lig med den græske Hebe

Florealia: 3. maj; højtid for Flora, gudinde for forår og blomster

Foculus: mobilt alter

Fons: gud for kilderne og brøndene

Forda: ufødt kalv, brugt som offer; se Fordicidia.

Fordicidia: 15. april; højtid for Tellus, Moder Jord, for at fremme frugtbarhed blandt dyr og for markerne. En drægtig ko (forda/horda) blev ofret i alle Roms 30 curiae, bydistrikter, og på Kapitol. De ufødte kalve blev brændt, og asken blev brugt af vestalinderne til et renselsesritual under Parilia-højtiden. Ud over Fornacalia-festen er det den eneste højtid i Rom, der er baseret på curiae.

Fornacalia: højtid mellem 5. og 17. februar, fastsat af curiones, lederne af curiae, til festligholdelse af ovnene, fornaces, der blev brugt til at tørre kornet med.

Fortuna: lykkens gudinde, skytsgudinde for slaver og kvinder

Fossor: kirkegårdsgraver hos de kristne.

Fratres Arvales: 12, præsteskabet var ansvarlig for Dea Dia-kulten, en frugtbarhedskult, hvis centrum lå ca. 7 km uden for Rom ud ad Via Campania ved den 5. milepæl. Præsteskabet holdt fest for gudinden i maj måned. I slutningen af republikken, hvor præsteskabet nærmest var gået i glemmebogen, reetablerede Augustus kulten, så den overtog fejringen af kejserfamiliens fødselsdage og højtider. På den måde holdt kulten sig i mange århundreder fremover.

Furrina: gammel romersk gudinde, måske skytsgudinde for kilder; hun havde en hellig lund ved foden af mons Ianiculus i nærheden af pons Sublicius, den første bro over Tiberen.

Furrinalia: 25. juli; højtid for Furrina, som man ved meget lidt om.

Gabinus: fra Gabii, 18 km øst for Rom, se cinctus Gabinus, ager Gabinus

Gallus: kastratpræst i Magna Mater-kulten, se Magna Mater.

Gave: gavegivning er en rituel handling, især når en lavere stillet giver gave til en højere stillet person som fra menneske til gud; kvindelige guder får kvindelige dyr, mandlige guder får mandlige dyr, hvide dyr til himmelguder, sorte dyr til underverdens guder, røde dyr til ildguder og til meldugs-guden; røgelse: billig form for offer, kager, blomster, penge er dagligdags normalofre; kød-ofre er normalt tosidede. Måltidet er tosidet, idet mennesker og guder er til stede og spiser sammen ved forskellige borde;

Genius: gud for husherrens forplantningskraft og fejres derfor på husherrens fødselsdag. Hver mand har sin Genius, hvor kvinden har sin Juno. Genius bliver identificeret med Liber, der også identificeres med Bacchus.

Gratia/grates: 'taksigelse'; bøn og offer som tak for en effektiv guddommelig handling.

Guttus: drikkekar

Hariolus: uofficiel profet eller seer

Haruspex/haruspices: Deres opgave var at foretage divination, dvs. udforske og tyde gudernes hensigt og holdning til det menneskelige samfund og dets individer ud fra omina (omen) og prodigia (prodigium). Traditionen henlagde oprindelsen til Etrurien, hvis haruspices blev integreret i Roms offentlige og private kulter. Deres hellige bøger tolkede prodigia, monstra (tegn) og ostenta (undere) i tre sektorer: libri haruspicini om tolkning af indvolde, libri fulgurales om tolkning af lynnedslag og libri rituales om skabelse af ritualer ved bygrundlæggelse og lign. Disse bøger blev oversat til latin i 1. årh. f.Kr. De første haruspices stod i tjeneste hos senatet og magistraterne. I den sene republik og tidlig kejsertid var der en ordo på 60 haruspices, ikke alle etruskere, men også romere og andre italikere. Ifølge lex Ursonensis var haruspices en del af de statsansatte med en løn på 500 sesterts. Der var også haruspices i privat tjeneste, betalt af privatmanden.

Haruspicium: offertydning ud fra offerdyrets indvolde.

Hercules: gud for krigsaktiviteter, sejr og handel.

Hierophanta: den, der fører initianden ind i mysteriekulten.

Hieros logos: hellig bog i mysteriekulterne

Holocaust: (græsk) = fuldstændig opbrænding af offerdyret;

Horda: se Forda.

Hostia lactens: et diende offerdyr

Hostia maior: et voksent offerdyr

Hostia: offerdyr

Hymnologus: sanger i Isis-kulten.

Højre side: bevægelse mod højre betegner afslutning på bønnen. Højre side er den nedadgående sols side, uheldssiden og ulykkessiden, fordi det er mørkets side.

Idus: den 13. eller 15. i måneden; krediter tilbagebetales

Immolatio: blanding af saltlage og groft hvedemel (= mola salsa), som vestalinderne tilbereder; det strøs på offerdyret inden ofringen

Inauguratio: augurernes etablering af et indviet sted, locus, eller en iagttagelseszone, templum; se dette, til offentlige aktiviteter med Jupiters godkendelse, fx til senatsmøder, folkeforsamlinger, comitia, rets- og kulthandlinger, indvielse af flamines og rex sacrorum. Udtrykket betegner befrielse af et religiøst rum for ondsindede åndelige indvirkninger eller menneskelige påvirkninger som led i indvielsen af et indviet rum, fx templum, eller en indviet bygning, fx aedes.

Inauguratus: indviet til guderne ud fra fuglevarsler.

Indigitamenta=indigetamenta:bønneformular,påkaldelsesformler,pontifikalkollegiets liste over gudenavne, så de blev udtalt korrekt i bønnerne.

Indvielse af en grund/bygning: se inauguratio, consecratio, constitutio, purificatio, dedicatio, inauguratus.

Infelix: i religiøs sprogbrug betyder det, at objektet står under de underjordiske guders beskyttelse.

Inhumatio: bisættelse af den døde

Initiatio: indvielse af en kandidat til en mysteriekult, på græsk 'myesis'.

Inter caesa et prorrecta: ' imellem offerdyrets slagtning og indvoldenes fremlægning på alteret'

Intercisus: 'delt', se endotercisus

Invocatio: anråbelse af guderne

Isis: ægyptisk modergudinde og gudinde for frugtbarhed og ægteskabet. Hendes kult var en mysteriekult med indvielse, dåb og frelse. Hendes symboler var en spand, situla, til Nilens hellige vand, og en rangle, sistrum.

Iudaei: jøderne

Iuppiter Dolichenus: opr. lilleasiatisk gud, dyrket i Doliche, hvis kult blev spredt til Rom gennem slaver, soldater og købmænd; gud for kosmos, sikkerhed, sejr og succes, identificeret med Jupiter Optimus Maximus.

Iuppiter Optimus Maximus: = I.O.M. på Capitol, den øverste af de romerske guder, hvis højtid faldt på den 13. september med ludi Romani.

Ius publice epulandi: retten til at spise af offerkødet under en officiel højtid i Rom tilkom kun de privilegerede, nemlig magistrater, eksmagistrater og de offentlige præster; se ex sacrificio.

Ius: ret ud fra helheden af love, domstol.

Iustitia: 'at stå ved retten'; retfærdighed, den holdning, at man bør overholde statens lovkompleks.

Janus: tvehovedet gud, der skuer fremad og tilbage, derfor døråbningens gud

Juno Lucina: gudinde for børnefødsler, mødre

Juno Pronuba: Juno som skytsgud for de tre ægteskabsformer: confarreatio, coemptio og usus

Juno Regina: hustru til Jupiter og som sådan skytsgudinde for statens kvindelige undersåtter.

Juppiter Feretrius: en funktion af Jupiter, som er uklar; måske 'den, der velsigner våben' eller 'kæmper' eller 'den, der indgår traktater'.

Juppiter Fulgur: Jupiter som lynets gud.

Juppiter Latiaris: Jupiter som skytsgud for Rom og Latinerstammens fællesskab.

Juppiter Optimus Maximus: Jupiter som herren over politisk og militær magt. Skytsgud for staten.

Juppiter Tonans: Jupiter som tordengud.

Juppiter Victor: Jupiter som sejrherrens gud.

Juturna: gudinde for rent vand

Kalator: forkynder, en personlig assistent for en præst eller en fri mand, for Arvalbrødrene, flamines, augurerne, epulones, pontifexerne, rex sacrorum og visse sodales.

Kalendae: den 1. i måneden, normal rentetermin, kreditter udbetales, husleje betales den 1. januar og den 1. juli.

Kandidatus: ansøger til et embede, som i Rom bar en hvid toga, hvid = 'candidus'.

Kvinder i romersk religion: se Vestalinder, virgines Vestales, Magna Mater-kulten, Bona Dea, flaminica Dialis, regina sacrorum, Isis-kulten, Bacchanalia

Lacus Curtius: sted midt på Forum Romanum, hvor der enten var en spalte, forårsaget af et jordskælv, som skulle udsones ved at en ung rytter kastede sig ud i den, eller en sump, som skulle drænes, eller spor af et lynnedslag

Lapis niger: 'sort marmor'; ældste helligdom på forum Romanums centrum fra 800-tallet f.Kr.

Lar: se Lares.

Larentalia: 23. december; højtid for Acca Larentia, Romulus' og Remus' amme, afholdt af pontifikalkollegiet og flamen Quirinalis.

Lares compitales: de private guder for korsvejene, som fejredes ved ludi Compitalicii. Se Compitalia. Opstillet ved vejskæringerne, hvor naboernes jordstykker mødtes; ceremonien blev afholdt et par dage efter Saturnalia = festen for årsskiftet, den længste nat, og der blev ofret smågrise og lam til dem.

Lares: paterfamilias' husguder; skytsguder for jorden som paterfamilias' ejendom og for familien som helhed.

Laudatio funebris: ligtale

Lectisternium: måltid for udvalgte guder; siden 4. årh. f.Kr.; der stilles lecti, lejer, med pulvinaria, sofaer, op for guderne, der repræsenteres af struppi, stråfigurer, eller kranse, coronae, der lægges på lejerne som i et triclinium. Kvindelige guddomme blev senere flyttet fra lecti op på stole, sellae, ligesom matronae i familien; dette tyder på tiltagende romersk indflydelse og kaldes sellisternium; se dette.

Lector: oplæser i den kristne gudstjeneste.

Lectus: spisesofa for romerne og for guderne under lectisternium, se triclinium.

Lemures: de hævnende dødsånder.

Lemuria: 9.+11.+13. maj, højtid for udsoning af Lemures, de hævnende dødsånder.

Libatio: vinoffer til guderne; vinen hældes ud af en skål, patera, på jorden som drikoffer til guden.

Liber auguralis/Libri augurales: auguralkollegiets protokoller.

Liber pontificalis/Libri pontificales: pontifikalkollegiets protokoller.

Liber vaticinius: orakelbog.

Liber: forplantningens gud, skytsgud for de unge og voksne mænd.

Liberalia: 17. marts; højtid for Liber med bøn om en god udsåning, som startede på det tidspunkt.

Liberatio: befrielse af et indviet areal eller en indviet bygning fra i religiøs henseende negativ indflydelse.

Liberatum: friholdt templum, se dette.

Libitinarius: bedemand

Libri fatidici = faticanus/faticinus: skæbneforkyndende, spådoms-, orakel-samlinger

Libri fulgurales: etruskiske samlinger af udsagn om torden og lyn.

Libri haruspicini: etruskiske samlinger af haruspexernes, indvoldstydernes, viden, se haruspicium.

Libri rituales: etruskiske samlinger af udsagn om ritualer.

Libri Sibyllini: samling af orakelsvar på græsk og på versemål, som blev konsulteret i katastrofetider af Quindecimviri sacris faciundis; se disse.

Lictor Dialis: betjent for flamen Dialis.

Lictor: embedsbetjenten, der fulgte magistraten med statens myndighedstegn, pileknippe og økse; i starten af republikken var det et straffeinstrument, pileknippet til pisk, øksen til halshugning; senere blev det et symbol på magistratens magt. 12 lictores fulgte konsulen i byen, 1 lictor fulgte vestalinderne eller pontifexerne.

Lictores curiae: betjente for rådhusets opsynsmand, curio.

Lictores Vestales: betjente for vestalinderne.

Lictores vicomagistrorum: betjente hos distriktsopsynsmændene.

Limen: rituel grænselinje, fx pomerium, bygrænsen, eller markeringerne i augurernes templum, deres iagttagelsesfelt, som skillelinje mellem indviet og ikke-indviet areal.

Litatio: 'opnåelse af gunstige varsler ved ofring'; man ofrer for at få gunstige varsler fra gudernes side mhp. at sætte et politisk eller militært projekt i gang. Hvis der er fejl i indvoldene, exta, eller forstyrrelser under offerhandlingen, kan den gentages; der er beretninger om, at offeret er blevet gentaget 20 gange.

Liticen: spiller på en lituus, en trompet.

Lituus: augurernes krumstav

Lituus: trompet til brug ved religiøse ritualer.

Loculus: individuel gravplads

Locus inauguratus: resultat af effatio, se dette, og liberatio, se dette, oftest et templum, se dette. Grænserne for et locus inauguratus kaldes cippi eller termini. Se også inauguratus.

Lucaria: 19. og 21. juli; højtid afholdt mellem via Salaria og Tiberen i Rom til udsoning af guderne, fordi man ryddede skovene, luci, for at etablere agre og husdyrhold.

Lucus: hellig lund med et alter, fx lucus for Iuno Lucina, fødselsgudinden. Se også nemus, silva og saltus.

Ludi Apollinares: 13. juli; højtid for Apollon som lægegud og krigsgud. Fra 6. – 13. juli var der to dage med ludi circenses og to dage med ludi scaenici, hvorefter der fulgte seks dage med markeder.

Ludi Augustales: se Augustalia

Ludi Capitolini: 15. oktober og 16 dage frem, højtid til ære for Jupiter Capitolinus, der beskyttede Rom mod gallernes angreb i 387 f.Kr.

Ludi circenses: lege i circusarenaen med venationes, jagter, desultatores, akrobater, der springer fra hest til hest, væddeløb, brydning, boksekampe og andre agones, konkurrencer.

Ludi Compitalicii: se Compitalia

Ludi plebeii: 4. til 17. november til ære for Iuppiter Optimus Maximus. Ansvarlige for dem var aediles plebeii, og de var næstvigtigst efter ludi Romani for Iuppiter O. M.

Ludi Romani: opr. 13. september, senere udvidet fra den 4. – 13. september til ære for Iuppiter Optimus Maximus; den 13. september fandt epulum Iovis, gudemåltid for Jupiter, sted.

Ludi Saeculares: lege, der ifølge traditionen blev etableret i 509 f.Kr. af republikkens første konsul Publius Valerius Poplicola og som blev afholdt én gang i hvert århundrede for at afværge pest og epidemier. Legene omfattede tre døgns ludi scaenici, revyer og skuespil. Detaljerede beskrivelser for ludi Saecules findes i 17. f.Kr. under Augustus og for 204 e.Kr. under Septimius Severus. Involverede guder var Dis og Proserpina, som man anså ansvarlige for epidemier og pest.

Ludi scaenici: teaterrevyer i forbindelse med højtiderne for guderne.

Ludi Taurii (quinquennales): 25.-26. juni; legene blev afholdt hvert femte år på circus Flaminius med hestevæddeløb med ofre til underverdenens guder, der blev betragtet som ansvarlige for pest og epidemier; navnet stammer måske fra en begivenhed under

Tarquinius Superbus, den sidste konge, hvor der blev solgt tyrekød til gravide kvinder, hvad der førte til et udbrud af pest.

Ludi: lege i forbindelse med højtider for bestemte guder.

Lupercalia: 13.-15. februar, højtid for rituel renselse af Rom for at undgå onde ånder og garantere velfærd og frugtbarhed; opr. nok en højtid, hvor man forkyndte bønner om beskyttelse mod ulve. Den blev også kaldet dies Februatus efter februa, de renselsesinstrumenter, som lade navn til måneden februar. Den siges at have forbindelse den græske ulvefestival Lykaia i Arkadien, der ærede Pan, den latinske Faunus eller Lupercus, efter ordet 'lupus', ulv. Guden fremstilles nøgen med undtaglese af et bælte af gedeskind. Højtidne afholdes i Lupercal, en hule, hvor Romulus og Remus blev diet af en hunulv, lupa, ifølge myten. Hulen lå ved foden af Palatin, som Romulus grundlagde Rom på.

Lupercalia: halvnøgne adelige løb gennem Lupercal, hulen ved Tiberen, hvor ulvinden ifølge myten diede Romulus og Remus.

Luperci Fabiani: 12, ulvebrødrene kom opr. fra gens Fabia.

Luperci Quinctiales: 12, ulvebrødrene kom opr. fra gens Quinctia.

Luperci: præsteskabet Ulvebrødrene, som traditionen forbinder med Evander og Lykaia, ulvekulten i Arkadien, eller med Romulus og Remus, var opr. hyrder, der etablerede et fællesskab. Det var unge mænd mellem 20 og 40 år i to kollegier, Fabiani og Quinctiani, med en magister.

Lupus/lupa: se Lupercalia

Lustratio exercitus: den årlige udsoning af hæren.

Lustratio pagi: den årlige udsoning af jorden.

Lustratio segetum: den årlige udsoning af sæden.

Lustratio urbis: den årlige udsoning af byen Rom.

Lustratio: 'renselse ved et sonoffer'; den vigtigste ceremoni til udsoning af prodigier.

Lustricus: se dies lustricus.

Macte: 'tillykke med, vær beæret med'; fast formel ved bønner til guderne, når man giver dem et offer.

Magister: formand for Fratres Arvales, Salii.

Magna Mater: Kybele; hendes fulde navn er Magna Mater deum Idaea, den Idæiske Moder fra i Galatia i Frygien, der gennem en evocatio blev overført til Rom i 204 f.Kr. som led i en katastrofeplan under 2. puniske krig mod Hannibal; hun fik i 191 f.Kr. sit eget tempel på Palatin med hendes kastratpræster galli som præsteskab, som kastrerede sig selv, efter at hendes elsker Atthis, ramt af Kybeles jalousi, fordi han havde svoret hende evig kærlighed, men havde brudt sit løfte, i galskab havde kastreret sig selv; højtiden for hende falder på den 4. april og hedder Megalesia; se dette. I Romerriget blev hun dyrket både i statskulten og på privatbasis i form af en mysterierereligion.

Magus: uofficiel spåpræst efter de persiske lærde og præster

Malluvium latum: 'bredt håndklæde', som brugtes til vask og tørring af hænderne før selve offerhandlingen.

Manes: se Di Manes.

Manubiae: 'tordenbrag'; begreb i auguralsproget om tegn fra guderne.

Mars Silvanus: Mars som skovgud, skytsgud for enge og vegetation

Mars: krigsgud, skytsgud for hæren.

Mathematicus: uofficiel numerolog, horoskoptyder, astrolog

Matronalia: 1. marts = nytårsdag; højtid for Juno Lucina afholdt af kvinder med bøn og ofre, og husherren forærede gaver til sin hustru, som gjorde det samme over for sine kvindelige slaver.

Meditrinalia: 11. oktober; funktionen er uklar, men hænger måske sammen med den nye vinhøst; den har relation til Jupiter og var en væsentlig højtid i arkaisk tid, hvor agerdyrkning var vigtig.

Megalesia: = Megalensia eller Megalensis Ludi, 4. – 10. april; højtid for Kybele = Magna Mater deum Idaea med tilhørende lege. I Romerriget blev hun dyrket både i statskulten og på privatbasis i form af en mysterierereligion. Festen ludi Megalenses blev afholdt hvert år til hendes ære. Under den romerske republik og det tidlige kejserdømme, blev festen fejret med eunukker i optog foran gudinden gennem gaderne, mens de slog på cymbaler og trommer, klædt i stærke farver og mange smykker, med håret langt og smurt med olie. Ludi Megalenses varede i seks dage, fra 4. til 10. april. Der var forestillinger på væddeløbsbanen, og stykker blev opført på Palatinerhøjen foran Magna Maters tempel, især den tredje dag, 6. april. Tempeldørene stod åbne, og folk bragte gudinden moretum, en slags pålæg af fetaost, hvidløg, persille, korianderfrø, vineddike og olivenolie.

Mercuralia: 15. maj; højtid for Mercurius, guden for handel og købmænd; på den dag stænkede man helligt vand fra Egeria-brønden ved Porta Capena på sig selv, sine varer og sine ejendomme.

Mercurius: handelsgud og skytsgud for de rejsende

Meridies: syd, hvor solen står ved middagstid.

Minerva: gudinde for teknologi og videnskab og intellektualiteten.

Miraculum: en overnaturlig begivenhed, der viser gudernes magt; se portentum.

Mithras: gud for livshåbet, skytsgud for hæren og de kejserlige embedsmænd og tjenere.

Mithras: logeagtigt mandekollegium med hemmelige ritualer i en hule med plads til 20 personer; hemmelige møder med hemmelige ritualer og løfter, ingen præster og ingen templer; 7-trins-indvielse: korax (ravn) – nymphus (bilarve) – miles (soldat) – leo (løve) – persa (perser) – heliodromus (solløber) – pater (faderen).

Mola salsa: Så fulgte indvielsen af dyrene med speltbrød (mola salsa (saltet speltmel)), deraf immolare, at ofre) eller med vin. Derefter blev dyrene symbolsk klædt af og den, der bragte offeret, tegnede symbolsk med offerkniven en linje fra hoved til hale.

Monstrum: varsel, jærtegn fra guderne.

Moretum: en slags pålæg af fetaost, hvidløg, persille, korianderfrø, vineddike og olivenolie, ofret til Magna Mater under ludi Megalenses; se Megalesia.

Mos maiorum: 'tradition', 'forfædrenes skik og brug'; den traditionelt indstillede romers henvisning til traditionen som ideal for staten og det enkelte individ.

Mundus: 'verden', 'universet', 'menneskene'.

Mythos: traditionel fortælling og antropomorf handlingssekvens som den ældste form at tale om guder på.

Mærkedag: den 1. i måneden = Kalendae, den 5. eller 7. i måneden = Nonae, fordi den falder den 9. dag før Idus, og den 13. eller 15. i måneden = Idus.

Nefandum: 'hvad man ikke bør udtale', dvs. skændig, ugudelig, stridende mod guddommelig ret.

Nefas: en handling, der krænker guddommelige love, som strider mod naturens love og den moralske følelse.

Nefastus: se Dies nefastus.

Nemus: samling af træer, skov skov i alm. og ofte om en til en guddom indviet lund. Se også lucus, silva og saltus.

Neptunalia: 23. juli; højtid for Neptun med bøn om regn og vand i bække og kilder.

Neptunus: havets gud, skytsgud for søfarerne.

Nonae: den 5. eller 7. i måneden, der falder ni dage før Idus, den tredje mærkedag

Numen: upersonlig guddommelig kraft.

Nundina: ugedag; af novem eller nona, ni eller niende; da ugen varede otte dage, men både startdag og næste uges startdag talte med, talte ugen ni dage.

Nundinae: gentagelse af dødemåltidet ni dage efter begravelsen og det første dødemåltid ved graven

Nuntiatio: 'anmeldelse', nemlig augurens anmeldelse af et godt varsel.

Obnuntiatio: 'anmeldelse' af et ugunstigt varsel, som resulterede i, at auguren eller magistraten forkyndte 'alio die', på en anden dag. Varslingen blev udskudt.

Observatio: fortolkningsdisciplin, der tydede fulgura, torden og lyn, og exta, indvolde, og som betragtedes som en 'ars', en metode, der krævede undervisning; modsat coniectura, se dette.

Occasus: vest, om solen, der går ned.

Olla: urne

Omen: godt eller dårligt varsel om fremtiden, som ikke havde så stor betydning for staten som et prodigium, men havde betydning for den person, der så varslet.

Opalia: 19. december, højtid for Ops.

Opiconsivia: 25. august, højtid for Ops, se denne.

Ops: gudinde for velfærd, luksus og overflod, der blev fejret den 25. august ved Opiconsivia, og den 19. december ved Opalia; hun blev også fejret under Volcanalia den 23. august.

Orcus: underverdenens og dødens gud, identificeret med Dis.

Ordo sacerdotum: hierarkisk bordplan ved rituelle måltider for præsterne; rex sacrorum sad øverst, nærmest guderne, derefter flamen Dialis, flamen Martialis og flamen Quirinalis, og til sidst pontifex maximus, som dog er den mest indflydelsesrige præst i Rom.

Orgia: natlig, hemmelig fest, ofte til Bacchus; ellers brugt om ritualer i mysteriekulter.

Oriens: øst, om solen, der står op.

Ornamentum: tempelgave

Os resectum: 'isoleret knogle'; udtrykket stammer fra den forskrift, der siger, at hvis blot én knogle er dækket af jord, regnes den døde for begravet.

Ostentarium: samling af beskrivelser og fortolkninger af tegn, ostenta, portenta og monstra.

Ostentum: tegn, der viser sig for nogen, ligesom portentum og monstrum; det hører til auspicia oblativa, altså ikke et tegn, som man som augur har sat i scene, auspicia impetrativa.

Ostiarius: den, der har nøglen til helligdommen, portner.

Palatua: skytsgudinde for Palatinerhøjen.

Pales: gudinde for dyreflokkenes sundhed; skytsgudinde for hyrderne

Paludamentum: militæruniform, som generalen iførte sig, når han overskred pomerium,

Roms religiøse bygrænse, og gik i krig. Han kaldes så 'armatus', bevæbnet, og 'ornatus', udsmykket. Uniformen symboliserer, at han har modtaget imperium, overkommandoen.

Paludatus: 'iført et paludamentum', se dette.

Parentalia: 13.-21. februar; højtid for familiens døde, di parentes.

Parilia: højtid for hyrderne med bøn om frugtbarhed og rituel renselse af hyrderne.

Particeps: del-tager i offerritualet

Pastophori: ledelsen i Isis-kulten

Pater kandidatorum: leder af kandidaterne i Jupiter Dolichenus-kulten.

Pater patratus: leder af fetiales i traktat-indgåelsen med den fremmede kommune; han udnævnes, når der skal forkyndes en krigserklæring. 'patratus' betyder her 'gjort til fader', altså samme stilling som paterfamilias. Se fetiales.

Pater patrum: den højeste titel i Mithras-kulten

Patera: offerskål

Patronus: en klients sagfører, forsvarer, talsmand, beskytter, en frigiven slaves tidligere herre, til hvem den frigivne stod i et vist afhængighedsforhold.

Pax deorum: egt. 'overenskomst', dernæst 'fred med guderne', dvs. harmoni mellem guderne og menneskene, som kun kunne garanteres, hvis menneskene overholdt den korrekte rituelle praksis.

Penates: de husguder, der beskytter de ting, som er i paterfamilias' potestas, magt, idet penes/penus/penitus hænger sammen med potis/potens: være i stand til, have magt

Penes: se penates

Penitus: se penates

Penus: se penates

Petitio: bønfaldelse om hjælp.

Piaculum: sonoffer

Pietas: respekt over for familien, myndigheder og guder; pligtfølelse, ærefrygt over for guderne i overensstemmelse med ius divinum, den lov, der tilkommer guderne.

Pius: handlende efter pligt, from, retskaffen, respektfuld over for forældre, børn og guder.

Pomerium: Roms religiøse bygrænse, inden for hvilken der ikke måtte bæres våben.

Pomona: skytsgudinde for frugttræer med en hellig lund 19,5 km vest for Rom på via Ostia.

Pompa funebris: begravelsesoptog

Pontifex maximus: formand for pontifikalkollegiet

Pontifex: se Pontifices

Pontifices minores: 3, som tidligere hed scribae, sekretærer

Pontifices Solis: 16, senantikt præsteskab

Pontifices: fra 9›15›16; det mest indflydelsesrige præstekollegium, der styrede alle Roms religiøse højtider i løbet af året og specielle tiltag i krisetider. Det var en vigtig rådgiver for senatet i religiøse spørgsmål. Ud over de årlige optegnelser over varsler, aflæggelse af rituelle løfter til guderne, offentliggjorde kollegiet alle oplysninger i forbindelse med den romerske kalender og byens religiøse fester.

Pŏpa: en offertjener, præstens medhjælper ved ofringen, som bl.a. fører offerdyret hen til alteret og giver det et bedøvende slag, men ikke stikker det; se cultrarius.

Poplifugia: 5. juli; 'Folkets flugt'; meningen er ganske uklar, og de antikke kilder forklarer det enten med, at folket løb bort, da Romulus forsvandt i en sky, eller da Fidenae angreb Rom efter Gallernes angreb. 'populi' kan også betyde 'hærskare', dvs. at latinernes hær er flygtet.

Porrigo: 'jeg placerer exta på altret til ofring'; handlingen vedrører præsentationen af indvoldene for præsten før selve ofringen.

Portentum: varsel, jærtegn, som augurerne skulle tyde (auspicia oblativa).

Portunus: skytsgud for porte og havne, afbildet med en nøgle. Det er sandsynligvis hans tempel man kan se på Forum Boarium, Kvægtorvet.

Praeco: en herold, en udråber, en offentlig betjent, som brugtes i retten, ved komitierne, ved lege, auktioner; magistratens 'mikrofon', der skulle styre 'menigheden' under ceremonien, bl. a. ved at bede den holde mund; derudover læste han bønnen for magistraten som sufflør, inden magistraten selv udtalte bønneformularen, carmen.

Praefica: klagekone

Praesul: intern funktion hos Salii-ordenen.

Precatio: bønneformular

Prex: 'bøn', se bøn.

Princeps: den, der tager først: førstemand i det religiøse domæne, der har ret til som den første at tage af offerkødet.

Probatio victimae: undersøgelse af offerdyret af en pontifex minor, en præst af lavere rang, for at man kan afgøre, om det er egnet til ofring.

Probo hostiam: 'jeg inspicerer offerdyret'; som det første blev offerdyret synet, derefter blev det smykket festligt som forberedelse til offerhandlingen.

Prodigium: dårligt varsel, der hører til auspicia oblativa, se disse.

Profanum: dyrene føres til offerpladsen foran templet, hvor alteret befandt sig (profanum). Oprindeligt var dette bygget af marksten, som der var lagt et tæppe af græstørv hen over. Senere blev alteret mere kunstfærdigt, men græstæppet var uomgængeligt.

Profestus: se dies profestus

Promagister: næstformand i et kollegium eller en bestyrelse.

Propitius: 'gunstigsindet', efter praepetes (aves), 'fugle, der flyver foran den, der tager varsler', hvilket er et gunstigt tegn.

Proserpina: underverdenens gudinde, gift med Pluto

Publici: offentlige personer i det religiøse domæne som quindecimviri, fratres Arvales, pontifices, Vestales.

Puella patrima matrimaque: pigeassistenter for de andre flamines; tilnavnet skyldes, at deres far og mor skal være levende, når de er i tjeneste for præsten. De holdt offerskålen, patera, drikkevasen, guttus, eller røgelsesæsken, acerra, speltkagekurven, canistra, eller serveringsbakken, fercula, under ceremonien.

Puer patrimus matrimusque: drengeassistenter for de andre flamines; tilnavnet skyldes, at deres far og mor skal være levende, når de er i tjeneste for præsten. De holdt offerskålen, patera, drikkevasen, guttus, eller røgelsesæsken, acerra, speltkagekurven, canistra, eller serveringsbakken, fercula, under ceremonien.

Pullarius: hønsevogter, der fodrer de hellige høns og spår af den måde, hvorpå de spiser.

Pulvinar: sofa for de gudestatuer og –billeder, som blev opstillet til epulum Iovis; se dette.

Purificatio: renselse af en grund/bygning, der skal bruges til religiøse formål.

Puticulus: 'forrådnelsesplads'; begravelsesplads for de fattige.

Pyxis: kande

QRCF: se Quando Rex Comitiavit Fas og Comitium calatum.

Quando rex Comitiavit Fas: = QRCF i indskrifter; 'Quando Rex Comitiavit Fas' i kalenderen betegnede den dag, hvor rex sacrorum rituelt havde lov til at indkalde en comitium calatum, se comitium calatum og regifugium.

Quindecimviri sacris faciundis: fra 2›10›15›16, præsteskabet havde opsyn med de Sibyllinske orakelbøger, som de konsulterede efter en senatsbeslutning i statens krisetider; derudover førte de tilsyn med fremmede religioner i Rom.

Quinquatrus: 19. marts, femtedagen efter Idus i marts og fire dage frem; højtid for gudinden Minerva, hvor den 19. marts var hendes fødselsdag og de resterende fire dage forløb med circuslege.

Quirinalia: 17. februar, højtid for Quirinus under Parentalia og på slutdagen for Fornacalia. Den blev også kaldt tåbernes fest, stultorum feriae.

Quirinus: det officielle navn for den guddommeliggjorte Romulus; skytsgud for den romerske civilisation og det romerske folk.

Regia: opr. kongeboligen på Forum, i republikkens tid kontor for pontifex maximus.

Regifugium: 24. februar; festdag for fordrivelsen af de romerske konger; i kalenderen kendetegnes den med QRCF, Quando Rex Comitiavit Fas.

Regina sacrorum: gift med rex sacrorum i et confarreatio-ægteskab

Religio: gudsdyrkelse i praksis og den holdning, at man føler sig forpligtiget til at overholde ritualer og religiøse bestemmelser.

Religiones: forskellige kultpraksisser for forskellige guder.

Religiosus: 'ejet af guderne', fx en gravplads er locus religiosus, fordi Di Manes hersker over de døde; modsat sacer, se dette.

Res divinae: sager i den religiøse sfære, modsat res humanae, sager i den menneskelige sfære.

Responsum: præsternes officielle svar til senatet mht. tolkning af prodigia, omina, portenta og auspicia.

Rex sacrorum: denne overtog kongens religiøse forpligtigelser i republikkens start, inden sakralvæsenet blev lagt ud til de forskellige præsteskaber; senere foretog han et offer på hver Kalendae-mærkedag, og på Nonae-mærkedagen annoncerede han de højtider, der skulle afholdes i løbet af måneden, og den 24. marts og den 24. maj foretog han et offer i Comitium, folkeforsamlingen. Da han ikke kunne beklæde et politisk eller militært embede, var stillingen ikke eftertragtet.

Ritual: standardiseret gentagelse af handlingsforløb i fastlagte kontekster, der tjente til stabilisering af sociale sammenhænge og skabelse af en kollektiv identitet, dvs. skabelse af social sammenhængskraft.

Ritus Graecus: et lille antal af romerske ritualer forløb efter ritus Graecus, hvor præsten bar en tunika med bræmme i græsk stil og udækket hoved (capite aperto) samt en laurbærkrans om hovedet. I virkeligheden var det en ekstrem ritus Romanus, skabt i 3. + 2. årh. f.Kr. Et eksempel på denne ritus er lectisternium, se denne.

Ritus patrius: = ritus Romanus, se denne.

Ritus peregrinus: fremmede kulters ritualer, der er kommet til Rom; se Sacra peregrina.

Ritus Romanus: de fleste ritualer forløb efter ritus Romanus, hvor togaens venstre flig blev ført ind under højre arm, op over hovedet, så det blev dækket (capite velato) og knyttet sammen fortil over brystet. På den måde var begge arme fri til offerhandlingen.

Robigalia: 25. april; højtid for Robigo, gudinde for beskyttelsen af hvede mod rust og meldug.

Robigo: gudinde for beskyttelsen af hvede mod rust og meldug

Rosalia: maj; de afdødes grave pyntes med blomster i maj.

Sacellum: kultsted med alter, kapel, i hvert fald uden et tempel.

Sacena=scena: pontifexens dobbeltøkse, dolabra.

Sacer: hellig, indviet, viet, forbandet, dedikeret af mennesker til guder, af saq-: binde, restringere, beskytte; viet til guderne = hellig, ukrænkelig, dvs. den, der krænker et menneske eller en ting, der er sacer, bliver straffet af menneskene ifølge den religiøse lov.

Sacerdos bidentalis: 2, offerpræst, der forestod udsoning af et lynnedslag på stedet, bidental, ved at ofre et bidens, et offerdyr, oftest et får, der allerede havde begge rækker af tænder.

Sacerdos confarreationum et diffareationum: præst, der forestod confarreatio-ægteskabsritualet og skilsmissen.

Sacerdos: det almindelige ord for en romersk præst.

Sacerdotium: præsteembedet.

Sacra gentilicia: de enkelte slægters kulter.

Sacra municipalia: kommunale og de italiske byers kulter uden for Rom.

Sacra peregrina: fremmede kulter; Magna Mater deum Idaea, Isis, Mithras.

Sacra privata: husherrens kult, Larer, Genius, Penates.

Sacra publica: byen Roms officielle kulter og ritualer.

Sacra: ritualer, ofringer.

Sacramentum: forpligtende ed, depositum før retssag; i det religiøse domæne en ed eller et løfte til guderne, som straffer en, hvis man ikke holder løftet.

Sacrarium: en bygning, hvor indviede objekter blev opbevaret.

Sacrificium: ofring af ting, planter, dyr til guderne

Sacrosanctus: ukrænkelig, fordi man er beskyttet ved at være viet til guderne.

Sacrum: en indviet grund/bygning, se inauguratio, consecratio, constitutio, purificatio, dedicatio, inauguratus.

Salii Collini: 12, Mars' dansende præster, etableret af Romulus

Salii Palatini: 12, Mars' dansende præster, etableret af kong Numa

Salii: Navnet stammer fra 'salire', at springe, at danse til ære for krigsguden Mars.

De var delt op i to loger, sodales, med hver sit logehus (curiae) på hhv. Palatin og Quirinal og hver sin festprotokol (acta). Sodales Palatini ærede Mars Gradivus, sodales Collini ærede Quirinus (den guddommeliggjorte Romulus). Sdistnævnte optrådte ved Agonium. De var patriciere, beskikket på livstid og selvsupplerende ved kooptation, ligesom arvalbrødrene. De skulle være børn af et confarreatio-ægteskab og selv leve i et confarreatio-ægteskab, begge forældre skulle være levende, vedkommende måtte ikke beklæde et statsamt (magistratur) eller et præsteembede. De trådte i aktion til de militære parader Quinqatrus (19. marts), Armilustrum (19. oktober) og Agonium (17. marts). Embedsdragten var den røde tunika (tunica picta), et brystskjold af bronze (aeneum tegumen), en purpurfarvet toga (trabea) med agraffe på skulderen, bronzehjelm med spids (pileus med apex). Til den sakrale udrustning hørte ancile, pl. ancilia, 8-tals-formede skjolde, en lanse (hasta), et enægget sværd (ensis). Organisatorisk var der en formand (magister), en næstformand (promagister), der agerede forsanger (vates) og fordanser (praesul). Ceremonien bestod af formelagtige sange, ledsaget af en krigsdans (amptruare) strengt foreskrevet. Samtidig blev der slået med lansen på skjoldet. Salii gik gennem byen ad en fastlagt rute forbi Kapitol og Forum og dansede deres dans på bestemte steder. Særrettigheder: de var fritaget for stats- og militærtjeneste (vacatio militiae munerisque publici): Ved årets slutning blev der serveret et cena Saliaris, et offentligt måltid, som overgik alle andre offentlige måltider.

Saltus: vildmark. Se også lucus, nemus og silva.

Salus: gudinde for fysisk og psykisk velvære

Sanctissimus ordo: ledelsen i Mithras-kulten

Sanctitas: se sanctus

Sanctus: viet til guderne = gjort hellig, ukrænkelig, efter en religiøs autoritets beslutning; den, der krænker et menneske, der er sanctus, bliver straffet efter religiøs lov.

Saturnalia: 17. –25. december; højtid for Saturn og for den endelige afslutning af markarbejdet.

Saturnus: opr. gud for såning og plantesygdomme og efter en anden tradition skaber af kosmos og guldalderen, hvor han lærte menneskene at dyrke korn.

Scriba: sekretær, protokolfører.

Secespita: kort kniv med elfenbensskæfte og jernklinge til ofringer.

Securis: økse som myndighedstegn for magistratstjeneren, lictor.

Sellisternium: kvindelige guddomme deltager i det rituelle gudemåltid, epulum, siddende på stole, sellae.

Sementivae=Sementinae: 24.-26. januar, bevægelig højtid for forårssåning og den foregående vintersåning; på første dag ofredes der til Tellus, Moder Jord, og på andendagen til Ceres, og offeret bestod af en speltkage og en drægtig ko.

Semines: såguder.

Semonia: gudinden for såning.

Septemviri epulones: fra 3›7›10; præsteskab, der ledede arrangementet af måltider for og med guderne (i form af dukker eller billeder)

Septentriones: 'de syv plovøksne'; Karlsvognen eller Store Bjørn.

Septimontium: de 7-højes-fest den 11. dec. Man drager til alle Roms syv høje for at fejre byens grundlæggelse; højene fra ældste tid var Oppius, Palatium, Velia, Fagutal, Cermalus, Caelius, and Cispius.

Serapis=Sarapis: ægyptisk guddom, der er en sammensmeltning af Osiris og den hellige tyr Apis: Serapis var underverdenens, himlens og helbredelsens gud og blev identificeret med Jupiter, Dionysos, Æskulap og Helios. Også ofte forbundet med Isis-kulten.

Servo de caelo: 'jeg betragter himlen', nemlig efter varsler, = spectio.

Signum: tegn fra guderne i form af prodigium, ostentum, omen, se disse.

Silentium: 'tavshed' under den rituelle handling

Silva: naturskov. Se også lucus, nemus og saltus.

Silvanus: skovgud og skytsgud for slaverne

Simpulum: øseske

Sinister: 'venstre'; augurerne sad vendt mod syd med den opadgående sol på venstre hånd, mod øst, som betød held og lykke. Senere under græsk indflydelse vendte de mod nord, og venstre side vendte mod vest, den nedadgående sol, som betød ulykke og uheld. Se Venstre.

Sistrum: rangle til brug ved Isiskultens ritualer.

Situla: spand til Nilens hellige vand i Isiskulten.

Sodales Titii: 12, broderskab, der måske varetog de samme funktioner som augurerne uden at have nær samme indflydelse.

Sodalitas: broderskab eller loge; eksempler på sådanne er Luperci, fratres Arvales, sodales Titii; se disse.

Sol invictus: opr. syrisk sol-kult, der blev forbundet med Mithras; se Mithras.

Sollemnis: 'tilbagevendende', 'årlig'; deraf 'traditionel', 'højtidelig'.

Spectio: 'iagttagelse af fugle' om augurens aktivitet.

Sponsio: religiøst funderet garanti, fx når en magistrat indgår en traktat med et andet folk, eller en slægt indgår en forlovelseskontrakt med den kommende svigersøns familie.

Sportula: 'lille kurv', hvori man lagde offerkødet, som kunne sælges til dem, der deltog i ritualet og som ikke var så privilegeret, at de måtte spise det gratis; se ius publice epulandi og ex sacrificio.

Stativus: 'fastsat'; se Feriae stativae.

Strues: offerkage

Strufertarius: en ofrende person, der lægger gaver ved et træ, der er ramt af lynet.

Struppi: strådukker, der repræsenterer guderne under epulum, gudemåltidet, hvor guder bespises liggende til bords, se lectisternium.

Subdiaconus: medhjælper for diakonen hos de kristne.

Subsacerdos: præstens medhjælper i Jupiter Dolichenius-kulten.

Suovetaurilia: offer af svin, får, okse.

Supellex sacra: inventar i et tempel.

Superstitio: 'det at stå oven over', 'overlevelse'; i den antikke teologiske diskussion udtryk for en emsighed og overdreven nervøsitet over for guderne og deres tegn (Cicero); senere udtryk for de kristne forfatteres opfattelse af romersk religion som hedensk overtro (Laktans, Augustin).

Supplicatio: udsoningsfest eller taksigelsesfest eller bøn om hjælp med processioner, hvor alle er bekransede med guirlander og hvor kvinderne kaster sig ned på jorden, mens mændene står op.

Symbolon: i Mithras-kulten genstande, som mysterne tager med hjem som symboler på fællesskabet i kulten.

Symphoniacus: musikant

Synthema: mysteriekultens forskellige trin i ritualet

Tabella: navneseddel på liget.

Tabernaculum augurale: augurens telt i en militærlejr til brug for daglig varselstagning og lovmæssige procedure.

Tabernaculum: augurens telt i Rom til brug for daglig varselstagning og lovmæssige procedure.

Taurobolium: dåb i tyreblod, se Mithras, se Magna Mater

Teletai: 'ritualer' (græsk) om den praksis, der udgør en mysteriekults ritualer. Se orgia.

Tellus: Moder Jord, skytsgudinde for jordkloden

Templum: den observationszone i auguraculum, augurens indviede iagttagelsesfelt, som specielt skal iagttages mhp. fuglenes flugt eller kyllingernes spisning af truget, se tripudium.

Terminalia: højtid for Terminus, guden for markernes grænsesten.

Terminus: grænsemarkering for et locus inauguratus, se dette.

Tesca: udyrket område i betydningen 'ikke-indviet felt', da det ligger uden for augurens iagttagelsesfelt, når der skal tages varlser; i modsætning til templum

Thiasos: 'klub' som betegnelse for en mysteriekults status

Tibicen: fløjtespiller til ceremonien.

Titulus: gravindskrift

Triade, yngre: Jupiter, Juno, Minerva

Triade, ældre: Jupiter, Mars, Quirinus

Triclinium: opstillingen af 3 spisesofaer omkring et bord; ved lectus medius sad æresgæsterne, den fornemste af de tre pladser var locus consularis; de andre hedder locus medius og locus summus; locus summus havde et ryglæn; derfor var den næstfinest; derefter fulgte lectus summus med de tre loci: imus, medius og summus, og til sidst lectus imus med de tre loci, hvoraf locus summus in imo var forbeholdt gæstgiveren.

Trinundinus: hørende til tre markedsdage, dvs. 3 x 9 dage, den normale frist for en officiel besked fra magistraten.

Tripodatio: tredelt rituel dans, som fratres Arvales og Salii dansede til deres bønneformularer.

Tripudium: de indviede kyllingers måde at spise på fra deres trug; tripudium er de korn, som de taber under spisningen og som er et tegn på overskud – et godt omen

Tripudium: rituel tretaktsdans, se Tripodatio.

Tubicines sacrorum populi Romani Quiritium: trompeter eller tubablæser ved Roms officielle højtider.

Tubilustrium: 23. marts, 23. maj, 23. oktober, rituel renselse af de trompeter, der blev brugt i hæren til krigsfanfarer.

Turarius: røgelsessælger

Tympanistria: tamburinspiller i Isiskulten.

Usque ad litationem: 'lige til accepten (af offeret)'. Se litatio.

Usus: ægteskabsform, der fik lovgyldighed ved hævd, dvs. sædvane.

Vates: intern funktion hos Salii-ordenen, se Salii.

Veneralia: 1. april; højtid for Venus Verticordia, 'Venus, der vender hjertet', og for Fortuna Virilis, 'Den mandige lykke'; Venus Verticordia skulle styrke romerske mænd og kvinder i at opretholde en normal seksuel moral til gavn for staten og til behag for guderne. I højtiden bad mænd og kvinder gudinden om held i kærlighed, sex, ægteskab og undgåelse af utroskab. Fortuna Virilis blev fejret på den samme dag.

Venstre side: lyn fra venstre er et gunstigt tegn. Venstre side er en gunstig side, modsat hos grækerne og barbarerne.

Venus Erycina=Erucina: 'Venus fra Eryx', hvis kult blev bragt til Rom fra Mons Eryx på det vestlige Sicilien; der var et tempel for hende på Kapitol og et uden for Porta Capena i Rom.

Venus Genetrix: Venus, universets moder; Venus dyrkedes som det romerske folks urmoder på en højtid den 26. september.

Venus Victrix: sejrens gudinde; hendes højtid faldt på den 12. august og den 9. oktober.

Venus: kærlighedens gudinde, skytsgudinde for ægtepar og romerne

Ver sacrum: 'helligt forår'; i katastrofetider blev alle dyr, der blev født om foråret, viet til en gud, normalt Jupiter, og ofret. I gamle dag blev de børn, der var født om foråret, fordrevet fra byen, når de fyldte 20 år, for at grundlægge et nyt samfund.

Verba certa: 'fastsatte ord/fraser', dvs. ord, der ikke kan ændres på nogen måde i en bønneformular.

Verba concepta: 'på forhånd fastsatte ord/fraser', der dog i modsætning til verba certa, se disse, kunne tilpasses situationen, fordi der var flere muligheder at vælge imellem.

Vesta: ildstedets gudinde, skytsgudinde for det romerske folk og Roms hellige ild.

Vestalia: 7. juni til 15. juni, højtid for Vesta, hvor hendes tempel var åben for Roms familier den 7. juni.

Viator: kommunikationsbetjent, agent og meddeler på rejse, postbud for øvrighedspersoner.

Vicomagister: 265 x 4, leder af et distrikt i Rom eller en kommune.

Vicominister: assistenter for vicomagister, borgmester for en vicus, et kvarter i Rom (postnummerdistrikt), som der var 35 af, og disse afholdt compitalia hvert år, festen for korsvejslarerne, lares compitales.

Victima: offerdyr, måske større end hostia.

Victimarius: offertjener, der gør offerdyret klart til offerhandlingen.

Vinalia: 23. april, vinalia prima/priora = vinalia urbana; højtid for sidste års vinhøst og for godt vejr for den kommende vinvækst; 19. august, vinalia rustica; højtid for den kommende vinhøst og vinperse. De blev holdt for Jupiter som skytsgud for den stærke vin til brug for ofringer, vinum temetum; samt for Venus som skytsgud for den almindelige vin, vinum spurcum.

Virbius: skovgud, identificeret med Hippolytos; måske havde han en flamen som specialpræst.

Virgo Vestalis maxima: den ældste vestalinde og forkvinde for vestalinderne, den mest magtfulde af Roms præstinder ved siden af flaminica Dialis og regina sacrorum

Virgo Vestalis: fra 2›4›6, kvindeligt præsteskab med sociale og legale privilegier, der styrede Vesta-kulten, Roms hellige ild, samt deltog i højtider for Vestalia, Fordicidia og Consus. De blev udvalgt af pontifex maximus ved captatio, se dette, i 6-10-års alderen, var i tjeneste i 30 år og kunne så gå på pension. Kravet var absolut seksuel afholdenhed med boligpligt i Atrium ved siden af Vesta-templet. De forberedte mola salsa til Roms officielle ofringer og hentede vand til de rituelle renselser ved Egeria-kilden uden for Porta Capena syd for Caelius-højen.

Virtus: dygtighed, dyd, manddom, af vir: mand og af vis: styrke, kraft

Viscera: offerkødet modsat exta, spist af celebranterne.

Vitium: 'fejl'; den mindste form for uregelmæssighed under forløbet af et ritual.

Vitta: hvidt eller rødt uldbånd, som offerdyrene fik viklet uldbånd om panden og som hang ned langs siden;

Vitulatio: 8. juli; årlig taksigelsesfest, afholdt af pontifikalkollegiet, til minde om romernes sejr ved den galliske invasion 390 f.Kr.

Vitulor: 'jeg synger med triumf, tak og glæde'; se vitulatio.

Volcanal: meget gammelt tempel for Vulcan ved siden af lapis niger.

Volcanus: Vulcanus, smedekunstens, ildens og vulkanernes gud; hans helligdom befandt sig ved foden af Kapitol mod Forum Romanum.

Volturnalia: 27. august, højtid for Volturnus, gud for vandet og springvand, opr. en arkaisk flodgud, der så blev gud for floden Tiber.

Volturnus: gud for vandet og springvand, opr. en arkaisk flodgud, der så blev gud for floden Tiber.

Votum: 'løfte' om et offer til guden, hvis guden hjælper; det er betingelsen for at give et offer.

Vulcanalia: 23. august, højtid for Vulcanus og bøn om at afværge ildebrand på markerne.